333 popkultowe rzeczy... PRL

333
popkultowe rzeczy...
PRL

Bartek Koziczyński

vesper

333 popkultowe rzeczy... PRL

Redakcja i konsultacja: Wiesław Weiss
Korekta: Ewa Wozowska

Fotografie: I. Radkiewicz: 6, 7, 358; PAP: 12, 27, 38, 39, 53, 57, 65, 72, 87, 91, 119, 121, 134, 140, 147, 153, 162, 175, 183, 188, 192, 222, 239, 241, 246, 261, 267, 305, 310, 317, 323, 326, 329, 345, 360, 395, 401, 403, 406, 415, 418, 426, 429, 439, 444; Z. Janiszewski/TVP: 171, 213; M. Stankiewicz/TVP: 227, 282, 344, 375, 434, 449, 450; I. Sobieszczuk/TVP: 359; Forum: 167, 414; Filmoteka Narodowa/S.F. Kadr: 167; Filmoteka Narodowa/S.F. Oko: 144, 227, 274, 294 oraz archiwum autora i internet.

Do autorów kilku zdjęć i tekstów zamieszczonych w tej
publikacji nie udało się nam dotrzeć. Osoby zainteresowane
proszone są o kontakt z wydawcą.

VESPER
www.vesper.pl

Dystrybucja:
In Rock
ul. Wieruszowska 16
60-166 Poznań
tel./fax (061) 8686795, 8686506

Dział handlowy:
milosnik@inrock.pl
lomok@inrock.pl
www.inrock.pl

Wydanie I
Poznań, listopad 2007

ISBN 978-83-60159-64-4
Druk i oprawa: Abedik, Poznań

już za chwileczkę, już za momencik...

Nikt nie mówi, że w Polskiej Rzeczpospolitej Ludowej było lepiej. Ale ponieważ wszystkiego było mniej – to, co wpadło w ręce, wydawało się ważniejsze. I bardziej zapadało w pamięć. Filmy, seriale, komiksy, muzyka, przedmioty, wydarzenia...

Założeniem tej książki było zebranie ich w jednym miejscu. Zanim rozmyją się w pamięci. Rzeczy, które dopuszczano do nas z Zachodu. Oraz te przenikające stamtąd nieoficjalnie. Krajowe namiastki. A także wynalazki oryginalne, specyficzne dla PRL czy „bratnich" krajów.

333 hasła to niemało. Mam jednak świadomość, że można by dołożyć co najmniej drugie tyle. Pozostaje nadzieja, że subiektywny wybór choć częściowo zbiegnie się ze wspomnieniami Czytelników.

Wypada przy tym wyjaśnić, że chodzi raczej o spojrzenie dziecka/nastolatka. I że słowo „pop" rozumiane jest tu z całą dosłownością. Im bardziej zjawisko masowe – tym lepiej. Im mniej wyrafinowane – tym większe miało szanse... Przepustką zawsze był też status „kultowy".

A gdyby ktoś się jakąś opinią czy klasyfikacją bardzo przejął, zaznaczam, że choć pojawiają się tu konkretne informacje, całość ma wartość rozrywkową. To tak jak z komiksami o Tytusie: „bawiąc – uczy, ucząc – bawi".

Bartek Koziczyński

Uwagi? Uzupełnienia faktów? Poprawki na potrzeby ewentualnych przyszłych wydań?
Oto adres mailowy: 333prl@gmail.com.

ABBA
zespół muzyczny

Największa grupa pop, jaka zaszczyciła PRL w czasie całej jego historii. Cóż, że ze Szwecji... W 1973 roku spotkały się dwie pary muzyków, mających już sukcesy na lokalnym rynku. Z jednej strony Björn Ulvaeus (cherubin) i Agnetha Fältskog (blondynka). Z drugiej Benny Andersson (brodacz) i Anni-Frid „Frida" Lyngstad (brunetka). Rok później Abba – nazwa od pierwszych liter imion – zwyciężyła na festiwalu Eurowizji utworem „Waterloo". Zaraz potem dokonała błyskawicznego podboju Europy, w ramach którego trafił się przystanek nadwiślański.

Trudno dziś sobie wyobrazić, co znaczył w połowie lat 70. przyjazd zespołu tej rangi. Oniemiała publiczność nie mogła uwierzyć, że mogło do tego dojść na podstawie zwykłego zaproszenia. Spekulowano nawet, że Abbę ściągnięto na specjalne życzenie „czerwonego księcia" – syna premiera Piotra Jaroszewicza.

Prawda wyglądała prozaicznie. *Na pomysł zaproszenia Abby wpadł dyrektor wytwórni płytowej, pracującej przy Telewizji, Wifou* – wspominała Bożena Walter, prowadząca popularne „STUDIO 2" (prywatnie żona reżysera tego bloku audycji). *I on miał prawdopodobnie jakieś kontakty z Abbą, bo pewnego razu przyszedł do mojego męża i powiedział, że jest w stanie załatwić dla nas Abbę do studia, że Abba jest w stanie przyjechać do nas na jeden dzień na nagranie...* Polacy wynegocjowali darmowy recital w zamian za odstąpienie zespołowi praw do retransmisji na kraje zachodnie.

6 października 1976 w Warszawie zjawiła się Agnetha. Artystka bała się samolotów, dlatego podróżowała osobno, bez Björna. Twierdziła, że w razie nieszczęścia ich dziecko zachowa przynajmniej jednego rodzica... Jej pobyt wykorzystano do nakręcenia osobliwego klipu utworu „S.O.S". Ujęcia Fältskog śpiewającej na tle parkingu piętrowego obok hotelu Forum (miejsce kwaterunku grupy) połączono potem z pozostałymi muzykami, których sfilmowano na pokładzie samolotu.

Reszta zespołu dołączyła do wokalistki dzień później. *Ląduje samolot TU-134A* – donosił reporter. *W komorze celnej celnicy proszą o autografy, podobnie większość personelu lotniska. Przed dworcem lotniczym tłum wielbicieli tworzy szpaler. Kwiaty, brawa, okrzyki entuzjazmu, łkania...*

Show „Abba w STUDIO 2" realizowano od godziny 15.00. *Abba śpiewa, dekoracje drżą, przebrani za młodzież dziennikarze i fotoreporterzy tańczą, reflektory świecą słusznie, podnosząc temperaturę całości. Na twarzy reżysera programu Tomasza Dębińskiego kamienny spokój: nie takie rzeczy już widział.*

Na otwarcie zabrzmiał utwór „Nina, Pretty Ballerina", podczas którego pokazano kolejne ujęcia z samolotu, powitanie na lotnisku i przyjazd na Woronicza. Potem wspomniany „S.O.S". Następnie jakiś wąsaty facet walnął w gong w kształcie kart do gry i przyodziany w kimona zespół zaczął schodzić po efektownych schodach (przeciwpożarowych, pokrytych folią). Z playbacku rozbrzmiewał utwór „Dancing Queen".

Ta scena to dziś klasyka. Ikoniczny symbol gierkowskiej telewizji. Przepych scenografii (m.in. estrada w kształcie napisu STUDIO 2), swobodna, roztańczona publiczność, prawdziwy show na światowym poziomie... Artyści nagrodzeni zostali po tej piosence gromką owacją. A potem się potoczyło: zmiany strojów, podrzucanie foliowych worków, kolejne przeboje: „Knowing Me, Knowing You", „Fernando" czy „Money, Money, Money". Całość zarejestrowano w pięć godzin.

Tego samego dnia, o godzinie 22, w hotelu Novotel, odbyła się konferencja prasowa. Prowadził Zygmunt Broniarek. *Nastąpiło zetknięcie supergwiazd stworzonych przez przemysł rozrywkowy, z naszą zaściankową atmosferą zawiści, złośliwości i, co tu dużo mówić, z brakiem wychowania i kultury* – relacjonował uczestnik. *Świadczyły o tym pytania zadawane członkom zespołu, które obracały się głównie wokół pieniędzy. Niektórzy starali się wobec zgromadzonego kwiatu naszego dziennikarstwa brylować żarcikami i zaskakującymi pytaniami. Po Abbę do Sztokholmu przysłano specjalny samolot, a z zespołem przyleciało kilkudziesięciu dziennikarzy zagranicznych. Ci zadali nam tylko jedno, bardzo rzeczowe pytanie: dlaczego w naszych sklepach nie ma płyt Abby? Pamiętam, jaką konsternację wywołały u naszych szwedzkich gości dwa pytania: w jednym chodziło o to, czy zespół został zweryfikowany? Oczywiście nikt ze Szwedów nie rozumiał, o co chodzi, a gdy im wyjaśniono, że u nas każdy artysta, żeby mógł występować, musi przejść przez urzędniczą weryfikację – odpowiedzieli, że ich zweryfikowała publiczność na całym świecie i chyba to się liczy.* Wieczorem zespół udał się na kolację do restauracji Szanghaj, a następnego dnia – po krótkim zwiedzaniu miasta – odleciał do Sztokholmu.

Pierwsza emisja nakręconego recitalu miała miejsce 13 listopada. A potem na osłodę pozostały płyty. Wydane w 1975 roku nakładem Muzy: „Abba" i „Waterloo". W momencie wizyty rzeczywiście brakowało ich w sklepach, bo cały nakład (300 tysięcy sztuk!) błyskawicznie się rozszedł. Nową radość przyniósł fanom rok 1978. Na ekrany kin wprowadzono film „Abba" („Abba: The Movie", 1977) – fabularyzowaną relację z australijskiej trasy.

Już po rozpadzie zespołu, w 1987, wydano w Polsce koncertówkę „Abba Live" (Tonpress) i dwupłytową składankę „The Best Of Abba" (Muza). Aż dziw bierze... Pięć lat wcześniej Björn i Benny pojawili się bowiem w transmitowanej na cały świat amerykańskiej audycji „Let Poland Be Poland", w której powiedzieli, co myślą o wprowadzeniu stanu wojennego. Zespół znalazł się po tym na indeksie w ZSRR i krajach satelickich.

Ponownie muzycy zainteresowali się Polską w roku 2006. Abba zebrała się wtedy po raz pierwszy od dziesięciu lat na wspólne podpisywanie pamiątek. Dochód z ich sprzedaży przeznaczono na wsparcie zakazanej w Warszawie Parady Równości.

AKADEMIA PANA KLEKSA
— patrz PAN KLEKS

AKADEMIA POLICYJNA

cykl filmów fabularnych

(„Police Academy")

różni reżyserzy; 1984-1994, USA

Żelazna pozycja podziemnego repertuaru WIDEO w latach 80. Tym bardziej zapamiętana, że wieloczęściowa. Do roku 1989 nakręcono sześć odcinków, ostatni dołożono sześć lat później. Wszystkie były potwierdzeniem teorii, że każdy kolejny sequel jest gorszy od poprzedniego.

Klasyczne — czytaj: znośne w oglądaniu — są pierwsze trzy części. Pierwsza, „Akademia policyjna" („Police Academy", reż. Hugh Wilson) powstała w 1984 roku. Czołową postacią w opowieści o grupie nieudacznych rekrutów był Carey Mahoney. Kobieciarz i dowcipniś. W tej roli Steve Guttenberg, który od tego momentu zaczął robić dużą karierę. Poza nim wyróżniał się Moses Hightower (Bubba Smith), którego nazwisko tłumaczono na pirackich kopiach jako Wieżowiec. Pasowało do postury. Był jeszcze maniak broni palnej, Eugene Tackleberry (David Graf). I czarnoskóry magik Larvell Jones (Michael Winslow), który potrafił naśladować aparatem gębowym dowolny odgłos. Jako jedyny pojawia się we wszystkich siedmiu filmach. Szkołą zarządzał — z największym trudem — komendant Eric Lassard (George Gaynes). Głównym bohaterem negatywnym był natomiast zamordysta Thaddeus Harris (G.W. Bailey). — *Pamiętaj,*

Mahoney, ja się z nikim nie pieprzę! – Cóż, może spotka pan właściwą dziewczynę i wszystko się zmieni...

W drugiej części, „Akademia Policyjna 2: Pierwsze zadanie" („Police Academy 2: Their First Assignment", reż. Jerry Paris, 1985) pojawia się dodatkowo nieokrzesany przywódca ulicznej bandy, Zed (Bobcat Goldthwait). Tenże osobnik w kolejnym odcinku, „Akademia Policyjna 3: Powrót do szkoły" („Police Academy 3: Back In Training, reż. Jerry Paris, 1986) postanawia osobiście wstąpić w szeregi stróżów porządku... Trzecia część – jako jedyna – pojawiła się oficjalnie na polskich ekranach kinowych. Dopiero jednak w 1990 roku.

Seria doczekała się wielu naśladownictw, z których koneserzy najbardziej cenią ekstremalnie głupi film „Szkoła jazdy" („Moving Violations", w reżyserii scenarzysty „Akademii", Neala Israela, 1985). Poza tym w 1988 powstała na motywach opowieści kreskówka, a w 1997 efemeryczny serial telewizyjny. Trwają rozmowy na temat realizacji ósmej części filmu pełnometrażowego.

ALEX, JOE

pisarz

właśc. Maciej Słomczyński; ur. 10 kwietnia 1922 w Warszawie, Polska; zm. 21 marca 1998 w Krakowie, Polska

Joe Alex to pseudonim pisarza, nazwisko głównego bohatera powieści i potoczna nazwa cyklu detektywistycznego, który wyszedł spod pióra Macieja Słomczyńskiego (syna Meriana C. Coopera, słynnego amerykańskiego pilota i filmowca, twórcy „King Konga"). Wybitny tłumacz (przełożył m.in. dzieła wszystkie Szekspira) zapewniał sobie pisaniem kryminałów komfort finansowy, pozwalający na spokojne zajmowanie się przekładami.

Paradoks polega na tym, że ja w ogóle nie cierpię kryminałów i książek sensacyjnych – wspominał. *Ale kiedy, przed wielu laty, podpisałem z PIW*

umowę na tłumaczenie „Ulissesa" i dostałem jakąś groszową zaliczkę, ogarnęło mnie przerażenie. Miałem przed sobą, jak liczyłem, dziesięć lat roboty – okazało się potem, że jedenaście – i rodzinę na utrzymaniu. Ktoś znajomy z wydawnictwa „Iskry" zaproponował mi, żebym napisał powieść kryminalną. Wtedy wymyśliłem Joe Alexa i zrobiłem karierę, o jakiej nigdy nie myślałem (w rzeczywistości zadebiutował w tej roli już wcześniej – opublikowanym pod nazwiskiem „Zadaniem porucznika Kenta" z 1947, a literaturę sensacyjną pisał też jako Kazimierz Kwaśniewski). *Alex ukazał się w czternastu językach i w wielu milionach egzemplarzy.*

Pierwszy tom przygód angielskiego detektywa trafił do księgarń w 1959 roku („Powiem wam jak zginął"). Do 1968 powstało osiem kolejnych (ostatni nosił tytuł „Gdzie przykazań brak dziesięciu"). A potem była długa przerwa. Finalną część – „Cicha jak ostatnie tchnienie" – Słomczyński napisał dopiero w 1991 roku.

Dzięki perfekcyjnemu zastosowaniu struktury powieści kryminalnej, wiarygodnym opisom realiów, a także wplataniu elementów tzw. kultury wysokiej, książki podobały się nie tylko w Polsce. Przetłumaczono je na kilkanaście języków, głównie Europy Wschodniej. *Są dobre książki kryminalne i zła literatura wysokich lotów* – mówił pisarz. *Nigdy nie uważałem swojej twórczości kryminalnej za literaturę, raczej myślałem o niej jako o krzyżówce, dającej dwie godziny wypoczynku człowiekowi podróżującemu pociągiem. W moich książkach nie ma tortur, jest natomiast pytanie: kto zabił?*

Słomczyński jako Joe Alex pisał też dla telewizyjnego Teatru Sensacji „KOBRA" i filmu („Ostatni kurs", „Zbrodniarz i panna", „Gdzie jest trzeci król?"). Sygnował tak również powieść historyczną „Czarne okręty" i sztukę „Panny z Acheronu".

Tłumacz nie był jedynym polskim pisarzem uprawiającym powieść popularną pod pseudonimem. Tadeusz Kwiatkowski (scenarzysta „JANOSIKA") używał nazwiska Noël Randon. A na przykład Waldemar Łysiak podpisywał się Valdemar Baldhead.

ALFA
czasopismo

Dziwaczny magazyn łączący tematykę komiksową, science fiction i popularnonaukową. Trafił na rynek w tym samym roku co „RELAX" (1976), ale pozostał w jego cieniu.

Złożyło się na to kilka czynników. Pierwszym był nieregularny cykl wydawniczy. Krajowa Agencja Wydawnicza najwyraźniej traktowała projekt drugorzędnie. W pierwszym roku ukazały się dwa numery, w 1977 i 1978 – po jednym. Następnie była przerwa, dwa kolejne w latach 1980, 1981 i jeszcze jeden w 1985. Siedem wydań w ciągu niemal dziesięciu lat! Doprowadziłoby to do furii nawet najbardziej cierpliwego kolekcjonera.

Po drugie: niezdecydowanie redakcji skutkowało poczuciem niedosytu w każdym z prezentowanych tematów. Dotyczyło to zwłaszcza komiksu, który pojawiał się w różnych, z biegiem czasu coraz skromniejszych proporcjach. Dziwnie też wyglądały poważne informacje naukowe zestawione z opowieściami na temat UFO...

Kiepski był wreszcie poziom merytoryczny. Wśród komiksiarzy, owszem, pojawił się Grzegorz Rosiński. Owszem, byli nieźli autorzy węgierscy (Tibor Horvath, Imre Sebok). Ale oprócz nich bezskutecznie usiłowano wdrożyć do tej sztuki ilustratorów książkowych (np. Janusza Stannego). Lansowano też całą masę drugorzędnych, kiepskich rysowników. Słabe były opowiadania science fiction i opracowania popularnonaukowe.

ALIBABKI

zespół muzyczny

Pionierski zespół! Po pierwsze – jeden z pierwszych girlsbandów. Po drugie – popularyzator muzyki ska. Po trzecie – wykonawca jednego z najbardziej perwersyjnych hitów w historii PRL-u – *Tanga zalotnego przeleć mnie* (z tekstem Jana Tadeusza Stanisławskiego). Po czwarte – zwycięzca prekursorskich sądowych procesów o nazwę i pieniądze...

Jeżeli chodzi o chronologię, palmę pierwszeństwa w dziedzinie żeńskich składów wokalnych należy przyznać szczecińskim Filipinkom (tym od „Wala Twist”), sformowanym w 1959 roku. Alibabki powstały w styczniu 1964 roku, w Warszawie. Platformą było I Krajowe Sympozjum Muzyczne ZHP. Kierownik artystyczny, Bolesław Krasuski, wyłonił sześć dziewcząt z Harcerskiego Chóru Władysława Skoraczewskiego – Cykady.

Patronat ZHP trwał do 1968 roku, co utrudniało artystkom swobodę twórczą i towarzyską. *Pamiętam, byłam zaproszona na jakąś kolację po koncercie późno wieczorem* – Wanda Orlańska-Borkowska wspomina pobyt na festiwalu w OPOLU. *Ponieważ byłam w mundurku harcerskim, nasz kierownik absolutnie się nie zgodził. Powiedział: „Proszę natychmiast iść spać! Panienki o tej porze już śpią. Proszę do akademika!”.*

Pierwszy występ dały Alibabki w 1964 roku, na imprezie pod hasłem Giełda u Ewy. Piosenka „Cygańska ballada” trafiła wtedy do telewizyjnej audycji „Dzień dobry, koleżanki i koledzy”. W 1965 ukazała się pierwsza czteroutworowa płyta grupy, nagrana z towarzyszeniem zespołu Tajfuny: „W rytmach Jamaica-Ska” (Veriton). O rootsowej zawartości świadczyła już okładka – z czarnoskórym śpiewakiem ewidentnie pod wpływem marihuany...

Rok później nastąpiła pierwsza roszada personalna: wtedy w składzie pojawiła się Ewa Dębicka, obiekt westchnień wielu panów. Od tej pory zmiany nękały grupę bezustannie. Wśród kolejnych wokalistek warto wyróżnić śpiewającą w latach 1972-1974 Barbarę Trzetrzelewską, która później zrobiła światową karierę jako Basia.

W 1972 roku z nazwy grupy zniknęła kreseczka łącznika. Dwa lata później doszło do sporu między nowymi wokalistkami a starą gwardią, która postanowiła wrócić na scenę. Kobiety z pierwotnego składu przez krótki moment zmuszone były do używania alternatywnych szyldów, np. Grupa Wokalna Polskich Nagrań. W końcu jednak sąd przyznał im prawo do nazwy. Przegrane ochrzciły się wtedy mianem Babiniec, a potem Feeria.

Alibabki wyspecjalizowały się w towarzyszeniu innym wykonawcom. Same mają niewielki dorobek płytowy (zaledwie trzy longplaye) i niewiele przebojów (oprócz wspomnianego „Tanga zalotnego przeleć mnie" także „Kwiat jednej nocy", „Jak dobrze mieć sąsiada", „Kapitańskie tango").

Zespół zakończył działalność pod koniec lat 80., lecz panie pozostały w bojowych nastrojach. W 2004 roku wywalczyły od Polskich Nagrań tantiemy za sprzedawanie nagrań z ich udziałem. *Nagrałyśmy około 200 utworów solowych i dwa tysiące w chórkach. W pewnym momencie poczułyśmy się jak śledcze! Chodziłyśmy po sklepach muzycznych i wyszukiwałyśmy płyty z naszymi nagraniami. Jesteśmy na emeryturach, więc nie stać nas było, żeby je wszystkie kupić* – relacjonowała Ewa Belina-Brzozowska. *Dla naszego pokolenia upominanie się o swoje pieniądze kojarzy się z czymś wstydliwym. Zawsze przepraszałyśmy, że żyjemy. Ale spotykając tak wielki mur obojętności ze strony Polskich Nagrań, nałożyłyśmy wreszcie pancerze i zawalczyłyśmy. Opłacało się.*

ALTERNATYWY 4

serial obyczajowy

9 odcinków; reż. Stanisław Bareja; 1983 (premiera: 1986), Polska

Genialna synteza PRL spod ręki Stanisława Barei. Tym razem w formie serialu telewizyjnego.

Punktem wyjścia historii mieszkańców świeżo oddanego do użytku bloku był przydział mieszkaniowy scenarzysty Macieja Rybińskiego. Popularny dziś dziennikarz i felietonista w 1979 roku wprowadził się na osiedle przy warszawskim Okęciu. Obserwacje tam poczynione – od jakości wykończenia wnętrz po przekrój społeczny sąsiadów – zainspirowały go do napisania scenariusza. Pomagał kolega z redakcji pisma „ITD", Janusz Płoński. Panowie mieli już na koncie m.in. odcinek sensacyjnej „KOBRY"...

W roku 1980 telewizja była na taką satyrę otwarta. Przyjęła konspekt i sama wytypowała na reżysera Bareję. Był to strzał samobójczy. Twórca „MISIA" zachęcił pomysłodawców do pójścia na całość. Oprócz bohaterów przeciętnych pojawił się zatem np. przedstawiciel partyjnej nomenklatury, towarzysz Winnicki (świetna rola Janusza Gajosa). A gospodarzem budynku został prowincjonalny aparatczyk z aspiracjami (początkowo miał się w tę rolę wcielić Ludwik „Żona moja, Zofia" Pak, ostatecznie – bezbłędny Roman Wilhelmi). Zdjęcia ruszyły we wrześniu 1981 roku, w autentycznym bloku przy ul. Marii Grzegorzewskiej 3 na warszawskim Ursynowie. By nie przeszkadzać mieszkańcom, główne wejście udawały drzwi do nieczynnej jeszcze pralni.

Wnętrze budynku zbudowano w hali na Woronicza. Jak nietrudno policzyć w kontekście historycznym – praca nie potrwała długo. Od 13 grudnia miejsce to było jednostką zmilitaryzowaną.

Gdy ekipa wróciła na plan w lutym 1982, pojawiła się kolejna trudność. Trzeba było wystarać się u Solidarności o zwolnienie z aktorskiego bojkotu telewizji. Dotyczyło to samych gwiazd: w rolę praskiego cwaniaka Balcerka wcielił się Witold Pyrkosz, lizusowskiego docenta grał Wojciech Pokora, dźwigowego Zygmunta Kotka – Kazimierz Kaczor, wojennego weterana – Wiesław Gołas... To tylko początek imponującej listy płac.

Pozwolenie uzyskano, czego Solidarność nie musiała żałować. Enklawa anarchii generowała coraz to nowe żarty polityczne (Bareja często na gorąco modyfikował scenariusz), z których najwyraźniej zapisał się tekst opozycyjnego profesora. Prawnik o znamiennym nazwisku Ryszard Dąb-Rozwadowski mówi do słuchawki: *Adam, spokojnie, nie jąkaj się, co się stało?*

Tego typu zagrywki były oczywiście czerwoną płachtą dla „czynników odpowiedzialnych". Kolaudacja serialu nastąpiła co prawda już w grudniu 1982 roku, lecz z długą listą poprawek. Nie podobała się na przykład scena, w której Winnicki opowiada Aniołowi dowcip o babie u lekarza z parówką w d... A z drugiej strony zakładanie profesorowi podsłuchu czy Klub pod wezwaniem Potiomkina. Starcia z cenzurą trwały do 1986 roku – dopiero wtedy doszło do pierwszej emisji.

Zrezygnowano z roboczego tytułu „Nasz dom" na rzecz „Alternatywy 4". *Staszek mówił, że różne kraje stają czasem na rozdrożu, z którego można pójść albo w prawo, albo w lewo. A Polska ciągle jest na rondzie albo na takim skrzyżowaniu, z którego można zawsze pójść w prawo, w lewo, w górę i w dół. Czyli że u nas są cztery alternatywy* – wspomina Rybiński.

Wcześniej pracownicy telewizji skopiowali film na kasety VHS. Podczas tego procesu, który odbywał się w budynku przy placu Powstańców, ktoś przypadkowo wpuścił fragment przegrywanego odcinka na antenę. Traf chciał, że był to akurat monolog towarzysza Winnickiego o socjalistycznej gospodarce. A wszystko rozegrało się w dniu 60. rocznicy powstania ZSRR. Oficjalny protest w tej sprawie złożyła ambasada. Na techników posypały się nagany. Mimo to udało się wprowadzić kasety do podziemnego obiegu. „Alternatywy" stały się przebojem WIDEO.

Po oficjalnej premierze na reżysera posypały się — jak zwykle — prasowe gromy. *Wydawać się mogło, że celem twórcy było wyśmianie pewnego etapu naszej niechlubnej historii* — pisała recenzentka. *Wyszło z tego wielkie śmiechowisko z naszej mentalności, głupoty, sobiepaństwa. Śmiechowisko powierzchowne. Wszyscy jesteście idiotami, woła Bareja z ekranu, i ja — Bareja wam to mówię. Nabrałam się także i ja, chociaż „podniosłam" wskaźnik OBOP-u. Oglądalność filmu była duża. Ponad 75 procent widowni i ponad 20 procent ocen bardzo dobrych...*

W XXI wieku serial cieszy się absolutnie kultowym statusem (doczekał się wydania na DVD). Rada Warszawy nadała nazwę Alternatywy jednej z ursynowskich ulic (2005). Studenci Akademii Sztuk Pięknych walczą o postawienie w tej dzielnicy pomnika Stanisława Anioła. W 2006 podjęto też próbę kontynuacji serialu, pod tytułem „Dylematu 5" (reż. Grzegorz Warchoł), ale skończyło się na trzech odcinkach. Określenie „żenujące" jest w ich przypadku eufemizmem.

AMATOR

odbiornik radiowy

Stereofonia pod strzechy, czyli efekt akcji Polskiego Radia, „Trybuny Ludu" oraz pisma „Temat — wynalazczość i racjonalizacja". Zorganizowana w 1974 roku ankieta była pierwszym szeroko zakrojonym badaniem rynku w PRL. Słuchacze mieli odpowiedzieć na pytanie, jakie powinno być „radio dla każdego". Określić pożądane parametry i wygląd. Organizatorzy otrzymali 7 tysięcy listów, z czego 2 tysiące zawierały szczegółowe uwagi. Jedno stało się pewne: mimo niewielkiej liczby audycji dwukanałowych (patrz STEREO TEST) Polacy chcieli mieć sprzęt odpowiadający temu standardowi.

Elektronicznemu wyzwaniu postanowił sprostać

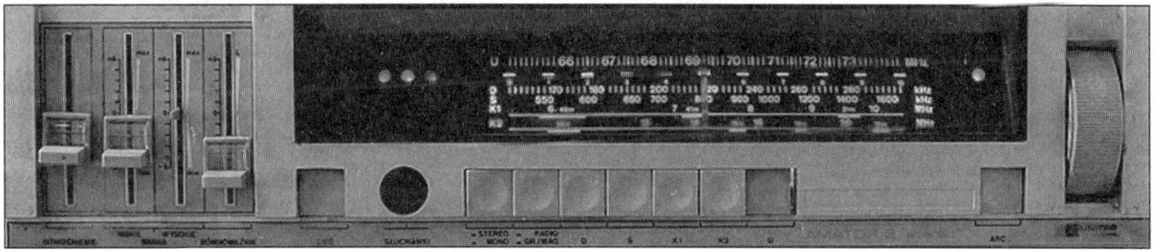

zespół Przemysłowego Instytutu Telekomunikacji w Warszawie. Obudowę zaprojektowano w Ośrodku Wzornictwa Przemysłowego PTH „Unitech" (klasyczna skala, techno-suwaki plus drewniana okleina pasująca do MEBLOŚCIANKI). Za mechanikę odpowiadał natomiast producent – zakłady Unitra-Diora z Dzierżoniowa. Pierwsze modele odbiornika zaprezentowano na poznańskich targach Takon '74 (jeszcze pod niezbyt ciekawą nazwą Senior). Dwa lata później trafił do produkcji. Uczestnicy ankiety dostali talony, by mieć pierwszeństwo zakupu.

Amator Stereo pozwolił przekroczyć – oby na stałe – barierę braku porozumienia między producentami a klientami – cieszyła się prasa. *Ta unikalna, nawet chyba w skali światowej, koncepcja ogólnonarodowej dyskusji na temat walorów technicznych odbiornika może napawać nadzieją, że podobne dyskusje mogą dotyczyć również i innych wyrobów...*

Dla wielu Polaków był Amator pierwszym krokiem w kierunku „zawodowstwa". Prawdziwej wieży hi-fi (jak Radmor OR-5100). Formalnie rzecz biorąc, mieliśmy do czynienia z amplitunerem – odbiornikiem radiowym ze wzmacniaczem. Można było zatem podłączyć do niego gramofon lub magnetofon. Co więcej: sprzęt dostarczany był z kolumnami o całkiem niezłych parametrach (na licencji Pioneera). Nieoceniona sprawa w czasach, gdy głośniki nabywało się na drodze udziału w kolejkowych listach społecznych. Do 1986 roku wyprodukowano niemal 800 tysięcy egzemplarzy udanego produktu.

Podstawowy model, Amator stereo DSS 101, przeszedł dwie modernizacje. W 1979 roku pojawił się Amator 2 stereo DSS 201, ze zwiększoną mocą wzmacniacza. Towarzyszyła mu wersja Amator 2b, w której zaoszczędzono na wskaźniku poziomu sygnału (ten model eksportowano na Węgry i do NRD). W latach 80. weszła kolejna modernizacja, Amator 3 stereo AWS 110. Tym razem poziom sygnału wskazywany był za pomocą diod.

ANGELIKA

cykl filmów fabularnych

reż. Bernard Borderie; 1964-1968, Francja/Włochy/Niemcy

Cykl filmowy oparty na awanturniczych powieściach francuskich historyków Anne i Serge'a Golon (początkowo drukowanych w odcinkach w dzienniku „France Soir"). Wśród naszych widzów cieszył się dużą popularnością ze względu na odtwórczynię roli głównej, Michele Mercier. Mówiąc ściślej: ze względu na jej dekolt i ogólną skłonność do śmiałych strojów. W czasach Gomułki były to wartości nie do przecenienia... *W odróżnieniu od typowej produkcji „płaszcza i szpady", gdzie dominowały intryga, przygoda i pojedynki, twórcy cyklu o Angelice wyposażyli dodatkowo swoje filmy w element seksu* – pisał przytomnie krytyk. *Jego uosobieniem jest główna bohaterka.*

Pierwszy film, „Angelique, marquise des anges", powstał w 1964 roku. Sukces był ogromny. 25-letnia Mercier dorównała popularnością Brigitte Bardot (która zresztą odrzuciła tę rolę). I nigdy się od bohaterki nie uwolniła... *Gdy ludzie ze mną rozmawiają, zawsze wspominają Angelikę* – pisała aktorka w autobiografii wydanej w 2002 roku. *Ale grałam też 50 innych kobiet! Przez długi czas próbowałam o niej zapomnieć. Teraz traktuję ją jed-*

nak jak młodszą siostrę, która zawsze przy mnie będzie i z którą nauczyłam się żyć...

Filmowy rynek ma swoje wymagania. Od połowy lat 60. rok po roku dokładano kolejne kawałki: „Merveilleuse Angelique", „Angelique et le roy", „Indomptable Angelique" oraz „Angelique et le sultan". W Polsce pokazano je z opóźnieniem (koniec dekady) i w sposób niekompletny. Najpierw na ekrany trafił numer dwa, „Piękna Angelika". Potem „Angelika i król". Zakończono na czwartym odcinku, przetłumaczonym jako „Angelika wśród piratów".

Fani „pięknej awanturnicy" (jak nazywała bohaterkę polska prasa) mogli naprawdę poucztować w 1973 roku. Od marca do sierpnia zaprezentowano cykl na małym ekranie. Włącznie z niewyświetlanym w kinach filmem piątym, „Angelika i sułtan". Telewizja Polska wielokrotnie potem rzecz przypominała – ostatni raz w 2007.

ANTKOWIAK, KRZYSZTOF

piosenkarz

ur. 27 stycznia 1973 w Poznaniu, Polska

Nastoletni idol końca lat 80., wsławiony przebojem o dwuznacznym tekście: *Zakazany owoc/ Dumnie krąży mi nad głową/ Zakazany owoc/ Marzeń ciemnych tabu/ Zakazany owoc/ Znowu szansa przeszła obok/ Choć już czułem ten smak...*

Krzysio miał ułatwiony start w branży muzycznej, jako syn Witolda Antkowiaka z TERCETU EGZOTYCZNEGO. Występy zaczął już jako pięciolatek. Potem trafił do poznańskiego liceum muzycznego. W 1986 odniósł pierwszy sukces na Festiwalu Piosenki Dziecięcej w Koninie. Rok później zaproszono go do nagrania utworów do filmu „Cudowne dziecko" (m.in. „Przyjaciel wie", w duecie z Jarkiem Bułką, znanym z FASOLEK). Jak wspomina autor tekstu, Jacek Cygan: *Kompozytor muzyki do filmu i zarazem kompozytor tej piosenki Krzesimir Dębski zadzwonił do mnie któregoś dnia i powiedział: „Musimy napisać piosenkę i znaleźć wykonawcę w wieku bohatera filmu, trzynastoletniego chłopaka z rudą czupryną". I znaleźliśmy.*

Do nagrania tej piosenki zaprosiliśmy Krzysia Antkowiaka z Poznania.

Ten sam duet autorów przygotował kolejną piosenkę dla chłopca, „Zakazany owoc" właśnie. Utwór zapewnił młodemu piosenkarzowi wyróżnienie podczas koncertu Premier festiwalu OPOLE '88. *Miał wtedy 15 lat i po raz pierwszy śpiewał na dorosłym festiwalu wśród samych dorosłych artystów, na żywo, z towarzyszeniem Alex Bandu, orkiestry pod dyrekcją Aleksandra Maliszewskiego* – wspomina Cygan. *Piosenka przyniosła Krzysztofowi nagrodę, udział w finałowym koncercie Mikrofon i ekran, gdzie bisował przy owacji publiczności. W tym samym roku „Zakazany owoc" został przebojem „Lata z Radiem"! Cała Polska śpiewała tę piosenkę, powstało kilkanaście fanklubów Krzysztofa, przychodziło do niego kilkaset listów tygodniowo, a Pani Lila Antkowiak, mama Krzysia, często zastawała pod drzwiami młodziutkie fanki, które przyjeżdżały z najdalszych krańców Polski do swojego idola. Cóż było robić? Mama idola żywiła je, opiekowała się nimi i ekspediowała z powrotem do domu.*

W 1989 roku „Zakazany owoc" ukazał się na tak samo zatytułowanym longplayu (Polskie Nagrania). Zarówno PŁYTA WINYLOWA, jak i kaseta (na której okładce „owoc" przybrał formę gruszki z nogami), rozeszły się w złotym nakładzie. Ostatnie ślady większej aktywności młodego Antkowiaka datowane są na rok 1990 (m.in. nagroda na Festiwalu Piosenki Włoskiej w Zamościu). Potem słuch o nim zaginął. Dorosły artysta wrócił na scenę w 1997 roku. Nagrał album „Delfin" (Pomaton) z pomocą Grzegorza Ciechowskiego. Ale nie odniósł sukcesu. *Moja płyta otrzymała dobre recenzje dziennikarzy muzycznych, ale prawie nie miała promocji* – tłumaczył. Rok później spróbował sił jako aktor w filmie „Młode wilki 1/2", następnie skupił się na komponowaniu dla innych wykonawców.

ANTRESOLKA PROFESORKA NERWOSOLKA

seria komiksowa

3 tomy; rys. Tadeusz Baranowski; 1982-2005

Wybitny uczony, kinkiet nauki, odkrywca i przykrywca wielu wynalazków i znalazków – profesor Nerwosolek. *Jego gospodyni* – Entomologia Motylkowska... Para wykreowana w abstrakcyjnej wyobraźni rysownika Tadeusza Baranowskiego.

Absolwent malarstwa na warszawskiej Akademii Sztuk Pięknych (ur. 1945) zgłosił się z pomysłem na komiks o takich bohaterach do pisma „ALFA". Był rok 1975. *Generalnie tak, ale ten tytuł...* – wspomina reakcję redaktorki. *Dlaczego właściwie Entomologia, przecież nie ma takiego imienia. I nie taki znowu z Profesora Nerwosolek. Zaproponowała zmianę tytułu na „Profesor X działa!". Nie zgodziłem się na ten banał i historyjka nigdy nie została wydrukowana.*

Baranowski udał się następnie do „ŚWIATA MŁODYCH", gdzie debiutował opowieścią „Ten piekielny Barnaba" (z cudzym scenariuszem). Ale potem pracował już samodzielnie. W 1976 zaczęły się ukazywać plansze opowieści „Skąd się bierze woda sodowa" z nowymi bohaterami: Kudłaczkiem i Bąbelkiem. Autor błysnął charakterystyczną, „okrągłą" kreską i abstrakcyjnym poczuciem humoru. Wiele tekstów z jego komiksów weszło do potocznego języka: – *Dzisiaj opowiem wam dowcip. – Ten o gąsce Balbince? – Ależ wodzu, co wódz! – To ja przepraszam...* Niewypowiedziany żart nie mógł zostać wypowiedziany, bo był niecenzuralny (*Przychodzi kaczor Ptyś do gąski Balbinki: – Balbina, daj d... – Nie mogę, bo mam okres. – Ty zawsze z tą szkołą*).

Kudłaczek i Bąbelek wrócili rok później, z opowieścią „W pustyni i w paszczy". Spotkali w niej na przykład słonia, który miał poważny problem: *O ile mogę zasłonić ten oto fortepian, o tyle sam siebie w żaden sposób nie mogę zafortepianić...* W latach 1980-1982 Baranowski skupił się zaś na przygodach profesora i jego asystentki. Narysował trzy opowieści, znane pod nieformalnymi tytułami: „Wyprawa z E.U. Geniuszem", „Wyprawa kosmiczna" i „Wyprawa morska". Wszystkie uka-

zały się następnie w dwóch tomach Młodzieżowej Agencji Wydawniczej: „Skąd się bierze woda sodowa i nie tylko" (1982) oraz „Antresolka profesorka Nerwosolka" (1985). Potem był komiks „Podróż smokiem Diplodokiem" (1986), z udziałem Nerwosolka (choć tylko gościnnym). Baranowski wyjechał następnie – na zaproszenie twórcy THORGALA, Grzegorza Rosińskiego – do Belgii.

W latach 1984-1986 rysował m.in. przygody profesora dla czasopisma „Tintin". Bohater nazywał się w tej wersji Professeur Magister. *Na tamte czasy to było coś* – wspomina twórca. *Pomijając niewątpliwą korzyść (przelicznik), były potknięcia osobiste oraz utrudniająca mi życie postawa redaktora naczelnego (chciał, abym kontynuował po jakimś rysowniku realistyczne albumy do jego scenariuszy). Rzeczy tam zrobione i te prościutkie historyjki pod tamten zdecydowanie prymitywny rynek uważam za bezwartościowe.*

Po powrocie do kraju Nerwosolek pojawił się w tomie zbierającym krótsze historyjki, „Przepraszam, remanent" (1990, Bea). Potem Baranowski popadł w zapomnienie, z którego wydobyła go kampania reklamowa z udziałem Praktycznego Pana (podszyty erotyką cykl „Porady Praktycznego Pana" ukazywał się w latach 1977-1978 na łamach „RAZEM").

Od 2002 roku zaczęto wydawać kolekcjonerskie wznowienia klasycznych komiksów twórcy. Niestety, często przez niego modyfikowanych. Na pierwszy ogień poszedł znany z „RELAXU" (1976) Orient Men. A w 2003 roku ukazało się zbiorcze wydanie „Antresolki profesorka Nerwosolka" (Egmont). Potem autor zdecydował się na samodzielną publikację finalnego tomu przygód profesora. Album „Tffffuj! Do bani z takim komiksem!" miał premierę w listopadzie 2005 roku. Nakład: 550 egzemplarzy i niemała cena...

W 1986 roku w Wytwórni Filmów Animowanych w Bielsku-Białej powstały dwa krótkie filmy animowane o profesorze Nerwosolku. Pokazywane były w kinach, przed porankami. Po latach Baranowski dołączył je na płycie CD do swojego limitowanego albumu.

ARABELA

serial dla dzieci

13 odcinków; reż. Vaclav Vorlicek; 1980, Czechosłowacja

Trudno powiedzieć, co przyciągało w tym serialu bardziej. Możliwość błyskawicznej zmiany rzeczywistości za pomocą zaczarowanego pierścienia? Jeden obrót i nielubiany nauczyciel staje się Myszką Miki, a dyrektor szkoły gąsienicą... Czy może zjawiskowa uroda odtwórczyni roli głównej?

„Arabela" jest dziełem twórczego duetu Vaclav Vorlicek i Milos Macourek. *To szczególne imię zaczerpnąłem ze swojego dzieciństwa* – opowiada pierwszy ze scenarzystów. *W książce Dickensa, „Klub Pickwicka", pojawia się młoda dziewczyna o imieniu Arabela. Zrobiła na mnie wrażenie i kiedy potem szukałem imienia dla księżniczki, przypomniałem sobie o niej.* Pan Vaclav dodaje, że imię egzotycznie brzmiało tylko w naszej strefie kulturowej. W Niemczech, gdzie pokazywano serial, spotykano je choćby w bawarskich rodach.

Nie było łatwo wybrać aktorkę do roli głównej. Początkowo szykowała się na to miejsce Libuše Šafránková. *Byłem przeświadczony, że będzie ją grać Šafránková, ale niestety okazało się to nie-*

możliwe – wspomina reżyser. *Libuška była poważnie zaangażowana w inne rzeczy, a nas czekał niemal rok zdjęć.* Ostatecznie wybrano dwudziestoletnią wówczas Słowaczkę, Janę Nagyovą.

Nie miała łatwo. Producentom nie podobał się jej akcent, więc zastosowano dubbing! Ostatecznie to właśnie Šafránková użyczyła Arabeli głosu. O czym oczywiście nie wiedzieliśmy, bo na początku lat 80. polska telewizja pokazała serial z własną, świetną zresztą oprawą aktorską. Szkoda, że zabrakło jej w powtórnych emisjach na antenie TV 4 (2006 rok).

„Arabela" przyniosła Nagyovej w Czechosłowacji niesamowitą popularność. Dotyczyło to zresztą wszystkich występujących w serialu aktorów. Vladimir Menšik – czyli pan Mejer, który znalazł dzwoneczek i rozpoczął komunikację między światem ludzi i baśni – był oczywiście znany wcześ

niej. To „etatowy" czeski aktor. Ale sławy zakosztował na przykład Jiři Lábus, rewelacyjny w roli czarodzieja II kategorii, Rumburaka. Czy Dagmar „Dada" Patrasova, grająca niesympatyczną siostrę głównej bohaterki: *Gdy dzieci na ulicy zaczęły do mnie wołać Xenia, sprawiało mi to radość, bo był to rodzaj ukłonu. Każdy aktor cieszy się, gdy widzowie uwierzą w jego rolę.*

Kultowy status serialu skłonił czeską telewizję do wyprodukowania drugiego sezonu. W 1990 roku nakręcono 26 odcinków „Powrotu Arabeli", ale to już nie było to... Po pierwsze: nie żył Menšik. Po drugie: oryginalna odtwórczyni roli głównej wyjechała do Niemiec i zajęła się tam prowadzeniem domu. *Ten sequel zupełnie mi się nie podobał* — opowiadała prasie Nagyová. *Nie miał nic wspólnego z tą cudowną opowieścią, w której świat ludzi przenikał się ze światem baśni...* Nową Arabelą została Miroslava Šafránková, młodsza siostra Libuše. Warto jeszcze dodać, że w 1984 roku powstał pełnometrażowy film pod tytułem „Rumburak", w którym postać Arabeli w ogóle nie występowała.

ARAFATKA
nakrycie głowy

Amerykańscy specjaliści od wojny z terroryzmem zdziwiliby się srodze, gdyby dane im było przenieść się do PRL lat 80. ubiegłego wieku. Słowiański kraj zaludniały wtedy setki tysięcy osób (głównie kobiet) noszących na głowie „arafatkę". Chustę z czarno-białym motywem, kojarzoną z Organizacją Wyzwolenia Palestyny.

Przedsiębiorczy rzemieślnicy mogli podchwycić wzór od licznych wtedy studentów z tamtych

stron. A może zadziałała wizyta samego przywódcy Autonomii, Jasera Arafata, którego witano u nas z pełnymi honorami jak głowę prawdziwego państwa (1974 i 1989 rok)? Nieważne. Ważne, że naród, który niespecjalnie kocha dziś Arabów, przez całą dekadę nosił ich tradycyjne nakrycie głowy — kefiję. To tak, jakby tamci biegali po Bagdadzie w rogatywkach...

Obecnie arafatka kojarzona jest raczej ze środowiskami alterglobalistycznymi i trochę inaczej się ją zakłada. Służy do maskowania twarzy w trakcie demonstracji.

ATARI
komputer osobisty

Dokładniej: Atari 800XL. Obok COMMODORE 64 i ZX SPECTRUM — maszyna zaliczana do złotej trójcy ośmiobitowych komputerów lat 80.

Jeżeli chodzi o parametry techniczne, zdecydowanie bliżej Commodore'a niż prościutkiego wyrobu firmy Sinclair. Widać to już na pierwszy rzut oka: porządna, nie gumowa klawiatura. W środku podobny procesor, pamięć operacyjna (64 kilobajty) oraz język programowania – Basic... Rywalizacja rozgrywała się w dziedzinie peryferii. Oba komputery pracowały tylko ze specjalnymi magnetofonami, ale konkurent był szybszy. Trudno o zwycięstwo w sytuacji, gdy Atari sprowadzono do sklepów PEWEXU (1985) i o magnetofonach najzwyczajniej zapomniano!

Komputery osobiste nie były podstawowym polem działania kalifornijskiej firmy. Atari powstała w 1972 roku i na początku zajmowała się konsolami do gier (m.in. słynny „Pong"). W 1979 roku przedstawiono pierwsze maszyny komputerowe, m.in. model Atari 800. Jego ulepszona wersja, Atari 800XL, trafiła na rynek pod koniec 1983 roku i pozostaje najbardziej popularnym komputerem w historii firmy.

Także w Polsce. Kultowy miesięcznik „BAJTEK" poświęcił temu sprzętowi swój pierwszy numer specjalny. *Atari to jeden z najpopularniejszych komputerów w naszym kraju* – czytamy w artykule wstępnym „Tylko o Atari" z 1987 roku. *Można się o tym przekonać na każdej giełdzie, w każdym sklepie ze sprzętem komputerowym, przysłuchując się rozmowom w szkole i pracy. Listy do klanu Atari stanowią zawsze najpokaźniejszą paczkę w codziennej poczcie przychodzącej do redakcji „Bajtka". Cały czas otrzymujemy prośby o zwiększenie liczby stron, na których drukujemy teksty o Atari. Spełniamy tę prośbę, wydając specjalny numer poświęcony wszystkiemu, co związane jest z hasłem Atari.*

Okres produkcji serii XL kojarzony jest ze zmianą właściciela firmy. Koncern Warner odsprzedał działkę komputerową Jackowi Tramielowi, który chwilę wcześniej rozstał się z konkurencyjnym Commodore. To on zarządził zaprzestanie produkcji kultowych modeli. W 1985 roku zastąpiła je seria XE. Firma Atari zdążyła się też jeszcze zapisać w Polsce linią 16-bitowych komputerów Atari ST. Był to pierwszy sprzęt domowy z wbudowanym MIDI – czyli systemem pozwalający na komunika-

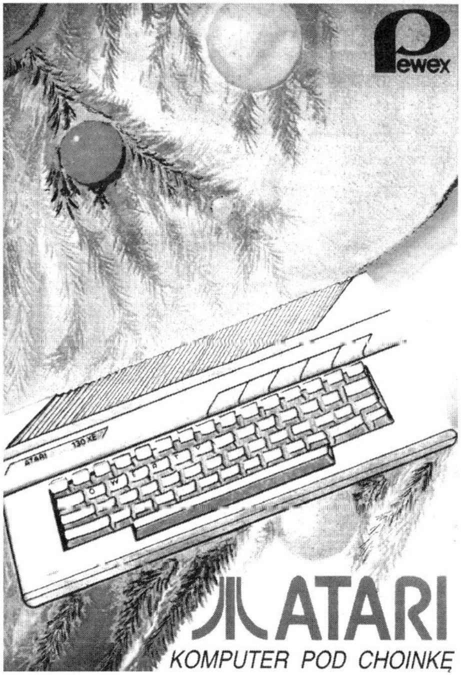

cję z instrumentami. Dzięki niemu i specjalistycznemu oprogramowaniu cieszył się powodzeniem u entuzjastów muzyki elektronicznej i pionierów hip hopu.

Wiele błędnych decyzji biznesowych doprowadziło do upadku Atari w 1996 roku. W chwili obecnej nazwą posługuje się francuski producent oprogramowania, Infogrames, który używa jej do firmowania gier. Nie znaczy to, że komputery Atari są wyłącznie częścią historii. Dbają o to fani, bardzo aktywni wśród miłośników retrokomputerów. W samej Polsce działało kilkadziesiąt grup specjalizujących się w pisaniu oprogramowania, przeróbkach sprzętu (by można nim było np. surfować po Internecie), wydawaniu fanzinów czy tworzeniu muzyki. Co roku odbywają się zloty, przyciągające setki uczestników.

AUTOMATY
salony gier zręcznościowych

Miejska suterena albo barakowóz w ośrodku wczasowym. Zapach rozgrzanego plastiku i spoconych męskich ciał. Kakofonia komputerowych melodyjek, przerywana brzękiem 20-złotówek z Marcelim Nowotką... Tak wyglądały salony gier zręcznościowych. Popularnie zwane „automatami".

Ich rozkwit przypada na początek lat 80. Poluzowanie przepisów dla prywatnego importu zbiegło się z rozwojem elektroniki na świecie. Prymitywne gry wideo z poprzedniej dekady zastąpiono rozbudowanymi, kolorowymi programami. W 1978 roku narodziła się w Japonii strzelanka „Space Invaders". Jej popularność była tak ogromna, że zabrakło pasujących do urządzenia monet. Trzeba było bić dodatkowe. Pionierski program szybko doczekał się klonów („Galaxian" czy „Galaga"), rozprzestrzeniając nową modę na całym świecie. Kolejne przełomowe gry to labiryntowa „Pac-Man" (1980), platformówka „Donkey Kong" (1981), „Moon Patrol" z przewijanym ekranem (1982), samochodowe „Pole Position" (1982 – widok na auto od tylnego zderzaka) i „Spy Hunter" (1983 – auto widziane z góry).

Gry mieściły się w stojących obudowach, w

skład których wchodziła płyta główna (z zapisanym na stałe programem), monitor (o skromnej rozdzielczości), sterowniki (najczęściej joystick i kilka przycisków) oraz wlot na monety umieszczony w otwieralnej klapie. Całość przyozdobiona była malowidłami nawiązującymi do tematyki danego programu.

Kres popularności tego typu urządzeń przyniosło rozpowszechnienie komputerów domowych (ZX SPECTRUM, ATARI, COMMODORE), a później pierwszych konsol (mowa o Nintendo, w Polsce czas zatrzymał się na prymitywnym ping-pongu Ameprod z wrocławskiego Elwro). Nie bez znaczenia pozostawała nieciekawa atmosfera salonów — były one siedliskiem drobnej przestępczości, najczęściej związanej z wymuszeniami.

Proste gry zręcznościowe wróciły do łask dopiero pod koniec lat 90. Kolekcjonerzy zaczęli polować na egzemplarze w oryginalnej obudowie, mniej zamożni wspominali dawne czasy na pecetowych emulatorach (najpopularniejszy: Mame). Kilka lat później, wraz z rozwojem standardu Java, większość klasycznych tytułów trafiła do telefonów komórkowych.

Uwaga: w największych miastach PRL funkcjonowało też od lat 70. około 400 automatów hazardowych typu jednoręki bandyta. Właścicielem salonów Tip-Top były Zjednoczone Przedsiębiorstwa Rozrywkowe. *W lokalach ZPR-ów jest brudno* — opisywała te przybytki prasa. *Nie w każdym można umyć ręce, nie mówiąc już o napiciu się kawy czy coca-coli. Czy ludzie, którzy wpłacają do Skarbu Państwa olbrzymie pieniądze, muszą to robić w chlewie? Do tego zacinające się maszyny. Ile trzeba się namęczyć, by pociągnąć za wajchę!* Chwilę później dowiedzieliśmy się, kto tam uczęszcza: *Cinkciarze, sutenerzy, handlarze, złodzieje... Wielkie sumy, jakie zostawiają w ośrodkach ZPR, stanowią swego rodzaju podatek od ich nielegalnej działalności. Ale grają też robotnicy, urzędnicy i — co najgorsze — emeryci. Grają przykładni mężowie i ojcowie rodzin, którzy wstępują po pracy do ośrodka, żeby... okraść własną rodzinę.*

AUTOSTOP

akcja społeczna

Pionierski wynalazek PRL — skuteczne sformalizowanie zjawiska z gruntu nieformalnego.

Fakt, że jeżdżenie „na okazję" stało się ruchem społecznym z własną nazwą, zawdzięczamy odwilży 1956 roku. Dopuszczono wtedy do głosu tzw. kulturę młodzieżową. Autostop był niewątpliwie jej częścią, bo zapoczątkowali go studenci. W 1957 zgłosili pismu „Dookoła świata" pomysł, by zorganizować jakoś i ułatwić przejazdy. Redakcja zabrała się do tematu profesjonalnie. Czyli zabezpieczyła „plecy". Do akcji wciągnięto Związek Młodzieży Socjalistycznej, Związek Młodzieży Wiejskiej, Związek Harcerstwa Polskiego oraz Polskie Towarzystwo Turystyczno-Krajoznawcze. Uroczyście powołano Komitet Honorowy, następnie Komitet Organizacyjny, wreszcie Społeczny Komitet Autostopu.

W 1958 wprowadzono tzw. książeczkę autostop. Z czasem na tylnej stronie okładki pojawił się czerwony okrąg z białym środkiem, który jako żywo przypominał milicyjnego „lizaka". Gdy się takim machało, wielu kierowców sądziło, że ma do

czynienia z nieumundurowanymi funkcjonariuszami służb... Prawdziwi funkcjonariusze zajmowali się natomiast ściganiem osób, które podróżowały bez książeczek. Większość podróżnych, w tym cudzoziemców, dokonywała jednak formalności bez przymusu. Choćby ze względu na zwiększone bezpieczeństwo. Obu stron. Biuro Autostopu przy PTTK zobowiązywało się bowiem do pokrycia ewentualnych szkód wyrządzonych przez pasażera...

Kiepsko wychodziły władzy dodatkowe formy wykorzystania autostopu. Na przykład w postaci zlotów, z pogadankami, konkursami i pracami społecznymi. *Śpiewano tam nieprzyzwoite piosenki, urządzano hałasy i draki, nie słuchano organizatorów, grupki młodzieży nie zdradzały żadnej chęci spędzania czasu w sposób zorganizowany* — relacjonowała prasa jedną z takich imprez.

Wewnątrz książeczki znajdowała się garść pożytecznych informacji (np. o noclegach), garść propagandy, mapa Polski, potwierdzenie ubezpieczenia w PZU oraz — najważniejsze — kupony dla kierowców. Z pouczeniem: *Jazda kilku osób na jedną książeczkę jest nadużyciem (Ważne dla MO). Każdy autostopowicz otrzymał i powinien dać do przeczytania „list do kierowców — regulamin"; są tam wiadomości o nagrodach i zasady przewożenia autostopowiczów. Autostopowicz dziękuje za życzliwość i pomoc.*

Po odesłaniu kuponów do centrali wśród życzliwych przewoźników losowano nagrody. Książeczki można było kupować za niewielkie pieniądze po ukończeniu 18 lat. Początkowo nawet w kioskach Ruchu, ale odkąd skala procederu zaniepokoiła władze, dystrybucję zawężono do punktów PTTK. Akcja trwała od 15 czerwca do 15 września.

W latach 60. autostop stał się prawdziwą modą — rocznie korzystało z niego około 40 tysięcy osób... Co dobrze podsumował hit Karin Stanek (*Jedziemy autostopem, jedziemy autostopem / Cóż dla nas znaczy pociąg na spółkę z samolotem / Gdzie szosy biała nić, tam chce się, bracie, żyć / Czy naprzód jedziesz, czy z powrotem*) oraz powieść i serial „PODRÓŻ ZA JEDEN UŚMIECH". Oglądając film, można zorientować się w ówczesnych realiach. Samochody osobowe były wtedy nieliczne – podróżowanie odbywało się głównie ciężarówkami. Nie istniała baza noclegowa w dzisiejszym tego słowa znaczeniu. Sklepy zamykano o 17, podobnie jak stacje benzynowe, na których zresztą stały tylko budki obsługi i dystrybutory.

Zjawisko autostopu zaczęło tracić na popularności w latach 70. Przyczynił się do tego rozwój turystyki zorganizowanej, dostęp do własnych aut i zmiana podejścia kierowców ciężarówek, wolących brać do ręki pieniądze. Gwałtowny spadek chętnych nastąpił w 1980 roku. Do końca dekady sformalizowany autostop miał już wymiar marginalny.

LODY
BAMBINO
JEDZ
LATEM i ZIMĄ

BAD BOYS BLUE
zespół muzyczny

Wbrew zbliżonej stylistyce – nie są to kolejni artyści ze stajni Dietera Bohlena. Wymyślił ich inny zachodnioniemiecki producent, Tony Hendrik. W 1984 roku wynalazł w Kolonii trzech obcokrajowców: Amerykanina Andrew Thomasa, Brytyjczyka Johna McInerneya oraz pochodzącego z Jamajki Trevora Taylora... Nie ukrywano, że chodzi o odpowiedź na MODERN TALKING.

Po umiarkowanym powodzeniu zaśpiewanego przez Thomasa singla „L.O.V.E. In My Car", obowiązki głównego wokalisty przejął Taylor. W 1985 roku wyśpiewał pierwszy i największy hit zespołu – „You're A Woman". Wkrótce ukazał się debiutancki longplay „Hot Girls – Bad Boys", po którym nastąpiła płyta „Heartbeat" z 1986. W tym samym roku zespół pojawił się w Polsce, jako gwiazda festiwalu w SOPOCIE.

Od 1987 roku miejsce przy mikrofonie zaczął coraz częściej zajmować McInerney. Jego głos dominował w singlowym „Come Back And Stay", wokalista dał się też poznać na albumie „Love Is No Crime". Trend utrzymał się na kolejnej płycie, „My Blue World" (1988), po nagraniu której wkurzony taką sytuacją Taylor opuścił zespół.

Lata 90. przyniosły kolejne przetasowania personalne, w wyniku których ze starego szyldu korzystają dziś dwa składy. The Real Bad Boys Blue prowadzony przez Andrew Thomasa (towarzyszą mu Kevin i Herb McCoy) oraz The Official Bad Boys Blue, który tworzą John McInerney i Carlos Ferreira. Ta druga grupa upodobała sobie szczególnie nasz kraj. Daje występy w telewizyjnych programach typu „Jaka to melodia?", nie gardzi też koncertami nawet w najmniejszych miejscowościach.

BAHDAJ, ADAM
pisarz

ur. 2 stycznia 1918 w Zakopanem; zm. 7 maja 1985 w Warszawie

Czołowy – obok ZBIGNIEWA NIENACKIEGO i Edmunda „PANA SAMOCHODZIKA" Niziurskiego – pisarz młodzieżowy „Ludowej Polski". Ze sloganu „Biblioteki Młodych" Naszej Księgarni: *Wybierać będziemy do tej serii książki szczególnie popularne i wartościowe; zabawne i poważne; takie, które czyta się „jednym tchem", i takie, które czytamy powoli, smakując ich urodę. Słowem, książki*

bardzo różne, lecz łączy je jedno – zostały napisane w Ludowej Polsce.

Urodził się w 1918 roku w Zakopanem i z górami był bardzo ściśle związany. Należał do Sekcji Narciarskiej Polskiego Towarzystwa Tatrzańskiego, brał nawet udział w zawodach… W chwili wybuchu wojny uczestniczył w kampanii wrześniowej, potem był działaczem polonijnym na Węgrzech. Na emigracji zadebiutował tomem poezji „Iskry spod młota” (1942, pod pseudonimem Jan Kot). Po wojnie wrócił do kraju i osiadł w Warszawie.

Mój ojciec był pisarzem cyklicznym z dwiema ojczyznami – wspomina syn, Marek Bahdaj. *Pierwszą ojczyzną było Zakopane. To miejsce w największym stopniu ukształtowało jego artystyczną osobowość. Drugą ojczyzną była Warszawa, do której sprowadził się w 1946 roku. Tutaj, w redakcji „Expressu Wieczornego”, poznał moją matkę, tutaj ja się urodziłem i tutaj mój ojciec pracował. Jako dziecko bardzo uważnie go obserwowałem i odkryłem, że podlega cyklom związanym ze zmianą pór roku. Jesienią zwykle popadał w melancholię, nie mógł doczekać się na pierwszy śnieg w Tatrach. W styczniu, najpóźniej w lutym, uciekał do Zakopanego. Po miesiącu, dwóch, zaczynał przysyłać tęskne listy do matki. I wtedy wiedziałem, że niedługo zobaczę go w domu. Właśnie tak całe życie krążył między dwiema ojczyznami – Zakopanem i Warszawą.*

Bahdaj debiutował powieściami nie stroniącymi od wpływów socrealistycznych, jak „Ich pierwszy start" (1949), opowiadająca o trudach narodzin Ludowego Zespołu Sportowego. Poza tym pisał o swoich wojennych doświadczeniach kurierskich (np. „O siódmej w Budapeszcie" z 1958 roku). A w 1957 stworzył książkę, która stała się kluczem do sukcesu. Opowieść dla młodzieży, „Do przerwy 0:1".

Jak wskazuje tytuł, rzecz dotyczyła sportu – piłki nożnej, uprawianej amatorsko w specyficznych warunkach powojennej Warszawy. *Wola lat pięćdziesiątych to było niezwykle oryginalne miejsce* – opowiada Marek Bahdaj. *Całkiem nowe domy sąsiadowały z ruinami. Niektóre fragmenty dzielnicy przypominały niesamowity, księżycowy krajobraz. Mandżaro, Paragon i Perełka mieszkali w Gołębniku – przedwojennej kamienicy czynszowej przerąbanej przez niemiecką bombę na pół. A schody były takie, że zejście z czwartego piętra wymagało znajomości akrobacji. Paragon, główny bohater powieści, wzywał swoich kolegów w ten sposób, że uderzał metalowym prętem o wystającą szynę windy.*

Obok wartkiej akcji (ocierającej się o konwencję sensacyjną), żywych dialogów, poczucia humoru i pomysłowych ksywek bohaterów powieść ta – podobnie jak kolejne – niosła przesłanie dydaktyczne. Choć bohaterom zdarzały się, dodające autentyzmu, drobne występki... Paragon „skombinował" na przykład piłkę, która wypadła za żywopłot stadionu Polonii. *Pierwszą czytelniczką książek ojca, a zapoznawała się z nimi jeszcze w rękopisie, była zawsze moja matka. Pamiętam, że mocno skrytykowała ojca za to, że głównego bohatera powieści dla młodzieży zrobił złodziejem. Twierdziła, że trzeba to zmienić. Ojciec bronił tego wątku. Mówił, że Paragon jest typem sympatycznego urwisa, który niejedno ma na swoim sumieniu, a poza tym piłki przecież nie ukradł, tylko ją pożyczył. Mama w końcu dała się przekonać i ta scena została uratowana.*

Bohaterowie „Do przerwy 0:1" wrócili jeszcze w „Wakacjach z duchami" (1961). Poza tym Bahdaj dał popis talentu w autostopowym tomie „PODRÓŻY ZA JEDEN UŚMIECH" (1964), „Piratach z Wysp Śpiewających" (1965), których akcja rozgrywa się w Jugosławii, kryminalnym „STAWIAM NA TOLKA BANANA" (1966) czy obyczajowym „Telemachu w dżinsach" (1977). Od 1969 roku („Do przerwy 0:1") powieści Bahdaja zaczęły być taśmowo ekranizowane. *Po napisaniu moich pierwszych książek dla młodzieży, krytyka i znajomi zwrócili mi uwagę na ich filmowość* – opowiadał pisarz. *Być może wzięło się to stąd, że jestem wzrokowcem i każdą scenę, którą piszę – widzę. Ale przecież pisząc, nie myślałem o filmie. Scenariusz seriali telewizyjnych powstał tylko dzięki redaktorowi Maciejowi Zimińskiemu z Telewizji Dziewcząt i Chłopców. On mnie namówił, a współpraca ze Stanisławem Jędryką zachęciła i przekonała do dalszych przedsięwzięć.* Bahdaj samodzielnie pisał scenariusze, Jędryka zajmował się reżyserią.

Bibliografię autora uzupełniają książki dla najmłodszych (np. „Mały pingwin Pik-Pok", 1969), westerny („Dan Drewer i Indianie", 1985) oraz kryminały pisane pod pseudonimem Dominik Damian („Nieznajomy z baru Calypso", 1959).

BAJKI NA ŚCIANĘ – patrz PRZEZROCZA

BAJKI Z MCHU I PAPROCI

serial animowany

(Pohadky z mechu a kapradi)

39 odcinków; reż. Zdenek Smetana; 1968-1979, Czechosłowacja

Pod kryptonimem „Bajki z mchu i paproci" kryje się kreskówa powszechnie znana jako „Żwirek i Muchomorek". Historyjkę o dwóch leśnych skrzatach wymyślił czeski bajkopisarz Vaclav Čtvrtek. Na telewizyjny ekran przeniósł ją czołowy animator z kraju naszych południowych sąsiadów – Zdenek Smetana. Żwirek (Kremilek) to ten większy bohater, w powłóczystej szacie. Muchomorek (Vochomurka) jest mały i pękaty.

Premierowa emisja serialu za naszą południową granicą miała miejsce 6 października 1968 roku. Do Polski serial trafił jesienią 1970. Początkowo wyświetlano go w ramach piątkowych „Dobranocek", potem w poniedziałki i inne dni tygodnia.

Rzecz utrzymana była w psychodelicznym klimacie. Białe – niczym duchy – postaci snuły się na abstrakcyjnym tle (jednolita plansza z narysowanymi liśćmi). Towarzyszyła temu melancholijna muzyka Jaroslava Celby. Również melodia przewodnia, mimo że wpadająca w ucho, utrzymana była w powolnym, narkotycznym tempie... Dodatkowej dwuznaczności nadawał sprawie fakt, że

skrzaty – niewątpliwie płci męskiej – mieszkały wspólnie w jednym domku. A w chwilach zagrożenia chętnie się do siebie przytulały. Po latach wykorzystał to polski tłumacz „Shreka", wstawiając w dialogi zdanie: *A słyszeliście? Żwirek kręci z Muchomorkiem!*

BAJTEK

miesięcznik

Pierwsze polskie pismo poświęcone tematyce komputerowej. Pomysłodawcami byli Władysław Majewski z „Przeglądu Technicznego" i Maciej Hoffman, dyrektor Krajowej Redakcji Czasopism w RSW Prasa–Książka–Ruch. *„Bajtek" jest wspólnym miesięcznym dodatkiem do „Sztandaru Młodych" i „Odrodzenia"* – czytaliśmy we wstępie pierwszego numeru, z września 1985 roku. *O znaczeniu techniki mikrokomputerowej dla rozwoju wszystkich społeczeństw nie chcemy w tym miejscu pisać. Dodamy tylko, że dla pomyślnej* *przyszłości naszego kraju jest to sprawa absolutnie kluczowa. Zwłaszcza niezwykle pilne staje się podjęcie szerokiej edukacji komputerowej w szkołach. W tym sensie publikowane na łamach „Bajtka" materiały będą wspierać zainicjowany przez Radę Krajową PRON „Narodowy Czyn Pomocy Szkole".*

Po zaliczeniu obowiązkowej dawki ideologii można już było przejść do rzeczy. Przede wszystkim cennej rozkładówki w środku – mapy gry „Atic-Atac", z opisem ułatwiającym zwycięstwo. Poza tym trochę teorii, wprowadzenie do programowania w języku Logo, korespondencja na temat nowych komputerów, instrukcja samodzielnego złożenia joysticka („drążka sterowego") i program na ZX SPECTRUM do samodzielnego „wpalcowania" w maszynę. Produkt firmy Sinclair stanowił – obok ATARI i COMMODORE – podstawę tematyki poruszanej na łamach. Komputery typu PC pojawiły się dopiero pod koniec lat 80. Wcześniej nie były po prostu uznawane za domowe.

Formuła 32 stron na gazetowym papierze szybko okazała się niewystarczająca. Podobnie jak nakład: 50 tysięcy egzemplarzy. Numer 5, ze stycznia 1986 roku, był już kolorowy i w większym formacie. Pod winietą można było dostrzec dopisek. *Miesięczny dodatek do „Sztandaru Młodych".* Objawił się też kierownik projektu (Waldemar Siwiński), który wyznał, że nowy nakład wynosi 200 tysięcy. Ponadto we wstępniaku czytamy: *Odebraliśmy już kilka telefonów z pytaniami czy można nadać dziecku imię Bajtek? Redakcja nie ma nic przeciwko temu! Członek Rady Ministrów ds. Młodzieży Aleksander Kwaśniewski (lat 31) obiecał nawet pierwszemu Bajtkowi ufundować jako wyprawkę porządny komputer osobisty. Czekamy na zgłoszenia uwiarygodnione zaświadczeniem z urzędu stanu cywilnego!*

„Bajtek" szybko doczekał się konkurencji. W styczniu 1986 roku pojawił się dodatek do „Żołnierza Wolności" zatytułowany „IKS – Informatyka Komputery Systemy". W tym samym roku wydawnictwo Sigma NOT opublikowało „Mikroklan" (wyłoniony z rubryki w fachowym piśmie „Informatyka"). RSW dołożyło do swojego portfolio ty-

tuł „Komputer", a wydawnictwo Epoka rozpoczęło publikację zeszytów „Wszystko o komputerze". Rok 1987 przyniósł debiut firmowanego przez „MŁODEGO TECHNIKA" pisma „Informik", nawet „Kurier Szczeciński" pokusił się o efemeryczny dodatek „Mikrokomputery"... Do tego boomu trzeba doliczyć rubryki w pismach typu „RAZEM".

Po 1989 roku „Bajtka" przejęła Spółdzielnia Wydawnicza „Bajtek", która zaczęła też wydawać inne tytuły, np. „Moje Atari" czy „Top Secret". Pierwsze polskie czasopismo komputerowe upadło w roku 1996, gdy rynek opanowały magazyny wydawane przez potężne koncerny z Zachodu.

BALTAZAR GĄBKA

cykl powieściowy/serial animowany

Wybitna powieść dla dzieci oraz zrealizowany na jej podstawie serial. Stanisław Pagaczewski, podróżnik i autor przewodników turystyczno-historycznych, połączył wątki mitologiczne (Smok Wawelski) z realiami średniowiecza (gród Kraka), nowoczesnymi gadżetami (samochód, telefony itp.) i aluzjami do peerelowskiej rzeczywistości (Kraina Deszczowców jako żywo przypomina państwo totalitarne). Wszystko bez infantylizmu, z dużą dawką inteligentnego humoru. Dość powiedzieć, że tytułowy uczony, biolog, któremu na pomoc rusza wyprawa ratunkowa, był autorem *cennej pracy o zakończeniach nerwowych w pysku ślimaka winniczka* tłumaczonej na piętnaście języków, między innymi *Ki-Shaweli oraz narzecze szczepu Niam-Niam.*

Pierwsza powieść, „Porwanie Baltazara Gąbki", powstała w 1965 roku. *Pisałem mojego „Gąbkę" nie tylko z myślą o dzieciach* – mówił autor. *Ten wyimaginowany bohater żyjący gdzieś poza czasem i epoką to trochę mój portret własny, rozbity na poszczególne postaci...*

Kolejną, „Misja profesora Gąbki", Stanisław Pagaczewski popełnił w roku 1974. Bohater – i jego wypróbowani towarzysze – próbował tym razem zgłębić tajemnicę migracji mypingów. Stworzeń pustoszących wiosną uprawy kraju Kraka. Kucharz Bartłomiej Bartolini zmienił herb z Dwa widelce i udziec barani na Zielona Pietruszka... Oznaka kryzysu na rynku mięsa?

Wreszcie w 1977 roku pojawił się ostatni tom, „Gąbka i latające talerze". Najsłabszy, bo pisarz złamał konwencję. Przeniósł bohaterów z roku 978 do 1978. Były to nieoczekiwane skutki inspekcji garnizonu Śpiących Rycerzy w Górach Skalistego Południa (czyli Giewontu w Tatrach).

Trudno sobie wyobrazić książkowy cykl bez ilustracji Alfreda Ledwiga. To jak Kubuś Puchatek

narysowany przez Ernesta Sheparda... Gotowy punkt wyjścia do ekranizacji. Zabrało się za nią w 1969 roku Studio Filmów Rysunkowych w Bielsku-Białej. Twórcom udało się zachować klimat oryginału, 13-odcinkowy serial zyskał też znakomitą oprawę muzyczną (skoczny temat Tadeusza Kocyby). Powodzenie, jakim się cieszył, zachęcił Pagaczewskiego do pisania dalszego ciągu historii. W roku 1978 zrealizowano kolejnych 13 odcinków, na podstawie „Wyprawy profesora Gąbki". Trzeci tom nie doczekał się wersji filmowej.

Powieści Pagaczewskiego bardzo długo nie były wznawiane. Dopiero w 2002 roku Wydawnictwo Literackie przygotowało huczną reedycję (z pokolorowanymi ilustracjami). W 2007 roku serial ukazał się na DVD.

BALTONA – patrz PEWEX

BAMBINO
gramofon

1963. To najbardziej prawdopodobna (wobec niekompletnej dokumentacji Łódzkich Zakładów Radiowych Fonica) data wprowadzenia na rynek legendarnego gramofonu. O tym, że produkt powstał na granicy epok, świadczą prędkości odtwarzania PŁYT WINYLOWYCH: oprócz najbardziej znanych 45 i 33,3 także archaiczna – 78.

Pierwszy polski gramofon, znany jako GE-53, pojawił się w 1954 roku. Dla zakładów specjalizujących się wcześniej w telefonach była to „produkcja uboczna". Rzeczywiście. Nie do końca udało się odtworzyć rozwiązania skopiowane z Philipsa – sprzęt nękały m.in. problemy z silnikiem. Następnie wprowadzono model GE-56 nazwany Karolinka i jego zmodernizowaną wersję GE56/2. Ten gramofon zyskał charakterystyczną walizkową obudowę (w górnej części mieścił się głośnik) i nowocześniejszą elektronikę.

Stąd już krok do Bambino (WG252). Wciąż lampowego, wciąż mono, ale ze zmodyfikowanym zasilaniem (Karolinki miały tendencję do „kopania" użytkownika prądem) i korekcją tonów. Konstruktorzy zaczerpnęli nazwę z włoskich piosenek na POCZTÓWKACH DŹWIĘKOWYCH, lecz produkt trafił już do innego odbiorcy. Jego premiera zbiegła się z eksplozją rock'n'rolla. Czasem prywatek. I ogólnym rozkręceniem showbiznesu...

Być może dlatego rocznie wytwarzano około 160 tysięcy sztuk gramofonu, podczas gdy Karolinka 2 dobiła w sumie do 10 tysięcy. Barierą dla produkcji była tylko niewydolność socjalistycznej gospodarki: brakowało na przykład drewna, z którego powstawały obite skajem walizki.

Kariera Bambino (w odmianie oznaczonej numerem 4) zakończyła się w roku 1969. Lata 70. to już czas sprzętu stereofonicznego. Zamiast lamp wkroczyły tranzystory, a prymitywne przetworniki (czyli „adaptery" – często spotykana potoczna nazwa gramofonów) piezoelektryczne zastąpiono elektromagnetycznymi. Odpowiednio eksploatowane gramofony o swojskich nazwach Adam, Daniel czy Bernard są po dzień dzisiejszy pełnowartościowym sprzętem hi-fi.

BAMBINO

lody

Podstawowy rodzaj lodów sprzedawanych w PRL. Zawinięta w papier kostka nadziana na płaski, drewniany patyk (który znajdował później wtórne zastosowanie w domowej profilaktyce zdrowotnej). Bambino teoretycznie występowały w kilku smakach: śmietankowym, owocowym, kawowym (lub ich mieszankach). Detaliści z reguły nie mieli jednak wyboru i sprzedawali tylko jeden z nich. Zauważalne były różnice pomiędzy poszczególnymi egzemplarzami. Mogła się trafić mrożona woda, mógł zwarty twór margarynowy. Pełna dowolność panowała też w opakowaniach: od zwykłego napisu po wizerunek uśmiechniętego chłopca... Uwaga: wersja bez patyka nosiła nazwę Calypso.

Zgodnie z socjalistycznymi zwyczajami – jedną marką posługiwało się wielu producentów. Najwięcej było zakładów skupionych w Centralnym Związku Spółdzielczości Mleczarskiej. W różnych okresach dołączały do nich Społem, Samopomoc Chłopska, Zjednoczenie Chłodni Składowych, Centralny Związek Spółdzielczości Pracy czy nawet... Ministerstwo Handlu Wewnętrznego.

Dla wszystkich producentów jest to produkcja dodatkowa, niemal uboczna, podobnie jak dla fabryki obrabiarek produkcja łopat czy śrubokrętów – relacjonowała prasa w latach 60. *Czym są lody? Smakołykiem, delikatesem zaledwie. Kto będzie prowadził batalię o miejsce należne im w strukturze spożycia? Produkują je przecież wszyscy, czyli nikt, na marginesie znacznie większych*

konieczności i obowiązków. Przynoszą wprawdzie dochód, ale czy wypada mówić o dochodach tam, gdzie wystarcza do szczęścia planowany deficyt? Dalej padają smutne dane: w 1968 roku wyprodukowano w Polsce 11 tysięcy ton „lodów przemysłowych", co dawało 0,3 kilograma na mieszkańca rocznie. W Stanach przypadało wtedy 12,5 kilograma na głowę, ale nawet zimna Islandia szczyciła się 2 kilogramami...

Bambino zaczęły powstawać na początku lat 60., gdy zakupiono nowoczesne duńskie maszyny. Było ich jednak zdecydowanie zbyt mało. *Powstają dewizowe problemy, mleczarze, choć potentaci, są jednak stosunkowo biedni. Środki dewizowe, jakie uzyskują na potrzeby całej mleczarskiej branży, pozwalają im jedynie na wymianę zużytych części i na elementarne wyposażenie nowych zakładów w maszyny, które nie są produkowane w RWPG.* Agregaty sprowadzone ze Związku Radzieckiego, dzięki którym wytwarzano lody w waflach, budziły z kolei wątpliwości sanitarne.

Przez długi czas rezygnowano w dziedzinie lodów z jakichkolwiek urozmaiceń. Wytwarzanie odmian z polewą utrudniał brak czekolady (patrz WYRÓB CZEKOLADOPODOBNY). Torciki pochłaniały natomiast zbyt dużą ilość mocy produkcyjnych... Ciekawym wynalazkiem były tylko tzw. ciepłe lody. Rodzaj kremu w wafelku, zapakowany w folię.

Poza dużym przemysłem państwowym funkcjonowała produkcja gastronomiczna i niewielkie lodziarnie rzemieślnicze. Tym ostatnim skutecznie utrudniano życie. *Pozostają jeszcze niedobitki prywatnych lodziarzy. Walczy z nimi dzielnie Sanepid... To jego zasługą jest zlikwidowanie ulicznej sprzedaży lodów, niehigienicznej i sprzyjającej rozwojowi różnych chorób.* Obwoźni handlarze przerzucili się na rozprowadzanie Bambino, narzucając dużą marżę. 5 złotych na przykład, zamiast 3,10...

Najlepsze zakłady prywatne przetrwały – i rozkwitły w nowej rzeczywistości (spektakularnym przykładem warszawska Zielona Budka). Gorszy los spotkał prywaciarzy, którzy w latach 80. zaczęli sprowadzać używane maszyny do produkcji tzw. lodów włoskich. Większość z nich przegrała z bogactwem lodowego asortymentu po 1989 roku.

Marka Bambino wciąż jest obecna na rynku – posługuje się nią kilka zakładów. Spółdzielnia Mleczarska Starco ze Stargardu Szczecińskiego wytwarza zbliżone do dawnej szkoły (przynajmniej wyglądem) lody na patyku. Ale już Łódzka Spółdzielnia Mleczarska Jogo stawia na zupełnie odbiegające od oryginału produkty w folii.

BANANÓWKA

spódnica

Nie chodzi o likier pędzony na owocach. Ani określenie dziewczyny mającej zamożnych rodziców (od „bananowa młodzież"). Chodzi o popularną na początku lat 70. długą spódnicę uszytą z klinów w kształcie banana. Przez moment zagroziła nawet dominacji MINI...

Rozpowszechnienie tego modnego stroju mogło brać się stąd, że łatwo go było wykonać samodzielnie. Jako surowiec służyły kawałki materiału w różnych kolorach, także wzorzyste. Ambitnym zadaniem było stworzenie indywidualnego, niepowtarzalnego zestawu klinów. Potem wystarczyło tylko zszyć ze sobą różnobarwne kawałki. Z tego względu te długie spódnice nazywane były czasem „zszywkami”. *Od wieków modę taką oglądaliśmy w cyrkach, poznawało się po niej błaznów* – pisała „Przyjaciółka”. *Kto by pomyślał, że Paryż zechce ubrać w ich uniform kobiety.*

Najsłynniejszą bananówkę przedstawiła Maryla Rodowicz na festiwalu SOPOT ’73. Artystka osobiście udała się do fabryki jedwabiu w podwarszawskim Milanówku, gdzie przygotowano dla niej kupon biało-błękitnego materiału z napisem Małgośka (tytuł wykonywanej piosenki). Dodatkową ozdobę umieścił na tej sukni malarz Rafał Olbiński.

BANDA I WANDA
zespół muzyczny

Poprockowy zespół (znany też jako Wanda i Banda), który dał się poznać m.in. jako wykonawca piosenek w serialu „SIEDEM ŻYCZEŃ”.

Założyła go pod koniec 1982 roku Wanda Kwietniewska, znana z Lombardu. *Ówczesny menedżer, Piotr Niewiarowski, koniecznie chciał zrobić z Małgosi Ostrowskiej gwiazdę. Dlatego postanowił pozbyć się konkurencji i wyrzucił mnie z zespołu* – wspomina wokalistka. *Reszta kolegów, jak to w Poznaniu, wyznawała niemiecką zasadę „porządek musi być” i nie zaprotestowała przeciw temu posunięciu. Przez kilka pierwszych dni po rozstaniu z Lombardem było mi trochę smutno. Ale szybko się otrząsnęłam. Miałam w sobie chęć walki i zmobilizowałam się do działania. To było oczywiste, że muszę założyć swój zespół.*

Już w grudniu nowy skład wszedł do krakowskiego studia Teatru STU, gdzie zarejestrował pięć kompozycji, m.in. „Fabrykę marzeń”. Prawdziwą popularność zdobyły jednak utwory „Hi-Fi” i „Nie będę Julią”, opublikowane na singlu w 1983 roku (Tonpress), a rok później na debiutanckiej płycie długogrającej „Wanda i Banda” (Polskie Nagrania). Potem była praca nad wspomnianym serialem „Siedem życzeń” i musicalem „Żeglując w dobry czas” Katarzyny Gaertner. W 1985 ukazała się druga płyta, „Mamy czas” (Pronit), z przebojami „Kochaj mnie miły” i „Para goni parę”. W połowie 1986 roku Kwietniewska rozwiązała zespół,

skupiając się na niezbyt porywającej karierze solowej (jeden materiał wydany na kasecie, występy na festiwalu w KOŁOBRZEGU, widowiskach dla dzieci i... w japońskim kurorcie).

Pierwsza próba reaktywacji Bandy i Wandy nastąpiła w 1993 roku. Nowy skład wytrwał tylko dwa lata. Po okresie działalności biznesowej i urodzeniu dziecka wokalistka znowu wróciła na scenę w 2000 roku. Kolejne premierowe nagrania cieszyły się umiarkowanym powodzeniem. Prawdziwy renesans miał jednak dopiero przyjść, niespodziewanie...

W 2006 roku DJ Adamus (posługujący się szyldem Wet Fingers) opracował taneczny remiks piosenki „Hi-Fi" (pod tytułem „Hi-Fi Superstar"). Jego klubowa popularność natychmiast sprowokowała naśladowców. „Nie będę Julią" przerobił niejaki Flashrider... *Dzięki tym remiksom moje utwory trafiły do zupełnie innej publiczności niż ta, która przychodzi na koncerty Wandy i Bandy* — mówi Kwietniewska, która właśnie do remiksu śpiewała na festiwalu Top Trendy 2007 w SOPOCIE. *W tanecznej wersji „Hi-Fi Superstar" zostały wykorzystane oryginalne sample z nagrania z lat 80., a do „Nie będę Julią" na nowo nagrałam wokal i partie instrumentalne. Wolę ten pierwszy remiks — jest bardziej energetyczny.*

BARBAPAPA

serial animowany

(Les Barbapapa)

95 odcinków; różni reżyserzy; 1974-1999, Francja

Serial animowany nakręcony na podstawie wydawanych od 1970 roku książek dla dzieci mał-

żeństwa Annette Tison/Talus Taylor. Francuska studentka architektury (rysunki) poznała w Paryżu amerykańskiego matematyka (scenariusze)... Rzecz opowiada o rodzinie gumiastych stworów, które potrafią dowolnie zmieniać kształt. Jako pierwszy pojawił się na ekranie różowy Barbapapa (przekształcenie *barbe a papa* – wata cukrowa). Wkrótce objął rolę głowy rodziny: dołączyła do niego czarna Barbamama i siedmioro dzieci o równie uroczych imionach: na przykład Barbalala.

Pierwszy, liczący 45 pięciominutowych odcinków sezon powstał w 1974 roku. Było to przedsięwzięcie międzynarodowe: animacją zajęli się Japończycy, a oprawą muzyczną Holendrzy. Polska Telewizja zaczęła emitować bajkę 2 września 1975, we wtorki (a potem czwartki). Reklamowano ją jako hit po „BOLKU I LOLKU" oraz „RUMCAJSIE"... *Jakkolwiek trudno mówić o tendencjach dydaktycznych w przygodach rodziny Barbów, to jednak zawierają one pewne wskazówki wychowawcze* – pisał recenzent. *Zupełnie fantastyczne wydarzenia, których bohaterami są Barbowie, tylko pozornie rozgrywają się w wymyślonej rzeczywistości. Wiele w niej śladów naszego, realnego świata.*

Twórcy postaci wrócili do tematu w roku 1999. Powstało wtedy 50 odcinków, w których krągła rodzinka podróżuje po świecie, promując postawę ekologiczną („Les Barbapapa autour du monde").

BARBARA I JAN

serial obyczajowy

7 odcinków; reż. Jerzy Ziarnik, Hieronim Przybył; 1965, Polska

5 stycznia 1965 roku. Tego dnia premierę miał w telewizji pierwszy polski serial – czy, jak wtedy mówiono – seria, „Barbara i Jan". Dokładniej: pierwszy polski serial fabularny. Wcześniej, w 1962 roku, pojawiła się na przykład odcinkowa animacja „Jacek Śpioszek", cykle dokumentalne (np. „Z tradycji oręża polskiego") czy forma quasi-reportażowa („Lot")... *Nasi widzowie na pewno przyjmą pozytywnie pierwszych polskich bohaterów serii telewizyjnej, pamiętając, że przyjdą po nich wkrótce następni* – zagrzewała prasa.

Pomysł podsunął Lech Pijanowski, posługujący

się pseudonimem Janusz Jaxa. Jako dziennikarz umieścił akcję w środowisku sobie najbliższym. Redakcji prasowej. Na potrzeby filmu powołano fikcyjną warszawską popołudniówkę, „Echo". Bohaterami serialu byli początkująca dziennikarka, Barbara Raczyk (w tej roli Janina Traczykówna) i fotoreporter Jan Buszewski (Jan Kobuszewski). O dramatyzmie półgodzinnych odcinków najlepiej świadczy streszczenie jednego z nich: *Aparat fotograficzny Jana z ważnymi fotografiami szefa ginie podczas pracy nad reportażem o fabryce materiałów budowlanych. Dziennikarze podejrzewają, że wpadł do formy na gazobetonowe dyle. Poszukiwania aparatu na warszawskich budowach są pasmem niekończących się przygód. Barbara i Jan z pomocnikami m.in. znajdują niewypały. Ostatecznie aparat odnajduje się w gabinecie szefa, leżał sobie spokojnie w torebce Barbary.*

Współscenarzystą trzech części był Stanisław Bareja, który w 1965 roku zrealizował pierwszy polski serial kryminalny, „Kapitan Sowa na tropie" z Wiesławem Gołasem w roli głównej.

BATTLEDRESS
kurtka wojskowa

Obowiązkowy ekwipunek modnego człowieka w latach powojennych. Popularność bojowych kurtek w kolorze khaki brała się zarówno z braku innej odzieży, jak i faktu, że pochodziły z jednostek zachodnich. Do kraju przybywały na grzbietach żołnierzy armii Andersa lub w paczkach od „cioci UNRRA" (Organizacja Narodów Zjednoczonych do Spraw Pomocy i Odbudowy). Z munduru należało oczywiście wypruć dystynkcje i oznaczenia, choć nie zawsze było to możliwe... *Na mojej lewej piersi wydrukowane miałem pięknie nazwisko poprzedniego właściciela: Anderson* – opowiadał o kupionej „na ciuchach" kurtce Marek Hłasko. *Farba była tak piekielnie mocna, że nie dało się tego niczym zmyć. W obecności sekretarza partii i kierownika rady zakładowej tarłem Andersona benzyną i denaturatem; nic nie pomogło. W ten sposób stałem się najelegantszym człowiekiem na całą ulicę Sokołowską.*

Droższą odmianą mody militarnej były amerykańskie płaszcze wojskowe z podpinką. Do kompletu wypadało założyć wysokie buty – oficerki.

BEATLESÓWKI
obuwie

Buty z wysoką cholewą, spiczastym czubkiem i na podwyższonym, zwężającym się z tyłu „kubańskim" obcasie. W odróżnieniu od zwykłych sztybletów nie miały przeważnie po bokach elastycznego materiału. Na ich froncie, często przez całą długość, biegł natomiast szew...

Tego typu obuwie nosił zespół The Beatles, co w latach 60. oznaczało, że podchwycił to cały świat. *W 1962 roku mnie i moich przyjaciół przewrócili na łopatki The Beatles* – wspomina KRZYSZTOF KRAWCZYK. *Szczęki nam opadły. Takiego brzmienia nigdy nie słyszeliśmy. Dlatego postanowiliśmy założyć z chłopakami zespół, który też śpiewałby na cztery głosy. Takie były początki Trubadurów. Łódzka Estrada zamówiła dla nas ubrania wzorowane na strojach The Beatles, a znany szewc uszył nam beatlesówki z pięciocentymetrowymi obcasami.* Ważna uwaga: należało sprawić sobie takie buty na zamówienie. Wiecznie spóźniony peerelowski przemysł nawet się o beatlesówki nie otarł.

Chłopcy z Liverpoolu przywieźli nową modę z Hamburga. W 1960 roku grali w tamtejszych klubach jako początkujący zespół. Ówczesny basista, Stuart Sutcliffe, poznał lokalną artystkę, Astrid Kirchherr. Dziewczyna wywarła ogromny wpływ na styl muzyków. *Inspirowaliśmy się nawzajem, jeżeli chodzi o ciuchy* – mówi skromnie Niemka. *Ja zwędziłam od nich skórzane spodnie i kurtki, im podobały się moje rzeczy z zamszu, kurtki bez kołnierza i wysokie buty.* Astrid odpowiada też za słynne grzywki – takie nosili jej koledzy ze szkoły artystycznej. Zastąpiły u Anglików włosy przylizane na żel.

Uwaga: beatlesówkami bywały poza tym nazywane u nas czapki (przypominające rybackie), jakie lubił nosić John Lennon. Polscy rzemieślnicy szyli je z dermy: *Spożycie dermy na głowę jest w Łodzi wciąż wyższe niż konsumpcja mydła* – szydziła Polska Kronika Filmowa. Zdarza się też, że beatlesówką określa się gitarę basową o kształcie przypominającym skrzypce. Takiego sprzętu (produkt firmy Hofner) używał Paul McCartney.

BIAŁY DELFIN UM
serial animowany
(Oum le dauphin blanc)
13 odcinków; reż. Rene Borg; 1971, Francja

Zanim przejdziemy do czegokolwiek innego, trzeba wspomnieć o piosence tytułowej. Nieza-

pomnianej piosence tytułowej. Nie mogło stać się inaczej, skoro za oprawę skromnej animowanej opowiastki wzięli się fachowcy tej miary co Michel Legrand (śpiew i kompozycja) oraz Vladimir Cosma (aranżer). Ten pierwszy już wtedy miał na koncie Oscara. A potem dorzucił do kolekcji kolejne... Efektem jest kunsztowna, nostalgiczna piosenka, przywołująca nastrój słodkiej laby. Zwłaszcza że polska telewizja emitowała serial w trakcie ferii (zadebiutował w 1982 roku w ramach niedzielnej „Wieczorynki").

Sympatyczny biały delfin nazywał się u nas Um, dwoje towarzyszących mu dzieci: Janek (w oryginale Yann) oraz Marina. Gdy spojrzeć w ich oczy, wielkie oczy, staje się jasne, że to nie do końca francuska szkoła animacji. Że maczali w tym ręce Japończycy. „Biały delfin Um" był rzeczywiście pierwszą koprodukcją francusko-japońską. Europejczycy dostarczyli scenariusz, Azjaci zajęli się animacją, a potem przejęli film na swoje potrzeby – po dostosowaniu do lokalnych realiów nosił tytuł „Iruka No Shonen" („Chłopiec i delfin"). Z drugiej strony... To właśnie w Kraju Kwitnącej Wiśni powstały wcześniej co najmniej trzy bajki z udziałem białego delfina.

Delfin Um, przefiltrowany przez zielonkawy ekran telewizora RUBIN, jest kultowym filmem peerelowskich przedszkolaków. Ale we Francji zapamiętano go z innego powodu. Przez lata reklamował na tamtejszym rynku mleczne batoniki Galak (produkcji Nestlé).

BIAŁY MIŚ
piosenka

Niekwestionowany numer jeden weselno-dancingowego obiegu muzycznego PRL. Przez wiele lat uznawany za melodię tradycyjną, w 2006 roku doczekał się sensacyjnego ujawnienia autora.

Jeśli wierzyć świadkom, kompozytorem i autorem tekstu jest Mirosław Górski. Mieszkaniec Pisza, który w młodości amatorsko muzykował. Na przełomie lat 60. i 70. trafił do wojska. Przymu-

sowa rozłąka z żoną i malutkim synkiem (chłopczyka dotyczy tytuł – miał białe włosy) sprawiła, że sięgnął po gitarę. *Pamiętam bardzo dobrze ten wyjątkowy dzień* – wspomina pan Mirosław pobyt w jednostce w Olsztynie. *Pozostałem na kompanii sam, ponieważ z powodu otarcia pięt lekarz zwolnił mnie z zajęć taktycznych. Było mi smutno i tęskno za żoną i synkiem, więc skupiłem się i, sam nie wiem kiedy, w mojej głowie zaczęły się układać słowa i melodia piosenki. Nazwałem ją „Biały Miś", bo nasz synek Andrzej był takim małym, białym misiem. Ot i wszystko. Wieczorem zaśpiewałem tę piosenkę Ryśkowi Kozikowskiemu i wtedy on też sięgnął po gitarę, a Cygan Edek po akordeon i zagraliśmy „Białego Misia" wspólnie.*

Pierwszy z kolegów grał z Górskim w formacji Dobosze (wcześniej Dowcipnisie). Zespół zaczął wykonywać utwór w Piszu i okolicach, a od 1975 roku regularnie występował w sezonie letnim nad jeziorem Mały Wiartel. Tam podobno usłyszał piosenkę jakiś profesjonalny muzyk z Łodzi. I rozpropagował ją szerzej. W latach 80. rozbrzmiewała już na dancingach w całym kraju. Autora szukano nawet w audycji „Lato z radiem", ale Górski postanowił pozostać anonimowy. Decyzja tym śmielsza, że nie mógł utrzymać się z grania i podjął pracę fizyczną.

„Biały miś" stał się niezwykle popularny po roku 1989, gdy w nurcie „chodnikowym" wylansował go zespół TOP ONE. Z drugiej strony brali kompozycję na warsztat rockmani, na przykład formacja Big Cyc. W 2004 roku piosenkę wykonał w filmie „Wesele" (reż. Wojciech Smarzowski) jazzman Ryszard Tymon Tymański. To on dał impuls do poszukiwań prawdziwego autora.

Górski wyszedł wreszcie z cienia. Zachęcony szumem medialnym reaktywował Doboszy i dał z nimi w Piszu specjalny koncert. Trwają starania o rejestrację utworu, co pozwoliłoby na przekazywanie autorowi tantiem. Górscy planują przeznaczyć część pieniędzy na cele charytatywne i współorganizują Piknik Białego Misia.

I jeszcze coś. W oryginale artysta śpiewał: *O, dziewczyno / spójrz na misia / a przypomni on chłopca ci / Najszczęśliwszego* (a nie nieszczęśliwego) *białego misia / który tylko miał w oczkach białe łzy...*

BIAŁY ZĄBEK

pasta do zębów

Kultowa pasta do zębów schyłku PRL. Ceniona nie ze względu na walory czyszczące czy profilaktyczne, lecz smakowe. Egzotyczny – na przykład pomarańczowy – aromat prowokował dzieci do spożywania substancji.

Wprowadzenie Białego Ząbka to efekt wcześniejszej mizerii w asortymencie czyścideł do zębów. W połowie lat 80. na rynku było dostępnych tylko 10 gatunków. Najmłodsi dysponowali pastą Bambino. Teoretycznie. Była ona nie dość, że ohydna w smaku, to jeszcze permanentnie niedostępna... Dorośli nie mieli dużo lepiej: trudno było kupić nawet podłą, kredową w konsystencji Niveę. Producent, poznańska Pollena Lechia, nie nadążał z wytwarzaniem, za mały był import (z Czech czy Bułgarii). Inna sprawa, że rodacy nie rwali się do mycia zębów. Przeciętne zużycie w Europie wynosiło 400-500 gramów pasty rocznie. U nas było to 200, a w niektórych województwach nawet 60 gramów.

Jedna tubka na dwanaście miesięcy! Wskaźnik próchnicy u dwunastolatków wynosił powyżej sześciu zaatakowanych zębów na jamę ustną.

Przeciwdziałać temu miały akcje w rodzaju prowadzonej przez PCK – Klub Wiewiórka. Szkolne higienistki dystrybuowały specjalny znaczek i legitymację. Zawarto w niej prosty regulamin. *Członkiem Klubu Wiewiórka może być uczeń, który: 1) posiada własną szczoteczkę; 2) codziennie myje zęby rano i wieczorem; 3) dokonuje przeglądu zębów u lekarza dentysty w terminach określonych regulaminem Klubu; 4) pije mleko, jada sery, owoce i jarzyny.*

W 1986 roku sprawa ograniczonego dostępu do dziecięcej pasty do zębów stała się *przedmiotem debaty na szczeblu najwyższym resortu chemii*. Postanowiono złamać monopol Lechii, wprowadzając do gry warszawską Pollenę Uroda. Biały Ząbek jej produkcji kusił różnymi smakami i atrakcyjnym opakowaniem, z charakterystycznym słonikiem. Niestety, nie przełamano oporów dotyczących fluorowania produktu. W tej dziedzinie na polu boju pozostał wytwarzany w śladowych ilościach Fluorodent.

BILIŃSKI, MAREK

kompozytor

ur. 17 maja 1953 w Szczecinie, Polska

Polski Jean Michel Jarre, choć sam niechętnie się do takich porównań przyznaje: *Tak mówią, ale mnie to ani ziębi, ani grzeje. Pewnie są między nami jakieś paralele muzyczne, ale prędzej historyczne, bo Jarre jako pierwszy był uznanym na świecie twórcą muzyki elektronicznej, a ja takim twórcą w Polsce. To bardzo proste skojarzenie...*

Absolwent poznańskiej Akademii Muzycznej zaczynał w połowie lat 70. jako klawiszowiec zespołów rockowych: Haem, a potem Bank. Równocześnie występował w zespole pieśni i tańca Cepelia, co pozwalało na podróże po świecie i kupowanie sprzętu. W 1977 roku, zafascynowany twórczością japońskiego instrumentalisty Isao Tomity, sprawił

sobie w Stanach syntezator Minimoog. Gdy koncertowanie z Bankiem przerwał stan wojenny, muzyk zaczął komponować w domu utwory solowe. Z wersją demo trafił do radiowego studia w Szczecinie, gdzie powstał materiał na płytę „Ogród króla świtu". Melodyjne kompozycje spodobały się Jerzemu Kordowiczowi – propagatorowi muzyki elektronicznej w Trójce. Prezenter wylansował je na antenie, co skusiło firmę Wifon do wypuszczenia na rynek albumu (1983).

W tym samym roku ukazał się singel z dwoma najpopularniejszymi utworami artysty: „Dom w dolinie mgieł" i „Ucieczka z tropiku". Ta druga kompozycja cieszyła się fenomenalnym powodzeniem za sprawą wideoklipu – w który wpleciono co bardziej efektowne fragmenty filmów WIDEO (m.in. BONDÓW). *Młodzi, zapaleni realizatorzy wizji ze Szczecina zaproponowali nagranie teledysku* – wspomina artysta. *Zgodziłem się oczywiście, pojechałem na jeden dzień zdjęciowy, nagrałem kilka scenek i to wszystko. Potem realizatorzy powycinali z filmów zachodnich klatki i z dużym wyczuciem muzyki i bardzo dynamicznie zmontowali w klip. Teraz to pewnie nazywa się kolaż? Teledysk poszedł na listy przebojów i okazał się wielkim hitem.*

W 1984 roku ukazał się drugi longplay Bilińskiego, „E#mc2" (Polton). Wspomnianych hitów na nim zabrakło (pojawiły się dopiero w reedycji kompaktowej), ale powtórzył sukces poprzednika. Gorzej było z płytą „Wolne loty" (1986, Polton). Muzyk postanowił po jego wydaniu skorzystać z egzotycznego zaproszenia – wyjechał do Kuwejtu, by wykładać na tamtejszej Akademii Muzycznej. Wrócił do kraju dopiero z wybuchem wojny w Zatoce.

W latach 90. wydał dwie płyty z premierowym materiałem, dał też kilka spektakularnych koncertów w stylu Jarre'a. Poza tym komponuje dla telewizji (m.in. oprawa muzyczna „Koła fortuny"), teatru czy na potrzeby projektów multimedialnych.

BINIO BILL

seria komiksowa

1 tom; rys. Jerzy Wróblewski; 1990

Najbardziej wyrazista postać stworzona przez Jerzego Wróblewskiego, przedwcześnie zmarłego (1941-1991), wybitnego rysownika komiksów. Autor specjalizował się w realistycznych opowieściach, kreślonych charakterystycznym, nawiązującym do amerykańskich wzorców stylem. Debiutował w 1959 roku, krótkimi opowieściami w bydgoskim „Dzienniku Wieczornym". Współpracę z gazetą utrzymał do 1978 roku, ale szybko dostrzeżono jego talent w wydawnictwie Sport i Turystyka, które na początku lat 70. zaczęło przeszczepiać komiks na krajowy grunt.

Najpierw Wróblewski dostał propozycję dokończenia serii „PODZIEMNY FRONT" (oryginalny rysownik przerzucił się na „KAPITANA KLOSSA"). Potem rysował „KAPITANA ŻBIKA", aż do końca serii (w sumie 24 zeszyty). Równocześnie stał się czołowym twórcą w magazynie „RELAX" i realizował zlecenia na pojedyncze zeszyty (np. „Polacy na olimpijskich arenach", 1980). Po upadku „Relaksu" wydał kilkanaście różnych albumów, z których

wyróżniały się sensacyjne „Figurki z Tilos" czy „Skradziony skarb" (1987, 1986 – Krajowa Agencja Wydawnicza) oraz seria dla młodzieży „Tajemnica złotej maczety" (6 tomów, 1985-1986, KAW). Pracował poza tym jako ilustrator książkowy i gazetowy (np. okładka pierwszego numeru „FANTASTYKI"). W nowej rzeczywistości rozpoczął przygotowywanie m.in. komiksowej wersji Biblii (dwa tomy nakładem wydawnictwa Glob).

Tematyką westernową interesował się od zawsze. Jeszcze w „Dzienniku Wieczornym" rysował awanturniczy cykl „Nat Casey" (1963), a w „Na przełaj" tworzył parodię Lucky Lucke'a. Ta druga pozycja to chyba najlepszy trop, jeżeli chodzi o inspirację dla Binio Billa. Oba te komiksy cechuje odejście od konwencji realistycznej na rzecz karykatury, gagów fabularnych i żartów językowych (imiona postaci: Maks Kopyto, Frank Cyngiel, Jane Klamota). Rysownik sam pisał w tym przypadku scenariusze.

Binio Bill zadebiutował na łamach „ŚWIATA MŁODYCH" w 1980 roku, opowieścią „Rio Klawo". Z pierwszego kadru dowiadujemy się, że miał polskie korzenie: *Zbigniew Bielecki – jeden z najsłynniejszych bohaterów Dzikiego Zachodu – był naszym rodakiem. Mieszkańcom preriowych miasteczek trudno było jednak wymawiać jego prawdziwe nazwisko, nazywano go więc po prostu Binio Bill...*

W tym samym roku ukazały się plansze „Na szlaku bezprawia", potem „Binio Bill i 100 karabinów" (1981), „Binio Bill i trojaczki Benneta" (1982), „Binio Bill kręci western i... w kosmos" (1983) oraz „Śladami Kida Walkera (1986). Całość uzupełnia jednostronicowa historia „Binio Bill i ciocia Patty", zamieszczona w 1984 roku w jubileuszowym numerze gazety. Pierwsze – i jedyne – wydanie albumowe przygód naszego człowieka na Dzikim Zachodzie ukazało się dopiero w 1990 roku: „Binio Bill... i skarb Pajutów" (KAW). Śmierć rysownika przerwała powstawanie kolejnego tomu, „Binio Bill i Szalony Heronimo".

BISTOR – patrz KREMPLINA

BLIŻEJ ŚWIATA
audycja telewizyjna

Telewizja Polska dostrzegła ekspansję TELEWIZJI SATELITARNEJ i próbowała na nią odpowiedzieć. Zdecydowano się uruchomić audycję prezentującą starannie dobrany wybór obrazków z Zachodu. Na antenie po raz pierwszy pojawiła się w wielkanocną niedzielę 3 kwietnia 1988. W roli prowadzącego: Jerzy Klechta, redaktor naczelny miesięcznika dla Polonii „Panorama Polska". Wąsaty chudzielec zapraszał do studia zagranicznych korespondentów akredytowanych w Polsce (najbardziej charakterystyczny był Francuz Bernard Margueritte), by komentowali pokazywane materiały.

Ględzenie o tym, że to, co widzimy, nie jest fajne, było złem koniecznym. Widzowie łaknęli migawek ze świata mody, sportu, wideoklipów i obowiązkowego fragmentu Benny'ego Hilla na koniec. Widzowie mężczyźni dodatkowo niecierpliwie czekali na krótki przejaw miękkiej erotyki... Zadziwiająca sprawa, zważywszy na stosunek władz do golizny oraz fakt, że audycja nadawana była w niedzielę o godzinie 18. Bratni komuniści z Czech uznali „Bliżej świata" wręcz za sabotaż. Uruchomili nadajnik zakłócający odbiór TVP 2 na terenie swojego kraju.

Audycję nadawano przez trzy lata. Straciła sens w obliczu powszechnego dostępu do anten satelitarnych i rozwoju sieci kablowych. Redaktor Klechta, absolwent Wyższej Szkoły Nauk Politycznych przy KC PZPR, stał się w nowej rzeczywistości zagorzałym dziennikarzem katolickim.

BOGOWIE Z GWIAZD
seria komiksowa

8 tomów; rys. Bogusław Polch; 1978-1982

Cykl „Bogowie z gwiazd" („Die Götter Aus Dem All") znany jest też pod tytułem „Według Dänikena". Mamy do czynienia z adaptacją teorii kontrowersyjnego Szwajcara, zgodnie z którymi życie na Ziemi pochodzi od kosmitów.

W połowie lat 70. Alfred Górny, dyrektor wydawnictwa Sport i Turystyka, negocjował zakup praw do polskiej edycji jednej z książek Dänikena. Szef zachodnioniemieckiej firmy Econ Verlag powiedział mu wtedy o planach komiksowej wersji takich historii. Górny przekonał partnera, że w PRL można to wykonać taniej. I zastrzegł sobie pieczę nad scenariuszem. Pomagał mu Arnold Mostowicz, dziennikarz zafascynowany teoriami o prehistorycznych przybyszach.

Na rysownika wybrano Grzegorza Rosińskiego, który przygotowywał już dla Sportu i Turystyki komiksy z cyklu KAPITAN ŻBIK. *Pojechaliśmy z Arnoldem Mostowiczem do Monachium* — wspomina twórca THORGALA. *Przygotowałem dużo plansz, które tam przedstawiłem. Pokazałem kosmitów jak te postacie z Wyspy Wielkanocnej, tylko bardziej uczłowieczone, bardziej żywe. Tak ich sobie wyobrażałem. Niemcy chcieli jednak bardziej ludzkie. Zorientowałem się, że oni mi coraz bardziej przewalają ten komiks — chcą zrobić z tego jakieś marvele, jakichś supermanów, te kobitki takie... Nie tak to sobie wyobrażałem.* Rosiński polecił w zamian swojego kolegę ze szkolnej ławy, Bogusława Polcha.

Ten zabrał się do ubierania słów w rysunki z typową dla siebie precyzją kreski. Ale i rozmachem. Fabuła rzeczywiście pozwalała rozwinąć skrzydła: przybysze z planety Des mieli przecież przyjemność uczestniczenia w wydarzeniach tej skali co zagłada Atlantydy czy upadek wieży Babel... Polski komiks wkroczył niniejszym na poziom światowy (serię przetłumaczono na 12 języków). A w epickiej opowieści nie zestarzało się nic poza bokobrodami bohaterów.

Pierwszy tom serii, „Lądowanie w Andach" (Krajowa Agencja Wydawnicza), ukazał się w Polsce

w 1982 roku. W Niemczech zamknięto już wtedy całość. Kolejne wydzielano nam w nieregularnych odstępach do 1990 roku. Po upadku wydawnictwa zabrakło odcinka ostatniego. „Ostatni rozkaz" oficjalnie ukazał się dopiero w 2003 roku, w ekskluzywnym zbiorze wszystkich części zatytułowanym „Ekspedycja". Wcześniej jego fragmenty drukowane były na łamach efemerycznego magazynu komiksowego „Kron" (1999).

BOLEK I LOLEK

serial animowany

174 odcinki; różni reżyserzy; 1963-1986, Polska

Najsłynniejsza polska kreskówka. Podobno obejrzało ją w sumie miliard widzów w ponad 60 krajach świata... Chętnie przywoływany jest przykład Iranu, w którym ajatollah Chomeini zakazał wszelkich europejskich filmów, a w tym przypadku zrobił wyjątek.

Serial tchnął życie w Studio Filmów Rysunkowych w Bielsku-Białej, które zaczynało od propagandowych filmów dla dorosłych. Twórczość dla dzieci była dość prymitywna i traktowano ją jako działalność poboczną (np. kilka odcinków „Profesora Filutka" w latach 1955-1962).

Twórcą Bolka i Lolka był Władysław Nehrebecki, ówczesny dyrektor instytucji. Imiona zaczerpnął z przedwojennego filmu o tym samym tytule z Adolfem Dymszą. Inspiracji fabularnej dostarczyli mu synowie. *Mieliśmy z bratem po 6-7 lat* – wspomina Roman Nehrebecki. *Telewizja puszczała wtedy „Wilhelma Tella". Jego przygody działały na naszą wyobraźnię. Zrobiliśmy sobie kuszę z wieszaka. Pierwsze przygody Bolka i Lolka w filmie pod tytułem „Kusza" powstały na podstawie moich zabaw z bratem. Wyglądaliśmy mniej więcej tak jak Bolek i Lolek. Janek był wysoki i szczupły. Ja byłem mały, gruby i fajtłapowaty. Brat był starszy, miał autorytet. Wciągał mnie do zabaw i robił ze mnie ofiarę.*

Narodziny graficznego wizerunku bohaterów są niejasne. Co doprowadziło później do konfliktu prawnego. Według dokumentów sądowych Nehrebecki ogłosił konkurs na narysowanie wymyślonych przez niego postaci. Wzięli w nim udział graficy studia w Bielsku-Białej... *Uczestnicy konkursu przedstawili Nehrebeckiemu swoje projekty postaci Bolka i Lolka, a on oceniając je, przyrównywał każdy z nich do wizerunku postaci ze swojej wyobraźni. Żaden z projektów nie był tym, co Nehrebecki chciał zobaczyć na ekranie. W kilku z nich jednakże odnalazł elementy postaci, które uznał za „trafione". Były to projekty Alfreda Ledwiga – co do postaci Bolka, Tadeusza Depy – rów-*

nież w odniesieniu do postaci Bolka, oraz Leszka Lorka – który narysował postać Lolka. Tadeusz Depa otrzymał nagrodę za swój projekt, ale później nie brał udziału w dalszych pracach nad przygotowaniem postaci do filmu. Spadkobiercy Nehrebeckiego, Lorka oraz przebywający na emigracji Ledwig, wdali się natomiast w długotrwały proces. Skończył się on dopiero w 2006 roku. Na mocy werdyktu twórcy dysponują po 1/3 udziałów w prawach do postaci. Wobec braku ich porozumienia całością zarządza wyznaczony przez sąd radca prawny.

Pierwszych 13 odcinków „Bolka i Lolka" powstało w latach 1963-1964 i trafiło do kin. Wyświetlano je przed głównym seansem, po Kronice Filmowej. Potem pałeczkę przejęła telewizja, co wymusiło zapotrzebowanie na kolejne przygody. *Pracowaliśmy jak w fabryce* – wspomina późniejszy dyrektor studia, Zdzisław Kudła. *Obowiązywał plan i co kwartał tyle i tyle „Bolków" musieliśmy wypuścić. Nie było to łatwe, bo film animowany to efekt pracy iście benedyktyńskiej.*

Drugi sezon, „Bolek i Lolek na wakacjach", pochodzi z lat 1965-1966. W sumie nakręcono aż 11 cykli. Najdłuższy, 63-odcinkowy „Przygody Bolka i Lolka", powstawał między 1972 i 1980 rokiem. Ostatni, „Bolek i Lolek w Europie" (1983-1986), liczy tylko pięć części.

W 1973 roku do bohaterów dołączyła dziewczynka, Tola – studio ugięło się pod prośbami młodych miłośniczek serialu. Zniknęła jednak po kilku odcinkach. Kudła: *Im więcej bohaterów na ekranie, tym film staje się bardziej płaski. Jak jest dwóch chłopców i dziewczynka, to pojawiają się problemy płci. A to nie było mile widziane. No bo jak? To bardzo trudne do opowiadania. Podczas kolaudacji mówiono, że Tola plącze się po ekranie i nie wiadomo, co z nią zrobić. I do dziś nie ma zgody, czy z Tolą było dobrze, czy źle.*

Sporo kontrowersji wzbudziło też obdarzenie bohaterów głosem. Doszło do tego w 1977 roku, gdy zrealizowano pełnometrażowy film „Wielka podróż Bolka i Lolka" (przerobiony także na 15 odcinków serialu). W role wcieliły się dwie panie: Ewa Złotowska (Bolek) i Danuta Mancewicz (Lolek). Obsada uległa zmianie w kolejnym kinowym obrazie „Bolek i Lolek na Dzikim Zachodzie" z 1986 roku. Tym razem szczebiotały Ilona Kuśmierska (Bolek) i Danuta Przesmycka (Lolek). Chłopcy mówili też w niesławnej „Olimpiadzie Bolka i Lolka" (1983-1984), zrealizowanej na zamówienie Komitetu Olimpijskiego. Po wycofaniu się krajów socjalistycznych z igrzysk w Los Angeles materiał poddano ostrej ingerencji cenzury. Wcześniej zdarzały się tylko drobne zalecenia: żeby nie umieszczać wieży kościelnej w panoramie miasteczka. Lub żeby świnia nie miała koloru czerwonego...

Wspomniane spory prawne doprowadziły do patowej sytuacji w 1986 roku. Po zakończeniu produkcji nowych odcinków serii zmontowano jeszcze z dotychczasowych części dwa dłuższe filmy („Sposób na wakacje Bolka i Lolka" i „Bajki Bolka i Lolka"), wzbogacone planszami z komentarzem. Filmografię uzupełniają miniaturki edukacyjne, w rodzaju „Z ogniem nie ma żartów".

Bohaterowie kreskówki doczekali się imponującej – jak na warunki krajów nierynkowych – oprawy gadżetowej. W pamięci ówczesnych dzieciaków zapisała się pierwsza polska balonowa guma do żucia BOLEK I LOLEK. W połowie lat 70. Wydawnictwo Śląsk opublikowało kilka zeszytów z cyklu „Biblioteka przygód Bolka i Lolka" (w kolejnych wydaniach po prostu: „Bolek i Lolek"). Były to krótkie opowiadania z dużą ilością ilustracji. Ponadto wydawano slajdy, pocztówki, książeczki do kolorowania, puzzle, kalendarze, a nawet PŁYTY WINYLOWE ze słuchowiskami. Choćby „Królowa Zima" (Muza, 1976), która miała tę zaletę, że w główne role wcielili się wreszcie faceci: Janusz Hryniewicz (Lolek) i Maciej Damięcki (Bolek).

Pod koniec lat 90. Roman Nehrebecki próbował kontynuować dzieło ojca, planował realizację serialu „Olek i Tolek" (z rysunkami Mariana Cholerka). W 2002 roku ukazał się jeden odcinek komiksu „Przygody kuzynów Bolka i Lolka – Sensacyjne odkrycie", ale zabrakło producenta filmu i tematu nie pociągnięto. Wciąż drukowane są za to książeczki i gadżety z wykorzystaniem oryginalnych postaci.

O Bolku i Lolku zrobiło się znów głośno w 2006 roku. Berlińskie pismo dla gejów i lesbijek „Siegessäule" umieściło postaci na swojej okładce. Bolek miał... piersi, a całość była zachętą do wsparcia Dni Równości w Warszawie. W rodzinnym mieście bohaterów zawiązała się Inicjatywa Obrony Wizerunku Bolka i Lolka Bielsko-Biała 2006. Ostro wypowiedział się też Roman Nehrebecki: *Rysunkowi chłopcy to postacie wymyślone dla dzieci. Przeżywają pasjonujące przygody, wszystkie zakończone puentą dydaktyczną. Nie pozwolimy, by utożsamiano ich z jakimiś mniejszościami, większościami, grupami czy organizacjami. Podkreślam jeszcze raz: Bolek i Lolek są dla dzieci i niech tak zostanie.*

BOLEK I LOLEK

guma do żucia

Pamiętna – bo balonowa – guma do żucia krajowej produkcji. Wytwarzały ją od połowy lat 70. zakłady przemysłu cukierniczego OZPC Odra w Brzegu. *Z rozeznania rynku wyszło, że powinniśmy produkować 25 procent wyrobu o smaku miętowym, a reszta to owocówka* – wspomina Maria Świętochowska, kierownik działu technologicznego Odry. Najbardziej popularna odmiana (skład: cukier, syrop skrobiowy, guma baza balon, esencja pomarańczowa) miała smak pomarańczowy. Niestety, mimo prężącego się znaku jakości „1" ulatywał po krótkiej chwili w ustach... Trudno się dziwić, skoro zakupiono japońską linię produkcyjną, ale nie zakupiono technologii wytwarzania. *Recepturę opracowaliśmy sami metodą prób i błędów. I się udało. Balony były, że hej* – zapewnia pani kierownik.

Opakowania Bolka i Lolka to klasyczny przykład kapitalistycznego gadżeciarstwa. Na obu stronach papierowego opakowania listków (w środku było jeszcze „pazłotko") widniały nawiązujące do siebie scenki z udziałem bohaterów kreskówki „BOLEK I LOLEK".

BOLTER

zespół muzyczny

Elektroniczna perkusja Simmonsa (taka z płaskimi panelami) plus instrumenty klawiszowe były podstawą brzmienia lat 80. Tworzono z ich pomocą szlachetny styl new romantic, muzykę pop (PAPA DANCE), ale i produkcje typu Bolter. Pierwszy przypadek, w którym takie brzmienia towarzyszyły estetyce znanej z wiejskich wesel (znamienna była już nazwa grupy – określenie niesfornego konia). W każdym razie pierwszy, który wdarł się do mainstreamu...

W 1985 roku poznański zespół zdobył drugą nagrodę w konkursie piosenki premierowej OPOLA za piosenkę „Daj mi tę noc". Śpiewający pan z wąsem – Jan Zieliński – siedział równocześnie za bębnami. Wokalnie pomagała mu pląsająca pani w PIRAMIDACH: Iwona Maciejewska. I postać najważniejsza – założyciel zespołu, klawiszowiec, kompozytor, później animator sceny disco polo (Amadeo) i pomysłodawca boysbandu Just 5... Sławomir Sokołowski. Proste słowa piosenki napisał Andrzej Sobczak, tekściarz, który miał na koncie znacznie bardziej wyrafinowane utwory Turbo („Dorosłe dzieci") czy Lombardu („Przeżyj to sam").

W tym samym roku przebój trafił na singel wydany przez Tonpress. A już rok później grupa miała na koncie longplay „Więcej słońca" (Wifon). W 1987 roku ukazał się kolejny album, „Hollywood" (także Wifon), na którym obok Maciejewskiej wokalnie udzielały się Daria Pakosz i Halina Benedyk. *Perfekcja wykonawcza idzie tu w parze z dojrzałością koncepcji artystycznej* – kpił krytyk. *Zaś nieustannie u nas modny „kafarsound" sprzyja wbijaniu w głowę prawd tak elementarnych, jak ta, że „Krew nie woda", a „Jutro po nas tylko wiatr".* Bolter uczestniczył ponadto gościnnie w nagraniu albumu „Wstaje nowy dzień" KRZYSZTOFA KRAWCZYKA (Wifon, 1987). Potem zespół się rozpadł. W 1991 ukazała się jeszcze na CD składanka „Best Of" (Polskie Nagrania).

Formalna reaktywacja Boltera nastąpiła w 2006 roku, gdy telewizja Polsat zaprosiła zespół na swój festiwal Top Trendy. Poza tym nazwy używa – mniej lub bardziej formalnie (ex Bolter, New Bolter) – wciąż koncertujący Zieliński.

BONANZA

serial westernowy

430 odcinków; różni reżyserzy; 1959-1973, USA

Absolutny hit telewizyjny lat 60. Regularnie oglądało go 80 procent polskich widzów. Nietrudno rozszyfrować to powodzenie. Po pierwsze rzecz przyjechała z Ameryki. Po drugie – wpisywała się w modną tematykę westernową. „Bonanza" trafiła na polskie ekrany w niedzielę 16 sierpnia 1964 roku. Zastąpiła inny serial o Dzikim Zachodzie: „Dyliżansem przez prerię" („Overland Trail", oryginalnie 1957-1959). Wcześniej pokazywano jeszcze u nas „Złamaną strzałę" („Broken Arrow", oryginalnie 1956-1958).

Emisje „Bonanzy" były nieregularne. Stały dzień nadawania (środa) i w miarę ustabilizowany rytm serial zyskał w 1966 i 1973 roku. Poza tym pojedyncze epizody wyświetlano od czasu do czasu, przeważnie w soboty lub niedziele. Telewizja Polska nie pokazała oczywiście wszystkich odcinków z 14 sezonów. Kolejne fragmenty, bez specjalnego dbania o kolejność, były dawkowane aż do lat 80. *Gdy dyrektor największego amerykańskiego koncernu radiowo-telewizyjnego NBC, Lane Blackwell, został zapytany w Warszawie, czy wszystkie odcinki „Bonanzy" są realizowane na tym samym poziomie co kilka pierwszych (przywiózł ze sobą ich próbki), odpowiedział: „Mam ich około dwustu, może w tej chwili nawet 250, więc jeśli jakiś film się wam nie spodoba, z zamianą nie będzie kłopotu"* – pisano w 1965 roku.

Akcja westernu, który kręcili twórcy tej miary, co Robert Altman (wśród reżyserów był też nasz przedwojenny filmowiec Józef Lejtes), rozgrywała się na ranczu Ponderosa, w Nevadzie, w czasach wojny secesyjnej. Centralną postacią był wdowiec, Ben Cartwright (Lorne Greene), który wychowywał trzech synów: Adama – najstarszego i najpoważniejszego (Pernell Roberts – ewakuował się z serialu w 1965 roku, jako jedyny z czwórki odtwórców głównych ról żyje do dziś), Hossa – olbrzyma o złotym sercu (Dan Blocker – jego śmierć w 1972 przyspieszyła decyzję o zaprzestaniu produkcji) oraz Małego Joe – pięknisia i romantyka (Michael Landon – największy gwiazdor w obsadzie, próbował też sił jako reżyser późniejszych odcinków).

Chłopaki „bonanzowie" – jak ich nazywano – pochodzili od różnych mam. Nic dziwnego, że kilkadziesiąt pierwszych odcinków upłynęło na rozwiązywaniu sporów wynikających z różnicy charakterów. Gdy temat się wyczerpał, w życie rancza coraz częściej zaczął wkraczać świat zewnętrzny, tworząc sytuacje pozwalające producentom na poruszenie problemów rasowych czy religijnych. Stałym elementem serialu była fizyczna eliminacja wszelkich kobiet, jakimi interesowali się Cartwrightowie.

Popularność „Bonanzy" skłoniła decydentów do zamówienia krajowego odpowiednika przygodowej opowieści. *Niepokoi nas znaczna ilość w programie przeznaczonym dla dzieci i młodzieży filmów typu „ZORRO", „Robin Hood", „Dyliżansem przez prerię", które w swym klimacie nie są nam najbliższe* – grzmiał w przemówieniu Stanisław Stefański, dyrektor programowy telewizji. *Narzucają one bowiem dziecku ideał amerykańskiego bohatera. Konieczne jest podjęcie przez kinematografię znacznie większego wy-*

siłku w kierunku przygotowania serialu dla dzieci i młodzieży. Wkrótce potem powstali „CZTEREJ PANCERNI I PIES".

„Bonanza" została w Polsce zapamiętana także ze względu na czołówkę. Płonąca mapa skłoniła co bardziej figlarnych młodzieńców do zamachów na osoby czytające gazety w miejscach publicznych. Podpalenie takowej nazywało się „robieniem bonanzy"... Wszyscy też znali na pamięć motyw muzyczny. Słynny temat był dziełem kompozytorskiego duetu Jay Livingston i Ray Evans (gra gitarzysta Tommy Tedesco). W 1963 roku jego wokalną wersję zarejestrował Johnny Cash (1963), a rok później sam Lorne Greene. W 1970 roku producenci usunęli żwawą melodyjkę, jednak powróciła w ostatnim sezonie.

Podobnie jak wiele innych amerykańskich seriali, „Bonanza" doczekała się wersji komiksowej. Ciekawostka: tłumaczenia zeszytów dla krajów Beneluksu drukowano w Polsce. Część egzemplarzy w tajemniczy sposób opuszczała drukarnię i lądowała na bazarach...

W 2007 pojedyncze odcinki serialu ukazały się u nas na płytach DVD.

BOND

cykl filmów fabularnych

różni reżyserzy; 1962-2007, Wielka Brytania

No, więc i na naszych ekranach nareszcie mamy Bonda — jedną z legend współczesnego kina sensacyjnego — pisała w 1988 roku recenzentka „Przekroju", Aleksandra (czyli Lucjan Kydryński pod pseudonimem). Na polskie ekrany wchodził właśnie „Żyj i pozwól umrzeć" („Live And Let Die"). Pierwszy Bond z Rogerem Moore'em w roli głównej. Właściwie zabytkowy, biorąc po uwagę rok produkcji: 1973. *Film — jak na Bonda przystało — jest efektowny, pełen napięcia, chociaż... odczuwa się już upływ czasu. Dzisiejsze kino potrafi pobudzać bicie naszych serc znacznie bardziej wymyślnymi środkami, no ale piętnaście lat to w filmie cała epoka.* Rok później wprowadzono jeszcze do kin „Moonrakera". Oryginalnie: 1979.

W Centralnej Dystrybucji Filmów można było poza tym oficjalnie wypożyczyć na kasecie VHS „Żyje się tylko dwa razy" („You Only Live Twice", 1967). I to by było wszystko, jeżeli chodzi o karierę brytyjskiego agenta 007 w PRL.

Podziemny obieg WIDEO to zupełnie inna sprawa. Uparci kompletowali całą serię, najlepiej w przekładach Tomasza Beksińskiego. *Żeby oglądać bondy, kupiłem magnetowid i telewizor kolorowy* – wspominał dziennikarz i tłumacz, wielki fan gatunku. *Długo nie mogłem dostać żadnego po angielsku – a pirackie tłumaczenia to była groza! Chciałem zbierać filmy w oryginale, bo to sprawia mi największą frajdę. Kiedy jednak pokazywałem komuś moje bondy, musiałem siadać i tłumaczyć na żywo. Robiłem kanapki, było wino, goście żarli, pili, a ja tłumaczyłem. Wreszcie powiedziałem sobie: „Kurwa mać, ja też chcę wypić wino, zjeść kanapki, też chcę pooglądać film, a nie siedzieć i tłumaczyć. Nagram głos i będę miał spokój".*

Niechęć władz do sprowadzania Bondów na polski grunt brała się z trzeźwej oceny sytuacji. Oddajmy głos Januszowi Skwarze, który w 1970 roku, w książce „Film zachodni a polityka", wystawił serii następującą laurkę: *Filmy bondowskie są szkodliwe nie tylko dlatego – powiedzmy sobie to otwarcie – że posiadają te czy inne akcenty antykomunistyczne, ale dlatego, że wszystkie sprawy polityczne są przyrządzane w sposób nadzwyczaj pomysłowy (to rzeczywiście świetne kino!) i ta właśnie oprawa przyciąga widza i każe mu wchłaniać, niemal niezauważalnie, wszelkie złośliwości pod adresem obozu socjalistycznego.*

Wymienione na wstępie, sprowadzone do Polski tytuły antysocjalistycznych akcentów były akurat pozbawione. Natomiast najnowszy wtedy film, który miał na Zachodzie premierę, „W obliczu śmierci" („Living Daylights" z Timothy Daltonem, 1987) – wręcz przeciwnie. Dość powiedzieć, że akcja zaczynała się od zagrania na nosie służbom czechosłowackim... A potem bohater posługiwał się fałszywym polskim paszportem na nazwisko Jerzy Bondov.

W całym cyklu nie brakowało bliskich nam akcentów. Ileż musiałby zapłacić PZL Świdnik za product placement swojego śmigłowca w „Tylko dla twoich oczu" („For Your Eyes Only", 1981). Widoczny tam helikopter MI-2 ma wyraźne logo fabryki i oryginalne oznaczenie: SP-SAP (przemalowane na 8P-8AP). Faktem jest, że przyleciał nim do greckiego klasztoru generał Gogol z KGB. *Na tym polega odprężenie, towarzyszu* – rzekł do niego Bond, wyrzucając w przepaść urządzenie sterujące rakietami. *Ty nie masz – ja nie mam.*

Opóźnienie dotyczyło też wydawania polskich wersji książek Iana Fleminga, na których luźno wzorowano filmy. Dopiero w roku 1989 powieść „Doktor No" opublikowało wydawnictwo G&G (w imponującym, dwustutysięcznym nakładzie). Rok później Alfa wzięła się za „Pozdrowienia z Rosji" i „Goldfingera". Interart wypuścił broszurowe „Tylko dla twoich oczu" oraz „Własność pewnej damy" w zbiorze „Ryzyko", a Wema „Sam chciałeś te karty, czyli Casino Royale". Z tej ostatniej pozycji dowiedzieliśmy się, dlaczego agent 007 nie może sobie ułożyć trwałego związku z żadną damą... *Tak jestem podwójną agentką rosyjską* – pisała do niego w pożegnalnym liście Vesper Lynd (postać wzorowana podobno na Krystynie Skarbek-Granville, nazywanej Vesperale). *Zwerbowali mnie rok po wojnie i odtąd pracuję dla nich. Zakochałam się w Polaku z RAF-u. Kochałam go aż do poznania ciebie...*

BONEY M

zespół muzyczny

Gdy zapytać artystów z Boney M, który koncert ze swojej kariery wspominają najlepiej, bez wahania powiedzą: Polska. Konkretnie: SOPOT 1979. Tylko tutaj popularny w Europie, ale jednak prowincjonalny zespół mógł się cieszyć statusem godnym światowej megagwiazdy. Do legendy przeszło na przykład żądanie podstawienia białego helikoptera. Na lotnisku Rębiechowo wylądował wojskowy MI-2, który specjalnie dla gości został przemalowany...

Boney M to jeden z licznych projektów muzycznych niemieckiego producenta i kompozytora Franka Fariana (właśc. Frank Reuther). Muzyk po raz pierwszy użył tego szyldu w 1975 roku, na potrzeby singla „Baby Do You Wanna Bump?". Popularność piosenki w krajach Beneluksu sprawiła, że postanowił działać dalej. Do „elektronowej" (jak zapowiedziała pani w Sopocie) muzyki disco dołożył atrakcyjne twarze. W tym celu zebrał kilkoro czarnoskórych emigrantów z Karaibów.

Nie musieli nawet śpiewać. Jak się okazało po latach, „wokalista" Bobby Farrell tylko tańczył i ruszał ustami. Wszystkie partie w nagraniach studyjnych zaśpiewał osobiście producent (który później na podobnej zasadzie wylansował grupę Milli Vanilli). Poza tym w składzie Boney M znalazły się panie Marcia Barrett, Liz Mitchell i Maizie Williams. Towarzystwo nagrało pierwszy album długogrający „Take The Heat Off Me" (1976, Hansa). Udało się z niego wylansować przebój „Daddy Cool".

Kolejne płyty ukazywały się co roku i przyniosły szereg hitów: „Ma Baker", „Rivers Of Babylon", „Rasputin" (wycięty z transmisji sopockiej), „Bahama Mama" czy „Hooray! Hooray! It's A Holi-Holiday". Ten ostatni znalazł się na składance przebojów, która ukazała się w 1980 roku. Był to właściwie koniec zespołu. Zaczął się sypać skład i nigdy już nie wylansowano żadnego przeboju. Farian zajmował się potem tylko remiksowym odgrzewaniem starych hitów. Niektóre z oryginalnych wersji nie są dostępne na CD! Jeżeli natomiast chodzi o fonografię polską, za czasów PRL ukazało się nakładem Tonpressu kilka singli.

Boney M wrócili na scenę Sopotu w 1993, a potem w 2007 (gala Dzień Europy). Ten drugi występ to nic nadzwyczajnego – grupa koncertuje dziś w Polsce często, nawet w małych miejscowościach. Sytuację ułatwia fakt, że za niewielkie pieniądze dostępne są aż cztery składy. W zatwierdzonym przez Fariana śpiewa Liz Mitchell. Osobno koncertują Bobby Farrell i Maizie Williams. Dodatkowo niejaka Sheila Bonnick (która przemknęła przez jedną z inkarnacji grupy) prowadzi projekt Sound Of Boney M.

BRACTWO ŻELAZNEJ SZEKLI

audycja telewizyjna

Audycja telewizyjna będąca tubą propagandową dla organizacji o tej samej nazwie. Cel: wychowanie morskie młodzieży. Inicjatorzy: kapitan Adam Jasser, żeglarski wyga, oraz Bogdan Sienkiewicz, redaktor „Latającego Holendra" (na antenie TVP Gdańsk od 1966 roku). Ekipę zasilił później znany żeglarz Krzysztof Baranowski. Na początku lat 80. „Bractwo Żelaznej Szekli" było już samodzielną pozycją programową, emitowaną w ramach „STUDIA 2".

Organizacja ruszyła na serio w 1973 roku. Młodzi adepci żeglarstwa wypływali w krótkie rejsy na pokładzie „Daru Pomorza" czy jachtów wynajmowanych od Ligi Obrony Kraju. Nie musieli mieć uprawnień – dzięki konkursowi mógł się załapać każdy. *Postaraliśmy się w sposób jak najbardziej autentyczny stworzyć młodzieży w całym kraju szansę przeżycia wielkiej, morskiej przygody. Nasze konkursy mają charakter otwarty, drogą na wskroś uczciwej eliminacji można stać się członkiem załogi* – mówił Baranowski.

Sztandarowym przedsięwzięciem „Bractwa" stała się budowa własnej jednostki. W 1979 w Stoczni Gdańskiej zbudowano „Pogorię". Jako że była finansowana z pieniędzy Radiokomitetu (75 milionów złotych zaoszczędzonych podobno na obsłudze wizyty Papieża), od razu pojawiły się plotki, że to półprywatne przedsięwzięcie prezesa Macieja Szczepańskiego. Według łagodnych wersji miał on na jachcie odbywać podróże dookoła świata. W wariancie radykalnym odbywały się tam dzikie orgie.

W 1980 roku, gdy zmieniły się władze telewizji, zamierzano sprzedać „Pogorię" za granicę. Zaprotestowali przeciw temu stoczniowcy. W efekcie jacht trafił do Polskiego Związku Żeglarskiego. Od 1983 roku idee Bractwa przejęła Szkoła pod Żaglami. Młodzi uczestnicy rejsów godzili obowiązki marynarskie z nauką. Baranowski organizował kolejne odsłony tego przedsięwzięcia do początku kolejnej dekady.

Szczurom lądowym wypada na koniec wyjaśnić, że szekla jest metalową klamrą służącą do łączenia lin, łańcuchów i czego tam jeszcze.

BROMBA I INNI – patrz TAJEMNICA SZYFRU MARABUTA

BRUTAL
linia kosmetyków

Najsłynniejszy obok PANI WALEWSKIEJ wyrób kosmetyczny PRL. Co tu dużo gadać: przyciągała nazwa. Bezkompromisowe, jawne wyzwanie dla dorobku emancypacji kobiet... Do tego opakowanie utrzymane w barwach ognistej czerwieni. Z czym doskonale komponował się zapach. Formalnie korzenno-ziołowy, lecz przede wszystkim z dominującą nutą alkoholu. Idealny dla odbiorców, którzy wyrośli z etapu pierwszego mydła – lub postanowili sięgnąć po coś bardziej luksusowego niż woda kolońska Przemysławka.

Krakowska Pollena Miraculum dostała zgodę na wprowadzenie nowego wyrobu w latach 70. Centrala podkreślała stopień zaawansowania prac laboratorium badawczego. Decydująca była też niewielka „dewizochłonność" wynalazku. Wkrótce linia produktów z dumnym „B" w herbie zaczęła się powiększać: woda po goleniu, szampon...

Silny zapach najlepiej przyjął się na Wschodzie. Firma (od 1987 do momentu prywatyzacji oficjalnie polsko-radziecka) wysyła Brutala na tamtejszy rynek również dziś. Z drugiej strony produkt przypadł do gustu machos z Ameryki Południowej. To drugi kierunek współczesnego eksportu.

BUBLOTEKA
radiowa lista (nieudanych) przebojów

Antyteza Listy Przebojów Trójki. Co drugi piątek, na antenie Programu IV, pojawiała się Lista Nieudanych Przebojów... Kultowa „Bubloteka".

Prowadzą Grzegorz Miecugow i Andrzej Paweł Wojciechowski. Pierwszy niedawno wrócił do radia po przerwie związanej ze stanem wojennym. To jego pierwsza własna audycja. Drugi jest spikerem, współpracującym jako prezenter ze wszystkimi antenami Polskiego Radia. Swoje pasmo dostali w ramach młodzieżowego bloku „Między nami". Pierwsze notowanie wyemitowano w 1985 roku. Audycja odtwarzana była z taśmy, choć realizowanej bez montażu.

Twórczego impulsu do powstania „Bubloteki" dostarczył realizator dźwięku Jerzy Wlaźliński. Jako człowiek nie przepadający za muzyką młodzieżową, rzucił kiedyś postulat stworzenia listy najgorszych przebojów, co podchwycił Miecugow.

Wczesne odsłony obejmowały podobny zakres repertuaru co lista Marka Niedźwieckiego. Na szczyt pierwszego notowania trafiła „Sztuka latania" Lady Pank. Prowadzący interesowali się też jednak na przykład alternatywną grupą Siekiera. Rozpisali konkurs na rozszyfrowanie tekstu jej utworu – „Misiowie puszyści" (*Szewc zabija szewca / bumtarara bumtarara*)... Z czasem punkt ciężkości przesunął się w stronę szeroko rozumianej muzyki pop. W notowaniach królowali PAPA DANCE, KRZYSZTOF KRAWCZYK, BOLTER, Gayga, Anna Jurksztowicz czy „polski Shakin' Stevens" – Wojciech Blond. Zabawa dotyczyła wyłącznie wykonawców krajowych.

Artyści raczej się na nas nie obrażają, traktują to z przymrużeniem oka – opowiadał Miecugow w 1986 roku. *W końcu nie jest to miarodajna ocena ich twórczości – jak każda lista przebojów oparta jedynie na głosowaniu, na którego wynik może wpłynąć grupa fanatyków.* Słuchacze stanęli na wysokości zadania. Po każdej audycji pod adresem Polskie Radio, Program IV, 00-950 Warszawa, P46 Bubloteka, przychodziło kilkaset listów. Przeważnie mocno nietypowych. *Kiedyś dostaliśmy autentyczną bombę z cukierkami. Przychodzą zdjęcia, zasuszone kwiaty, śmieszne rysuneczki. Piszą do nas na różnych materiałach: na papierze toaletowym, ściernym, kredowym, na tapecie, folii aluminiowej, opakowaniu po czekoladzie, na gazecie, a nawet... na podeszwie!* Osobną sprawą były telefony do redakcji. Starannie dobierane pod kątem idiotyczności.

Choć trzeba przyznać, że prezenterzy mieli dystans także do siebie. Na przykład wtedy, gdy usiłowali tłumaczyć na kilka języków utwór „SOS For Love" MODERN TALKING: *Podivejse ja jestem glupak/ tako ucz me pravidel / zasylaju SOS po lasku/ ja jestem tvoj glupak / ne chcem ja vina ani palenia / toti povidem / hej żupy żupy około chalupy / podaj je ma mila podaj SOS po lasku* (wersja „czeska"). Albo odtworzyli nagranie z przedwojennej płyty, twierdząc, że to ich próbka wokalna...

„Bubloteka" przetrwała do 1987 roku. Miecugow przeszedł wtedy do Trójki, a Wojciechowski zaczął spędzać czas w Londynie. Pierwszy dziennikarz stał się po latach gwiazdą TVN (satyryczne „Szkło kontaktowe" ma wiele z klimatu dawnej audycji). Drugi poświęcił się branży płytowej – najpierw w firmie MJM Music PL, a później Sony Music. Nazwę „Bubloteka" wykorzystał natomiast Kuba Wojewódzki, tytułując tak swoją rubrykę w „Przekroju".

BUDRYSÓWKA

kurtka

Rodzaj kurtek popularnych w latach 50. i na początku 60. Szyto je z grubego materiału, cechowały się drewnianymi kołeczkami zapinanymi na pętelkę, dużymi naszywanymi kieszeniami i kapturem. Dlaczego kojarzyły się z Litwą (Budrys to żartobliwe określenie mieszkańca tego kraju), trudno powiedzieć. Takie nazewnictwo dotyczyło zresztą raczej Polski centralnej. Na południu zwano takie kurtki habitami.

W Wielkiej Brytanii – skąd przyszła do nas moda – mówiono z kolei o duffle coats. Duffel to nazwa materiału i belgijskiego miasteczka, w którym zaczęto go wytwarzać. Gruba wełna charakteryzowała się odpornością na zmienną, wyspiarską pogodę. Dlatego używano jej do szycia ubrań już od końca XIX wieku.

Charakterystyczną kurtkę wymyślono w czasie pierwszej wojny światowej, na potrzeby brytyjskiej floty. Z niewielkimi modyfikacjami przetrwała drugą wojnę, a po jej zakończeniu zaczęła przenikać do rąk prywatnych. Trend ten dostrzegła w 1954 roku firma Gloverall. Odkupiła zapasy od armii i przedstawiła własny wzór, który produkuje do dziś. Wśród słynnych użytkowników znaleźli się politycy (Michael Foot, lider laburzystów), aktorzy (Dudley Moore), muzycy (grupa Oasis) czy postaci fikcyjne (Miś Paddington). W Polsce budrysówkę nosił Paweł, jeden z bohaterów „WOJNY DOMOWEJ".

BUTAPREN

klej/narkotyk

Klej zwany pieszczotliwie „budeksem" – najpopularniejszy środek narkotyczny PRL. Koneserzy wyróżniali kilka odmian. Butapren L-40 służył oryginalnie do łączenia gumy z metalami, choć można go też było zastosować do tkanin, skóry lub ceramiki. Butapren B produkowano z myślą o przytwierdzaniu wykładzin podłogowych z PCW. Najłatwiejszy dostęp był do butaprenu OBW, mającego kleić skóry w branży obuwniczej.

Wszystkie te zastosowania bladły przy wdycha-

niu środka z plastikowego woreczka („samary"). Efekt mieścił się w przedziale od nieznacznego zamroczenia świadomości do poważnego znieczulenia z zakłóceniem pracy ośrodka oddechowego czy nawet drgawkami. O skutkach ubocznych szkoda nawet wspominać...

Za odurzenie odpowiada składnik substancji zagęszczającej, formaldehyd. A w pierwszych latach produkcji w składzie butaprenu znajdował się jeszcze silniejszy narkotyk, pełniący rolę rozpuszczalnika trichloroeten, tzw. tri. Wycofano go na przełomie lat 60. i 70.

To wtedy krajowa młodzież zaczęła się wypuszczać na halucynogenne wycieczki śladami hippisów. Wcześniej odurzano się głównie morfiną i lekami uspokajającymi (elenium, tardyl, glimid). Kolejna dekada upłynęła już pod znakiem opiatów (uzyskiwanych z mleczka makowego). W latach 80. rozpowszechniła się także marihuana. Środki wziewne w rodzaju butaprenu pozostają natomiast modne wśród najmłodszych narkomanów.

BUTY NA SŁONINIE

obuwie

Zamszowe półbuty na kilkucentymetrowej gumowej podeszwie to obowiązkowy element stroju bikiniarzy – subkultury rozpowszechnionej w latach 50. Występowały ze skarpetkami w paski (tzw. sing sing, od krat słynnego więzienia) i były doskonale widoczne spod obowiązkowo krótkich spodni. *Właśnie młodzież jest najżarliwiej „ciuchowa", skarpetki w kolorowe paski są wśród niej manifestem i uniformem* – pisał Leopold Tyrmand w swoim „Dzienniku 1954". *O takie skarpetki toczą się heroiczne boje z komunistyczną szkołą, z komunistycznymi organizacjami młodzieżowymi, z systemem. Już przed paru laty skarpetki stały się zarzewiem świętej wojny o prawo do własnego smaku, jaką młodzież polska stoczyła z reżymem i którą wygrała. Były to zmagania o sylwetkę znaną na Zachodzie jako jitterburg albo zazou – wąziutkie spodnie, spiętrzona fryzura, tzw. plereza, buty na fantastycznie grubej gumie, tzw. słoninie, kolorowe, bardzo widoczne spod krótkich nogawek skarpety, straszliwie wysoki kołnierzyk koszuli. „Bikiniarz" pochodził od krawatów, na których wyobrażony był wybuch bomby atomowej na atolu Bikini w 1946 roku.*

Barbara Hoff, żona Tyrmanda i projektantka mody (HOFFLAND), wspomina z perspektywy lat: *Moda bikiniarzy została zmistyfikowana. Bikiniarze to byli chłopcy z przedmieścia, raczej lumpenproletariusze... Ten bikiniarski uniform to legenda. Z tego wszystkiego nosili wąskie, przykrótkie spodnie i przysłowiowe bikiniarskie krawaty z palmą albo z dziewczyną w stroju kąpielowym. Co do butów na słoninie, to żaden prawdziwy bikiniarz nie miał takich. Były za drogie dla lumpenproletariuszy i należały wtedy raczej do kanonu stonowanej elegancji.*

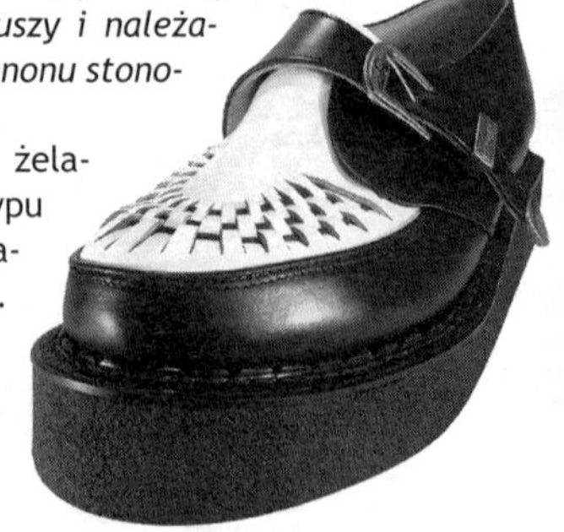

Po drugiej stronie żelaznej kurtyny tego typu obuwie było nazwane brothel creepers. W wolnym tłumaczeniu: burdelówki (podobno od osobników pałętających się w okolicach nocnych klubów londyńskiego Soho czy Kings Cross). Pierwotnie nosili coś takiego brytyjscy żołnierze w Afryce Północnej – gruba, wytrzymała podeszwa z krepy – zwanej też gumą indyjską – chroniła przed tamtejszymi upałami. Do wyspiarskiej codzienności przeniosła je w 1949 roku firma obuwnicza George Cox (początkowo używając marki Hamilton). Buty na słoninie stały się symbolem subkultury teddy boys. Popularność creeperów – podobnie jak u nas – wygasła z początkiem lat 60. Do łask wróciły jednak pod koniec następnej dekady, gdy odkurzył je Malcolm McLaren – na potrzeby punk rocka. George Cox produkuje takie buty do dziś. Szczególną popularnością cieszą się w... Japonii.

BYŁ SOBIE CZŁOWIEK

serial animowany

(Il Etait Une Fois... L'Homme)

26 odcinków; reż. Albert Barillé; 1978, Francja

O mały włos, a byłaby to także polska animacja. Jej autorem jest Albert Barillé, który produkował u nas „MISIA COLARGOLA". *Polacy podnieśli cenę za produkcję* – wspomina Tadeusz Wilkosz z łódzkiego studia Se-Ma-For. *Francuz podpisał więc umowę z Japończykami. Ale do tej pory żałuje, że współpraca nie doszła do skutku. Niedawno dzwonił do mnie. Po trzydziestu latach ciągle nad tym ubolewa.*

Oddajmy głos pomysłodawcy, który płynnie mówi po polsku: *W latach 70. moje dzieci miały już 8-10 lat. Gdy oglądałem z nimi telewizję, czułem smutek z tego powodu, że dzieciom, które spędzają tak dużo czasu przed telewizorem, pokazuje się głównie bzdury, na przykład kota, który goni myszkę, albo ludzi robiących tylko głupie grymasy. Nie mogłem na to patrzeć i zadałem sobie pytanie: co można z tym zrobić? Zdecydowałem, że podejmę próbę stworzenia czegoś bardziej inteligentnego.*

Pomysł był nowatorski. Serial animowany o historii ludzkości, w którym kolejne epoki przedstawiane są za pomocą tych samych bohaterów: Mistrza – siwobrodego mędrca, Pierre'a – główną postać pozytywną, jego przyjaciela Siłacza i wroga – Wredniaka, który przypominał diabełka. 26 odcinków „Był sobie człowiek" trafiło na antenę FR3 w 1978 roku. Telewizja Polska pokazywała go od grudnia 1980 roku, w ramach „Czwartku Telewizji Dziewcząt i Chłopców" (następca „EKRANU Z BRATKIEM").

Zachęcony sukcesem Barillé zrealizował w 1982 roku kolejną serię, „Był sobie kosmos" („Il etait une fois... l'Espace"). Bohaterowie pozostali ci sami, ale – w odróżnieniu od pierwowzoru – chodziło o zwykłe science fiction, bez waloru edukacyjnego. Powrotem do korzeni okazał się serial

„Było sobie życie" („Il etait une fois... la Vie – La fabuleuse histoire du corps humain", 1986), którego akcja rozgrywa się... wewnątrz organizmu człowieka. *Film o wnętrzu ludzkiego ciała to najlepszy film, jaki zrobiłem* – twierdzi Barillé. *Ale gdy zaproponowałem go telewizji francuskiej, mimo sukcesu „Był sobie człowiek" odpowiedzieli, że to nie jest historia dla dzieci, one jej nie zrozumieją. Będą się bały tych wszystkich stworów, które zaludniają wnętrze ludzkiego ciała. Przedstawiłem więc „Było sobie życie" innym stacjom francuskojęzycznym i dzięki uznaniu, z jakim spotkał się w Kanadzie, został w końcu zrealizowany we Francji.*

Mechanicznym powielaniem schematu okazały się natomiast kolejne trzy części: „Były sobie Ameryki" („Il etait une fois... les Ameriques", 1991), „Były sobie odkrycia" („Il etait une fois... les Decouvreurs", 1994) i „Byli sobie odkrywcy" („Il etait une fois... les Explorateurs", 1997). Na rok 2008 zaplanowano poświęconą problemom ekologii serię „Była sobie planeta Ziemia".

CHIŃSKI PIÓRNIK

Szkolne życie PRL przez długi czas wyglądało dość szaro. Przybory można było nosić w piórnikach metalowych, drewnianych (często z motywami góralskimi) lub wykonanych ze skóropodobnego materiału, z zamkiem błyskawicznym pośrodku.

Obraz ten zmienił się radykalnie, gdy w drugiej połowie lat 70. uległy poprawie stosunki z Chińską Republiką Ludową. Dużą część importowanych stamtąd towarów stanowiły przybory szkolne. Wśród których szczególnie wyróżniały się piórniki... Najważniejsze było wieczko – wykonane z gładkiego plastiku z kolorowym nadrukiem, pod którym kryła się miękka gąbka. W wersji dla dziewcząt widniały tam przeważnie słodkie scenki w różowej tonacji, chłopcy mieli samochody lub pojazdy kosmiczne. Całość zamykała się na magnes. Po wydłubaniu dwie płytki (eksploatacja kończyła się szybko, bo nie były to wyroby trwałe) służyły do wielu praktycznych celów.

Zasadniczą część wyrobu stanowiły plastikowe przegródki, przykrywane klapką z uchwytami na długopisy. Na odwrocie wieczka umieszczono z kolei zakładki przypominające te, w jakich nosi się dziś karty kredytowe (wypadało w nich trzymać HISTORYJKI). Ekstrawagancją bywało umieszczone po lewej stronie lusterko.

Piórniki stawały się przedmiotem zawziętych działań destrukcyjnych (długopisowe napisy z nazwami zespołów heavymetalowych), ale i podejścia kolekcjonerskiego. *Zbierałam chińskie piórniki zamykane na magnes. To była moja namiętność. Miałam bogatą kolekcję* – wspomina aktorka Dominika Ostałowska (rocznik 1971). Dobrze się z nimi komponowały inne przybory z Chin, na przykład pachnące gumki pakowane w tekturową owijkę z wizerunkami zwierzątek. Należało tylko uważać, by nie przedłużyć interakcji – pozostawiona na dłużej guma potrafiła stopić plastik.

CHRISTIE

zespół muzyczny

Największy fuks peerelowskiej branży muzycznej. Zaczęło się od festiwalu w SOPOCIE. Konkretnie „Dnia płytowego", w ramach którego swoich reprezentantów wystawiały wytwórnie płytowe z różnych krajów. W przypadku wykonawców zachodnich była to zazwyczaj druga liga. Wiosną 1970 roku brytyjska firma CBS delegowała zespół Christie, który dopiero debiutował w jej barwach. I gorzko pewnie tej decyzji żałowała.

W lipcu grupa niespodziewanie trafiła na szczyt

wyspiarskiej listy przebojów. Z dnia na dzień została megagwiazdą. 29 sierpnia miała natomiast zmagać się w egzotycznym konkursie z tuzami w rodzaju Walentina Bagłajenki, reprezentującego radziecką Melodię, czy Luminity Dobrescu z rumuńskiego Electrecordu... W ostateczności zorganizowano dla Christie pozakonkursowy minirecital. Ku zaskoczeniu widzów pomiędzy dziwnymi wykonawcami można było nagle posłuchać hitów „Yellow River", „San Bernadino" i „New York City". Nagrany z transmisji zapis dwóch pierwszych kawałków natychmiast trafił na pirackie POCZTÓWKI DŹWIĘKOWE.

Zespół spędził w Polsce trzy dni. *Zakwaterowano nas w wielkim hotelu, przed którym czekały tłumy ludzi chcących nas choćby zobaczyć* – wspominali wzruszeni muzycy. *Ta wyprawa była jednym z najjaśniejszych punktów lata.*

Poza pocztówkarzami rękę na pulsie trzymała wytwórnia Pronit. W 1971 roku ukazała się długogrająca płyta „Christie". Stuprocentowa (jeśli nie liczyć pominięcia krótkiego fragmentu kompozycji „Until The Dawn") kopia albumu z Wielkiej Brytanii. Inna była tylko okładka – polską wersję zaprojektował Krzysztof Meckier. Tajemniczy proces decyzyjny sprawił, że nie żałowano winylu na kolejne tłoczenia. W efekcie nakład przekroczył milion egzemplarzy, a longplay trafił do grona absolutnie bestsellerowych pozycji w historii krajowej fonografii. Wiele egzemplarzy wędrowało różnymi kanałami za granicę – zachodni fani zespołu do dziś wspominają tę edycję jako „biały album".

Wśród utworów na płycie był oczywiście ten, który zapewnił fenomenalny sukces – „Yellow River". Lider zespołu, śpiewający i grający na basie Jeff Christie skomponował go pod koniec lat 60. *Grałem wtedy regularnie w kabaretowym klubie w Batley* – wspomina. *Wpadały do nas różne zespoły, jak The Marmalade czy The Tremeloes. Puszczałem im moje nagrania, ale nie spotykały się z zainteresowaniem. Któregoś razu, przez przypadek, zagrałem jednak Tremeloes „Yellow River". Numer bardzo im się spodobał. Rozmawialiśmy o wykorzystaniu go na longplayu, a potem singlu. Z różnych powodów do tego nie doszło.*

Menedżer zaprzyjaźnionej grupy zaproponował, by muzyk spróbował sił pod własnym szyldem. Jeff skorzystał z porady. Dołączył do niego gitarzysta Vic Elmes oraz perkusista Mike Blakely (brat Alana Blakely'ego z Tremeloes) – narodził się zespół Christie. Kompozytor przeniósł się do Londynu, zarejestrował przełomowy utwór, a po kilku tygodniach cieszył się pierwszym miejscem na liście.

Popularność grupy okazała się, niestety, chwi-

łowa. Zespół doczekał się poza debiutem tylko jednej płyty („For All Mankind", 1971, CBS), która przepadła na rynku. Do kłopotów dołożyły się ciągłe zmiany składu. Lider zrezygnował z szyldu Christie w 1976 roku. Wrócił do niego dopiero w XXI wieku, sporadycznie pojawiając się przy różnych sentymentalnych okazjach. Można do nich zaliczyć występ w audycji „Załóż się" na antenie TVP 2 w 2006 roku.

Wcześniej, w 1998 roku, „Yellow River" przypomniany został u nas przez formację Czarno-Czarni. Zgodnie z konwencją zespołu, wersja była prześmiewcza. *Żadna ryba nie stanowi dla mnie zagadki* – opowiadał lider, Jarek Janiszewski. *Wiem o nich wszystko, znam smak każdej z jadalnych i znanych przyrodzie ryb. Moja fascynacja musiała więc znaleźć ujście w tekście piosenki, a że chłopaki z Anglii nagrali kiedyś fajne dźwięki i zatytułowali je „Yellow River", przyszedł mi do głowy pomysł, by naszą piosenkę nazwać podobnie, no i zrobiliśmy „Jedzą rybę"*

CLASSIX NOUVEAUX

zespół muzyczny

Brytyjski zespół poprockowy, który nie doczekał się wielkiej popularności w ojczyźnie... Za to w PRL niemal rezydował.

Znakiem rozpoznawczym działającego od 1979 roku składu był łysy wokalista Sal Solo (właśc. Charles Peter Smith). *Kiedy startowałem jako profesjonalista w show-biznesie, menedżer grupy, z którą wówczas grałem, postanowił zaprowadzić wszystkich członków kapeli do fryzjera* – opowiadał w połowie lat 80. na łamach polskiej prasy. *Gdy przyszła kolej na mnie, fryzjer spojrzał przenikliwie i po długich oględzinach zaproponował, że ogoli mnie na KOJAKA. Powiedziałem: „Nie, nie, to zbyt dziwaczne dla mnie"... Potem jednak zastanowiłem się i doszedłem do wniosku, że to całkiem niezły pomysł. Kiedy po paru dniach wróciłem do fryzjera, powitał mnie słowami: „O nie, teraz to już sam musisz ogolić sobie głowę". I tak zrobiłem.*

Polska kariera grupy zaczęła się w 1983 roku. Tuż przed wydaniem ostatniej z trzech płyt długogrających i praktycznym rozpadem składu. W maju na Liście Przebojów Trójki zadebiutował utwór „Ne-

ver Again", utrzymany w modnym wówczas stylu new romantic. Można go było znaleźć na opublikowanej przez firmę Tonpress PŁYCIE WINYLOWEJ zatytułowanej „Classics". Interesująca pozycja: nie miała odpowiednika na Zachodzie i była zlepkiem dwóch brytyjskich albumów: debiutanckiego „Night People" (1981) oraz „La Verite" (1982).

W maju 1983 roku zespół pojawił się u nas na koncertach. Na każdy przybyło po kilka tysięcy osób. Fragment występu w Warszawie wykorzystano w filmie „To tylko rock" Pawła Karpińskiego. Po raz kolejny ekipa Sala Solo stawiła się w marcu 1984. Tym razem miała już na koncie trzy trójkowe hity: „Forever And A Day", „Never Never Comes" i „Heart From The Start". Ten ostatni dotarł do pierwszego miejsca notowania. Utwory pochodziły z albumu „Secret" (1983, Liberty).

Wreszcie występy w sierpniu 1985. Wciąż pod szyldem Classix Nouveaux, ale promujące już płytę „Heart & Soul". Podpisaną samodzielnie przez Sala Solo. Pierwszy, na warszawskim Torwarze, połączony był z realizacją wideoklipu do utworu „Heartbeat" w reżyserii Pawła Karpińskiego. Ten sam filmowiec zrealizował jeszcze w Pałacu Kultury i Nauki teledysk do „San Damiano". Na liście Trójki piękny utwór królował w grudniu 1984, dlatego kojarzony jest ze świętami Bożego Narodzenia.

Drugi z sierpniowych koncertów ekipy łysego wokalisty odbył się w sopockiej Operze Leśnej. *No i On. Indywidualność estradowa, skupiająca na sobie uwagę widzów, bezbłędnie wyczuwająca nastrój sali i nim kierująca* – odnotował reporter. *Łatwo nawiązujący kontakt z publicznością, nie tylko dlatego, że do wspólnej zabawy namawia w naszym języku... Była też dobra oprawa świetlna i cały czas będące w ruchu śpiewające panienki.*

Na płycie „Heart & Soul" znalazła się jeszcze jedna ważna piosenka, pod wymownym tytule „Poland (Your Spirit Won't Die)". Sal Solo wspominał okoliczności jej powstania, gdy zjawił się u nas w 2000 roku, na festiwalu Song Of Songs. *Pamiętam, jak pewnego poranka spacerowałem gdzieś w Polsce i myślałem o tym, że historia waszego kraju jest bardzo smutna. Wielkie imperia przetaczały się przez Polskę leżącą w centrum Europy. Mimo to ludzie zawsze pozostawali dumni z tego, że tu mieszkają. Odbieram Polaków jako ludzi bardzo oryginalnych i silnie zbuntowanych. Uważam, że przepełniona duchem katolickim walka Polski z komunizmem była pozytywnym znakiem dla świata zachodniego. Widziałem tu w Toruniu na ulicy napis Solidarność. Było on dla mnie wymiernym wskaźnikiem tego, że Polska była początkiem obalenia komunizmu. Jednak zanim to wszystko się wydarzyło, już wtedy byłem nastawiony optymistycznie. Dlatego też napisałem utwór „Poland (Your Spirit Won't Die)". Byłem pewien, że niezależnie od tego, co się w stanie, ludzie w Polsce pozostaną dumni z tego, kim są. Trzeci wers piosenki, być może najważniejszy, brzmi tak: „sprawi to wasza silna wiara". I to jest powód, dlaczego uważam, że to właśnie Polska, nie Węgry czy Czechosłowacja, ale właśnie Polska była w stanie obalić komunizm. Sądzę, że nie był to przypadek – to była łaska Boża.*

Jak widać, słowa artysty przepełnione są wiarą. Duchowy przełom nastąpił podczas pierwszej trasy w naszym kraju. Wypalony Sal przeżył objawienie w pokoju hotelowym. Po powrocie do Anglii skontaktował się z Nickiem Beggsem, nawróconym muzykiem KAJAGOOGOO. Pod koniec 1983 roku wybrali się razem na pielgrzymkę do włoskiego klasztoru San Damiano. Było to punktem wyjścia do wspomnianego przeboju i płyty solowej. Od 1987 roku Solo zrezygnował z nagrań komercyjnych, skupiając się na muzyce chrześcijańskiej. Zamieszkał w Chicago, gdzie pomaga młodzieży i śpiewa w chórze gospel.

COMMANDO – patrz SCHWARZENEGGER, ARNOLD

COMMODORE
komputer osobisty

Potoczne określenie Commodore 64. Najlepiej sprzedającego się modelu komputera w historii informatyki. Na polskim gruncie maszyna zawzięcie konkurowała z innymi ośmiobitowcami: ATARI i ZX SPECTRUM.

Amerykańska firma wprowadziła sprzęt na rynek w sierpniu 1982 roku. Dzięki zmyślnej strategii (sprzedaż nie tylko w specjalistycznych sklepach, ale i marketach), C-64 zagroził produktom Atari i Apple. Gorzej było na Wyspach Brytyjskich. 399 funtów znacznie przewyższało 175, których żądano za popularne Spectrum. Sprzedaż zaczęła rosnąć po obniżce ceny, w połowie

kady. Wtedy też zaczęła się commodoremania w PRL.

Na brak powodzenia nie może narzekać Commodore, szczególnie model C-64 – relacjonowała prasa. *Ten komputer – pomimo ogólnego spadku cen – sprzedaje się niezmiennie i bez większych trudności za 160 tys., a wraz ze stacją dysków osiąga cenę 350 tys. zł. Przykład C-64 i Atari 800XL jest wręcz akademickim modelem handlowania sprzętem komputerowym. Obydwa urządzenia mają bardzo podobne możliwości, można nawet powiedzieć, że Atari jest o kilka kroczków z przodu. Zasadnicza różnica polega na dostępności oprogramowania...*

C-64 wygrywał, jeżeli chodzi o ilość dostępnych gier (pod koniec lat 80. szacowaną na 25 tysięcy), miał lepsze programy użytkowe (od muzycznych po bazy danych), sprawniej też współpracował z urządzeniami peryferyjnymi (czas wczytywania z magnetofonu). Oficjalną dystrybucją komputerów tego typu zajęły się sklepy Baltony – konkurenta PEWEKSU, który postawił na Atari.

Co ciekawe, po wprowadzeniu w 1985 roku lepszego modelu (Commodore 128) firma nie zaprzestała produkcji pierwowzoru. W 1986 roku dokonano tylko liftingu wizualnego, oznaczonego C-64C. Model przetrwał na rynku aż do 1994 roku! Taka polityka tłumaczy rekordowe wyniki sprzedaży. Z kolei niezłe możliwości graficzno-dźwiękowe oraz łatwość przeróbek stoją za popularnością Commodore'a wśród fanatyków retrokomputerów, skupionych na prężnie działającej scenie.

CYMBERGAJ

gra

W czasach, gdy komputery i realistyczna gra FIFA pozostawały w rejonach science fiction, symulację piłki nożnej uzyskiwano znacznie bardziej przyziemnymi metodami.

Pole walki: płaska powierzchnia, najlepiej stół. Po obu jego stronach narysowane kredą lub wyznaczone szpilkami bramki. Rekwizyty: mała moneta (piłka) i duże monety (zawodnicy). W niektórych rejonach kraju zastępowano je guzikami... Do tego coś, co pozwoli pionki przemieszczać: linijka lub grzebień.

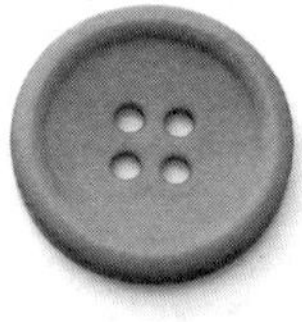

Po wojnie była to popularna forma rozrywki podczas przerw w szkołach czy fabrykach. Zanikła w latach 70., gdy zaczęły być dostępne bardziej wyrafinowane zabawki (np. piłkarzyki na sprężynkach, rozmieszczone na planszy przypominającej boisko).

Cymbergaj powrócił do łask dwie dekady później. Sformalizowano przepisy: gracze mają do dyspozycji sześć monet (stąd nazwa: cymbergaj szóstkowy), wymiary boiska odpowiadają prawdziwym (tyle że zamiast metrów liczone są w centymetrach), rozgrywka toczy się w określonych czasie (dwa razy 15 minut). W 1995 roku, gdy polskie władze dokonały denominacji, przywracając do obiegu monety, powstał nawet w Polsce Związek Cymbergaja Szóstkowego. W corocznych turniejach rywalizują ze sobą drużyny o wdzięcznych nazwach Smoki, Husaria czy Grom.

Uwaga: cymbergajami bywają nazywane automaty do gier, na świecie znane jako Air Hockey. To zupełnie co innego. „Air" – bo stoły są skomplikowanymi urządzeniami utrzymującymi na powierzchni poduszkę powietrzną. „Hockey" – bo gracze odbijają szybko poruszający się krążek za pomocą dwóch rakietek z pionowym uchwytem.

CYTRONADA – patrz ORANŻADA

CZŁOWIEK Z RIO

film fabularny

(L'Homme de Rio)

reż. Philippe de Broca; 1964, Francja/Włochy

W czasach, gdy nie było na ekranach BONDA i w ogóle niewiele produkcji anglosaskich, apetyt na kino akcji zaspokajały filmy francuskie. Dwa lata po oryginalnej premierze, w 1966 roku, na polskie ekrany wszedł „Człowiek z Rio".

O charakterze obrazu dużo mówi fakt, że luźno wzorowano go na komiksie o przygodach Tintina. Mówiąc w skrócie: francuski żołnierz na tygodniowej przepustce musi odbić z rąk porywaczy swoją dziewczynę, co prowadzi go aż do Brazylii.

Męscy widzowie mieli dla siebie szybką, przygodową fabułę z mnóstwem popisów kaskaderskich. Panie – „seksownego brzydala" Jeana-Paula Belmondo w roli głównej i egzotyczne plenery. A krytycy rzekome podteksty. *Budując własny oryginalny film z cytatów zaczerpniętych z cudzych utworów, de Broca wyjawia swoją sympatię do założeń „nowej fali”* – czytamy w recenzji. *Kierunku szczególnie ceniącego sobie przejmowanie obcych wzorów, motywów i kompozycji z myślą o ich nowym zastosowaniu. Jest to tendencja w młodej kinematografii francuskiej mocno zakorzeniona.* Nawet znawca dał się jednak w końcu ponieść magii: *Kiedy na ekranie Belmondo szybuje z chmur na spadochronie prosto w paszczę krokodyla, wtedy na widowni nie mędrkuje się o problemach gatunków filmowych.*

Belmondo powiedział o tym filmie, że o 30 lat wyprzedził „Indianę Jonesa”. I coś w tym stwierdzeniu jest... Pojawiła się nawet luźna kontynuacja. Ta sama ekipa nakręciła w 1965 podobny obraz – „Tribulations d'un chinois en Chine” (na podstawie „Przypadków pewnego Chińczyka” Juliusza Verne'a). Na polskie ekrany trafił pod tytułem „Człowiek z Hongkongu”.

CZTERDZIESTOLATEK

serial obyczajowy

21 odcinków; reż. Jerzy Gruza; 1974-1977, Polska

Mimo ideologicznego podtekstu (propagowanie „dobrobytu” epoki Gierka), jeden z najbardziej ukochanych przez widzów seriali. Może dlatego, że ekranowy bohater, inżynier Stefan Karwowski, poruszał się w tamtej rzeczywistości z budzącą sympatię nieporadnością? *Dla mnie Czterdziestolatek był Woody Allenem Polski lat 70.* – komentuje reżyser, Jerzy Gruza. *Idealista, pozbawiony sprytu, trochę fajtłapa, uczciwy i naiwny marzyciel...*

Początkowo miał to być kabaret dla osób wkraczających w czwartą dekadę życia. Gruza przygotowywał go ze współscenarzystą Krzysztofem Teodorem Toeplitzem. *Prowadzić miała Irena Dziedzic, gwiazda telewizyjna pierwszej wielkości* – wspomina reżyser. *Ale temat jakoś nam się przekabacił na serial. Mieliśmy wówczas z KTT po 40 lat i zaczęliśmy zrzynać sami z siebie. Problemy, frustracje, strachy o zdrowie, że gonią nas młodzi, że pora na romans, że łysiejemy...*

Autorzy postarali się, by perypetie bohatera przypominały życie przeciętnego inteligenta PRL. Mieszkał z rodziną w M-4 (jedyną ekstrawagancją było półkoliste zwieńczenie otworu drzwiowego, chętnie kopiowane, zwane popularnie łukiem Karwowskiego). Część ujęć kręcono zresztą w autentycznym warszawskim bloku: *Zdjęcia z klatki schodowej Karwowskich, podwórka, wejścia, jazdy windą, wejście do mieszkania kręciliśmy w blokach na Pańskiej. Dalszy ciąg, czyli wnętrza, powstawał w halach. Do takich zdjęć trzeba większej przestrzeni, zwyczajne mieszkanie byłoby za małe. A to, co powstało w bloku, i tak było uciążliwe. Pamiętam, jak ludzie niecierpliwi się, kiedy im blokowaliśmy windę...* Inżynier jeździł FIATEM 126p. I pracował na sztandarowych budowach Warszawy, bo inwestowano wtedy sporo (Trasa Łazienkowska, Dworzec Centralny, Trasa Toruńska). *Staraliśmy się, wraz z Krzysztofem Toeplitzem, nasycić scenariusz masą charakterystycznych epi-*

zodów, konkretów i szczegółów wziętych z tzw. życia. Na 300 stronach maszynopisu stworzyliśmy 145 postaci.

Wśród najbardziej zapamiętanych jest rola Ireny Kwiatkowskiej. Jej Kobieta Pracująca w każdym odcinku zjawia się w domu Karwowskich w innej roli. A słynna kwestia: *bo ja jestem kobieta pracująca, żadnej pracy się nie boję* weszła do języka potocznego. Wyróżniał się też Roman Kłosowski w roli zawistnego, acz budzącego sympatię technika budowlanego Maliniaka. *Rzeczywiście, wszyscy lubili Maliniaka, bo to świetnie napisana postać, taka „prosto z życia"* – wspomina aktor. *Latami tak do mnie mówiono. Wołano za mną na ulicy: „Maliniak, Maliniak!". W sklepie słyszałem: „Dzień dobry, panie Maliniak". Był czas, że to nazwisko doprowadzało mnie do szewskiej pasji, bałem się, że kiedyś komuś przyłożę za Maliniaka.*

Głównego bohatera grał natomiast Andrzej Kopiczyński. Aktor znany wcześniej z serialu „Kopernik", który w roku produkcji (1974) skończył dokładnie 40 lat. *Wcześniej grywałem duże, dramatyczne role, więc praca w serialu komediowym była dla mnie wyzwaniem* – mówi. *Ale w życiu nie myślałem, że to będzie tak popularne. Zresztą nigdy nie przyjmowałem roli tylko dlatego, żeby być popularnym. I może dlatego „Czterdziestolatek" mnie trochę przytłoczył.* Rzeczywiście, rola zaważyła na całej późniejszej karierze aktora. *„Czterdziestolatek" pomieszał wszystkie moje teatralne szyki. „Karwowski, Karwowski" – szedł szmer po widowni, gdy wchodziłem na scenę jako Nos w „Weselu". Któregoś dnia Adam Hanuszkiewicz mówi do mnie: „Muszę pomyśleć o jakiejś roli komediowej dla ciebie, bo zbyt się kojarzysz". I wtedy zrozumiałem, że „Czterdziestolatek" właściwie odciął mi drogę do ról dramatycznych.* Na pocieszenie pozostaje fakt, że Francuzi dostrzegli w Kopiczyńskim polski odpowiednik słynnego komika Davida Nivena.

Serial został zapamiętany także ze względu na świetną piosenkę tytułową. *Czterdzieści lat minęło / jak jeden dzień* to słowa Jana Tadeusza Stanisławskiego. Muzykę skomponował Jerzy Matuszkiewicz, a całość wyśpiewał Andrzej Rosiewicz. Nagranie można było znaleźć na singlu Tonpressu, a potem na składance „Czterdzieści lat minęło" (1987, Wifon).

21 odcinków „Czterdziestolatka" kręcono w dwóch turach w latach 1974-1977. We wrześniu 1976 roku na ekrany kin wszedł poza tym pełno-

metrażowy „Motylem jestem, czyli romans czterdziestolatka". Nie był to montaż odcinków, lecz samodzielna całość (Karwowski zadurzył się w piosenkarce granej przez Irenę Jarocką). Rok wcześniej telewizja wyemitowała program rozrywkowy „Sylwester z rodziną Czterdziestolatka". W 1993 roku Gruza nakręcił 15 odcinków kontynuacji serialu: „Czterdziestolatek 20 lat później", ale według zgodnej opinii krytyki i widzów dzieło to nie równało się z oryginałem.

CZTEREJ PANCERNI I PIES

serial wojenny

21 odcinków; reż. Konrad Nałęcki, Andrzej Czekalski; 1966-1970, Polska

Co tu dużo gadać — największy serial w historii polskiej telewizji. Niezależnie od kontrowersji.

Znamienny jest już sam rodowód. Konkurs na książkę dla młodzieży rozpisany w 1962 roku przez Ministerstwo Obrony Narodowej. Do rywalizacji stanął Janusz Przymanowski — pisarz, żołnierz armii radzieckiej i Ludowego Wojska Polskiego. Miał wcześniej na koncie m.in. monografię „Studzianki", a w zanadrzu zapis losów ponad 300 żołnierzy 1. Brygady Pancernej... *Postanowiłem napisać przygodową powieść o załodze czołgu* — relacjonował w swojej autobiografii. *Decyzję podjąłem późno i spiesząc się, by zdążyć przed terminem, po raz pierwszy w życiu dyktowałem książkę. Od planu pierwszych rozdziałów do kropki na końcu gotowego maszynopisu pierwszego tomu upłynęło pięć miesięcy. W połowie kwietnia 1963 roku książka była gotowa.*

Powieść znalazła się w finałowej grupie zakwalifikowanych do wydania. Rok później trafiła na rynek. 10-tysięczny nakład można uznać — jak na owe czasy — za skromny. Popularność zwiększył dopiero druk w odcinkach, w „Gazecie Robotniczej". Ekranowy potencjał wyczuł w tym Stanisław Wohl z Zespołu Filmowego Syrena. Przymanowski: *Przyszedł z książką w ręku i, wąchając tomik, powiedział: „To jest zapach na duży antyimportowy i eksportowy serial dla telewizji. Scenariusz w życiu pisałeś? Nie? To ja ci na pięćdziesiąt procent pomogę".* Filmowiec zaordynował 20 półgodzinnych odcinków. Ostatecznie koncepcję zmieniono na osiem dłuższych części.

Bohaterami opowieści była załoga czołgu T-34 wchodzącego w skład 1. Brygady Pancernej (kolejne wydarzenia rozgrywały się w rytm jej szlaku bojowego). Numer taktyczny maszyny: 102. Przydomek: Rudy, na cześć pięknej sanitariuszki z bratniej armii... Znawcy narzekali, że — w przeciwieństwie do tego, co widać na ekranie —

prawdziwa jednostka używała modelu T-34-76. Nie był on już jednak w czasie zdjęć osiągalny. W filmie wykorzystano kilkanaście nowszych maszyn, T-34-85 (zwanych przez żołnierzy „kaczorami"). Do tej liczby należy dodać makietę wnętrza pojazdu umieszczoną we wrocławskiej Wytwórni Filmów Fabularnych oraz specjalny czołg szkoleniowy, z usuniętymi fragmentami pancerza. *Dzisiaj film w takim wymiarze, z taką liczbą sprzętu i ludzi musiałby kosztować ciężkie miliony dolarów* – mówi Janusz Gajos. *Wtedy wszystko było kwestią rozkazu odpowiedniego człowieka. Robi się film o wojsku, potrzebne są dwie kompanie, proszę bardzo. Potrzeba siedmiu czołgów, nie ma problemu.*

Głównym załogantem jest Janek Kos, grany przez Gajosa właśnie. Młody strzelec-radiotelegrafista usiłujący znaleźć zaginionego ojca. 26-letni wówczas aktor został wypatrzony przez reżysera w drobnej roli w filmie „Panienka z okienka". Na potrzeby serialu przefarbowano mu włosy na blond. Obok niego brylował mechanik, Grigorij Saakaszwili. Jak widać po nazwisku: Gruzin, z zawadiackim wąsikiem, o rubasznym usposobieniu. Aktor Włodzimierz Press, kierujący przecież czołgiem, nie miał wtedy nawet prawa jazdy. Poza tym pod pancerzem siedział ładowniczy Gustaw „Gustlik" Jeleń. Śląskie pochodzenie dzielił z nim wykonawca, Franciszek Pieczka... Dowodził tym wszystkim – do tragicznej śmierci – Olgierd Jarosz, grany przez Romana Wilhelmiego. Po pewnym czasie załogę uzupełnił jeszcze Tomasz Czereśniak (Wiesław Gołas), którego nazwisko mówi samo za siebie.

Przymanowski zapewniał, że wszystkie postaci miały swoje autentyczne odpowiedniki. Ale nie upierał się, że prawdziwy był towarzyszący czołgistom pies. Szarik – z języka rosyjskiego – Kuleczka. W tej roli oglądaliśmy owczarki niemieckie z Zakładu Tresury Psów Policyjnych w Sułkowicach. W większości scen pojawiał się Trymer, dublował go Spik, a potem Atak. *Potrzebny był pies karny, ale spokojny i łagodny* – opowiadał treser Franciszek Szydełko. *Trymer to był trochę taki pieszczoszek, szczególnie służby w milicji nie lubił...* Po zakończeniu zdjęć zwierzę trafiło w prywatne ręce, gdzie przeżyło jeszcze kilkanaście lat. Potem wypchany Trymer wrócił do Sułkowic.

W „Czterech Pancernych" mnóstwo jest znakomitych kreacji drugoplanowych, jak choćby kierowca ciężarówki Wichura, grany przez Witolda Pyrkosza (Pieczka mówi do niego słynny, improwizowany podobno tekst: *Pyrkosz, pyrkosz, a nie jedziesz*) albo ojciec Czereśniaka (w tej roli Tadeusz Fijewski), który strofował syna: *Tomuś, nie piskaj.* Nie można zapomnieć o postaciach kobiecych. Melancholijna telegrafistka Lidka (Małgorzata Niemirska) nuciła: *To ja, to ja, to ja, słyszysz, wołam ciebie ja, łąka.* Natomiast sanitariuszka Marusia... Oddajmy głos grupie Perfect: *Za jej Poli Raksy twarz każdy by się zabić dał.*

Szaleństwo zaczęło się 9 maja 1966 roku o godzinie 20.00. Data nieprzypadkowa – Dzień Zwycięstwa. I nieprzypadkowy sposób emisji. Tylko jeden odcinek – pilot („Załoga"). Według sprawdzonych amerykańskich wzorów... Pozostałe części pokazywano od września do listopada. A już w grudniu na prośbę widzów rzecz została powtórzona.

Twórcy nie pozostali na taki odbiór obojętni. W 1968 roku ruszyły zdjęcia do pierwszej kontynuacji (osiem odcinków), rok później – kolejnej (pięć odcinków, realizowanych już przez Zespół Filmowy Nike). Trudno je uznać za osobne sezony, bo doczekały się zbiorczej premiery w grudniu 1969 roku. Ostatni odcinek, „Dom", pojawił się na antenie 10 maja 1970 roku, w 25. rocznicę zakończenia drugiej wojny światowej.

W kolejnych scenariuszach Przymanowski zrezygnował z wierności faktom i skierował swoich bohaterów na „kierunek berliński". Janek umieszcza na przykład rogatywkę na Bramie Brandenburskiej (dekorację zbudowaną na lotnisku pod Aleksandrowem realizatorzy odziedziczyli po filmie „Kierunek Berlin"). W rzeczywistości polscy czołgiści stolicy Rzeszy nie zdobywali...

„Czterej pancerni i pies" to poza wszystkim także fenomen marketingowy. Socjalistyczny show-biznes zdobył się na promocję, której mogłyby pozazdrościć dojrzałe rynki. Przede wszystkim rzeczy oczywiste: dalsze tomy książki Przymanowskiego (1969 i 1970). Wersja kinowa filmu, w czterech częściach, każda zmontowana z dwóch odcinków (1968). Obejrzało ją 7 milionów widzów! Ponadto coś na kształt soundtracku, na PŁYCIE WINYLOWEJ (1970, Polskie Nagrania), z czołową pozycją w postaci słynnej „Ballady o pancernych" w wykonaniu Edmunda Fettinga. Słowa *Deszcze niespokojne...* zawdzięczamy Agnieszce Osieckiej. Za muzykę odpowiadał kompozytor oprawy całego filmu, Adam Walaciński.

Ale to nie wszystko. W 1973 roku Teatr Muzyczny w Gdyni zrealizował musical pod tytułem „Bardon żołnierski – czterej pancerni i pies". Ideę podchwyciły sceny w Szczecinie i Sosnowcu, a trzy lata później widowisko zaprezentowano na festiwalu w KOŁOBRZEGU. Piosenki ze spektaklu, zaśpiewane m.in. przez MARYLĘ RODOWICZ i KRZYSZTOFA KRAWCZYKA, wydano też na płycie.

Poza tym ukazał się komiks z rysunkami Szymona Kobylińskiego (1970-1971). Wydawnictwo Harcerskie „Horyzonty" pożałowało papieru (maksymalny nakład 50 tysięcy egzemplarzy), wobec czego komplet trzech części osiąga dziś na aukcjach zawrotne ceny. W 1967 roku sprzedawano specjalne zestawy pocztówek z serialowymi zdjęciami. Rok później ukazał się albumik z fotosami (nie wiadomo dlaczego w ramach serii TYGRYS). Przygody pancernych wykorzystano też na PRZEZROCZACH.

„MAŁY MODELARZ" publikował natomiast modele T-34 do sklejania...

Szczytem wszystkiego było jednak tournée po kraju. Aktorzy objechali Polskę w 1967 i 1968 roku, niczym gwiazdy rocka. Wśród żelaznych punktów programu znajdował się zwykle przejazd Rudym ulicami i stadionowy festyn. *Czterej pancerni na czołgu mieli przejechać z placu Wolności Piotrkowską do Hali Ludowej, gdzie miała się odbyć finałowa impreza* – wspomina Gajos wypad do Łodzi. *Nikt się nie spodziewał jednak, że przyjdzie 250 tysięcy osób. Czołg stał na placu straży pożarnej, a przed nami zbity tłum, masa dzieci, no i my mamy niby tym czołgiem jechać. Nie zapomnę, jak z Romkiem Wilhelmim patrzyliśmy na ten falujący tłum i nagle on mówi: „Popatrz na bramę". Brama wjazdowa była zamknięta na gruby łańcuch, tłum napierał. I nagle, jakby w złą godzinę powiedział, ten łańcuch pękł, brama się otworzyła i rzeka ludzi po prostu wlała się na plac. Uciekaliśmy jak opętani, ze strachu, że nas stratują. Doszło do tego, że wsadzili każdego z nas w osobny wóz strażacki i na sygnale, bocznymi ulicami, zawieźli do tej hali.*

Idąc za ciosem, telewizja wymyśliła audycję Klub Pancernych. Prowadził ją Maciej Zimiński, nadawana była w latach 1966-1970. Przy pomocy m.in. „ŚWIATA MŁODYCH" zlecano podwórkowym „załogom" jakieś zadania, np. ocieplenie psich bud na zimę. Można było za to wylosować przedmiot największego pożądania – hełmofon – lub otrzymać pamiątkowe odznaczenia... Każdy uczestnik dostawał też legitymację przypieczętowaną łapą Szarika.

Serial był powtarzany niemal co roku na antenie TVP. Dopiero w 2006 zakazał go prezes Bronisław Wildstein (ale tylko do końca swojej kadencji). Błyskawicznie wykorzystała ten fakt komercyjna stacja Kino Polska, emitując kinową wersję „Pancernych" – która pozostaje poza jurysdykcją telewizji publicznej. Od 2002 roku fani mogą się poza tym cieszyć „Pancernymi" na DVD.

DALEKO OD SZOSY

serial obyczajowy

7 odcinków; reż. Zbigniew Chmielewski; 1976, Polska

Teoretycznie to agitacja peerelowskiego awansu społecznego. Ale serial cieszy się niesłabnącym powodzeniem, bo przyniósł coś więcej... *Owszem, życiorys bohatera był typowy w sensie masowości ucieczki ludzi ze wsi do miast, ale nic poza tym* – twierdzi reżyser Zbigniew Chmielewski. *Przecież on spełnia w końcu swoje marzenia nie dlatego, że zależy mu na awansie społecznym. To miłość pobudza jego ambicje.*

Historia tym ciekawsza, że autentyczna. Zaczęło się na początku lat 70., gdy Henryk Czarnecki, literat i polonista w łódzkim technikum samochodowym, zlecił uczniom napisanie wypracowania opisującego ich drogę do tej szkoły. Uwagę zwróciło jedno z nich. Osiem stron napisanych przez chłopaka pochodzącego ze wsi, który przeniósł się do miasta śladami swojej dziewczyny. *Chciałem wszędzie być pierwszy* – można było przeczytać. *Oglądałem masę filmów, sztuk w telewizji, każdą wolną chwilę poświęcałem na czytanie pism i gazet, wszelkimi dostępnymi środkami starałem się podwyższyć swój poziom intelektualny. Ania nie gardziła mną, nie dała mi odczuć swojej przewagi. Twierdziła, że jestem nawet od niej bardziej wartościowy, bo u niej nauka i egzystencja toczą się normalnym trybem, a ja muszę zdobywać wszystko sam.*

Wybrana praca znalazła się w jednym z rozdziałów książki „Profesor na drodze". W 1973 roku powstał film pod tym samym tytułem, w reżyserii Chmielewskiego. Twórcy postanowili kontynuować współpracę, bazując tym razem na jednym, wspominanym wypracowaniu. Początkowo mowa była o filmie kinowym. Materiał okazał się jednak zbyt obszerny. Stanęło na serialu, którego produkcja opóźniła się, bo Chmielewskiemu zlecono wcześniej realizację cyklu „Dyrektorzy" – o trudach pracy socjalistycznych menedżerów.

W 1975 roku Chmielewski z Czarneckim zjawili się z magnetofonem u człowieka, który zapewnił punkt wyjścia historii. Na imię miał – podobnie jak filmowy bohater – Leszek. Leszek Uciński. Rocznik 1945, pochodzący ze wsi Brzezie, 60 kilometrów od Łodzi. Podobnie jak w filmie pasjonował się motoryzacją, pracował na Śląsku, a potem przeniósł do Łodzi. Jego wybranka, przyszła żona – zupełnie jak na ekranie – nosiła imię Anna. Zmieniono tylko personalia pierwszej dziewczyny bohatera. Zamiast Krystyny pojawiła się Bronka.

Podstawą scenariusza był autentyczny życiorys, oczywiście został on obudowany fikcją fabularną – opowiadał Chmielewski. *O wyborze zadecydo-*

wała sama postać piszącego, to ciekawy, wrażliwy chłopak. Jego dość nietypowa droga awansu życiowego, niebanalna miłość, która stała się inspiracją przy podejmowaniu ważnych decyzji... Filmowy bohater nosi imię tamtego chłopaka. Rozmawialiśmy z nim sporo, był naszym konsultantem.

Uciński przyznaje, że wiele jest w „Daleko od szosy" jego autentycznych przeżyć. Zwykł na przykład nucić piosenkę ze słowami *daj mi nogę*, która w odcinku „Szpaki" towarzyszy seksualnej przygodzie z żoną sadownika. *Rzeczywiście śpiewałem to, pracując w sadzie* – wspomina. *Którejś nocy dzierżawca pojechał na targ, a ja zostałem w namiocie z jego żoną. Miałem 15 lat, ona dwa razy tyle. Z przyzwyczajenia zanuciłem: „daj mi nogę". Patrzę, a tu kolano gospodyni ląduje na moim brzuchu. Zrobiłem się cały rzadki. Miałem stracha, ale jakoś poszło. A była z niej niezła lufa.* Leszek zapewnia za to, że nie złapał choroby wenerycznej, jak w odcinku „Prawo jazdy" (ludziom w poczekalni przychodni bohater nerwowo tłumaczy, że mu *krosty na plecach wyskoczyły*). Za kultowy tekst *się panie częstują – na żądanie raz można*, odpowiada z kolei jego kolega ze wsi, Ludwik.

Scenariusz pisany był podobno od razu z myślą o Krzysztofie Stroińskim. *Jego osobowość, wygląd, zachowanie, aktorstwo, idealnie odpowiadają tej roli* – twierdzi Chmielewski. Aktor chyba tego wyboru żałuje, bo unika dziś tematu serialu, który zaważył na całej jego karierze. Reszta obsady? Męska część widzów rozpłynęła się w wielkich oczach Ireny Szewczyk – ekranowej Ani (aktorka zrezygnowała z ekranu na rzecz kariery teatralnej i później naukowej). Bronkę wiarygodnie odtwarzała zaś Sławomira Łozińska. Złośliwi komentatorzy przypomnieli aktorce to imię, gdy w 2003 roku weszła w skład Krajowej Rady Radiofonii i Telewizji.

Zdjęcia do 7-odcinkowego serialu (roboczy tytuł „Daleko od szosy" okazał się docelowym) ruszyły w połowie stycznia 1976 roku. Telewizyjna premiera odbyła się już na początku grudnia. Jak na ówczesne warunki, dzieło Zespołu Filmowego Silesia było superprodukcją. Chmielewski: *208 większych obiektów zdjęciowych, częste przenosiny, nawet kilka razy dziennie. Oprócz ról głównych – setki epizodycznych, również bardzo ważnych, bo tworzących tło. No i ciężka, duża kamera, której rozmiary bardzo często uniemożliwiały ciekawą inscenizację, zwłaszcza we wnętrzach naturalnych.*

Uzupełnieniem filmu jest książka Czarneckiego „Daleko od szosy". Opublikowało ją w 1979 roku Wydawnictwo Łódzkie, na okładce – zgodnie ze światowymi trendami – widać było fotos z filmu. W 2005 roku serial wydano na DVD, co jeszcze raz potwierdza jego ponadczasową popularność.

DASZEŃKA

serial dla dzieci

(Dašenka)

7 odcinków; reż. Bretislav Pojar; 1977-1979, Czechosłowacja

Serial nakręcony na podstawie książki Karela Čapka, „Daszeńka, czyli żywot szczeniaka" („Dášeňka čili život štěněte", 1933). Nietypowy – podobnie jak nietypowy był pierwowzór. Znakomity literat opisał pierwsze miesiące życia swojego foksteriera. *Gdy przyszedł na świat, był nieokreślonym białym czymś mieszczącym się w dłoni. Tylko para czarnych uszu pozwalała stwierdzić, że to pies. Ponieważ był suką, postanowiłem nazwać ją Daszeńka.*

Čapek zilustrował opowieść własnoręcznie wykonanymi rysunkami, zdjęciami, a nawet... psimi bajkami. *Daszeńka, siedź spokojnie, nie ruszaj

się. Opowiem ci historię o tym, dlaczego terriery kopią dziury w ziemi. Ludzie utrzymują, że szukają tam myszy. Nie szukają. Terriery nigdy nie widziały myszy. Poza tym, mały urwisie, zaraz byś ją przegonił. A jednak wciąż kopiesz... Wiesz, dlaczego? Nie wiesz, prawda? Cóż, opowiem ci...*

Czterdzieści lat później po kultową książkę sięgnął Břetislav Pojar. Twórca filmów animowanych, z których największą popularnością cieszył się w Czechach serial „Pojd'te, pane, budeme si hrát" (1965-1973) o dwóch pluszowych niedźwiadkach.

By oddać ducha oryginału, reżyser zastosował prosty zabieg. Zdjęcia z psiakiem zrealizował w konwencji fabularnej, natomiast opowiadane zwierzątku bajki są kreskówkami. Serial trafił do polskiej telewizji w grudniu 1980 roku, w ramach środowej „Dobranocy". I wywarł ogromny wpływ na dzieciaki, a tym samym ówczesne psie imiona. Z falą Daszeniek konkurować mogły tylko „DŻEKI I NUKA". W 1989 roku, nakładem Naszej Księgarni, ukazał się polski przekład książki Čapka.

Uwaga: w 2005 roku zrealizowano w Japonii sześć krótkich, całkowicie animowanych filmów o Čapku i jego psiaku. Na rynku międzynarodowym znane są pod tytułem „Between Us, Dasenka".

DEKATYZY – patrz PIRAMIDY

DEMPSEY I MAKEPEACE NA TROPIE

serial

(Dempsey & Makepeace)

30 odcinków, różni reżyserzy; 1985-1986; Wielka Brytania

Jeżeli ktoś pod koniec lat 80. zobaczył w czwartkowy wieczór pierwszy odcinek kryminalnego serialu „Dempsey i Makepeace", jego życie nie było już takie samo. Niekoniecznie z powodów fabularnych... Chodzi o scenę, w której blondwłosa aktorka Glynis Barber (czyli Harriet Makepeace), ubierała się przed akcją. Był to niewątpliwie najbardziej seksowny obraz zakładania ciuchów w historii telewizji.

OK, w serialu występował poza tym facet. Michael Brandon, czyli James Dempsey. Pomysł polegał na tym, że brytyjska policjantka z wyższych sfer dostaje za partnera gliniarza z Nowego Jorku. O prostych raczej manierach. Takie kontrastowe

zestawienie było podobno pomysłem Brandona. W pierwotnej wersji Angielce miał towarzyszyć milioner z Kalifornii!

Brandon zajmował się w swojej karierze pisaniem scenariuszy, poprawiał więc w serialu dialogi (na zasadzie: w Nowym Jorku mówi się *I figure*, a nie *I reckon*), a nawet rwał się do reżyserii. Początkowo nie zgadzali się na to producenci. W końcu jednak dostał silne wsparcie ekipy i wyreżyserował ostatni odcinek serialu, „Anioł stróż" („Guardian Angel").

Partnerzy wyznają w mim wreszcie, że im na sobie zależy. W miarę rozwiązywania kolejnych spraw rodziło się bowiem uczucie... Miłość rozkwitła zresztą poza planem: aktorzy pobrali się w 1989 roku i pozostają w szczęśliwym związku do dziś. *Serial żył swoim życiem* – mówi Michael. *Bo ile jest filmów kryminalnych? Miliony. Tu nie chodziło jednak o sensację, lecz chemię, jaka panowała między nami. To było wspaniałe.*

Brytyjska London Weekend Television przygotowała tylko trzy 10-odcinkowe sezony „Dempsey i Makepeace" (dwa w 1985 i ostatni w 1986 roku). Przerwanie produkcji zdziwiło aktorów. *Dziwaczny ruch, bo widzowie to uwielbiali* – wspomina Brandon. *Amerykanie zgłaszali zapotrzebowanie na jakieś 80 odcinków. Dziwne, że ktoś miał w ręku hit i postanowił go odpuścić.* Przedstawiciele LWT twierdzą, że wynikało to z faktu, iż serial nie był własnością stacji, lecz zewnętrznego producenta – Tony'ego Wharmby'ego.

Na początku lat 90. Barber i Brandon zjawili się w Polsce. Do dziś wspominają reakcje fanów: jak na lotnisku pękły barierki i z synkiem na rękach musieli salwować się ucieczką. Albo jak napotkane dzieciaki odgrywały scenki z serialu. Poza „normalnymi” emisjami pokazywano go u nas w tzw. „Kinie dla poliglotów”, czyli po angielsku, bez lektora... *Wciąż dostajemy mnóstwo listów od fanów, zwłaszcza z Holandii i Polski* (w oryginale brzmi to lepiej: *Holland and Poland*) – twierdził Brandon pod koniec lat 90.

W 2004 roku przypomniano „Dempsey i Makepeace” na DVD dołączanym do pisma „TV Okey!”.

DOKTOR KILDARE

serial obyczajowy

190 odcinków; różni reżyserzy; 1961-1966, USA

Protoplasta seriali lekarskich (od krajowej „Doktor Ewy” po czeski „SZPITAL NA PERYFERIACH”) trafił na nasze ekrany 30 czerwca 1963 roku. *Znajdziemy tu dużo prawdy o współczesnych Stanach Zjednoczonych* – anonsowano. *Dużo prawdy obyczajowej i społecznej o istotnych problemach nurtujących Amerykę. Prawda ta została pokazana przez pryzmat szpitala, a więc miejsca gdzie sprawy życia i śmierci, sprawy ostateczne skupiają się, by następnie się rozpaść na wielobarwne części składowe.* Serial debiutował w niedzielę około godziny 17. Później przeniesiono go na środę. W przeciwieństwie do np. „ŚWIĘTEGO”, emitowano rzecz dość regularnie – pojawiała się mniej więcej co dwa tygodnie.

W roli głównej – wybrany spośród 35 kandydatów Richard Chamberlain. Przystojniak, który rozkochał w sobie także Polki. Podobnie jak ich koleżanki za oceanem, nie miały one pojęcia, jak bardzo aktor musiał cierpieć, ukrywając swoje prawdziwe preferencje seksualne. *Byłem okropnie przerażony* – wspominał Chamberlain po dokonaniu coming out w 2003 roku. *Ścigały mnie nastoletnie dziewczęta. Dostawałem 12 tysięcy listów tygodniowo. A wszystkie fanowskie pisma pytały mnie o moje życie uczuciowe. Czułem się w jakimś sensie oblężony. Ale byłem niezły w udawaniu. Czułem, że moja kariera zależy od określonego image'u.*

Popisy Richarda nie ograniczały się do gry aktorskiej. W 1962 roku wydał na singlu śpiewaną wersję tematu tytułowego, *Three Stars Will Shine Tonight*. Piosenka trafiła do pierwszej dziesiątki notowania amerykańskiego „Billboardu”, nieźle też sobie radziła w Wielkiej Brytanii. Ciekawostka: współtwórcą muzyki był uznany później kompozytor filmowy Jerry Goldsmith.

Serial produkcji NBC powstał na podstawie motywów z filmów fabularnych kręconych w latach 40. James Kildare z Blair General Hospital kształci się w swym fachu pod okiem przełożonego, doktora Leonarda Gillespie (w tej roli Raymond Massey). A przy tym szlachetnie angażuje w problemy swoich pacjentów. O tym, że były to tylko brudne gierki, przekonywał peerelowski krytyk: *Kildare jako ulubieniec dyrektora szpitala jest pochwałą systemu protekcji. Nie spełnia żadnej pozytywnej roli wychowawczej swymi interwencjami w zbyt trudnych dlań przypadkach chorobowych, swym świętoszkowatym trybem życia. Jest postacią papierową, co szczególnie uwidacznia się w jego anachronicznym stosunku do kobiet.*

Dziennikarze zgrzytali zębami, panie podkochiwały się, kabareciarze inspirowali (piosenka w audycji „Wielokropek"), uważnie zerkali lekarze (nowe uniformy w szpitalach ochrzczono „kilderówkami")... A dzieciaki miały zabawę inspirowaną czołówką. Charakterystyczne zamrożenie kadru zainspirowało grę zwaną „kilder". Gdy ktoś usłyszał taki okrzyk, musiał stanąć bez ruchu i czekać na zwolnienie.

Na fali popularności seriali „lekarskich" telewizja sprowadziła w 1968 roku brytyjski „Dr Finlay" („Dr Finlay's Casebook", oryginalnie 1962-1971) oraz kanadyjski „Dr Wojeck" („Wojeck", 1966-1968). Losy Kildare'a doczekały się też wersji komiksowych, przedrukowywanych na przełomie lat 60. i 70. przez warszawski „Express Wieczorny". W 1992 roku wydawnictwo Gryf opublikowało „Wezwijcie doktora Kildare'a" – jedną z powieści Maksa Branda (pseudonim Fredericka Schillera Fausta), na podstawie których zbudowano filmową postać. Z okładki patrzyła zachęcająco twarz Chamberlaina, ale inicjatywy nie kontynuowano. Czas przystojnego doktora minął widocznie dużo wcześniej.

DONALD

guma do żucia

Guma do żucia, popularna za sprawą HISTORYJEK z bohaterami filmów Disneya, długo utrzymującego się owocowego smaku i wysokiego współczynnika balonowości. Produkt przybywał do nas dwoma kanałami. Za sprawą sklepów PEWEKSU oraz importu prywatnego.

Fabrykę Maple Leaf założyło w 1948 roku w Amsterdamie dwóch Holendrów (Jules i Robert Markus), którzy dostrzegli popularność gumy do żucia wśród amerykańskich żołnierzy. Pod koniec lat 50. zakład zyskał w kraju renomę i uległ rozbudowie. W pewnym momencie firma opanowała połowę lokalnego rynku. Przyciągnęło to uwagę wielkich koncernów spożywczych, które przejęły ją w latach 70. (jako pierwszy – General Foods). Wtedy też kupiono licencję na wykorzystanie motywów z kreskówek Disneya.

W opakowaniach donalda można było znaleźć ponad 100 różnych odmian historyjek. Owijały gumę w kształcie kostki, z charakterystycznymi rowkami. Były to scenki rysunkowe bez dialogów, przeważnie składające się z czterech klatek. Poza głównym bohaterem pojawiała się w nich m.in. Myszka Miki, pies Goofy czy Pluto.

Polska donaldomania osiągnęła taki rozmiar, że poświęcono jej nawet piosenkę. Autorem tekstu był niezawodny Jacek Cygan (patrz DYSKOTEKA PANA JACKA), śpiewały córki Piotra Fronczewskiego i Majka JEŻOWSKA: *Z donaldem w kieszeni / Na luzie jak balon na wietrze / Bo donald w kieszeni / Nam humor odmieni / I stopnie poprawi / I uśmiech poprawi / I wszystko poprawi na lepsze!*

Amsterdamską wytwórnię zamknięto w 2003 roku. Niepocieszeni mogą co najwyżej przywołać wyjątkowy smak gumy w wersji dla dorosłych. Przepis: 20 ml wódki Bols Blue + 10 ml Bolsa bananowego, uzupełnić do pełna sokiem pomarańczowym.

DRESZCZ – patrz FANTASOLO

DR. HUCKENBUSH

zespół muzyczny

Jeden z filarów podziemnego obiegu fonograficznego PRL... Zadziwiający przypadek. Z jednej strony zespół grający wulgarne przeróbki rockowych standardów. Z drugiej – formacja biorąca udział w oficjalnym życiu estradowym. Oba światy dzieliła tylko jedna literka w nazwie. „Niegrzeczny" był Dr. Huckenbush. „Grzeczny" – Dr. Hackenbush.

Obie kapele łączyła postać lidera, wokalisty i gitarzysty Andrzej Rdułtowskiego (posługiwał się pseudonimami Zmora i Fred Standart). W muzycznych szaleństwach towarzyszył mu basista Waldemar Księżarczyk (Wally lub William Kox). Zespół powstał w 1979 w Gdyni. Nazwa Dr. Hackenbush pochodzi z filmu braci Marx „Dzień na wyścigach". Po dwóch latach prób w świetlicy Zakładów Rybnych muzycy otrzymali propozycję nagrań w studiu Polskiego Radia Gdańsk. Powstały tam dwa utwory. „Mój pociąg ostatni" stał się nawet lokalnym przebojem

W tym samym 1981 roku Zmora i Wally dali się też poznać z zupełnie innej strony. Ich ostre wersje znanych kawałków trafiły do szerszego obiegu. Ludzie kopiowali je między sobą, nie uznając szyldu Fred Standard i William Kox. Rdułtowski pogodził się więc z faktem, że musi używać dawnej nazwy. Dla odróżnienia zmienił tylko pisownię... Do rozwiązania Hacken/Huckenbushą w 1984 roku na koncertach można było usłyszeć materiał reprezentujący dwa oblicza grupy.

Do najbardziej znanych piosenek należały „Nie ruszaj kurwy (Jasiu)" (w oryginale „You Really Got

Me" grupy Kinks), „Boli mnie cewa" (na motywach standardu „Guantanamera") czy „Nie graj ze mną w chuja" („The Last Time" Stonesów). *Nie trzeba doszukiwać się w tych tekstach żadnych ukrytych znaczeń, nie trzeba rozstrząsać subtelności* – deklarował Rdułtowski. *To po prostu żywioł. Trochę w tym chamstwa, ale to jest jednocześnie takie nasze, swojskie... Wielu młodych nigdy nie sięgnęłoby po oryginalne wersje tych nagrań. Myślę, że powinniśmy zostać docenieni za promocję klasyki rocka.*

Nagrania Dr. Huckenbusha nie doczekały się za PRL oficjalnych wydań. Zadecydowały o tym oczywiście względy cenzuralne, ale i fakt, że na wykonywanie przeróbek z innym tekstem trzeba mieć zgodę autora oryginału. Na początku lat 90. można było za to kupić kilka kaset z tym materiałem, wydanych nakładem firmy Fala. Rdułtowski nagrywa do dziś, używając obu szyldów.

DRUPI

piosenkarz

właśc. Giampiero Anelli; ur. 10 sierpnia 1947 w Pawii, Włochy

Najsłynniejszy hydraulik wśród muzyków. Jeden z artystów, którzy większym uwielbieniem cieszyli się w Polsce niż rodzimym kraju.

Dziwną ksywę dostał Włoch w podstawówce. Koledzy uznali, że przypomina bohatera amerykańskich kreskówek, psa Droopy'ego. Od 15 roku życia dał się poznać jako piosenkarz, obdarzony charakterystycznym, chrapliwym głosem. W lecie grał imprezy plenerowe ze swoją grupą The Magnets, zimną wracał do zajęć hydraulika (wcześniej pracował jako barman i na stacji benzynowej). Artysta został w końcu odkryty przez duet producencki Riccardi i Albertelli. W 1973 roku zadebiutował na festiwalu w San Remo. Piosenka „Vado Via" przyniosła mu mało zaszczytne, ostatnie miejsce, ale spodobała się za granicą. Dopiero później trafiła na listy przebojów w ojczyźnie.

Szczególną niszę znalazł sobie Drupi w Europie Wschodniej. Wystąpił w charakterze gwiazdy na festiwalu SOPOT '78. Wielką popularnością cie-

szył się też w Czechosłowacji. W 1979 roku nagrał nawet duet z tamtejszą piosenkarką Haną Zagorovą. Utwór „Setkani" mogliśmy kupić na singlu także w Polsce. Długogrająca płyta artysty, zatytułowana „Drupi", ukazała się w 1980 roku. Była sklejona z dwóch innych, zabrakło na niej niestety największego przeboju – „Sereno e".

Drupi wciąż koncertuje i nagrywa płyty (ostatnia, „Buone Notizie", ukazała się w 2004 roku). Na sopockie deski triumfalnie powrócił w nostalgicznej edycji festiwalu w 2006 roku. Poza tym należy do wykonawców (jak np. AFRIC SIMONE), których można zamówić zarówno na bankiet firmowy, jak i do drugorzędnego telewizyjnego show. *Masz piękne włosy. Coś z nimi robisz?* – pytają go w takowych dziennikarki. *Tylko włosy mi zostały...* (śmiech) *Nic z nimi nie robię. Mam je gęste i bujne – pewnie genetycznie po mamie. To u nas rodzinne. Mama zaczęła siwieć dopiero po siedemdziesiątce.*

2+1

zespół muzyczny

Dramatyczna historia – od oszałamiającej kariery za czasów PRL po smutny upadek w nowej rzeczywistości. 2+1 to zespół, który podobał się starszym i młodszym słuchaczom. Swobodnie balansował między muzycznymi stylami. I brylował zarówno na Zachodzie, jak i w krajach socjalistycznych...

Tuż po debiucie, w 1971 roku, muzycy zdobyli nagrody i w OPOLU, i żołnierskim KOŁOBRZEGU. Chwilę potem nagrywali piosenki dla radia z NRD, równocześnie dając występ w Belgii. Potem znów festiwal kołobrzeski, a z drugiej strony nagrania dla włoskiego oddziału światowego koncernu... W 1972 roku ukazała się inspirowana folkiem, debiutancka płyta „Nowy wspaniały świat". Pochodzi z niej m.in. przebój „Chodź, pomaluj mój świat" (spopularyzowany w ostatnich latach przez zespół Milkshop w serialu „Magda M.").

Dalej w podobnym stylu. Koncerty w USA i Kanadzie – opolska nagroda Federacji Socjalistycznych Związków Młodzieży Polskiej. Single w RFN – single na Kubie. Anglojęzyczna płyta, którą sprzedawano nawet w Japonii („Warsaw Nights") – popisy w Iraku... I kolejne przeboje. „Windą do nieba" (1978), uporczywie odgrywany na weselach mimo zupełnie antyweselnej wymowy, nieśmiertelny „Iść w stronę słońca" (1981), nagrany po unowocześnieniu stylu „XXI wiek" (1983) i „Wielki mały człowiek" (1985)...

Zespół rozpadł się tuż przed nagłą śmiercią Janusza Kruka (1992, zawał serca). Współzałożyciela grupy, głównego kompozytora, przez wiele lat partnera życiowego wokalistki Elżbiety Dmoch.

Wypatrzył ją, gdy miała 17 lat, na studniówce. I zaprosił do śpiewania w swoim zespole Warszawskie Kuranty...

Po rodzinnej tragedii artystka wycofała się zupełnie z życia estradowego. Tylko w 1998 roku na krótko powróciła do zespołu, prowadzonego już przez Cezarego Szlązaka, ale szybko zrezygnowała i zupełnie zniknęła z pola widzenia. W 2005 roku ekipa TVN odnalazła ją bez środków do życia, w zrujnowanym domu pod Warszawą. *Elżbietę Dmoch widują też w pobliskim Tarczynie* – relacjonowano. *Chodzi bez celu, nieraz wiele kilometrów. Byle jak ubrana, niezależnie od pogody. Tej zimy widywano ją, gdy chodziła mroźną nocą polami, w cienkim ubraniu...*

Nowy skład 2+1 wciąż koncertuje, śpiewa w nim Urszula Blaszyńska.

DYSKOTEKA

Kluby taneczne wyspecjalizowane w graniu muzyki z płyt pojawiły się po raz pierwszy w Paryżu, w czasie okupacji (stąd nazwa, od francuskiego discotheque). Właściciele ratowali frekwencję wobec zakazu występowania zespołów jazzowych. W latach 60. moda przeniosła się do Wielkiej Brytanii i USA. W 1970 roku dotarła za żelazną kurtynę.

Pierwsza polska dyskoteka, Musicorama '70, odbyła się 18 lipca 1970 roku w sali turystycznej sopockiego Grand Hotelu. Zorganizował ją „ojciec chrzestny polskiego rocka", Franciszek Walicki. Wystarczy spojrzeć na plakat, by zorientować się, że większość prezentowanych utworów była gitarowa, raczej mało taneczna. W roli didżejów pojawiali się prezenterzy radiowi. *W tamtych czasach radio, a tym bardziej TVP, w bardzo ograniczonym zakresie prezentowały to, co się działo w muzycznym świecie* – wspomina pionier zawodu, Marcin Jacobson. *Zachodnie płyty były prawie niedostępne. Magnetofony były luksusem. W tej sytuacji do dyskoteki chodziło się nie tylko po to, by potańczyć, ale też po to, by posłuchać dobrej, aktualnej muzyki. Na początku było tak, że w dys-*

kotekach obok popu grało się Hendriksa, Led Zeppelin czy Black Sabbath i ludzie to akceptowali. Z czasem pojawiała się specjalizacja i funkcjonowały dwa typy dyskotek – popularne, które przejęły funkcję gastronomicznych dancingów, oraz studenckie, w których grało się ostrego rocka, soul i ambitny pop.

Organizacją dyskotek zajmowało się coraz więcej podmiotów. Od samorządów szkolnych czy ochotniczej straży pożarnej przez kluby studenckie, organizacje młodzieżowe, placówki Społem lub Orbisu, domy kultury, po Zjednoczone Przedsiębiorstwa Rozrywkowe (które wychodziły poza działalność cyrkową). Na początku lat 80. odbywało się w kraju około 3 tysięcy imprez, które obsługiwało 300 zweryfikowanych prezenterów. Tak jest: didżeje musieli stawać przed państwową komisją kwalifikacyjną. Należało mieć przynajmniej średnie wykształcenie, zaliczyć część teoretyczną (pytania np. z historii muzyki) i praktyczną (zagrać dziesięcioutworowy set). Egzaminatorzy sprawdzali polszczyznę, muzykalność i kulturę osobistą. Jeśli ktoś miał z tym problemy, mógł się dokształcić na specjalnym kursie w Uniwersytecie Robotniczym ZSMP.

Próby formalizacji prostował jednak rynek. Popularnym prezenterem był po prostu ten, kto miał płyty. Jacobson: *Nie było ich na wolnym rynku – nawet w PEWEKSIE, a posiadanie dewiz było przestępstwem. W Trójmieście, gdzie się wychowałem, płyty przywozili marynarze. Zamawiało się je u znajomych, w komisie lub u handlarzy na targu. Muzyka wydawana w Polsce do dyskotek się nie nadawała, a płyty zachodnie były horrendalnie drogie.* Popularna dyskoteka musiała mieć też

dobry sprzęt. Nieważne, że kolorofony budowano samodzielnie, z żarówek stosowanych w inkubatorach drobiarskich, barwionych następnie w fabryce bombek choinkowych...

Po roku 1989 przetrwały przede wszystkim dyskoteki prowadzone przy placówkach studenckich. Z czasem taka nazwa lokali zaczęła być kojarzona z prowincją (i zjawiskiem disco polo). W miastach występują po prostu kluby.

DYSKOTEKA PANA JACKA
audycja telewizyjna

Telewizyjno-estradowy projekt Jacka Cygana, rozchwytywanego w latach 80. autora tekstów piosenek. W 1986 roku współpracownik Hanny Banaszak, Haliny Frąckowiak, ANNY JURKSZTOWICZ dostał propozycję opracowania słów na dziecięcą płytę MAJKI JEŻOWSKIEJ. Poza tym pisał na potrzeby filmu „Cudowne dziecko". W grudniu dostał za te dokonania nagrodę „TELERANKA". *Myślałem o tym, co mam tam robić w telewizyjnym studio, odbierając nagrodę* – wspomina. *Czytać teksty piosenek, pokazywać je do kamery czy wręcz śpiewać (na ogół nie śpiewam)? Wymyśliłem, że najbardziej naturalną formą dla takich nowoczesnych piosenek jest... dyskoteka! Przez głowę przemknęło mi: „Dyskoteka Pana Jacka" (czytaj Dżeka), albowiem imię Jacek w drugim przypadku przeczytane brzmi tak samo jak angielskie Dżek. Ten zabawny pomysł spodobał się dzieciom.*

Audycja utrzymała się na antenie przez dekadę. Jacek Cygan osobiście ją prowadził, a wśród wykonawców przewijały się zastępy dzieciaków. Wśród nich na przykład popularna dziś aktorka Karolina Gruszka, Magda Fronczewska (córka Piotra Fronczewskiego) czy Alicja Janosz (zwyciężczyni „Idola", telewizyjnego konkursu, w którym Cygan był po latach jurorem). *Dziecięca piosenka jak magnes przyciągała do mnie dużych i małych: kompozytorów, wykonawców, reżyserów, scenografów oraz dzieci i ich rodziców. Przekonałem się bowiem, że mały artysta składa się z samego siebie oraz z Mamy lub z Taty albo obojga razem!*

W 1988 roku dziecięce piosenki tekściarza zebrano na płycie „Dyskoteka pana Jacka" (Pronit). Poza KRZYSZTOFEM ANTKOWIAKIEM wykonywali je dorośli wykonawcy, w tym zespół PAPA DANCE z towarzyszeniem znanego z „Teleranka" Tadeusza Brosia („Na dzień dobry jestem dobry"). Większość utworów na longplayu pochodziła z filmów. Oprócz „Cudownego dziecka" także kreskówek „Dawid i Sandy" oraz „BOLEK I LOLEK na Dzikim Zachodzie". Od 2000 roku najłatwiej zaopatrzyć się w składankę „Złota kolekcja – Laleczka z saskiej porcelany" (EMI), ze znacznie poszerzonym repertuarem.

DZIEWCZYNY DO WZIĘCIA

film fabularny

reż. Janusz Kondratiuk; 1972, Polska

- *No, to macie dużo czasu?*
- *Niedużo...*
- *Może byśmy jednak gdzieś poszli?*
- *Ale gdzie?*

- *Jest wiele możliwości.*
- *Ale jakich?*
- *Bardzo wiele.*

Gdyby tak miał wyglądać typowy podryw lat 70., nasza populacja byłaby dziś w zaniku. Trzy niewydarzone panny z podwarszawskiej miejscowości, które wyrwały się w sobotę do stolicy, spotykają równie nieudolnych lowelasów (przedstawiają się jako magister i inżynier). Przez 45 minut obserwujemy snucie się towarzystwa po mieście. I brutalny koniec: seksualną pulę zgarnia cwany kelner.

W swoim telewizyjnym filmie Janusz Kondratiuk postawił – podobnie jak Piwowski w „REJSIE" – na naturszczyków. W rolach głównych pojawiły się dziewczyny spotkane dosłownie na ulicy. Ewa Pielach (blondynka) była zaopatrzeniowcem w Polmozbycie. *Szłam po długopisy, których akurat nie było, a tu zaczepia mnie na ulicy dwóch facetów: że oni są z filmu, szukają nowych twarzy, za rogiem mają taksówkę. Jeden się przedstawił: Kondratiuk. I ciągną mnie do tej taksówki. Myślę sobie – zboczeńcy. Nigdzie nie poszłam, uciekłam na przystanek. Krzyknęli za mną, żebym przyjechała jutro do wytwórni filmowej na Chełmską...* Regina Regulska (brunetka, która przedawkowała krem sułtański) rzeczywiście mieszkała pod Warszawą, w Piasecznie. Reżyser wypatrzył ją podczas castingu w tamtejszym liceum. Trzecia bohaterka, Ewa Szykulska (prywatnie żona Kondratiuka), była aktorką zawodową, ale ujawniła wielki talent do takiej naturalnej roli. No i złotą koronkę na zębie... Wśród panów wyróżniał się natomiast Zbigniew Buczkowski, przyprowadzony na Chełmską przez zaprzyjaźnionego strażnika. To ów kelner, śpiewający piosenkę o *Pieskach małych dwóch, sibą, sibą*. Udany debiut zaowocował stałym etatem ekranowego cwaniaka.

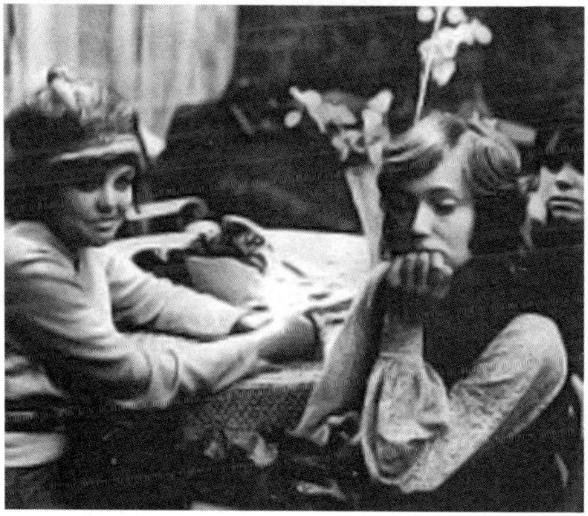

Kto biegły w kinie dzisiejszym, może wypatrzyć wpływy a to czeskiego naturalizmu przyprawionego groteską, a to Godarda – chwalił krytyk. *Ale i tu, przyznać trzeba, transkrypcji dokonano czysto – tak że wrażenie opisu rodzimego obyczaju pozostaje przemożne.*

W 2006 roku Kondratiuk nawiązał do tytułu (i tylko tytułu) swojego słynnego dzieła, kręcąc serial „Faceci do wzięcia".

DZIKA MRÓWKA

seria książkowa

5 tomów; 1977-1987

Cykl powieści młodzieżowych, których akcja związana jest z tematyką morską. Ich autor, Andrzej Perepeczko (ur. 1930), od lat 50. ceniony był jako autor książek marynistycznych. Tworzył zarówno eseje historyczne („Bój o Atlantyk), jak powieści („Listy z morza"). Pod koniec lat 70. spróbował sił w nowej dziedzinie... *Postanowiłem podnieść sobie poprzeczkę i napisać książkę dla dzieci* – wspomina. *Jako wzorzec bohatera wybrałem syna mojego przyjaciela, nazywanego Dziką Mrówką. Tak powstała pierwsza książka o przygodach Dzikiej Mrówki „Dzika Mrówka i tam-tamy". W niej moich małych bohaterów, tytułowego Dziką Mrówkę i Jego Brata – bliźniaka wysłałem statkiem do Londynu, Hiszpanii i Dakaru.*

Główny bohater, Marek, był „najniższym chłopcem w klasie", ale nadrabiał nadzwyczajną aktywnością. Nazywano go Pixi (od bohaterki kreskówki) i Dzika Mrówka. *Przezwisko wymyślił chyba Tata, który dość rzadko bywał w domu, bowiem od kilkunastu lat pływał na statku jako ochmistrz. – Dlaczego dzika – zapytała raz Mama, która nie lubiła tego przezwiska. – A słyszałaś kiedyś o oswojonych mrówkach? – odpowiedział pytaniem na pytanie Tata.* Zabawne relacje między marynarzem a jego małżonką to jedna z mocniejszych stron powieści. By odciążyć swoją „Micię", ojciec zabiera chłopaków w rejs do Afryki.

Te „tam-tamy" wydano w olbrzymim nakładzie egzemplarzy! I – o dziwo – wszystkie się rozeszły – opisuje Perepeczko sukces pod skrzydłami Wydawnictwa Morskiego. *Wobec tego zabrałem się do pisania dalszych przygód Dzikiej Mrówki, wysyłając mego bohatera i Jego Brata, a później także ich koleżanki, coraz dalej, do coraz ciekawszych miejsc.* W 1981 ukazał się tom „Dzika Mrówka pod żaglami" – o pełnomorskim rejsie jachtowym. W 1983 „Podwodny świat Dzikiej Mrówki" – akcja na obozie dla płetwonurków u wybrzeży Jugosławii. W 1986 „Dzika Mrówka i Jezioro Złotego Lodu", w którym bohater bierze udział w ekspedycji do Ameryki Południowej. A w 1987 „Dzika Mrówka i tajemnica U-2002" – na tapecie Bursztynowa Komnata...

Cykl z powodzeniem konkurował z mocno archaicznymi przygodami TOMKA WILMOWSKIEGO. Tym bardziej szkoda, że popadł w zapomnienie. Brak wznowień, nikt też nie kwapi się do wydawania dalszych części. Perepeczko w 2001 roku: *W szufladzie leży jeszcze rękopis kolejnego tomu przygód Dzikiej Mrówki, „Dzika Mrówka i wenecki doża Dandolo", a w głowie czeka jeszcze parę tomów. Ale tymczasem zbankrutowały kolejno dwa wydawnictwa (mam nadzieję, że nie przez „Dzikie Mrówki") i w ten sposób na razie skończyło się moje pisanie dla dzieci.*

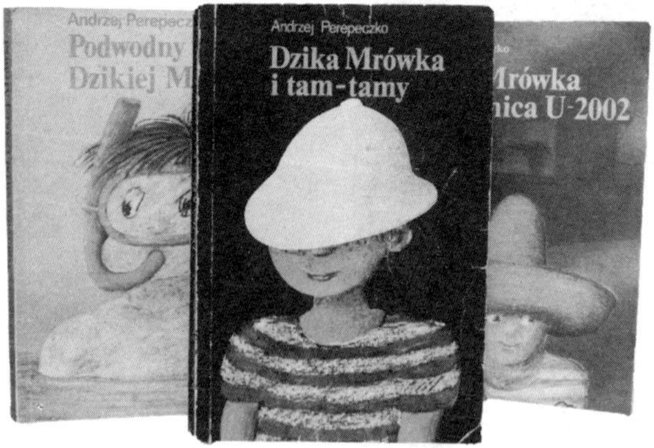

DZWONY
spodnie

Krój spodni obowiązujący od początku lat 70. Wąska góra – mocno rozszerzana nogawka. Termin prawdopodobnie przywędrował do nas z Zachodu. Tego typu spodnie (rozpowszechnione przez ruch hippisowski) nazywano tam bell bottoms – dzwoniaste doły.

Oryginalne, modne spodnie dżinsowe były przywilejem dostępnym dla nielicznych. Jak zwykle w takich przypadkach, odezwała się polska pomysłowość. Można było wziąć poczciwe ODRY, rozciąć nogawkę w szwach i wstawić tam klin z innego materiału. Dół obszywało się połową suwaka lub taśmą pasmanteryjną... Nie było też złym pomysłem własnoręczne uszycie dzwonów różnokolorowych, na podobieństwo strojów indiańskich. Albo z jakiegokolwiek innego materiału, nawet KREMPLINY.

Trend podchwycił, nie bez trudności, państwowy przemysł. *Na komisji technicznej był wielki protest technologów, że przekraczam normy zużycia* – wspomina projektantka Grażyna Hase. *Moje spodnie były dłuższe o 5 czy 10 centymetrów po to, żeby dziewczynom nie skracać nóg. Buty na platformie były przykrywane taką nogawką... Była wielka awantura, podpisałam cyrograf, że poniosę koszty, jeżeli to się nie sprzeda. Poszło jak woda, w ogóle śladu nie było.*

Moda na szerokie nogawki minęła z końcem epoki disco (przełom lat 70. i 80.). Tego typu spodnie wróciły dopiero w połowie lat 90. Nazwa dzwony na Zachodzie została zastąpiona przez bootcut, u nas po prostu: spodnie rozszerzane.

DŻEKI I NUKA – patrz MALI MIESZKAŃCY WIELKICH GÓR

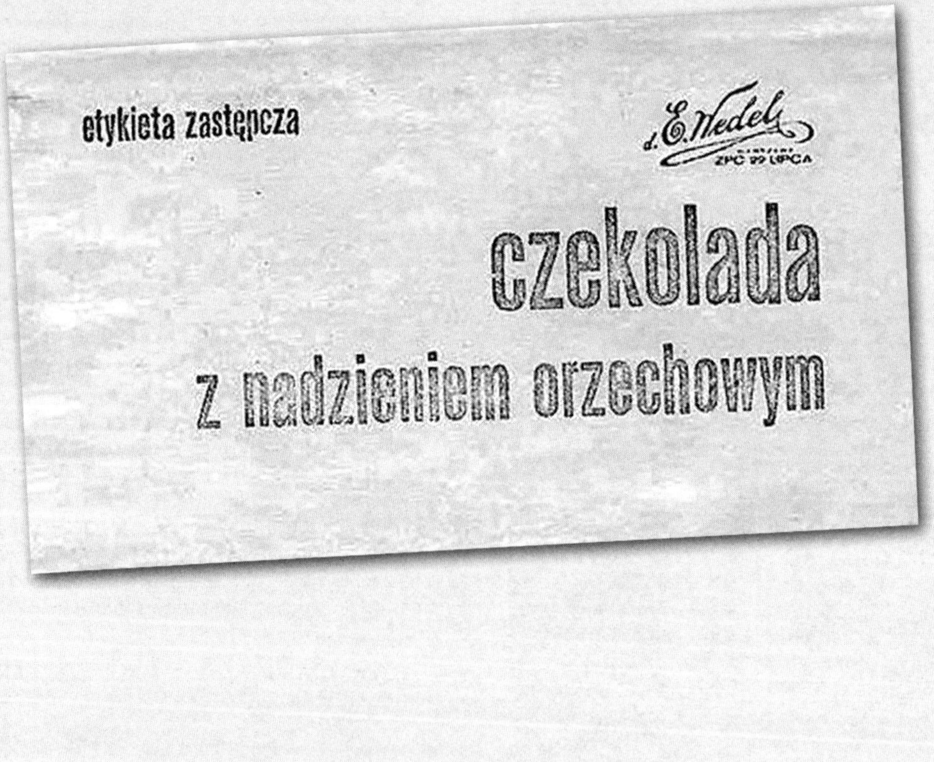
etykieta zastępcza
czekolada
z nadzieniem orzechowym

ELEKTRONICZNY MORDERCA — patrz **SCHWARZENEGGER, ARNOLD**

EKRAN Z BRATKIEM
telewizyjny blok programowy

Audycja telewizyjna wymyślona przez Zofię Nećko i Macieja Zimińskiego. Ten drugi prowadził program. Wcześniej był dziennikarzem „ŚWIATA MŁODYCH" i etatowym animatorem młodzieżowym Telewizji Polskiej, twórcą m.in. NIEWIDZIALNEJ RĘKI. „Ekran z bratkiem" nadawano od 5 października 1967 roku, w czwartkowe popołudnia. Tytułowy kwiat pojawiał się w czołówce, a potem jako element scenografii (można przysiąc, że wmalowano w niego charakterystyczną literę A, symbol anarchii).

Magazynowa formuła zapewniała przekrój tematów z różnych dziedzin. Weźmy przeciętny rozkład jazdy z początku 1969 roku. *Oto niektóre pozycje dzisiejszego spotkania: komandor Czerwiński opowie, jak przed 25 laty jako kilkunastoletni chłopiec — syn pułku szedł z partyzantami, a potem z wojskiem, żołnierskim szlakiem od Wołynia po Berlin; Bratkowa Akademia Sportowa rozpoczyna cykl ćwiczeń, do których — po pudełkach i skakance — potrzebna będzie niewielka piłeczka, jaką można dostać praktycznie w każdym kiosku Ruchu; Stowarzyszenie Opiniodawców Wydawców i Autorów SOWA zapowiada spotkanie nietypowe, poświęcone jednej tylko książce, ale za to bardzo ciekawej; istniejący przy Warszawskim Towarzystwie Muzycznym zespół Plastusie wystąpi ze starą pieśnią żakowską.*

Skłonność do stowarzyszania i spora dawka dydaktyki to charakterystyczne cechy projektów Zimińskiego. W ramach magazynu organizowano na przykład prace nad ułożeniem Karty Postępowania Koleżeńskiego. Można się było wyżyć twórczo w konkursie na projekt pocztówki poświęconej międzynarodowej przyjaźni dzieci. Albo wziąć udział w Kursie Pieszych, mającym poprawić bezpieczeństwo na drogach...

Poza tym były pozycje lżejsze. Gospodarz zabawiał widzów opowieściami harcerskimi. Stanisław Supłatowicz, występujący pod kryptonimem Sat-Okh, zachęcał do zostania Indianinem (trwają spory, czy rzeczywiście miał korzenie w plemieniu Szawanezów). Kapitan Krzysztof Baranowski opowiadał o przygotowaniach do wyprawy dookoła świata i pozwolił widzom nazwać swój jacht (Polonez). A Lech Pijanowski zdradzał tajniki gier umysłowych. Tu właśnie debiutował Michał Sumiński (prowadzący później „ZWIERZYNIEC"), a na przełomie lat 60. i 70. zaczepił się Adam Słodowy ze swoim „ZRÓB TO SAM"...

Osobnicy nieczuli na te atrakcje zapamiętali audycję głównie ze względu na emitowane w jej ramach seriale. Kazik Staszewski (rocznik 1963): *Bez cienia wątpliwości mogę stwierdzić, że w „Ekranie z bratkiem" były najlepsze filmy. Po zestawie obowiązkowym dla młodych militarystów nadawany był „ZNAK ZORRO" i „Ivanhoe" (którego grał Roger Moore). Tak jak w poniedziałek kreskówki, tak w czwartek po raz pierwszy polskie młode audytorium miało okazję śledzić przygody Sir Lancelota, Wilhelma Tella czy osobnika, który zwał się Kiri (niestety nie wiem, jak to się pisze, piszę, com słyszał) Śmiałek. Bezwzględnie czwartek to był number one w kwestii ramówki dziecięco-młodzieżowej.*

Uporządkujmy. Na początku było średnio atrakcyjnie, nadawano „Niewiarygodne przygody Marka Piegusa" na podstawie powieści NIZIURSKIEGO. Potem francuski „Rycerz zawierucha", następnie znów dzieło krajowe: „Dzieci z naszej szkoły". Atrakcja, o której wspomina Kazik, brytyjski serial „Ivanhoe", ruszyła w październiku 1968 roku. Tajemniczy Kiri to z kolei „Thierry Śmiałek" („Thierry la Fronde"), francuski serial historyczny wyświetlany od końca 1969. W 1970 roku wprowadzono amerykańskie „Przygody Sir Lancelota" („The Adventures Of Sir Lancelot"), a potem znów dominowała polszczyzna: „Wakacje z duchami", „Jagoda w mieście", „Gruby", „STAWIAM NA TOLKA BANANA"... W połowie lat 70. przypomniano „Ivanhoe" i „Robin Hooda", następnie pojawił się norweski „Ante" i angielskie „Przygody Czarnego Królewicza" („The Adventures Of Black Beauty"). „Znak Zorro" był raczej domeną „Teleferii" i „TELERANKA".

Uwaga! W połowie lat 70. od czasu do czasu pojawiała się modyfikacja magazynu, pod tytułem „Bratek przy kominku". Po zakończeniu nadawania „Ekranu z Bratkiem", we wrześniu 1978 roku, w podobnym paśmie ruszył „Czwartek Telewizji Dziewcząt i Chłopców".

EKSPEDYCJA – patrz BOGOWIE Z GWIAZD

EMILCIN

spotkanie trzeciego stopnia

Mają Amerykanie swoją Strefę 51 (miejsce, gdzie rzekomo ukryto wrak latającego spodka), miał PRL Emilcin. Wieś w Lubelskiem, której mieszkaniec doświadczył spotkania z kosmitami. 71-letni rolnik nazywał się Jan Wolski. 10 maja 1978 roku, rankiem, prowadził furmankę przez leśną drogę nieopodal wsi. W pewnym momencie dostrzegł niewysokich, półtorametrowych osobników, którzy wskoczyli na jego wóz. *Popatrzałem na nich z boku, dziwne to było jakieś, ubrane w czarniawe stroje, obcisłe, tylko dłonie mieli gołe, i twarze, ale byli jacyś tacy zieloni na gębie. Myślałem, że to może Chińczyki, ale o nic nie pytałem* – relacjonował bohater zdarzenia. *Nic zrozumiałego nie było od nich słychać... Mówili coś, a raczej „świergotali" między sobą.*

Towarzystwo przejechało tak kilkaset metrów, aż do niewielkiej polany. Wolski dostrzegł na niej „przezroczysto-biały" pojazd unoszący się nad ziemią. Przypominał „pół autobusu", w bocznej ścia-

PRZYBYSZE

nie widać było drzwi, z których wyglądało dwóch dodatkowych obcych. Zaprosili rolnika do środka. Wjechał na niewielkiej platformie. Wnętrze było puste – poza ławeczkami przymocowanymi do ścian. Przy wejściu leżało kilkanaście żywych, acz unieruchomionych ptaków.

Jeden z „potworaków" nakazał, by Wolski się rozebrał, a następnie badał go za pomocą narzędzi „przypominających talerzyki". Po wszystkim częstowali jedzeniem w kształcie sopli, ale rolnik odmówił. Następnie opuścił pojazd i pogalopował do domu. Tam zaalarmował synów, którzy po powrocie na polanę znaleźli tylko ślady małych stóp. Odlatujący statek widział za to pięcioletni chłopak z Emilcina...

Sprawą zainteresowała się milicja, ufolodzy, a także ekipa telewizyjnego „STUDIA 2". Pierwsza wizja lokalna nastąpiła tuż po wydarzeniu. Kolejne dwie – w latach 80. W ekipie reporterów, która stawiła się na miejscu w 1978 roku, zalazł się Grzegorz Rosiński. Rysownik, na bieżąco szkicujący relację z wydarzeń oraz portety pamięciowe. Fabularną wersję tej dokumentacji można było potem podziwiać w komiksie „Przybysze", zamieszczonym na łamach pisma „RELAX" (nr 27, 1980). Z kolei łódzki ufolog Zbigniew Blania-Bolnar opisał przypadek w książce „Obecność UFO” (MAW, 1988), a następnie „Zdarzenie w Emilcinie” (Pandora, 1995).

Z pozycji tych można się dowiedzieć, że Wolskiego przebadano potem pod kątem psychiatrycznym. *Jan Wolski jest osobnikiem dość prymitywnym, nie posiadającym podstawowego wykształcenia. Jego intelekt odpowiada przeciętnemu w środowisku* – czytamy w opinii. *Linia życiowa badanego nie wskazuje na obecność u niego zaburzeń osobowościowych ze szczególną skłonnością do fantazjowania.* Wykluczono też – sugerowany przez złośliwych – wątek alkoholowy. *Badany nie pije alkoholu i wg opinii mieszkańców wsi nigdy nie widziano go pijanego. Z okazji rozmaitych uroczystości rodzinnych wypija najwyżej dwa, trzy kieliszki, po wypiciu których zachowuje się normalnie, bez widocznego wpływu alkoholu.* Wolski zmarł 8 stycznia 1990 roku.

W 2005 roku fundacja Nautilus, zajmująca się badaniem zjawisk niewyjaśnionych, wzniosła w Emilcinie pomnik upamiętniający zdarzenie sprzed trzech dekad. Inskrypcja informuje o lądowaniu UFO i głosi, że *prawda nas jeszcze zadziwi...*

EROS

prezerwatywy

Prędzej ci serce pęknie niż prezerwatywa marki Wulkan. To znakomite hasło reklamowe dowodzi, że tradycję produkcji kondomów mieliśmy już przed wojną. Potem – wiadomo... Trzeba się było rozmnażać, by zapełnić lukę demograficzną. Nieliczni używali Primerosów, a potem prezerwatyw „w tutkach” (3 sztuki, okrągłe pudełeczko). Za Gomułki gumki importowano z Anglii, użytkownicy ochrzcili je mianem „dolarówek”. W latach 60. pojawiły się poza tym automaty do sprzedaży kondomów (paczka Luxi Gum kosztowała 5 złotych). Niestety, udogodnienie szybko zniknęło. Towarzysz Edward postarał się za to o wzmocnienie mocy wytwórczych. Na fali kredytowego szału Krakowskie Zakłady Przemysłu Gumowego Stomil (przed wojną Magna) wzbogaciły się o holenderską linię technologiczną.

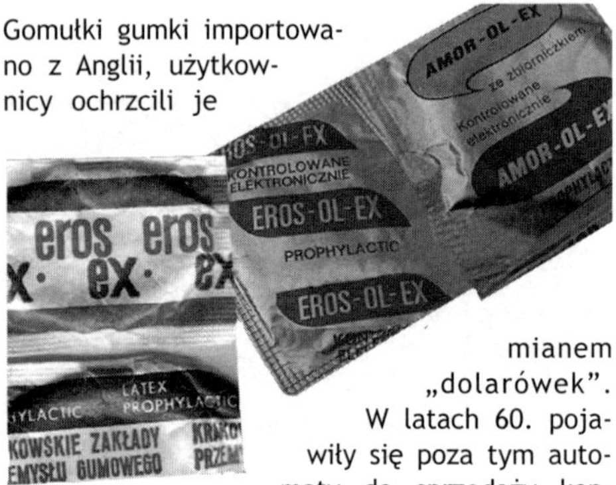

Produkt sprzedawany był w dwóch wersjach: Eros oraz lubryfikowanej olejem silikonowym Eros-Ol-Ex. W obu przypadkach na srebrnym opakowaniu widniał kojący nerwy klienta napis: „kontrolowane elektronicznie”. Proces ów zawdzięczaliśmy pełnej poświęcenia pracy brakarek. Najpierw naciągały kondomy na metalowe pręty. *W ciągu dwóch godzin nakładam 14 tysięcy sztuk* – opowiadała pani Józefa Ślusarczyk. Następnie odbywał się etap nadmuchiwania. A potem traktowania prądem, o wysokim napięciu 1000-1200 woltów. Jak wiadomo: guma izoluje. Jeżeli gdzieś następowało przebicie, prezerwatywa nadawała się do wyrzucenia.

Stomil zachowywał standardowy, europejski wymiar (17,5-18 cm długości; 52 mm objętości) i jednolity kolor. Co nie znaczyło, że zakładu nie opuszczały gumki barwione, albo na przykład z fantazyjnymi tłoczeniami. Tego typu urozmaicenia wykonywali samowolnie pracownicy. Teoretycznie na własny użytek, ale część zmodyfikowanych produktów była potem sprzedawana na czarnym rynku.

Po otrzymaniu hasła AIDS centrum zażądało od nas zwiększenia produkcji – zeznawał inżynier techniczny Jerzy Koźbiał w latach 80. *Dla wyprodukowania założonych w planie 25 milionów sztuk musimy iść na „holendrze" pełnym gazem.* Takie tempo musiało się odbić na jakości. Niedobór brakarek rozwiązywano wysyłaniem produktu do podkrakowskich wsi. Wyposażone w odpowiednie urządzenia gospodynie testowały rzecz chałupniczo. Innym rozwiązaniem było sprowadzanie gotowych kondomów z NRD. W Krakowie tylko je pakowano.

Ale i tak największym problemem firmy była „afera szpilkowa" z końca lat 70. Rozpowszechniło się wtedy zjawisko przekłuwania opakowań z Erosami przez kioskarki. Na gorącym uczynku udało się złapać jedną osobę, we Wrocławiu. Stało się to podobno dzięki ofiarności pracownika Stomilu w delegacji. Z zawodowej ciekawości sprawdził zakupiony produkt i dotarł do kiosku w pobliżu hotelu.

Sprawa skończyła się wyrokiem dla sprzedawcy w kolegium do spraw wykroczeń. Można zapytać, czy to nie aby zbrodnia sądowa, zważywszy że badania wykazywały tylko 50-procentowe wykorzystanie prezerwatyw zgodnie z przeznaczeniem. Wśród najpopularniejszych zastosowań były sikawki na śmigus-dyngus, prowizoryczne maselnice, woreczki do przechowywania nasion, nie mówiąc już o uszczelnianiu weków, którym mała dziurka nie przeszkadzała.

W 1989 roku rynek zaczął chłonąć prezerwatywy z importu. Krakowski Stomil nie wytrzymał konkurencji i znalazł się w stanie upadłości. Po zmianach własnościowych firma przekształciła się w firmę Unimil SA, unowocześniła technologię, od 1995 roku produkuje kondomy w zakładzie w Dobczycach.

ETYKIETA ZASTĘPCZA

Symbol schyłku PRL. Prowizoryczne oznaczenia towarów – zamiast kolorowych nadruków stemple czy niechlujne fotokopie... Często drukowane na odwrotnej stronie papieru, który miał służyć za opakowanie innego produktu. Nie było nic dziwnego z tym, że po wypiciu piwa spod szkła wyłaniał się nierówno przycięty szablon papierosów.

Etykiety, które nazwalibyśmy dziś zastępczymi, pojawiły się masowo po wojnie, gdy przemysł poligraficzny dopiero raczkował. Potem było coraz lepiej, do rozkwitu różnorodnych wzorów w latach 70. (patrz czekolada HOBBY). Prowizorka wróciła gwałtownie, z kryzysem początku lat 80.

Niestety, etykiety – nieraz bardzo piękne – prawie już zniknęły. Rozpleniły się natomiast powszechnie niechlujne, bure „etykiety zastępcze" – pisał dziennikarz w 1983 roku. *Odnoszę wrażenie, że producenci towarów wykorzystują swoją monopolistyczną pozycję na rynku i zupełnie nie dbają o szatę graficzną i czytelność nalepek i ban-*

derol. Pomijam znaczne pogorszenie jakości opakowań, będące wynikiem odstępstw od norm państwowych, branżowych i zakładowych.

Tak jest. Szczegółowe normy dotyczące etykiet, i w ogóle opakowań, wciąż obowiązywały. Producenci skwapliwie korzystali jednak z klauzuli: *może być również stosowane opakowanie innego rodzaju, równie skutecznie chroniące towar przed uszkodzeniem...* Co ciekawe, dotyczyło to wyłącznie rynku krajowego. Minister gospodarki materiałowej opublikował „Wytyczne racjonalnego gospodarowania materiałami opakowaniowymi i opakowaniami", w myśl których produkty przeznaczone na eksport *powinny być zgodne z umowami, zwyczajami lub wymaganiami importerów.* Tubylcom przedstawiciele rządu mówili natomiast wprost: *Sprawa estetyki opakowań na naszym rynku nie ma w obecnych warunkach znaczenia tak podstawowego jak funkcja ochronna.*

Opakowanie zastępcze nie musiało nawet dotyczyć warstwy graficznej. Czasami oznaczało zupełnie inną formę przechowywania produktu. Z powodu niedoborów blachy cynkowanej wiele towarów – na przykład koncentrat pomidorowy – musiało przeprowadzić się z puszek do słoików. Tu z kolei brakowało wieczek i kapsli, wytwarzanych w tym samym co puszki Przedsiębiorstwie Opakowań Blaszanych „Opakomet"...

Problem estetyki opakowań był wrzodem na pupie socjalistycznego przemysłu do końca lat 80. Doczekał się uwiecznienia w popkulturze (płyta „Etykieta zastępcza" WAŁÓW JAGIELLOŃSKICH) i poważnych rozpraw: *Opakowanie nie jest tym elementem, który producent towaru chce sprzedać. Jest ono tylko przykrą koniecznością, która nieuchronnie wpływa na zwiększenie kosztu towaru i dlatego powinno być jak najprostsze i jak najtańsze. Opakowanie nie jest tym, co jest pożądane, ale tym, bez czego nie można się obejść.*

To dlatego ludzie kolekcjonowali zachodnie puszki po piwie czy pudełka po papierosach. A potem entuzjastycznie przyjęli nadejście kolorowego, wolnego rynku.

EUROPE

zespół muzyczny

W połowie lat 80. grzeczne dziewczęta wieszały sobie w pokojach plakaty grupy KAJAGOOGOO. A niegrzeczne – grupy Europe. Czy raczej jej lidera, Joeya Tempesta. Joakim Larsson (tak brzmi prawdziwe nazwisko wokalisty, bo mamy do czynienia ze Szwedem) odznaczał się piękną trwałą ondulacją. Pozwala ona zaliczyć jego zespół do nurtu zwanego pudel metalem.

Zespół powstał w okolicach Sztokholmu w 1979 roku i początkowo miał większe ambicje. Inspirował się szlachetnym brytyjskim heavy, co było słychać na debiutanckiej płycie, „Europe" z 1983 roku (Hot Records). Do kolejnych dokonań przykładali już rękę najemni producenci, prowadząc grupę w stronę coraz bardziej gładkich, stylizowanych na amerykańskie przebojów. Apogeum osiągnięto na albumie „The Final Countdown" (1986, Epic). Europe podbił Europę utworem tytułowym. Galopujący metal połączono ze słodkim śpiewem i patetycznym motywem na instrumentach klawiszowych. Joey wspomina, że pomysł przyszedł mu do głowy dużo wcześniej: *Byłem bardzo młody. Miałem szesnaście lat. Pożyczyłem od kogoś klawisze – byłem wtedy zafascynowany klawiszami. Kombinowałem sobie i wymyśliłem ten motyw, przez cały czas chodził mi po głowie. I gdy w 1985 roku zaczęliśmy nagrywać trzecią płytę, pomyślałem sobie, że może na bazie tego motywu stworzę jakąś piosenkę. Tworząc ją, myślałem o publiczności, chciałem, żeby otwierała koncerty Europe. Ten kawałek trwa ponad pięć minut, nawet przez myśl mi nie przeszło, że to może być wielki hit. Wiedzieliśmy tylko, że to jest piękna, wyjątkowa i bardzo tajemnicza piosenka.*

Sukcesu nie udało się nigdy powtórzyć. Po kolejnych dwóch płytach, w 1992 roku, zespół się rozpadł. Wcześniej, 25 lutego, dotarł na jedyny koncert do Polski. Kiepska frekwencja w katowickim Spodku świadczyła o tym, że czas pięknego Joeya już minął. Europe reaktywował się jednak w 2003 roku. Funkcjonuje dziś jako szanowana grupa ciężkiego rocka.

EWA

radioodbiornik turystyczny

Produkt, który wyprowadził muzykę poza mieszkania. Od 1969 roku wszystkie ośrodki wczasowe

PRL zaczęły rozbrzmiewać dźwiękami z tego przenośnego radioodbiornika tranzystorowego. Co potępiał między innymi miłujący naturalne piękno przyrody PAN SAMOCHODZIK: *Nie ma dla mnie nic bardziej nienawistnego niż widok młodzieńca czy dziewczyny idących po ulicach lub alei parkowej – z grającym aparatem tranzystorowym w ręku* (Zbigniew Nienacki, „Pan Samochodzik i Winnetou", 1976).

Nie był to oczywiście pierwszy tego typu sprzęt. W przeciwieństwie do modeli pionierskich (np. Szarotki z warszawskich zakładów Kasprzaka czy Krokusa z tej samej dzierżoniowskiej Diory) posiadał jednak zakres fal UKF. Wyposażono go ponadto w funkcje pozwalające na stosowanie w samochodzie (możliwość podłączenia dodatkowego głośnika, zasilanie z akumulatora). I najważniejsze... Wytwarzano go w naprawdę masowej skali. Do 1975 roku powstało ponad 200 tysięcy egzemplarzy, częściowo w zmodyfikowanej odmianie Ewa 2 (usunięte złącza samochodowe, inny przełącznik zakresów). Ciekawostka: w przeciwieństwie do innych radioodbiorników, z tworzyw sztucznych, za obudowę robi tu płyta pilśniowa oklejona dermą.

Pod koniec dekady Diora przerzuciła się na mniejsze modele z linii Camping i Biwak. Konkurencyjnym producentem sprzętu tranzystorowego była Eltra z Bydgoszczy. W 1979 roku pokusiła się nawet o wypuszczenie sprzętu stereofonicznego (model Julia), ale dwa kanały dostępne były wyłącznie przez słuchawki lub dołączane głośniki.

EWA WZYWA 07 – patrz MILICYJNA POWIEŚĆ; 07 ZGŁOŚ SIĘ

FANFAN TULIPAN

film fabularny

(Fanfan la Tulipe)

reż. Christian-Jaque; 1952, Francja/Włochy

Jeden z pierwszych wielkich przebojów zachodniego kina dopuszczonych do dystrybucji w Polsce. Fakt, że ponad dziesięć lat po premierze (1966), ale już to sprawia, że należy odnotować tę awanturniczą komedię kostiumową. Zwłaszcza że cieszyła się nieustającą popularnością w emisjach telewizyjnych (pierwsza: 26 grudnia 1973) oraz inspirowała krajowych twórców (patrz „JANOSIK").

Po drugie: do Warszawy przyjechał w połowie lat 50. odtwórca roli głównej, Gerard Philipe. Nie jako gwiazdor filmowy co prawda, lecz z teatrem – ale i tak była to sensacja. Wtajemniczeni stali się świadkami sensacji jeszcze większej... *Uwielbiały go kobiety całej kuli ziemskiej, lecz on sam, że tak powiem, uczuciowo był całkiem przeciwnie* – pisał Zygmunt Kałużyński. *Francuzi stacjonowali w Bristolu i Gerard stał w holu otoczony czterema blondynami o wyglądzie aniołów z obrazów Wyspiańskiego...* Nie przeszkadzało to polskiej młodzieży płci męskiej czerpać pełnymi garściami z ekranowego image'u aktora. Na ulicach pojawiła się nawet fryzura zwana „fanfanem", z charakterystycznym, luźnym kosmykiem.

W 2003 roku remake „Fanfan Tulipan" wyszedł ze stajni Luca Bessona. *Jestem zaskoczona, że nikt przez tyle lat nie pomyślał o nakręceniu nowej wersji filmu* – opowiadała grająca u boku Vincenta Pereza aktorka Penelope Cruz. *Jedna*

rzecz w podejściu do pracy Luca Bessona, Michela Fellera (producenci) *i Gerarda Krawczyka* (reżyser) *cały czas robiła na mnie wrażenie: mieli szacunek do filmu Christiana Jaque'a, ale nie byli jego zakładnikami. Postanowili zapewnić widzom wspaniałą rozrywkę, wykorzystując współczesne środki i historię, która podoba się od wielu pokoleń.*

FANTASOLO

gra paragrafowa

Pionierskie przedsięwzięcie w dziedzinie gier fantastycznych. Polska wersja gry paragrafowej (czytelnik kreuje fabułę, wybierając jedną z dostępnych w tekście opcji). Jej twórcą był niestrudzony popularyzator tego typu zabaw Jacek Ciesielski.

Publicysta „RAZEM" przedstawił pierwszą, prostą grę już w 1984 roku. Nosiła tytuł „Władca podziemi". Rok później przyszedł czas na „Monstrum", a w 1987 roku nawiązał do „Fighting Fantasy", cyklu gier paragrafowych wydawanych w formie książek przez brytyjskich autorów Steve'a Jacksona i Iana Livingstone'a. W dwóch numerach polskiego tygodnika ukazał się odpowiednik takiego przedsięwzięcia – „Dreszcz". Wszystkiemu przyświecało hasło Fantasolo...

Gry fantastyczne podbijają świat – czytaliśmy we wstępie. *Podbiły również serca czytelników „Razem". Każda poświęcona im informacja wywołuje lawinę listów. Już dłużej nie mogłem czekać: zamiast kolejnego opisu dziś prawdziwa fantastyczna gra w całości! „Prawdziwa" nie znaczy „typowa". Klasyka to gry fabularne (role-playing games). Są one jednak zbyt obszerne, by mieć szanse na publikację w „Razem". Przedstawiam grę pt. „Dreszcz". Należy do gatunku „Fighting Fantasy", dla którego ukułem chyba bardziej zrozumiałą nazwę: „Fantasolo". Jest grą dla jednej osoby. Gracz staje się Śmiałkiem wędrującym po zakamarkach podziemnego świata w poszukiwaniu przygód i przede wszystkim skarbca, w którym ukryta jest Wielka Tajemnica.*

Dalej już można było przystąpić do rozgrywki, chociaż... W tekście znalazło się kilkanaście poważnych błędów. Całość nabrała sensu dopiero po opublikowaniu erraty. W 1988 roku na łamy „Razem" trafiła druga tego typu zabawa, „Goblin". Tym razem ukazywała się w czterech numerach. I, podobnie jak poprzednio, po wszystkim konieczna

WSZYSTKO GRA 1

Fantasolo*

DRESZCZ

Uzbrojony w ołówek, gumkę i dwie kostki do gry wyruszasz na niebezpieczną wyprawę, by wydrzeć Podziemiom ich Wielką Tajemnicę.

Będziesz musiał podejmować decyzje: którędy iść, które potwory pokonać.

Zapewne pierwszej próby nie przetrwasz. Podczas kolejnych wypraw zdobędziesz doświadczenie i

PÓŁ-GRA, PÓŁ-OPOWIEŚĆ

TY JESTEŚ JEJ BOHATEREM!

Gry fantastyczne podbijają świat! Podbiły również serca czytelników „Razem". Każda poświęcona im informacja** wywołuje lawinę listów. Już dłużej nie mogłem czekać: zamiast kolejnego opisu dziś PRAWDZIWA GRA FANTASTYCZNA W CAŁOŚCI! „Prawdziwa" nie znaczy „typowa". Klasyka to gry fabularne (role-playing games). Są one jednak zbyt obszerne, by mieć szanse na publikacje w „Razem".

[...]cym po zakamarkach podziemnego świata w poszukiwaniu przygód i przede wszystkim skarbca, w którym ukryta jest Wielka Tajemnica.

„Fighting Fantasy" narodziła się w 1982 roku. Na ten znakomity pomysł wpadli STEVE JACKSON i IAN LIVINGSTONE. Ich pierwsza gra nosiła tytuł: „THE WARLOCK OF FIRETOP MOUNTAIN" (w wolnym tłumaczeniu: czarnoksiężnik z ognistej góry). W ślad za nią poszły następne, napisane

„DRESZCZ" wykorzystuje schemat gier „Fighting Fantasy" (opisany niżej jako „Zasady gry"), cała reszta jest oryginalnym opracowaniem.

Gry „Fighting Fantasy" są zupełnie niepodobne do... gier. Kupuje się je w... księgarni, bo to, po prostu, książki. Wydawane są jako tzw. paperback, czyli wysokonakładowe książki na pośledniej klasy papierze, z czarno-białymi ilustracjami i kolorową, miękką okładką. Nie potrzeba do gry żadnych specjalnych rekwizytów. Wystarczy ołówek, gumka, kartka papieru i dwie kostki.

„DRESZCZ" publikujemy w dwóch częściach. Druga już w następnym numerze tygodnika „Razem". Bez niej nie można rozpocząć gry.

była errata. Mniej więcej w tym czasie „Dreszcz" wydano w formie broszury książkowej (nakładem Ultimy).

Gry paragrafowe z prawdziwego zdarzenia zaczęły się ukazywać w Polsce od 1989 roku. Tom „W poszukiwaniu króla Artura" wydawnictwa Alfa zapoczątkował przekłady amerykańskiego cyklu „Wehikuł czasu". W 1991 roku nakładem Amber ukazał się produkt dla starszych graczy, „Wojownik autostrady". Potem paragrafówki ustąpiły miejsca klasycznym role-playing games.

FANTASTYKA
miesięcznik

Pionierskie w PRL czasopismo poświęcone tematyce science fiction (wcześniej ukazywały się co najwyżej fanziny o wszystko mówiących tytułach „Somnambula", „Radiant" czy „Kwazar"). Wystartowało w październiku 1982 roku. Jak przyznają

twórcy – którzy podejmowali nieskuteczne próby już pod koniec lat 70. – do przychylnej decyzji władz przyczyniła się pustka na rynku prasowym po stanie wojennym. I pobłażliwość dla „nieszkodliwych szajbusów". *Największy partyjny beton tamtych czasów, Stefan Olszowski, powiedział podobno: „Niech młodzi pod płaszczykiem fantastyki pobawią się w działalność antysocjalistyczną"* – relacjonował po latach Maciej Parowski. *Że niby fantastyczny bunt w piśmie i na papierze będzie mniej groźny niż ten realny na ulicach, które wtedy co sierpień śmierdziały gazem łzawiącym. Ale fantastyka wisiała w powietrzu jako uniwersalny język opisujący równie dobrze rzeczywistość, która odchodzi, jak i tę, która przychodzi.*

Bardziej oględnie przedstawił sprawę w artykule wstępnym pierwszego numeru redaktor naczelny, Adam Hollanek: *Jednym z głównych celów i smaków ludzkiego życia jest na pewno konstruowanie przyszłości. I my z myślą o jutrze oddajemy do rąk Czytelników pierwszy numer pierwszego polskiego czasopisma poświęconego szeroko pojętej fantastyce.*

Magazyn kusił efektownym portretem wojowniczki (autorstwa Jerzego Wróblewskiego – patrz BINIO BILL) na okładce. Mniej lub bardziej obnażone panie były zresztą stałą ozdobą tekstów... Ale i bez tego sto tysięcy egzemplarzy sprzedałoby się na pniu. Przyciągały przedruki zachodnich opowiadań, a także cała powieść do wycięcia (tył okładki pisma służył za jej oprawę). W miarę upływu lat „Fantastyka" otwierała się na autorów polskich. Tu debiutował m.in. Andrzej Sapkowski ze swoim „Wiedźminem" (1986). Mocną stroną były też komiksy, ze słynnym „FUNKY KOVALEM" na czele.

W latach prosperity tytuł obrósł w dodatki: plakaty, kalendarze, kwartalniki „Fantastyka Komiks" i „Mała Fantastyka"...

W 1990 roku zespół związał się z nowym wydawcą i zmienił nazwę na „Nowa Fantastyka". Pismo ukazuje się do dziś, choć po dawnej popularności zostało tylko wspomnienie.

FASOLA – patrz TIK-TAK

FASOLKI

zespół dziecięcy

Grupę odpowiedzialną za nieśmiertelne hity „Mydło lubi zabawę", „A ja rosnę" czy „Witaminki dla chłopczyka i dziewczynki" sformowano w 1983 roku. Inspiratorem była Telewizja Polska, która potrzebowała wykonawców piosenek dziecięcych w nowej audycji „TIK-TAK". Kierownikiem muzycznym został Krzysztof Marzec (jego rockowa grupa ZOO anonimowo nagrywała Fasolkom podkłady), za teksty odpowiadała Ewa Chotomska lub współtwórca zespołu Andrzej Grabowski. Nazwę zaczerpnięto z gamy: „fa-sol-la".

Fasolki działają z powodzeniem również dziś. *Być może ta popularność jest innego rodzaju* – opowiada Marzec. *Jest to zespół profesjonalny, śpiewa na żywo, piosenki są znane, bo mimo upływu czasu one pozostają w ludzkiej świadomości. Poza tym ten zespół nagrywa dużo utworów na różnego rodzaju płyty związane z wydawnictwami pedagogicznym.* Ostatnio ukazała się na przykład fasolkowa płyta z serii „Piosenki Jedyneczki".

Wśród wcześniejszych pozycji fonograficznych najważniejszy jest pierwszy singel Tonpressu z

1985 roku, zatytułowany „Tik-Tak". Oprócz „Mydła" znalazły się tam m.in. utwory „Myj zęby" i „Domowa piosenka" (bardziej znana jako „Każdy ma jakiegoś bzika"). Spragnieni komunikatu *Mydło lubi zabawę w chowanego pod wodą* mogą go sobie przypomnieć na wydanym w 1995 roku CD „Przeboje Pana Tik-Taka".

Gdy przyjrzeć się losom grupy, dojdziemy do wniosku, że wykonawcy najsłynniejszych piosenek (Karolina Bernacka czy Jarek Bułka) wielkich karier nie zrobili. Za to ich późniejsi koledzy... *Asia Jabłczyńska gra Martę w serialu „Na Wspólnej" i córkę Danuty Stenki w kinowym hicie „Nigdy w życiu!"* – wylicza Chotomska. *Monika Mrozowska – Majkę w „Rodzinie zastępczej", Piotruś Wieczorek wcielił się w rolę Kaja w „Królowej Śniegu" w Teatrze Syrena, Edwin Nowak gra w „O DWÓCH*

TAKICH, CO UKRADLI KSIĘŻYC" w Teatrze Nowym, Michał Sobiczewski – w „Małym Księciu" w Teatrze Staromiejskim, a Ada Jawornicka występuje w telewizyjnej „Jedyneczce".

FIAT 126P

samochód osobowy

Samochód dla ludu Edwarda Gierka. *Polski Fiat 126p otrzymał ważne zadanie zmotoryzowania Polski* – pisano na początku produkcji. *Czy rzeczywiście spełni oczekiwania i stanie się „samochodem dla Ciebie"? Odpowiedź padnie już za parę lat, gdy bielsko-tyski kombinat samochodowy zacznie produkować dziesiątki tysięcy wozów rocznie. Popularność licencyjnego Fiata 126p będzie zależała od ceny sprzedaży, kosztów eksploatacji i związanej z nimi konstrukcji samochodu. Cenę już znamy, ustalona została na 69 tys. zł. Nie jest to niska cena, jednak opracowano system przedpłat, który ułatwi zgromadzenie pieniędzy na zakup samochodu...*

Słowo „licencyjny" wyraźnie pokazuje, że w przypadku peerelowskiego volkswagena zabrakło rodzimego konstruktora, odpowiednika Ferdinanda Porsche. Technologię trzeba było kupić za granicą. Konkretnie – we włoskim Fiacie. Polski przemysł samochodowy współpracował z tą firmą już przed wojną (Fiat 508 Balilla), a od 1967 roku warszawska Fabryka Samochodów Osobowych produkowała model 125p.

Fiat 126 to zupełnie inny segment samochodów. Auto małe, zaprojektowane na bazie modelu 500 Nuova (mocniejszy silnik, większy bagażnik, no i zmieniony wygląd). W założeniach zachodnich konstruktorów miał służyć jako drugi samochód w rodzinie... Zakłady w Cassino wprowadziły go do produkcji w 1972 roku. 6 czerwca następnego roku pojawiły się egzemplarze polskie. Pierwsze sztuki stały się przedmiotem losowania na święcie śląskiej „Trybuny Robotniczej".

Umowę licencyjną z Włochami zawarto 29 października 1971 roku. Kredyt mieliśmy spłacić dostawami silników. Produkcję planowano w zupełnie nowej fabryce. Na początku 1972 roku zgrupowano w jeden organizm zakłady metalurgiczne rozproszone wokół Bielska-Białej. Nowo powstała Fabryka Samochodów Małolitrażowych znalazła się pod bezpośrednim nadzorem rządu i miała pierwszeństwo w finansowaniu. Błyskawicznie wznoszono hale montażowe i obiekty towarzyszące (jak osiedle mieszkaniowe dla przewidywanych 10 tysięcy pracowników). Towarzysz Edward w lipcu 1972 roku osobiście doglądał postępów prac.

69 tysięcy złotych, których żądano za Fiata 126p, było równowartością ówczesnej dwuletniej pensji (giełdowa cena samochodu przekraczała 100 tysięcy). W 1976 roku z taśm zjeżdżało już

80 tysięcy sztuk, ale i tak nie można było zaspokoić popytu. W systemie przedpłat (do PKO zgłosił się ponad milion ludzi), auta sprzedawano co kwartał, według kolejności zgłoszeń. Ciągłe opóźnienia wynikały z faktu, że część produkcji kierowano do sprzedaży „ekspresowej" (czyli radykalnie droższej). Część szła z kolei na tzw. talony, które trafiały do rąk funkcjonariuszy władzy. Kolejną akcję przedpłat zorganizowano w 1981 roku. Służyła przede wszystkim ratowaniu finansów państwa. Nie było mowy o realizacji zobowiązań w ciągu obiecywanych czterech lat. Wielu chętnych zostało z pustymi rękami i usiłowało odzyskać swoje pieniądze już po zmianie rzeczywistości gospodarczej...

Mimo kłopotów z kupnem Fiat 126p był naprawdę pierwszym powszechnie dostępnym samochodem w PRL. Jako taki spotkał się z uwielbieniem narodu. Szybko nadano mu pieszczotliwy przydomek: maluch. I zaczęto wymyślać dobrotliwe dowcipy. Na przykład taki: *Milicjant zatrzymuje malucha, który jedzie po jezdni zygzakiem i strasznie podskakuje – Co, wypiło się, panie kierowco? – Ależ skąd. Po prostu wiozę w bagażniku żywego karpia*... W 1978 żarty zebrano w tomiku „126 x 126p", z ilustracjami Zbigniewa Lengrena (Interpress). Maluch trafił poza tym do filmów i piosenek. Z jednej strony jeździ nim inżynier Karwowski z „CZTERDZIESTOLATKA", z drugiej konsumpcyjne zapędy Polaków wykpiwa zespół Perfect: *Telewizor, meble, mały Fiat / oto marzeń szczyt* („Nie płacz, Ewka")...

Warto dodać, że miłość do malucha była trudna. Samochód cechowały liczne wady. Do najbardziej znanych należała usterka rozrusznika, z powodu której nie zapalał silnik. Użytkownicy wozili ze sobą kij od szczotki, ratujący zapłon w sytuacji awaryjnej. W pierwszych egzemplarzach rdzewiał klakson umieszczony pod bagażnikiem (rozwiązanie: owinięcie folią lub przeniesienie w inne miejsce). Nie mówiąc już o zwykłych trudnościach eksploatacyjnych. By dolać oleju, należało na przykład nacisnąć nogą rurę wydechową. Silnik odginał się wtedy, dzięki czemu w ciasną powierzchnię pod tylną klapą wchodziła puszka... Dowcip mówiący o tym, że autko jest tak bezpieczne jak Volvo – strefa zgniotu kończy się na silniku – dobrze oddawał natomiast stopień ochrony pasażerów.

Z upływem lat poddawano samochód niezliczonym modernizacjom. Oficjalna, przygotowana przez Włochów, nastąpiła w 1977 roku. Potem zajmowali się tym lokalni fachowcy. Poza drobnymi zmianami były i eksperymenty zasadnicze. Wśród prototypów znalazła się wersja dostawcza (Bombel), z przednim napędem (Ryjek), kombi, a nawet kabriolet... Najpoważniejszą modernizację podstawowego modelu za czasów PRL przeprowadzono w 1987 roku. Zaprezentowano wtedy model 126p Bis. Usprawnienia rodziły się także poza fabryką. Najsłynniejsze to tzw. turbinka Kowalskiego, mająca zmniejszyć zużycie paliwa.

Ostatni maluch, z serii Happy End, zjechał z taśmy 22 września 2000 roku. We Włoszech zaprzestano produkcji już w 1979.

FORMUŁA 1

sport samochodowy

Popularność Formuły 1 w Polsce nie zaczęła się w momencie, gdy za kierownicą bolidu zasiadł Robert Kubica. Moda na ten sport rozkwitła w połowie lat 80.

Wiadomości docierały oczywiście wcześniej. Można było o wyścigach dość regularnie czytać w piśmie „Motor". Ale wywiad z Emersonem Fittipaldim (mistrz sezonów 1972 i 1974, jego matka była z pochodzenia Polką) potrafił też wydrukować np. „Radar". Wyścigi pokazywało „STUDIO 2". A w 1980 roku Krajowa Agencja Wydawnicza opublikowała książkę „Formuła ryzyka" Bogusława Koperskiego i Jacka Semkowicza. *Wyścigi samochodowe w Polsce odbyły się po raz ostatni przed wojną* — tłumaczyli autorzy we wstępie. *Mimo że wyścigi Formuły 1 są znane raczej czysto teoretycznie, z fragmentów pokazywanych w telewizji, ze zdjęć i artykułów w prasie, to jednak wywołują spore zainteresowanie, co przejawia się m.in. w korespondencji widzów i czytelników z prasą i tv...*

Największą popularyzatorką sportu była Nina Lengyel. Polka z pochodzenia, mieszkająca w Genewie, żona Węgra pracującego dla telewizji brazylijskiej. Przynależność do International Racing Press Association otwierała jej drzwi za kulisy wyścigowego biznesu, co wykorzystywała w relacjach na łamach krajowych gazet. Zbiór jej tekstów z lat 1974-1982 ukazał się w książce „Formuła 1 — Legenda i rzeczywistość" (Sport i Turystyka, 1984). *Żywię nadzieję, że wielu świeżo upieczonych miłośników wyścigów Formuły 1 w Polsce, którzy dzięki telewizji zawarli już wstępną znajomość z tym sportem, chętnie przeczyta, gdzie przebywają bolidy pomiędzy poszczególnymi wyścigami, co w tym czasie robią kierowcy, po co stosowne są aerodynamiczne płyty dociskowe...*

50 tysięcy nakładu rozeszło się błyskawicznie. Sport i Turystyka przygotowały na fali sukcesu specjalne zeszyty tej samej autorki („Rok McLarena", 1985; „Nareszcie Alain Prost", 1986).

W 1985 roku cykl artykułów poświęconych F1 zaczął drukować „ŚWIAT MŁODYCH". Pierwsza strona specjalnego paska do wycinania zawierała sylwetkę słynnego kierowcy. Na odwrocie można było poczytać ciekawostki. *Mamy w Polsce stosunkowo mało wiadomości o wyścigach Formuły 1. Dlatego też postanowiliśmy drukować ten cykl materiałów* – napisali redaktorzy.

Kolejny wzrost popularności sportu nastąpił od sierpnia 1986 roku, gdy oddano do użytku pierwszy tor F1 w krajach socjalistycznych – węgierski Hungaroring. *Po zakończeniu wielkiej imprezy odbył się wyścig samochodów Ester, z udziałem m.in. Polaków* – donosili korespondenci. *„Estery" są to takie prawie wyścigówki, niestety daleko im do Formuły 1. Ten epizod wielkiego sportu zaprezentowano publiczności na Hungaroringu chyba jedynie w celu rozładowania korków na drogach dojazdowych do Budapesztu.* I jeszcze: *A może i u nas dałoby się coś takiego zorganizować? Oczywiście nie teraz i nie w takich warunkach, w jakich obecnie znajduje się tor poznański, ale gdyby śladem naszych bratanków Węgrów zainwestować, zwrot włożonych kosztów i zysk byłby zapewniony.*

Jak wiadomo, spełnienia słusznego postulatu nie doczekaliśmy się do dziś. Od połowy lat 90. można było przynajmniej oglądać pełne transmisje zawodów (początkowo w płatnym Canal+, od 2004 roku w stacjach niekodowanych).

FOX, SAMANTHA

piosenkarka

właśc. Samantha Karen Fox; ur. 15 kwietnia 1966 w Londynie, Wielka Brytania

Czołowy obiekt pożądania lat 80., rozpierający plakaty imponującym rozmiarem biustu 36D. Przygodę wokalną Samantha zaczęła w wieku lat 14, z zespołem S.F.X. Ale szybko – świadoma swoich ograniczeń – przerzuciła się na karierę modelki. Mama namówiła ją na udział w konkursie

Face Shape Of 83. Dziewczyna zajęła drugie miejsce, przyciągając uwagę fotografów. Od debiutu na łamach „The Sun" w lutym 1983 regularnie gościła na trzeciej stronie bulwarówek, tradycyjnie zdobionej w Wielkiej Brytanii fotografiami pań topless. W wieku lat 17 Samantha robiła już za wyspiarski symbol seksu. Skłoniło ją to do poważnego spojrzenia w przyszłość: ubezpieczyła piersi na 250 tysięcy funtów.

W 1986 roku dziewczyna odebrała telefon od producenta Jona Astropa, który wraz z wytwórnią Jive usiłował znaleźć kogoś do zaśpiewania utworu „Touch Me (I Want Your Body)". *Dotknij mnie, chcę poczuć twoje ciało* – zabrzmiało w ustach Samanthy na tyle wiarygodnie, że wspięła się z singlem na trzecie miejsce listy w Wielkiej Brytanii. U nas królowała w audycji „WIDEOTEKA" (te pęknięte na tyłku dżinsy!). Kolejny singel, „Do Ya, Do Ya", gościł już na Liście Przebojów Trójki, na Wyspach załapał się do Top 10.

Debiutancki longplay „Touch Me" z miejsca zyskał srebrny status. Kolejne dwie płyty panny Fox cieszyły się już mniejszym powodzeniem. Karierę załamała zmiana epoki i fatalny udział w ceremonii wręczenia nagród Brit w 1989. Jako prowadząca Sam była tak nieudolna, że w kolejnych latach zaprzestano transmisji live.

Przepadły płyty artystki z kolejnej dekady, nie udał się szturm Eurowizji (w ramach tria Sox). Umiarkowanym sukcesem była nagrana w 2004 roku wersja „Touch Me" (ze szwedzkim parodystą o pseudonimie Günther). A zupełnie bez echa przeszedł wydany w 2005 album „Angel With An Attitude".

Fox zapewniła za to prasie pożywkę na polu prywatnym. Najpierw był proces z ojcem-menedżerem, potem... na skutek okrutnej niesprawiedliwości losu okazało się, że rozpalająca niegdyś młodocianych Samantha jest lesbijką. Już w 1999 dała do myślenia rolą jurorki w homoseksualnym konkursie piękności. A cztery lata później przyznała: *Byłam jednym z największych angielskich symboli seksu. Gdy pytano mężczyzn, z kim chcieliby się przespać, zawsze padało moje nazwisko. Nie mogłam powiedzieć, że sypiam z kobietami...* Od czasu coming out artystka otwarcie żyje w związku ze swoją menedżerką, Myrą Stratton.

FRAGLESI

serial animowany

(Fraggle Rock)

96 odcinków; różni reżyserzy; 1983-1987, USA/Kanada

Telewizyjny hit dla dzieci w latach 80. Animowany serial wyszedł – podobnie jak „Muppet Show" i „Ulica Sezamkowa" – ze studia Jima Hensona.

W przeciwieństwie do tamtych projektów był jednak o wiele bardziej złożony. Dotoczyło to zarówno zróżnicowanej scenografii, oprawy muzycz-

nej (w każdym odcinku rozbrzmiewały premierowe piosenki), jak bogactwa postaci.

Fraglesi to oczywiście główni bohaterowie. Przypominające Muppetów kukły, które żyją w systemie jaskiń (stąd angielski tytuł: „Skała Fraglesów"), posilają się rzodkiewkami i fragmentami budowli stawianych przez inną rasę – Duzersów. Ten lud to przeciwieństwo beztroskich Fraglesów. Jego etosem jest kolektywna praca, co podkreślają kaski budowlane. Przy jednym z wejść do jaskiń mieszkają z kolei Gorgowie. Rodzinka niezbyt pięknych stworów, tępiąca Fraglesów za podkradanie rzodkiewki. Na ich podwórku funkcjonuje jeszcze coś, co wygląda jak kupa śmieci, a w rzeczywistości jest wszechwiedzącą Wiedźmą Ple-Ple. Poza tym mamy świat „dziwnych istot z innego świata" czyli nasz, ludzki. Jego tajemnice zgłębia Fragles podróżnik, przysyłający pocztówki z dopiskiem *Wuj Matt z podróży*. Trzeba je tylko wykraść z ludzkiego domu, w którym czyha polujący na małe stworki pies Sprocket...

Realizowany w Toronto i Londynie serial zadebiutował oryginalnie w 1983 roku. W ciągu czterech lat wyemitowano pięć sezonów, liczących w sumie 96 odcinków. W Wielkiej Brytanii, Niemczech i Francji pojawiły się odmienne wersje show. Zmiany dotyczyły lokalnych realiów w sekwencjach z udziałem psa i jego właściciela. U nas zdubbingowano po prostu amerykański oryginał. Premierowa emisja miała miejsce 1 czerwca 1985 roku. Kolejne odcinki wyświetlano później, już po dograniu wersji polskiej.

W 1987 roku została podjęta próba przeniesienia „Froggle Rock" do formatu kreskówki. Nie udała się – serial zdjęto z anteny po 13 odcinkach. Na rok 2009 planowana jest natomiast kinowa wersja przygód Fraglesów.

FRANEK KIMONO

piosenkarz

właśc. Piotr Fronczewski; ur. 8 czerwca 1948 w Łodzi, Polska

Uwaga: sensacja, rewelacja – śpiewał Franek Kimono w utworze „Pola monola + Coca-Cola". Idealne podsumowanie zaskakującego wcielenia Piotra Fronczewskiego, które objawił światu w 1983 roku.

Pomysł na parodię disco z „cwaniakiem" przy mikrofonie wyszedł od kompozytora Andrzeja Korzyńskiego. On napisał muzykę i współtworzył tek-

sty (pod pseudonimem Andrzej Spol). Towarzyszyli mu realizatorzy dźwięku Sławomir Wesołowski i Mariusz Zabrodzki (zmontowali później zespół PAPA DANCE).

Musiał to być facet z charakterem, który niejedno widział, z niejednego pieca jadł chleb – tłumaczył założenia projektu Wesołowski. *Taki trochę skurczybyk, agresywny, ale i odrobinę romantyczny. Podczas nagrywania muzyki do „AKADEMII PANA KLEKSA", kiedy Piotr Fronczewski śpiewał swoje utwory, zauważyliśmy, iż ma on pierwszorzędne predyspozycje wokalne. To był właśnie głos, jakiego potrzebowaliśmy.*

Trio wynalazców odpowiada też za fakt, że Franek uprawiał coś w rodzaju recytacji, może nawet rapu, bohatersko przecierając szlak współczesnym hiphopowcom. Wesołowski: *Najpierw Piotr zwyczajnie śpiewał i to nie pasowało do naszych założeń. Dopiero któraś z kolei wersja, mówiona, zaskoczyła.*

Niedługo po sesji „kleksowej", w 1983 roku, panowie nagrali w studiu Polskiego Radia dwa utwory. Trafiły na singel. Utwór „King Bruce Lee Karate Mistrz", z nawiązaniami do mody na wschodnie sztuki walki, podbił serca słuchaczy. Teksty w rodzaju *Nie rycz, mała, nie rycz* albo *po dobrej wódzie lepszy jestem w dżudzie* weszły do języka codziennego. I nikt nie zastanawiał się, czy to parodia... *Wcelowaliśmy Frankiem w zapotrzebowanie dzieci, młodzieży i ludzi dorosłych, w tym wytrawnych intelektualistów* – wspomina Fronczewski. *Może dlatego, że wokół było strasznie szaro i smutno. Na przełomie lat 81 i 82 powstały dziesiątki zespołów. One jako jedyne mogły uczestniczyć w życiu kulturalnym bez problemów z cenzurą. Franio Kimono ze swoimi obserwacjami i komentarzem był postacią absolutnie oryginalną.*

W 1984 roku do małej płyty dołączyła duża. W tle przygrywały syntezatory firmy Roland, a Franek rymował o trudnej sytuacji na rynku paliwowym („Tankowanie nocą"), zgubnych skutkach hazardu („Jednoręki bandyta") czy żywotach ludzi upadłych („Dysko Story"). Jego głównym polem zainteresowań była jednak subkultura lokali tanecznych: *Więc gaz do dechy i wypuszczam czad / Z aparatury co ma 1000 wat* („Dysk dżokej").

Popularność wcielenia Fronczewskiego weszła wtedy na poziom fenomenalny: *Byłem zawstydzony, nie bardzo umiałem się w tym znaleźć. Dla nas pan o inicjałach F.K. był efektem ubocznym większej roboty. A tu nagle wyrósł taki kwiatek. Dostawał mnóstwo listów od fanek* – wspomina aktor.

Być może z powodu wstydu Fronczewski nie wziął udziału w naprędce skleconym musicalu „Drugie Wejście Smoka – Franek Kimono Story" w reżyserii Jerzego Gruzy (Teatr Muzyczny w Gdyni). I nie załapał się na przedsięwzięcie o kryptonimie Zenek Czubaty, w którym miał parodiować muzykę rockową...

Do cwaniackiego wcielenia wrócił dopiero w 1986 roku, pod szyldem Crazy Zdzich. Piosenki w rodzaju „Asior Basior" nie powtórzyły sukcesu Franka, mimo że wykorzystano je w kolejnym musicalu („Czarna dziura") i serialu „Tulipan". Można je poza tym znaleźć na winylowej płycie „Na progu raju", a po latach na kompaktowym albumie „Pan Kimono – Toczy się życie" (1998). Rok później wznowiono w wersji CD także nagrania Franka.

FRANIA
pralka

Legendarna, wielozadaniowa pralka, która zrewolucjonizowała peerelowskie gospodarstwa domowe. W przeciwieństwie do wyrobów współczesnych, z obracającym się bębnem, pranie wprawiane było w ruch wirnikiem umieszczonym wewnątrz nieruchomej obudowy.

Technologia znana na świecie od lat 30. U nas wdrożono ją jednak do seryjnej produkcji dopiero w 1958 roku. Wcześniej były balie z tarą... Próbne serie Frani (jak głosił naniesiony szablonem napis) opuściły kielecką Hutę Ludwików – SHL, na przełomie 1956 i 1957 roku. Wirnik znajdował się jeszcze wtedy na bocznej ściance. Silnik wystawał poza obudowę. Produkcja seryjna, oznaczona symbolem SHL E, to już wirniki na dnie, z dyskretnie schowanym mechanizmem napędowym.

Produkt był ekstremalnie prosty w obsłudze: należało wrzucić ładunek ubrań, nalać gorącej wody, wsypać proszek, wetknąć sznur do gniazdka i wyjąć pranie po samodzielnie wyznaczonym czasie. Ubrania były w tym momencie oczywiście mokre (wirówki Frania to oddzielny wynalazek). Dlatego szybko dołączono do produktu wyżymaczkę. Dwa walce z korbką, przez które przepuszczało się tkaniny.

Na tym modyfikacji nie koniec. Od 1960 roku wkroczyły nowe modele. FA miał wyłącznik dźwigniowy. W FB można było ustalić czas prania. F1 dysponował natomiast funkcją podgrzewania wody. Rozwiązania te, podobnie jak eksperymenty z innym kolorem obudowy (niż biały), przyjmowane były niechętnie. *Ludzie wydziwiają, że po co. Na wsi naleją wrzątku i są zadowoleni. A każde światełko podraża koszty* – mówi przedstawiciel producenta. *Światełko było w przełączniku. Świeciło, kiedy Frania prała. Klienci stwierdzili, że to bez sensu. Przecież bez światełka wiedzą, kiedy piorą, a kiedy nie.*

Początkowo, w dobie nienasyconego popytu i ograniczonych mocy wytwórczych, Frania uchodziła za przedmiot luksusowy. Sprzedawano ją przede wszystkim posiadaczom dystrybuowanych w zakładach pracy talonów. Sytuacja uspokoiła się w latach 70. Od 1971 roku funkcjonowała już zresztą na rynku pierwsza krajowa pralka bębnowa (na licencji jugosłowiańskiego Gorenje), Superautomat z wrocławskiego Polaru. W ciągu siedmiu lat powstało ich milion sztuk. Frania przez cały okres produkcji przekroczyła natomiast 6 milionów (włączając eksport, np. do Jordanii).

W 1986 roku zakończono produkcję w SHL. Na placu boju pozostała Myszkowska Fabryka Naczyń Emaliowanych, wytwarzająca podobne wyroby pod nazwą Światowit. Jej kontynuatorka przejęła markę Frania w 1997 roku. Sprzedaje takie urządzenia do dziś.

Ze względu na rewelacyjne parametry wirowania pralka znalazła o wiele szersze zastosowania niż, za przeproszeniem, pranie gaci. Zdarzały się wśród nich naprawdę wzniosłe – gdy wyżymaczka służyła w podziemnej poligrafii. Były i przyziemne – przez mieszanie spirytusu z sokiem uzyskiwało się domową wersję WINA MARKI WINO. Pionierscy przedsiębiorcy branży spożywczej kręcili w niej poza tym majonez, przygotowywali ciasto na gofry, bili śmietanę czy myli jajka.

Frania trafiła też do twórczości artystycznej. W 1973 roku ukazała się płyta „Koty za płoty" (Pronit) krakowskiej grupy parodystów Tropicale Tahitii Granda Banda. Otwierał ją utwór „Robotna Frania", trafnie nawiązujący do kiepskiej jakości emalii, jaką pokryta była gięta blacha: *Frania / Uroda twa / Jak rdza / Pożera mnie...*

FUNKY KOVAL

cykl komiksowy

3 tomy; rys. Bogusław Polch; 1982-1992

Bez dwóch zdań – najwybitniejszy polski komiks.

Stoi za nim znakomity rysownik, Bogusław Polch. Zaprawiony w tematyce science fiction („BOGOWIE Z GWIAZD"), dysponujący diabelnie precyzyjną kreską. Wypada zacytować wypowiedź konku-

renta, Janusza Christy: *Jest zupełnie niesamowity. Kiedyś pokazywał mi stronę swojego „Funky Kovala". Był na niej rysunek bohatera trzymającego w ręce monetę. Na tym dolarze były umieszczone wszystkie napisy, jak na prawdziwym. Musiał to chyba pod lupą robić. Zapytałem go, po co to, przecież w druku tego zupełnie nie będzie widać. Odpowiedział: „No, jasne! Lecz ja wiem, że to tam jest".*

Autor „KAJKA I KOKOSZA" ma rację. Przy każdej kolejnej lekturze komiksu Polcha można wyłapywać kolejne szczegóły. W jednym miejscu dyskretny napis Unitra Diora na sprzęcie elektronicznym. W innym czasopismo „FANTASTYKA" na stole w mieszkaniu bohatera. Polch zadbał też o dawkę humoru. Sprzedajny prezenter telewizyjny ma twarz Jerzego Urbana, kumple Funky'ego noszą nazwiska Roddy i Parrey (i wyglądają jak scenarzyści komiksu), Brenda przypomina żonę rysownika, nieprzekupny glina – zaprzyjaźnionego milicjanta, a jeden z latających pojazdów ma tablice rejestracyjne samochodu redaktora naczelnego „Fantastyki".

Rysunki to jedno, ale był też świetny scenariusz. Maciej Parowski i Jacek Rodek czerpali pełnymi garściami z rozmaitych odmian gatunku, od space opery po fantasy... Zadbali o żywy język (*Nasi ludzie wyjęli z kliniki speca od trucizn*), a przy tym nie żałowali aluzji do współczesnej sytuacji politycznej („czerwony alarm dla całej planety") i nie tylko (wybory Miss Universum 2082 zbiegły się z wyborami Miss Polonia).

Do grona pomysłodawców należy jeszcze doliczyć młodego pisarza science fiction, Wiktora Żwikiewicza. Wraz z Rodkiem przedstawił w 1982 roku szefostwu „Fantastyki" zarys komiksu o kosmicznym agencie Punky Rocku. Zaproszony do współpracy Polch zaproponował zmianę nazwiska bohatera (żeby zachowało konotacje muzyczne, ale miało element polskości) i już w drugim numerze pisma ruszyły czterostronicowe, czarno-białe epizody.

Porucznik Funky Koval. „Air Star Force". Pięć lat czynnej służby. Miliardy na liczniku. Odznaczenia. Także srebrna gwiazda Palantiru – przebieg kariery poznajemy z ust samego bohatera. Jako funkcjonariusz agencji Universs walczy z konkurencyjną agencją Stellar Fox. A w tle batalii majaczą interesy tajemniczej cywilizacji Drolli (przypominających koziołki karzełków o niejasnych wobec Ziemian intencjach). Jeżeli w towarzystwie ktoś rzuci tekst: *Są różni Drolle, dobrzy i źli*, należy odpowiedzieć: *Tak samo jak ludzie, Funky. Bez żadnej różnicy.*

Autorzy nie planowali początkowo spójnej historii. Poszczególne epizody zaczęli łączyć nicią fabularną później. W 1987 roku zebrane i pokolorowane odcinki z lat 1983-1984 otworzyły działalność magazynu „Fantastyka Komiks". Przedstawiony tom nosił tytuł „Bez oddechu". Rok później ukazała się kolejna część, „Sam przeciw wszystkim" (epizody z lat 1985-1986). Obie wznowiono w 1992 roku ze zmienionymi okładkami, dokładając trzecią, „Wbrew sobie" (już pod szyldem „Komiks"). Autorzy pisali wtedy, że jeżeli będzie zainteresowanie, przygotują kolejne albumy o tytułach „Szalony pilot" (zerowy), „Do końca świata" (czwarty) i „Dom wariatów" (piąty, ostatni).

Zainteresowanie było, lecz mniejsze, niż się spodziewano. Przyczyniła się do tego zmiana kreski Polcha – na mniej szczegółową, chwilami w konwencji karykatury, oraz bezpośrednie już aluzje polityczne (cytaty z haseł wyborczych wkładane w usta uczestników „trójkątnego stołu"). Ciekawostka: przypominająca transwestytę reżimowa dziennikarka ma fizis Jarosława Kaczyńskiego...

W efekcie kontynuacji nie doczekaliśmy się do dziś. Polch: *Maciek Parowski ma swoje wizje, a ja mam swoje. Ja pod żadną z tych wcześniej sygnalizowanych przez Maćka się nie podpisałem, chcę zrobić coś zupełnie innego. On to oczywiście napisze. Jesteśmy na etapie uzgadniania, bo to nie może być prosty ciąg dalszy, ani też prequel. Chcemy wszystkich zaskoczyć, bo tylko wtedy mamy szansę, żeby zająć tym ludzi i przyciągnąć ich uwagę. To musi być coś mocnego, coś z jajem.* Kilku premierowych plansz można było posmakować w podsumowującym, książkowym wydaniu wszystkich Kovali z 2002 roku (Egmont).

Funky Koval miał szansę na podbój świata, ale nie miał szczęścia do zagranicznych wydawców. Znają go tylko Czesi i Węgrzy. Przygody bohatera poszerza opowiadanie Parowskiego „Ostatnia przygoda Funky'ego", wydrukowane w „Przeglądzie Technicznym" i zbiorze opowiadań „Sposób na kobiety" (1985). W 2003 roku w komiksie „Górsky & Butch" (Tobiasz Piątkowski, Robert Adler) pojawia się natomiast parodystyczna postać Franky'ego Krovy.

GAWĘDA

GANG OLSENA

cykl filmów fabularnych

reż. Erik Balling; Tom Hedegaard, Morten Arnfred; 1969-1998, Dania

Skide godt, Egon! czyli *Klawo, jak cholera, Egon!* Może nie jest to cytat szczególnie znany wśród światowych kinomanów, ale jeśli chodzi o kinomanów PRL – na pewno. Słowa te wypowiada Benny Frandsen (Morten Grunwald). Nieudolny przestępca z Kopenhagi charakteryzujący się zbyt krótkimi spodniami i poruszaniem w podskokach. Działa z kumplem, Kjeldem Jensen (Poul Bundgaard), który lubi dużo zjeść, drzemać i ma ponętną żonę. Kierownikiem zorganizowanej grupy przestępczej jest Egon Olsen (Ove Sprogøe). Kasiarz, specjalista od sejfów Franza Jagera, smakosz cygar i właściciel nieodłącznego melonika... W przeciwieństwie do swoich kumpli po nieudanym skoku zawsze ląduje w pudle. Gang Olsena.

14-odcinkowy cykl to pomysł duńskiego reżysera Erika Ballinga i scenarzysty Henninga Bahsa. Inspirowali się podobno postacią Juliusa Thorvalda Framleva, znanego pod pseudonimem Det borende X. To autentyczny włamywacz, który w latach międzywojennych dobierał się do sejfów drobnych przedsiębiorców.

Filmy cieszyły się wielką popularnością w Skandynawii. Norwegowie i Szwedzi produkowali nawet alternatywne wersje, ze swoją obsadą. Na celowniku było też NRD. Pobyt aktorów w tym kraju w 1979 roku przypominał wizytację największych dygnitarzy. Dziś Niemcy podczas zwiedzania Kopenhagi robią sobie obowiązkowe zdjęcie pod bramą więzienia Vridslose Staatsgefäengnis, z którego koledzy odbierali Egona.

Polacy także polubili sympatycznych włamywaczy, choć prezentowano ich przygody dość chaotycznie. W roku 1970, dwa lata po premierze duńskiej, wszedł na ekrany pierwszy „Gang Olsena" („Olsen-Banden"). Kolejne dwa przepuszczono, by cztery lata później powrócić do części czwartej, „Wielki łup gangu Olsena" („Olsen-Bandens store kup", 1972). Następnie była kolejna przerwa i w latach 1976, 1977 i 1978 wyświetlano po kolei części 6, 7 i 8: „Ostatni skok gangu Olsena" („Olsen-Bandens sidste bedrifter", 1974), „Gang Olsena na szlaku" („Olsen-Banden på sporet", 1975) oraz „Gang Olsena wpada w szał" („Olsen-Banden ser rødt", 1976). Tłumaczenia tytułów z epoki – na DVD funkcjonują inne. Więcej filmów z cyklu można było zobaczyć dopiero w telewizji, od lat 80.

Zastanawia upór, z jakim nasi dystrybutorzy usiłują spopularyzować w Polsce duńskiego tasiemca o przygodach Olsena – martwił się krytyk w 1977 roku. *Wystarczy spojrzeć, jak słabą frekwencję mają filmy Ballinga. A są one przecież sprowadzane po to, żeby ludzi bawić i robić kasę. Nie bawią i kasy nie robią. Żaden z nich nie doszedł do miliona widzów (z trudem przekraczają pół). Po co je zatem sprowadzać?*

Ostatni klasyczny odcinek, „Gang Olsena: Ostatnia misja" („Olsen-Bandens sidste stik"), nakręcono po niemal dwudziestoletniej przerwie, w 1998 roku. Jako jedyny nie był reżyserowany przez Ballinga, a w trakcie zdjęć zmarł Poul Bundgaard. Produkcję dokończono z jego dublerem. Sześć lat później odszedł Ove Sprogøe. W 2001 roku próbo-

wano jeszcze nawiązać do cyklu („Mały gang Olsena" – „Olsen-Banden Junior"), ale wzbudziło to tylko niesmak fanów.

Dodajmy, że główny temat muzyczny jest dziełem Benta Fabriciusa-Bjerre'a. Wykonywała go formacja Papa Bue's Viking Jazzband... A w Polsce od 1988 działa zespół bluesowy o nazwie Gang Olsena.

GAPISZON – patrz GUCIO I CEZAR

GAWĘDA

zespół dziecięcy

Czołowy zespół dziecięcy PRL. Od lat 50. przewinęło się przez niego kilkanaście tysięcy młodych ludzi. Wśród nich wiele postaci medialnych. Aktorzy: Anna Nehrebecka, Agnieszka Wagner, Magda Mielcarz... Reżyserzy, np. twórca cyklu o PANU KLEKSIE Krzysztof Gradowski. Muzycy: Antonina Krzysztoń, Marek Kościkiewicz (De Mono), Paweł Stasiak (PAPA DANCE). I dziennikarze, jak Wojciech Mann.

Twórcą i wieloletnim kierownikiem Gawędy był Andrzej Kieruzalski. Jeden z najmłodszych uczestników Powstania Warszawskiego, który tuż przed wybuchem walk założył konspiracyjny teatrzyk lalkowy. *Któregoś dnia, zaraz po wojnie, jeden z moich dawnych wychowawców, Stefan Wyrobek, spotkał mnie na ulicy: „Andrzej, to fantastycznie się składa. Czy mógłbyś na trzy miesiące zastąpić instruktora w Domu Harcerza na Targówku?". Zostałem tam dyrektorem* – wspomina.

13 października 1952 roku odbyło się pierwsze spotkanie z niewielką grupką dzieciaków. Najwytrwalszych udało się przekonać do wzięcia udziału w teatrze lalkowym. Pierwsze przedstawienie, na podstawie twórczości Marii Kownackiej, pokazano w maju 1953. Nosiło tytuł „O Żaczku Szkolaczku i Sowizdrzale". Dwa lata później zespół przeniesiono z warszawskiej Pragi do świeżo wybudowanego Pałacu Kultury i Nauki. Zmieniła się też forma działania. Zamiast przedstawień lalkowych – grupowe inscenizacje piosenek. Kieruzalskiemu udało się pozyskać do współpracy świetnych autorów tekstów (m.in. Wandę Chotomską, Jonasza Koftę,

Marka Grońskiego), kompozytorów (Włodzimierza Korcza, Andrzeja Korzyńskiego, Czesława Majewskiego), scenografów, choreografów i innych ludzi sceny.

Oprócz spektakli Gawęda publikowała też płyty. Jako pierwszy, w 1973 roku, ukazał się longplay „Gawęda" (Muza). Kolejny, o takim samym tytule i wydawcy, trafił na rynek w 1978. Zawierał piosenki z rewii „Gawęda i 40 rozbójników". Potem doszły jeszcze „Uliczka babci" (1983, Pronit), „W 80 minut dookoła świata" (1984, Tonpress), „Na deszcz i pogodę" (1985, Tonpress) oraz „Gawęda i detektywi" (1986, Muza).

Była i druga strona medalu. Po przekształceniu formacji w Reprezentacyjny Zespół Artystyczny Związku Harcerstwa Polskiego trzeba było spełniać zachcianki władzy. Na przykład w roli ozdoby pochodów pierwszomajowych... *Próbowano nas indoktrynować, ale dziecko najszybciej wyczuwa fałsz, podróbki, sztuczne dialogi i charakteryzację* – wspomina Krzysztof Gradowski. *Nie byliśmy idiotami, choć niektórzy nie przyznają się do*

gawędowych korzeni. Uważam za wysoce krzywdzące, gdy słyszę dziś opinie, że prowadzono nas na pochody jak stado baranów. Wtedy jeszcze nie nurkowałem na tyle głęboko, żeby zrozumieć, co obliguje Andrzeja do takich zachowań w stosunku do Głównej Kwatery. Dziś wiem, że Kieruzalski wybrał genialne rozwiązanie. Zamieniał te uroczystości w karnawał. To nie pacholę podpierało struktury władzy ludowej, tylko kolorowe kukiełki, maski, tworzone na poczekaniu rekwizyty.

Prawdziwym bonusem były wyjazdy. W 1956 zespół po raz pierwszy udał się poza Warszawę – dał popis w Krakowie. Trzy lata później opuścił granice kraju – bawił w bratniej Czechosłowacji. Od 1964 roku można datować podbój Zachodu. Najpierw Francja, potem kolejne kraje europejskie (w Danii powstał nawet bliźniaczy zespół Gavenda). W 1975 roku nastąpiło ukoronowanie wojaży – pierwsza wizyta w USA.

Nic dziwnego, że do zespołu kandydowały tysiące dzieciaków. Na przesłuchanie trzeba było czekać nawet 20 godzin. Nie odstraszał fakt, że poza pracą artystyczną obowiązywał surowy regulamin, „13 praw Gawędy". *Potrafimy wyrzec się każdej rozrywki i przyjemności, jeżeli praca w zespole tego wymaga* – głosił jeden z punktów. Albo inny: *Uśmiech, uprzejmość i grzeczność na co dzień podkreślamy miłym i estetycznym wyglądem* (stąd słynne końskie ogony dziewczynek). Oprócz kultywowania etosu można było tam jednak zdobyć zupełnie inne sprawności: *W zespole zdobyłem bezcenną umiejętność bycia z ludźmi w różnym wieku i z różnych środowisk. I nauczyłem się palić papierosy. Miałem wtedy 16 lat* – opowiada Wojciech Mann.

W latach 90. Gawęda straciła na prestiżu. Z 600 członków zespołu zostało niewiele ponad 100 (w tym zaledwie 5 chłopców). Kryzys pogłębił się w 2006 roku, gdy skończyła się umowa z Kieruzalskim. Rodzice dzieci nie zaakceptowali nowego kierownika i popadli w konflikt z dyrekcją Pałacu Młodzieży (Gawęda jest formalnie jedną z jego pracowni).

W 55. roku istnienia grupa balansuje na krawędzi przetrwania. *Problem w tym, że nazwa Gawędy nic już nie mówi dzieciom* – żali się instruktorka. *Coraz trudniej zwerbować nam chłopców. Poza tym szwankuje system. Brakuje starszych, którzy wychowaliby młodszych.*

GEST KOZAKIEWICZA – patrz MOSKWA 1980

GOTT, KAREL

piosenkarz

ur. 14 lipca 1939 w Pilznie, Czechy

Ponad 100 płyt na koncie, 30 milionów sprzedanych egzemplarzy, wielka popularność w krajach socjalistycznych, ale też Niemczech Zachodnich czy Austrii... Absolutny król czeskiej estrady: Karel Gott.

Przyszedł na świat w robotniczej rodzinie w Pilznie. Ojciec pracował w zakładach Škody i planował podobną karierę dla syna. Chłopak musiał skończyć technikum, choć marzyła mu się kariera malarska. Po oblaniu egzaminu na praską Akademię Sztuk Pięknych, podjął pracę elektromechanika w koncernie CKD. Odkrycie jazzu skłoniło go do śpiewania. Już wcześniej fascynował się wokalistyką operową. Pracę łączył odtąd z prywatnym szkoleniem głosu.

Kiedy miałem w fabryce nocną zmianę, cały czas śpiewałem – wspominał w latach 80. *Jeśliby ktoś myślał, że mnie oszczędzano z tego powodu, myliłby się. Było dokładnie na odwrót. Dawano mi tyle pracy, że zwijałem się jak w ukropie. Sytuacja pogorszyła się jeszcze, gdy zebrawszy w sobie całą odwagę, zgłosiłem się do konkursu „Szukamy nowych talentów". Było to w roku 1958. Miałem oczywiście straszną tremę, ale chciałem spróbować. Publiczności mój śpiew dość się podobał, ale członków jury nie zachwycił. Mimo to konkurs okazał się dla mnie bardzo ważny, zyskałem pierwszy angaż w praskiej kawiarni Wełtawa.*

Pomocną dłoń wyciągnęli ludzie z Orkiestry Tanecznej Czechosłowackiego Radia. Mimo że Karel dysponował głosem tenora (w tamtych czasach modny był baryton), pomogli mu dostać się do konserwatorium i umożliwili pierwsze nagrania. Gott był w Orkiestrze solistą, obok Evy Pilarovej i Valdemara Matuški. W 1961 roku muzycy odbyli pierwsze tournée zagraniczne. Po Polsce. *Przy Waldku śpiewała cała sala, to był swojak, dobry kompan. Ja byłem tenorem romantycznym, który śpiewał ballady, melodie z musicali i pieśni miłosne.*

Rok później Gott dostał angaż do praskiego teatru Semafor. W sztuce „Zuzanna sama w domu" wykonywał piosenkę „Oči má sněhem zaváté" („Oczy ma śniegiem zawiane"), którą nagrał też w wersji radiowej. Utwór stał się megahitem, piosenkarz otrzymał od publiczności prestiżowy tytuł Złotego Słowika. Odtąd kolekcjonował je rokrocznie.

W roku 1964 artysta po raz kolejny zjawił się w PRL, tym razem samodzielnie, na festiwalu w SOPOCIE. 12 sierpnia w ramach Dnia Międzynarodowego wyśpiewał kompozycję „Monsieur Gaugin". Dzień później męczył się z polskim utworem „Kot Teofil" (to wykonanie przyniosło mu 3. nagrodę w konkursie). 14 sierpnia, w ramach koncertu „Piosenka nie zna granic", wykonał natomiast standard „Old Lucky Sun". Gott wracał potem do Opery Leśnej, ale już w charakterze specjalnego gościa: w 1970, 1975 i 1986 roku. W 1968 wziął udział w próbach, lecz wycofał się w ramach protestu swojej ekipy po inwazji Układu Warszawskiego na Czechosłowację. Spotkało się to ze zrozumieniem organizatorów. *Okazaliście nam wiele serca, będę o tym mówił po powrocie do domu. Ale czy mi uwierzą? W korpusie okupacyjnym są wasze wojska. Czym to wszystko się skończy?* – mówił podobno. I wyjechał, by sprawę przemyśleć. Na Zachód.

Pierwszy długogrający album piosenkarza, „Zpíva Karel Gott" (Supraphon), ukazał się w 1965 roku. Rok później światło dzienne ujrzała anglojęzyczna płyta „The Golden Voice Of Prague", którą dostrzeżono nawet za oceanem. Zachęcony artysta wyruszył do Las Vegas w towarzystwie orkiestry Ladislava Štaidla. Mimo ofert ze strony tamtejszych menedżerów postanowił jednak wrócić do ludowej ojczyzny. *Nie miałem się nad czym zastanawiać. Po pierwsze mój dom jest w Czechosłowacji. Po drugie, gdyby nawet wszystko poszło jak najlepiej i tak byłbym tam zaledwie jednym z dobrych. Oczywiście, można mieć na tę sprawę różne zapatrywania, ale ja wolę być pierwszy w Kartaginie niż dziesiąty w Rzymie. Postawiłem na „dom", przez co rozumiem przede wszystkim kraje socjalistyczne – a poza tym – na rynek niemieckojęzyczny.*

„Kartagina" przyjęła go z otwartymi ramionami. Do zespołu autorskiego orkiestry dołączył kompozytor Karel Svoboda, który napisał dla piosenkarza piosenkę „Lady Carneval" (przeznaczoną na festiwal w Rio de Janeiro). Rzecz stała się międzynarodowym standardem. Od tego czasu panowie doczekali się wielu hitów, z których najbardziej kojarzona jest tytułowa piosenka z kreskówki „PSZCZÓŁKA MAJA" (1975).

W 1968 roku Gott zaczął podbój krajów niemieckojęzycznych. Renomowana firma Polydor (jej szef wyłowił wokalistę na festiwalu w Bratysławie) wydała mu w RFN album „Die Golden Stimme aus Prag". A potem kolejne. Jeżeli chodzi o rynek polski, to nie obfitował w propozycje płytowe. Zapotrzebowanie rynku zaspokajał import pozycji Supraphonu. Poza licznymi POCZTÓWKAMI DŹWIĘKOWYMI ukazał się tylko podwójny singel „Karel Gott" (Tonpress, 1980).

Lata 70. to okres prawdziwych triumfów Gotta. Jako pupil czechosłowackiej władzy, namiętnie wydawał płyty, grał w filmach, mógł przy tym pobierać nauki angielskiego w Londynie lub koncertować w USA, w Japonii... Ale miało to swoją cenę. W 1977 czeskie środowiska opozycyjne ogłosiły swój manifest, Kartę 77. Władze przygotowały w odpowiedzi Antykartę pod znamiennym tytułem „Za nowe twórcze czyny! W imię socjalizmu". Piosenkarz odegrał niechlubną rolę w jej propagowaniu. *Z okazji moich urodzin czytam artykuły o mnie, w których wałkują stale jedną jedyną rzecz* — żalił się już w nowej rzeczywistości. *Nie mają na mnie nic innego oprócz tego, że odnosiłem sukcesy za komunizmu, zaś w 1977 roku w Teatrze Muzycznym odbył się dziwny spęd, na który byliśmy zmuszeni pójść i coś powiedzieć. Nie wiedzieliśmy, o co chodzi. Dopiero później zobaczyliśmy w telewizji, że staliśmy się obiektem manipulacji, która — też dopiero później — została nazwana Antykartą.*

W latach 80. kariera boskiego Karela nieco przyblakła. Owszem, sprzedawał płyty i sporo koncertował (m.in. w amerykańskim Nashville, choć zdarzały się chałturki na Majorce czy Kanarach), ale publiczność zaczęła się interesować nową falą wykonawców. W rodzaju Stanislava Hložka i Petra Kotvalda, znanych z hitu „Holky z naši školky".

W 1989 roku Gott stanął u boku Václava Havla podczas aksamitnej rewolucji, a rok później zorganizował trasę, która miała być pożegnalną. Jej wielkie powodzenie sprawiło, że artysta zmienił jednak zdanie. Z podniesionym czołem wkroczył w lata 90. Ostatnio skupia się na malarstwie i nawiązywaniu romansów z młodszymi partnerkami (co zapewnia pożywkę czeskiej prasie brukowej). W 2006 roku zaproszono go do Polski jako jedną z oldschoolowych gwiazd nowej odsłony festiwalu sopockiego.

GRUNDIG

magnetofon kasetowy

Najpopularniejszy magnetofon PRL jest jak kałasznikow. Niezniszczalny, wielozadaniowy i występuje w kilku odmianach. Wystarczy przy tym spojrzeć na którykolwiek model, by skojarzyć go z nazwą...

Dlaczego grundig? Bo niemiecka firma Grundig miała przyjemność udzielić licencji na produkcję sprzętu warszawskim Zakładom Radiowym im. Marcina Kasprzaka. Fabryka ta specjalizowała się zresztą w cudzesach. W 1971 roku wypuściła pierwszy w Polsce magnetofon kasetowy, MK 125, który powstał na licencji francuskiego Thomsona.

Punktem wyjścia nowego produktu był monofoniczny model Grundiga, C 235 Automatic. U nas dano mu oznaczenie MK 235 Automatic. Najstarsze egzemplarze, z 1977 roku, wyróżniają się zaciemnioną osłoną kasety, umieszczonym na górnej ściance wskaźnikiem naładowania baterii, napisem Grundig na blaszanej tabliczce oraz czerwonym logo wklejonym w dolnym rogu głośnika. Produkowano je tylko przez rok. Modyfikacja pozbawiona już była wskaźnika. Ten oszczędnościowy kierunek podtrzymano w kolejnym modelu: MK 232 (można poznać po napisie Unitra umieszczonym pod całkowicie przezroczystą kieszenią kasety).

Na początku lat 80. produkcję przeniesiono do filii ZRK – a później samodzielnego zakładu – w Lubartowie. Po modyfikacji płytki drukowanej i usunięciu logo licencjodawcy zaczął stamtąd wychodzić całkowicie krajowy produkt o symbolu MK 232P. Poznajemy go po usunięciu blaszanych ozdób: cały jest z czarnego plastiku. Istniały poza tym wersje wzbogacone o odbiornik radiowy. Te

z Warszawy (np. RM 121) znane są jako Kasprzak. Lubartów zaprezentował model Wilga (RM 301).

Grundig to symbol epoki – dość powiedzieć, że używa go bohater filmu „KLĄTWA DOLINY WĘŻY" w swoim paryskim mieszkaniu. Pionierski product placement! Zdjęcia z Jarocina pokazują las wyciągniętych rąk nagrywających za jego pomocą koncerty. Umożliwiało to bateryjne zasilanie i czuły mikrofon. Wejście na kabel DIN pozwalało z kolei rejestrować w dobrej jakości sygnał bezpośrednio z telewizora czy radioodbiornika... W ten sposób rodziły się domowe kolekcje piosenek. Użytkownicy komputera ZX SPECTRUM używali natomiast magnetofonu w charakterze nośnika danych. Zakłady w Lubartowie wyszły im naprzeciw, wypuszczając w połowie dekady nieznacznie zmodyfikowany (i znacznie droższy) model MK 433 Data Recorder.

Grundigi wyróżniały się prostą, wytrzymałą konstrukcją, która pozwalała przetrwać użytkowanie kaset STILON. I niemal zupełnie wyparły z rynku popularne wcześniej kaseciaki „leżące". Jedyny, jaki się ostał na polu boju – Kapral – korzystał z mechaniki MK 235.

GRY LCD

zabawka

Wiele radości dostarczyły polskim dzieciom przenośne gry elektroniczne przywożone z ZSRR. W obliczu tej radości blednie fakt, że były to pro dukty z bezczelnie kradzioną technologią.

Pierwsze tego typu zabawki zaczęły się pojawiać na Zachodzie pod koniec lat 70. Miały proste wyświetlacze oparte na diodach, a przodowała w ich produkcji amerykańska firma Mattel. Na początku kolejnej dekady, wraz z rozpowszechnieniem ciekłokrystalicznej technologii LCD, pałeczkę przejęli Japończycy. Gunpei Yokoi, inżynier z firmy Nintendo, podróżował któregoś razu pociągiem i zauważył biznesmena wciskającego z nudów klawisze kalkulatora... Podsunęło mu to pomysł na stworzenie przenośnej gry. W 1980 ujrzała światło dzienne linia nowych urządzeń, Game & Watch.

Koneserzy rozróżniają kilka odmian. Nas interesuje druga, wprowadzona w 1981 roku pod hasłem „widescreen". Pośrodku ekran, z narysowanymi na stałe elementami tła. Obok cztery przyciski sterujące. Po prawej stronie wybór trybu gry i klawisz do ustawiania czasu – bo całość mogła służyć także jako budzik. Do ustawiania na komodzie służyła specjalna podpórka w tylnej obudowie.

Ten właśnie typ skopiowali Rosjanie. Podstawą produkcji stała się gra „Egg" („Jajka", czyli Nintendo EG-26). Oznaczono ją symbolem „IM-02", zaczerpniętym ze słów igra mikroprocesornaja. Podobnie jak w oryginale jajka musi łapać wilk. Zamiast anonimowego zwierzaka zasuwał tu jednak ten znany z kreskówki „WILK I ZAJĄC"... Odpowiedni napis, „Nu pogodi!", widniał też na obudowie. Na podobnej zasadzie działała skopiowana bez żadnych zmian „Miki Maus" (w oryginale Nintendo MM-25). Cechowało ją nieco wolniejsze tempo. Obie trafiły na rynek w 1986 roku.

Prawdziwy wysyp modeli nastąpił trzy lata później. Pojawiły się wtedy tytuły z ośmiornicą („Tajny okieana", IM-03, w oryginale Nintendo OC-22, „Octopuss") i kucharzem („Wiesiołyj powar", IM-04, Nintendo FP-24, „Chef"). Po 1992 roku Rosjanie zaczęli modyfikować i poszerzać ofertę. Ustrojstwa z późniejszego okresu można rozpoznać po tym, że zamiast symbolu IM są oznaczone po prostu I (np. nowa edycja „Wilka i zająca": I-06). Wszystkie gry firmował szyld Elektronika. To coś jak nasza Unitra, zjednoczenie różnych zakładów produkujących wyroby elektroniczne. Produkty LCD powstawały w moskiewskich wytwórniach Mikron i Angstrem oraz Woschod z Kaługi...

Produkcja trwała prawdopodobnie do 1994 roku. Podobnie jak wcześniej na świecie, dobił ją rozwój przenośnych konsol w rodzaju Game Boya. Proste gry LCD pojawiają się jeszcze dziś jako gadżety. Bywają na przykład dołączane do zestawów z McDonalda.

GUCIO I CEZAR

serial animowany

9 odcinków; różni reżyserzy; 1976-1977, Polska

Filmowa adaptacja historyjek rysowanych przez Bohdana Butenkę na łamach „ŚWIERSZCZYKA". Popularny ilustrator specjalizował się w grafice książkowej, poza tym przygotowywał niby-komiksowe formy dla gazet dziecięcych. Na łamach „MISIA" zadomowił się Gapiszon. W „Płomyczku" gościła Miśka. W osobnych książeczkach ukazywały się natomiast przygody Kwapiszona (cecha charakterystyczna: rysunki nałożone na zdjęcia).

Gucio i Cezar zrobili z tej gromady największą karierę, bo dostali się na szklany ekran. W 1976 roku warszawskie Studio Miniatur Filmowych rozpoczęło produkcję serialu o rozważnym psie i gamoniowatym hipopotamie. Scenariusz – podobnie jak w opowieściach gazetowych – napisała Krystyna Boglar. A całość zrealizowano w nietypowej formie. Fragment 10-minutowych filmów polegał na pokazywaniu nieruchomych obrazków. Reszta była animacją kukiełkową, rozgrywającą się w narysowanej przez Butenkę scenografii. Do tego dużo muzyki Zbigniewa Rudzińskiego.

Rysownik miał już na koncie współpracę z telewizją. W 1959 roku, pionierskich czasach TVP, przygotowywał na żywo animowane audycje o Gapiszonie. *Program trwał około 15 minut, dźwięk szedł z playbacku, a obraz tworzyliśmy odpowiednio przesuwając przed nieruchomymi kamerami setki szyb z postaciami rozrysowanymi w różnych fazach ruchu* – wspomina. *Czasem zza czarnej kotary dorysowywałem coś „na wizji", w trybie tzw. tylnej ekspozycji. Właściwie całe studio wypełnione było po brzegi tymi dość sporymi szybami i realizator z najwyższym trudem panował nad płynnością programu. Gdy potem jeździliśmy z naszym programem po całej Europie, to te szyby, potrzebne do emisji, zajmowały nam pół wagonu kolejowego.* Dopiero potem Gapiszon trafił na łamy „Misia" i do animowanego cyklu ze studia Se-Ma-For.

Gucio i Cezar, podobnie jak inne postaci Butenki, doczekali się publikacji swoich przygód w formie książeczek. Od 1966 roku wydano dziewięć cienkich zeszytów (nakładem Biura Wydawniczego „Ruch"). Potem ukazało się pięć tomów grubszych (Krajowa Agencja Wydawnicza).

GWIEZDNE WOJNY

cykl filmów fabularnych

(Star Wars)

reż. George Lucas, Irvin Kershner, Richard Marquand; 1977-1983, USA

Tasiemcowe kolejki przed kinami na filmy gwiezdnej sagi George'a Lucasa to wspomnienie żywe, acz nie do końca prawdziwe. Szaleństwo dotyczyło drugiej i trzeciej części klasycznej trylogii. Pierwsza cieszyła się powodzeniem umiarkowanym.

„Gwiezdne wojny" („Star Wars", 1977, reż. George Lucas) trafiły na ekrany polskich kin dwa lata po oryginalnej premierze. Jak każdy amerykański film przyciągnęły widzów, choć nie w liczbie oczekiwanej przez Przedsiębiorstwo Rozpowszechniania Filmów. *W filmowej reklamie na Zachodzie z lubością podkreśla się wszystkie „naj", które przy realizacji obrazu osiągnięto* – szydził krytyk, dodając, że jedną z atrakcji była stereofonia systemu *Dalby* (!). *Na polskim widzu te rekordy nie robią chyba takiego wrażenia, ale przecież efekty wysiłków ekipy Lucasa widać na ekranie (i słychać, rzecz jasna). Rzeczywiście nigdy dotąd czegoś podobnego nie można było zobaczyć. A jednak pozostaliśmy raczej obojętni...* I jeszcze: *Może polski widz nie był w stanie wychwycić tych niezliczonych cytatów i parafraz użytych przez Lucasa; nie zasmakował w zabawie, nie znając oryginałów?*

Całkiem możliwe, że na przełomie 1979 i 1980 roku polski widz miał po prostu zupełnie co innego do roboty. Czego nie można powiedzieć o marazmie stanu wojennego... W 1983, gdy pokazano „Imperium kontratakuje" („The Empire Strikes Back", 1980, reż. Irvin Kershner), *publiczność młodociana* rzuciła się do kin, a szczęśliwi posiadacze WIDEO oglądali film z nielegalnych kaset. Krytycy szukali natomiast drugiego dna: *Głębokiego osądzenia nienawiści jako uczucia destruktywnego i nieskutecznego w istocie jako narzędzie walki dokonuje w „Imperium" istota o zsyntetyzowanych cechach antropologicznych azjatyckiego myśliciela lub mistyka. Trzeba wziąć pod uwagę głębię nie uświadamianych nieraz uprzedzeń wobec „żółtków", uprzedzeń rozpowszechnionych w społeczeństwie amerykańskim, aby zrozumieć, że nie jest to akcent w filmie przypadkowy ani bez znaczenia...* Chodziło oczywiście o Yodę – duchowego przewodnika Luke'a Skywalkera. Młodzieniec był głównym bohaterem sagi. Jego losy rozgrywają się równolegle z batalią przeciw złowieszczemu Imperium Galaktycznemu.

„Gwiezdne wojny" to fenomen wykraczający daleko poza sale kinowe. Lucas dorobił się nie tylko na filmie, ale i towarzyszących mu gadżetach. Na przykład figurkach bohaterów. W cywilizowanym świecie produkowała je na licencji firma Kenner.

U nas stały się domeną rzemieślników. Zdobywali oryginał, tworzyli na jego podstawie własną formę i kolorowali odlewy w zależności od aktualnie dostępnej farby. To dlatego kudłaty Chewbacca występował zarówno w poprawnej wersji brązowej, jak i diabelsko czarnej. W innych przypadkach odstraszały zezowate oczy czy miecze świetlne o żałosnej długości milicyjnej pałki... Pierwsza seria, jaka pojawiła się na rynku, wykonana była z twardego plastiku i liczyła tylko kilka postaci. Kolejna generacja to dostępne od połowy lat 80. gumowe figurki z gdyńskiej Elektrospółdzielni. Sprzedawane były w specjalnych opakowaniach, w dużym wyborze. Potem pojawiały się zarówno staranniej wykonane modele z ruchomymi odnóżami, jak podróbki podróbek – niechlujne odlewy, dla których wzorem były prawdopodobnie już wyroby krajowe.

W krajach bloku wschodniego pod względem gwiezdnych gadżetów zdecydowanie przodowały Węgry. Dostępne tam były nawet tłumaczenia komiksów, o których u nas można było tylko pomarzyć („FANTASTYKA" wydrukowała pierwsze fragmenty w 1989 roku). Podobnie jak o towarzyszących filmom powieściach. Ukazywały się co najwyżej w obiegu „wewnątrzorganizacyjnym" – przepisywane na maszynie, odbijane na ksero teoretycznie w nakładzie nie przekraczającym 100 egzemplarzy... Pierwsze regularne polskie wydania datujemy na rok 1990 (Interart)

Ostatnia filmowa część „Gwiezdnych wojen" trafiła do Polski w 1985 roku. Ostatnia tymczasowo – było już wtedy wiadomo, że to V epizod większej całości... „Powrót Jedi" („Return Of The Jedi", 1983, reż. Richard Marquand) musiał się zmierzyć z poważną konkurencją pirackich wersji wideo. Ale i tak gromadził tłumy, szczególnie na seansach połączonych z „Imperium". Zanim do tego doszło, prasa zdążyła spalić niespodziankę: *Tak, księżniczka Leia i Luke są rodzeństwem i nie da się zaprzeczyć, że ojcem ich jest demoniczny Darth Wader* (!). *Co do wyglądu aktora grającego Dartha Wadera możemy tylko zdradzić, że w tej części ukaże się wreszcie bez maski.* Natomiast *jego zdjęcia opublikować nie możemy, bo go nie posiadamy.*

Kolejne epizody (czyli I, II, III) oglądaliśmy już na bieżąco, w latach 1999-2005. Podobnie jak odświeżoną wersję oryginalnej trylogii, która weszła na ekrany w roku 1997.

GWIEZDNY KUPIEC

gra planszowa

Najpopularniejsza spośród kilku gier planszowych opublikowanych przez firmę Encore. Pomysł na biznes był prosty. Wziąć produkt zza oceanu (w tym – i kilku innych przypadkach – firmy Simulations Publications Inc.). Skopiować zasady. Odrobinę zmienić grafikę. I wydać pod własnym szyldem... *Zapamiętałem ze swoich wyjazdów zagranicznych, że gry planszowe w Europie Zachodniej traktowane są zupełnie inaczej niż w Polsce* – wspomina założyciel firmy, Jan Adamski. *Zorientowałem się, że rynek gier to poważny rynek. W Polsce był to teren całkowicie dziewiczy. Gdy więc, z różnych względów, zdecydowałem się przerwać karierę pracownika nauki i otworzyć własną firmę, mój wybór padł na gry planszowe. Pierwszą była „Blokada" i nie miała ona nic wspól-*

nego z późniejszymi grami, z którymi kojarzona jest Encore.

Adamski formalnie był rzemieślnikiem. Jako taki miał problemy z papierem, dystrybucją czy nawet nazwą firmy... Mimo logo Encore na pudełkach (z charakterystyczną koroną), formalnie jego przedsiębiorstwo nazywało się Wyrób gier logicznych z papieru i tektury, Zakład wyrobu gier logicznych albo po prostu Zabawkarstwo Jan Adamski. *Gdy w 1982 roku wydałem „Labirynt Śmierci", natknąłem się na barierę dystrybucji. Strategię działania*

oparłem wówczas na przekonywaniu partnerów o niezwykłości moich produktów. Nie dawałem łapówek, a jednak udało mi się pozyskać sojuszników, dzięki którym zaistniałem na szerszym rynku. Mam tu przede wszystkim na myśli „ŚWIAT MŁODYCH" i redakcję programów dziecięcych TVP. Udało mi się w końcu uzyskać zamówienia z Ruchu i SKŁADNICY HARCERSKIEJ. Zapotrzebowanie było ogromne, ale z powodu wspomnianych trudności nakłady oscylowały w granicach 20-30 tysięcy.

„Gwiezdny kupiec", wydany w 1986 roku, był czwartą grą Encore (po „Labiryncie śmierci", „Bitwie na polach Pelenoru" i „Ratuj swoje miasto"). Wzorowano go na „Star Trader" z 1982 roku. Korzenie pomysłu leżą gdzieś w „Monopoly" – chodzi o rozgrywkę ekonomiczną, tyle że bardziej skomplikowaną i przeniesioną w futurystyczne realia. Edycję uzupełniło opowiadanie science fiction Marka Baranieckiego (autora cenionej „Głowy Kasandry"). *Można oczywiście mieć pewne zastrzeżenia* – pisała prasa. *Plansza powinna być sztywniejsza, żetony wydrukowane na grubszej tekturze, w sumie jednak całość robi znakomite wrażenie. A jeśli wystarczy nam cierpliwości, by przebrnąć przez skomplikowaną instrukcję, możemy rozpocząć ekonomiczny podbój galaktyki. Możemy podróżować między sześcioma układami gwiezdnymi, walczyć z konkurentami o dominację na poszczególnych rynkach, budować statki kosmiczne, fabryki, magazyny, przewozić towary, wynajmować agentów i tak dalej. Rozgrywka „Gwiezdnego kupca" może przebiegać według jednego z kilku scenariuszy i trwać od 3 do 10 godzin.*

Pod koniec dekady Encore doczekała się konkurencji. W 1987 ukazała się „Bulwa", gra fabularna dla młodszych odbiorców (wydawca: Spółka Medicat), a rok później firma Sfera opublikowała „Magię i miecz" (na podstawie „Talisman"). Wraz z grami paragrafowymi (patrz FANTASOLO) stanowiło to podwaliny subkultury Role Playing Games, która rozkwitła w latach 90.

HELGA

film fabularno-edukacyjny

(Helga – Vom Werden des menschlichen Lebens)

reż. Erich F. Bender; 1967, RFN

Polska młodzież jakoś nie ma szczęścia do edukacji seksualnej. W pruderyjnym, wczesnym PRL trudno było nawet o MOMENTY, co dobrze oddają słowa Michaliny Wisłockiej: *Młodzież 14-16-letnia nie ma wstępu na filmy, w których są sceny miłosne albo w których pokazuje się nagą kobietę. A przecież z chwilą, gdy w chłopcu budzi się ciekawość kobiecego ciała, na pewno dopnie on swego i tę ciekawość zaspokoi. Często robi to w bardzo niewybredny sposób – podglądając przez dziurkę od klucza lub szukając towarzystwa łatwo dostępnych dziewcząt. Czy nie prościej pokazać mu na filmie rozebraną Brigitte Bardot niż pozostawiać tę rzecz przypadkowi?* – pisała słynna seksuolog w 1970 roku.

Kilka lat później sytuacja znacznie się polepszyła. Do szkół średnich wprowadzono wychowanie seksualne w ramach eksperymentalnego „przysposobienia do życia w rodzinie socjalistycznej". A na początku roku szkolnego 1973 na ekrany trafił przełomowy film „Helga".

Pouczająca historia o dziewczynie (w tej roli Ruth Gassmann), która zaszła nieoczekiwanie w ciążę, budziła kontrowersje już w kraju powstania – zachodnich Niemczech. Nie chodziło o fabułę, lecz przełamanie ekranowego tabu. Golizna, a następnie poród pokazany z pełnymi detalami. Nic dziwnego, że przed wprowadzeniem filmu do polskich kin zorganizowano testowe pokazy. Reakcje były różne. W Poznaniu nauczyciele zażyczyli sobie na przykład podwyższenia granicy wiekowej z 14 do 16 lat. *Obawiano się niestosownych reakcji młodych widzów i dopiero po kilku dniach, kiedy okazało się, że w czasie projekcji młodzież zachowuje się wzorowo – zrezygnowano z dodatkowej poprzeczki* – relacjonowała prasa. *Wydaje się, że „Helga" to trudny egzamin dla szkoły i kadry nauczycielskiej. Ale może bardziej trudny dla pewnych nawyków myślowych – wszyscy spodzie-*

wali się sensacji, a tymczasem film przyjmowano zwyczajnie, jak potrzebną w życiu informację. Jedyną sensacją były tłumy na widowni. Tylko we wrześniu obejrzało film 261 tysięcy widzów.

Były to przede wszystkim wycieczki szkolne. Przed projekcją odtwarzano im z taśmy audio prelekcję seksuologa, Andrzeja Jaczewskiego. Zainteresowanie w całym kraju okazało się na tyle duże, że Centralna Wynajmu Filmów nie była w stanie sprostać zapotrzebowaniu. Dysponowała tylko 18 kopiami. *Dobrze będzie, jak te tak intensywnie eksploatowane kopie wytrzymają jeden sezon. Co jednak pokażemy następnym, dorastającym rocznikom?* – martwili się dziennikarze.

Dodajmy na koniec, że młodzi widzowie nie przyjmowali filmu bezkrytycznie. Oto próbka opinii: *Dlaczego Helga jest taka stara i nienaturalna? Bohaterka takiego filmu powinna być młoda... Szkoda, że takie filmy sprowadzamy tylko z zagranicy, a nie robimy w Polsce. U nas są zupełnie inne warunki.*

HERMASZEWSKI, MIROSŁAW

kosmonauta

ur. 15 września 1941 w Lipnikach, Polska

Pierwszy – i ostatni jak dotąd – Polak w kosmosie. Wybrał się tam 26 czerwca 1978 roku. *W gmachu Sejmu spotkanie z kierownictwem partii i państwa* – entuzjazmował się po powrocie Hermaszewskiego na ziemię (ojczystą) komentator Polskiej Kroniki Filmowej. *Gratulacje i słowa podziękowania za trud włożony w lot, który stał się nowym symbolem braterstwa i przyjaźni między narodami polskim i radzieckim, a zarazem otworzył nowy etap w rozwoju polskiej nauki i techniki. Coraz lepiej będziemy poznawać kosmiczną przestrzeń. Tak już człowiekowi bliską, a tak przecież jeszcze daleką...*

Przestrzeń bliską i daleką postanowili Rosjanie udostępnić innym państwom socjalistycznym w połowie lat 70. Projekt nosił nazwę Interkosmos i miał przede wszystkim znaczenie propagandowe. Standardowy program przewidywał kosmiczne fotografowanie terytorium zaproszonego kraju plus kilka eksperymentów zamówionych przez

lokalnych naukowców. Potem pamiątkowa fotka i ordery.

Grupa wyselekcjonowanych pilotów zjawiła się w podmoskiewskim Gwiezdnym Miasteczku w 1976 roku. Pytanie: kto poleci pierwszy. W wyniku zakulisowych rozgrywek (podobno interweniował osobiście prezydent Czechosłowacji Gustáv Husák) 3 lutego 1978 wystartował Czech – Vladimír Remek. Major Hermaszewski był drugi. Potem dołączyli Enerdowiec, Bułgar, Węgier, Wietnamczyk, Kubańczyk, Mongoł i Rumun. Następnie dopuszczono przedstawicieli innych krajów (m.in. Francji). Załogowy program Interkosmos zakończył się w 1988 roku.

To było współzawodnictwo najlepszych, które miało wyłonić tego „naj" – wspomina eliminacje Hermaszewski (pokonał w rywalizacji Zenona Jankowskiego). *W 1976 roku dowodziłem pułkiem lotniczym we Wrocławiu. Poproszono mnie o wskazanie najlepszych pilotów, gotowych poddać się przeszkoleniu na sprzęt, który lata bardzo wysoko, bardzo szybko i bardzo daleko. Wraz z innymi przeszedłem katorgę w Wojskowym Instytucie Medycyny Lotniczej. Badano nas dzień i noc, różnymi, często eksperymentalnymi metodami. Po trzech miesiącach z dużej grupy pozostało kilkunastu pilotów. Wtedy wysłano nas na zgrupowanie w Mrągowie i tam zafundowano następny odcinek katorgi, ale według zasady: po każdym etapie najsłabszy odpadu. Choć miałem 36 lat, okazałem się lepszy od młodszych kolegów. W końcu był turnus w Zakopanem. Dowiedziałem się, że zostałem sklasyfikowany na drugim miejscu, ale pod względem badań psychologicznych na pierwszym. To samo potwierdziły badania w Gwiezdnym Miasteczku. No i wybrali mnie. A już na sam koniec powiedzieli, że tu nie chodzi o samoloty, ale o kosmos.*

26 czerwca na krymskim kosmodromie Bajkonur odbyła się tradycyjna projekcja filmu „Białe słońce pustyni", tradycyjna lewatywa i tradycyjne przemówienie (gościnnie: Wojciech Jaruzelski). Poza tym spakowano najpotrzebniejsze rzeczy, m.in. fotografie Edwarda Gierka i Leonida Breżniewa, ziemię spod Lenino, miniaturowe wydanie „Manifestu komunistycznego", proporzec PZPR... I można było lecieć.

Statek Sojuz 30 oderwał się od Ziemi o godzinie 18.27. Tuż przed startem centrala puściła dla odprężenia „Kolorowe jarmarki" w wykonaniu MARYLI RODOWICZ. Po 48 godzinach kosmonauci (drugim był Rosjanin, Piotr Klimuk) połączyli się ze stacją orbitalną Salut 6. W sumie spędzili na orbicie osiem dni, dokonując 126 okrążeń Ziemi. *Po połączeniu się ze stacją orbitalną, na jej pokładzie realizowaliśmy program naukowy z zakresu medycyny i biologii kosmicznej, technologii materiałowej i teledetekcji* – opowiada Hermaszewski. *Topiłem w specjalnym urządzeniu kadm, tellur i rtęć, w celu stworzenia różnych stopów. Na Ziemi nie da się tego zrobić, zaś w stanie nieważkości substancje te przenikają się molekularnie i krystalizują jako monolit.* Były też bliskie spotkania trzeciego stopnia: *To nam towarzyszyło przez cztery okrążenia wokół Ziemi. Wyglądało jak talerze. Jeden nawet jakby miał antenkę. Przy pierwszym okrążeniu nie meldowaliśmy, tylko sami chcieliśmy sprawdzić. Przy drugim okrążeniu meldujemy na Ziemię. Gdy znów nad daleką Azją wchodzimy w strefę łączności, Ziemia prosi o opisanie toru lotu przedmiotów. Podajemy dane, obiektów zrobiło się siedem. W końcu Ziemia nadaje: „Nie bójcie się, chłopaki. To pojemniki z odchodami, które wyrzuciliście przedwczoraj”.*

5 lipca 1978 roku kapsuła z kosmonautami pomyślnie wylądowała w Kazachstanie. Wkrótce potem triumfalnie witano Hermaszewskiego w Polsce. Przejazd kabrioletem przez Warszawę, spotkanie z dygnitarzami, meldunek w Sejmie... Samochód POLONEZ w nagrodę, a potem tournée po instytucjach i zakładach pracy w całym kraju. Pozytywne przyjęcie było – jak się wydaje – szczere, choć oczywiście spekulowano na temat zakulisowego aspektu wyprawy. Dobrze oddaje to dowcip: *Podobno premier Jaroszewicz dostał zawału, kiedy dowiedział się, ile ten lot nas kosztował... Drugiego dostał, gdy okazało się, że to tylko pierwsza rata.*

Wizerunek Hermaszewskiego trafił na specjalnie bite 20 złotych, znaczki pocztowe i niezliczone gadżety. W 1978 roku ukazała się książka „Polak melduje z kosmosu” (Emil Bil, Jerzy Rakowski; Krajowa Agencja Wydawnicza). Na rynek trafiła też mała płyta pod tytułem „Wielki wspólny lot” (Muza). Wypełniały ją pieśni pasujące do stylistyki piosenkarza Cwynkara z „MISIA”. Barbara Książkiewicz, znana z Festiwali Piosenki Żołnierskiej w KOŁOBRZEGU, wyśpiewała utwór „Polski lotnik – kosmonauta”. Nie zawiódł inny kołobrzeski rezydent, Adam Zwierz, który nagrał piosenkę „Pierwszy Polak na orbicie”.

Mirosław Hermaszewski zepsuł sobie w latach 80. wizerunek, zasiadając w Wojskowej Radzie Ocalenia Narodowego. Potem był komendantem dęblińskiej Szkoły Orląt, gdzie doczekał się szlifów generalskich. W latach 90. bezskutecznie próbował kariery politycznej. Dziś jest emerytem, udzielającym się w Stowarzyszeniu Kosmonautów i Astronautów Świata oraz Komitecie Badań Kosmicznych i Satelitarnych PAN.

HISTORYJKA
gadżet z gum do żucia

Historyjkami nazywano w PRL zarówno opowieści obrazkowe, minikomiksy (na przykład DONALD, Cin-Cin, TipiTip), jak pojedyncze obrazki (TURBO, Bombibom, Final), dołączane do gum do żucia. Co bardziej ekstrawaganckie przybierały formę zmywalnego tatuażu lub monet... Specjalizowali się w ich produkcji Turcy. To dlatego – obok postaci zachodniej popkultury – trafiały się na przykład próbki tamtejszych strojów ludowych.

Wykonane ze śliskiego papieru jednostronnie zadrukowane karteczki służyły podnoszeniu pozycji

towarzyskiej, rozpalały pasję kolekcjonerską, wywoływały też zadziwiające efekty psychiczne... Na przykład synestezję. Samo spojrzenie na obrazek przywoływało zapach i smak. Mieszanie zmysłów nie gorsze od najczystszego LSD.

Podobnie jak w przypadku narkotyków, historyjki wiązały się z profitami. W epoce funkcjonowały na rynku wymiennym czy wręcz jako środek płatniczy. Dziś kompletne kolekcje i rzadkie egzemplarze mają realną wartość kolekcjonerską. Warto przeczesać szuflady, bo ceny najrzadszych sztuk sięgają 50 dolarów.

HOBBY
czekolada

W czasach gierkowskiego rozpasania, gdy jeszcze nie stosowano opakowań zastępczych, Zakłady Przemysłu Cukierniczego im. 22 Lipca (d. E. Wedel) wypuściły wyjątkową serię tabliczek czekolady nadziewanej. Kusiły nie tylko zróżnicowanym smakiem – od mlecznej przez pomarańczową po kakaową – ale i etykietami. „Czekoladowa encyklopedia komunikacji światowej" prezentowała

wizerunki samolotów, lokomotyw, samochodów i statków. W sumie 360 pozycji. Na odwrocie opakowania kolekcjoner znajdował kupon. Po zebraniu 180 sztuk można je było wysłać do fabryki, która wysyłała w zamian album z opisami i miejscem na wklejanie obrazków.

Polowanie na łakomczuchów ruszyło pod koniec lat 70. i trwało do 1981 roku. Schyłkowy etap przebiegał już pod hasłem „Kolekcjoner". Papier z gładkiego stał się szorstki, zniknął wybór smaków (wyłącznie truskawkowo-mleczny), a od producenta można było dostać co najwyżej dobre słowo: *Wychodząc naprzeciw prośbom i zainteresowaniom naszych klientów, po ukończeniu emisji obrazków uzupełniających album „Hobby" pragniemy na opakowaniach kontynuować seriale ilustracji z różnych dziedzin historii materialnej naszej cywilizacji oraz zoologii i botaniki. Życzymy przyjemnej i pouczającej zabawy!*

HOFFLAND
dom mody

W czasach, gdy wyznaczaniem odzieżowych trendów zajmowały się instytucje o nazwach Spółdzielnia Pracy Rękodzieła Artystycznego „Moda i Styl" lub Zakłady Wzornictwa Mody „Modny strój" Społem, nazwa Hoffland brzmiała jak coś nie z tej ziemi. I tak też wyglądały jej produkty.

Jednoosobową siłą napędową przedsięwzięcia była Barbara Hoff. Absolwentka historii sztuki na UJ, od 1954 roku publikująca felietony na łamach „Przekroju". Szybko stała się wyrocznią w dziedzinie mody. *Zanim mój pierwszy tekst i rysunek ukazały się w „Przekroju", pisanie o modzie za-*

proponowały mi gazeta codzienna w Katowicach i „Panorama Śląska”, nowe pismo, którego nie było jeszcze w kioskach – wspomina. *Potem doszły felietony w radiu i program w telewizji. Przez wiele lat pisałam co najmniej po trzy teksty tygodniowo. Byłam dyktatorką mody. Chciałam mieć władzę. Kocham władzę i zawsze chciałam być politykiem. Chciałam rządzić. W tamtych czasach działalność polityczna była dla osoby z moimi przekonaniami wykluczona, ale w modzie rządziłam po dyktatorsku. Pisałam stylem nieznoszącym sprzeciwu.*

Szybko przestało jej zresztą samo pisanie wystarczać. Z rysowanych projektów zaczęły powstawać (przy pomocy zaprzyjaźnionej krawcowej) prawdziwe ciuchy. Hoff fotografowała je na znajomych, wśród których byli Sławomir Mrożek, Małgorzata Braunek, Wojciech Pszoniak. Kolejny krok podjęła na początku lat 60. *Wymyśliłam, jak ominąć socjalistyczny system zamówień i rozdzielnictwa odzieży. Wtedy między państwową fabryką odzieżową i państwowym sklepem tkwiły zjednoczenia, które rozdzielały towary na województwa, na miasta, na sklepy – mechanicznie, według rozdzielnika. A mój pomysł był taki: zaprojektuję fabryce kolekcję, którą potem kupi dyrektor Centralnego Domu Towarowego i w całości sprzeda u siebie. A zjednoczenie niech dalej rozdziela swoje buble.*

Upatrzonym celem były zakłady odzieżowe Cora. *Nikogo nie znałam, ale miałam znane w branży nazwisko* – opowiada Hoff. *Zaproponowałam im, że zaprojektuję kolekcję, którą oni zrobią, a kupi ją całą od nich i powiesi u siebie warszawski Centralny Dom Towarowy. Dziś jest w nim Smyk. Potem pojechałam do CDT, zabrałam dyrektora i wybraliśmy się do Cory. To była jedna z najbardziej absurdalnych rozmów w moim życiu. Piliśmy herbatę, chciałam pokazać im teczkę z rysunkami, a oni zażartowali: „Nie będziemy tego oglądać, niech pani Basia zaprojektuje i się sa-*

ma martwi. Mamy do pani zaufanie, co pani zrobi, będzie dobrze". I podpisali umowę na 11 tysięcy sztuk, po tysiąc każdego modelu.

Stoisko z ubraniami Hofflandu (pierwsza zastrzeżona nazwa w PRL) było najjaśniejszym punktem działających od 1970 roku Domów Towarowych Centrum przy Marszałkowskiej. Zjeżdżały tam wycieczki z całej Polski, a w dniach premiery nowych kolekcji dochodziło w Juniorze do brutalnych walk z wyrywaniem sobie towaru i wybijaniem szyb włącznie.

Hoff nie miała w zasadzie konkurencji. Chyba że weźmiemy pod uwagę przedsięwzięcie Grażyny Hase. W końcu lat 70., przy współpracy ze Stołecznym Przedsiębiorstwem Handlu Wewnętrznego i gazetą „Sztandar Młodych", firmowała butik o nazwie Bawełniany świat Grażyny Hase. Można tam było kupić ubrania prezentowane wcześniej w specjalnej rubryce na łamach gazety. Zbiurokratyzowaną Modę Polską trudno tu liczyć, bo projektowała rzeczy masowe, na potrzeby wielkich zakładów.

Pod koniec lat 80. Hoffland stał się minikoncernem. Właścicielce pomagały trzy projektantki, na jej potrzeby pracowały 34 różne zakłady. Mimo permanentnego braku surowców stosowano własne tkaniny, dziewiarstwo i dodatki... Co ważne: wszystkie produkty utrzymane były w przystępnych cenach.

Barbara Hoff nie zdyskontowała powodzenia marki po 1989 roku. Gdyby zaakceptowała propozycje inwestorów, stałaby się pewnie polskim H&M. Przy działaniu w pojedynkę jej udział w rynku jest dziś marginalny.

HUCKLEBERRY — patrz YOGI

HYDROZAGADKA

film fabularny

reż. Andrzej Kondratiuk; 1971, Polska

Andrzeja Kondratiuka odreagowanie pełnometrażowego debiutu (ciężkawego filmu obyczajowego „Dziura w ziemi" z 1970 roku). Korzystając z tej samej ekipy, z tym samym współscenarzystą Andrzejem Bonarskim przygotował dzieło, o którym dużo mówi roboczy tytuł: „Hydrozagadka albo trzy kwadranse rozrywki, czyli o tym, jak dzielny kawaler Janek Kowalski wikła się w fantastyczne przygody, walczy i zwycięża".

W toku prac dzielny Janek zmienił się w Asa — krajowego odpowiednika Supermana. Nadczłowieka (*nie pije, nie pali, przechodził szczepienia ochronne*) mającego rozwikłać zagadkę tajemni-

czego znikania wody z warszawskich kranów. Za spiskiem stoi złowieszczy doktor Plama (Zdzisław Maklakiewicz z kultowym tekstem: *komary rypią, wejdźmy do środka*) i maharadża Kawuru (Roman Kłosowski). Do roli głównej zatrudniono Józefa Nowaka. Partyjnego aktywistę, aktora znanego z kina socrealistycznego i ról milicjantów. Gdy siwowłosy, nobliwy pan wygłupia się w obcisłym kostiumie, przypomina najlepsze kreacje Lesliego Nielsena.

Telewizja pokazała „Hydrozagadkę" po raz pierwszy w kwietniu 1971 roku. Powtórka nastąpiła w lipcu, w czasie autentycznego ataku gorąca. *Zmęczeni upałem siadamy przed telewizorem, licząc na chwilę wypoczynku* – pisał recenzent. *Pojawia się Kondratiuk ze swoim filmem, robi miny, przedrzeźnia, żongluje nonsensami i wymęczonym widzom każe domyślać się, do kogo robi miny, kogo przedrzeźnia, skąd czerpie nonsensy...* Tego typu głosy nie były odosobnione. Komiksowa farsa nie spotkała się ze zrozumieniem krytyki ani przedstawicieli ludu pracującego. Dopiero po latach film zyskał status kultowego.

IGRAČKI
zabawka

Zabawka niby czeska, ale pod względem etymologicznym trzeba skierować się na wschód. Praskie przedsiębiorstwo Igra (założone w 1950 roku) to raczej nawiązanie do rosyjskiego słowa oznaczającego zabawę, niż czeskiego „hra". W 1977 roku dwoje projektantów z fabryki – Jiři Kalina i Marla Krejchova – bardzo mocno zapatrzyło się w zachodnioniemieckie zabawki Playmobil. Plastikowe ludziki w strojach przedstawicieli najrozmaitszych zawodów. Kilka przeróbek, odrobinę większy rozmiar i na rynku pojawiła się własna odmiana (twórcy i tak byli mniej bezczelni od Węgrów, dokładnie kopiujących pierwowzór pod marką Schenk). Najpierw murarz. A potem kominiarz, kucharz, marynarz i tak dalej, i tak dalej... Igraček.

Figurka miała ruchome, zakończone chwytakami rączki i przekręcane nóżki. Uroczą cechą była możliwość zdjęcia gumowej czupryny, o kształcie pasującym do nakrycia głowy. Przez całe lata produkcji w podstawowym modelu dokonano tylko jednej zmiany – igrački zyskały nosy.

Czesi eksportowali swoje figurki do wszystkich krajów bloku wschodniego, a nawet Francji. Igra przeszła zwycięsko zmiany ustrojowe, jednak popyt na jej wyroby znacząco zmalał. *Ze względu na stagnację w drugiej połowie lat 90., przestaliśmy wprowadzać nowe modele* – mówi przedstawiciel firmy, Oldřich Mašek. Ale produkcja charakterystycznych figurek nie ustaje: *Dzieci, które się nimi bawiły, teraz same mają dzieci i przypominają sobie o igračkach.*

ILUSTRACJE SAMOPRZYLEPNE
seria kolekcjonerska

Marketingowy majstersztyk Krajowej Agencji Wydawniczej. Do kiosków kierowano zestawy ilustracji (sześć na jednym arkuszu) i tematyczne albumy, do których można było je wklejać. Haczyk polegał na tym, że na poszczególnych akruszach widniały obrazki z różnych dziedzin. Chcesz zbierać „Stare samochody"? Musisz przy okazji kupić mnóstwo cholernych „Grzybów polskich lasów" czy innych „Ptaków egzotycznych". Zważywszy, że każdy album miał nakład 100 tysięcy egzemplarzy, musiało to dawać całkiem niezły zysk.

Seria zaczęła się w 1977 roku od deficytowej tematyki muzycznej. *Aby wypełnić zeszyt z tematu „Gwiazdy światowej muzyki rozrywkowej", trzeba zebrać 18 arkuszy IS* – napisano w reklamie. *Zbiór ten zapoczątkuje równocześnie dwa następne ciekawe tematy: „Poczet królów polskich" i „Kontynenty – Afryka", dla których uzupełnienia* ny... *Pragniemy zaoferować za pośrednictwem doskonałych graficznie ilustracji samoprzylepnych i starannie opracowanych zeszytów, stanowiących rodzaj klaserów o różnorodnej tematyce, zupełnie nowe wydawnictwo, mogące zastąpić podręczne, bogato ilustrowane encyklopedie.*

W kolejnych latach hitami były

IS

POLSKIE SAMOCHODY OSOBOWE

Wszystko, co ciekawe w Ilustracjach Samoprzylepnych, do kolekcjonowania w specjalnie opracowanych zeszytach.

* HISTORIA UBIORU
* POLSKA BROŃ PANCERNA
* JACHTY ŻAGLOWE
* PODBÓJ GŁĘBIN
* DRUGA WOJNA ŚWIATOWA /w trzech zeszytach/
* PTAKI EGZOTYCZNE
* POLSKIE SAMOCHODY OSOBOWE

INNE W PRZYGOTOWANIU

KAW KRAJOWA AGENCJA WYDAWNICZA

ALBUM DLA KOLEKCJONERÓW

*samochodziki elektryczne **(Melexy)** oraz w pojedynczych egzemplarzach samochody wyścigowe **(Raki)**.*

Fabryka Samochodów Osobowych wyprodukowała ponad 1.000.000 samochodów osobowych. Produkcja roczna samochodów osobowych w Polsce wyniosła w 1976 roku około 240 tysięcy. Nasz park samochodów osobowych w połowie roku 1976 wynosił około 1,2 miliona pojazdów.

1972 r.
TARPAN 233 FSR – Fabryka Samochodów Rolniczych „Polmo" w Antoninku k/Poznania w 1972 roku zbudowała serię informacyjną samochodów osobowo-towarowych *Tarpan*. Dokumentację konstrukcyjną opracował Zespół Konstrukcyjny Zjednoczenia Przemysłu Motoryzacyjnego. Samochody te są produkowane w 3 odmianach: standard, kombi i pick-up.

1977 r.
OGAR – Jest to samochód o charakterze sportowym, którego prototyp wykonał Ośrodek Badawczo-Rozwojowy Fabryki Samochodów Osobowych w Warszawie. Elementy podwozia oraz silnik pochodzą z samochodu *Polski Fiat model 125p*. Nadwozie jest zaprojektowane przez wymieniony Ośrodek jako praca studialna. FSO zaprezentowało ten model w roku 1977.

72

1977 r.
POLONEZ – Samochód, którego produkcję uruchomiła Fabryka Samochodów Osobowych w 1978 roku. Model ten został opracowany przez polskich konstruktorów we współpracy z włoskimi inżynierami z firmy FIAT. Samochód jest wyposażony w silnik 4-cylindrowy, 4-suwowy rzędowy, chłodzony cieczą. Pojemność skokowa 1481 cm^3 (lub 1295 cm^3), stopień sprężania 9, moc 55,9 kW = 75 KM (46,7 kW = 65 KM) przy 5200 obr./min. (5600 obr./min.). Prędkość maksymalna pojazdu 150 (140) km/h.

24 POLSKIE SAMOCHODY OSOBOWE

należy zgromadzić już tylko 13 dalszych arkuszy IS. Cena zeszytu 15 złotych, zaś arkusza Ilustracji Samoprzylepnych 8 złotych.

Wszystkie naklejki były numerowane, w odpowiednim miejscu zeszytu umieszczano opis, co dawało namiastkę leksykonu z danej dziedzi-

„Polska broń pancerna" (1979), „Polskie samochody osobowe" (włącznie z prototypami!), „Piłkarskie mistrzostwa świata" czy „Style walki wschodu" (wszystkie: 1983). W sumie cykl obejmował 27 tematów, ostatni album („Druga wojna światowa, cz. II 1943-1944") ukazał się w 1988 roku.

ITALO DISCO

styl muzyczny

Uproszczona, melodyjna i maksymalnie przesłodzona muzyka syntezatorowa wywodząca się z Włoch (choć zbliżone produkcje uprawiano też w innych krajach Europy – patrz MODERN TALKING). W Polsce rozpowszechniona przez Bogdana Fabiańskiego, prowadzącego w piątkowe wieczory na antenie Programu II Polskiego Radia audycję „Słuchajmy razem".

Sam termin narodził się w RFN. Wymyślił go w 1983 roku Bernhard Mikulski, właściciel wytwórni ZYX Music. Kupował od włoskich wykonawców licencje, a następnie kompilował utwory na składankach z cyklu „Boot Mix". Napływ nowych piosenek wydawał się nieograniczony. Były proste w produkcji – zdolny fachowiec potrafił zmajstrować nawet sto rocznie. Deficyt wokalistów uzupełniano anonimowymi występami pod zmienionym szyldem.

Najpopularniejsi artyści? Gazebo (ten od hitu „I Like Chopin"), SABRINA („Boys"), Savage („Don't Cry Tonight"), Laura Braningan („Self Control" – ze świetnym, wysokobudżetowym wideoklipem), Ken Laszlo („Tonight"), Ryan Paris („Dolce Vita"), Den Harrow („Don't Break My Heart"), Baltimora („Tarzan Boy" – jedyny utwór, który przebił się w Ameryce), P. Lion („Happy Children"), Radiorama („Yeti") czy Scotch („Disco Band" – z racji zsamplowanego kaszlu zwany u nas „Gruźlikiem").

W roku 1986 na Zachodzie nastąpił schyłek mody na italo disco. U nas – wręcz przeciwnie. Audycja Fabiańskiego wystartowała w 1987 i z powodzeniem utrzymywała się na antenie do końca dekady. Pod jej wpływem pojawili się nawet rodzimi wykonawcy, jak TOP ONE... Styl powrócił do łask w 2005 roku. Początkowo żartobliwie, na klubowych imprezach typu Obciach w warszawskiej Regeneracji. Ale już w sierpniu 2006 roku włoskie gwiazdy zjechały do Opery Leśnej w Sopocie na wystawną Galę Italo Disco.

JABOL – patrz **WINO MARKI WINO**

JACEK I AGATKA

audycja telewizyjna

Pierwsza polska dobranocka (wtedy nazywano to „Dobranoc"), pokazywana od 2 października 1962 roku. Twórczynią dwóch piegowatych postaci była Wanda Chotomska. Autorka publikująca w prasie dziecięcej, związana z radiowym teatrzykiem Wiolinek i zespołem GAWĘDA. *To były takie dzieci z telewizyjnej probówki* – wspomina Chotomska. *Nie miały pierwowzorów w realnym świecie. Jacuś był przedszkolakiem i miał piegi. Agatka była rozważna, chodziła już do szkoły i opiekowała się braciszkiem.*

Jacek i Agatka to dwie dłonie w rękawiczkach, z zatkniętymi na palcach piłeczkami pingpongowymi. Twarzami ozdobił je Adam Kilian. Chłopca animowała Teresa Olenderczyk, dziewczynkę – Barbara Skokowska. Na ekranie pojawiała się jeszcze

sąsiadka, Pani Zosia (w tej roli Zofia Raciborska, użyczająca głosu całej gromadce), z pogadanką o wydarzeniach w domu bohaterów. *Ściany w bloku były tak cienkie, że Pani Zosia, nie podsłuchując, i tak słyszała wszystkie rozmowy rodzeństwa. I to ona opowiadała telewidzom, co nowego zdarzyło się w domu Jacka i Agatki* – tłumaczy Chotomska, gdyby komuś przyszedł do głowy pomysł, że trzeba panią Zosię zlustrować.

Popularność postaci wykroczyła poza telewizję. Polskie Nagrania wydały płytę, a Ruch zestaw POCZTÓWEK DŹWIĘKOWYCH z nagraniami bohaterów. Pollena Racibórz wytwarzała mydło Jacek i Agatka, we Wrocławiu działał bar mleczny o takiej nazwie, ośrodek wczasowy w Okunince szczycił się domkami wypoczynkowymi z tymi postaciami, w Zielonej Górze nazwano na ich cześć ulicę, a we Wrzeszczu – plac... Przedszkoli pod patronatem Jacka i Agatki w całej Polsce nikt nie zliczy. *Nazwa nie była opatentowana, więc pojawiły się ciastka Bliklego, mydła, szampony, sklepy* – wspomina Chotomska. *Nawet słynny znak drogowy: dziewczynka z lizakiem, który powstał właśnie w tym czasie, nazwano Agatka. Autorzy nie mieli z tego żadnej korzyści, ale pewna firma kosmetyczna, produkująca mydełka i szampony Jacek i Agatka, przeznaczyła przynajmniej coś dla domu dziecka.*

Za sprawą audycji dzieciaki skłaniane były do rozmaitej aktywności. Służyła temu seria „świąt": Ostatni Dzień Lata, Dzień Chłopaka, Dzień Latawca, Dzień Piegowatych. Ten ostatni temat był szczególnie bliski autorce... *Jacek i Agatka wciągali dzieciaki do działania, nie chodziło o bierne siedzenie przed telewizorem. Jacek dla przykła-*

du zakładał klub piegowatych, bo wtedy piegi były bardzo krytykowane, a ja sama miałam ich tysiące i uważałam, że z tego powodu żadne dziecko nie może być wyśmiewane. Tu narodziła się też idea Orderu Uśmiechu. Dzieciaki zaprojektowały w konkursie wzór medalu.

Dziesięciominutową audycję nadawano trzy razy w tygodniu, do 1973 roku. W sumie liczyła ponad tysiąc odcinków. *Program był zbyt popularny i zaczęto powoli go likwidować* – relacjonuje Chotomska ostatni etap działania. *Zatrzymywano listy od widzów, mówiąc mi, że przestają pisać. Kiedyś po powrocie z wakacji dowiedziałam się, że program został zdjęty, bo „wyczerpała się jego formuła".*

JAK ROZPĘTAŁEM DRUGĄ WOJNĘ ŚWIATOWĄ

film fabularny

reż. Tadeusz Chmielewski; 1970, Polska

- *Name und Vorname?*
- *Grzegorz Brzęczyszczykiewicz.*
- *Geboren?*
- *Chrząszczyrzewoszyce powiat Łękołody.*

To najsłynniejszy dialog z najsłynniejszej polskiej komedii wojennej. Na niemieckim nosie zagrał Franek Dolas. Człowiek, który walczyć nie lubił, choć los rzucił go na czołowe fronty II wojny światowej... Reżyser Tadeusz Chmielewski zastrzegał, że nie będzie to odmiana Szwejka: *Chciałbym, żeby „Druga wojna" była filmem przygodowym retro, raczej realistycznym, który budzi niekiedy śmiech. Będzie to film o człowieku, który chciał walczyć dla kraju, od pierwszego dnia wojny nie złożył broni. Fabuła ta nie jest czystą fantazją literacką – podobne przygody zdarzyły się wielu ludziom.*

Asekurację można zrozumieć. *Od dawna nosiłem się z pomysłem zrealizowania filmu na podobny temat* – mówił twórca w innym miejscu. *W 1959 roku napisałem nawet scenariusz, ale wówczas komedia o wrześniu nie trafiła na właściwy klimat i nie została zrealizowana.* Scenariusz, o którym mowa, powstał na podstawie powieści Władysława Kisielewskiego „Z Torunia do Londynu podróż z przeszkodami". Rzecz dotyczyła polskich lotników uciekających z obozów internowania w Rumunii do Anglii. Gdy pod koniec lat 60. Chmielewski przymierzał się do tematu ponownie, miał już na celowniku inną książkę. „Przygody kanoniera Dolasa" Kazimierza Sławińskiego. *Można by z niej nakręcić kilka filmów, musiałem więc dokonać selekcji* – wspominał w roku produkcji. *Po drodze od powieści do scenariusza bohater uległ znacznym przemianom. W filmie będzie bardziej swojski, o takich mówimy „swój chłopak".*

W rolę swojaka wcielił się 33-letni Marian Kociniak. Chmielewski tłumaczył, że potrzebował kogoś, kto czuje komedię, ale nie zapowiada śmiechu samym pojawieniem na ekranie. Kociniak wywiązał się z tego zadania znakomicie. I trudno mu było potem wyjść z cienia kreowanej postaci. *Rola Franka Dolasa i rola murgrabiego* (w „JANOSIKU") *przyniosły mi olbrzymią popularność, która się bardzo liczy* – opowiadał aktor w jednym z nielicznych wywiadów. *W pewnym jednak sensie te postacie ciążą nade mną i chociaż zagrałem inne role filmowe i ponad 140 ról teatralnych, te dwie są jakby na czele. Nie boleję jednak nad tym, bo jest to bardzo sympatyczne i już bodajże trzecie pokolenie ogląda „Jak rozpętałem II wojnę światową", a film ten powtarzany jest w nieskończoność. Jest to zgrabnie napisana, zgrabnie wyreżyserowana komedia, która trafia do wszystkich: do intelektualistów i do maluczkich.*

Zdjęcia ruszyły w lecie 1968 i potrwały do lutego roku następnego. Jak na ówczesne warunki była to megaprodukcja. Ekranowy bohater trafił do Jugosławii, w rejon Morza Śródziemnego i na Bliski Wschód. Egzotyczne plenery kręcono głownie w Związku Radzieckim, a część (np. sceny arabskie) realizowano w atelier w Łodzi. Całość była nieprzeciętna pod względem metrażu. W sumie 236 minut projekcji! Reżyser planował początkowo podzielenie filmu na dwie części, ostatecznie powstały trzy. Weszły na ekrany w kwietniu 1970 roku.

Publiczność oszalała, cała Polska nuciła piosenkę, którą skomponował genialny Jerzy Matuszkiewicz: *Róża czerwono / biało kwitnie bez...* (słowa Andrzej Czekalski). I tylko krytyka pozwalała sobie na opinie w stylu: *Biedne to bardzo. Przygody Franka Dolasa mogłyby się dziać wszędzie i zawsze jak „Przygody Koziołka Matołka". Z tym że Makuszyński robił to z wdziękiem i wyraźnie dla dzieci.* 25 grudnia 1972 pokazała film telewizja – odtąd regularnie ozdabiał świąteczny repertuar.

Trzy dekady później nikt już nie kwestionuje klasycznego statusu obrazu. W 2000 roku telewizja Polsat sfinansowała proces jego koloryzacji. Odbył się w amerykańskiej firmie Dynacs Digital pod kierunkiem autora zdjęć oryginału, Jerzego Stawickiego. *W czasie, kiedy powstawał „Jak rozpętałem II wojnę światową", w Polsce kręciło się już na kolorowej taśmie* – mówił przy tej okazji Chmielewski. *Była ona jednak tak droga, że dostawali ją tylko nieliczni. Mnie się nie udało. Dlatego zawsze byłem ciekawy, jak ten film wyglądałby w kolorze. Na pytanie, czy warto dziś kolorować, odpowiadam – tak, bo film wtedy wiele stracił.*

JAK TO SIĘ ROBI

film fabularny

reż. Andrzej Kondratiuk; 1974, Polska

Trzeci po „REJSIE" i „WNIEBOWZIĘTYCH" film z udziałem legendarnego duetu Jan Himilsbach – Zdzisław Maklakiewicz. Teoretycznie powinien być najlepszy. Scenariusz powstał specjalnie z myślą o tej parze. Do tego pełny metraż, kolorowa taśma... Trudno się jednak oprzeć wrażeniu, że potencjał nie został wykorzystany.

Być może zadecydowały o tym liczne poprawki scenariusza. Andrzej Kondratiuk zaplanował satyrę na środowisko artystyczne. Pragnął pokazać literata i reżysera, którzy zjeżdżają do domu pracy

twórczej w Zakopanem, gdzie zajmują się głównie piciem i podbojami erotycznymi. Na takie podejście nie było zgody władz. Na ekranie pojawiają się więc hochsztaplerzy udający artystów. Reżyser zdecydował się też – co dziś uznaje za błąd – na zatrudnienie zawodowców zamiast aktorskich naturszczyków. Trudno wreszcie było zapanować nad gwiazdami na planie. Himilsbacha ugryzł koń, Maklakiewicz przeżywał jakieś miłosne zauroczenie... Obaj przelewali hektolitry alkoholu.

Nie poprawiły na pewno sytuacji uwagi zgłaszane podczas kolejnych kolaudacji (między lipcem a październikiem 1973 roku). *Jest to jakby rosół z kilkoma pływającymi po nim oczkami, które mnie rozbawiły, rozśmieszyły, ale jest tego za mało* – twierdził jeden z krytyków... Inny formułuje opinię żywcem wyjętą z „REJSU": *Całkowicie martwy drugi plan, bardzo źle napisany dialog, nieumiejętność rozgrywania sytuacji, niewykorzystanie siły komicznej odtwórców głównych ról, zaprzepaszczanie własnych pomysłów (pięknie zaśpiewana przez Igę Cembrzyńską piosenka zepsuta groteskowym efektem wokalnym)*. Ostatecznie premiera odbyła się dopiero w sierpniu 1974.

Mimo faktycznej niespójności film zapisał się w pamięci za sprawą kilku kultowych scen. Choćby tej, gdy bohaterowie nie potrafią się znaleźć wśród towarzystwa spożywającego w pensjonacie obiad. Albo początkowego monologu Himilsbacha: *Ja zwiedziłem kawał świata. Widziałem Mokotów, Powiśle, Pragę... Ulicę Targową niech pan sobie wyobrazi. Tam byli ludzie i tam były morza południowe... Przy jednym stoliku*. Warto też wiedzieć, jak zachować się w sytuacji, gdy ktoś pyta: *Czy pana nie odurza to górskie powietrze?* Należy zaciągnąć się papierosem i grzecznie przytaknąć: *Odurza*.

JANA Z DŻUNGLI

serial animowany

(Jana Of The Jungle)

13 odcinków; różni reżyserzy; 1978-1979, USA

Niby nic wielkiego, niby kolejna kreskówka ze studia Hanna–Barbera. A jednak wyróżniała się na tle innych, pokazywanych w połowie lat 80. Chłopięca część widzów nie mogła przeoczyć faktu, że bohaterka – blondwłosa piękność, poruszała się w skąpym, poszarpanym wdzianku... Coś w stylu żeńskiej odmiany Tarzana.

Serial kusił poza tym sporą dawką akcji i egzotycznymi pejzażami Ameryki Południowej. Bohaterka poszukiwała w tamtych stronach zaginionego ojca, po którym został jej tylko tajemniczy naszyjnik. Wśród najwierniejszych towarzyszy by-

li Indianin Montaro, ostronos Tiko i biały jaguar, Duch.

Serial pokazano oryginalnie w 1978 roku jako półgodzinną część audycji NBC „The Godzilla Power Hour". Japoński potwór doczekał się dalszych odcinków, Jana niestety spadła z anteny. Pewnie dlatego można ją było tanio kupić i zacząć pokazywać w 1980 roku w ramach środowych „Teleferii". Od września 1983 historia znalazła sobie natomiast stałe miejsce po „ZWIERZYŃCU".

JANOSIK

serial

13 odcinków, reż. Jerzy Passendorfer; 1974, Polska

Jeden z najbardziej widowiskowych polskich seriali. Kolor, kostiumowy sztafaż, spora dawka humoru, dynamiczna akcja. No i ten odtwórca roli głównej...

Ulubieniec pań, Marek Perepeczko, był absolwentem warszawskiej szkoły teatralnej. Od początku lat 70. zdążył nazbierać trochę występów, m.in. u Andrzeja Wajdy, nie było to jednak nic znaczącego. Na dodatek rywalizację o rolę Kmicica w „Potopie" wygrał Daniel Olbrychski. Doskonałe warunki fizyczne Perepeczki (miał za sobą występy w reprezentacji Polski juniorów w koszykówce) zwróciły w końcu uwagę Jerzego Passendorfera. Reżyser zaproponował mu główną rolę w serialu o Janosiku.

Od początku zdawałem sobie sprawę, że realizacja serialu o harnasiu nad harnasiami to piekielnie trudna sprawa – opowiadał aktor. *Może dlatego, że naczytałem się Kazimierza Przerwy-Tetmajera i Stanisława Witkiewicza, nasłuchałem góralskich gadek i legend. Dla mnie Janosik to nie tylko opowieść o prawdziwych czy wyimaginowanych przygodach legendarnego rozbójnika, nale-*

żącego tak naprawdę do słowackiej części Tatr. Janosik to symbol, znak charakterystyczny góralskiej kultury.

Adaptacją popularnej legendy zajął się krakowski prozaik i satyryk Tadeusz Kwiatkowski. Miał już na koncie scenariusze do Teatru Sensacji „KOBRA". Zmienił trochę realia (XIX wiek zamiast przełomu XVII i XVIII) i otworzył drzwi do elementów humorystycznych. *Przesunięcie w czasie spowodowane jest wiernością wobec przekazów folklorystycznych, w których Janosik uwikłany jest nie tylko w konflikty społeczne, ale i narodowe* – tłumaczył Passendorfer. *W walkę przeciw austriackiemu zaborcy. Poza tym chcieliśmy, aby historia była przedstawiona w naszym filmie w sposób daleki od zasadniczości, a nawet powagi, w tonacji kpiarsko-ironicznej. Otóż monarchia austriacka nadaje się do tego, jak mało która. Do tonacji filmu przywiązujemy wielką wagę, bardzo byśmy chcieli utrafić w szelmowsko-przewrotny ton arcydzieła gatunku, którym jest niewątpliwie słynny „FANFAN TULIPAN".*

Elementy „szelmowsko-przewrotne" wnosili przede wszystkim kompani zbójnika: Kwiczoł (Bogusz Bilewski), Pyzdra (Witold Pyrkosz), Gąsior (Jerzy Cnota), ale też Burgrabia grany przez Mariana Kociniaka. Takie podejście nie przypadło do gustu krytykom: *Reżyser nie potrafił zdecydować się na określony styl, oscylując nieustannie między naśladownictwem fredrowskiej farsy a pseudoepicką opowieścią o ludowym herosie* – pisano. Publiczność była zachwycona.

„Janosika" zrealizowano z rozmachem. 2 tysiące kostiumów i militaria z pierwszych lat XIX wieku zaprojektował Szymon Kobyliński. Zdjęcia (rozpoczęte w maju 1972) trwały 10 miesięcy. Kręcono w naturalnych plenerach, m.in. zamku w Pieskowej Skale, okolicach Ojcowa i różnych rejonach Podkarpacia. Kolejne cztery miesiące spędzili filmowcy w czeskiej Pradze. W tamtejszym studiu zbudowano wnętrze groty zbójników – polskie hale okazały się zbyt małe.

Serial wyróżniał się niespotykanym w telewizyjnych produkcjach nagromadzeniem scen akcji. *Podstawowymi wyróżnikami estetycznymi w takim filmie są ruch i rytm* – mówił Perepeczko. *Tak jak w balecie. Wymaga to precyzyjnego opracowania dramaturgicznego każdej historii, każdej bójki, każdego starcia. Ze swej strony robiłem, co mogłem. Ściągnąłem nawet grupę kaskaderów, którzy umożliwiali mi rozgrywanie dynamicznych pojedynków na serio. Ale tymi naszymi próbami niezbyt się interesowano w ekipie. Stwierdzam to nie bez żalu, gdyż w „Janosika" zainwestowałem dwa lata życia. Zrezygnowałem nawet z pracy w warszawskim teatrze Komedia. I sława tego filmu przylgnęła do mnie.*

„Janosik" liczy 13 odcinków i nie kończy się jednoznacznie. Planowano kontynuację (z udziałem producentów kanadyjskich), ale szanse pogrzebały słabe oceny na kolaudacji. Telewizyjna premiera miała miejsce w lipcu 1974 roku. Trzy miesiące wcześniej do kin trafiła zmontowana z kilku odcinków, 110-minutowa długometrażowa wersja opowieści.

W tym samym roku ukazał się sześcioodcinkowy komiks narysowany przez profesora krakowskiej Akademii Sztuk Pięknych Jerzego Skarżyńskiego. Scenariusz wyszedł spod pióra Kwiatkowskiego, wydawcą była RSW Prasa–Książka–Ruch.

W porównaniu z innymi tego typu adaptacjami (np. „PODZIEMNYM FRONTEM"), cykl wyróżniał się awangardowym podejściem do rysunku. Taka forma nie spodobała się, niestety, czytelnikom. Docenili ją za to fachowcy, choćby na festiwalu komiksu w Lucce we Włoszech. Albumowe wznowienie wszystkich części ukazało się dopiero w 2002 roku (Post).

W 2003 roku zaczął powstawać słowacko-czeski film fabularny „Prawdziwa historia Janosika i Uhocika". Produkcję zawieszono jednak po nakręceniu 40 procent zdjęć. Zabrakło pieniędzy. Reżyserowała Agnieszka Holland, w roli głównej pojawił się słowacki aktor Vašek Jiraček. Trzy lata później nie udały się próby wznowienia projektu z udziałem polskiego kapitału.

JARMARK
audycja telewizyjna

Nowoczesny show na antenie Telewizji Polskiej, duchowy spadkobierca „STUDIA 2". Nadawany raz w miesiącu (poniedziałek, po godzinie 20) na antenie Dwójki od 1984 do 1987 roku. Łączył prezentację zachodnich nowinek z elementami autorskimi – wszystko okraszone dawką poczucia humoru prowadzących, co w smutnych czasach robiło wrażenie... Krzysztof Szewczyk, Włodzimierz Zientarski i Wojciech Pijanowski.

Pierwszy (znany z „WIDEOTEKI" czy „Przebojów Dwójki") odpowiadał za działkę muzyczną. Stonowanym głosem zapowiadał wideoklipy, relacje (np. z targów MIDEM) i ciekawostki nagrywane prosto z telewizji satelitarnych. Wiele osób wspomina, że z „Jarmarku" dowiedziało się po raz pierwszy o nowościach światowej popkultury, na przykład tańcu break dance (pamiętny, „gwizdany" klip grupy Break Machine). Włodzimierz Zientarski to facet z działki motoryzacyjnej, wkładający w swoje komentarze wielką dozę pasji. Między innymi jego zaangażowaniu zawdzięczamy boom na FORMUŁĘ 1. Wojciech Pijanowski – jowialny szef całego przedsięwzięcia, odpowiadał natomiast za rozrywki umysłowe.

Panowie zaskakiwali pomysłami wyprzedzającymi o dwie dekady Jeremy'ego Clarksona (mecz rozgrywany kwadratową piłką), zapraszali nietypowych gości (np. człowieka-gumę), organizowali ludyczne konkursy (choćby na najładniejsze nogi), aukcje (do sprzedania np. bałałajka Seweryna Krajewskiego), prezentowali też sporo rzadkiej w Telewizji Polskiej autoironii. Na porządku dziennym były przebieranki (sztuczne łysiny z okazji ak-

cji „Łysym łatwiej żyć"), role pseudoaktorskie (inspektorzy Oko, Ucho, Nutka), a nawet... piosenkarskie. Absolutnym szczytem stało się nagranie własnej piosenki na melodię z disneyowskiej kreskówki, „Who's Afraid Of The Big Bad Wolf?": *Były sobie świnki trzy / świnki trzy / świnki trzy / Sport, muzyka oraz gry / Oraz gry / To my...* Biorąc pod uwagę interpretację, można to uznać za pierwsze polskie nagranie rapowe.

Chcemy, by był to program inny niż wszystkie – deklarował Szewczyk. *Można tu zejść nawet poniżej zera. Na chwilę.* Pijanowski: *I wypić litr mleka w 8 sekund.* Szewczyk: *Albo przerobić skórkę od jabłka na tak poszukiwany sznurek do snopowiązałek. Z naszych skórek będzie sznurek. Niedawno biliśmy nowy rekord. Tysiąc osób tańczyło break dance. Wszyscy podali sobie ręce, prąd po nas poszedł i... buch, na ziemię.*

Popularność „Jarmarku" została w połowie dekady zdyskontowana w formie stadionowych imprez, jak „Niedziela z Jarmarkiem". Gwoździem objazdowego programu był występ gwiazd muzycznych (np. PAPA DANCE czy UNIVERSE, do Warszawy udało się ściągnąć nawet brytyjski OMD), któremu towarzyszyły atrakcje dodatkowe (wyścigi motorowerów, pokazy wielbłądów albo mecz piłkarze – artyści).

JAZON Z GWIEZDNEGO PATROLU

serial science fiction

(Jason of Star Command)

28 odcinków; reż. Arthur H. Nadel; 1979-1981, USA

Serial science fiction emitowany w latach 80., w sobotnie poranki. Imię Jason należy czytać dosłownie (Jazon). W polskiej adaptacji nie było mowy o żadnych Dżejsonach.

Świat był już wtedy po „GWIEZDNYCH WOJNACH", ale w tym przypadku czas jakby zatrzymał się w miejscu. Przypominało to raczej futurystyczne filmy z lat 30. Stylizowany na Hana Solo główny bohater (Craig Littler) biegał bez skafandra po powierzchni obcych planet, walcząc z prymitywnie animowanymi potworami.

Może chodzi o to, że mieliśmy do czynienia z obrazem familijnym? Emitowanym w amerykańskiej telewizji w sobotnie poranki właśnie... Tego typu poczciwe, kosmiczne opowiastki powstawały za oceanem przez całe lata 70. Producent, stu-

dio Filmation, wyodrębnił zresztą Jasona z innego serialu – „Space Academy". Trzeba oszczędzać na dekoracjach w dobie wysokich cen tektury... Dopiero drugi z dwóch sezonów był samodzielnym show (12 półgodzinnych odcinków).

Żaden z aktorów występujących w „Jazonie z gwiezdnego patrolu" nie zrobił wielkiej kariery. W zasadzie nie zrobił żadnej kariery. Chyba że liczymy reklamę musztardy, w której popisywał się Craig Littler. Albo – to już jego zajęcie z początku XXI wieku – firmowanie twarzą filetów rybnych. Poza tym odtwórca roli dzielnego Jasona wycierał się w epizodach drugorzędnych seriali.

JEŻOWSKA, MAJKA

piosenkarka

właśc. Maria Zofia Jeżowska; ur. 25 maja 1960 w Nowym Sączu, Polska

Dyżurna wykonawczyni piosenek dla dzieci w latach 80. Zanim zdobyła tę specjalizację, dała się jednak poznać w innych dziedzinach. Po ukończeniu szkół muzycznych w Nowym Sączu odniosła pierwszy sukces na Festiwalu Piosenki Radzieckiej w ZIELONEJ GÓRZE. W 1978 zdobyła tam jedną z mniejszych nagród. Rok później debiutowała w OPOLU, a na kolejnej odsłonie festiwalu w 1980 roku zdobyła trzecią nagrodę w konkursie „Premiery". Rok później miała już na koncie pierwszą płytę – wydaną jeszcze jako Maria Jeżowska – „Jadę w świat" (Wifon). Co nietypowe w tamtych czasach: na albumie znalazły się autorskie kompozycje, w tym przebój „Najpiękniejsza w klasie" z intrygującym refrenem *Hulali po polu i pili kakao* (za teksty odpowiadali już tzw. fachowcy).

W 1982 artystka wyjechała do USA, gdzie wyszła za mąż za tamtejszego muzyka Toma Logana. Osiadła w Chicago. Spędziła tam ponad dziesięć lat, wracała jednak do ojczyzny przy różnych muzycznych okazjach (np. Piknik Country w Mrągowie). *Chciałam nagrać piosenkę dla mojego synka* – wspomina jedną z wizyt. *W 1984 roku wpadł mi w ręce tekst Agnieszki Osieckiej „A ja wolę moją mamę". Nagrałam ją dla radiowej Trójki, potem jeszcze piosenki „Raczej" i „Ufo-Buffo". Radio je wylansowało, „A ja wolę" było w pierwszej dziesiątce listy Marka Niedźwieckiego.*

W 1985 roku Maria zmieniła się w Majkę. Takie zdrobnienie wymyśliła dla niej siostra, jeszcze w dzieciństwie... I błyskawicznie sprzedała 50 tysięcy egzemplarzy longplaya „A ja wolę moją mamę" (Tonpress). Oprócz piosenek przyciągał barwny image, coś w stylu przerysowanej Madonny. *Gdy sobie teraz przypomnę, jak w najgorsze upały ubierałam się na scenę w spódnicę, pod spód dwie tiulowe halki i jeszcze czarne legginsy z lycry – ówczesny krzyk mody – to robi się słabo... Ale dzieciom się to wówczas podobało.*

Poza tekstami Osieckiej na płycie znalazły się utwory napisane przez Jacka Cygana. Wspólnie z tym autorem Jeżowska przygotowała musical „Majkowe Studio Nagrań", wystawiany w kraju i za oceanem. *„Majkowe Studio" uświadomiło mnie samej, że jestem nie tylko piosenkarką, kompozytorką, ale przede wszystkim... showmenką! Wtedy zrozumiałam, jaką publicznością są dzieci – wrażliwą, szczerą, spontaniczną, ważną, więc należy traktować ją z pełną powagą i odpowiedzialnością. Skupiłam się na tej publiczności, ona dawała mi najwięcej satysfakcji, podsuwała pomysły na kolejne piosenki, rozwijała.* Zapis muzyki ze spektaklu ukazał się w 1988 roku na płycie kompaktowej (T.A. Music).

Pod koniec dekady powstał jeszcze jeden dziecięcy hit Jeżowskiej, „Wszystkie dzieci nasze są". Tekst zamówiła u Cygana telefonicznie, dzwoniąc z Chicago. Potrzebny był na finał polonijnego koncertu. Potem utwór trafił na Festiwal Piosenki Dziecięcej w Koninie i – w różnych wykonaniach – był ozdobą wielu tego typu festiwali na całym świecie. Poza tym w 1987 roku artystka wydała drugą „dorosłą" płytę: „Wibracje" (Muza), śpiewała też w filmie „KINGSAJZ" (piosenka „Szuflandia").

Po powrocie do kraju w 1994 roku Jeżowska skupiła się na twórczości dla najmłodszych. Dużo koncertuje i wydaje kolejne płyty w ramach własnej wytwórni JaMajka. Piosenkarka należy do grona Kawalerów Orderu Uśmiechu, od roku 2003 jest Ambasadorem Dobrej Woli przy UNICEF.

JONKA, JONEK I KLEKS

seria komiksowa

6 tomów; rys. Szarlota Pawel; 1985-1988

Para nastolatków i niebieski facecik z czułkami... Jedna z najbardziej znanych opowieści komiksowych „ŚWIATA MŁODYCH".

Wymyśliła ją Szarlota Pawel (ur. 1950, właśc. Eugenia Szarlota Pawel-Kroll), zatrudniona w piśmie na etacie grafika. Pierwszą historyjkę o przygodach Kleksa opublikowano na łamach czarno-białej jeszcze gazety w 1974 roku. Kolejne ukazywały się niemal bez przerwy do końca lat 80. Autorka przyznaje, że pomysł na powołanie do życia postaci z atramentu nie był szczególnie odkrywczy... *W wymyślaniu narodzin Kleksa nie byłam oryginalna. Wiedziałam już, jaki ma być, ale brakło mi konceptu, jak go powołać do życia. Tu stałam się paskudnie wtórna, chociaż spostrzegłam to trochę później. Tytus przecież powstał z kleksa atramentowego. Bajka o dżinie z butelki to też stary numer... Czas naglił, miałam już dalsze epizody, więc złapałam ten pomysł i zaczęłam rysować. Chciałam, żeby mój bohater stał się bliski czytelnikom. „Świat Młodych" był gazetą dla dzieci od 10 roku życia.*

Rzeczywiście. „Jonka, Jonek i Kleks" to chyba najbardziej infantylny z polskich komiksów. Począwszy od kreski, na fabule skończywszy. Choć trzeba przyznać, że z upływem lat rysunki się polepszały... Na potrzeby publikowanych poza gazetą tomów autorka rysowała je zresztą od nowa.

Jako pierwsza w wersji albumowej ukazała się historia „Porwanie księżniczki" (1985, Młodzieżowa Agencja Wydawnicza). W 1988 cykl zamknął tom „W pogoni za czarnym kleksem". Uzupełnieniem wydań książkowych są opublikowane w 2002 przez Egmont „Przygody Kleksa cz. I i II" – zbiór niektórych opowieści ze „Świata Młodych". Poza Kleksem autorka rysowała jeszcze cykl o przygodach Kubusia Piekielnego.

JUNAK
jednoślad

W dziedzinie produkcji ciężkich motocykli postanowiono w PRL nie kombinować, tylko nawiązać do sprawdzonych wzorów. Przedwojennych i zagranicznych. Projektanci z warszawskiego Biura Konstrukcyjnego Przemysłu Motoryzacyjnego: Stefan Poraziński (podwozie) i Krzysztof Wójcicki (silnik) stanęli przed poważnym wyzwaniem... *Druga wojna światowa całkowicie zdewastowała nasz przemysł motocyklowy i nie mogło być mowy o oparciu się na własnych tradycjach* – mówił pierwszy z nich. *Poza tym w konstrukcjach zagranicznych pojawiły się nowe kierunki rozwojowe, które należało uwzględnić. Niektóre czynniki oficjalne starały się pójść po najmniejszej linii oporu i narzucić bezpośrednie odwzorowanie przypadkowo wybranego motocykla zagranicznego. Stanowisko to spotkało się ze zdecydowanym sprzeciwem konstruktorów i zaproszonych do współpracy użytkowników.*

Postanowiono nawiązać do produkowanego od 1934 roku Sokoła. Chodziło o czterosuwowy, wytrzymały pojazd do zastosowań turystycznych... Chociaż z Sokołów chętnie korzystało też wojsko (a z Junaków milicja – te odmiany cechowała wysoka osłona przeciwwiatrowa). Dorzućmy do tego odrobinę inspiracji z Zachodu – Triumph, BSA, Norton – i wyjdzie więcej niż przyzwoita maszyna.

Prace rozpoczęły się w 1952 roku. Dwa lata później z Warszawskiej Fabryki Motocykli wyjechał prototyp. Stanowił atrakcję Wystawy Dziesięciolecia PRL we Wrocławiu. W 1956 było już 30 ma-

szyn z serii próbnych. Silniki (pojemności 350 cm^3) powstawały w Wytwórni Sprzętu Mechanicznego w Łodzi, pozostałe elementy w Szczecińskich Zakładach Wyrobów Metalowych (przemianowanych na Szczecińską Fabrykę Motocykli). Tam też Junaka montowano.

Rok 1957 to początek produkcji seryjnej – z taśm zjechało wtedy 300 sztuk. Na przełomie dekad było tego już ponad 10 tysięcy rocznie. W sumie wyprodukowano 91 tysięcy sztuk motocykla w różnych odmianach. Najpopularniejszy był model M10, wprowadzony w 1960 roku (polepszony tłumik i hamulce, nowa obudowa prędkościomierza). Produkcję zakończono w 1965 roku. Nastąpił wtedy spadek zainteresowania ciężkimi motocyklami, do czego doszedł rosnący import – np. enerdowskich MZ czy czeskich Jaw.

W latach świetności Junak trafiał także na eksport. Przede wszystkim na Węgry, ale też do miejsc egzotycznych – jak Kuba, Mongolia czy Egipt. Wprowadzono go nawet na rynek USA, pod nazwą Scrambler. *Robi wrażenie, że można go strącić z urwiska, a uszkodzeniu ulegną co najwyżej skały na dole* – pisał tamtejszy recenzent.

Być może z powodu tej solidności, a może charakterystycznego brzmienia silnika, motocykl nazywany jest dziś „polskim Harleyem". Budzi szacunek – w przeciwieństwie do WSK ze Świdnika, rozszyfrowanego jako Wiejski Sprzęt Kaskaderski... Nic dziwnego, że hobbyści ze zgrozą zareagowali w 2001 roku na wprowadzenie nowego jednośladu pod nazwą Junak Millenium. Spółka z polskim kapitałem kupiła prawa do nazwy i sprzedawała pod nią produkty koreańskiej firmy Hyosung.

JUNIORKI
obuwie

Obuwie szkolne „zmienne" – czyli do chodzenia po budynku (przynosiło się takowe w worku). Wykonane z materiału w brudnociemnym kolorze, z charakterystycznym skórzanym noskiem i twardą, niewygodną podeszwą. Głównie z tego ostatniego powodu nielubiane przez uczniów. Dało się juniorki co najwyżej tuningować, przez wbicie pinezek...

Alternatywa była jeszcze gorsza: znienawidzone kapcie. Coś w rodzaju balerinek, z miękkim podbiciem ze sztucznej skóry. Zdarzały się też płaskie tenisówki z cienką podeszwą, zwane czeszkami.

Prawdziwym obiektem pożądania pozostawały natomiast trampki. Rynkowy rarytas. *Przybywa nas, zmienia się tryb życia na bardziej relaksowo-sportowy, tenisówki weszły do żurnali jako atrybut mody, na ten wzrost zapotrzebowania przemysł od lat pozostawał głuchy* – pisano w 1977

roku, gdy braki sięgały 3,5 miliona par. *W Zjednoczeniu Stomil słyszę, że o dodatkowe wtryskarki dla Grudziądza, które poprawiłyby sytuację, występują już od trzech lat bez skutku...* „Grudziądz" to Zakłady Przemysłu Gumowego Stomil. Główny producent obuwia sportowego, który działał na miejscu przedwojennego przedsiębiorstwa PePeGe (stąd dawne określenie tenisówek: pepegi). Sytuację ratował import z Chin, ale trampki pozostawały rarytasem do końca lat 80.

Smutny finał
CZĘŚĆ 4
CENA
20 zł

KACZUSZKI
taniec

Piosenka i towarzyszący jej taniec, które podbiły przedszkola w latach 80. Trzy dekady później skutkuje to powtarzaniem charakterystycznych ruchów na weselach.

Piosenka narodziła się w latach 50., w szwajcarskim Davos. Jej kompozytorem był akordeonista Werner Thomas. Żwawy rytm sprowokował do nadania jej tytułu „Der Vogerltanz" („Ptasi taniec"). W następnej dekadzie utwór był już żelaznym punktem programu lokalnych dancingów. W takich okolicznościach poznał go belgijski producent, Louis van Rijmenant. Dopisał tekst i w 1970 roku opublikował rzecz na płycie. Bez większego powodzenia. Furorę zrobiła dopiero wersja instrumentalna, nagrana przez holenderską grupę De Electronica's. Melodię zaczęli potem brać na warsztat różni wykonawcy, doczekała się około 150 wykonań. W każdym kraju zyskiwała własną nazwę. Anglicy nazywają ją na przykład „Chicken Dance" („Taniec kurczaków"). W Polsce bardziej skojarzyła się z kaczkami, co można było usłyszeć w dopisanych przez kogoś słowach: *Od Bałtyku aż do Tatr / wielki się rozlega kwak...*

Znany nam kształt utworu zawdzięczamy amerykańskiemu muzykowi specjalizującemu się w grze na organach, Bobowi Kamesowi. Gdy natknął się na pierwotną wersję w Niemczech, niespecjalnie mu się podobała. *Kawałek był za wolny, a taniec niedorobiony* – opowiadał. *Zaczynali od klaskania, potem było machanie ramionami, następnie robienie dzióbka i znów klaskanie. To nie miało sensu. Pomyślałem, że trzeba rozruszać dół ciała. Zrobiliśmy więc dzióbek, ramiona, a potem potrząsanie tyłkiem.*

W 1982 roku Kames zarejestrował piosenkę w ramach firmowanej przez niego serii „Happy Organ". Nosiła tytuł „Dance Little Bird". Singel rozszedł się w Stanach w milionie egzemplarzy. Koniunkturę wyczuły Polskie Nagrania, zwłaszcza że łatwo było kupić licencję od niewielkiej firmy Crescendo Records. Błyskawicznie wytłoczono małą płytę, która sprzedała się w ilości zapewniającej złoty status.

W 1983 roku zaproszono Kamesa do Polski po odbiór wyróżnienia. *Wysiadając z samolotu, czułem się jak Elvis* – wspomina muzyk. *Orkiestra i kompania honorowa... Byliśmy trochę zdenerwo-*

wani, przecież to państwo komunistyczne. Podeszło do nas dwóch dużych facetów i jeszcze jeden w mundurze. Ten ostatni mi zasalutował. Nie wiedziałem co robić, więc też mu zasalutowałem. Okazało się, że to generał Jaruzelski, przywódca państwa! Powiedział: „Dziękuję za zapewnienie naszemu narodowi tyle szczęścia. Chciałbym panu zaoferować na czas pobytu moje auto i kierowców"...

W 1989 roku kaczuszki zostały wyparte przez inne szaleństwo taneczne – lambadę.

KAJAGOOGOO

zespół muzyczny

Historię zespołu, bez którego padłyby peerelowskie gazety drukujące PLAKATY, dzielimy na dwa etapy. Z Limahlem i po Limahlu. OK, był jeszcze pionierski okres... Przed Limahlem.

Angielska miejscowość Leighton Buzzard. Koniec lat 70. Steve Askew zaczyna grać na gitarze ze szkolnymi kolegami. *Pochodzimy z małego miasteczka, znamy się od bardzo dawna, więc łatwo było stworzyć dobry klimat wokół naszego muzykowania* – opowiadał polskiemu dziennikarzowi. *Nawet Jez* (perkusista Jeremiah Strode), *który pracował jako kierowca, dołączył do naszej szkolnej paczki. Zaczęły się próby, a potem były koncerty, które graliśmy przede wszystkim w lokalnych pubach. Grywałem z Jazem w różnych zespołach. Wreszcie spotkaliśmy Stuarta* (Crixforda Neale'a – klawiszowca) *oraz Nicka* (Beggsa – basistę). *Zagraliśmy jakiś tam jam i doszliśmy do wniosku, że razem utworzymy zespół.*

Formacja nazywała się Art Nouveau. Grała awangardowy, instrumentalny rock. Udało się wydać singel („Fear Machine", 1980, w ramach własnej firmy Gimpy Dak Records), wystąpić w prestiżowej audycji radiowej Johna Peela, ale nie udało się zdobyć kontraktu. W 1981 roku muzycy postanowili więc zatrudnić wokalistę. Poprzez ogłoszenie w piśmie „Melody Maker" do składu trafił Christopher Hamill (który przekształcił swoje nazwisko na zasadzie anagramu – stąd Limahl). 23-latek pochodzący z Pemberton miał za sobą występy w lokalnych teatrach musicalowych, epizod z grupą punkrockową i dwa niezauważone single...

Przyszedł czas na zmianę szyldu. *Bez przerwy się o to spieraliśmy* – wspominał wokalista. *W końcu Nick wymyślił nonsensowną nazwę GaGagoogoo, coś jak gaworzenie niemowlaka. A potem zmienił ją na Kajagoogoo. Nikomu z nas nie przypadła do gustu. Uważaliśmy, że brzmi głupio. Ale to była epoka głupich nazw. W końcu wszystkie zespoły wybierały coś w rodzaju Depeche Mode, Yazoo czy Spandau Ballet. Kajagoogoo nie by-*

to wcale głupsze i stopniowo reszta grupy polubiła tę nazwę. No i została.

Młodzieńcy zmienili styl na melodyjny pop w elektronicznych aranżacjach. Zmienili też image. Na efektowne, trwałe ondulacje. Najciekawsza należała do Beggsa: coś w rodzaju blond-afro, z naplecionymi na końcówki paciorkami. No i Limahla, obnoszącego tzw. płetwę (włosy opadające na kark) uzupełnioną o malownicze odrosty.

W połowie 1982 roku barwna gromadka zaprezentowała się w londyńskim klubie przedstawicielom firm płytowych. Jeden z nich, reprezentujący EMI, zaoferował kontrakt. Już w styczniu następnego roku ukazał się debiutancki singel Kajagoogoo, „Too Shy". Dotarł na szczyt brytyjskiej listy przebojów. W kwietniu dołączyła płyta długogrająca „White Feathers" (jej współproducentem był Nick Rhodes z Duran Duran).

Sukces uderzył chłopakom do głowy. Jeszcze w 1983 roku Limahl opuścił grupę. Po latach okazało się, że chodziło o kwestie finansowe (wokalista żądał podobno większych udziałów za kompozycje) czy nawet ustalenia dotyczące komfortu wspólnego podróżowania. Natomiast Askew tłumaczył na gorąco: *Powodem była jego niechęć do ciągłych zmian zachodzących w naszej muzyce. My pragniemy się wciąż rozwijać, pracować nad nowymi pomysłami. Limahl z chwilą osiągnięcia sukcesu chciał go przedłużać muzyką, która przyniosła mu powodzenie. Limahla nie interesuje to, co nowe. Dlatego nie przybył z nami do Polski. My chcemy zdobywać nowe doświadczenia i po to, między innymi, tu przyjechaliśmy.*

Mowa o wizycie w naszym kraju w sierpniu i wrześniu 1984 roku. Zespół Kajagoogoo dał kilka koncertów, nagrał też recital dla telewizji. Miał już wtedy na koncie płytę „Islands", na której obowiązki wokalne przejął Beggs. Trzy pochodzące z niej piosenki: „Big Apple", „The Lion's Mouth" i „Turn Your Back On Me" dobrze sobie radziły na Liście Przebojów Programu Trzeciego. Teledyski grupy były zaś podstawą repertuaru WIDEOTEKI.

W 1985 roku odszedł Strode. Grupa postanowiła kontynuować działalność jako trio. Pod nazwą Kaja doczekała się singla „Shouldn't Do That" i płyty „Crazy Peoples Right To Speak". Dalekich od powodzenia... Muzycy rozeszli się zatem w 1986 roku i nie odnosili potem większych sukcesów (choć np. Beggs udziela się jako ceniony basista).

Co innego Limahl. Pozostał pod skrzydłami EMI, zatrudnił sprawdzonych producentów i nagrał solową płytę – „Don't Suppose..." (1984, ukazała się też na WINYLU w Polsce, nakładem Arstonu). Wylansował z niej trzy przeboje: „Too Much Trouble", „Only For Love" oraz „Neverending Story". Ten ostatni, który ozdobił ścieżkę dźwiękową filmu „Niekończąca się opowieść", był efektem współpracy z kompozytorem filmowym Giorgio Moroderem.

Panowie postanowili kontynuować twórcze partnerstwo na drugiej solowej płycie Limahla, „Colour All My Days" (1986). Niestety, czas wokalisty najwyraźniej minął. Longplay okazał się klapą. Może zaszkodziło obcięcie słynnej fryzury (za namową Eltona Johna)? Trzeci – i ostatni – album wokalisty, „Love Is Blind" wydano już tylko w Japonii i w Niemczech (1992, Bellaphon/Jimco). Hamillowi wiodło się potem naprawdę kiepsko. Sensacją stały się jego zdjęcia wykonane przez paparazzich pod urzędem zatrudnienia.

W latach 90. muzyk skupił się na produkcji nagrań (jako Jupiter), aż do... *1997 roku, gdy zaczął się boom na lata osiemdziesiąte* – opowiadał podczas późniejszej wizyty w Polsce. *Mój telefon zaczął dzwonić jak oszalały. Nagle zacząłem znowu otrzymywać propozycje koncertów, udziału w programach telewizyjnych. Moje życie zmieniło się w tym momencie.* W 2003 roku spotkał się z dawnymi kolegami w ramach projektu organizowanego przez stację VH1, „Bands Reunited". Skończyło się na pojedynczym telewizyjnym show. Nieporozumienia nie pozwoliły na dalsze funkcjonowanie oryginalnego składu Kajagoogoo.

Zespół wciąż koncertuje – ale jako trio. W 2007 roku nagrał rockowy singel („Rocket Boy") i szykuje nowy album. Limahl skupia się natomiast na występach. Różnej wielkości. Zdarzają mu się popisy telewizyjne czy udział w dużych festiwalach. Z drugiej strony potrafi przyjechać na zamkniętą imprezę biura turystycznego, puścić podkład z płyty i zaśpiewać kilka utworów, gibiąc się w towarzystwie dwojga tancerzy. Tak było 24 września 2004 roku w warszawskim klubie Arco. Nie wyszedł nawet, by podpisać fankom płyty...

Jakby mało im było trosk po ujawnieniu orientacji idola. *W kręgu moich przyjaciół i w rodzinie sprawa zawsze była jawna* – opowiadał Limahl w gejowskim piśmie „Gab". *Nie należałem do typu macho: blond włosy, ładna buzia, makijaż... Nie trzeba Einsteina, żeby to sobie złożyć do kupy. Do 25 roku życia byłem biseksualistą. Miewałem dziewczyny i facetów. Ale zrozumiałem, że był to tylko rodzaj eksperymentów, by ustalić, kim jestem.*

KAJTEK

magnetofon kasetowy

W 1987 roku, niecałe dziesięć lat po wprowadzeniu przez firmę Sony Walkmana, wynalazek został zaadaptowany przez krajowego producenta. Warszawskie Zakłady Radiowe im. Marcina Kasprzaka (część Zjednoczenia Przemysłu Elektronicznego Unitra).

Kajtek PS 101 to przenośny odtwarzacz kasetowy, choć bardziej pasowałoby określenie „prza-

śny" odtwarzacz kasetowy. Przede wszystkim: monstrualne rozmiary. W tym czasie zachodni sprzęt schodził już do rozmiaru kasety, a my mieliśmy dodatkowe 3 centymetry plastiku potrzebne do upchnięcia elektroniki. Po drugie: pobór mocy. Kajtek wymagał aż czterech baterii typu R6 (paluszki). Wreszcie funkcjonalność... Włączanie, wyłączanie, przewijanie do przodu (obracała się tylko jedna rolka) i regulację głośności trudno uznać za szczyt wyrafinowania. Dołączano do tego wielkie słuchawki na blaszanym pałąku.

Produkt uchodził za szczyt obciachu już w momencie wypuszczenia na rynek. Nic dziwnego, że dokonał żywota, gdy tylko pojawiła się w Polsce tania elektronika.

KAJKO I KOKOSZ

seria komiksowa

14 tomów; rys. Janusz Christa; 1981-1990

Co było pierwsze: „Asterix i Obelix" czy „Kajko i Kokosz"? Odpowiedź nie jest prosta: Janusz Christa wymyślił swoich bohaterów mniej więcej w tym samym momencie co Francuzi. Pod koniec lat 50. W średniowieczne realia wprowadził ich jednak dopiero, gdy zachodnia seria była już w pełnym rozkwicie. Chyba więc można mówić o inspiracji...

Wyszła na dobre, bo powstała autonomiczna seria komiksowa, na której wychowały się pokolenia Polaków. Nasz rysownik postawił przede wszystkim na komizm postaci. Mamy zatem sprytnego, małego Kajko i wielkiego obżartucha, Kokosza. Poza nimi także bandę nieudacznych zbójcerzy (z „krwawym" Hegemonem na czele i Ofermą w ariergardzie), rozbójnika Łamignata (*Lelum Polelum!*) czy hipochondrycznego kasztelana Mirmiła pod pantoflem potężnej żony Lubawy...

Janusz Christa (ur. 1934) trafił do komiksu przez muzykę. Po kilku przypadkowych zajęciach (m.in. jako perkusista w orkiestrze) zdobył pracę sekretarza redakcji w piśmie „Jazz". Szefowie dowiedzieli się o jego talencie plastycznym i poprosili o narysowanie komiksu. W 1957 ukazało się osiem

odcinków „Opowieści o Armstrongu" (scenariusz napisał pod pseudonimem redaktor naczelny magazynu Józef Balcerak). W tym samym roku Christa narysował kilkanaście pasków „Kuku-Ryku" do czasopisma „Przygoda". Stąd trafił do „Wieczoru Wybrzeża". *Gazeta nie dostawała dotacji i musiała sama na siebie zarobić. Musiała przykuwać oko, więc zdecydowała się na publikacje komiksów* – wspomina rysownik. *Pierwsze rysunki, które im zaniosłem, to była historia kowbojska. Niestety, Komitet Wojewódzki PZPR nie zgodził się na zamieszczenie komiksu, którego akcja rozgrywałaby się w Ameryce, więc poproszono mnie o wymyślenie czegoś, co miałoby związek z Wybrzeżem. Wtedy postanowiłem stworzyć historię o dwóch marynarzach. Nigdy nie pływałem na statkach pasażerskich, więc nie wiedziałem, jak je rysować. Poprosiłem kolegę, zawodowego fotografika, aby poszedł ze mną do Muzeum Morskiego w Gdańsku. Tam wykonał około pięćdziesięciu fotografii jednego okrętu, które stały się potem cennym materiałem wyjściowym do rysowania „Kakaryki". Najpierw powstał Kajtek-Majtek, ale brakowało mu towarzystwa, więc dla kontrastu wymyśliłem Koka-grubasa.*

Precyzując: pierwsze „Niezwykłe Przygody Kajtka-Majtka" ukazały się w gazecie 15 września 1958. Koko dołączył w 1962 roku. Sześć lat później Christa postanowił przenieść swoich bohaterów poza Ziemię („Kajtek i Koko w kosmosie", 1265 pasków). *Wyczerpałem temat morski. Wtedy właśnie wysłałem obu bohaterów w kosmos i w tym kosmosie siedzieli około trzech lat. Kiedy mi się już znudziło, wpadłem na pomysł umieszczenia akcji we wczesnym średniowieczu, ale by uniknąć kłopotów, wybrałem okres przedchrześcijański.* W 1972 roku na łamach „Wieczoru Wybrzeża" debiutują przodkowie marynarzy, wojowie Kajko i Kokosz. Odcinkowa opowieść nosi tytuł „Złote prosię" (we wznowieniach: „Złoty puchar").

W kolejnych latach w dzienniku ukazały się jeszcze dwa cykle: „Szranki i konkury" oraz „Woje Mirmiła". Przełomem był rok 1975, w którym rysownik przeniósł się do „ŚWIATA MŁODYCH". Miał tam do dyspozycji kolor i całostronicowy format planszy. Jako pierwsza trafiła w ręce czytelników „Sztuka latania", ostatni był „Dzień Śmiechały" (1983). Christa pozwolił sobie też na jeden skok w bok – w 1977 umieścił historię „Zamach na Milusia" (w której bohaterowie opiekują się sympatycznym smokiem) na łamach pisma „RELAX".

Od 1981 roku Krajowa Agencja Wydawnicza zaczęła publikować zbiory odcinków w osobnych albumach. W tym przypadku jako ostatni ukazał się tom „W krainie Borostworów" (1987). Potem Christa narysował jeszcze jedną opowieść, „Mirmił w opałach", opublikowaną w 1990 roku przez wydawnictwo Rój. Obie pozycje nie są zaliczane do klasycznych. Autor złamał konwencję, zaczął robić aluzje do aktualnych wydarzeń społeczno-politycznych... Pracę nad dalszymi przygodami uniemożliwiła rysownikowi choroba oczu.

Bibliografię Kajka i Kokosza uzupełniają krótsze opowieści i wydawnictwa poboczne (np. kalendarze). Zebrano je po latach w tomie „Urodziny Milusia" (Egmont, 2004). W 1994 roku ukazała się gra komputerowa na motywach „Borostworów". Komiks miał natomiast pecha, jeżeli chodzi o filmowców. W latach 80. nie doszło do realizacji kreskówki w studiu w Bielsku-Białej. W 2001 roku spalił na panewce projekt nakręcenia wersji aktorskiej w reżyserii Olafa Lubaszenki. Dopiero pięć lat później ukazała się 15-minutowa animacja (w technice 3D, reż. Daniel Zduńczyk, Marcin Męczykowski). W przygotowaniu jest jej pełnometrażowe rozszerzenie.

KAPITAN KLOSS

seria komiksowa

20 tomów; rys. Mieczysław Wiśniewski; 1971-1973

Śmiali byli towarzysze z wydawnictwa Sport i Turystyka. Przekształcenie serialu w cykl komiksów to przecież zagrywka wprost z USA. Pierwszy tego typu zabieg zastosowano przy okazji „PODZIEMNEGO FRONTU". Megapopularna „STAWKA WIĘKSZA NIŻ ŻYCIE" wręcz prosiła o podobne rozwiązanie.

Wersja rysowana powstała na fali sukcesu serialu — przyznaje współscenarzysta Andrzej Szypulski (połowa duetu kryjącego się pod pseudonimem Andrzej Zbych). *Nie byliśmy do niej specjalnie przekonani, ale zachęciły nas spore pieniądze. Dla Zbycha nie była to wielka praca. Należało skrócić scenariusz, zrobić z niego koncentrat.* Jego kolega, Zbigniew Safjan, uzupełnia: *Początkowo nie byłem tym zachwycony, po prostu tego rodzaju uproszczenia wydują się dość wątpliwe. Przerobienie filmu na komiks w owych czasach było niespotykane. Przekonano mnie i Szypulskiego, mówiąc, że będzie to rzecz poszukiwana przede wszystkim przez młodzież. Z tego, co pamiętam, komiksy wydano w wersji szwedzkiej, niemieckiej i czeskiej.* W rzeczywistości rzecz dotyczyła Szwecji (z zachęcającą naklejką „TV-Idolen") i Czechosłowacji (przykładowy tytuł: „Kuryrka z Londyna").

Piętnaście tomów było zmodyfikowaną wersją scenariuszy filmowych. Resztę zaczerpnięto ze spektakli telewizyjnych. Gdyby ktoś miał wątpliwości co do słuszności przedsięwzięcia, na wewnętrznych stronach okładki można było poczytać edukacyjną „Kronikę wojny". W pierwszym wydaniu na tylnej stronie każdego tomu widniała okładka następnego odcinka. W kolejnym

(1983-1988) widać wizerunek Hansa i zapowiedź w formie tekstowej.

Ilustracjami zajął się sprawdzony na (Podziemnym) froncie Mieczysław Wiśniewski. Wcześniej – grafik wydawnictwa MON. Postanowiono, że główny bohater ma przypominać Stanisława Mikulskiego, reszta postaci mogła być narysowana dowolnie. Wiśniewski tworzył rzecz w dwóch turach – najpierw 12 zeszytów, później dodatkowe osiem. Mordercze tempo pracy (co miesiąc nowy tom) przyczyniło się podobno do pogorszenia stanu jego zdrowia i wycofania z zawodu.

W latach 2001-2002 całość serii wznowiło wydawnictwo Muza. Nakład pierwszego tomu zaplanowano na 10 tysięcy egzemplarzy. Nie mógł się on oczywiście równać z 200 tysiącami z epoki, ale fakt, że całość rozeszła się jeszcze w przedsprzedaży, po raz kolejny dowodzi, że Kloss to fenomen. W 2007 roku cykl powrócił w formie cotygodniowych dodatków do „Super Expressu".

KAPITAN NEMO

piosenkarz

właśc. Bogdan Gajkowski; ur. 4 maja 1950 w Warszawie, Polska

Kapitan Nemo = beret. Natychmiast rozpoznawalny element image'u. Ale i wielki ciężar. *Doszło do tego, że w pewnym momencie zacząłem się zastanawiać, czy chodzi o muzykę, którą gram, czy może o ten beret* – opowiadał przy okazji comebacku w 2002 roku, gdy zdjął nakrycie głowy. *Teraz jest nowa epoka, nowa muzyka... Chciałem się pokazać z innej strony: zobaczcie, taki jestem naprawdę. A przy okazji oddalić tysiące anegdot, w rodzaju tej, że mam trzy berety: w jednym chodzę, w drugim jem, w trzecim śpię* (śmiech). *Nie znaczy to, że się od czegoś odcinam. Wręcz przeciwnie – będę używał beretu od czasu do czasu. Jest to element charakterystyczny, pewien symbol dla słuchaczy.*

Bogdan Gajkowski zaczynał karierę od fascynacji muzyką soul. W 1979 nagrał dwa utwory („Dzieci muzyki" i „Będzie niedziela") na singel dla wytwórni Tonpress. Kierunek ten kontynuował z zespołem Magiczna Maszyna, przygotowywał też materiał dla Izabeli Trojanowskiej... Muzyczny rozwój przerwało wprowadzenie stanu wojennego. W 1983 roku wrócił do grania, przybierając szyld Kapitan Nemo (inspiracja ulubioną powieścią Juliusza Verne'a) i kierując się w stronę stylu new romantic. *Muszę przyznać, że ten styl trafiał*

w mój sposób myślenia – wspomina. *Byłem zafascynowany grupami w rodzaju Human League czy Depeche Mode... Fascynowało mnie, że można użyć instrumentów elektronicznych do zrobienia całości kompozycji, a nie tylko solowo czy w podkładach. Oczywiście, musiało to też być przebojowe. Nie działamy przecież w próżni, muzyka ma trafiać do ludzi. Próbowałem łączyć myślenie „słowiańskie" – tendencję do ładnych melodii, które można nucić – z elektronicznymi aranżacjami.*

W tym samym roku nakładem Tonpressu ukazał się pierwszy singel, z utworem „Elektroniczna cywilizacja". Prawdziwą popularność przyniosła mu jednak druga mała płyta, „SOS dla Planety", wsparta wideoklipem nawiązującym do ówczesnej nuklearnej fobii (patrz „NAZAJUTRZ"). *Chodziło nam o to, że może przyjść taki moment, że ktoś zrzuci bombę atomową i zniszczy świat. I zostanie jeden człowiek, kilka metrów pod ziemią, który liczy na to, że gdzieś jest jeszcze ktoś. Taka beznadziejność w momencie, gdy świat ginie. On próbuje żyć normalnie: goli się, robi sobie zdjęcie, czyści buty. Po co? Dla kogo? Ale gdy przypadkowo niszczy pastę do butów, to nawet jej nie zbiera, bo nie ma sensu.*

Podobnym powodzeniem cieszyła się trzecia mała płyta, z hitem „Twoja Lorelei". W 1986 roku ukazał się natomiast album długogrający, „Kapitan Nemo" (Tonpress), na którym wyróżniały się utwory „Wideonarkomania" i „Bar Paradise". Kolejną płytę, „Jeszcze tylko chwila", opublikowano dopiero w 1989 roku (Polskie Nagrania). Także w wersji anglojęzycznej: „In A Little While". Był to już jednak wyraźny spadek formy.

Po ostatnim koncercie w 1992 roku Gajkowski rozwiązał zespół towarzyszący i zajął się pracą studyjną, m.in. na potrzeby reklamy. Po kilku niezdecydowanych próbach wrócił na rynek w 2002 roku z albumem „Wyobraźnia".

KAPITAN ŻBIK

seria komiksowa

53 tomy; różni rysownicy; 1967-1982

Żbik to zwierzę szybkie i bystre – stwierdził pułkownik Władysław Krupka, gdy w wydziale informacji Komendy Głównej MO trzeba było wymyślić nazwisko milicyjnego bohatera dla młodzieży. Narodził się Jan Żbik. Kapitan Żbik.

Był rok 1967. Komendant zażądał ocieplenia wizerunku służby, a Krupka przypomniał sprawę z warszawskiego bazaru Różyckiego. Wytropił tam rozchwytywane przez dzieciaki zachodnie komiksy o Tarzanie. Okazały się „przeciekami" z krajowych drukarni pracujących na rzecz zagranicznych wydawców... *Pomyśleliśmy, że trzeba wydać polski komiks* – wspomina funkcjonariusz. Dla bezpieczeństwa nie użyto obcego słowa. Zastąpił je oryginalny wynalazek: *kolorowe zeszyty*.

Krupka został scenarzystą większości odcinków. *Doszliśmy do wniosku, że dla bohatera, którego zamierzaliśmy powołać do życia, kapitan byłby najlepszym stopniem służbowym. To już bardzo przyzwoita szarża, a jednocześnie taki oficer może być jeszcze młody, a już dojrzały.* Pozostała kwestia wyglądu i charakteru. *Oryginalnego wzoru nie mieliśmy. Postanowiliśmy dopasować fizjonomię najprzystojniejszego oficera. Natomiast osobowość Żbika to połączenie cech wie-*

lu oficerów, których znałem i z którymi współpracowałem.

Pierwsze tomy komiksu, trzyczęściowe „Ryzyko" (1967), narysował Zbigniew Sobala. Grafik Sportu i Turystyki specjalizujący się wcześniej w ilustracjach zabytków do przewodników. Niespecjalnie czuł konwencję: kwadratowe dymki, nieporadna kolorystyka, brak dbałości o drugi plan... Niewiele lepiej poradził sobie Jan Rocki w „Dziękuję, kapitanie" z roku 1968. To jego jedyny popis, podobnie jak jedyny ze scenariuszem znanego ze „STAWKI WIĘKSZEJ NIŻ ŻYCIE" Zbigniewa Safjana. Wśród efemerycznych rysowników byli jeszcze znany z komiksowego KAPITANA KLOSSA Mieczysław Wiśniewski (podstarzały Żbik w zeszycie „Śledzić fiata 03-17 WE" z 1968 roku) oraz Andrzej Kamiński (dwa kiepskie tomy z 1971 roku: „Czarny parasol" i „Studnia").

Klasyczny wizerunek zawdzięcza Żbik trzem artystom. Grzegorzowi Rosińskiemu (zasłynął „THORGALEM"), Bogusławowi Polchowi (m.in. „FUNKY KOVAL") i Jerzemu Wróblewskiemu (patrz „BINIO BILL"). Pierwszy debiutował w 1968 roku zeszytem „Diadem Tamary". *Wiedziałem, co robię, dla kogo robię i po co robię, wcale się tego nie wstydzę* – opowiada Rosiński. *Miałem zarzuty, że UB się mną wysługiwało. Przepraszam bardzo, ale policja czy milicja istnieje w każdym kraju, a w Żbiku nigdy nie było żadnej polityki. Nigdy Żbik nie ścigał jakichkolwiek agentów obcego wywiadu. Zawsze był to czysty kryminał, morderstwo, kradzież.*

OK, ale czasami zdarzało się tropić szpiegostwo przemysłowe („Wzywam 0-21" czy „Tajemniczy nurek"), zakamuflowanych hitlerowców („Gotycka komnata") lub szajkę międzynarodowych przemytników („Zapalniczka z pozytywką"). Dydaktyczno-ideologiczną wymowę podkreślały pojawiające się od 10 tomu listy od Kapitana, zaczynające się słowami *Drodzy, młodzi przyjaciele...* Z jednej strony było tam zachwalanie zalet Ochotniczej Rezerwy Milicji Obywatelskiej, z drugiej porady dotyczące prawidłowego zachowania. Genialnie wykpione w „MISIU" przez Stanisława Bareję (wujek Dobra Rada).

W 1970 roku, tomem „Złoty Mauritius", do serii wkroczył rysownik Bogusław Polch. Ale do 1975 roku przygotował tylko siedem odcinków... *Po zeszycie „Niewygodny świadek" w wydawnictwie zwrócono mi uwagę, że mój Żbik wygląda jak alfons. Ma za długie baczki, chodzi w spodniach bez mankietów i nosi krawat w grochy. Więc pożegnałem się z wydawnictwem.* Uwaga: wznowienie polchowego tomu „Salto śmierci" z 1980 roku wyszło spod ręki anonimowego grafika, który przerysował oryginalne dzieło. Wydawnictwo zdecydowało się na ten dziwny krok, bo zgubiło materiały!

Wracając do interwencji wewnętrznej cenzury... W tomie „Błękitna serpentyna" (1970) zamalowywano dekolty tancerkom sopockiego Kabaret Night Club. Przy okazji zeszytu „Strzał przed północą" (1971) konsultant z Komendy Głównej wnosił zaś następujące poprawki: *Już teraz na posterunkach nie ma barierek, chyba że przedwojenne (i nie telefon, a mała tzw. centralka telefoniczna).* Albo: *po co „Szczęść Boże" – np. „Szczęść pracy"...*

Klasyczną postać Żbika poznaliśmy dzięki Jerzemu Wróblewskiemu (zaczął w 1973 roku, od tomu „Wieloryb z peryskopem"). Za jego kadencji Żbik awansował do stopnia majora („Granatowa Cortina", 1978) i w końcu pożegnał się z fanami w tomie „Smutny finał" (styczeń 1982): *Zaprzyjaźniliśmy się i przekonany jestem, że ta przyjaźń zostanie na zawsze. Dziś, kiedy – zgodnie z decyzją moich przełożonych – przechodzę do innej odpowiedzialnej pracy, chciałbym, żegnając się, podziękować Wam za sympatię, którą zawsze okazywaliście mnie i moim współpracownikom oraz wszystkim ludziom w niebieskich mundurach.* Następnie kapitan zapowiedział swojego następcę. Ale ten nie nadszedł szybko...

Krupka: *Mijał rok od wprowadzenia stanu wojennego. Całkowicie zmieniło się nastawienie dowództwa. Generał Tadeusz Beim, komendant MO, powiedział, że młodzież wcale nie musi kochać milicji. Musi ją szanować. Musi się jej bać. Zabrakło też po prostu na „Żbika" pieniędzy. Zakończenie druku wywołało duże zaskoczenie. Mówiliśmy, że będziemy go robili z powrotem za dwa, trzy lata.* Powrót serii nastąpił dopiero w 2006 roku, gdy wydawnictwo Mandragora opublikowało tom „Kim jest Biała Mewa?". Krupka wprowadził tu postać komisarza Michała Żbika, wnuka Jana (rys. Michał Śledziński). Wcześniej, w 2002 roku, ukazały się wznowienia kilku klasycznych tomów autorstwa Polcha. Uzupełnieniem serii jest wydany kolekcjonerski zeszyt „Pięć błękitnych goździków" (2001). To zbiór krótkich, czarno-białych opowieści o Żbiku drukowanych w prasie lokalnej w 1968 roku.

KASZPIROWSKI, ANATOLIJ

uzdrowiciel

właśc. Anatoli Michajłowicz Kaszpirowskij; ur. 11 sierpnia 1939 w Chmielnickim, ZSRR

Wyliczanka *adin... dwa... tri...* Przeszywające spojrzenie. I charakterystyczna grzywka. Tak wyglądały seanse Ukraińca, który wdarł się na antenę polskiej telewizji w 1989 roku.

Jedni mówią, że Kaszpirowski jest bioenergoterapeutą, czyli kimś obdarzony uzdrowicielskim polem energetycznym. Drudzy, że hipnotyzerem. Jeszcze inni twierdzą, że to psychotronik – czyli specjalista od telepatii i tym podobnych... W każ-

dym razie zanim Anatolij poszedł w niekonwencjonalne historie, w 1962 roku skończył medycynę. I przez 25 lat pracował jako zwykły psychiatra. W 1987 roku załapał się na funkcję psychoterapeuty radzieckich lekkoatletów. A dwa lata później wziął udział w telewizyjnym eksperymencie. Ukoił ból pacjentek na stole operacyjnym, korzystając z bezpośredniego połączenia wideo. Po siedmiu takich seansach podziękowano mu jednak, zatrudniając niejakiego Alana Czumaka.

Kaszpirowski potrzebował dziewiczych terenów ekspansji. A Józef Węgrzyn, nowy dyrektor polskiej telewizyjnej Dwójki, szukał sposobu na uatrakcyjnienie programu. Panowie dogadali się i przez trzy lata mogliśmy oglądać „Teleklinikę doktora Kaszpirowskiego". *Dostałem za tę audycję Wiktora, nagrodę dla najpopularniejszych osób telewizji, nie tylko Polaków* – wspominał hipnotyzer w rosyjskiej prasie. *A potem pojawił się u nich przepis zakazujący języka rosyjskiego. Na ekranie wyglądało to tak, że ja ruszam ustami, a ktoś tłumaczy cienkim głosem. Byłem zaskoczony, że język którego używam, uznaje się w tym kraju za nieodpowiedni. I zapowiedziałem, że więcej do Polski nie przyjadę.*

Było to w 1992 roku (słowa nie dotrzymał). Wcześniej Kaszpirowski u nas wręcz brylował. W 1990 roku odbył ogromne tournée sponsorowane przez firmę ubezpieczeniową Westa. Spotkał się z Lechem Wałęsą i wspomógł finansowo Solidarność. Zadeklarował też wpłatę na rzecz odbudowy spalonej części klasztoru na Jasnej Górze. W ZSRR pojawiły się nawet plotki, że terapeuta na stałe przeniósł się do Polski, że kupił tu sobie zamek... Co skwitował następującymi słowami: *Za takie coś chce się dać w mordę.*

Wiara w magiczne moce uzdrowicieli była w PRL szerszym fenomenem. W latach 1978-1984 nawiedzał kraj Kanadyjczyk Clive Harris. Spotkały się z nim na zbiorowych seansach aż 4 miliony osób. Zachęciło to naśladowców. Pomiędzy 1980 a 1984 rokiem działał na przykład Stanisław Nardelli, któremu udało się obsłużyć 3 miliony chorych. Występy Kaszpirowskiego były ostatnią fazą zjawiska i zarazem jedyną, która ze świata imprez przykościelnych wydostała się do szerokiego obiegu medialnego.

KINGSAJZ

film fabularny

reż. Juliusz Machulski; 1988, Polska

Juliusza Machulskiego próba pójścia za ciosem „SEKSMISJI" (po drodze nakręcił jeszcze „Vabank II"). Nie do końca udana – zarówno pod względem artystycznym, jak komercyjnym. Daleko też w tym przypadku do etykiety filmu kultowego. Bo trudno uznać za kultowe kwestie w rodzaju – *Pocałuj mnie w dupę! – Na pieszczoty trzeba zasłużyć.*

„Kingsajz" został zapamiętany jako najdroższa produkcja swojego czasu (200 milionów złotych). Jako pierwszy przypadek jawnego product placement (POLO COCKTA). A także z rozmachu scenograficznego. Opowieść o świecie krasnoludków – Szuflandii – w czasach przedkomputerowych wymagała wzniesienia wielkich, naturalnych dekoracji. *Dwunastometrowe ściany hali zdjęciowej zabudowano szczelnie szeregiem monstrualnych szuflad, z których każda liczy około dwóch metrów wysokości i waży pół tony* – relacjonowali reporterzy, którym udało dostać się na plan (ekipa starała się utrzymać pracę w tajemnicy). *To przytłacza, a wrażenie będzie jeszcze większe po zastosowaniu zdjęć trikowych wzmacniających efekt wysokości i głębi...*

Za całość projektu odpowiadał sprawdzony przy „Seksmisji" Janusz Sosnowski. To on organizował zbiór ponad 200 rekwizytów w skali 20:1. Trzeba je było wytwarzać na zamówienie – huta szkła w Sandomierzu wyprodukowała na przykład wielką szklankę... Wrażenie mikroświata dopełniła specjalna optyka, za którą odpowiadali Czesi ze studia Barrandov. Ekipa używała ponadto najnowocześniejszej w kraju kamery Arrfilex BL-3, umożliwiającej bieżący podgląd ujęć.

Machulski nie byłby sobą, gdyby nie naszpikował filmu odniesieniami do ówczesnej rzeczywistości. Tym razem całkiem już dosłownymi, włącznie z talonami na muchy. Zdjęcia rozpoczęły się w grudniu 1986 roku, premiera miała miejsce w maju dwa lata później... Gdy tego typu aluzje nie mogły się już równać z realnymi zmianami. Być może z tego powodu film cieszył się w kinach umiarkowanym powodzeniem.

KIWACZEK

serial animowany

(Czeburaszka)

4 odcinki; Roman Kaczanow, 1969-1983, ZSRR

Właściwie nie wiadomo, co to za stworzenie. Wiadomo, że żyło w lasach tropikalnych, skąd przypadkowo dostało się do skrzynki z pomarańczami. Wydobył je z niej kierownik sklepu i to on, widząc pocieszne przetaczanie się postaci, nadał jej imię Kiwaczek. W oryginale: Czeburaszka, od rzadko spotykanego w języku rosyjskim czasownika *czeburachnutsia*. Edward Uspienski, pomysłodawca i autor książek o Kiwaczku, wspomina: *Przyszedłem w gości do znajomego, gdzie jego malutka córka przymierzała futro, które leżało na podłodze. Bez przerwy się o nie potykała i upadała. Po którymś razie ojciec powiedział: „Oj, apiat czeburasnułas!". Słowo zapadło mi w pamięć, zapytałem, co znaczy. Okazało się, że „upaść". W ten sposób pojawiło się imię dla mojego bohatera.*

Pierwsza książka Uspienskiego, „Krokodyl Gienio i przyjaciele", ukazała się w 1966 roku. Trzy lata później zrealizowano na jej podstawie film z animacją kukiełkową („Krokodyl Gienio", reż. Roman Kaczanow). Można było wtedy zobaczyć, jak Kiwaczek wygląda (projekt Leonida Szwarcmana z Sojuzmultfilm – w ilustracjach książkowych bohater przypominał raczej wiewiórkę) i usłyszeć nostalgiczne pieśni grane na harmonii przez przyjaciela zwierzątka, krokodyla. Najsłynniejsza traktuje o tym, że urodziny przypadają tylko raz do roku...

Kolejne dwudziestominutowe filmy to odpowiednio: „Kiwaczek" (1971), „Szapoklak" (1974) oraz „Kiwaczek idzie do szkoły" (1983). Wszystkie pokazywała polska telewizja, a dziś można je kupić na jednej, wydanej z dubbingiem płycie DVD. Popularność postaci wykroczyła też poza kraje bloku wschodniego: Czeburaszka cieszy się na przykład wielkim powodzeniem w Japonii.

Problem mają natomiast Rosjanie, którzy na początku lat 90. odsprzedali prawa do postaci amerykańskiej firmie. Licencje okazują się za drogie, wiele stacji telewizyjnych nie stać na pokazanie klasycznych bajek... W walkę o przywrócenie Kiwaczka do macierzy zaangażował się sam prezydent Putin. Równocześnie toczy się spór sądowy o wizerunek postaci między Uspienskim a Szwarcmanem.

KLĄTWA DOLINY WĘŻY

film fabularny

reż. Marek Piestrak; 1987, Polska/ZSRR

Marek Piestrak uważany jest za polskiego Eda Wooda. Najgorszego reżysera wszech czasów. Według oficjalnej biografii fachu uczył się w Stanach, asystując przy kręceniu „Dziecka Rosemary" Polańskiego. Być może ten staż okazał się zgubny. Być może tam złapał bakcyla kina popularnego. I usiłował go zaszczepić na peerelowskim gruncie.

Z braku talentu — czy może funduszy — było to zadanie niewykonalne. Reżyser próbował swoich sił w wielu gatunkach, w każdym ponosił absolutną porażkę. Od science fiction „Test Pilota Pi-

rxa" z 1978 roku odcinał się osobiście Stanisław Lem. Horror „Wilczyca" (1982) zamiast grozy budził śmiech. A kino przygodowe... „Klątwa doliny węży" zdobywa dziś nagrody na festiwalach filmów najgorszych, w rodzaju warszawskiego Jądra Ciemności.

Zamiar zrobienia tego filmu narodził się jeszcze przed Indianą Jonesem — zapewnia reżyser. *Chciałem to nakręcić dwa lata wcześniej, zanim tamten trafił na ekrany.* Policzmy, z tych wyjaśnień wychodzi rok 1985. Tymczasem obraz Spielberga wszedł do polskich kin w 1983... *Stanąłem przed wyborem: robić czy nie robić. Wiedziałem, że „Poszukiwaczy zaginionej arki" nie przeskoczymy w rozmachu realizacyjnym, we wspaniałej inscenizacji... Ale scenariusz był gotowy, umowy z kontrahentami z Wietnamu i Estonii zawierane. Wszyscy mnie namawiali, żeby ten film zrobić. W takich warunkach, jakie były — trochę siermiężnych — duży przygodowy film jednak powstał.*

Oryginalność pomysłu stawiają pod znakiem zapytania kalki fabularne. Podobnie jak u Spielberga na pierwszym planie: roztargniony profesor (w tej roli Krzysztof Kolberger). Wyprawa do egzotycznego kraju. Dużo węży, dlaczego zawsze muszą być węże? Klucz prowadzący do zagadki (*Tak. Jestem pewny. To niemal klasyczny przykład tajnego języka krumwalid. Wymarłej kultury z okręgu Prakhrawanit. Posługiwali się nim tajscy mnisi, strzegący w klasztorach tajemniczych relikwii).* I odnaleziony w dżungli przedmiot pozaziemskiego pochodzenia, wydzielający zabójczą mgłę.

Czy wypada jeszcze wspominać o scenie z mostem wiszącym nad przepaścią? *Robiliśmy ją na pograniczu absolutnego ryzyka* — wspomina Piestrak. *Ten mostek naprawdę tak wyglądał, jak wygląda na filmie. Ekipa trzymała się tych szczebli, poręczy i lian, aktorka wisiała nad tą rzeką — wprawdzie w jakiejś konstrukcji, którą przygo-*

towal nasz kaskader – ale rzeczywiście na rękach, mogła spaść... Mieliśmy kilka godzin. Potem dowiedzieliśmy się, że podobną scenę u Spielberga kręcono dwa tygodnie na mostku zbudowanym na hali z kaskaderami i tak dalej... Może tamta scena wyszła lepiej. Ale nasza była kręcona z narażeniem życia przez całą ekipę.

Wśród autorskich atrakcji znalazł się smok z tektury, bulwiasty kosmita ze świecącą kulą na czole (scena, gdy strzelają do niego z miotaczy ludzie w skafandrach to klasyczny moment kina camp) czy nieprecyzyjnie nałożone lasery... Piestrak: *Zdjęcia trickowe wyszły tak, jak wyszły, nie było mowy o komputerach czy innych środkach, którymi obecnie dysponuje kinematografia. Nie zawsze te lasery wychodzą prosto z oczu bogów, ale jakoś to wtedy zostało przełknięte. Teraz pewnie ludzie się śmieją, ale najważniejsze, żeby ten film nadal jakoś istniał.* Istnieje. Nabiera kultowego statusu.

Rzecz powstała na podstawie opowiadania „Hobby dr Travena" autorstwa Roberta Strattona (pod pseudonimem ukrywał się podpułkownik Wiesław Górnicki). Piestrak trafił na nie w „Przekroju" na przełomie 1979 i 1980 roku. W tekście poprzedzającym filmy Spielberga nie było żadnego młodego profesora. A Traven to nie – jak w filmie – grany przez Romana Wilhelmiego były żołnierz, lecz dentysta, główny bohater. *Przez sześć godzin dziennie, od dziewiątej do trzeciej po południu, z wyjątkiem piątków i sobót, leczył, czyścił i wyrywał ludzkie zęby, a czynił to w St. Matthews North Bellevue Clinical Infirmary and Research Hospital. Zwrot w jego życiu nastąpił podczas wojny. Spędził ją jako młodszy asystent chirurga szczękowego w szpitalu armijnym, wędrującym z wojskami MacArthura po całej niemal południowo-wschodniej Azji. Kiedy w październiku 1945 roku wracał do kraju, aby dokończyć przerwane przez wojnę studia, wiózł ze sobą sześć ogromnych kufrów wypełnionych po brzegi najrozmaitszymi rękopisami...*

KLEKS – patrz JONKA, JONEK I KLEKS

KLOSS – patrz STAWKA WIĘKSZA NIŻ ŻYCIE; KAPITAN KLOSS

KLUB WIEWIÓRKA – patrz BIAŁY ZĄBEK

KOBRA

spektakle telewizyjne

Telewizyjny teatr z oglądalnością przebijającą hity filmowe? W PRL czwartkowy wieczór stał pod znakiem sensacyjnych widowisk „Kobry" (nazwa wzięła się od logo z wężem, projektu Eryka Lipińskiego). I miał 95 procent oglądalności. Andrzej Łapicki: *To była nasza specjalność. W ogóle teatr kryminalny. Tego nie było nigdzie na świecie.*

Pomysłodawczynią była redaktor programowa raczkującej telewizji, Illa Genachow. Pierwsze przedstawienie kryminalne, „Zatrute litery" Agaty Christie, wyemitowano 2 lutego 1956. Genachow wpadła na pomysł, by przekształcić tego typu inicjatywę w cykl. Rozpoczął się 27 września 1957, od emisji sześcioczęściowego spektaklu „Było dziesięciu Murzynków" (także według Christie). Reżyserem został Józef Słotwiński. Kolejne sztuki grano co dwa tygodnie.

To była osoba, która wiedziała, czego chce, i po-

trafiła to wyegzekwować – wspomina producentkę Ewa Chodkowska z redakcji Teatru Telewizji. *Mówiła perfekt po angielsku i niemiecku, sama prowadziła korespondencję z zagranicznymi agencjami literackimi. Otaczali ją zawodowi tłumacze. Redakcja była świetnie urządzona: zbiórka o 9 rano – inne redakcje zbierały się później – i praca w ciszy – opracowywanie tekstów, poprawianie dialogów. Na pogawędkę wpadali często pisarze, których Genachow znała z radia: Szypulski, Safjan, Janicki, Iredyński. Wyciągała z zakamarków dużego biurka wódeczkę i częstowała gości symbolicznym kieliszkiem. Sama wciąż ćmiła papierosa w szklanej fifce. Podrzucała gościom różne pomysły, inspirowała ich.*

Niskim kosztem udało się pozyskać np. „Wendetę dla ŚWIĘTEGO" Lesliego Charterisa, „Lalkę na

łańcuchu" ALISTAIRA MACLEANA czy powieści Rossa MacDonalda. Ale flirt z autorami zachodnimi trwał tylko do momentu, gdy ich agenci przestali traktować Polskę jak egzotyczną ciekawostkę. Czyli dawać taryfę ulgową.

Od początku lat 60. coraz częściej zatrudniano więc autorów krajowych, kryjących się pod pseudonimami. Najsłynniejszy to oczywiście JOE ALEX – czyli Maciej Słomczyński. Poza tym przewijali się np. Maurice S. Andrews (Andrzej Szczypiorski) czy Noël Randon (Tadeusz Kwiatkowski). Nie sprawdzały się fabuły osadzone w krajowych realiach. Lepiej było z nawiązaniami do drugiej wojny światowej (w ramach teatru sensacji narodziła się „STAWKA WIĘKSZA NIŻ ŻYCIE"), a także spektaklami szpiegowskimi, jak „Pocztówka z Buenos Aires" Andrzeja Wydrzyńskiego (1966).

Egzotyczne pomysły wymagały nadzwyczajnych działań produkcyjnych. *„Pocztówka..." strasznie się podobała* – wspomina Barbara Borys-Damięcka. *Część akcji działa się w Ameryce Południowej. Musieliśmy mieć zgodę milicji i władz Warszawy na ucharakteryzowanie ulic. Palmy braliśmy z Pomarańczarni, do drzewek pomarańczowych przymocowywaliśmy dodatkowo dorodniejsze owoce. Kostiumy robiło się w kwiaty.* Nagminne było nadużywanie rekwizytów typu butelka whisky czy paczka marlboro, zdarzały się przedmioty wypożyczone z ambasady USA. Gdyby Coca-Cola musiała zapłacić za permanentny product placement, pewnie by zbankrutowała...

Od 1958 „Kobra" została wyodrębniona ze „zwykłego" Teatru TV i przeznaczono dla niej osobny dzień nadawania: czwartek. Do 1970 roku spektakle sensacyjne nadawano wymiennie z Teatrem

Fantastyki Sfinks (m.in. sztuki według Stanisława Lema). Od 1962 roku rozpoczęto rejestrację widowisk. Realizowano je na żywo, w studiu przy warszawskim placu Powstańców. *W trakcie spektaklu bez przerwy psuły się kamery, więc trzeba było podejmować napoleońskie decyzje* – wspomina Borys-Damięcka. *To, co było rozpisane na trzy kamery, w okamgnieniu przełożyć na dwie. Jednej z moich koleżanek powiedziano kiedyś: „Nie możesz pracować z kamerą nr 1, technicy muszą ją naprawić". Był to koniec spektaklu, gdy miała pokazać mordercę. W tekście policjanta nie padało nazwisko. Było tylko: „To pan zabił" i gest wskazujący na konkretną osobę. Inspektor programu zarządził więc, by po spektaklu Janek Suzin, który miał dyżur spikerski, powiedział widzom, że z powodu awarii jednej z kamer nie mogliśmy pokazać mordercy.*

W latach 70. „Kobra" wyraźnie zmieniła oblicze (oraz dzień nadawania: także środy, także w drugim programie). Ekipa nowych reżyserów (m.in. Marek Piwowski, Piotr Szulkin, Ryszard Bugajski, Feliks Falk) wyprowadziła zdjęcia poza studio i postawiła na formę zbliżoną do filmu. Kres takim produkcjom przyniosło przejście na rejestrację kolorową. Jak stwierdził jeden z reżyserów: *Kolor nie pozwalał udawać angielskich miasteczek w Ursusie. Nie można było dłużej oszukiwać...* Swoje zrobiło też sprowadzenie do Polski amerykańskich seriali, typu „KOJAK". Cykl zamknięto w 1975 roku. Do końca lat 80. powstawały jeszcze pojedyncze spektakle sensacyjne, np. „Kłopoty to moja specjalność" (1978) według Chandlera z Jerzym Dobrowolskim (twórca powiedzenia *Dzień dobry, jestem z Kobry*) w roli detektywa Marlowe'a.

KOJAK

serial kryminalny

125 odcinków, różni reżyserzy, 1973-1990, USA

Gdy od 6 stycznia 1977 roku Telewizja Polska zaczęła pokazywać odcinki „Kojaka", publiczność była już zaznajomiona z amerykańskim serialem kryminalnym. Od 1974 na ekranach gościł z powodzeniem porucznik Columbo. Pytanie było, kto wygra w rywalizacji. Ten ze szklanym okiem z Los Angeles? Czy łysy z Nowego Jorku?

Każda strona miała swoich zagorzałych zwolenników. *Doszło do sytuacji wręcz paradoksalnej* – zżymał się krytyk. *Telewizja zdążyła pokazać zale-*

dwie kilka odcinków z serii liczącej ponad 100 tytułów, widzowie ledwie zaczęli jako tako rozpoznawać Kojaka, nie za bardzo jeszcze przekonani do nowej formuły, bo na naszym podwórku króluje jeszcze Peter Falk jako Columbo, a tu już się obwieszcza narodziny nowego idola. A skąd pewność, że się u nas Kojak sprawdzi? Inny komentował: *Trwająca jeszcze popularność serii „Columbo" oparta jest na innej zasadzie: ważna jest inteligentna formuła widowiska i osobowość aktorska Petera Falka. Tymczasem formuła „Kojaka" nie odbiega od przeciętności, choć niewątpliwie atutem serii jest dramatyczna akcja, szybkie tempo i autentyzm uzyskany dzięki realizacji filmu na ulicach Nowego Jorku.* Historia pokazała, że zwyciężył jednak Łysy. Powtórki serialu w 2007 roku zgromadziły rekordową widownię, do dziś niektórzy rodacy nazywają kojakami okrągłe lizaki na patyku... A w Stanach słowo kojak oznacza świetne miejsce do parkowania. Detektyw zawsze potrafił takowe znaleźć w zatłoczonym Nowym Jorku.

Zaczęło się od dwugodzinnego filmu „The Marcus-Nelson Murders" z marca 1973 roku. Kawał dobrego kina – choć telewizyjnego. Fabuła dotyczyła prawdziwej historii morderstwa, w które policja wrobiła niewinnego Afroamerykanina. Prawdę ujawnia dopiero śledztwo prowadzone przez porucznika Theo Kojacka (wtedy jeszcze przez „c")... Powodzenie zachęciło telewizję CBS do kontynuacji perypetii bohatera. W październiku 1973 roku rozpoczęto emisję pierwszego sezonu serialu „Kojak", który z opóźnieniem trafił do Polski.

Nasza telewizja emituje amerykańską serię policyjną, która uznana została już za fenomen kultury masowej ostatnich lat – można było przeczytać w ówczesnej prasie. *Nie tyle jednak seria, co jej bohater – porucznik Kojak grany przez 55-letniego Telly'ego Savalasa. Skąd ten sukces? Savalas jest typem zwalistego, mocnego mężczyzny, który nie ukrywa swego wieku, ma wyrazistą twarz daleką od ideałów urody i jest łysy, mówi żargonem nowojorskich ulic – właściwie nieprzetłumaczalnym, ssie lizaka, walcząc w ten sposób z papierosami, potrafi być wybuchowy i gwałtowny. Dominuje całkowicie akcję.*

W sumie nakręcono pięć sezonów „Kojaka". Ostatni, 118 odcinek, trafił na antenę pod koniec 1978 roku. Potem były jeszcze dwa filmy specjalne („The Belarus File" z 1985 i „The Price Of Justice" z 1987), a następnie pięcioodcinkowy finał emitowany w latach 1989-1990. Produkcję ostatnich odcinków firmowała stacja ABC.

Cztery lata później zmarł Telly Savalas i wydawało się, że „Kojak" będzie już tylko częścią historii telewizji. Nie! W 2005 roku powstał pojedynczy sezon nowej odsłony serialu. W rolę główną wcielił się czarnoskóry aktor Ving Rhames. Na uwagi, że Afroamerykanin nie może grać człowieka z greckim pochodzeniem, aktor udzielił ciekawej odpowiedzi: *Z tego, co sprawdziłem, Kojak jest nazwiskiem polskim. Nie greckim. Nie jestem pewien, nie oglądałem „Kojaka", może krytycy mnie podszkolą. Nie sądzę jednak, by kiedykolwiek zmierzyli się z pytaniem: „Dlaczego Grek nosi polskie nazwisko?"*. Jedynym śladem potwierdzającym ten trop jest artykuł zamieszczony w piśmie „Times" z grudnia 1973 roku. Nazwano tam Kojaka „polskim Sherlockiem Holmesem".

„Prawdziwy" polski detektyw pojawił się na naszych ekranach w maju 1979 roku. Chodzi o serial „Banaczek" („Banacek", oryginalnie 1972-1974), którego bohater, grany przez George'aIpparda, słynął z przysłów wywodzących się rzekomo z kraju przodków: *Mędrzec nigdy nie będzie próbował się ogrzać przed obrazem przedstawiającym ogień*. Telewizja Polska ostrzegała nawet widzów, że to wymysły autorów, a nie tłumacza.

Wracając do Kojaka... W 1980 roku, swoisty hołd złożyli bohaterowi Węgrzy. W komedii „Kojak Budapesten" detektyw, grany przez Laszlo Inkego, wraca na ojczyzny łono (tak jest, zmieniono mu pochodzenie na madziarskie) i wpada w sam środek absurdów socjalizmu. Pokazała to od razu nasza telewizja, a potem powtórzyła w 1983 roku, w cyklu „Z czego się śmieją nasi sąsiedzi".

KOŁOBRZEG
festiwal piosenki

Najbardziej obciachowy festiwal piosenki w PRL, ustępujący nawet ZIELONEJ GÓRZE. Impreza ruszyła w 1967 roku, w Połczynie Zdroju. Początkowo była festiwalem zawodowych zespołów artystycznych Wojska Polskiego i konkursem wojskowych zespołów amatorskich. Od chwili przeniesienia do Kołobrzegu (1969) i nabrania statusu ogólnopolskiego brali w niej udział także artyści cywilni.

Mieli tu okazję kompromitacji Skaldowie (1970), Zdzisława Sośnicka (1971), 2+1 (1972), KRZYSZTOF KRAWCZYK (1975) czy Czerwone Gitary z Janem Pospieszalskim w składzie (1980). Trzeba jednak przyznać, że promocja medialna pomogła wylansować kilka autentycznych przebojów. Choćby „Chabry z poligonu" Jerzego Rynkiewicza czy „Gdy piosenka szła do wojska" MARYLI RODOWICZ. *Było na tym festiwalu bezpretensjonalnie, czasem może nawet prostodusznie, ale zrozumiale i po ludzku* – zachwalał autor żołnierskich tekstów Jerzy Skokowski na obwolucie jednej z festiwalowych płyt. *Zawsze z sensem. Bywało niekiedy patetycznie, jak w życiu, które chcemy czynić jasnym podług rozumnych pragnień. Żołnierska piosenka to jest piosenka otwartych serc, wędrująca z żołnierską kolumną, tańcząca na biwaku i nucona samotnie z dala od gwaru. To jest śpiewanie dla czujących rozumnie, odważnych i nieobojętnych...*

Najciemniejszym okresem w „jasnej podług rozumnych pragnień" historii był początek stanu wojennego. Ówczesne hity – w rodzaju „Nie ma rycerza bez pancerza", „W naszym fachu nie ma strachu" czy „Moja miłość zielona jak modrzew" opanowały anteny radia i telewizji. Absolutnym pupilem władz był laureat Srebrnego Pierścienia Adam Zwierz, z piosenką „Gdy Polska da nam rozkaz". Refren: *Kiedy Polska da nam rozkaz / stanie cały naród nasz jak zielony młody las / zgłosimy się do wojska / żeby socjalizmu bronić wraz.* Jeśli wierzyć artyście, brutalnie ingerowano w jego twórczość: *W dniu finału, przed południem, na próbie, kazano mi nagrać tę piosenkę ze zmienionym jednym zdaniem: „żeby socjalizmu bronić wraz"* – bronił się po latach. *Nie zwróciłem na to uwagi, bo wszelkie slogany zawierające słowo „socjalizm" były na porządku dziennym i było to banałem, natomiast perfidnym okazał się ten zabieg w przededniu mających się wydarzyć wypad-*

ków. Było to przemyślane, najwidoczniej już wtedy wiedzieli, do czego ta piosenka będzie służyć.

Większość edycji Kołobrzegu do 1986 roku prowadził jako konferansjer Stanisław Mikulski, pamiętny Hans Kloss ze „STAWKI WIĘKSZEJ NIŻ ŻYCIE". Aktor podkreśla, że tylko dwukrotnie pojawił się w mundurze i nie był to rok 1981, lecz koniec lat 60. Nie zaprzecza natomiast – mówiąc na marginesie – że w stanie wojennym poprowadził koncert z okazji rocznicy powstania Armii Czerwonej w Teatrze Polskim.

Ostatni z klasycznych festiwali kołobrzeskich odbył się w 1990 roku. Imprezę wznowiono w roku 1995, ale upadła po dwóch latach. We wrześniu 2007 idea ożyła w Warszawie, gdzie zorganizowano festiwal Żołnierska Nuta. W przygotowaniach uczestniczył sam Zwierz: *Zadzwoniła do mnie córka pana Edwarda Czernego, niegdyś dyrektora Orkiestry Tanecznej Polskiego Radia i Telewizji. Jej ojciec tworzył dużo aranży dla Kołobrzegu. Powiedziała, że chce przywrócić do życia festiwal we współpracy z radnym Jackiem Wachowiczem. Powiedziałem, że z przyjemnością włączę się do tej akcji, ale chcę mieć wpływ na dobór artystów. Festiwal musi trzymać poziom i zostawić ślad. Powinien opierać się na świetnych wykonawcach, świetnych tekściarzach. Bo gdy słyszę jak facet śpiewa: „Kocham cię, bo jesteś młoda, kocham cię, bo jesteś młoda, kocham cię, bo masz wielkie oczy"... No, niestety, w pieśni żołnierskiej tak nie można.*

KOMAR
jednoślad

Komar nie był pierwszym polskim motorowerem. Ten zaszczyt przypadł modelowi Ryś z 1958 roku. Produkt Zjednoczonych Zakładów Rowerowych w Bydgoszczy (późniejszy Predom Romet) był jednak bez wątpienia motorowerem najbardziej rozpowszechnionym. I długowiecznym. W przeciwieństwie do pięcioletniej kariery Rysia – Komara produkowano przez ponad 20 lat.

Nazwa idealnie pasuje do dźwięku silnika oraz osiągów. *Pojazd jest wrażliwy na wzniesienia oraz przeciwny wiatr: te dwie niespodzianki mogą obrzydzić dłuższą wycieczkę* – pisał recenzent o wersji Sport (!). *Do mankamentów należy dopisać brak zabezpieczenia przed otwarciem puszek narzędziowych przez niepowołanych...*

Inna sprawa, że maszynę produkowano według określonych wytycznych. Maksymalna prędkość motoroweru narzucona przez przepisy wynosiła 40 km/h. Poza tym Komar miał trafić do ludu. To nie wielkomiejska OSA, lecz sprzęt powszechnego użytku na wsi (koniecznie w kasku typu „orzeszek")... Musiał być tani. Stąd zbliżona do roweru, uproszczona budowa. Sprężynowane siodełko zamiast tylnych resorów odczuły na swoich tyłkach tysiące użytkowników.

Prace nad motorowerem trwały od 1957 roku w zespole inżynierów, w skład którego wchodzili Bronisław Kędzierski, Andrzej Kontzer i Józef Podlaski. Pierwszy model Komara oznaczony był symbolem 230 i zjechał z taśm w 1960 roku. Zastosowano w nim silnik z Rysia, już dwa lata później zastąpiony nowszą konstrukcją. Kolejne modernizacje dotyczyły właśnie jednostki napędowej i poprawy komfortu jazdy. Pojawiła się nawet wersja eksportowa, sprzedawana w Niemczech i Holandii pod szyldem Condor. Ostatnim modelem był opracowany w 1978 roku Komar 2352. Produkowano go do 1983 roku, gdy ostatecznie wyparła go z rynku zgrabniejsza i nowocześniejsza MOTORYNKA.

W 2005 roku Komara postanowiła przywrócić do życia firma Polmotor. Jej produkt montowany jest w Turcji, z francuskim silnikiem.

KOMBI

zespół muzyczny

Założycielem zespołu był Sławomir Łosowski. Gdański muzyk i konstruktor instrumentów elektronicznych (wiedział, jak przerobić rosyjskie organy Junost), flirtujący z jazzem w grupie Akcenty. W połowie lat 70. połączył siły z dwoma chłopakami z Mławy: Grzegorzem Skawińskim i Waldemarem Tkaczykiem. Obaj zaczęli studia w Trójmieście, grając równocześnie w rockowej formacji Horoskop.

Łosowski umiał się odnaleźć w muzycznej branży. Nawiązał współpracę z Bałtycką Agencją Artystyczną, co ułatwiało promocję i organizowanie koncertów. Postanowił też grać przebojowy repertuar, a także zmienić archaiczną – jak się wydawało – nazwę. Perkusista Jan Pluta wymyślił słowo Kombi. *Graliśmy taką muzykę, fuzję różnych gatunków... Nie chodziło o samochód, ale o kombinację stylów muzycznych* – wyjaśnia Skawiński.

Nowy szyld zaprezentowali 4 lipca 1976 na koncercie w Radiu Gdańsk. Wcześniej odbył się fasadowy konkurs na nazwę przeprowadzony wśród publiczności... Właściwy debiut nastąpił 2 sierpnia w sopockiej Operze Leśnej w ramach I Konfrontacji Muzycznych Pop Session '76, gdzie zespół zaprezentował się jako rodzima odpowiedź na The Bee Gees. Recenzentom najbardziej nie podobał się śpiew Skawińskiego, ale późniejsze próby zwerbowania na stanowisko wokalisty Stanisława Sojki czy Ryszarda Riedla nie udały się. Przy mikrofonie pozostał pan Grzegorz.

Po okresie intensywnych koncertów (m.in. u boku dyskotekowych gwiazd, jak AFRIC SIMONE czy Eruption) zespół doczekał się w 1979 roku singla z instrumentalnym utworem „Wspomnienia z pleneru". Rok później dołączyły kolejne dwie małe płyty. Ciekawsza była ta z utworami „Przytul mnie" (z tekstu dowiadujemy się, że *Noc jest wielkim kosmatym pająkiem*) i „Hotel twoich snów", rzecz poświęcona warszawskiej Victorii. Hotel ów odegrał w karierze zespołu ważną rolę. W marcu 1979 zespół zagrał tam koncert promocyjny, rejestrowany przez telewizyjne „STUDIO 2". Impreza przeszła do annałów peerelowskiej estrady. *Wielokrotnie zarzucano nam, że lansujemy się zbyt natrętnie, podczas gdy po prostu było to robione profesjonalnie i w ostatecznym efekcie taniej niż w przypadku wielu innych krajowych zespołów rozrywkowych* – odpierał zarzuty Łosowski. *W hotelu Victoria daliśmy koncert z wystawnym bankietem, grając tam za darmo. Zarzucano nam wówczas, że szastamy milionami, a tymczasem całą imprezę finansowała dyrekcja hotelu. Niektórzy krytycy zajmujący się muzyką młodzieżową są zwolennikami modelu „ubóstwa" debiutantów. Znaczy to, że zespół powinien grać muzykę ambitną, najlepiej niezrozumiałą, nie lansować się bezczelnie, lecz w pokorze oczekiwać na ich łaskawe pióra. Nie odpowiadało nam to.*

W 1980 roku ukazał się poprockowy longplay, „Kombi" (Pronit), na którym oprócz nagrań singlowych znalazła się np. piosenka „Piękna, szalona" z tekstem Małgorzaty Niezabitowskiej (późniejszej rzeczniczki rządu Tadeusza Mazowieckiego). Dwa lata później na rynek trafiła kolejna płyta, „Królowie życia" (Wifon), utrzymana w podobnej stylistyce. Numer tytułowy stanowił dalszy ciąg liryki hotelowej (tym razem inspirował autora hotel

Brda w Bydgoszczy, w mieście tym rejestrowano materiał). Warto też wspomnieć kompozycję „Bez ograniczeń". Jej fragment został wykorzystany w czołówce telewizyjnej audycji „5-10-15". Zespół zaczął poza tym wojaże zagraniczne. W Holandii i Szwecji doczekał się małych płyt, gościł też w ZSRR czy nawet Maroku.

Singel „Inwazja z Plutona"/„Nie ma jak szpan" z 1983 roku zapowiadał radykalną zmianę stylistyczną. Zwrot w kierunku aranżacji elektronicznych (opracowanych na kupionym w strefie dewizowej sprzęcie), zgodnych z modnym wówczas stylem new romantic. Poszedł za tym album słusznie zatytułowany „Nowy rozdział" (1984, Polskie Nagrania). Wydano go w miażdżącym nakładzie pół miliona egzemplarzy. Tytuły „Słodkiego, miłego życia", „Nie ma zysku" czy „Kochać cię – za późno" mówią same za siebie. Nastała epoka triumfów, którą można podsumować popularnym hasłem *Gra i trąbi zespół Kombi*.

Zespół bardzo dbał o wizerunek. Łosowski szokował łysiną i sumiastym wąsem, cechą charakterystyczną image'u Skawińskiego stały się futurystyczne okulary z wąskimi szkłami, a Tkaczyk obnosił lwią grzywę. Starannie przygotowywane były też teledyski. W 1986 roku zespół nawiązał współpracę z Juliuszem Machulskim, komponując piosenki do filmu „KINGSAJZ". Reżyser nakręcił w zamian wideoklipy do kolejnych hitów: „Nasze rendez-vous" i „Black And White". Oba pochodzą z wydanej rok wcześniej płyty „4" (Polskie Nagrania).

Końcówka lat 80. upłynęła kapeli na koncertach zagranicznych – od NRD po USA. W 1989 roku ukazała się ostatnia płyta klasycznego składu, „Tabu" (Polskie Nagrania). Przyniosła zniżkę formy, udało się wylansować właściwie tylko jeden przebój: „Nietykalni – skamieniałe zło". Mimo kolejnych wojaży do Ameryki i bezbolesnego transferu do nowej rzeczywistości (udział w jubileuszu Solidarności) zespół rozpadł się w 1992 roku. *Właściwie nic wielkiego się nie wydarzyło. Nie miałem nawet ochoty wysłuchiwać ich osobistych uzasadnień tej decyzji* – mówi Łosowski. *Wiem, że zdominowany przez klawisze styl zespołu kłuł Skawińskiego przez te wszystkie lata. Ale wiedział przecież, na co się pisze, już po pierwszej rozmowie...*

Rzeczywiście, Skawiński poszedł potem w kierunku muzyki gitarowej. Próbował dostać się do zespołu Ozzy'ego Osbourne'a (*Prawdą jest, że wysłałem swoje materiały muzyczne na casting i dostałem piękny list od Ozzy'ego, że jestem brany pod uwagę w jakiejś tam kolejności*), nagrał jeden album solowy i trzy niezauważone płyty pod szyldem Skawalker. W 1994 roku, po dołączeniu młodej wokalistki Agnieszki Chylińskiej, grupa ta przechrzciła się na O.N.A. i poszła w kierunku muzyki metalowej. Sukces! Chociaż niektórzy zarzucali muzykom, że tatuaże i niegrzeczne słownictwo w pewnym wieku już nie przystoją... *Czy tylko małolaty mają wyłączność na granie rocka? Albo jest dobra muzyka, albo nie. Mam pytanie: Czy Skawiński–Tkaczyk–Kraszewski to zły zespół? Czy my źle gramy? A więc spierdalać!*

O.N.A. rozpadła się w roku 2003, a już rok później Tkaczyk ze Skawińskim postanowili reaktywować Kombi. W składzie zabrakło Łosowskiego (obie strony podają sprzeczne relacje dotyczące fiaska negocjacji), wobec czego nowy skład nagrywa i występuje pod szyldem Kombii. Łosowski daje solo multimedialne koncerty z instrumentalnymi wersjami starych utworów grupy.

Zespół Kombi uchodzi za absolutny symbol polskiej muzyki pop lat 80. W mniej lub bardziej poważny sposób inspirował całe pokolenie. *Mam wszystkie płyty tej grupy i słuchałem ich bardzo często* – opowiada na przykład wybitny pianista jazzowy, Leszek Możdżer. *Moim marzeniem, które rozpalił we mnie swym wyglądem Sławomir Łosowski, była łysa czacha i okulary z wąskimi szkłami. Miałem okres, kiedy bardzo chciałem tak wyglądać.*

Pod koniec lat 90. w Warszawie działał zespół Królowie Życia, w którym muzycy ze sceny alternatywnej wykonywali wyłącznie utwory z repertuaru Kombi. *Jako Slage Image graliśmy muzykę ciężką, nietaneczną, ludzie stali i patrzyli* – opowiadał basista Maciej Moruś. *A kiedy zrobiliśmy numery Kombi, ludzie zaczęli wariować. Chyba przypomnieli sobie dzieciństwo, coś, co jest na pograniczu syfu i uwielbienia.* W 2005 roku DJ Adamus (ukrywający się pod szyldem Wet Fingers) dokonał z kolei remiksu „Bez ograniczeń". Utwór „No Limits" stał się wielkim przebojem w klubach.

KOŃ, KTÓRY MÓWI

serial komediowy

(Mister Ed)

143 odcinki, reż. Arthur Lubin, 1961-1966, USA

21 lutego 1965 roku, godzina 14.30. Tego dnia polska telewizja wyemitowała pierwszy odcinek serialu „Koń, który mówi", znanego na świecie jako „Mister Ed". Prasa zdążyła go skrytykować jeszcze przed premierą. *Mister Ed to niezbyt udany kontynuator sławy „Muła Francisa", znanego z ekranów kin* – pisał dziennikarz, nawiązując do filmu „Francis" z 1950 roku, wyświetlanego u nas pod tytułem „Francis, muł który mówi" (powieść o gadającym zwierzęciu drukował też „Przekrój"). *Ta amerykańska seria ma ambicję ukazania codziennego życia przeciętnej amerykańskiej rodziny. Nie bawi jednak, opiera się na banalnym dowcipie dialogowym i sytuacyjnym...*

To, co odrzucało krytyków, spodobało się szerokiej publiczności. Zwłaszcza że dostała ona film

w świetnym dubbingu. W rolę gadającego konia wcielił się Władysław Hańcza, jego właściciela i kompana grał Wieńczysław Gliński (przy okazji usunięto śmiech z offu). Serial cieszył się wielkim powodzeniem. W niedzielne popołudnia emitowano go przez kilka lat, na zmianę z innymi pozycjami (np. „Czarownice" – „Bewitched").

W oryginale produkcja ruszyła w 1961 roku, po nigdy nie wyemitowanym pilocie. Rzeczywiście, istniały pewne podobieństwa do kinowego cyklu o Francisie. Ale bezpośrednim punktem wyjścia było opowiadanie „Ed Takes The Pledge" Waltera R. Brooksa. Rzecz dotyczyła konia rasy American Saddlebred (w tej roli złotogrzywy Bamboo Harvester), który potrafił komunikować się ze swoim właścicielem (w tej roli Alan Young). I tylko właścicielem – co prowokowało większość komicznych sytuacji...

Będę szczery. Dla mnie to był kolejny aktor – wspomina Young swojego ekranowego partnera. *Jeździłem autostradą za jego przyczepą. Jeśli ogon był wsunięty do środka, wiedziałem, że jest śpiący. Jeśli powiewał na wietrze – znaczyło to, że nie mógł się doczekać roboty, zupełnie jak ja. A kiedy zatrzymywaliśmy się pod studiem, stukał kopytami.* Mniej romantycznie wyglądały sposoby na zmuszenie konia do „mówienia". Czyli odpowiednich ruchów pyskiem. Według wersji oficjalnej wystarczyło podać trochę masła orzechowego, by zwierzę zaczęło się oblizywać. Po latach okazało się, że wkładano mu do pyska kawałek nylonu, który Bamboo na komendę usiłował wypluć. Niepotwierdzone wersje mówią o manipulacjach z użyciem sznurka czy nawet wyładowań elektrycznych...

Produkcję serialu zakończono w 1966 roku. *Była to dla nas niespodzianka. W momencie zdjęcia z anteny mieliśmy niezłą oglądalność* – wspomina Young. *Mogliśmy to kręcić w nieskończoność, ale w CBS pojawił się nowy dyrektor programowy. Potem dowiedzieliśmy się, że postanowił zerwać z sielankowym charakterem stacji.* „Mister Ed" miał być wskrzeszony w 2004 roku. Skończyło się jednak na odcinku pilotażowym (w rolę właściciela konia wcielił się David Alan Basche). Oryginał nie doczekał się do dziś pełnej edycji na DVD – w Stanach wydano tylko kompilacje najlepszych odcinków. O tym jednak, że serial jest ciągle pamiętany, świadczy na przykład nawiązująca do niego piosenka „Goodbye Mr. Ed" Davida Bowiego z 1991 roku (nagrana z własnym zespołem Tin Machine).

KOSMOS 1999

serial science fiction

(Space: 1999)

48 odcinków; różni reżyserzy; 1975-1978, Wielka Brytania

Rok 1999 za nami i jakoś nie doczekaliśmy się bazy na Księżycu, nuklearnego wytrącenia go z orbity i pchnięcia w kosmos, co zaowocowało gwiezdną podróżą przez obce cywilizacje... Na szczęście. W latach 70. wszystko było jednak jeszcze możliwe. Pierwszy serial science fiction na antenie Telewizji Polskiej przyciągał tłumy widzów. Zwłaszcza że nadawano go w sobotnie popołudnia w ramach megapopularnego „STUDIA 2". Między 1977 a 1978 rokiem widzowie zobaczyli 24 odcinki pierwszego z dwóch sezonów.

Brytyjska odpowiedź na „Star Trek" wyróżniała się świetnymi na owe czasy efektami specjal-

nymi (odpowiadał za nie człowiek, który pracował z Kubrickiem przy „2001 Odysei kosmicznej"), rozmachem realizacyjnym (kręcono w Pinewood Studios, tam gdzie BONDA) i pewnym zacięciem metafizycznym (w odróżnieniu od amerykańskiego odpowiednika, który stawiał na akcję). W rolę prowadzącego kosmiczny biznes komandora Johna Koeniga wcielił się amerykański aktor Martin Landau. Towarzyszyła mu doktor Helena Russell grana przez Barbarę Bain (prywatnie małżonka). W epizodycznych rolach pojawiali się aktorzy miary Christophera Lee czy Petera Cushinga. *„1999" był najdroższym serialem, jaki powstał do tamtego momentu* – opowiadał Landau. *Każdy odcinek kosztował 270 tysięcy dolarów. Najdroższe produkcje ze Stanów miały budżet 250 tysięcy. Gdybyśmy kręcili w USA, nasze koszty wzrosłyby pewnie do 400 tysięcy za odcinek lub więcej...*

Sezon drugi, z lat 1976-1978, powstał z udziałem amerykańskiego producenta Freda Freibergera (zajmował się m.in. „Star Trekiem"). Wprowadził on poważne zmiany: *Wcześniej był to angielski show, bez wyraźnej historii, w którym ludzie stali i gadali. W pierwszym odcinku mojego autorstwa podkręciłem akcję, położyłem nacisk na rozwój postaci i wzmocniłem fabułę. Chciałem udowodnić, że „1999" może dotrzymać kroku amerykańskiej koncepcji serialu przygodowego...* Na takie zabiegi alergicznie zareagowali fani. Spadająca oglądalność przyczyniła się do zakończenia produkcji.

Polscy widzowie zobaczyli drugi sezon dopiero w 1994 roku, gdy pokazała go lokalna warszawska telewizja kablowa. Potem było z powtórkami krucho. Ale „Kosmos 1999" wciąż jest pamiętany. Sopocki klub SPATiF zorganizował na przykład w sylwestra 2006/2007 kostiumowy bal pod tym hasłem.

Warto poza tym wspomnieć, że serial posłużył w latach 80. za inspirację audycji „PRZYBYSZE Z MATPLANETY". Jej twórcy bezczelnie wykorzystali model statku kosmicznego Orzeł.

KRAWCZYK, KRZYSZTOF

piosenkarz

ur. 8 września 1946 w Katowicach, Polska

Niezniszczalny piosenkarz, który przeszedł drogę od big beatu przez przepych estrady gierkowskiej, amerykańską przygodę z country, wstydliwy epizod disco polo po triumfalny come back u boku Gorana Bregovićia...

Artysta miał trudne dzieciństwo: *Straciłem ojca w wieku 16 lat, odszedł od nas na zawsze. Poznałem rozpacz i samotność. Zacząłem pracować i uczyłem się jednocześnie. Dostałem lekcję pokory – byłem popychadłem, robiłem herbatę, przyklejałem znaczki i zarabiałem 600 złotych, a to było 1/3 przeciętnych zarobków w Polsce. Ale dla mamy, która dostawała rentę po tacie i pracowała w teatrze lalkowym „Pinokio", to była spora pomoc.*

W 1956 roku rodzina przeniosła się z Poznania do Łodzi. Tam Krawczyk uczył się w szkole muzycznej, równocześnie odkrywając smak rock'n'rolla. *W wieku 15 lat przeżyłem szok, kiedy usłyszałem, jak śpiewa Elvis Presley. Stał się moim autentycznym idolem. Zawrócił mi w głowie. Nie tylko swoim głosem – słodkim jak syrop, ale dlatego, że śpiewał „pościelówy", przy których mogliśmy przytulać się do dziewczyn. Właśnie pierwszemu mojemu tanecznemu zbliżeniu do kobiety towarzyszył Elvis. Pamiętam, jak na adapterze BAMBINO namiętnie puszczaliśmy grające POCZTÓWKI z jego największymi przebojami. Podziwiałem jego barwę głosu – w pewnym okresie miałem podobną. Dlatego długo nazywano mnie polskim Elvisem.*

W 1963 roku fan Presleya pomagał zakładać zespół Trubadurzy, z którym zdobył lokalną popularność i zaistniał m.in. w serialu „WOJNA DOMOWA" (piosenki „Mleko", „Jutro odejdę, mamo"). Przełomem było pojawienie się w składzie w 1967 roku muzycznego szefa Czerwono-Czarnych Ryszarda Poznakowskiego. On zdecydował, że Krawczyk ma pełnić główną rolę wokalną i dostarczył nowy repertuar. W 1968 przyszedł pierwszy sukces – nagroda Miejskiej Rady Narodowej na festiwalu w OPOLU za utwór „Przyjedź mamo na przysięgę". Z tego okresu pochodzą też przeboje „Znamy się tylko z widzenia" i „Krajobrazy".

Po czasie burzliwych zmian składu Krawczyk opuścił Trubadurów w 1973 roku. Rok później ukazała się jego pierwsza solowa płyta, „Byłaś mi nadzieją" (Muza). Kolejne wydawał niemal co roku. Artyście udało się wylansować wiele hitów: „Parostatek", „Jak minął dzień", „Byłaś mi nadzieją"... Brylował na scenie w kraju i za granicą – od Kuby po RFN, gdzie w 1977 nagrał dwa single dla oddziału firmy Polydor. W 1980 roku niespodziewanie osiadł w Stanach Zjednoczonych. *Może nigdy nie zdecydowałbym się na emigrację, gdyby nie Maciej Szczepański, były pan i władca telewizji* – wspomina. *Z jego woli pod koniec lat 70. zniknąłem z wizji i eteru, podobnie jak Skaldowie, śp. Anna Jantar i inni artyści mojej generacji. Nie wiem, co spowodowało taką decyzję, bo byłem grzecznym chłopcem, jeździłem na koncerty do ZSRR, gdzie – nie powiem – noszono mnie na rękach. Występowałem też w KOŁOBRZEGU i ZIELONEJ GÓRZE, starając się dostrzegać piękno pieśni rosyjskiej i rytmikę piosenki marszowej. Tymczasem nagle wyparowałem z anten. Ponieważ nadeszło zaproszenie z USA – wyjechałem.*

Pobyt za oceanem nie był usłany różami. Krawczyk występował w klubach polonijnych, kasynach i kościołach. Miał kłopoty z używkami, rozpadło mu się też małżeństwo. *W kraju niczego mi nie brakowało, tam grałem w zadymionym klubie*

wprawdzie za dobre pieniądze, ale to była ciągła tułaczka. W czasie adwentu, postu nie było śpiewania, więc stawałem za barem, byłem kierowcą, wchodziłem na dachy i wbijałem kołki pneumatycznym młotem, naprawiałem okna... W 1982 roku udało mu się wydać album „From A Different Place" (TRC), na którym znalazł się utwór „Solidarity", opublikowany także na singlu w wersji polskojęzycznej. Ten epizod, podobnie jak wypowiedzi na antenie Głosu Ameryki, nie przeszkodziły w kontynuowaniu kariery w PRL po powrocie w 1985 roku.

Już w 1986 wydano mu płytę „Wstaje nowy dzień" (Wifon), a rok później aż dwie: „Kolędy polskie" (Pronit) i „Country album – pokochaj moje marzenia" (Wifon). W czasie eksplozji polskiego rocka utwory z tego okresu raziły festiwalową manierą i okupowały czołowe miejsca na liście BUBLOTEKI... Potem było jeszcze gorzej. W 1990 roku wokalista ponownie wyjechał do Stanów, gdzie próbował sił na scenie country. Po powrocie, cztery lata później, związał się natomiast z branżą disco polo. *Na szczęście żadnych majteczek w kropeczki i teściowych klozetowych nie śpiewałem. Dzięki obecności w „Disco Relaksie" co niedzielę oglądało mnie 5-8 milionów ludzi. Telewizja Polska nie była mną zainteresowana, Polsat spowodował, że zacząłem otrzymywać propozycje koncertowe i stanąłem na nogi. Było to po moim powrocie z USA. Niczego nie żałuję.*

Okres przejściowy to czas zaangażowania religijnego, czego dowodem choćby płyta „Ojcu Świętemu śpiewamy" (1999, Snake's). Na początku nowego stulecia pomocną rękę wyciągnął zaś oddział światowego koncernu Sony Music. Po pilotażowej płycie z kolędami Krawczyk został zaangażowany do nagrania albumu z Goranem Bregovićiem. Mimo że płyta „Daj mi drugie życie" (2001) nie powtórzyła sukcesu podobnej produkcji z Kayah, otworzyła wokaliście drzwi do pierwszej ligi. Swoją pozycję podtrzymał albumami „Bo marzę i śnię" (2002), „To, co w życiu ważne" (2004) i „Tacy samotni" (2006), na które repertuar pisała plejada młodych kompozytorów.

KRECIK

serial animowany

(Krtek)

61 odcinków; reż. Zdeněk Miler; 1956-2002, Czechosłowacja

Sympatyczny bohater czechosłowackiej kreskówki narodził się z niezgody. Niezgody rysownika Zdenka Milera na kształt powstającego w studiu Krátký Film Praha filmu „O lnianej koszuli". Rzecz dotyczyła produkcji tkanin i pozbawiona była ciepła... *Bajka nie podobała mi się, bo występowały tam same maszyny i nie było to w gruncie rzeczy dla dzieci* – wspomina twórca. *Powiedziałem sobie, że jeśli ma to dotrzeć do najmłodszych, musi pojawić się jakaś postać, która będzie prowadzić akcję. Chciałem wymyślić coś nowego, czego jeszcze nigdzie nie było. Jakoś mi to nie wychodziło. Postanowiłem więc przespacerować się do lasu – na zasadzie, że albo coś przyjdzie do głowy, albo odpuszczam. Poszedłem, lecz na nic nie wpadłem. Byłem już załamany, ale wyszedłem na łąkę i potknąłem się o coś. Okazało się, że to kopiec kreta. „Mam pomysł: kret!"*.

Miler pobiegł do domu, chwycił książkę o zwierzętach i zaczął rysować. Początkowo nie wychodziło – nie dość, że stworzenie niezbyt piękne, to jeszcze ślepe... Dopiero po trzech tygodniach uzyskał satysfakcjonujący rezultat i zaczął realizować kreskówkę. Zgodnie z linią tekstylną powstał film

„Jak Krecik dostał spodenki" („Jak krtek ke kalhotkám prisel", zdrobnienie Krteček nie jest używane oryginalnie w tytułach). Był rok 1956.

Film cieszył się wielkim powodzeniem na festiwalu w Wenecji, dostał tam najwyższą nagro-

dę – kontynuuje Miler. *Gdy tylko do tego doszło, gdy tylko się spodobało, powiedziano mi: „Rób następne". Przyszli ludzie z niemieckiej telewizji, mówiąc: „Poprosimy dziesięć, a potem jeszcze dwanaście i jeszcze dwanaście"... I tak powoli zrobiło się około pięćdziesiątki.* Dokładnie: 61. Ostatni jak dotąd odcinek, „Krecik i żabka" („Krtek a zabka"), datowany jest na 2002 rok.

Miler postanowił, że w jego bajce nie będzie dialogów, co sprawi, że stanie się uniwersalna i bardziej przystępna dla dzieci. Okazało się to strzałem w dziesiątkę. Przygody Krecika są zrozumiałe od Japonii po Polskę. Były u nas wyświetlane praktycznie od początku powstawania (początkowo pod tytułem „Kret")...

Krecik wydaje z siebie tylko okrzyki czy też westchnienia: *ah joo*. Wyjątek stanowią słuchowiska publikowane na płytach przez firmę Supraphon, gdzie narratorem jest Marek Eben, a Krecika odtwarza Anička Slovačkova. Zwierzak występuje poza tym jako bohater książek dla dzieci i niezliczonej ilości gadżetów.

KREMPLINA

tkanina syntetyczna

Kolejny po NON-IRON i ORTALIONACH syntetyk, który zdominował krajową modę. Doszło do tego na początku lat 70. Dzianinę wykonywano z przędzy syntetycznej (np. bistoru – używano zresztą tej nazwy wymiennie), cechowała ją niewielka rozciągliwość i nieprzepuszczalność powietrza. Ówcześni modnisie pocili się więc okrutnie. A była ich szeroka rzesza, bo z krempliny szyto wszystko: od sukienek po garnitury... Większość produktów cechowała się krzykliwymi barwami, co dodatkowo wzmagało egzotykę.

Krajowy przemysł zabrał się za produkcję materiału z tradycyjnym opóźnieniem. Zanim do tego doszło, głównym źródłem dostaw był przemyt. Milicyjne śledztwo w sprawie przesyłek z krempliną jest jednym z wątków pierwszego odcinka serialu „07 ZGŁOŚ SIĘ" – „Major opóźnia akcję" (1976).

KUKULSKA, NATALIA

piosenkarka

ur. 3 marca 1976 w Warszawie, Polska

Jak będę dorosła, chciałabym zostać piosenkarką. Ale nie wiadomo, czy będę miała dobry głos – zastanawiała się Natalia Kukulska, gdy miała 11 lat. Dziś znamy już odpowiedź na to pytanie.

Ale i wtedy uchodziła za gwiazdę. Największą gwiazdę piosenki dziecięcej lat 80.

Kariery na pewno nie utrudniało pochodzenie. Matka: Anna Jantar, słynna piosenkarka. Ojciec: Jarosław Kukulski, ceniony kompozytor. W 1983 roku dziewczynka trafiła do studia Polskiego Radia, gdzie nagrała swój pierwszy utwór, „Co powie tata". To kompozycja ojca, słowa – podobnie jak w większości późniejszych piosenek – napisał Jerzy Dąbrowski. Wkrótce dołączyły kolejne hity, jak „Puszek okruszek" (*To o moim piesku Puszku, który wyszedł i do tej pory niestety nie powrócił*) czy „Kołysanka dla ET" (z nawiązującym do popularnego filmu wyznaniem: *E.T. pamiętaj, że ja czekam tu / Gdy zjawisz się na statku ze światła i chmur*). Zebrano je w 1985 roku na drugiej stronie winylowej płyty „Anna i Natalia". Na stronę pierwszą trafiły przeboje nieżyjącej już wtedy Anny Jantar. Rok później kawałki powtórzono na samodzielnej płycie „Natalia". Bonusem było kilka nowych piosenek oraz anglojęzyczna wersja „Please Tell Me Daddy" (*Mając sześć lat byłam w Ameryce i chodziłam przez rok do amerykańskiej szkoły*).

Opinie na temat tej twórczości były podzielone. Ówcześni krytycy wytykali hermetyczność tekstów: *Chłopcy pytani o piosenki Natalii najczęściej wzruszają ramionami i trudno się temu dziwić. Nie będą przecież śpiewać o puszkach-okruszkach, balach lalek i smutnych królewnach.* Niektórych drażnił image: okulary o grubych szkłach na pucołowatej twarzy. Artystka ironizowała po latach: *Ojciec tresował mnie wprost straszliwie. Zamykał w klatce i opychał jedzeniem. Żebym była pulchniutka, bo wtedy dziecko wydaje się słodsze...*

Piosenka „Ważne pytanie", z udziałem Romana Wilhelmiego, wyznaczyła kierunek kolejnego albumu. „Bajki Natalki" (1987) powstały z udziałem znanych aktorów i mimo że nie zaowocowały przebojami, longplay sprzedał się w ilości przekraczającej milion egzemplarzy. Pierwsza platynowa płyta w historii polskiej fonografii! *Ja chyba nawet nie zarabiam. Nie wiem* – mówiła wówczas Nata-Kuku w wywiadzie. *Chociaż ostatnio dostałam aż dwadzieścia tysięcy za Złotą Płytę, a trzy tysiące, które przyszły pocztą, wpłaciłam do SKO...*

Skromne stanowisko podtrzymuje z perspektywy czasu: *Ludzie pytali mnie: „Czy ty, Natalia, czujesz się gwiazdą?". Nie rozumiałam tego pytania. Chodziłam do szkoły, po wywiadach pędziłam na podwórko, na rower, babcia wołała na obiad. To było zupełnie normalne życie, nie różniące się od życia innych dzieci. Co to miało wspólnego z gwiazdą? Tata nie chciał, żebym występowała na żywo, godził się jedynie na teledyski i płyty.*

Jako piętnastolatka Kukulska nagrała jeszcze płytę z kolędami, a od 1996 roku prowadzi „dorosłą" karierę solową. Peerelowski okres jej kariery uzupełnia piosenka „Pan Samochodzik", wykonywana wspólnie z Felicjanem Andrzejczakiem i Markiem Niedzielko w filmie „PAN SAMOCHODZIK i Niesamowity Dwór".

LA LINEA

serial animowany

156 odcinków; reż. Osvaldo Cavandoli; 1969-1992, Włochy

Charakterystyczny ludzik, poruszający się po tytułowej linii i mający pretensje do rysownika, który go stworzył, trafił do polskiej telewizji w latach 80. Krótka forma (zwykle 2,5 minuty), pozwalała na upychanie kreskówki w okolicach niedzielnej audycji „Antena" w programie pierwszym.

Po latach animowaną postać najbardziej kojarzymy z reklamami. W 1999 roku kłótliwy człowieczek pojawił się w spotach sieci komórkowej Plus. Nie była to żadna profanacja, bo pomysł wyszedł właśnie z reklamy. Rysownik Osvaldo Cavandoli (posługujący się pseudonimem Cava) opracował go w 1969 roku dla agencji ODG. *Siedziałem, gapiłem się na pustą kartkę papieru i gryzmoliłem* – wspominał twórca. *Ołówek bez przerwy się poruszał, rysując linie. Gdy na nie spojrzałem, uświadomiłem sobie, że najlepszym pomysłem będzie uproszczenie wszystkiego do pojedynczej linii i wyrażenie za jej pomocą tego, co chcę wyrazić.*

Seria spotów promowała produkty kuchenne firmy Lagostina. Ludzik nazywał się wtedy po prostu Agostino Lagostina. Reklama liczyła 35 odcinków, produkowano je w latach 1969-1976. Równocześnie Cavandoli zrealizował osiem filmów niezwiązanych z produktem. Towarzyszyła im muzyka Franco Godiego (charakterystyczne *balum balum*), a bohater posługiwał się mediolańskim dialektem (ledwo zrozumiałym nawet dla Włochów), za którym stał aktor Carlo Bonomi.

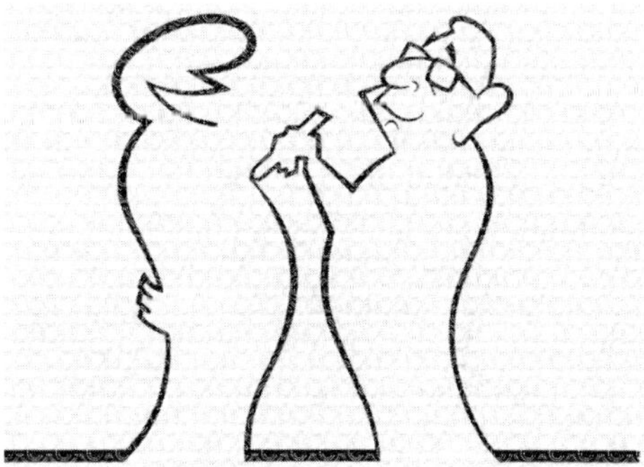

W 1977 roku międzynarodowa zrzutka producentów pozwoliła nakręcić 25 nowych odcinków. To one jako pierwsze dotarły do Polski. Dwa lata później doszło do tego kolejnych 30 części. W 1978 powstały epizody „La Sexylinea", w których rysownik pozwolił sobie na pewną śmiałość obyczajową. W roku 1983 zrealizowano dalszą porcję odcinków. Sagę zamknął dłuższy, 7-minutowy film z roku 1992, poświęcony Wolfgangowi Amadeuszowi Mozartowi.

Potem Cavandoli nie tworzył już nowych odcinków, z wyjątkiem kampanii reklamowych dla firm na całym świecie. *Produkcja wszystkich filmów reklamowych dla Simplusa odbyła się w studio Quipos w Mediolanie, gdzie pracowali nad nimi twórcy włoskiej kreskówki* – opowiadała przedstawicielka naszej agencji reklamowej. *Panowie już mają swoje lata, ale duch w nich iście młodzieńczy. Wszystkie rysunki La Linei, wykorzystywane w prasie, na opakowaniach i w materiałach promocyjnych są wykonywane przez Cavandoliego według przygotowanego w Polsce szczegółowego projektu. Również głos ludzika, który słyszymy w telewizji i radiu, to głos oryginalnego bohatera, podkładany, również według naszych wskazówek, przez cudownego Carlo Bonomiego.*

Osvaldo Cavandoli zmarł w 2007 roku.

LASKOWSKI, JANUSZ

piosenkarz

właśc. Jan Adam Laskowski; ur. 5 stycznia 1946 w Pożarkach, ZSRR

Król POCZTÓWEK DŹWIĘKOWYCH, ojciec disco polo, bard prowincji... Fenomenalny przykład sukcesu poza oficjalnym rynkiem rozrywkowym.

Laskowski urodził się na Wileńszczyźnie, do Polski trafił dopiero w 1957 roku, w ramach repatriacji. Osiadł w Białymstoku, gdzie od lat szkolnych prowadził własne zespoły (np. Ananasy). Wtedy powstały jego pierwsze, lokalne hity: „Tylko dla ciebie" czy „Powiedz, powiedz mi, gdzie?". Wierna publiczność nie mogła przeboleć straty ulubionego wykonawcy, gdy ten rozpoczął służbę wojskową. Na prośbę znajomego zarejestrował więc piosenki w prywatnym studiu. Jak wiadomo, kolegom w cywilu ufać nie wolno: gdy Laskowski opuścił koszary, zorientował się, że jego songi powielono w tysiącach egzemplarzy na dźwiękowych pocztówkach...

Dało mu to do myślenia. W 1967 wszedł do białostockiego studia, gdzie zarejestrował dwie legendarne kompozycje: „Beatę z Albatrosa" (o poznanej dwa lata wcześniej augustowskiej kelnerce) i „Żółty liść" (o, hm, żółtym jesiennym liściu). Następnie wydał je na pocztówkach, starając się kontrolować produkcję. Można się tylko domyślać, że nie było to do końca możliwe. Nakład produkowanych mniej lub bardziej pokątnie płyt sięgał podobno 16 milionów egzemplarzy.

Chwilę później łaskawie zainteresowało się Laskowskim radio i telewizja. W 1971 roku pojawił się w audycji „Popołudnie z młodością", potem w „Telewizyjnym Ekranie Młodych". Po drodze były jakieś festiwale (Festiwal Kulturalny Studentów we Wrocławiu, Musicorama), użycie piosenki w filmie („Przeprowadzka" Jerzego Gruzy), ale wciąż pozostawał na marginesie. Nawet nagroda w OPOLU za „Kolorowe jarmarki" w 1977 roku, nie przyniosła takiego splendoru, jaki zgarnęła,

śpiewając tę samą piosenkę w SOPOCIE '77, MARYLA RODOWICZ.

W 1974 roku ukazała się pierwsza prawdziwa płyta piosenkarza, „Janusz Laskowski" (Muza). Najsłynniejsze przeboje przypomniał jednak dopiero w roku 1980: na longplayach „Kolorowe jarmarki" (Muza) i „Żóty liść" (Wifon).

W latach 90. Laskowski odnalazł się w nurcie biesiadnym, który zapoczątkował przed laty swoją wersją piosenki „Na opolskim rynku" Katarzyny Gaertner (potocznie znanej pod tytułem „A u sąsiada tam")... Nagrywał dla specjalizującej się w disco polo podwarszawskiej wytwórni Blue Star. Dał się też poznać jako wykonawca zaangażowany religijnie, niestroniący od imprez kościelnych. Do kolekcji jego przebojów dołączył w 1994 roku „Świat nie wierzy łzom" (prześmiewcy nabijający się z dykcji pana Janusza tytułują utwór „Świat nie wierzy łzą").

LATO, DANUTA

piosenkarka

właśc. Danuta Irzyk; ur. 1963 w Szufnarowej, Polska

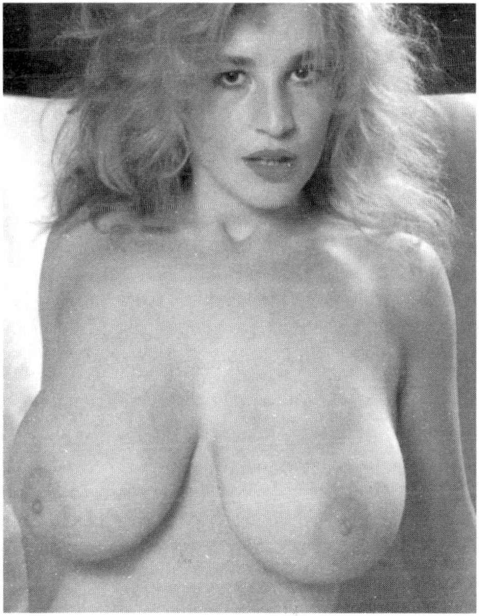

Największy polski wkład w europejską kulturę lat 80. Konkretniej – wkład w rozmiarze D, co robi wrażenie, zważywszy, że artystka liczy zaledwie 150 centymetrów wzrostu... Niemcy – a tam głównie robiła karierę – nazywają takie zjawisko Busenwunder. Coś jakby „supercyc".

My tu śmichy-chichy, ale w peerelowskiej rzeczywistości stanowiło to spory problem. Gdy przeciętnie obdarzonej siedemnastolatce zaczął gwałtownie rosnąć biust, miała kłopoty z kupowaniem staników. Nowy co dwa miesiące! Zwłaszcza że pochodziła z niewielkiej wsi w województwie podkarpackim. Sytuacja radykalnie się pogorszyła, gdy zabrakło odpowiednich rozmiarów.

Po krótkim epizodzie z zawodem przedszkolanki Danuta została wypatrzona przez Niemca polskiego pochodzenia. Zaprosił ją do RFN. W połowie 1984 roku, korzystając ze swoich atutów, zaczęła pozować za granicą do rozbieranych zdjęć w magazynach dla panów. W sumie zaliczyła ponad 200 takich sesji.

Gdy popularność zaczęły zdobywać biuściaste wokalistki w rodzaju SAMANTHY FOX czy SABRINY, ktoś zorientował się, że można dać szansę i naszej rodaczce. Trafiła do producenta Louisa Rodrigueza, współpracownika Dietera Bohlena. Nic dziwnego, że wydana w 1987 roku mała płyta (jako Danuta, utwory: „Touch My Heart"/„I Need You") brzmiała dokładnie jak MODERN TALKING.

Utwór nie cieszył się powodzeniem za Odrą, w Hiszpanii wszedł jednak do Top 10, a w Japonii pokrył złotem... Być może wstrząsnął tamtejszymi fanami wideoklip. Przechadzka wśród stada owiec to niewątpliwie nawiązanie do rustykalnych korzeni. Bardziej jednak prawdopodobne, że spodobały się sugestywne akrobacje w wannie... Jedynym odzieniem – piana.

Z muzyki (klasy B) łatwo o krok do świata filmu (klasy B). Już w 1985 roku Danuta zadebiutowała w komedii kryminalnej „Drei und eine halbe Portion" (rola striptizerki). Potem zdarzyło jej się grać w filmie włoskim (znanym pod tytułem „Soldier Of Fortune" 1987), izraelskim (komedia „Nipagesh Basivuv", 1989) czy wreszcie w polskiej telenoweli „W LABIRYNCIE" (1988).

Po roku 1989 słuch o artystce zaginął. Podobno odmienił ją wypadek samochodowy – oddała się religii i wychowywaniu dziecka.

LIMAHL – patrz KAJAGOOGOO

LODY NA PATYKU

cykl filmów fabularnych

(Eskimo Limon)

różni reżyserzy; 1978-2001, Izrael/RFN

Przebój podziemnego rynku WIDEO z lat 80. I rzadki u nas przypadek filmu izraelskiego. Inna sprawa, że mało kto orientował się, że jest to dzieło z Bliskiego Wschodu. Kopie wędrowały najczęściej z RFN, z niemieckim dubbingiem i odpowiednim tytułem („Eis am Stiel"). W miarę uniwersalne realia lat 60. i znane rock'n'rollowe przeboje mogły też mylić w wersji angielskiej („Lemon Popsicle"). Tylko koneserzy dostrzegli, że obok amerykańskich standardów w rodzaju „Diany" Paula Anki pojawiały się nagrania popularne w Europie, np. „Volare" Domenico Modugno.

Nigdy nie marzyliśmy o rynku międzynarodowym – opowiadał Boaz Davidson, twórca serii i reżyser pierwszych czterech części na japońskim (!) DVD. *Nie wiedziałem, czy film spodoba się nawet w Izraelu. To niewielka produkcja, oparta na moich wspomnieniach. Najfajniejsze było to, że mogłem kręcić dokładnie w tym miejscu, gdzie działy się wydarzenia. Wróciłem tam, zrobiłem film, a potem – ku mojemu i wszystkich zaskoczeniu – zrobił się z tego wielki światowy hit.* W samym Izraelu na pierwszą część do kin poszło prawie półtora miliona widzów. Kraj liczył wtedy 4 miliony mieszkańców...

Punktem wyjścia komedii erotycznej są życiowe rozterki trzech nastoletnich kumpli z Tel Awiwu. Pierwszy to gruby Yudale lub po angielsku Huey (Zachi Noy). Obok niego nieudolny podrywacz Bentzi-Benji (Yiftach Katzur). I nieźle sobie radzący z dziewczynami Momo-Bobbie (Jonathan Sagall). Z ich ust padają błyskotliwe kwestie w rodzaju: *One nie są dziewicami, widać po sposobie, w jaki chodzą...* A czas wypełniają konkursy na największy członek czy szukanie wszy w owłosieniu łonowym. Wymienione sceny zostały zresztą wycięte w większości eksportowych wersji. Do-

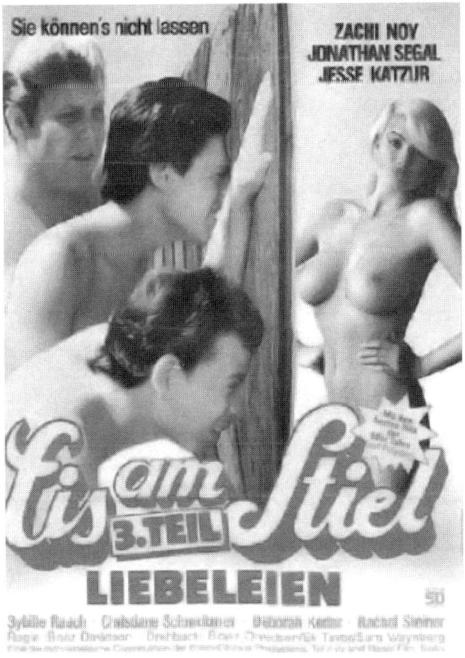

stępny na polskim rynku zestaw DVD to mocno ocenzurowana edycja niemiecka. Na podstawie języka niemieckiego przetłumaczono też tytuły.

Już w 1979 roku powstał sequel, „Yotzim Kavua" („Going Steady" – „Prawdziwi przyjaciele"). A potem się potoczyło: „Shifshuf Naim" („Hot Bubblegum" – „Miłostki", 1981) czy „Sapiches" („Private Popsicle" – „Polowanie na zające" 1982), w którym akcję przeniesiono do wojska. Piątą część, „Roman Za'ir" („Baby Love" – „Wielka miłość", 1984), reżyserował już Dan Wolman, a koproducentami zostali Niemcy. W części szóstej chłopaki wyjeżdżają za granicę, o czym świadczy polski tytuł „Wakacyjna miłość" (oryg. „Harimu Ogen", ang. „Up Your Anchor", 1985). Rzecz wyróżnia się brakiem Bobbie'ego – aktor pokłócił się z producentami, a także wyraźnie obniżoną formą, do czego mogło się przyczynić wyrzucenie z planu reżysera. W „siódemce", także wakacyjnej, za kamerą stanął Niemiec Walter Bannert. Jego „Zakochani chłopcy", czyli „Ahava Tzeira", czyli „Young Love" to dzieło datowane na 1987. Klasyczną serię zamknął nakręcony rok później „Letni Blues" („Summertime Blues", reż. Reinhard Schwabenitzky), który nie doczekał się oryginalnego wydania poza RFN.

W 2001 roku dokręcono jeszcze jeden odcinek, „The Party Goes On" („Hahagiga Nimshehet"), ze zmienioną obsadą. Nie wyszedł poza Izrael, a Davidson zarzucił producentom przywłaszczenie pomysłu. Nie udały się próby reaktywacji serii z oryginalnymi aktorami.

LUGOLA PŁYN

farmaceutyk

Noc z soboty na niedzielę 26 kwietnia 1986 roku. Wybuch reaktora jądrowego w elektrowni atomowej w Czarnobylu (Ukraina, 450 kilometrów od polskiej granicy). Poniedziałek, 28 kwietnia: Centralne Laboratorium Ochrony Radiologicznej w Warszawie otrzymuje ze wschodniej części kraju sygnały o wzmożonym poziomie promieniowania. Mimo braku oficjalnych komunikatów specjaliści ustalają, że opad pochodzi z reaktora. I że zawiera groźny jod-131, mogący prowadzić do raka tarczycy. Profesor Zbigniew Jaworowski, kierownik Zakładu Higieny Radiacyjnej, dzwoni do Instytutu Matki i Dziecka. Prosi o przygotowanie lekarzy na masowe podanie najmłodszym blokującego tę substancję jodu trwałego. W nocy decyzję zatwierdza Komitet Centralny PZPR. Ponadto zakazany zostaje wypas bydła na łąkach i wstrzymane dostawy świeżego mleka.

Od południa 29 kwietnia trwa przygotowanie do masowej akcji podawania jodu. Zapasy odpowiednich tabletek okazują się zbyt małe. Ktoś wpada więc na pomysł zastosowania starej, opracowanej w 1829 roku przez Jeana Lugola receptury. Sporządzenia roztworu o proporcjach: 1 procent jodu, 2 procent jodku potasu, reszta – woda destylowana.

Ciecz miała ciemnoczerwoną barwę i obrzydliwy, piekący smak. W społeczeństwie owładnię-

tym atomową fobią (patrz „NAZAJUTRZ") uchodziła jednak za istne panaceum. Nic dziwnego, że przed zakładami opieki zdrowotnej ustawiały się kolejki, a wybrani dostawali dawkę „po znajomości". Płyn aplikowano przez całą noc. Pierwsza faza akcji objęła województwa wschodnie. Na pozostałym terenie kraju podawano płyn aż do 5 maja. W sumie przyjęło go 18,5 miliona ludzi, co uchodzi za rekord światowy w tego typu akcji profilaktycznej.

Sensowność przeprowadzenia takich działań nie jest dziś jednoznaczna. Profesor Ida Kinalska z Kliniki Endokrynologii Akademii Medycznej w Białymstoku mówi: *Muszę podkreślić, że kuracja lugolowa przeprowadzona na wielką skalę po katastrofie przyniosła skutek. W białoruskim Homlu, którego odległość od Czarnobyla jest niemal dokładnie taka jak Białegostoku, zachorowalność na nowotwory tarczycy jest nieporównanie większa.*

Sam Zbigniew Jaworowski twierdzi natomiast: *Mogę z pełną odpowiedzialnością powiedzieć: niczyje zdrowie w naszym kraju nie było zagrożone z powodu Czarnobyla. Co więcej, gdybym miał wówczas obecną wiedzę na temat skali skażeń i tego, co dokładnie wydarzyło się w czarnobylskiej elektrowni, nie rekomendowałbym nawet podawania ludności płynu Lugola.*

LUSTRZANKI

okulary przeciwsłoneczne

Fakt, że odbijające światło okulary przeciwsłoneczne uchodziły za szczyt lansu w połowie 80., zawdzięczamy rozprzestrzenieniu WIDEO i dwóm

filmom. „Top Gun" z Tomem Cruise i „Cobra" z Sylvestrem Stallone... Oba z 1986 roku. Dzieła te dobrze oddają najpowszechniejsze za oceanem zastosowanie tego typu sprzętu. W pierwszym przypadku wśród lotników. W drugim – policjantów.

Charakterystyczny, „łzawy" kształt oprawek został opracowany w 1937 roku przez firmę Ray-Ban. W czasach drugiej wojny światowej polubili je piloci – za dokładną ochronę oka przed promieniami słonecznymi... Stąd nazwa modelu: Aviator. Policjantom z kolei podobał się dający przewagę psychiczną brak kontaktu wzrokowego z zatrzymanym.

Na początku lat 70. lustrzanki przeniknęły ze służb mundurowych do popkultury. Chętnie nosili je muzycy rockowi (w Polsce m.in. Grzegorz Markowski z Perfectu), skateboardziści, a w latach 80. stały się ikoną subkultury gejowskiej. Lustrzanki typu Aviator przeżyły renesans na początku XXI wieku w Hollywood.

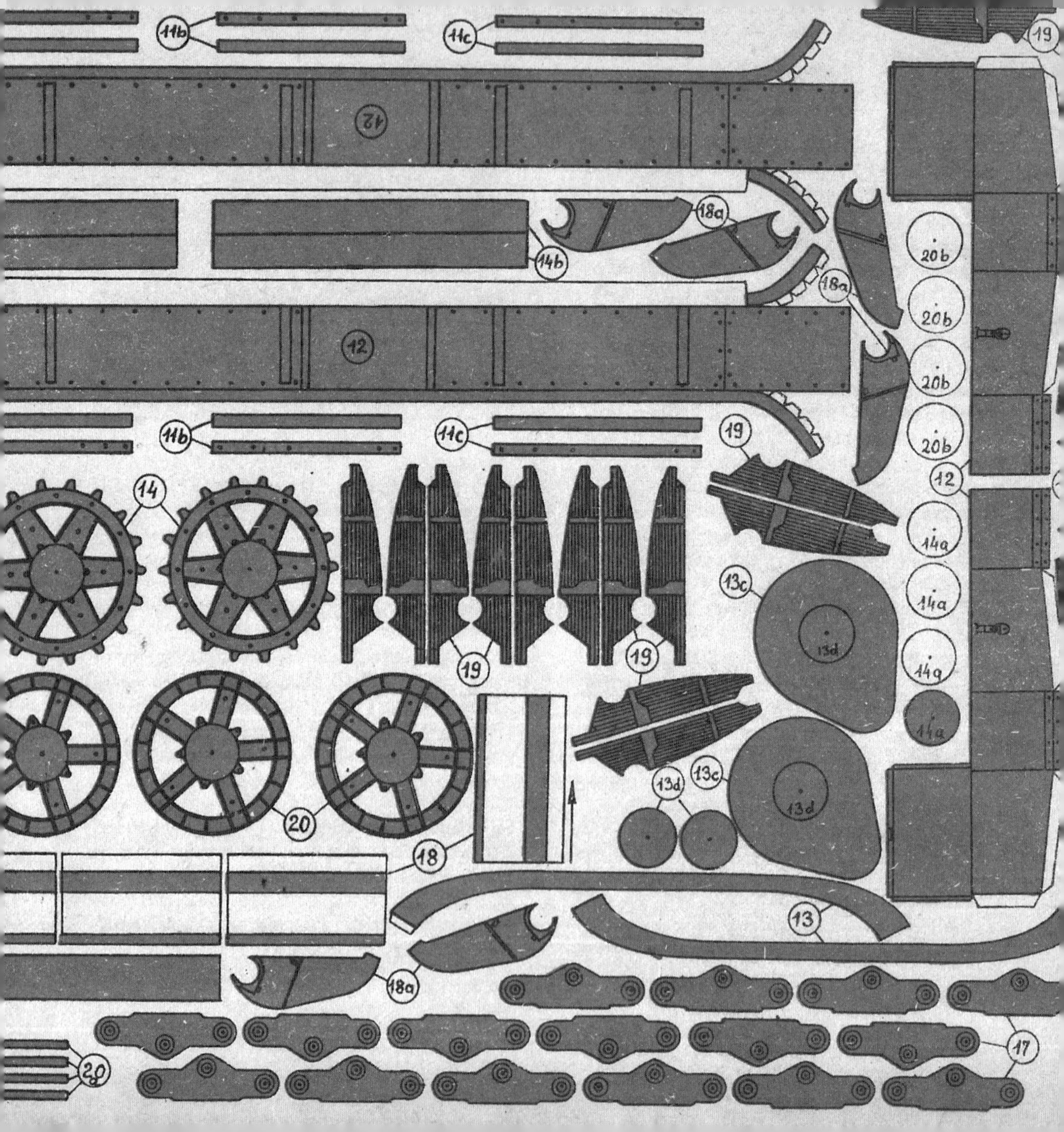

11b
11c
19
12
18a
14b
20b
12
11b
11c
19
14
14a
13c
13d
19
19
20
18
13c
13d
13d
13
18a
17
20

MACLEAN, ALISTAIR

pisarz

właśc. Alistair Stuart MacLean; ur. 28 kwietnia 1922 w Glasgow, Wielka Brytania; zm. 2 lutego 1987 w Monachium, Niemcy

150 tysięcy? 300? Żaden nakład nie był wystarczający, by zaspokoić popyt na najpopularniejszego pisarza sensacyjnego w PRL. Fakt, dobrze się go czytało. Z drugiej strony w krajowych wydawnictwach zachodnich autorów z tej dziedziny było jak na lekarstwo. Z dorobku Fredericka Forsytha ukazały się na przykład tylko „Dzień szakala" i „Psy wojny". Reszta nie nadawała się do tłumaczenia z powodu bohaterów związanych z blokiem sowieckim.

Z MacLeanem tego problemu przeważnie nie było (do wyjątków należy „Ostatnia granica"). Pisał albo o drugiej wojnie światowej („Działa Nawarony", „Tylko dla orłów"), albo umieszczał fabułę na neutralnym gruncie: w Arktyce („Stacja arktyczna Zebra"), na statku pasażerskim („Złote rendez-vous") czy platformie wiertniczej („Siła strachu"). Dodatkowym plusem dla cenzury było wyjałowienie akcji z elementów seksu. Pisarz skupiał się na akcji, której charakterystyczną cechę stanowiło nagłe zaskoczenie, gdy w otoczeniu głównej postaci ujawniał się zdrajca.

Jedyną barierą ekspansji wydawniczej były zatem ograniczenia odgórne. *W czasach Peerelu trudno się było wydawcy dorobić* – wyjaśnia Wiesław Uchański, prezes wydawnictwa Iskry. *Mieliśmy prawa do MacLeana, Ludluma czy Forsytha, ale jednocześnie ograniczał nas roczny przydział papieru i obowiązek wydania określonej liczby różnych tytułów: poezji czy literatury radzieckiej. Gdybym cały papier przeznaczył na wydawanie sensacji, wydawnictwo zarobiłoby miliardy, ale ja przestałbym być jego dyrektorem.*

W publikacji „maklinów" obok Iskier wyspecjalizowało się Wydawnictwo Obrony Narodowej. Sporo pozycji można było znaleźć w czerwonej serii kryminałów Krajowej Agencji Wydawniczej, poszczególne tytuły trafiały się też w serii z jamnikiem Czytelnika. Osobną sprawą był rynek podziemny, który rozwinął się w latach 80. MacLean pojawił się w ofercie rozmaitych „klubów miłośników". Amatorsko przetłumaczone, przepisane na maszynie i powielone na ksero książki trafiały na bazary w przyprawiających o zawrót głowy cenach. Charakterystyczny dopisek: *Publikacja na prawach rękopisu. Do użytku wewnątrzorganizacyjnego* i nakład poniżej 100 egzemplarzy (deklarowany oczywiście) służył ominięciu cenzury.

W czasach przełomu twórczość pisarza stała się kołem zamachowym nowego rynku wydawniczego. W samym

1989 roku MON opublikował kilka pozycji, szybko dołączyły do niego firmy prywatne, z konieczności sięgające po niewykupione dotychczas licencje. Zwykle dotyczyły pozycji gorszych, z późniejszego okresu twórczości MacLeana. „Tabor do Vaccares" wydawnictwa Amber sprzedał się fenomenalnie mimo kiepskiej fabuły, błędów edytorskich i literówek.

Popyt był tak wielki, że niektórzy posuwali się do oszustwa. Do legendy weszła historia o pirackim wydaniu książki polskiego autora z pozmienianymi na zachodnie postaciami i nazwiskiem szkockiego pisarza na okładce. Do księgarń trafiły poza tym pozycje pisane przez MacLeana pod pseudonimem Ian Stuart. A także kawałki pośmiertne „na podstawie nieukończonych scenariuszy" firmowane przez wyrobników w rodzaju Alastaira MacNeilla (podobno także Szkot, podobno nazwisko prawdziwe). Szczytem macleanomanii była antologia w twardej oprawie, przygotowana w 1991 roku przez wydawnictwo Interart. Po jej wydaniu nastąpił przesyt i o autorze trochę zapomniano.

MAJKA Z KOSMOSU

serial dla dzieci

(Spadla z oblakov)

13 odcinków; reż. Radim Cvrček; 1978, Czechosłowacja

Słowacy obraziliby się, gdyby powiedzieć „czeski serial". To ich kultowa produkcja (na podstawie książki Václava Pavla Borovička), choć i u nas została mocno zapamiętana... Przede wszystkim za sprawą Zuzany Pravňanskiej. Odtwórczyni tytułowej roli – dziewczynki z planety Gurun, która potrafiła latać, chodzić po wodzie i błyskać oczami.

Pravňanská (ur. 1968 w Bratysławie) zaczynała w telewizyjnym spocie propagującym bezpieczne obchodzenie się z ogniem, „Tato, znalazłam zapałki". Na serio zadebiutowała w obrazie „Stroskotanie Danubia" (1976). Musiała tylko poprawić wymowę. *Łączyłam L z R, więc reżyser mi po-*

wiedział, że dopóki nie nauczę się wymawiać ER, nie mogę grać w filmie – wspomina. *Dziesięć minut później przyszłam do niego ze słowami: „Panie Reżyserze. Już wiem: RRR". Ale w filmie czuć jeszcze, że wymowa nie jest doskonała...*

Do serialu dostała się poprzez casting. *Chodziłam do drugiej klasy, gdy w szkole zjawili się filmowcy. Przeprowadzali wstępny nabór dzieci, które miały wziąć udział w konkursie w klubie filmowym. Wybrali mnie.* Dziewczynka miała się nauczyć trudnego zdania i zadziwiła jury błyskawicznym powtórzeniem słów: *Druhe epicentrum postsekundarnej paragalaxie*. Następnie bez wahania zalała się łzami, gdy kazano jej zagrać moment, jakby właśnie straciła babcię... Miesiąc później dostała potwierdzenie angażu.

Zdjęcia do „Majki z kosmosu" kręcono w malowniczych tatrzańskich plenerach (kosmitka przybyła do górskiej wioski Cabovce), efekty specjalne powstawały w studiu w Zlinie. Realizacyjny rozmach wymagał czasu. 22 miesiące wyrwane z codziennej rutyny nie najlepiej przysłużyły się dziecięcej aktorce. Zuzana ledwo przebrnęła przez szkołę, wdała się w nałogi i patologiczne małżeństwo. Jej dzieci wylądowały w placówkach opiekuńczych. *Obejrzałam „Majkę z gwiazd", niedawno pokazywali w telewizji* – wspomina kobieta, żyjąca dziś praktycznie na marginesie. *Co czułam? To jak zdjęcie w albumie. Zresztą nie mam żadnych fotografii, wszystkie zniszczył mój były mąż. Miałam też tysiące listów od dzieci. Poodrywał z nich znaczki i wyniósł na makulaturę, żeby mieć za co pić...*

Telewizja Polska pokazywała serial (jeszcze pod tytułem „Spadła z obłoków") od września 1981 roku. Był atrakcją „Czwartku Telewizji Dziewcząt i Chłopców", następcy „EKRANU Z BRATKIEM". Potem wielokrotnie go powtarzano.

MAKOWA PANIENKA

serial animowany

(O makové panence a motýlu Emanuelovi)

13 odcinków; reż. Václav Bedřich; 1972-1973, Czechosłowacja

O ile „BAJKI Z MCHU I PAPROCI" były dawką psychodelii dla chłopców, o tyle „Makowa panienka" stanowi ich odpowiednik, jeżeli chodzi o dziewczynki. Ten sam pomysłodawca, Václav Čtvrtek, oparł bowiem akcję na rzadko w bajkach spotykanym romansie. Bohaterka, coś jakby księżniczka w czerwonej spódnicy, włóczy się po łąkach z motylem Emanuelem (który, doprawdy, na zainteresowanego panienkami nie wygląda).

Jak w przypadku tego autora bywało, opublikowana w 1970 roku książka szybko doczekała się telewizyjnej adaptacji. Słodką oprawę graficzną

wyrysowała Gabriela Dubska. Reżyserią zajął się weteran czeskich dobranocek, Václav Bedřich. Bardzo zbliżona do „Żwirka i Muchomorka" jest też oprawa muzyczna autorstwa Jaroslava Celby. Pogłębia dodatkowo leniwy, odrealniony klimat makowego pola...

Czeska premiera serialu miała miejsce 21 grudnia 1972 roku. W Polsce zaczęto go pokazywać od 23 czerwca 1976, w środowej „Dobranocy".

MALI MIESZKAŃCY WIELKICH GÓR

serial animowany

(Seton Dobutsuki Kuma no ko Jacky)

26 odcinków; reż. Yoshihiro Kuroda, Fumio Kurokawa; 1977, Japonia

Chłopcy mieli ZAŁOGĘ G, dziewczęta wolały Dżekiego i Nukę. Słodką opowieść o parze niedźwiadków. Oba seriale całkowicie się oczywiście różniły, ale łączyło je jedno. Powstały w Japonii i były pionierskimi na naszych ekranach reprezentantami stylu anime.

Nippon Animation (firma odpowiadająca za opracowanie „PSZCZÓŁKI MAI") nakręciła historię na podstawie powieści „Monarch: The Big Bear Of Tallac". Jej autorem był popularyzator indiańskiej kultury, Ernest Thompson Seton. Rzecz opowiada o małym Indianinie, który spotyka w górach Sierra Nevada dwa niedźwiadki – Jackiego i jego siostrę Nukę. Pech chce, że ojciec chłopca śmiertelnie rani matkę zwierzątek. Mały Senda postanawia się nimi zaopiekować, w czym pomaga mu biała dziewczynka, Olga.

Sądząc po imionach bohaterów, bajka przywędrowała do nas (w połowie lat 80.) za pośrednic-

twem krajów hiszpańskojęzycznych. W wersji angielskiej czy francuskiej występował tylko Jackie – wszystkie pozostałe postaci nazywały się inaczej. Skoro przy imionach jesteśmy... Popularność kreskówki najbardziej było widać na polskich podwórkach, gdzie co drugi pies wabił się Dżeki lub Nuka.

MALUCH – patrz FIAT 126P

MAŁE WU WU

zespół dziecięcy

Czy pamiętacie jakąś dobrą płytę, piosenkę, muzykę dla niegrzecznych dzieci, które nie przepadają za pięknie ustawionymi głosami GAWĘDY, dla których Wesołe Nutki są odrobinę za smutne, a Natalka KUKULSKA jest symbolem komercji? Nie pamiętacie, bo dotychczas takich w naszym kraju nie było – pisano w 1988 roku. Ten smutny czas skończył się z narodzinami Małego Wu Wu. To najciekawszy muzyczny projekt dla dzieci, jaki powstał w PRL.

Stali za nim znakomici muzycy „dorosłej" grupy Voo Voo – Mateusz Pospieszalski i Jan Pospieszalski (dziś dziennikarz telewizyjny). W 1987 roku dostali propozycję napisania muzyki do spektaklu „Koza na dachu, czyli podwórko pełne dziwów". Jego reżyserem był Jerzy Bielunas z wrocławskiej szkoły teatralnej. Współpraca układała się na tyle dobrze, że panowie postanowili tworzyć dalej. Zachęciła ich do tego MAJKA JEŻOWSKA, załatwiając kontrakt płytowy z Polskimi Nagraniami.

W trakcie zimowych ferii w 1988 roku do studia tej wytwórni weszło dziewięcioro zaprzyjaźnionych dzieciaków. Najstarsza była Karolina Poznakowska (córka Ryszarda Poznakowskiego z Trubadurów). Gwiazda audycji 5-10-15, mająca już na koncie profesjonalne nagrania. W 1986 ukazał się jej singel z kompozycjami taty: „Balonówka z coca-colą" i „Hop na top" (Pronit). W składzie znaleźli się poza tym m.in. Kuba Sojka (syn Stanisława Sojki), Marysia Stokłosa (córka Janusza Stokłosy) i Karol Ludew (syn Andrzeja Ludewa, menadżera Republiki). *Voovoowianie nie chcieli proponować udziału w sesji dzieciom ze szkolonymi głosami, chodziło o naturalność, luz, emocję. Jednak każde dziecko miało coś wspólnego z muzyką: „To po to, żeby nie było kłopotów, kiedy w czasie sesji pojawi się słowo półnuta albo przedtakt".*

W sesji nie wzięli udziału synowie lidera Voo Voo, Wojciecha Waglewskiego (dziś znani hiphopowcy). Waglewski zadbał poza tym o to, by projekt pozostał eksperymentem, a nie głównym polem działania macierzystego zespołu. *Pewnie jeszcze pokażemy się w dziecięcych programach telewizyjnych, bo robią je osoby, z którymi wspaniale się pracuje* – mówił. *Jednakże odmówiłem udziału w koncertach dla dzieci mimo wielkich nalegań z różnych stron. Nie wpuścimy się w ten kanał... Małe Wu Wu było dla nas ważnym doświadczeniem. Okazało się, że moi koledzy z zespołu doskonale radzą sobie z komponowaniem piosenek.*

Jeszcze w 1988 roku, w błyskawicznym – jak na tamte czasy – tempie na rynek trafiła płyta długogrająca „Małe Wu Wu". Wielu wspomina ją jako prekursorską dla polskiego hip hopu. W piosence tytułowej (ze słowami *Małe Wu Wu wlazło na palmę / Wrażenie kolosalne*) po raz pierwszy w krajowej fonografii użyto rapowania. Pojawiają się też skrecze, czyli zgrzytliwe przesunięcia PŁYTY WINYLOWEJ. Całość miała atrakcyjne opakowanie: obwoluta była jednocześnie grą planszową. Kilka utworów, które nie weszły na płytę, trafiło do audycji telewizyjnej.

Małe Wu Wu zagrało po raz kolejny w 1991 roku, na albumie „Tam tam i tu" (Zic-Zac). Rzecz inspirowana muzyką etniczną z całego świata nie odniosła sukcesu równego debiutowi. Po długiej przerwie, w grudniu 2007, ukazała się płyta „Małe Wu Wu śpiewa wiersze ks. Jana Twardowskiego" (Agora/Kiton Art Records). Wystąpiła oczywiście inna ekipa dzieciaków: m.in. Maeve Maleńczuk, Basia Pospieszalska, Jasio Trebunia-Tutka, Franek i Gosia Żyżelewicz.

MAŁY MODELARZ

miesięcznik

Najbardziej dostępna forma wyżycia się dla fanatyków modelarstwa. Czasopismo z kartonowymi stronami, na których rozrysowano elementy do wycięcia. Po ich sklejeniu (na przykład przy użyciu BUTAPRENU) otrzymywało się miniaturkę statku, samolotu czy czołgu.

Pionierski w tej dziedzinie był wydawany od 1951 roku przez Wydawnictwo Ministerstwa Obrony Narodowej cykl „Model Kartonowy". Charakteryzował się poziomym formatem i zróżnicowaną tematyką. Od frachtowca M/S Czech przez pancernik Potiomkin, działo pancerne, stację kosmiczną (!), poduszkowiec Newa po samolot pasażerski pionowego startu Fairey Rhotodyne (1962).

„Małego Modelarza" uruchomiło w 1957 roku wydawnictwo Ligi Obrony Kraju, które miało już w portfolio „Modelarza" (pismo o formule magazynowej). W pierwszym numerze zaprezentowano flotę desantową (barka, kuter, czołg) w skali 1:80. Dalsze pozycje obracały się przeważnie w przedziale samolot–statek–czołg, a każde odstępstwo od tej reguły stawało się kolekcjonerskim rarytasem. Dotyczyło to zwłaszcza samochodów, na przykład dźwigu Star-25 (1962), MALUCHA (1973) czy POLONEZA (1979) i obiektów architektonicznych, jak Centrum Zdrowia Dziecka (1972) czy latarnia morska w Rozewiu (1978). No i fenomenów w rodzaju czołgu CZTERECH PANCERNYCH, który w latach 1967-1969 powtarzano co roku. To wyjątek – większość pozycji pojawiła się jednokrotnie. Dlatego wartość numerów „Małego Modelarza" rosła z wiekiem. Zwłaszcza że stopniowo pogarszała

się niezwykle ważna w tym przypadku jakość druku. Najgorzej było pod koniec lat 80.

Pismo przetrwało czas przełomu i ukazuje się do dziś. Stare egzemplarze – często powielane na ksero czy w formie skanów – służą kolejnym pokoleniom do klejenia modeli nie tylko z kartonu.

MARMURKI – patrz PIRAMIDY

MEBLOŚCIANKA

meble segmentowe

Najpopularniejszy zestaw segmentowy nazywał się meble Kowalskich i mogło się wydawać, że to symboliczne nawiązanie do powszechnego nazwiska. Nic z tych rzeczy: autorami projektu byli Bogusława i Czesław Kowalscy z zakładu projektowania mebli Akademii Sztuk Pięknych w Poznaniu. Odpowiedzieli na konkurs rozpisany w 1961 roku przez Zjednoczenie Przemysłu Meblarskiego. Chodziło o stworzenie funkcjonalnych mebli do małego mieszkania. Dwa lata później ich pomysł, nazwany „systemem mk" wszedł do masowej produkcji. Zestawy wytwarzano w fabrykach w Łodzi i Bytomiu.

Pionierem polskich meblościanek był Stanisław Kucharski ze spółdzielni Ład. W 1959 roku pokazano je na warszawskim osiedlu Młodych. Sama idea mebli segmentowych wywodzi się natomiast z lat 30. W 1932 roku zaczęto sprzedawać Cubex – kuchenny zestaw modułowy projektu belgijskiego architekta Louisa de Konincka. Tego typu meble rozpowszechniły się w latach powojennych, jedną z ich zalet była bowiem łatwość produkcji.

Użytkowników kusiła z kolei swoboda kompozycji. Proporcjonalnie podzielone segmenty można było aranżować we wnętrzu w dowolny sposób. Poszczególne elementy oferowały też różne funkcje. Od składowania przez ekspozycję (najchętniej kryształów) po stanowisko pracy (niektóre modele występowały z rozkładanymi blatami, mogącymi służyć za biurko). Meble wykonywano z płyt wiórowych, pokrytych drewnianą okleiną.

Zdobycie meblościanki w PRL nie było łatwe. Kolejki przed sklepami liczono nie miarą długości, lecz czasu (np. tydzień). Gigantyczny ogonek przed warszawskim salonem meblowym Emilia na ulicy Emilii Plater uwiecznił Stanisław

Bareja w komedii „Co mi zrobisz, jak mnie złapiesz”... W uprzywilejowanej sytuacji były młode małżeństwa, ale i one zdążyły się zestarzeć, zanim upragniony zestaw był osiągalny.

Po 1989 roku popyt na meblościanki wcale nie obumarł. Z jednej strony produk wane są meble w stylizacji staroświeckiej (złote okucia, przetłoczenia), z drugiej nowoczesne zestawy modułowe o minimalistycznym designie.

MIAMI VICE – patrz POLICJANCI Z MIAMI

MICHAŁKI

audycja telewizyjna

Jeżeli ktoś miał wątpliwości, że Krzysztof Majchrzak był od zawsze prawdziwym twardzielem, niech przeczyta ten list od przedszkolaków: *Wasz program bardzo nam się podobał, jesteśmy zadowolone z tego programu, ale także smucimy się dlatego, że Michał duży krzyczy na Michałka.* Głosu większej kukiełce użyczał właśnie aktor znany z „Arii dla atlety”. Małym Michałem był Andrzej Piszczatowski. Animacją zajmowały się Teresa Olenderczyk i Barbara Skokowska (duet sprawdzony w „JACKU I AGATCE”).

„Michałki” pojawiły się na antenie w środę, 10 września 1980 roku. Nadawano je w popołudniowym paśmie dla dzieci, około godziny 16. *W programie zwracamy szczególną uwagę na cele wychowawcze, nie zapominając jednak o tym, że powinien on zawierać dużą dozę humoru* – deklarowały pomysłodawczynie, Jadwiga Jasny i Barbara Kościuszko. *W magazynie poruszamy tematy z życia. Na przykład: ten duży, który często krzyczy na małego, boi się... myszy. Jak ten strach zwalczać? – zastanowi się psycholog. Michałki nie chcą pomijać problemów oczywistych, np. mówić będą o osobistej higienie.* Panie zwyciężyły w wewnętrznym konkursie na show dla dzieci. Lalki także wybrano spośród kilku propozycji. Zaprojektowała je Krystyna Mossor-Centkowska.

Wśród stałych pozycji magazynu znajdowały się „Szkoła dobrego wychowania”, „Klub łapę podaj” (troska nie tylko o zwierzęta), „Motyl” (Michałkowy Teatrzyk Listowy – postaci odgrywały scenki nadesłane przez dzieci), „Legendoskopem po kraju” (poznawanie regionów Polski), „Niezwykłe historie zwykłych przedmiotów” (czyli skąd się biorą np. chusteczki do nosa) oraz „Pani psycholog, co pomóc chce”. Michały chętnie śpiewały. Ich popisowa piosenka rozbrzmiewała refrenem: *Michał Mały, Michał Duży/ Niech się lubią/ Niech się czubią/ Hej...* Kilku utworów można posłuchać na PŁYCIE WINYLOWEJ „Co to jest Dziabąg/Michałki” (Poljazz, 1987).

MIKROBI

serial animowany

13 odcinków; reż. János Mata; 1975-1977, Węgry

Serial o sympatycznym robocie (troje oczu, rozciągliwa szyja) opiekującym się trójką przemierzających kosmos dzieciaków. Najmniejszy z nich, urwis Peppe, zwykł mówić o sobie w trzeciej osobie: np. „Peppe chce się bawić". I ciągle coś przy Mikrobim majstrował...

Na pomysł bajki wpadł węgierski pisarz science fiction, Botond-Bolics György. Chciał rozpropagować wśród dzieci zagadnienia naukowe. „Mikrobi" po raz pierwszy pojawił się w formie słuchowiska radiowego, w 1969 roku. Już wtedy w roli głównej wystąpił László Csákányi. Aktor, który potem użyczył głosu w kreskówce.

Bardzo zapada w pamięć żwawa muzyka z czołówki (autorzy: Ferenc Lovas, Zoltán Pongrácz), punktowana elektronicznie przetworzonym śpiewem: *Mikrrrobi*. W pierwszej serii filmu słuchamy jej na tle obrazków z kosmosu, późniejsze odcinki pokazują bohaterów ujeżdżających smoka.

W Polsce można było obejrzeć „Mikrobiego" po raz pierwszy w 1982 roku, w ramach „Sobótki". Potem pojawiał się w niedzielnym magazynie „7 Anten" (prezentacji dorobku telewizji bloku wschodniego).

MILICYJNA POWIEŚĆ

Nurt literatury (cóż, może to za duże słowo) popularnej, mający na celu ocieplenie wizerunku Milicji Obywatelskiej.

Pierwsze przejawy tego typu twórczości pojawiły się w czasach odwilży, w połowie lat 50. Piotr Guzy (dziennikarz, który wrócił do kraju z emigracji, a potem znowu musiał wyjechać), popełnił w 1955 roku powieść „Następny odchodzi 22.25". Mowa rzecz jasna o składzie PKP... W pociągu rozgrywała się część rozgrywki pomiędzy inżynierem szpiegiem a ścigającymi go funkcjonariuszami, jak się wtedy mówiło – bezpieczeństwa. Książkę wydało Wydawnictwo Ministerstwa Obrony Narodowej.

W tej samej oficynie rok później ukazał się zbiór opowiadań kryminalnych EDMUNDA NIZIURSKIEGO. Intrygują już same tytuły: „Tajemnica majora Czepiegi" czy „Mój sylwester wopowski". Następnie ruszyły całe serie, które brały nazwy od znaku graficznego. W cyklu z pistoletem ukazał się np. „Walter nr 45771" Jacka Wołowskiego (1956). Natomiast cykl labirynt pozwolił się wykazać sprawdzonej w socrealistycznych produkcyjniakach Annie Kłodzińskiej: „Śledztwo prowadzi porucznik Szczęsny" (1957).

Porucznik Szczęsny stał się potem czołowym bohaterem powieści milicyjnych – Kłodzińska napisała ich w sumie 30. Przed funkcjonariuszem *o muskularnym ciele* drżeli spekulanci, paserzy, a także pomniejsi degeneraci, na przykład hippisi... *W pokoju zapanowała cisza. Oficerowie patrzyli na Biegańskiego, a on pod tymi spojrzeniami kulił się w krześle jak pod uderzeniem pałek* – to jeden z celniejszych cytatów („Wrak", 1973). Opis sytuacji przed wybuchem stanu wojennego? *W kraju nowa fala strajków, bunt więźniów, blokada żywności, bezczeszczenie cmentarzy. Rozrzuca się ulotki nawołujące do nieobsługiwania milicjantów w lokalu, do niesprzedawania im benzyny... Młodzi łączą się w grupy przestępcze, mówi się nawet o tendencjach terrorystycznych. Napastnicy stali się okrutni, znęcają się bestialsko, zwłaszcza nad ludźmi starymi, kobietami czy kalekami...* Egzemplarz „W pogardzie prawa" (1983), z którego pochodzi ten fragment, powędrował do samego Wojciecha Jaruzelskiego. Autorka dostała podziękowania.

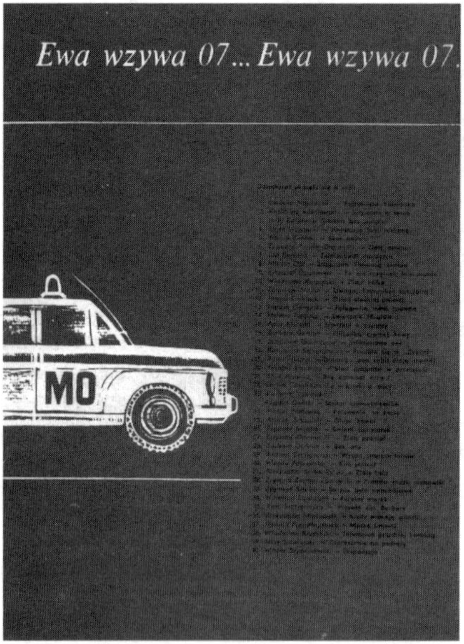

W połowie lat 60. do radosnych poczynań MON-u dołączyły kolejne wydawnictwa. O ile np. w Czytelniku (seria z jamnikiem) był to margines działalności, o tyle na całość poszły Iskry. Albo musiały pójść – pod opiekuńczymi skrzydłami Komendy Głównej MO. W 1967 roku pułkownik Zbigniew Gabiński (dyrektor Oddziału Kontroli, Badań i Analiz) oraz podpułkownik Władysław Krupka (odpowiedzialny za kontakty ze środowiskami twórczymi), znani z komiksu o „KAPITANIE ŻBIKU", wymyślili cykl opowiadań kryminalnych pod szyldem „Ewa wzywa 07".

Hasło wywoławcze dyspozytorni było ukłonem w stronę żony Gabińskiego. 07, kryptonim funkcjonariusza, mógł być nawiązaniem do BONDA... W latach 1968-1989 („Tajemnicza Katarynka" Barbary Nawrockiej, „Dom, w którym straszy" Danuty Frey) ukazało się 146 zeszytów z dopiskiem „powieść co miesiąc". Wśród autorów byli Janusz Głowacki, Aleksander Ścibor-Rylski czy Andrzej Szczypiorski. Przewinęli się też scenarzyści „STAWKI WIĘKSZEJ NIŻ ŻYCIE", a kilka tomów napisał sam Władysław Krupka... Brylowała jednak grupa wyspecjalizowana w milicyjnej dziedzinie: Jerzy Edigey, Zygmunt Zeydler-Zborowski i Danuta Frey. Część opowiadań z cyklu stała się podstawą scenariuszy serialu „07 ZGŁOŚ SIĘ". Kilka wykorzystano do fabuł Żbika.

Powieść milicyjna skończyła się wraz z końcem Milicji Obywatelskiej. I wydawało się, że już na zawsze pozostanie równowartością makulatury... Nic podobnego. Książki wciąż sprzedawane są na aukcjach internetowych. Fani tej perwersyjnej lektury zrzeszają się (Klub Miłośników Polskiej Powieści Milicyjnej MO-rd) i publikują nawet biuletyny („Pierwsza seta"). W 2005 roku Przedsiębiorstwo Wydawnicze „Rzeczpospolita" SA, rozpoczęło serię wznowień klasycznych pozycji. Na pierwszy ogień poszedł „Czarny Mercedes" Zygmunta Zeydlera-Zborowskiego z 1958 roku.

MINI
spódnica

Seksowny przejaw zachodnich trendów odzieżowych, błyskawicznie przejęty przez polską ulicę. Za prekursorkę bardzo krótkich spódniczek uznaje się brytyjską projektantkę Mary Quant, która pokazała takie projekty w Londynie, w roku 1965. Mniej więcej w tym samym czasie podobne rozwiązanie przedstawił Francuz Andre Courreges. Pomijając kwestię pierwszeństwa: świat zachwycił się kreacją, gdy zobaczył ją na nogach supermodelki Jean Shrimpton. A potem niejakiej Twiggy.

Trend błyskawicznie dotarł do Polski. Początkowo w formie krótkich sukienek, modnych już w 1967 roku. Propagowała je Barbara Hoff (patrz HOFFLAND), ale też projektanci Mody Polskiej. Wielką zwolenniczką nowego stylu okazała się Grażyna Hase. Nic dziwnego: to zgrabna modelka, rozpoczynająca wówczas karierę projektantki. Trzeba było niezłego tupetu, by pokazać mini w ramach kolekcji z okazji rocznicy Rewolucji Październikowej (listopad 1967).

Hase postanowiła też odsłonić dziewczęce nogi w bratnich krajach socjalistycznych. *Zaprojektowałam mini z łowickich pasiaczków* – wspomina wyjazd na Festiwal Młodzieży do Sofii, w 1968 roku. *Tylko nikt nie przewidział, że towarzysz Żiwkow nie lubi mini. W Bułgarii był zakaz noszenia krótkich spódniczek. Dostałam wiadomość, że mam się zgłosić z kilkoma krawcowymi, ponieważ będziemy podłużać spódniczki. Zrobiłam to z moją ekipą w pociągu z Warszawy do granicy. Jedyna mini, która pojawiła się w Sofii, była moją prywatną.*

Upadek konserwatywnego Gomułki (w szkołach zdarzały się nakazy: krótka spódnica owszem, ale najwyżej 5 centymetrów nad kolanem) na dobre otworzył drzwi do eksplozji mini na początku lat 70. Dość powiedzieć, że kuse spódniczki stały się częścią uniformu działaczek organizacji młodzieżowych.

Najsłynniejsza polska mini objawiła się w roku 1970, na festiwalu w OPOLU. Halina Frąckowiak wystąpiła przyodziana wyłącznie w króciutką spódnicę i stanik... Oba elementy wykonano z blachy mosiężnej. Strój był tak śmiały, że realizatorzy transmisji telewizyjnej dokonywali ekwilibrystyki, byle tylko go nie pokazać. Mimo tych wysiłków „zbroja" znalazła się na ustach Polaków. *Postanowiłam zrobić coś naprawdę mocnego* – wspomina pomysłodawczyni, Barbara Hoff. *Wyszukałam metaloplastyka, świetnego fachowca, i zmusiłam go, żeby wykuł z miedzianej pozłacanej blachy spódniczkę mini, króciutki staniczek, a do tego złote obroże na ręce, na szyję. A wszystko połączone złotymi łańcuszkami. Frąckowiak była szalenie zgrabna, więc w tej erotyczno-kosmicznej zbroi wyglądała bosko. Gdy wyszła na scenę w Opolu, sala zamarła z wrażenia. Fotoreporterzy rzucili się na nią jak wygłodniałe lwy. Telewizja nie pokazywała jej w bliskich planach, żeby kraju nie zdemoralizować.*

Odpowiedzią na falę mini w latach 70. były spódnice maksi – sięgające kostek. Były to jednak trendy przejściowe, podczas gdy mini pozostaje modna do dziś.

MIŚ
czasopismo

Dwutygodnik dla najmłodszych dzieci, sąsiadujący w PRL ze „ŚWIERSZCZYKIEM" (dla czytelników w wieku 7-8 lat), „Płomyczkiem" (10-12) i „Płomykiem" (12-15). Impulsem do jego powstania były *liczne prośby z terenu, napływające do Naszej Księgarni, powtarzane też na konferencjach rejonowych, zjazdach i naradach aktywu przedszkolnego...*

Pomysłodawcą był redaktor „Płomyczka", Stanisław Aleksandrzak. Koncepcję opracował literat Czesław Janczarski, który został redaktorem naczelnym i wypromował (wraz z ilustratorem Zbigniewem Rychlickim) na łamach misiowego bohatera. Dzieci nadały mu imię w drodze konkursu. Trzyletnia Janinka Rakowska z Warszawy wymyśliła MISIA USZATKA, który zrobił później także filmową karierę.

Pierwszy numer „Misia" trafił do kiosków 15 lutego 1957 roku. Wkrótce zdobył masową popularność. W szczytowym okresie nakład sięgał 300 tysięcy egzemplarzy, z czego spora część trafiała oczywiście do przedszkoli. Pamiętali też o nim starsi czytelnicy. *W marcu 1968 roku strajkujący studenci, niezadowoleni z tego, że oczerniały ich inne media, przywołali dwa czasopisma. Jednym z nich był „Miś". Hasło brzmiało: Tylko „Miś" nie kłamie"* – wspomina Barbara Lewandowska, która przejęła stery pisma w 1971 roku, po śmierci Janczarskiego. *Myślę, że tutaj chodziło nie tylko o to, że „Miś" opowiada bajki i dostarcza ładne obrazki, ale również ważne jest to, iż pismo to dobrze zapisało się w dzieciństwie w pamięci studentów.*

Lewandowska stworzyła całą plejadę misiów zastępujących Uszatka. Byli wśród nich Wiedźwiadek, Widzimisiek, Pocopotek, Bajbajek i Michalina. Kontynuowała zapraszanie znakomitych literatów (przez łamy przewinęli się m.in. Tadeusz Kubiak, Wanda Chotomska, Stanisław Grochowiak) oraz ilustratorów (Jan Marcin Szancer, Bohdan Butenko, Janina Krzemińska)... Stoczyła też bój (sprawa otarła się o Komitet Centralny PZPR) o lepszy papier. Od 1975 roku „Miś" zyskał kartonową okładkę, pozwalającą drukować na niej wycinanki.

Tadeusz Kwinta z Piwnicy pod Baranami pozwolił sobie instrukcję dotyczącą jednej z nich przekształcić w skecz. Podawany w konwencji horroru: *Grzbiet, brzuszek oraz nóżki kaczuszki należy nakleić na biały karton i wygiąć. Miejsca oznaczone linią przerywaną lekko naciąć po stronie zewnętrznej zagięcia, a miejsca oznaczone podwójną kreską – przeciąć. Następnie przesuwamy łapki kaczuszki przez otwór w grzbiecie. Również i ogonek przesuwamy przez dolny otwór grzbietu i zwijamy według rysunku. Następnie przesuwamy nóżki, ustawiając je tak, aby kaczka sama stała, oraz rolujemy czarny papier i przesuwamy go przez otwory na oczy. Dziób wsuwamy po sklejeniu.* Numer pisma przyniosła do Piwnicy Krystyna Zachwatowicz, która kupiła go dla swojego siostrzeńca.

„Miś" przetrwał czas przełomu i wychodzi również dziś. Po Naszej Księgarni wydawanie przejęła spółka Ad Rem (do 2002 roku), potem była to Tise SA (2003-2004), Wytwórnia Pozytywna (2004-2006), a ostatnio Fundacja Przyjaciele Misia. Pismo hucznie obchodziło 50 urodziny, ogłaszając rok 2007 Rokiem Misia.

MIŚ

film fabularny

reż. Stanisław Bareja; 1981, Polska

Mamy cienkie aluzje i ukrytą zgrywę, żart o lekkości kafaru i dowcip o przejrzystości artykułu wstępnego. A wszystko to opowiedziane bez wdzięku i stylu, łopatą do głowy. Dlatego spuśćmy na „Misia" zasłonę miłosierdzia – napisał krytyk po premierze. To typowe przyjęcie dzieła najbardziej niedocenianego twórcy swoich czasów, Stanisława Barei. Kilka dekad później jego filmy mają status kultowych.

„Miś" jest wśród nich absolutnym numerem jeden. To przekrój ówczesnych absurdów. Od dziwnego asortymentu w punkcie z gazetami (*Tu jest kiosk Ruchu! Ja tu mięso mam!*) przez talerze przykręcone do stołu w barze mlecznym (*No i co tak grzebie? Jeszcze talerz przekręci... Do widzenia!*). Fakt, że do kawy trzeba zamówić ciastko (*Kawa i wuzetka są obowiązkowe dla każdego. Bijemy się o Złotą patelnię*) po kuriozalny Dzień Pieszego Pasażera. To żarty z funkcjonariuszy systemu. Od milicjanta (*A gdyby tu było przedszkole w przyszłości i wasz synek mały tędy przechodził w przyszłości...*) przez celnika (*A gdyby tak każdy wracał ze stratą paru kilo, byłoby nas mniej coraz*) po wiecowego aktywistę (*Parówkowym skrytożercom mówimy nie!*).

To ironiczne spojrzenie na krajowy show-biznes. Filmowy (*Jest prawda czasu i prawda ekranu: Prasłowiańska grusza chroni w swych konarach plebejskiego uciekiniera*). Muzyczny (*Ja wam zawsze wszystko wyśpiewam!*). Teatralny (*Przecież na tym piachu za trzydzieści lat przebiegnie z pewnością, jasna, długa, prosta / szeroka jak morze Trasa Łazienkowska*). Telewizyjny (*A oto streszczenie poprzednich odcinków: Porucznik MO, Lech Ryś, sprawuje społecznie dyskretną opiekę nad gromadką urwisów*). Mówiąc krótko – synteza PRL.

„Miś" był trzecim filmem, który Bareja zrealizował ze Stanisławem Tymem w roli współscenarzysty (po „Co mi zrobisz, jak mnie złapiesz" z 1978 roku i „Brunecie wieczorową porą" z 1976). Aktor wymyślił kilka pamiętnych scen. Na przykład śpiewaną przez służalczego trenera Jarząbka piosenkę *Łubu dubu, łubu dubu / niech żyje nam prezes naszego klubu*, która według scenariusza brzmiała mniej efektownie: *Najbardziej ze wszystkich to jest człowiek ludzki / nasz prezes, Ryszard Nowochódzki, niech żyje*. Najważniejsze jednak, że zobaczyliśmy Tyma w roli głównej. Czy nawet dwóch rolach. Cwaniakowatego prezesa klubu sportowego – Ryszarda Ochódzkiego (pierwotne nazwisko nie przeszło przez cenzurę). I jego prostackiego sobowtóra – węglarza Stanisława Palucha.

Zdjęcia ruszyły jesienią 1979 roku. Ostatni klaps (z kolędą śpiewaną przez Ewę Bem) padł 12 lutego 1980. Ekipa pracowała w Warszawie, gdzie nakręcono też część scen rozgrywających się w Londynie. Lotnisko udawał na przykład hol jednego z wieżowców. W rolę turystów wcielili się zachodni dyplomaci i pracownicy centrali handlu zagranicznego. Na potrzeby wnętrz ekipa znosiła natomiast własne rekwizyty typu butelki po whisky. Pod koniec grudnia w prawdziwej stolicy Wielkiej Brytanii (*Nie ma takiego miasta – Londyn! Jest Lądek, Lądek Zdrój...*) zrealizowano sceny uliczne i te rozgrywające się w polskich delikatesach.

Imitacja Zachodu nie była jedynym wyzwaniem stojącym przed filmowcami. Baleron potrzebny do ujęć w teatrze wykonano na specjalne zamówienie w zakładach mięsnych w Łukowie. Rekwizytorzy samodzielnie preparowali parówki z jelita baraniego wypchanego kiełbasą serdelową (podobnie

jak w ekranowej „Ostatniej paróweczce Hrabiego Barry Kenta" w tajemniczy sposób zniknęły z planu). Tańsze od druku gazetowego ogłoszenia okazało się zamówienie prawdziwego anonsu w „Życiu Warszawy". A słomiane kukły tytułowego misia wykonała Cepelia. *Pisaliśmy scenariusz ze Staszkiem Bareją, ale nie pamiętam, skąd ten pomysł* – mówi Stanisław Tym. *Chodziło o to, by wymyślić coś kompletnie niepotrzebnego, co jest wielkie i nie ma sensu.*

Wiosną 1980 roku film trafił do cenzury. Zażądano licznych poprawek. *38 pozycji* – opowiadał reżyser w wywiadzie. *Wycięcia i zmiany w obrazie, w dialogach. Nie mogło być na przykład zbliżenia polskiej szynki w londyńskim sklepie, choć to nie taka tajemnica, że eksportujemy mięso na Zachód. Nie mogło paść zdanie: „To jest Miś (chodziło o bohatera filmu, postać niezbyt sympatyczną) na skalę naszych możliwości, a nie potrzeb". Nie można było pokazać wiecujących filmowców ani też kupowania mięsa w kiosku Ruchu itp. W sumie zmiany oznaczały usunięcie 700 metrów, czyli jednej czwartej filmu.* Twórcy postanowili przeczekać. I rzeczywiście, po sierpniu zmieniły się władze, a wraz z nimi szefostwo kinematografii. We wrześniu 1980 roku „Miś" został poddany kolaudacji. Skończyło się na sześciu poprawkach i z II kategorią artystyczną miał otwartą drogę do kin. Na ekrany trafił w maju 1981, wyświetlano go przez 8 miesięcy, zgromadził 660 tysięcy widzów. Dziś byłoby to wynikiem rewelacyjnym – wtedy należało do przeciętnych.

Kultowego statusu zaczął „Miś" nabierać dopiero w powtórkach telewizyjnych. Apogeum popularności nastąpiło po ustrojowym przełomie i trwa nieprzerwanie do dziś. Nie doczekał tego, niestety, Bareja, który zmarł w 1987 roku. Ciekawe, czy przyłożyłby rękę do sequeli przygód Ochódzkiego? W 1991 roku powstały „Rozmowy kontrolowane" w reżyserii Sylwestra Chęcińskiego. Akcja rozgrywała się w czasie stanu wojennego. W roku 2007 za kamerą stanął natomiast sam Tym i nakręcił „Rysia". Prezes klubu Tęcza radzi sobie z rzeczywistością współczesną.

MIŚ COLARGOL

serial animowany

53 odcinki; różni reżyserzy; 1967-1974, Polska/Francja

Można sobie język połamać, wymawiając ten tytuł. Od razu widać, że trudno przypisać polskie pochodzenie... Temu misiu. Postać niedźwiadka, który bardzo chciał śpiewać, narodziła się we Francji. Stworzyła ją pisarka Olga Pouchine. *Któregoś razu zaprosiła mnie na herbatę* – wspomina autor tekstów piosenek Victor Villien. *Jej synek, Claude, bez przerwy prosił: „Mamo, opowiedz*

mi bajkę". Olga, która miała łatwość improwizacji, zaczęła opowiadać historyjkę, która stała się Colargolem. Od razu zaproponowałem płytę dla dzieci. Twórca zaprosił do współpracy Mireille Hartuch – kompozytorkę i piosenkarkę... Działo się to w 1957 roku.

Gotowy projekt płyty ze słuchowiskiem Villien przedstawił następnie wytwórni Philips. Po długich wahaniach firma zdecydowała się na wydanie małych płyt. Pierwsze dwie ukazały się w 1961 roku, z dopiskiem „operetka dla dzieci". Sukces sprawił, że szybko dorobiono osiem kolejnych. Warto zaznaczyć, że bohater narysowany na okładce nie miał nic wspólnego z Colargolem, jakiego znamy. Przywodził raczej na myśl styl ilustracji Jana Szancera.

Niedługo później na horyzoncie pojawił się Albert Barillé z firmy Procidis. Po latach twórca „BYŁ SOBIE CZŁOWIEK", wtedy także importer filmów animowanych z Polski. *Polska animacja była bardzo prosta, ale sympatyczna, bez agresji. Kupiłem dla telewizji francuskiej kilka filmów, m.in. „BOLKA I LOLKA"* – opowiada. *Strona polska proponowała mi filmy w nieregularnych odstępach czasu. Wtedy postanowiłem, że sam wyprodukuję swoją serię filmów dla dzieci. I tak rozpoczęła się moja przygoda z Misiem Colargolem.*

Współpracy odmówiła francuska telewizja publiczna, Barillé postanowił więc sfinansować rzecz sam. Ograniczony budżet sprawił, że skierował kroki do peerelowskiego studia Se-Ma-For. *W 1966 roku pojawił się ze szkicem pomysłu w Łodzi* – wspomina Tadeusz Wilkosz, twórca powszechnie znanej postaci Colargola. *Dwie scenki z dialogami i trzy piosenki... Było to dla nas wyzwanie, bo nie mieliśmy wystarczającej ilości materiału, a producent chciał połączyć tradycyjną animację z kukiełkami. Mieliśmy kilka dni na przedstawienie rozwiązania, podczas gdy on czekał w Warszawie. W ciągu jednego weekendu dopisałem brakujące sceny i przygotowałem projekt pierwszego odcinka. Zaaprobował je, więc zacząłem projektować lalki i scenografię.*

Nie było łatwo. Francuzom podobało się wszystko oprócz głównego bohatera. W ciągu kilku miesięcy Wilkosz przedstawił 30 różnych projektów. Zielone światło zapalono dopiero na przełomie listopada i grudnia 1966. Wtedy w Paryżu wystartowała rejestracja dialogów i muzyki. W 1967 roku ujrzał światło dzienne pierwszy odcinek: „Un Matin à Bois-Joli" („Poranek Misia").

Między 1968 a 1974 rokiem wyprodukowano 53 epizody serialu o mieszkańcach „błażoli" – Pięknego Lasu. Nie bez przeszkód. Socjalistyczne instytucje w rodzaju Filmu Polskiego grzmiały, że polskie studio jest wykorzystywane przez kapitalistów. Od czasu do czasu buntowali się też wietrzący dewizy pracownicy – twierdzili, że zarabiają zbyt mało i że produkcja jest zbyt skomplikowana. Emisję filmów w Telewizji Polskiej odradzali z kolei tamtejsi „specjaliści". Twierdzili, że zbyt dużo trzeba będzie zapłacić Francuzom za tantiemy autorskie do muzyki.

Główny temat z filmu jest dziełem Mireille i Villiena. *Colargol to właśnie ja / Miś, co zawsze śpiewać chciał / Lecz choć bardzo kochał śpiew / Wciąż fałszował pośród drzew* – brzmiały słowa wersji polskiej. Chętnie je przerabiano, na przykład: *Miś Colargol wielki cham / Miał pół litra, wypił sam...* Od 28 odcinka, gdy twórcy zaczęli się oddalać od oryginalnych słuchowisk, za muzykę odpowiadał już Jean-Michel Defaye. Zrodziło to spór prawny, którego apogeum przypadło na lata 90. Procidis stracił prawa do postaci na rzecz twórców oryginału, co blokuje wznowienia serialu.

W Polsce „Colargol" został oczywiście zdubbingowany. W główną rolę wcieliła się Irena Siempińska. Z powodu jej przesłodzonego głosu film cieszył się raczej powodzeniem wśród dziewcząt, a dziś wspominany jest z rozrzewnieniem w środowiskach gejowskich. W Wielkiej Brytanii miś mówił po męsku i nazywał się Barnaby, w Kanadzie – Jeremy. Być może dlatego, że Collargol to zastrzeżona nazwa bakteriobójczego leku.

Cykl z Colargolem uzupełniają trzy filmy pełnometrażowe, sklejone z ostatnich odcinków. „Colargol na Dzikim Zachodzie" (1977), „Colargol zdobywcą kosmosu" (1979) oraz „Colargol i cudowna walizka" (1980).

MIŚ USZATEK

serial animowany

104 odcinki; różni reżyserzy; 1975-1987, Polska

Najbardziej przemądrzały, wścibski i ciapowaty z ekranowych misiów. Nic dziwnego, że w trakcie konkursu na jego przydomek – bo początkowo był po prostu Misiem – dzieci proponowały ksywę Wścibinosek (wśród innych propozycji: Podróżniczek i Kłębuszek). Stanęło na nawiązaniu do zgiętego uszka.

Żywot bohatera rozpoczął się na długo przed nakręceniem pierwszego filmu z jego udziałem. Grafik Zbigniew Rychlicki oraz literat Czesław Janczarski wymyślili go w 1957 roku, jako patrona pisma „MIŚ". Początkowo pojawiał się w krótkich opowiadaniach, później drukowano ich zbiory w formie książkowej. Trzeba powiedzieć, że był to zupełnie inny, znacznie bardziej sympatyczny miś. Taki o małym rozumku... *Pobiegł Uszatek do apteki. Stanął przy ladzie. – Poproszę o chlebek – szepnął niepewnie. – Chlebek? – zdziwiła się pani sprzedająca leki. – Tu jest apteka, Misiuniu. Idź do sklepu spożywczego.* Kumplami Uszatka byli w

wersji tekstowej Pajacyk Bimbabom i Mały Pluszowy Króliczek. Bohater mieszkał u niejakiej Ani.

Do własnego lokum przeniósł się dopiero w wersji filmowej. Najpierw w postaci dwóch niezależnych filmów („Miś Uszatek" z 1962 roku i „Zaproszenie" z 1968), a od roku 1975 – serialu. Nienaganny porządek, pidżamka, kapcie... I mentorska rola odgrywana wśród nowych przyjaciół: Króliczka, Prosiaczka, Zajączka oraz Psa Kruczka. Jedynym wyskokiem Uszatka był tekst wypowiedziany w którymś odcinku z lat 70.: *Pomożecie Prosiaczkowi?* Usunięto go, bo za bardzo kojarzył się ze słynnym przemówieniem Edwarda Gierka.

W Łódzkim Studiu Małych Form Filmowych Se-Ma-For opracowano lalkę jakby bardziej „dorosłą", w niewielkim stopniu nawiązującą do pierwowzoru z „Misia". Nawet Uszatek – gadżet sprzedawany w sklepach, niewiele miał w sobie misiowatości. Wykonany z twardego plastiku służył raczej jako narzędzie do bicia niż przytulania.

Na potrzeby serialu powstało około trzystu specjalnych lalek na metalowym szkielecie, wypchanych watą. Zużywały się w szybkim tempie, przeciętnie trzy na odcinek. *Podczas jednego dnia zdjęciowego powstaje 10-20 sekund filmu* – tłumaczy Zbigniew Żmudzki, prezes spółki Se-Ma-For. *Przy szybkim ruchu animator bierze lalkę w ręce 24 razy na sekundę filmu. Jedna minuta to niejednokrotnie 1440 faz ruchu i nawet najlepszy materiał długo tego nie wytrzymuje.* Nieliczne zachowane egzemplarze funkcjonują jako eksponaty muzealne. Tak atrakcyjne, że dokonano na nie dwóch zamachów. W 1980 dwa Uszatki zginęły z ekspozycji w Finlandii. Natomiast w roku 2005 ktoś ukradł lalkę na wystawie w Łodzi. Po odnalezieniu wróciła na swoje miejsce w towarzystwie policyjnej eskorty...

Największym atutem „Misia Uszatka" są aktorzy w dubbingu. Mieczysław Czechowicz już na zawsze będzie kojarzony z głosem słynnego bohatera. Zaproszono go, bo wcześniej nieźle sobie radził w radiu z interpretowaniem innego misia, Puchatka. Rewelacyjne są też wykonywane przez niego piosenki (muzyka – Piotr Hertel, słowa – Janusz Galewicz). W czołówce słyszeliśmy: *Na dobranoc – dobry wieczór / miś pluszowy śpiewa wam / Mówią o mnie Miś Uszatek, bo klapnięte uszko mam / Jestem sobie mały miś, gruby miś / znam się z dziećmi nie od dziś / Jestem sobie mały miś, śmieszny miś / znam się z dziećmi nie od dziś!* A na zakończenie odcinka brzmiała kołysanka: *Pora na dobranoc / bo już księżyc świeci / Dzieci lubią misie / misie lubią dzieci...* Słowa te stały się przedmiotem dowcipów: *Pytanie: „Co Miś Uszatek je na kolację?". Odpowiedź: „Pora na dobranoc".* Kolekcję uzupełnia kilka piosenek (np. „Noc parasol otworzyła", „Deszcz") dostępnych na singlu wydanym przez Tonpress.

Se-Ma-For od dłuższego czasu myśli o reaktywacji cyklu pod nazwą „Nowe przygody Misia Uszatka". *Poprzedni serial był najlepszym towarem eksportowym TVP* – zachęca Żmudzki. *Sprzedano go do prawie wszystkich krajów europejskich oraz do Kanady, Nowej Zelandii, Iranu i całej Afryki, bez RPA.* Uszatek najpopularniejszy jest w Finlandii, gdzie nazywa się Nalle Luppakorva. W Japonii mówią na niego Kumachun. A na Słowacji – Medvedek Uchec.

Prezes dodaje, że w nowej wersji nie obędzie się bez zmian... *Na spotkaniu z dziećmi w łódz-*

kim Muzeum Kinematografii padło pytanie dzieci: „Kto był mamusią Uszatka?". Powiedziałem, że w serialu Miś mieszka sam i zaraz padło drugie pytanie, czy jego mamusia umarła. Odpowiedziałem, że nie, ale w filmie nie występowała. Następne pytanie: „A jak miała na imię?". Odpowiedziałem, że pewnie Niedźwiedzica, na co któreś dziecko stwierdziło, że na pewno zastrzelono ją w lesie. Widocznie mama jest tak ważną osobą w życiu przedszkolaków, że bohater filmu też musi ją mieć. Dlatego prosiłem naszych scenarzystów, by uwzględnili mamę i tatę Uszatka. Będzie to nasza cegiełka do prorodzinnego wychowania.

Z okazji 50-lecia Uszatek ma być uhonorowany w Łodzi fontanną ze swoją figurką.

MIŚ Z OKIENKA

audycja telewizyjna

Legendarna telewizyjna audycja dla dzieci nadawana do 1970 roku. Do annałów weszła nie dzięki efektownej realizacji czy walorom edukacyjnym, lecz słynnej gafie. Już po rytualnym zamknięciu okienka – a przed wyłączeniem mikrofonów – prowadzący miał powiedzieć: *A teraz drogie dzieci, pocałujcie misia w dupę*. Anegdota powtarzana jest od lat, choć nie sposób znaleźć świadków tego wydarzenia. Nie mówiąc już o zapisie audio-wideo...

Piętnastominutowe widowisko wystartowało w 1957 roku, niemal równocześnie z powojenną Telewizją Polską. W pierwszym roku emisji nosiło jeszcze tytuł „Miś w okienku". Pomysłodawczyni, Wanda Szerewicz, wzorowała się na angielskiej audycji „Whirligig" z udziałem Humpreya Lestocqa, który przemawiał do kukiełki Turnipa. W miarę upływu czasu ulepszano dekorację: od umownej, tekturowej po prawdziwe drewniane okno. Show polegał na konwersacji pluszowego misia – któremu głosu użyczała Danuta Przesmycka – z prowadzącym. Do 1963 roku był nim Bronisław Pawlik. *To było przyjemne i ogromnie dla mnie instruktywne* – opowiadał aktor. *Taka bezpośrednia gawęda – po raz pierwszy chyba wtedy wprowadzona do naszej telewizji – jest czymś, co, według mnie, najlepiej odpowiada specyfice małego ekranu...* Pawlik prowadził rozmowę w ciepłym, „bajkowym" tonie. Ale podobno poza ekranem nie był tak miły. Według korytarzowej plotki, dźwiękowcy wykręcili mu brzydki kawał świadomie. Mieli dość współpracy.

Następca, Stanisław Wyszyński, pochodził do misia w sposób bardziej nonszalancki, lekko może nawet ironiczny... Za to nie kazał go w nic całować.

MŁODY TECHNIK

miesięcznik

Kontynuacja przedwojennego pisma „Młody Zawodowiec", któremu zmieniono formułę w czerwcu 1950 roku. Chodziło o to, by w miarę przystępny sposób przedstawić osiągnięcia techniki, dodać do tego porady praktyczne i odrobinę edukacji. Nie bez znaczenia pozostawała interakcja z czytelnikami. Jedną z najpopularniejszych rubryk były „Pomysły genialne, zwariowane i takie sobie", w której domorośli wynalazcy snuli swoje mniej lub bardziej fantastyczne wizje. Redakcja zwracała się do nich per kolega: *kol. Dariusz Adamczyk z Żagania zgłosił pomysł błotników nad obcasami...*

Część zasadniczą wypełniały tematy o różnym stopniu atrakcyjności. Obok rozgryzania tajemnic kombajnów węglowych kusiły rewelacyjne teksty dotyczące na przykład narodzin płyty CD. Kontakt ze światem zapewniała też rubryka „Poznajemy samochody", w której owszem, zdarzały się rozmaite Škody, ale przede wszystkim stawiano na barwną egzotykę w rodzaju Buicka. Sensacyjne materiały zdarzały się nawet w poczciwym kąciku „Na warsztacie". Pod koniec lat 70. pod hasłem „Budujemy nartowrotki" sprzedano tam sposób na zrobienie skateboardu! Z opisem tła kulturowego, techniki jazdy czy nawet stroju: *Należy liczyć się z upadkiem, dlatego dobrze jest ubrać się w grube, stare spodnie, na nogi obuwie sportowe o miękkiej gumowej podeszwie, np. trampki czy JUNIORKI*. Osobną sprawą była stała obecność opowiadań science fiction (tu wyrósł m.in. znakomity pisarz Janusz Zajdel). Cieszyły też rysunki Jerzego Flisaka.

Nic dziwnego, że 200-tysięczny nakład rozchodził się na pniu. W okresie PRL pismo wydawane było przez wydawnictwo Nasza Księgarnia (redaktor naczelny: Zbigniew Przyrowski). W 1993 roku przejęła je firma Lupus, a dwa lata później AVT.

POZNAJEMY SAMOCHODY

W styczniu 1969 r. w salonie samochodowym w Brukseli zademonstrowano po raz pierwszy nowy model Forda — Capri. W Europie poszukiwano bowiem samochodów o sportowej sylwetce, kupowano więc Fiaty Dino, Spider, Triumphy TR, MG i inne wozy. Amerykański Mustang nie mógł sprostać konkurencji europejskich samochodów. Ford postanowił więc uruchomić produkcję sportowego wozu na miejscu w Europie.

Produkcja Forda Capri ruszyła w dwóch europejskich filiach Forda: w Dagenham (Anglia) i w Kolonii (NRF). W ciągu 21 miesięcy do września 1970 r. wyprodukowano 380 tys. tych samochodów w W. Brytanii i 250 tys. w NRF.

Ford Capri opracowany został w Anglii, konstrukcja jego oparta jest na Fordzie Cortina o daleko posuniętej unifikacji części wszystkich Fordów europejskich. Nazwa Capri nawiązuje do produkowanego w latach 1961—1964 samochodu angielskiego Ford Consul Capri, a słowo Capri oznaczało wersję nadwoziową Coupé Consula.

Nadwozie Forda Capri jest bardzo estetyczne w linii, stosunkowo lekkie i sztywne — odznacza się hałaśliwością wewnętrzną. Jak przystało na pojazd z nadwoziem sportowym, pozycja kierowcy jest doskonała. Dobrze ukształtowane fotele indywidualne z przodu, pod właściwym kątem ustawione trójramienne koło kierownicy i krótka, sztywna dźwignia zmiany biegów zachęcają do prowadzenia tego pojazdu. W porównaniu z wygodą jazdy kierowcy i pasażera siedzącego obok, mało jest miejsca na tylnych siedzeniach. Praktycznie, na dalsze odległości, z tyłu wygodnie można przewozić dwoje dzieci lub jedną osobę dorosłą siedzącą skośnie do kierunku jazdy. Ciasnota miejsca na tylnym siedzeniu wynika z nisko biegnącej linii dachu nadwozia.

Ford Capri jest jedynym samochodem na świecie, w którym stosuje się aż 13 wersji silników i około 11 wariantów wyposażenia pojazdu. Model nadwozia jest jeden. Patrząc na Capri nie tylko nie

MODELE SAMOLOTÓW
zabawka

Obok „MAŁEGO MODELARZA” – drugie pole, na którym mogli się wyżyć miłośnicy własnoręcznie klejonych miniatur. Czyli 99 procent młodzieży płci męskiej... W odróżnieniu od kartonowej gazety mamy do czynienia z elementami plastikowymi, sprzedawanymi w zestawach. I wąską specjalizacją: lotniczą.

Modele wędrowały do nas – via SKŁADNICA HARCERSKA – z NRD. Co można było stwierdzić już po dopisku VEB przed nazwą producenta. „Volkseigener Betrieb” – przedsiębiorstwo ludowe. A potem kolejne nazwy: KVZ (lata 60.), MPKAB (początek lat 70.) i Plasticart (od 1973 do upadku muru). Firma dogorywała już na wolnym rynku, jako Mastermodell. Upadła w 1991 roku, ale pod koniec dekady niektóre modele replikował jeszcze polski przedsiębiorca o iście peerelowskiej nazwie: Zakład Wytwarzania Artykułów z Tworzyw Sztucznych „Wojar”.

Każdy zestaw składał się z połączonych ze sobą części (instrukcja: *należy je oddzielić i ewentualne zadziory usunąć przy pomocy pilnika*) wykonanych z szarego plastiku. W kolorze białym utrzymana była smukła podstawa, na którą nadziewało się gotowy model. Dla właściwego balansu do dziobu samolotu należało wepchnąć odrobinę plasteliny. W pudełku znajdował się jeszcze klej, srebrna farba o upojnym zapachu (*1-sza grupa klasyfikacyjna szkodliwości dla organizmu ludzkiego*) i zestaw naklejek. W przypadku maszyn bojowych były to znaki identyfikacyjne bratnich państw: NRD, ZSRR, CSSR, no i oczywiście biało-czerwona szachownica (*kalkomanię moczyć, aż błonę kolorową będzie można przesuwać pomiędzy kciukiem a palcem wskazującym*).

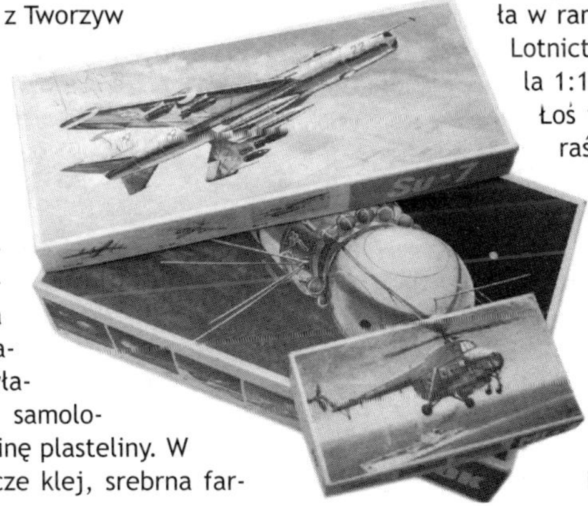

Niemcy opracowali w sumie 40 modeli – przeważnie w skali 1:100. Pierwszy, w 1958 roku, pojawił się IŁ-14. Potem był ciąg dalszy prezentacji radzieckiej myśli technicznej, ale już pod koniec lat 60. zaczęły się pojawiać samoloty amerykańskie (DC-8, Boeing 727-100). Serię zamknęło imponujące podejście do statków kosmicznych: Wostok i promu Buran.

Uzupełnieniem modeli zza Odry były licencyjne produkty PZW Siedlce (m.in. pasażerski Caravelle w skali 1:72) czy pruszkowskiej spółdzielni pracy ZTS Plastyk. Ta ostatnia zaprezentowała w ramach Serii miniatur Polskiego Lotnictwa Wojskowego Mikro (skala 1:144) m.in. bombowiec PZL-37 Łoś i samolot liniowy PZL-23 Karaś. W 1977 roku ofertę uzupełniono o modele w skali 1:72 – raz jeszcze Łoś czy samolot towarzyszący RWD-14 Czapla. Pod koniec lat 80. plastikowe modele samolotów (w skali 1:48) zaczęła też produkować Spółdzielnia Pracy Spójnia. Był wśród nich m.in. Lublin R XIII. Stare formy tych producentów (używających obcojęzycznych szyldów) służą do wytwarzania modeli do dziś.

Warto przy okazji wspomnieć o samolotach, które naprawdę latały – mimo że nie przypominały żadnych prawdziwych maszyn. Wytwarzały coś takiego Lotnicze Zakłady Produkcyjno-Naprawcze w Krośnie. Szczyt ich popularności przypadł na połowę lat 70., fabryka miała wtedy w ofercie 22 typy. Z nadejściem kryzysu zabrakło balsy, gumy czy silniczków... W latach 80. dostępnych było zaledwie kilka zestawów, o uroczych nazwach Zuch, ŚWIERSZCZYK czy BOLEK I LOLEK.

MODERN TALKING

zespół muzyczny

Tytani disco lat 80. Nic nie trafiało lepiej do serc Polaków niż kwadratowe, elektroniczne rytmy przyrządzane przez blondwłosego Dietera Bohlena i słodki falset bruneta Thomasa Andersa. To drugie nazwisko może mylić... Nie jest to wokalista rdzennie anglojęzyczny, lecz Niemiec, który przyjął pseudonim (prawdziwe nazwisko: Bernd Weidung).

Motorem zespołu zdecydowanie był Bohlen. Kompozytor i producent. W młodości próbował sił w różnych składach – od jazz rocka po heavy, komponując równocześnie piosenki, które rozsyłał do lokalnych wytwórni. Dorobił się też dwóch singli nagranych pod szyldem Monza. Nie podbiły świata.

W 1978 roku Dieter skończył studiowanie ekonomii i już miał się zająć doradztwem inwestycyjnym, gdy odezwała się hamburska firma Intersong. Muzyk podpisał z nią kontrakt. Jego głównym zadaniem było dostarczanie piosenek dla innych wykonawców, ale udało mu się wydać kilka własnych rzeczy (pod pseudonimem Steve Benson i – z dwiema dziewczynami – jako Sunday).

W 1983 roku postanowił nagrać niemieckojęzyczną wersję singla „Pick Up The Phone" F.R. Davida. Potrzebował tylko odpowiedniego wokalisty... Jedna z wytwórni podsunęła mu dwudziestoletniego Weidunga, nagrywającego od kilku lat pod pseudonimem Thomas Anders. Panowie zrealizowali wspólnie wspomnianą piosenkę, „Was macht das schon?", a potem kilka kolejnych. W 1984 roku Bohlen zaproponował wokaliście stworzenie duetu. Przyjęli nazwę Modern Talking – nawiązanie do grup Modern Romance i Talk Talk.

W tym samym roku ukazał się na singlu utwór „You're My Heart, You're My Soul", który zyskał wielką popularność. Najpierw na parkietach tanecznych – potem w mediach. Rok później ujrzał światło dzienne pierwszy album, „The 1st Album" (Hansa), i odtąd zaczęło się szaleństwo liczone w milionach sprzedanych sztuk. Należy dodać, że Modern Talking cieszył się powodzeniem wyłącznie w Europie kontynentalnej. W Anglii bezskutecznie próbowano go promować jako zespół sceny gejowskiej, w Ameryce był zupełnie nieznany.

Zasięg rażenia zachodnioniemieckiej grupy obejmował też PRL. Już we wrześniu 1985 roku pierwszy album Modern Talking został odtworzony przez Marka Gaszyńskiego w audycji „Płyta z gwiazdką" na antenie Programu Drugiego Polskiego Radia. Potem zespół lansowany był przez Bogdana Fabiańskiego. Naród pokochał duet, mimo że bojkotowała go radiowa Trójka, wyżywali się dzienni-

karze prasowi, a fani rocka ukuli pogardliwe określenie: Młode Tłoki. Przypominało to późniejsze zjawisko disco polo. Pod które zresztą Modern Talking przygotował muzyczny grunt.

W 1987 roku zespół się rozpadł. Jako główną przyczynę podawano złe podszepty Nory (z domu Balling), żony Thomasa Andersa. Muzyk znajdował się pod jej bezgranicznym wpływem, czego symbolem noszony na szyi metalowy wisior z imieniem małżonki. Wokalista postanowił działać solo i w takiej roli zjawił się na koncercie w Polsce w kwietniu 1987 roku. *Osoby, które nie znają języka angielskiego, mogłyby sądzić, że udają się na koncert duetu Modern Talking* – donosiła prasa. *Jego nazwa została bowiem wyeksponowana na plakatach, także na specjalnie wydrukowanych biletach w cenie dwa tysiące złotych. W rzeczywistości Thomas Anders przybył do Polski sam. No niezupełnie, towarzyszyła mu m.in. śpiewająca żona-olbrzymka i kilku muzyków. Wiele jednak wskazywało na to, iż akompaniament odtworzony został z nagranej przez Bohlena taśmy.* Zawiedziona publiczność obrzuciła artystę woreczkami z cytronadą.

Piosenkarz wykonywał utwory Modern Talking, a za kulisami prezentował iście gwiazdorskie maniery, nieproporcjonalne do statusu po opuszczeniu grupy. Konferencja prasowa została na przykład odwołana, bo ktoś ośmielił się sfilmować parę małżonków podczas jedzenia posiłku... Pierwszą solową płytę Anders sklecił dopiero dwa lata później („Different", Teldec). Przepadła na rynku.

Znacznie lepiej radził sobie Dieter Bohlen. Błyskawicznie założył nowy projekt, Blue System, i już w 1987 roku wydał pod tym szyldem album „Walking On A Rainbow" (Hansa). Wrócił też do komponowania dla innych. Wylansował m.in. piosenkarkę C.C. Catch (właśc. Caroline Catharina Müller). Zarówno Blue System, jak i wspomniana wokalistka zjawili się w 1989 roku na festiwalu w SOPOCIE. *Organizatorzy wpuszczali na scenę każdego, kto akurat mógł i chciał się pokazać – w tym artystę Savage'a aż dwukrotnie. I niosło po lesie daleko, daleko proste rytmy dyskotekowej sieczki Blue System, C.C. Catch i włoskiego idola polskich nastolatek. Zrobiło się sielsko i anielsko od pluszowych niedźwiadków i wyszukanej mody à la* ITALO DISCO. *A rzucony na pożarcie ze-*

spół Then Jerico, nawet gdyby mógł zagrać świetny koncert, wobec kultu Bohlena nie miał żadnych szans – czytamy w relacji.

W 1987 nakładem Wifonu ukazała się jedyna w Polsce płyta Modern Talking, „In The Middle Of Nowhere" (oryginalnie czwarta, z 1986 roku). W podziemnym obiegu kasetowym krążyły natomiast prześmiewcze wersje największych hitów grupy. Ktoś użył wersji instrumentalnych z singli i podogrywał do nich własne teksty (bazując na słowach angielskich), z wiernym odtworzeniem maniery wokalnej Andersa. „Brother Louie" nosił na przykład tytuł „Mały chuik", a „Geronimo's Cadillac" – „Za kołnierz ci nasrał ptak". Ci sami twórcy wzięli też na warsztat piosenki BAD BOYS BLUE. „You're A Woman" figurował jako „W mordę łomem"...

Modern Talking powrócił w 1998 roku, z płytą „Back For Good" (BMG). Muzycy przyjechali wtedy na kilka koncertów do Polski. Do ostatecznego rozwiązania grupy doszło w roku 2003. Obaj panowie kontynuują dziś karierę osobno.

MOMENTY

– Fajny film wczoraj widziałem... – Momenty były? Tak zaczynały się radiowe skecze Andrzeja Zaorskiego i Mariana Kociniaka. Satyrycy celnie zdiagnozowali tu ważne społecznie zjawisko. Wygłodniały erotycznie naród oprócz zwyczajowych doznań w kinie oczekiwał golizny. Krótkich chwil, gdy aktorkom było „widać". Momentów.

Znamienne, że w filmie polskim sceny tego typu tak naprawdę zaczęły się pojawiać dopiero w końcu lat 60. (chociaż obnażoną pierś Hanny Skarżanki można było podziwiać już w „Młodości Chopina" z 1952). Towarzysz Wiesław – czy też jego małżonka – reagował na seks alergicznie. Gdy w 1957 roku zobaczył spektakl telewizji „Asfaltowa droga", w którym pojawiła się aktorka w kostiumie kąpielowym, cisnął podobno szklanką w telewizor. Jego żona miała natomiast alergię na wdzięki Kaliny Jędrusik... Widzom pozostawało wpatrywanie się w prześwity w kusych strojach Barbary Brylskiej w „Faraonie" (1966), ewentualnie dekolty Barbary Tyszkiewicz („Popioły" z 1965) lub importowanej hrabiny ANGELIKI.

Złotymi zgłoskami w historii polskiej kinematografii zapisał się zatem „Kardiogram" z 1971 roku. Nudnawy dramat obyczajowy Romana Załuskiego ożywia pełnowymiarowa prezentacja piersi Anny Seniuk. Naprawdę imponujących – choć z każdym seansem podobno ich ubywało. Operatorzy wycinali z taśmy pojedyncze klatki do prywatnego użytku.

Niespotykaną wcześniej śmiałością scen erotycznych odznaczały się także inne filmy z tego okre-

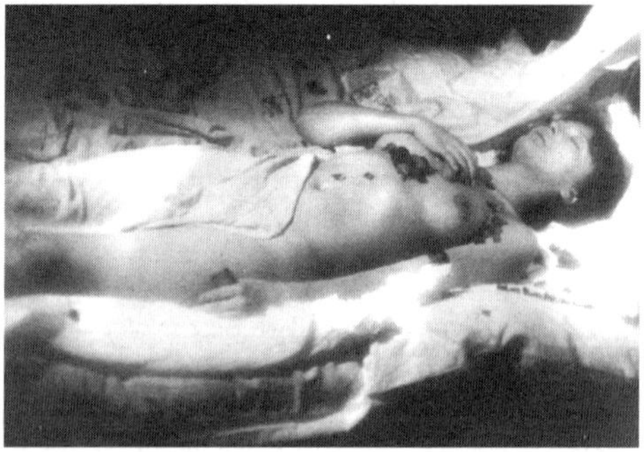

su, jak „Krajobraz po bitwie" (1970), „Seksolatki" (1971, wkrótce po premierze zdjęty z ekranów), „Rewizja osobista" (1972), „Opis obyczajów" (1972), „Uciec jak najbliżej" (1972) czy „Zazdrość i medycyna" (1973). Kolejny wielki krok w przełamywaniu tabu w tej dziedzinie zrobił Walerian Borowczyk – późniejszy specjalista od kina erotycznego na emigracji. Jego „Dzieje grzechu" według Stefana Żeromskiego (1976) promowały wdzięki Grażyny Długołęckiej do tego stopnia, że aktorka przypłaciła to załamaniem nerwowym. W tym samym roku Andrzej Wajda wyswobodził wreszcie Kalinę Jędrusik w „Ziemi obiecanej". Niestety, po latach, w 1999, słynną scenę seksu oralnego starannie wyciął.

Lata 80. to pełen rozkwit ekranowej golizny. Najlepszym przykładem „SEKSMISJA", na którą – mimo wszelakich zalet – pędzili do kina głównie amatorzy pierwszego członu tytułu. Twórcy wiedzieli, że momenty gwarantują frekwencję, wstawiali je więc do każdego niemal filmu. Wyspecjalizował się wręcz cały podgatunek, w którym pretekstowa fabuła była usprawiedliwieniem dla rozbierania kolejnych aktorek. Przykłady? „Łuk Erosa" (1988) czy „Sztuka kochania" (1989). Nagości nie brakowało też w serialach. Wyłącznie pod tym kątem powstał zdaje się „Tulipan" (1987), ze śmiałych scen słynął też „07 ZGŁOŚ SIĘ".

Swoje wdzięki prezentowały znane dziś aktorki, jak Katarzyna Figura („Pociąg do Hollywood", 1987), Dorota Kamińska („Karate po polsku", 1983), Grażyna Szapołowska („Wielki Szu", 1983) czy nawet Anna Dymna („Dolina Issy", 1982). Niektóre nazwiska, jak Halina Golanko („Brylanty pani Zuzy", 1972), Christine Paul-Podlasky („Barwy ochronne", 1977; „MIŚ", 1981), Anna Wojton („Nowy Jork – czwarta rano", 1988) albo Maria Probosz („Porno", 1990), kojarzone są głównie z rozbierankami tamtej epoki...

Tradycja wstawiania do polskich filmów obowiązkowej golizny przetrwała okres przemian. W zalewie ogólnodostępnej erotyki straciła już jednak swoją rolę marketingową, pozostając osobistą przyjemnością reżyserów.

MORZE

audycja telewizyjna

Audycja telewizyjna poświęcona tematyce morskiej. Przygotowywał ją Marek Koszur z oddziału TVP w Szczecinie (nie mylić z „Morzem" TVP Gdańsk pod redakcją Janusza Michalskiego i Jerzego Ringera, z 1978 roku). Pod koniec lat 80. emitowana była w niedzielne południe na antenie ogólnopolskiej Dwójki. Rzecz była nudnawa, ale miała coś, co ściągało przed telewizory młodych ludzi – czołówkę.

„Zapożyczono" w niej fragment australijskiego filmu „The Pirate Movie" (1982). Efektownie ostrzeliwujące się okręty byłyby jednak niczym bez muzyki. Utworu „Victory". Podniosłej pieśni wykonywanej przez męski chór ukrywający się pod kryptonimem The Pirates. Bojowy charakter nagrania może tłumaczyć fakt, że uczestniczył w nim Mike Brady. Etatowy twórca hymnów dla AFL – Australijskiej Ligi Futbolu. Sama kompozycja jest zaś dziełem Terry'ego Brittena. Facet ma na koncie m.in. przebój „We Don't Need Another Hero", wykonywany przez Tinę Turner w trzeciej części „MAD MAXA".

Na skutek zamieszania z prawami autorskimi „The Pirate Movie" ukazał się na DVD (w Stanach Zjednoczonych) dopiero w 2005 roku. Soundtracku nie wznowiono do dziś – oryginalna PŁYTA WINYLOWA osiąga niebotyczne ceny na aukcjach internetowych.

MOSKWA 1980

impreza sportowa

Pierwsze letnie igrzyska olimpijskie w kraju socjalistycznym miały być spektakularnym wydarzeniem propagandowym. Przygotowywano się do nich solidnie także w PRL: od specjalnie bitej 20-złotówki przez znaczki pocztowe po okolicznościowe płyty zespołów Breakout („Żagiel ziemi"), Skaldowie („Droga ludzi") i Budka Suflera („Na brzegu światła"). *Olimpiada pociąga każdego* – mówił po latach lider tej ostatniej kapeli, Romuald Lipko. *O sporcie można powiedzieć tysiące pięknych rzeczy, ale śpiewać o tym jest trochę cudacznie. Złapałem się na tym w trakcie roboty. Nie wstydzimy się tego, choć kiedyś powiedziałem, że ta płyta śmierdzi trampkiem, pozostając z całym szacunkiem dla sportu.*

Polscy rysownicy brali udział w rozpisanym w 1975 roku konkursie na logo igrzysk. Zwyciężył oczywiście Rosjanin, Władimir Arsentiew. Kwestię maskotki zostawiono już wyłącznie swoim. Widzowie audycji „W mirie żywotych" oraz czytelnicy pisma „Sowietskij Sport" mieli głosować listownie na preferowane zwierzątko. Stanęło na niedźwiadku. Spośród 60 zaprojektowanych rysunków wybrano pracę Wiktora Cziżkowa. Sympatyczny skądinąd Misza spoglądał potem na nas ze wszystkich gazet.

Propagandowy efekt zepsuł Sowietom nieprzemyślany ruch. W 1979 roku najechali na Afganistan, na co ultimatum wystosował prezydent USA Jimmy Carter. Jeżeli wojska nie zostaną wycofane do 20 lutego 1980 roku, Stany Zjednoczone zbojkotują olimpiadę. Była to oczywiście groźba skierowana w próżnię. 21 marca ogłoszono więc, że amerykańscy sportowcy nie zjawią się w Moskwie. Wkrótce podobne stanowisko zajęły Japonia, RFN, Kanada i Chiny. Wielka Brytania, Francja i Grecja pozostawiły kwestię uczestnictwa decyzji zawodników. A wiele małych krajów podpięło się pod protest, bo dawał okazję zaoszczędzenia pieniędzy.

Nie dotyczyło to rzecz jasna reprezentacji PRL. Do Moskwy udała się liczna, 321-osobowa ekipa. Mimo przetrzebionej konkurencji nie spisała się najlepiej. Na 32 medale trafiły się tylko trzy złote. W tym jeden niezwykle ważny – tyczkarza Władysława Kozakiewicza. Bo pierwszy. I zdobyty w wyjątkowych okolicznościach...

30 lipca zawodnik zmagał się na stadionie Łużniki z reprezentantem ZSRR Konstantynem Wołkowem. Przy kolejnych centymetrach pokonanych przez Polaka na trybunach rozległy się przenikliwe gwizdy. Niektórzy wspominają też o zamykaniu i otwieraniu wrót stadionu, by zmienić kierunek wiatru... Kozakiewicz zdobył jednak rekord świata, pokazując przy tym publiczności spontanicznego „wała" – rękę zgiętą w łokciu i skrzyżowaną z drugą ręką. *Nie pamiętam, co robiłem w czasie konkursu* – wspomina. *Dopiero po zawodach powiedziano mi, że pokazałem widowni zgięty*

łokieć i zaciśniętą pięść po skokach na wysokość 5,70 m i dwukrotnie po 5,75.

Takie postępowanie spotkało się oczywiście z reperkusjami. *Sygnał dostałem dzień po zawodach. Marian Renke, szef sportu, mówi mi tak: „Władek, są kłopoty. Za mocno się dopytują. Za mocno grożą. Ambasador Aristow dzwonił do KC. Oni żądają odebrania ci medalu, dyskwalifikacji dożywotniej za obrazę narodu radzieckiego. Ja im tłumaczę, że Polacy okazują w ten sposób wielką radość, ale chyba mi nie wierzą". Myślę – jest afera. Ale Gierek przyjechał do wioski olimpijskiej, gratulował mi medalu, ściskał dłoń, więc trochę się uspokoiłem. On się, powiedzmy, nie cieszył, że pokazałem Ruskim wała, ale jego goryl tak. Ścisnął mi rękę jak w imadle, aż mną zatelepało. Jak Gierek odjechał, zacząłem się bać, że mi jednak ten medal zabiorą.* Sprawa rozeszła się w końcu po kościach. Ale atmosfera wokół sportowca nie była potem najlepsza. W 1985 roku wyemigrował do RFN.

Po wydarzeniach moskiewskich obraźliwy „dziób pingwina" szybko zyskał nową nazwę – „gest Kozakiewicza". I tak zostało do dziś. Po latach wykorzystuje się go w reklamie. W 2005 roku zacytowano go w spocie Żywca, a rok później Kozakiewicz osobiście pojawił się przy okazji przeciwbólowego środka Ultrafastin.

MOTORYNKA

jednoślad

Miniaturowy motocykl skonstruowany pod koniec lat 70. z myślą o młodzieży powyżej 13 roku życia – posiadaczach kart motorowerowych. Zjednoczone Zakłady Rowerowe Romet postawiły na prostotę: części zaczerpnięte z innych motorowerów plus rozwiązania znane z rowerów. Na przykład zwykłe, regulowane siodełko w pierwszych modelach. Albo ręczny dzwonek. Czy brak prędkościomierza...

Nowatorski wynalazek został ochrzczony anglojęzyczną nazwą Romet Pony. Niby bajer, ale brzmi zdecydowanie lepiej niż Kucyk. Za co należy się twórcom wdzięczność, bo wcześniej nie zawahali się wypuścić na rynek Komara. Ulica i tak używała nazwy motorynka.

Mimo ograniczeń konstrukcyjnych, młodzi adepci jednośladów uzyskiwali na tym sprzęcie całkiem niezłe osiągi. Dwusuwowy silnik o mocy sięgającej 1,7 koni mechanicznych (pojemność 50 cm^3) rozpędzał pojazd do niemal 50 km/h. To między innymi zasługa niewielkiej wagi, nieznacznie przekraczającej 40 kilogramów.

Historia motorynki dzieli się na cztery etapy. Pony 50-M-1 produkowany był w latach 1978-1981. Kolejne modele to Pony 50-M-2 (1980-1984, z nożną zmianą biegów) i Pony 50-M-3 (1984-1989, z innym silnikiem, o zmniejszonych osiągach). W roku 1988 ruszyła produkcja modelu Pony 301, zakończona sześć lat później.

MUCHA

okulary przeciwsłoneczne

Hit mody damskiej w latach 70., spopularyzowany dzięki filmowi „Polowanie na muchy" (sierpień 1969), w którym nosiła je Małgorzata Braunek. *Wytrzeszczony uśmiech oraz oczy powiększone przez nadnaturalnej wielkości okulary straszyły z ekranu i dobrze oddawały portret okrutnej muchy* – przybliżał swoje intencje reżyser Andrzej Wajda. Efekt był jednak odwrotny do zamiarów twórcy. Antybohaterka stała się wzorem ówczesnego lansu.

Takie okulary dopiero się wtedy pojawiły, nie

były jeszcze w Polsce modne – wspomina aktorka. *Dopiero po filmie ulica zapełniła się dziewczynami noszącymi coś takiego. Bardzo utrafiliśmy w to, co się dopiero pojawiało, w pierwsze trendy. Te sukienki, płaszcze, botki – to wszystko było gdzieś pozbierane. Tu ciotka przysłała, tam ktoś wyjechał... Takie czasy, w sklepie nie można było tego kupić.*

Kultowy przedmiot zawdzięczamy najprawdopodobniej Renacie Pajchel, odpowiedzialnej za fotosy do filmu. *Chyba ona przyniosła te okulary* – opowiada Braunek. *Od niej był też płaszcz z kapturem. Wszyscy gdzieś coś ściągali, żeby ta filmowa dziewczyna była ubrana tip-top...*

Formalnie rzecz biorąc, „mucha" to opóźniona moda na okulary w stylu Jacqueline Kennedy Onassis (we współczesnych katalogach opisywane jako model Jackie O lub Superfly). Żona prezydenta USA używała ich, by skryć się przed wszechobecnymi paparazzi. Podobną rolę pełnią w XXI wieku, gdy przypomniały sobie o nich hollywoodzkie gwiazdy.

MUMINKI – patrz OPOWIADANIA MUMINKÓW

MUSZTARDÓWKA

naczynie szklane

Szklany pojemnik, przeważnie o pojemności 0,2 litra. Oryginalne przeznaczenie: przechowywanie musztardy. Pomysłowy naród wykorzystywał go jednak do spożywania trunków. Przeważnie wysokokowych... Plastikowe wieczko też znalazło wtórne zastosowanie. Można było z niego wyciąć kostkę do gitary.

Musztardówki nie są wynalazkiem PRL. Picie z tak nazywanych naczyń było powszechne już przed wojną. Sytuacja zmieniła się o tyle, że zamiast firmy Schweizer musztardę dostarczała na przykład Spółdzielnia Pracy Przemysłu Spożywczego Kraków–Nowa Huta. I różnił się trochę kształt przedmiotu. W jego dolnej części pojawiły się charakterystyczne pierścienie.

W niektórych środowiskach – nie chodzi raczej o kadrę profesorską – picie z musztardówek ucho-

dziło za rodzaj snobizmu. Bard Kazimierz Grześkowiak śpiewał nawet pięknie: *W przepysznie rżniętej wina szklanicy / Zasnął gdzieś na dnie musztardy smak...* Ale generalnie ich użycie wymuszone było po prostu brakiem szklanek. *Przeciętnemu nabywcy owszem, trafia się wstąpienie do sklepu i kupienie szklanek bez kłopotu* – czytaliśmy w prasie. *Jednakże często nie może ich kupić w pobliskim sklepiku wtedy, kiedy chce. W wielu sklepach, zwłaszcza na prowincji, nieobecność szklanek na półkach sklepowych trwa tygodnie, a nawet miesiące.*

Produkcja niby rosła. W 1960 roku na rynek trafiło 18 milionów sztuk, w 1965 – 45 milionów, a dziesięć lat później – aż 129 milionów. A jednak szklanek wciąż brakowało. Tłumaczono to zmianami przyzwyczajeń nabywców, którzy postrzegali picie z takich naczyń jako coś eleganckiego (zamiast kubków i filiżanek). Rzeczywiście: modnie podana kawa lat 70. występowała właśnie w szklance, często włożonej w metalowy koszyczek z uchwytem (by się nie poparzyć).

W 1977 roku producenci postanowili wyjść naprzeciw zapotrzebowaniu i do typowych szklanek cienkościennych dołączyły takie z grubego szkła. *Mają wygląd musztardówki i grubość niemal kufla od piwa* – relacjonował zatroskany reporter. *Oglądając kilka wzorów takich wyrobów, zastanawiałem się, czy nazwa „szklanka" może tu być użyta. Jedno jest pewne, że nie będzie się ich kupować do ozdoby kredensów, ani też do uświetniania przyjęcia.* Tajemnica tkwiła w technologii. Cienka szklanka była dmuchana. Gruba – prasowana. Przedstawiciel Zjednoczenia Przemysłu Szklarskiego i Ceramicznego „Vitrocer" bronił się: *Produkcję szklanek prasowanych traktujemy jako coś przejściowego. Gdy tylko będzie można, to wycofamy się z niej całkowicie. A dodam, że chyba lepiej jest pić cokolwiek z takiej „musztardówki" niż z plastikowego kubka...* Tego typu brzydkie, acz wytrzymałe wyroby chętnie stosowali właściciele SATURATORÓW.

Po 1989 musztardówki zniknęły. Szklanek w sklepach pod dostatkiem, a i musztarda zaczęła być pakowana w specjalne słoiki... Niektórzy twórczo wykorzystują co najwyżej opakowania po 200-gramowej Nutelli, zwane nutellówkami.

NAZAJUTRZ
film fabularny
(The Day After)
reż. Nicholas Meyer; 1983, USA

Źródło nocnych koszmarów młodzieży wychowanej w latach 80. Jakby mało było straszenia w podręcznikach Przysposobienia Obronnego (*W razie wybuchu atomowej bomby / padnij na ziemię / zarzuć pelerynę na siebie* – streściła je punkowa grupa Deuter), Telewizja Polska zrobiła widzom niespodziankę. Sprowadziła apokaliptyczny amerykański film. Widzowie z USA zobaczyli „Nazajutrz" 30 listopada 1983. Polacy – już 26 stycznia następnego roku. To niespotykane wcześniej tempo. Wyjątkowy przykład bieżącego uczestnictwa PRL w obiegu globalnej popkultury.

Inna sprawa, że nie był to film typowy. Niby produkcja telewizyjna (stacji ABC), ale realizowana z kinowym rozmachem. Zatrudniono najlepszych fachowców od efektów specjalnych, którzy wymyślili na przykład, by atomowe grzyby imitować za pomocą zabarwionego oleju wstrzykiwanego do pojemników z wodą (amerykański rząd odmówił udostępnienia archiwalnych zdjęć). Zbudowano złożone, przedstawiające zniszczone miasto dekoracje. W zdjęciach brały udział tysiące statystów...

Zabrakło co prawda dużych aktorskich nazwisk (Steve Guttenberg dopiero później dał się poznać w „AKADEMII POLICYJNEJ"), ale o to właśnie chodziło. O wiarygodne pokazanie losów zwykłych ludzi w obliczu nuklearnej zagłady. Wyróżniał się też długi, dwuipółgodzinny czas trwania. Reżyser wybił producentom z głowy zrobienie dwuczęściowego miniserialu. Stwierdził, że nikt nie będzie chciał oglądać apokalipsy rozłożonej na raty.

I tak było trudno. Wizja zbombardowanego Kansas City – czy może bardziej radioaktywnego opadu dotykającego pobliskie miasteczko – okazała się tak przerażająca, że wycięto kilka najbardziej drastycznych ujęć. Żeby przygotować widzów na brutalne sceny, rozesłano do amerykańskich domów pół miliona specjalnych broszur. W miejscach, gdzie film oglądano zbiorowo, pojawili się psychologowie (zwłaszcza że projekcję polecano

uczniom w ramach pracy domowej). ABC uruchomiła poza tym kilka linii telefonicznych, za pośrednictwem których uspokajano widzów...

Wstrząśnięci byli także odbiorcy w Polsce. Świadczy o tym sonda przeprowadzona po emisji przez gazetę „ŚWIAT MŁODYCH". *Gdy wystartowały rakiety udające się na wschód, pomyślałem że przecież one mogły lecieć nad Polskę. To było straszne* – wyznała Ewa z klasy VIIIb. *Kiedyś oglądałam w telewizji film o skutkach wybuchu jądrowego w Hiroszimie i Nagasaki, ale to co działo się w Kansas City, wstrząsnęło mną jeszcze bardziej.* Beata z VIId uzupełniała: *Film ten przeraził mnie. Mam dopiero 14 lat i niedawno urodziła mi się siostrzyczka. Przed nami wiele lat życia, ale czy na pewno? Czy bomby jądrowe nie zakłócą go nam? Czy będziemy mogli żyć spokojnie i szczęśliwie?* Odrobinę fasonu starali się trzymać chłopcy: *Film nie zrobił na mnie większego wrażenia. Z okropnościami wojny konwencjonalnej czy nuklearnej oswojony jestem przez filmy w kinach i TV oraz lekcje przysposobienia wojskowego* – chwalił się Maciek (15 lat). Ale zaraz zmiękł. *Przeraziły mnie natomiast skutki choroby popromiennej, że jak przeżyję, to będę tak strasznie wyglądać...*

I jeszcze podsumowanie redakcji, dobrze oddające intencje osób odpowiedzialnych za sprowadzenie „Nazajutrz": *Kiedy powstaje i rusza w świat taki film, niezależnie od wszelkich zastrzeżeń do jego wartości artystycznej, daje nam możliwość przeżycia czegoś ważnego, zwielokrotnionej wspólnoty, tak intensywnego, jakbyśmy się trzymali za ręce, i pozwala nam uświadomić sobie, że nas wszystkich na całej kuli ziemskiej, nie tylko w Polsce czy Ameryce, łączy ta jedna sprawa, ta sama troska i ta sama nadzieja.*

Tymczasem sztab Ludowego Wojska Polskiego na zimno kalkulował w ramach „gry wojennej kierowniczej kadry MON", że odpowiedź NATO na nuklearny atak wojsk Układu Warszawskiego pochłonie 43 polskie miasta i 2 miliony ofiar.

NIE LUBIĘ PONIEDZIAŁKU

film fabularny

reż. Tadeusz Chmielewski; 1971, Polska

Jedna z najsympatyczniejszych polskich komedii. Pocztówka z Warszawy przełomu lat 60. i 70., rozpisana na dzień z życia miasta i dziesiątki epizodów z udziałem najróżniejszych jego mieszkańców. Mamy więc artystę pokonującego żmudną drogę do domu (podchmielony Bohdan Łazuka kieruje się korbą prowadzoną po szynach tramwajowych). Mamy milicjanta (Andrzej Herder), który musi pilnować synka, bo w przedszkolu zapanowała różyczka. Mamy zaopatrzeniowca z prowincji, który szuka części do maszyn rolniczych (Jerzy „kurka wodna" Turek) i wyjątkowo pechowego złodzieja (Mieczysław Czechowicz). Mamy ekspedientkę poszukującą swojej drugiej połowy w biurze matrymonialnym (Halina Kowalska, scena striptizu w perfumerii należy do najseksowniejszych MOMENTÓW polskiego kina) i wreszcie zagubionego w tej dziwnej rzeczywistości obcokrajowca, Włocha Francesco Romanelliego (Kazimierz Witkiewicz).

Tadeusz Chmielewski (twórca m.in. „JAK ROZPĘTAŁEM DRUGĄ WOJNĘ ŚWIATOWĄ") napisał podobny scenariusz już pod koniec lat 60. Rzecz do-

tyczyła gościa z zagranicy, który miał dwie wolne godziny na lotnisku i wyrwał się do miasta. Do nakręcenia filmu w takiej postaci jednak nie doszło. *Tamten projekt opierał się na humorze przede wszystkim sytuacyjnym* — tłumaczył reżyser. *Jego realizacja wymagałaby świetnej organizacji planu, rzeszy statystów, a co za tym idzie — ogromnych kosztów. Chciałem sfilmować przybycie dwóch pociągów na dworzec. Z obydwu wysiadłoby pięć tysięcy pasażerów — wszyscy w jednakowych płaszczach ORTALIONOWYCH. Ale na tę scenę zabrakło już pieniędzy.*

Ostatecznie, latem 1970 roku, odbyły się zdjęcia do znacznie skromniejszej produkcji. *Komedia wymaga szybkiego tempa narracji* — skarżył się reżyser na planie. *Ujęcia muszą być krótkie, dwu- lub trzyminutowe. Tymczasem uwzględniając normy naszej kinematografii, które przewidują nakręcenie 45 metrów taśmy dziennie, musiałbym zrealizować około dwudziestu ujęć. W efekcie musimy pracować szybko, rezygnujemy nawet niekiedy z dubli. Do tego dochodzi jeszcze brak sprzętu, rekwizytów. Jestem więc w żałosnej sytuacji człowieka, który patrzy na powolną śmierć swoich pomysłów.*

Powiedzieć, że po premierze, 27 sierpnia 1971 roku, film stał się ogromnym sukcesem — to zdecydowana przesada. Mieszane były uczucia zarówno widzów, jak i krytyki. Przedstawiciele klasy robotniczej z Zakładów Ceramiki Radiowej zaproszeni na pokaz przez jedną z gazet twierdzili: *Film oceniam jako słaby, dlatego że nie ma w nim konstruktywnej krytyki naszej rzeczywistości. Odciągnięcie uwagi widza na rzeczy śmieszne, choć marginalne. Polska komedia musi być komedią stosunków i przywar narodowych bądź konfliktów wynikłych z naszej rzeczywistości.* W poważnych mediach pastwił się Zygmunt Kałużyński: *Czechowicz jako rabuś kasy pocztowej, zostaje przypadkowo dowieziony na uroczystość otwarcia szkoły jako oczekiwany ofiarodawca gotówki: brak rozeznania sytuacji, zarówno przez niego, jak przez otoczenie, daje wrażenie ogólnego kretyństwa. Spiętrzenie tych gagów przez niedopatrzenie, przy całej ich — nieraz — pomysłowości od strony mechanizmu, przynosi efekt istnego zbiorowego debilizmu, czy nawet więcej, idiotyzmu.*

Po latach tego typu opinie tracą rację bytu. Filmu nie ogląda się dla fabuły, lecz klimatu (wspomaganego słodką muzyką Jerzego Matuszkiewicza) oraz utrwalonych na kolorowej taśmie realiów PRL. „Nie lubię poniedziałku" cieszy się nieustanną popularnością w telewizji (pierwsza emisja: 26 grudnia 1973) i należy do pierwszych polskich produkcji, które przeniesiono na DVD (2001).

NIE TYLKO DLA ORŁÓW

audycja radiowa

Radiowy kabaret z udziałem czołówki prezenterów Trójki końca lat 80. W gronie wykonawców znaleźli się zarówno specjaliści od muzyki (Wojciech Mann, Jan Chojnacki, Jerzy Kordowicz), realizatorzy (Marek Dalba), jak i reporterki (Beata Michniewicz, Monika Olejnik).

Pomysłodawcą satyrycznego show, który wystartował w 1986 roku, był Grzegorz Wasowski (na początku lat 70. w ramach Trójkowego ITR-u robił z Kordowiczem podobną, choć skromniejszą audycję – „Samouczek"), syn Jerzego Wasowskiego, współtwórcy „Kabaretu Starszych Panów". Ojciec umożliwił mu zresztą radiowy debiut – 7-letni chłopiec wystąpił w 1956 roku w audycji „Książeczki z mojej półeczki". Wasowski pisał większość tekstów do „Nie tylko dla orłów" (parafraza tytułu powieści ALISTAIRA MACLEANA) lub porządkował te, które zrodziły się w czasie burzy mózgów. Robocze spotkania odbywały się często w jego domu – zarazem domu Moniki Olejnik, wówczas jego żony.

Całość otwierała „Refleksja na dziś", typu: *Kochani, myślę sobie, że nie warto chwalić dnia przed zachodem słońca... Powiem więcej: po nocy też nie trzeba drzeć mordy.* A potem słuchacze czekali na kilka stałych pozycji. Na przykład cykl „Z pamiętnika doktora Wyciora", który wymrukiwał Wojciech Mann: *Wtorek. Od rana pech. Podczas operacji plastycznej znów zabrakło skóry. Pożyczyłem co prawda kawałek ceraty od ajenta bufetu, no ale jak długo można nadużywać dobrej woli człowieka niezwiązanego przecież ze służbą zdrowia?* Ten sam prezenter odpowiadał, wraz z Alicją Resich-Modlińską, za cykl o Żelaznym Karle: *Żelazny Karzeł imieniem Wasyl siedział przed swoją norą i dłubał pogrzebaczem w zębach. Wtem usłyszał jakiś hałas i obejrzał się gwałtownie. Zobaczył leśnego listonosza, Borsuka Borysa, pędzącego na malutkim rowerku. Należy tu dodać, że Borsuk był kretem, tylko na nazwisko miał Borsuk, a na imię Borys. Pędził więc kret Borsuk, najwyraźniej kierując się w stronę Wasyla. Gdy już się zbliżył, wyciągnął z kaptura pomiętą kopertę i powiedział: Polecony do ciebie, stary saganie! i uciekł. Karzeł rzucił za nim pogrzebaczem i zabił go na miejscu...*

Było też „Doradztwo intymne", w którym Jerzy „Gandalf" Kordowicz zmysłowo czytał listy od chłopców: *„Mam pewien problem, z którym chciałbym się z tobą, Gandalfie, podzielić i poszukać twojej mądrej rady. Ale listownie nie mam śmiałości. Podaję adres. Twój Jerzyk". No, kochani... Mimo, że jestem obolały, muszę spieszyć z pomocą, bo takie jest moje posłannictwo. Jerzyku, nie ruszaj się z domu. Zapukam raz długo i trzy razy krótko.* O reszcie pozycji świadczą same tytuły: „Mówią weki", „Odcinek dla świnek", „Gabinet figur wioskowych", „Opowieści z deszczykiem", „Kino mocne", „Maksymy Gorkiego"...

Ukoronowaniem całości był występ tria Ojciec, Wuj i Stryjo. Najpierw patetyczna zapowiedź w stylu socrealistycznym: *Zaśpiewamy z całej siły / by się młoty rozdzwoniły / by pług równą kroił skibę/ by trafiała sieć na rybę...* Potem ludowa melodyjka, a na jej tle sprośne przyśpiewki (*Na furmance Leszek Hance chciał koniecznie ściągnąć odzież / ale wtem poniosły konie / ściągnął tylko wodze*), kwitowane komentarzami i wybuchami dzikiego śmiechu. To rzadka okazja posłuchania, jak Wojciech Mann próbuje śpiewać.

Kultowa audycja dokonała żywota w 1990 roku. W 1991 roku wybór skeczy ukazał się na kasecie wydanej przez firmę Polton. 16 lat później Wasowski zaczął przypominać cykl na antenie Trójki, ale wiele fragmentów zostało pominiętych z powodu braku praw do muzyki. Z tych samych powodów blokowane jest wydanie „Nie tylko dla orłów" na płycie.

NIEBIESKIE LATO

serial dla młodzieży

(Verano azul)

19 odcinków; reż. Antonio Mercero; 1981-1982, Hiszpania

Kultowy hiszpański serial. Kultowy, bo udało się w nim uchwycić ducha przemian po wyjściu kraju spod dyktatury generała Franco. Opowieść o grupie młodych ludzi spędzających wakacje w miasteczku na Słonecznym Wybrzeżu podczas pierwszej emisji przyciągnęła przed telewizory 20 milionów widzów. Wynik imponujący, zważywszy, że mieszkało tam wtedy zaledwie 38 milionów ludzi. Gdy emitowano odcinek, w którym umarł przyjaciel dzieciaków, stary marynarz Chanquete, na balkonach domów pojawiły się czarne flagi, pisały o tym czołowe gazety... Z biegiem lat Hiszpanie mogli się do tego przyzwyczaić. Serial powtarzany jest tam w każde wakacje.

„Niebieskie lato" sporym powodzeniem cieszyło się też w Polsce. Od maja 1984 roku pokazywano je regularnie w ramach porannej „Sobótki". Oprócz takich tematów, jak dojrzewanie czy odejście bliskiej osoby kusiła dawka egzotycznych widoków. Palmy, plaża i... niesamowita biel zębów aktorów.

Dziś każdy może sobie kupić pastę z wybielaczem i udać się na południe Unii Europejskiej. Warto zatem wiedzieć, że miasteczko, w którym rozgrywała się akcja, nazywa się Nerja, a kilka jego ulic nosi imiona bohaterów filmu, np. dyżurnego urwisa: Miguela „Tito" Jovena, który dziś pracuje w charakterze recepcjonisty. I tak dobrze, że nie skończył jak kruczowłosy Juan „Pancho" Jose Fernandez – w heroinowym nałogu, z wyrokami na karku...

I jeszcze jedno. Co prawda kompozytor Carmelo A. Bernaola inspirował się ewidentnie „gwizdanym" z francuskiego cyklu „Żandarm", ale nie

da się zaprzeczyć, że jego temat z czołówki jest świetny.

NIEWIDZIALNA RĘKA

audycja telewizyjna / akcja społeczna

Zanim Niewidzialna Ręka trafiła na ekrany telewizorów, była atrakcją „ŚWIATA MŁODYCH". W 1957 roku redakcja zorganizowała akcję Wyprawa Tysiąca Przygód. Cel? Ożywienie życia na szarych podwórkach, m.in. za pomocą wyznaczania rozmaitych zadań. Jednym z nich było wykonanie anonimowego dobrego uczynku. W stylu narąbania

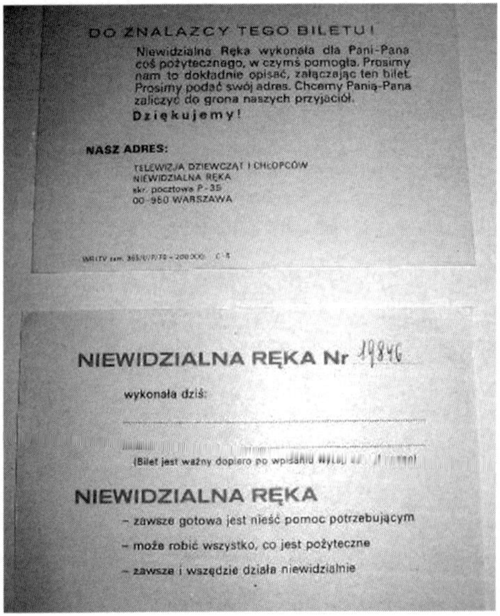

DO ZNALAZCY TEGO BILETU!

Niewidzialna Ręka wykonała dla Pani-Pana coś pożytecznego, w czymś pomogła. Prosimy nam to dokładnie opisać, załączając ten bilet. Prosimy podać swój adres. Chcemy Panią-Pana zaliczyć do grona naszych przyjaciół.

Dziękujemy!

NASZ ADRES:

TELEWIZJA DZIEWCZĄT I CHŁOPCÓW
NIEWIDZIALNA RĘKA
skr. pocztowa P-35
00-950 WARSZAWA

NIEWIDZIALNA RĘKA Nr 19846

wykonała dziś:

(Bilet jest ważny dopiero po wpisaniu

NIEWIDZIALNA RĘKA

– zawsze gotowa jest nieść pomoc potrzebującym
– może robić wszystko, co jest pożyteczne
– zawsze i wszędzie działa niewidzialnie

drzewa czy przerzucenia węgla do piwnicy starszej osobie... Szczęśliwiec dostawał tylko kartkę z odciśniętą dłonią. Powinno go to zmobilizować do napisania listu do gazety, którego z kolei druk był rodzajem nagrody dla dobroczyńcy.

W 1966 roku rzecz zaistniała na antenie telewizyjnej i została sformalizowana. *Przestraszyliśmy się, że kiedy będzie to robione na większą skalę, to ktoś zrobi jakiś głupi dowcip Niewidzialnej Ręce* – mówił pomysłodawca, Maciej Zimiński. *Na przykład ukradnie samochód i zostawi kartkę, że to zrobiła NR. Wprowadziliśmy więc bilety rejestrowane w Centralnej Bazie Niewidzialnych.* Uczestnik akcji zamiast odcisku dłoni zostawiał obdarowanemu druk. Trzeba było tylko wpisać w odpowiednią rubrykę swój numer. Do czynu zachęcały umieszczone na świstku hasła:

– *Niewidzialna Ręka zawsze gotowa jest nieść pomoc potrzebującym;*

– *może robić wszystko, co jest pożyteczne;*

– *zawsze i wszędzie działa niewidzialnie.*

Ostatni punkt – atmosferę tajemnicy – wzmacniała oprawa audycji. Prowadzący ginął w półmroku, w studiu widać było głównie panie odczytujące przy biurkach listy wdzięczności... Istne „Archiwum X". Tyle że nudne. Warto było jednak przeczekać, bo po wszystkim odtwarzano atrakcyjny film, na przykład „ZNAK ZORRO".

Niewidzialna Ręka działała do 1981 roku, kiedy to obawiający się o podopiecznych Zimiński oświadczył z anteny: *Niewidzialni! Teraz będziecie pomagać jawnie.* W zależności od źródeł przez Centralną Bazę Niewidzialnych przewinęło się od 250 do 700 tysięcy młodych ludzi, głównie z miast powiatowych i wsi.

NIEWOLNICA ISAURA

serial kostiumowy

(A escrava Isaura)

100 odcinków; reż. Milton Gonçalves, Herval Rossano; 1976, Brazylia

Lew Rywin nie powinien stanąć przed komisją śledczą za swoje rzekome konszachty z grupą trzymającą władzę, tylko za zbrodnię, jakiej dopuścił się na narodowym guście w 1984 roku. Jako szef agencji Poltel, odpowiedzialnej za kupno programów dla telewizji, nabył od brazylijskiej stacji Rede Globo trochę odcinków zleżałego serialu „Niewolnica Isaura". Pierwszy – jak działkę narkotyków – dostał podobno za darmo. Była to pionierska telenowela na polskich ekranach, wzbudziła więc niesamowite zainteresowanie widzów. 84-procentowa oglądalność czwartego odcinka (plus 8 procent porannej powtórki) świadczyła, że kontaktu z fenomenem nie mieli chyba tylko osadzeni i marynarze.

Szalona popularność zaniepokoiła władze i znawców sztuki. *Powodzenie „Trędowatej", bliskiej kuzynki „Isaury", tłumaczono swego czasu tęsknotami całych pokoleń kobiet analfabetek za życiem wyższym* – pisał krytyk. *Jeśli podobnie mamy tłumaczyć ten fenomen powodzenia – nie tylko u kucharek, ale i kobiet, od których moglibyśmy oczekiwać bardziej wyrafinowanych gustów – to cały czterdziestoletni wysiłek konstruowania nowej świadomości kulturalnej mas okazuje się mało skuteczny.* Zamach na emisję Isaury (pod pretekstem niedoborów energii) został jednak udaremniony pod presją tysięcy listów zachwyconych widzów.

Idąc za ciosem, w maju 1985 roku sprowadzono do Polski odtwórców ról głównych. Lucélię Santos, grającą tytułową rolę zniewolonej pod koniec XIX wieku córki Mulatki, oraz Rubensa de Falco, czyli jej ciemiężyciela, Leoncio Almeidę. Przyjmowano ich, jakby byli gwiazdami tej miary co Mel Gibson czy Kim Basinger. Obwożenie po większych miastach, wizyty w zakładach pracy, rauty dla zachwyconych dygnitarzy... Dyrektor warszawskiego liceum: *W sklepach był tylko ocet i zielona herbata zajeżdżająca mocno tytoniem. Wizyta aktorów to był promyk słońca w codziennej szarzyźnie. Witałem ich w naszej szkole i przez to trafiłem na pierwszą stronę „Expressu Wieczornego". Miałem swoje pięć minut. Stałem też na bramce. Naderwano mi rękaw od marynarki. To nic. Liczyło się, że wielki świat był u nas.* Tłumaczka towarzysząca aktorom: *W zakładach odzieżowych Cora Isau-*

ra szła po schodach w górę jak madonna. Kobiety ją dotykały, głaskały. Sprawdzały, czy naprawdę istnieje...

Pani Lucélia, po latach: *Zapamiętałam romantyzm Polaków. Wydali mi się bardzo sentymentalni. Podobały mi się stroje folklorystyczne, bardzo kolorowe, jasna karnacja polskich dziewcząt, ich błękitne oczy i wielki entuzjazm. Nasze spotkania z fanami odbywały się na wypełnionych po brzegi stadionach. Podróżowaliśmy w asyście silnej eskorty sił porządkowych, jakbyśmy byli sławnym zespołem rockowym. To było oszałamiające.*

Ekranowe wizerunki wywarły spory wpływ na społeczeństwo. Modna stała się na przykład fryzura na Isaurę – z przedziałkiem na środku. Wiele urodzonych w tamtym czasie dzieci przeklina dziś rodziców za nadanie im spolszczonego imienia bohaterki („z" zamiast „s", imieniny 17 czerwca). Dobrze, że nie zachowaliśmy się jak Węgrzy, którzy podobno zebrali kilkadziesiąt tysięcy dolarów na wykupienie niewolnicy...

Znaleźli się jednak i wrogowie serialu. Radio Wolna Europa – wiadomo. Ale nawet tygodnik „RAZEM" opublikował w swojej satyrycznej rubryce zdjęcie Santos z dorysowanymi wykresami okulistycznymi. Fakt, aktorka miała lekkiego zeza.

Telewizja polska poszła za ciosem i niedługo potem pokazała inne tasiemce z Santos: „W kamiennym kręgu" i „Pannę dziedziczkę". W 2005 roku ponowną emisję starego serialu rozpoczęła telewizja Plus. Z kolei stacja Romantica pokazała nową adaptację powieści Bernardo Guimarãesa, „Niewolnicę Isaurę" AD 2004.

NIZIURSKI, EDMUND

pisarz

ur. 10 lipca 1925 w Kielcach, Polska

Niekwestionowany mistrz polskiej powieści młodzieżowej. Pisarz, który potrafił łączyć wątki sensacyjne z realiami szkoły i wielką dawką humoru... Humoru, którego źródłem jest niebywały talent językowy. Spójrzmy na postaci: Gruby Cypek, Kwękuś, Złośliwy Miecio, Chryzostom Cherlawy, Wieńczysław Nieszczególny... Czy nazwy występujących na kartach powieści stronnictw: Defonsiacy (od szkoły im. Ildefonsa Gałczyńskiego) albo Ciesie (od nazwiska przywódcy, Ciesielskiego).

Fragment książki „Szkolny lud, Okulla i ja" (1982): *Każdy Cieś amortyzował upadek poprzedniego, a upadek ostatniego Ciesia zamortyzowało obfite ciało pani Boleniowej, jednej z sześciu wiceprezesek komitetu rodzicielskiego, znanej*

działaczki szkolnej, która właśnie wychodziła z kancelarii. Dzielna działaczka nie tylko zresztą zamortyzowała, ale również przytrzymała ostatniego Ciesia i odstawiła go w charakterze corpus delicti, *czyli dowodu rzeczowego, do kancelarii. Widok ten ostatecznie zdeprymował Ciesi. Co żwawsze Ciesie od razu powstawały ze stopni i uciekały czym prędzej w siną i pełną kurzu dal korytarzy...*

Edmund Niziurski, prawnik i dziennikarz, zadebiutował w 1951 roku powieścią „Gorące dni", o tematyce wiejskiej (pracował wtedy w tygodniku „Wieś"). Trzy lata później ukazała się jego pierwsza książka dla młodzieży: „Księga urwisów". Trudno ją zaliczyć do dzieł klasycznych. Ironiczny styl jeszcze się nie wykształcił, czuć było piętno socrealizmu. Przełomem okazały się dopiero „Niewiarygodne przygody Marka Piegusa" z 1959. Znajdujemy tu wszystkie charakterystyczne cechy prozy Niziurskiego.

Wśród kolejnych tomów należy wyróżnić „Sposób na Alcybiadesa" (1964, wpisany na honorową listę IBBY – Międzynarodowej Izby ds. Książek dla Młodych), mroczne „Siódme wtajemniczenie" (1969) i brawurową trylogię „odrzywolską" („Naprzód, Wspaniali" – 1971, „Awantury kosmiczne" – 1978 i „Adelo, zrozum mnie!" – 1977). Pod koniec lat 80. autor zbłądził, wysyłając swoich bohaterów w kosmos („Nieziemskie przypadki Bubla i spółki", 1987)... W nowej rzeczywistości wrócił na szczęście do konwencji, w której czuje się najlepiej, i bawi kolejne pokolenia czytelników – w 1997 roku opublikował na przykład „Nowe Przygody Marka Piegusa (również niewiarygodne)".

W 1966 roku powstał dziewięcioodcinkowy serial na podstawie powieści „Niewiarygodne przygody Marka Piegusa" (dostępny na DVD). W 1998 natomiast film i serial „Spona" (ekranizacja „Sposobu na Alcybiadesa").

NON IRON

tkanina syntetyczna

Trudno z dzisiejszej perspektywy zrozumieć fenomenalną popularność w latach 60. męskich koszul wykonanych z tego materiału. OK, nie trzeba ich było prasować. Ale poza tym miały same wady. Po pierwsze tkanina wykonana z tworzyw sztucznych nie przepuszczała powietrza. Po drugie – nieprzyjemnie przylegała do ciała. Po trzecie – w przypadku włożenia czegoś pod spód ukazywała to w całej krasie, bo była lekko przezroczysta. Po czwarte – w miarę używania traciła kolor... Prawdopodobnie kuszący był fakt, że produkt przy-

bywał z Zachodu. Amerykański – w paczkach od emigrantów (Podhale), europejski – przywożony przez marynarzy (Wybrzeże). Luki na rynku uzupełniali też krajowi rzemieślnicy, szyjący koszule z importowanych materiałów.

Lata 60. były na świecie czasem rozkwitu sztucznych tkanin. Mimo że technologię wynaleziono dwie dekady wcześniej, dopiero wtedy udało się ją wdrożyć do masowej produkcji. Największe koncerny (DuPont czy ICI) prześcigały się w produkcji materiałów o nazwach nawiązujących do poliamidu (gdy za produkcję włókien poliamidowych wzięły się w końcu polskie zakłady Stilon, nazwały swój wybór „polana").

Zachłyśnięcie koszulami nie wymagającymi prasowania było na Zachodzie krótkotrwałe. Dyskomfort używania wymusił łączenie sztucznych włókien z naturalnymi. W ostatnich latach zbliżony efekt uzyskuje się przez modyfikację stuprocentowej bawełny.

NON STOP

miesięcznik

Najstarszym polskim pismem muzycznym był wydawany od 1956 roku „Jazz", który w latach 80. ewoluował w „Magazyn Muzyczny". Ale najbardziej w pamięci zapisał się rozrabiacki „Non Stop".

Zaczynał co prawda całkiem poważnie... W 1971 roku Andrzej Tylczyński, animator polskiej muzyki rozrywkowej, autor tekstów piosenek (m.in. Piotra Szczepanika), rozpoczął starania w kręgu „Tygodnika Demokratycznego". *Ponieważ pisma PZPR nie chciały słyszeć o takiej muzyce, pozostały mi organa partii towarzyszących* – wspominał. *Stronnictwo Ludowe wydawało „Nową Wieś", w której pisano coś o muzyce rockowej, Stronnictwo Demokratyczne niczego takiego nie miało.* Początkowo pozwolono mu zrobić jednorazowy informator – wkładkę do „Tygodnika". Gdy okazało się, że nakład podskoczył o kilkadziesiąt tysięcy, Tylczyński dostał szansę stworzenia miesięcznika. Od wio-

sny 1972 roku pismo sprzedawane było oddzielnie, choć formalnie pozostawało dodatkiem. Chodziło o to, by nie drażnić rekina...

Po kilku latach nakład sięgnął 120 tysięcy egzemplarzy, „Non Stop" stał się głównym źródłem utrzymania partyjnego wydawnictwo Epoka. Rozwój ograniczały jednak limity przydziału papieru i niechęć ze strony Wydziału Kultury KC PZPR. Nie można było myśleć o wprowadzeniu, na przykład, kolorowego druku.

Po roku 1981 i krótkim okresie bezkrólewia na miejscu redaktora naczelnego zasiadł Wojciech Mann. Radiowiec skierował pismo w stronę muzyki rockowej. Pop traktowano z pobłażliwą ironią, za co odgryzł się w piosence „Maxi Singiel" zespół PA-PA DANCE: *Znów szaro jak w „Non Stopie"*... Rzeczywiście, czarno-biały druk na gazetowym papierze robił jak najgorsze wrażenie.

W 1987 roku Mann – nie do końca świadomie – ustąpił miejsca pojawiającemu się wcześniej na łamach Zbigniewowi Hołdysowi (gitarzysta grupy Perfect). Ten zarządził radykalne zmiany. Kolor, odważne kroki graficzne, brak logo „Tygodnika Demokratycznego" i nowe nazwiska... To rzucało się w oczy po wzięciu do ręki odświeżonego pisma. Brzydkie wyrazy czy nawiasy w miejscach wyciętych przez cenzurę można było dostrzec przy dokładniejszej lekturze.

W 1989 roku redakcja dogadała się z firmą Agora. „Non Stop" miał zostać przejęty przez wydawcę „Gazety Wyborczej". Niestety, właściciel tytułu nie zgodził się na jego odstąpienie. Ekipa – już nie pod wodzą Hołdysa, lecz Krzysztofa Wacławiaka – stworzyła więc pismo „Rock'n'Roll", a pod starym szyldem zaczął rządzić Sławomir Gołaszewski – filozof, znawca muzyki reggae. Niszowa tematyka, uduchowiony język i chaotyczna oprawa graficzna doprowadziły do upadku pisma. Ostatni „Non Stop" ukazał się w lipcu 1990 roku.

NORRIS, CHUCK

aktor

właśc. Carlos Ray Norris Jr.; ur. 10 marca 1940 w Ryan, USA

Jak powszechnie wiadomo, Chuck Norris jest niewidzialny dla radarów. Był też niewidzialny dla peerelowskich fachowców od dystrybucji kinowej. Co nie przeszkadzało, by widział go polski naród. I uwielbiał.

Pierwszy film z udziałem aktora oficjalnie trafił na nasze ekrany w roku 1990. Był to „Kod ciszy" („Code Of Silence"). Opowieść o policjancie z Chicago, nakręcona pięć lat wcześniej. Mimo – a może dlatego – że powstała na podstawie scenariusza napisanego z myślą o Clincie Eastwoodzie, zaliczana jest do najlepszych pozycji w dorobku Norrisa. Reszta bazowała na strzelaniu i okładaniu się po buzlach.

Nic dziwnego. Syn Indianina i Irlandki zasłynął jako karateka. Sporty walki poznał w wojsku, gdy stacjonował w Korei. Tam też zyskał przydomek „Chuck". Po powrocie do Stanów, w 1962 roku, otworzył własną szkołę, zdarzyło mu się też udzielać prywatnych lekcji aktorom. W latach 1966-1974 zgarniał tytuły mistrza świata karate wagi średniej. Podczas jednego z turniejów poznał Bruce'a Lee, który zaproponował mu udział w filmie „Droga smoka" (1972, film poprzedzający „WEJŚCIE SMOKA"). Norris dał sobie na ekranie złoić skórę, a nawet wyrwać włosy z klatki piersiowej. Drzwi do kariery filmowej stały jednak otworem.

Film „Masakra w San Francisco" („Slaughter In San Francisco", 1974) to jeszcze dzieło wątpliwe. Nawalanka à la Hongkong, w której aktor nie mówił nawet własnym głosem – ktoś go dubbingował. Od roku 1977 można już jednak mówić o normalnej karierze. Powstał wtedy film „Zabijaka, zabijaka" („Breaker! Breaker!"), nawiązujący do modnego wówczas nurtu o kierowcach ciężarówek. Najsłynniejszym osiągnięciem Chucka stał się trzyczęściowy cykl obrazów „Zaginiony w akcji" („Missing In Action"), zapoczątkowany w 1984 roku. Tu z kolei odzywała się inspiracja „Rambo" STALLONE'A. Pułkownik James Braddock udaje się do Wietnamu 10 lat po zakończeniu wojny, by odbić więzionych tam amerykańskich chłopców... Misja ta zamknęła mu prawdopodobnie drogę na nasze ekrany. A sytuacji nie poprawił obraz „Inwazja na USA" („Invasion U.S.A.", dziś znany jako „Kraj pod ostrzałem", 1986), w którym komuniści atakują Miami.

Od czego jednak obieg WIDEO? Poza wspomnianymi tytułami wielkim powodzeniem w latach 80. cieszył się „Samotny wilk McQuade" („Lone Wolf McQuade", 1983) czy „Oddział Delta" („The Delta Force", 1986). Większość z tych dzieł produkowała izraelska spółka Menahem Golan/Yoram Globus. Producenci przyłożyli rękę do „LODÓW NA PATYKU", a w 1979 przejęli amerykanską firmę Cannon Films. Pod tym szyldem potrafili tłuc 40 niskobudżetowych filmów rocznie.

W kolejnej dekadzie studio zbankrutowało, a moda na Norrisa minęła. W latach 1993-2001 pojawiał się głównie w serialu „Strażnik Teksasu" („Walker, Texas Ranger") oraz jako działacz społeczny i religijny. Nowe stulecie zrobiło z niego natomiast mimowolnego bohatera rozpowszechnianych w internecie dowcipów. Ulubiony według samego artysty? Gdy Chuck Norris robi pompki, on nie podnosi siebie. Chuck Norris odpycha Ziemię.

NYLONY

pończochy

Hit mody damskiej pierwszej dekady PRL. Jak wiele ówczesnych przedmiotów pożądania – z rodowodem „made in USA". W 1938 roku amerykańska firma DuPont zwieńczyła pracę nad pierwszym włóknem syntetycznym, które można było wdrożyć do masowej produkcji. Nazwano je nylonem. Niektórzy twierdzą, że było to przekształcenie hasła „no run" (nieprujące się). Inni, że inspiracją był New York – London (na biletach lotniczych: NY-LON). Materiał miał zastąpić jedwab.

Nowa tkanina umożliwiła usprawnienie technologii szycia pończoch. Płaskie kawałki włókna naciągano na formę w kształcie nogi i łączono z tyłu. Charakterystyczny szew to cecha rozpoznawcza nylonów typu „full fashion". Ówczesne elegantki, którym nie udało się dostać oryginału (nawet w Stanach ustawiały się kolejki) malowały sobie takowy kredkami do oczu. W PRL stosowano ten środek również w przypadku... zupełnego braku pończoch. Oto makabryczna porada z ówczesnej prasy: *Weź pumeks i usuń owłosienie, a potem wystaw nogi na słońce, żeby uzyskały modną, „przypaloną" barwę. Jeśli leje, sięgnij po wojenne wynalazki – torebki z herbatą lub brunatne zaprawy do sosów. Nad podziw skuteczne. Nie zapomnij namalować szwu z tyłu nogi.*

Wprowadzony na amerykański rynek w 1940 roku produkt okazał się przebojem (64 miliony sprzedanych par w ciągu dwunastu miesięcy), ale trafił w zły czas. Dwa lata później dostawy materiału przejęła armia, potrzebująca go do wyrobu spa-

dochronów i namiotów. Nieliczne przejawy produkcji cywilnej trafiły do Europy z amerykańskimi żołnierzami, stając się swego rodzaju walutą wymienną.

Do Polski nylony przybywały w paczkach UNRRA (Organizacja Narodów Zjednoczonych do Spraw Pomocy i Odbudowy), przesyłkach od emigrantów lub w ramach masowego przemytu. Niejaka Stefania Husiatyńska oferowała na przykład polonusom układ pozwalający uniknąć oficjalnego przekazywania gotówki (przeliczanej przez władze po nikczemnym kursie). Hurtowo zamawiała w Stanach odzież, wysyłała frachtem do Polski, sprzedawała nylony na czarnym rynku, kupowała za nie dolary i przekazywała oczekującym na gotówkę rodzinom. Nadwyżka z pierwotnej kwoty pozostawała w jej kieszeni.

Peerelowski przemysł odpowiedział na zapotrzebowanie wyrobem krajowym, stylonami (lub perlonami). Z terenu ZSRR importowano z kolei kaprony. Oba produkty nie odpowiadały jakością oryginałom (wyrób radziecki cieszył się odrobinę większym uznaniem), nie miały połysku i były sztywne. Ale i tak to bajeczna alternatywa dla bawełnianych fildekosów i topornej odmiany pończoch z grubej wełny – selfiksów.

Początek końca nylonów to rok 1959, gdy wynaleziono wygodniejsze rajstopy. Zadziwiający renesans przeżywają dopiero w ostatnich latach. Z jednej strony na aukcjach internetowych poszukiwane są stare egzemplarze, z oryginalnego włókna DuPont, produkowane na maszynach firmy Reading Machinery Company. Z drugiej wyspecjalizowane firmy (np. francuska Cervin) przygotowują mniej lub bardziej wierne stylizacje.

O DWÓCH TAKICH, CO UKRADLI KSIĘŻYC

film fabularny

reż. Jan Batory; 1962, Polska

Chcieli być reżyserami, aktorami na pewno nie – wspomina pani Jadwiga Kaczyńska swoich dwunastoletnich synów bliźniaków w ekranizacji powieści Kornela Makuszyńskiego. Lech (Jacek) i Jarosław (Placek) zrealizowali po latach swoją wizję z zimną konsekwencją.

A pomyśleć, że było to dwóch psotnych, radosnych blondynków... *Teraz to się nazywa power. Oni mieli tego na kilogramy* – wspomina operator Wiesław Pyda. Jego żona, Maria Mastalińska-Pyda, dodaje: *Jarosław nadawał ton, miał większy temperament, ale obaj byli błyskotliwi, chwytali w lot uwagi reżysera. Mama była cały czas na planie. Trzymała ich w ryzach.*

Jak wynika ze wspomnień młodych aktorów, nie do końca. Po pierwsze lubili wprowadzać otoczenie w błąd, zamieniając się miejscami. Bywały

jednak i śmielsze wybryki... *Jarek zrobił coś złego i wezwano go do pana Petersille* – opowiadał Lech w książce „O dwóch takich – Alfabet braci Kaczyńskich". *To był jeszcze przedwojenny filmowiec, kierownik produkcji. Jarek wysłuchał nagany, a wszystko to działo się w nowym gmachu, prawie zupełnie pustym. Jarek pokiwał głową, wyszedł, a potem... przekręcił klucz w drzwiach. Zamknął pana Petersille i sekretarkę. Wynikła z tego wielka draka, oni wezwali kogoś przez telefon. Petersille rozwścieczony znów woła Jarka. On przeprasza, po czym wychodzi i... znów przekręca ten klucz. Do dziś twierdzi, że bezwiednie.*

Do filmu zgłosił chłopców wuj, który trafił na ogłoszenie w gazecie. W eliminacjach pokonali 70 par dzieciaków. Zdjęcia ruszyły pod koniec wakacji 1961 roku i potrwały do lutego roku następnego. Pierwsze ujęcia kręcono w Łebie (sceny pustynne), potem ekipa przeniosła się pod Łódź (miasto Zapiecek), a następnie do hal produkcyjnych w mieście. Najgorzej było podobno pod koniec, podczas dubli ujęć na latających, sztucznych pelikanach, które w dodatku podśmierdywały od ciągłego polewania wodą... *Trzeba było czasem skakać z pelikanów, z wysokości trzech metrów, bo były przebicia elektryczne* – opowiada Lech. Do tego wszystkiego należy jeszcze dorzucić bolesne wspomnienia Jarosława: *Mieliśmy długie włosy i brali nas czasem za dziewczynki. Kiedyś na strzelnicy w Łodzi jeden chłopiec wyśmiewał innego, że nie wyciska na siłomierzu więcej niż dziewczyna – czyli ja.*

Premiera filmu odbyła się 12 listopada 1962 roku. Bracia zgarnęli za swój wysiłek 40 tysięcy złotych. Odpowiadało to ówczesnym trzydziestu przeciętnym pensjom, ale pamiętajmy że musieli znosić konsekwencje występu w kolejnych latach, zwłaszcza po emisji telewizyjnej (25 grudnia 1964). Jarosław: *Nauczyciele patrzyli na nas dość niechętnie – zwłaszcza że potem zapraszali nas parę razy do telewizji. Podejrzewali, żeśmy się zmanierowali. A koledzy? Nazywali nas Jackiem i Plackiem.*

Polityczny sukces Kaczyńskich pod koniec 2005 roku wzniecił popularność „O dwóch takich..." na DVD. Do tego momentu przeniesiony na płytę film nie cieszył się specjalnym zainteresowaniem. Z nieznanych powodów wyświetlania filmu obawia się natomiast telewizja publiczna.

Uwaga! W latach 1984-1989 w warszawskim Studiu Miniatur Filmowych powstał czteroodcinkowy serial animowany „O dwóch takich, co ukradli księżyc" w reżyserii Leszka Marka Gałysza. W 1992 roku przerobiono go na pełny metraż pod tytułem „Jacek i Placek". Ekranizacja ta zapisała się w pamięci przede wszystkim ze względu na znakomitą ścieżkę dźwiękową w wykonaniu rockowego zespołu Lady Pank.

ODRA

spodnie dżinsowe

Symbol peerelowskich dżinsów: topornie wykrojonych, wykonanych z nieprzyjemnie miękkiego materiału, z „pęczkami" na tkaninie, w obrzydliwym kolorze, który tu i ówdzie znaczyły dziwne smugi.

Szczecińskie Zakłady Odzieżowe zebrały złą sławę niezasłużenie. Odium powinno też spaść na innych wytwórców: Komes ze Słubic, Elpo z Legnicy (wcześniej wytwarzali model Szarik, z naszywką nawiązującą do CZTERECH PANCERNYCH) oraz Modar z Radomia. Prawdziwymi winowajcami byli jednak producenci tkanin. Po radosnych wynalazkach w rodzaju texpolu (chyba stąd potoczna nazwa takich spodni: „teksasy") i mechatego zamtexu od końca lat 70. na placu boju zostały Częstochowskie Zakłady Przemysłu Bawełnianego Ceba.

Chcąc uwolnić się z produkcji drelichu i pościeli, zaangażowały się w rozpisany przez władze konkurs na polski dżins. Czy właściwie denim. Spolszczenie słowa „jeans" i nazywanie nim materiału zawdzięczamy Barbarze Hoff (patrz HOFFLAND). Projektantka lansowała taką modę na łamach pisma „Przekrój" już w 1958 roku.

Po zwycięstwie i szybkim zakupie zachodnich maszyn we wrześniu 1977 roku z taśm częstochowskiej fabryki zjechały pierwsze bele materiału. Mimo możliwości technicznych świadomie wytwarzano buble. Dżinsy zachodniej firmy Wrangler (która była podobno zainteresowana kooperacją) wykonywano z tkaniny o ciężarze 490-500 g/m^2. Wyrób krajowy mieścił się w przedziale 320-450. W dodatku zaledwie 60 procent produkcji było pełnowartościowe, pierwszego – jak wówczas mówiono – gatunku. Resztę pokrywały smugi biorące się z nieudolnego farbowania.

Materiał z Częstochowy nie został ciepło przyjęty przez zakłady odzieżowe. Wolały wytwarzać dżinsopodobne wyroby z innych tkanin. Na początku lat 80. wymyślono więc dla niego anglojęzyczną (?) nazwę „Just". I rozpoczęto akcję promocyjną: wspólna sieć sklepów, reklama w mediach, specjalne foldery... Ujednolicono też wzornictwo.

Mimo tych wysiłków produkowane do końca epoki spodnie, sukienki i bluzy uchodziły za szczyt obciachu. Szyku można było zadać wyłącznie za sprawą kupowanych w PEWEKSIE czy na bazarach amerykańskich Wranglerów, Levisów lub udających amerykańskość włoskich Rifli.

OPAKOWANIE ZASTĘPCZE – patrz ETYKIETA ZASTĘPCZA

OPOLE
festiwal piosenki

Krajowy Festiwal Piosenki Polskiej, czyli drugi obok SOPOTU – z najważniejszych peerelowskich festiwali. Tak pod względem artystycznym, jak i towarzyskim. *Tworzyliśmy taki artystyczny front jedności narodowej* – wspominał Andrzej Rosiewicz. *Życie towarzyskie było intensywne i skupiało się w dwóch miejscach: w restauracji hotelu Opole i w Pająku przy Rynku. Marylka RODOWICZ, Krzysio KRAWCZYK, Hania Banaszak – dyskusje i balangi do rana... Pamiętam, że kompozytor Jacek Korczakowski świetnie to kiedyś skomentował. Siedzimy skacowani przy stoliku w hotelu Opole, a on do mnie: „Wie pan, panie Andrzeju, ten opolski festiwal to byłaby naprawdę bardzo fajna impreza, gdyby tylko zlikwidować te koncerty"...*

Impreza ruszyła 19 czerwca 1963 roku jako dodatek do Dni Opola. Oprócz muzyki gości miała kusić pływalnia z kawiarnią czy tradycyjne potrawy regionalne, nad miastem zawisły dwa wojskowe balony z transparentem *Pierwszy Krajowy Festiwal Polskiej Piosenki w Opolu*. Pomysłodawcami byli dziennikarze Polskiego Radia (m.in. Mateusz Święcicki). Realizacją, która obejmowała budowę amfiteatru, zajął się prezydent miasta – Karol Musioł. Na pierwszym festiwalu triumfowała Ewa Demarczyk (za wykonanie piosenek *estradowo-artystycznych*, w tym słynnej „Karuzeli z Madonna-

mi") i ogólnie cała ekipa Piwnicy pod Baranami. Prasa nie omieszkała odnotować, że *Zespoły bigbeatowe nie wniosły do poziomu festiwalu istotnych wartości...*

Potem bywało różnie. W dodatku do puli nagród zaczęły się dokładać kolejne – coraz dziwniejsze – instytucje. W roku 1965, gdy triumfował song o kochasiu, który odszedł „W siną dal" (Iga Cembrzyńska i Bohdan Łazuka), Główny Zarząd Polityczny Wojska Polskiego wolał dostrzec piosenkę „Pancerniacy". W 1969 swoją nagrodę wręczała Centralna Rada Związków Zawodowych, dwa lata później pozazdrościł jej Zarząd Główny Związku Młodzieży Socjalistycznej. Opole '74 odbywało się już pod patronatem Rady Głównej Federacji Socjalistycznych Związków Młodzieży Polskiej, która na prawo i lewo wręczała uczestnikom odznaki Janka Krasickiego.

W tej sytuacji artystom nie pozostawało nic innego, jak zagłuszać wyrzuty sumienia w całodobowym Pająku. *Bez żenady przytulali się, siadali sobie na kolanach. W futerale od kontrabasu przemycali do lokalu dziewczyny. I ostro pili, przeważnie czystą. Do białego rana* – wyznała po latach pani Janina Mirońska, szefowa tamtejszej kuchni. Dorzucając spostrzeżenia z późniejszego szefowania restauracji Hotelowej: *Panie do towarzystwa mogły wejść do restauracji i na pokoje pod warunkiem, że „były wcześniej zgłoszone".*

Krajowy Festiwal Piosenki Polskiej z powodzeniem funkcjonował (z małą przerwą w pierwszym roku stanu wojennego) do końca PRL. W 1989 roku jury nagrodziło artystów w rodzaju Czesława Niemena, Agnieszki Osieckiej, Jeremiego Przybory, za to publiczność wybrała kawałek „Co ty, królu złoty" Moniki Borys. W kolejnych latach impreza zmierzała raczej w tym drugim kierunku... Dziś z mniejszym lub większym powodzeniem stara się pozbyć etykiety skansenu.

OPOWIADANIA MUMINKÓW

serial animowany

78 odcinków; różni reżyserzy; 1977-1982, Polska

Animowana adaptacja powieści o melancholijnych trollach i ich przyjaciołach noszących dziwne ksywki: Włóczykij, Ryjek, Mała Mi... Nie pierwsza w historii. Najpierw była kukiełkowa produkcja z RFN – „Die Muminfamilie" z 1959 roku. Dziesięć lat później do dzieła zabrali się Japończycy („Tove Jansson no Tanoshii Mumin Ikka"). W 1978 byli Rosjanie („Mumi-troll i komieta", 1978), a potem znowu Japończycy (najbardziej dziś znana kreskówka: „Tanoshii Mumin Ikka" z 1990).

Serial „Opowiadania Muminków" z 1977 roku bardzo się na tym tle wyróżnia. Po pierwsze: po-

wstał w Polsce (prawa do adaptacji negocjowaliśmy przez trzy lata). Po drugie zrealizowano go nietypową techniką półpłaskiej lalki animowanej na szkle. Po trzecie: przesiąknięty jest mroczną atmosferą. *Przedsięwzięcie było trudne, ponieważ przeniesienie swoistej poetyki i symboli z innego świata dziecięcego na nasz grunt nie jest sprawą łatwą* – mówił Wiktor Budzyński ze studia Se-Ma-For. *Sądzę, że udało nam się to w pełni. Poświadczają nasz osąd opinie autorki i oceny Jupiter Film* (wiedeński koproducent), *która całą serię na pniu wykupiła.* Autorka pierwowzoru, Tove Jansson, obejrzała pierwszy odcinek w czasie Przeglądu Filmów Polskich w Helsinkach. Uznała go podobno za najwierniejszy jej powieściom...

Można to było porównać osobiście, bo książki fińskiej pisarki zaczęły się u nas ukazywać w 1964 roku. Pierwsza pojawiła się „W Dolinie Muminków" („Trollkarlsen hatt", Nasza Księgarnia). Oryginalnie trzecia pozycja w ośmiotomowym cyklu. Do połowy następnej dekady przetłumaczono wszystkie pozostałe z wyjątkiem części pierwszej: „Małe trolle i duża powódź" („Smatrollen och den stora översvämningen", 1946), która ukazała się dopiero w połowie lat 90.

Twórcami animowanych „Opowiadań Muminków" byli Maria Kossakowska i Lucjan Dembiński. Modele lalek wzorowano na książkowych ilustracjach autorki. Scenarzyści wybrali różne wątki z powieści i rozpisali na dziesięciominutowe epizody, łączące się w całość. O ekranowych wydarzeniach opowiadał narrator, Stanisław Kwaśniak.

W takiej formie produkt został sprzedany do Niemiec, gdzie następnie przemontowano go na 26 odcinków półgodzinnych. Z kolei Wielka Brytania oglądała nasze Muminki w formie 100 epizodów pięciominutowych. Część scen usunięto, tłumacząc, że są zbyt mroczne dla najmłodszych... Muminki trafiły też na ekrany kin. W 1985 roku Se-Ma-For zebrał część materiału i stworzył z niego godzinny film „Szczęśliwe dni Muminków". Dwa lata później powstał obraz „Zima w Dolinie Muminków".

Muminki doczekały się poza tym w PRL przedstawień teatralnych i słuchowisk. Wałbrzyski Teatr Dramatyczny wystawił spektakl „Lato Muminków", na podstawie którego zrealizowano w 1978 roku dwupłytowy album pod tym samym tytułem (Pronit). Znakomita była obsada: Gustaw Holoubek jako narrator, Zygmunt Kęstowicz wcielił się w Tatusia Muminka, a samego Muminka grał Mieczysław Czechowicz. Do tego piosenki z muzyką Tadeusza Woźniaka w wykonaniu m.in. Krystyny Prońko, GAWĘDY, grupy Andrzej i Eliza...

Po 1989 roku popularność fińskich trolli tylko się wzmocniła. Poza wspomnianą japońską kreskówką i wznowieniami książek obecne są w komiksach, grach czy na łamach poświęconego im miesięcznika „Muminki".

ORANŻADA

napój

Najpowszechniejszy przedstawiciel napojów gazowanych, do których fachowcy z PRL zaliczali także m.in. lemoniadę czy „owocady gazowe o niskiej zawartości ekstraktu". W połowie lat 70. przeciętny mieszkaniec kraju spożywał 23 litry płynów orzeźwiających rocznie. Dla porównania

– w Niemczech było to 71 litrów. Nasz przemysł wciąż nie mógł nadążyć za zapotrzebowaniem.

Nie był to zresztą jedyny problem... *Powiedzmy szczerze: ze smakiem napojów chłodzących nie jest najlepiej* – pisała ówczesna prasa. *Wprawdzie produkuje się sporo asortymentów o różnych, często wymyślnych nazwach, ale na opinię społeczeństwa w tej sprawie rzutują głównie napoje powszechnie dostępne. Z napojów gazowanych są to zwykle oranżada o smaku landrynek i zdecydowanie nieudane napoje typu mandarynka na bazie koncentratu pomarańczowego.* Toczono poza tym intensywną wojnę o bąbelki (patrz POLO COCKTA i SYFON).

Oranżada nie była wyrobem jednorodnym. W szczycie gierkowskiej prosperity napoje wytwarzało około 2 tysięcy wytwórni – od Samopomocy Chłopskiej przez Społem i browary po rzemieślników. Różniły się smakiem, etykietami, przydatnością do spożycia... *Prawdziwa oranżada była robiona z cukru, kwasku cytrynowego i esencji na spirytusie* – tłumaczy ówczesny rzemieślnik. *Bez konserwantów. Przez to miała przydatność do spożycia 7 dni. Oranżady współczesne stoją na półkach miesiącami, muszą być konserwowane chemią, więc smakują inaczej...* Wszystkie pakowano w małe butelki 0,33 l (w latach 60. jeszcze nie kapslowane, z ceramicznym korkiem na wysięgniku). Pojawienie się litrowej butelki w 1976 roku (Coca-Cola) anonsowano jako wydarzenie.

Braki na rynku napojów uzupełniały dziwne namiastki. Najsłynniejszy to cytronada. Produkowana rzemieślniczo lepka, niegazowana ciecz w żółtym przeważnie kolorze. Sprzedawana była w podłużnych woreczkach, dostawało się do niej po przebiciu folii rurką. Najczęstsze miejsce występowania: tzw. zieleniaki i rozmaite festyny... Uwaga! Nie należy mylić cytronady z Cytronetą. Napojem gazowanym o smaku cytrynowym produkcji Społem.

Innym wynalazkiem były „napoje firmowe", nalewane z bani czy też balonów. Zaleta: jakieś tam schłodzenie... No i legendarna oranżada w proszku. Ekstrakt, który zwykle nie doczekiwał się połączenia z wodą – lądował bezpośrednio na języku dzieciarni, przyjemnie buzując. Cukierki o nazwie Zozole, które imitują to zjawisko, produkuje dziś spółka Mieszko.

ORIENT-MEN – patrz ANTRESOLKA PROFESORKA NERWOSOLKA

ORKIESTRA KLUBU SAMOTNYCH SERC SIERŻANTA PEPPERA

musical filmowy

(Sgt. Pepper's Lonely Hearts Club Band)

reż. Michael Schultz; 1978, USA

Próba zdyskontowania popularności The Beatles dekadę po rozwiązaniu słynnej grupy, w erze disco, mogła wydawać się ryzykowna. I rzeczywiście. Mimo że wziął się za nią producent „Gorączki sobotniej nocy", mimo że zatrudnił Bee Gees i Petera Framptona (a może właśnie dlatego), film okazał się za oceanem kompletną klapą. *To powinno wyglądać bardziej jak „Superman"* – analizował Robin Gibb. *Powinno być więcej akcji. Gdy kręciliśmy, myślałem: „Mam nadzieję, że dołożą do tego trochę efektów specjalnych". Gdy jednak zobaczyłem całość, okazała się dokładnie taka, jak podczas zdjęć – bez żadnych ulepszeń. Na planie, gdy wycelowana jest w ciebie kamera, myślisz: „Musi się za tym kryć coś więcej, niż siedzenie w pomieszczeniu, gdzie nic się nie dzieje". Ale potem oglądasz film i okazuje się, że to było wszystko.*

Amerykańska porażka ułatwiła zapewne szybkie – jak na ówczesne warunki – sprowadzenie obrazu do Polski. „Pieprz" wszedł na nasze ekrany w 1979 roku i spotkał się ze znakomitym odbiorem. Mimo niewielkich mankamentów: *Jedyne, o co można mieć naprawdę pretensję, to niechlujstwo opracowania polskiego. Jak mogło Studio Opracowań Filmów wypuścić film tak przygotowany do eksploatacji. Tylko niektóre piosenki są tłumaczone. W innych znów parę wyrazów i to przypadkowych. Poziom tekstów – spuśćmy zasłonę milczenia. Myślę, że gdyby Sierżant Pepper usłyszał takie przekłady swoich tekstów, to nigdy by nie zmartwychwstał* – ubolewał recenzent.

Przy stosunkowo niewielkiej liczbie 31 kopii obraz zgromadził ponad milion widzów. Normą były kilkakrotne wizyty w kinie. Co bardziej zapaleni nagrywali ścieżkę dźwiękową na przenośne magnetofony... A było czego posłuchać: beatlesowskie przeboje wykonywali poza Bee Gees m.in. Aerosmith, Alice Cooper czy grupa Earth Wind And

Fire. O wydaniu prawdziwego soundtracku (za który odpowiadał oryginalny producent The Beatles – George Martin) nie było oczywiście w peerelowskiej fonografii mowy.

Po zejściu filmu z ekranów niełatwo go było zobaczyć. Nawet za granicą. Na WIDEO ukazał się dopiero w 1992 roku, wersja DVD trafiła na rynek w 2003, wyłącznie w USA.

ORTALION

tkanina

Ortalion szary, chwytam za bary i przerażonej twarzy krzyczę prosto w nos – śpiewał zespół Perfect w latach 80. Użytkownikiem płaszcza z tego materiału był w piosence cieć. Dwie dekady wcześniej tego typu odzienie uchodziło jednak w PRL za szczyt elegancji we wszystkich sferach społecznych. Zwłaszcza że wcale nie musiało być szare. Najpopularniejsze kolory: granatowy, zielony i brązowy.

Ortalion to (zastrzeżona) nazwa tkaniny poliamidowej, wprowadzona pod koniec lat 50. przez włoską firmę Bemberg. Cechują ją gładka powierzchnia i charakterystyczny szelest w dotyku. Ze względu na właściwości wodoodporne na Zachodzie szybko znalazła miejsce głównie w wyrobach turystycznych. U nas stosowano ją powszechnie, o czym świadczy powiedzenie *Strój narodowy – płaszcz ortalionowy.*

List do tygodnika „Przekrój": *Czy ortalion jest wyłącznie na deszcz, czy można go nosić też na inne okazje?* Odpowiedź redakcji: *Jako odzież uniwersalna ortalion wydaje się odpowiedni w każdych okolicznościach z wyjątkiem ślubu, ponieważ mógłby swoim szelestem zakłócać ceremonię...*

Zanim ruszyła produkcja krajowych włókien sztucznych imitujących ortalion, importowano go prywatnymi kanałami, przede wszystkim z Włoch. Płaszcz kosztował tam dwa dolary (odpowiednik 120 złotych), w Polsce można go było sprzedać za

ponad 1000 złotych... Po zwietrzeniu koniunktury ortalionowe płaszcze były też dostępne w PEWEKSIE. Moda wygasła pod koniec lat 70., gdy przerzucono się na dżinsowe kurtki z białym futerkiem na kołnierzu.

OSA

jednoślad

Polska to nie Włochy. A już tym bardziej Italią nie był PRL. Niemniej to właśnie w środku gomułkowskiej szarzyzny wyprodukowano pojazd nawiązujący do trendów z południa Europy. Skuter Osa. Nazwa adekwatna, bo tak – Vespa – nazywały się pierwsze tego typu jednoślady wyprodukowane w 1946 roku przez firmę Piaggio.

Na krajowy grunt postanowili przenieść szpanerskie motocykle inżynierowie z Warszawskiej Fabryki Motocykli. W latach 1955-1956 przedstawili trzy prototypy: Żuka, Bąka i Osę właśnie. Po niewielkich korektach ten ostatni wprowadzono do produkcji. Seryjne egzemplarze oznaczone symbolem M50 zaczęły zjeżdżać z taśm pod koniec 1959 roku. Fabryka współpracowała z Hutą Łabędy, która dostarczała elementy karoserii jako sympatyczne urozmaicenie produkcji broni pancernej.

Motocykl błyskawicznie podbił serca klientów. Mimo niemałej ceny (za 17 tysięcy złotych można było kupić model SHL z którego zresztą zapożyczono tu silnik – i jeszcze by w kieszeni sporo zostało). Komfort zapewniały hydrauliczne amortyzatory oraz duże koła. Do wad zaliczano zbyt mały zbiornik paliwa i niewystarczający system chłodzenia silnika (jednostka lubiła się zacierać). Co nie przeszkadzało usportowionym egzemplarzom odnosić sukcesy na międzynarodowych rajdach.

W 1962 roku powstał model M52 – powiększono silnik (175 zamiast 150 cm^3), przystosowano też całość do pracy w wysokich temperaturach... Sprzęt powstał bowiem z myślą o egzotycznym rynku. Nie bez powodu potocznie nazywano tę Osę „Indyjką". O ile oczywiście komuś udało się dopaść nieliczne egzemplarze uchowane z eksportu.

W 1963 roku przygotowano jeszcze prototyp nowego modelu M55 (przy udziale Akademii Sztuk Pięknych), ale plany przerwała decyzja władz o przekształceniu wytwórni motocykli w wytwórnię... optyki. Wojskowej optyki. Produkcję Osy przerwano, Indiom trzeba było płacić odszkodowanie.

Osa pozostała jedynym skuterem polskiej produkcji i jako taki cieszy się kultowym statusem. W 1957 roku we Wrocławiu przedstawiono model Odra, ale skończyło się na prototypach. Podobnie dziesięć lat później, gdy w świdnickim WSK powstał model Montana. Dzisiejsze krajowe skutery wywodzą się z Tajwanu (firma Romet) albo z Korei (firma Junak).

OTO AMERYKA

film dokumentalny

(This Is America/Jabberwalk)

reż. Romano Vanderbes; 1977, USA

Na długo nim zepsuciem USA zajął się Michael Moore, sprawę postanowił obnażyć inny niezależny filmowiec. Romano Vanderbes, który zwietrzył koniunkturę w nurcie zwanym mondo (od szokującego filmu Paolo Cavary i Gualtiero Jacopettiego „Mondo Cane" – „Pieski świat", 1962) lub shockumentary (szokujące dokumenty). Rzecz polega na wychwyceniu najdziwniejszych praktyk społeczeństwa i okraszeniu ich komentarzem, który sugeruje, że mamy do czynienia z normą.

Wypadki na wyścigach samochodowych, wrestling, konkursy nudystów, męski taniec erotyczny, terapia seksualna, nagrody porno, domy publiczne dla seniorów, nawet zapis „autentycznego napadu na bank"... To tematy interesujące reżysera. Vanderbes tak się rozochocił, że w tym samym roku skręcił drugą część. Koneserzy z ciekawością obejrzą w niej może kandydaturę Jello Biafry, lidera punkowej grupy Dead Kennedys, na burmistrza San Francisco, ale potem mamy już bezdomnych, karę śmierci, satanizm, narkotyki, myjnie samochodowe topless i tym podobne przyjemności.

Nie trzeba wyjaśniać, że takie podejście do wizerunku Stanów Zjednoczonych bardzo się podobało władzom PRL. W 1952 roku przygotowano zresztą w warszawskim Arsenale propagandową wystawę pod dokładnie tym samym tytułem i z podobnym repertuarem (bomby atomowe, prześladowanie czarnoskórych)...

Dzieło Vanderbesa nasza telewizja wyemitowała

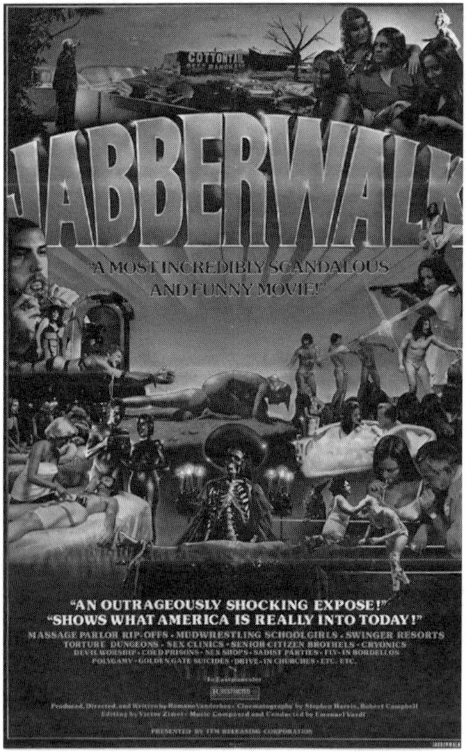

z wielkim hukiem w listopadzie 1986 roku. Wcześniej przygotowała grunt emisją równie sensacyjnego dokumentu, „Zabijanie Ameryki" („Killing Of America", 1982, reż. Sheldon Renan).

OTO SZADOKI

serial animowany

(Les Shadoks)

208 odcinków; reż. Jacques Rouxel; 1968-2000, Francja

Najbardziej anarchistyczny serial animowany, jaki pokazano polskim dzieciom. A może dzieci dorwały się do niego przypadkowo? Od 5 września 1983 roku była to codzienna pozycja doklejona do całkiem dorosłego „Programu dnia" (w dni powszednie około godziny 16, w weekendy – przed 9).

Bohaterami kilkuminutowych odcinków są Szadoki, przypominające ptaki kosmiczne stworzenia o absurdalnym podejściu do świata. *Po co robić coś po prostu, skoro można to zrobić bardziej skomplikowanie?* – to przykład ich filozofii. Albo: *Jeśli nie ma rozwiązania, to znaczy, że nie ma problemu.* Głupocie Szadoków przeciwstawione były inteligentne Żybisy, na ekranie pojawiał się też wspólny wróg: Żeżen.

Autorem serialu jest francuski rysownik Jacques Rouxel (1931-2004). Wykorzystał w nim animograf, nowe wówczas urządzenie ułatwiające pracę z kreskówkami przez bezpośrednie rysowanie na celuloidzie. Ideą było stworzenie filmowego odpowiednika krótkich form komiksowych. Do wymyślenia głupawej nazwy zainspirował zresztą artystę Kapitan Haddock z komiksu „Przygody Tintina"...

Serial doczekał się czterech sezonów (1968, 1969, 1972 plus 2000 – powrót pod tytułem „Szadoki i wielkie nic"). Każdy liczył po 52 odcinki. Pokrętne losy Szadoków stały się we Francji kulturowym fenomenem, ich powiedzonka weszły do codziennego języka. Wielkim fanem twórczości Rouxela jest reżyser Jean-Pierre Jeunet (m.in. „Amelia"), który w początkach swojej kariery napisał nawet o rysowniku książkę.

W Polsce rzecz nabierała dodatkowego smaku dzięki swobodnemu tłumaczeniu i narracji w wykonaniu Piotra Fronczewskiego (sakramentalna końcówka każdego odcinka: *I to by było na tyle*).

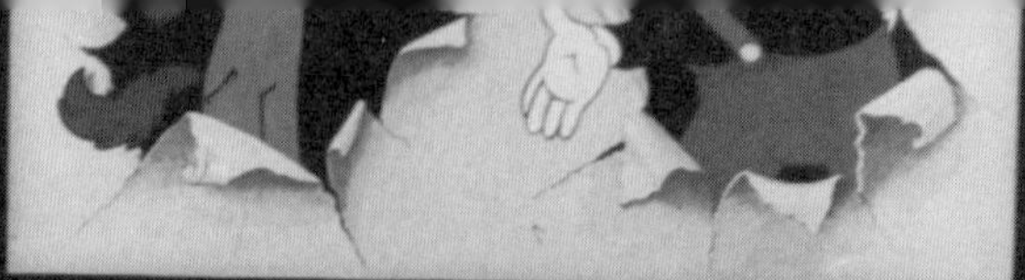

K6

– Nazywam się Fik-Fikalski!
– A ja jestem Bum-Bumalski!

– Widzisz, Fiku? – Widzę, Bumie!
– Zbudujemy dom, rozumiesz?

– Jeśli chcecie wznieść budowę,
trzeba zawrzeć wpierw umowę.

PAN
miesięcznik

U swego kresu PRL najwyraźniej miał dużo innych problemów i osłabił czujność na polu walki z golizną. Umożliwiło to powstanie „polskiego Playboya" — jak bez żenady przyznawał redaktor naczelny miesięcznika Zbigniew Chomicz. Pierwszy numer „Magazynu Poradniczo-Hobbystycznego Pan" ukazał się w październiku 1987 roku.

A więc mamy swoje pismo, panowie! — czytaliśmy w artykule wstępnym. *Jego tytuł określa adresata. Magazyn dla mężczyzn redagujemy z myślą o ludziach dorosłych, tych najbardziej aktywnych życiowo, obciążonych wieloma obowiązkami, borykających się z problemami bytowymi, małżeńskimi, wychowawczymi...* Nic, tylko sobie w łeb strzelić.

Przed desperackim krokiem ratowała rozkładówka: naga pani sfotografowana przez krajowego fotografa na krajowej plaży. Mimo kiepskiej jakości druku widać było szczegóły anatomiczne. Niebywała śmiałość w porównaniu z tego typu zdjęciami publikowanymi w „RAZEM", „Panoramie Śląskiej", „Forum", „Żołnierzu Wolności" czy „ITD". Jak wynikało z towarzyszącej fotce rozmowy, swoje wdzięki odsłoniła w pierwszym numerze Marzena, Miss Natura '85, zawodowo zajmująca się striptizem. Redakcja zachęcała kolejne polskie dziewczyny do zgłaszania się na sesje, ale wystarczyło ich tylko na kilka początkowych numerów. Potem niedobór uzupełniały modelki zagraniczne.

Co poza tym? Psychologia, moda, poradnik majsterkowicza, a także rubryki dotyczące sprzętu hi-fi i WIDEO. Nie zastanawiał brak reklam (poza kremem sportowym Celia). Zastanawiał brak wywiadów z przedstawicielami popkultury. Zaczęły się pojawiać dopiero po kilkunastu miesiącach obecności na rynku. Zważywszy, że wydawcą pisma był koncern RSW „Prasa—Książka—Ruch", nie mogło za to zabraknąć tematów partyjnych. W fotoreportażu „Na luzie" pojawiły się roześmiane facjaty ówczesnych dygnitarzy. Był też na przykład pasjonujący tekst „W górę, drogą przez wieś" — rozmowa z sekretarzem KC PZPR.

„Pan", przejęty przez spółdzielnię dziennikarzy, dokonał żywota w 1992 roku. Dokładnie wtedy, gdy wystartował polski, prawdziwy „Playboy". Wcześniej redaktorzy przyczynili się do powstania Polskiej Partii Przyjaciół Piwa, mającej lansować kulturalny sposób picia trunku. Pod wodzą Janusza Rewińskiego wprowadziła do Sejmu 16 parlamentarzystów (patrz „STUDIO LATO").

PAN KLEKS

cykl filmów fabularnych

reż. Krzysztof Gradowski; 1983-1988, Polska/ZSRR/Czechosłowacja

Polski „Harry Potter", superprodukcja dla dzieci, zrealizowana na kanwie powieści Jana Brzechwy. Inicjatorem ekranizacji był Krzysztof Gradowski. Reżyser filmów dokumentalnych i współtwórca seriali młodzieżowych lobbował w tej sprawie od końca lat 70. Scenariusz najpierw trafił do Zespołu Filmowego X Andrzeja Wajdy (ten proponował do roli głównej Jana Kobuszewskiego), by ostatecznie wylądować w Zodiaku Jerzego Hoffmana. Tuż po wprowadzeniu stanu wojennego zapalono dla projektu zielone światło. Pochłonął dwa lata realizacji, ale okazał się największym sukcesem frekwencyjnym polskiego kina lat 80. Film obejrzało ponad 14 milionów widzów.

Młodych aktorów wybrano w castingu, który polegał na przeczesaniu szkół muzycznych. Chodziło o dzieciaki potrafiące śpiewać. Film był w dużej części musicalem, z muzyką Andrzeja Korzyńskiego (późniejszy pomysłodawca FRANKA KIMONO), napisaną do najpopularniejszych wierszy Brzechwy. Wśród nielicznych wyjątków dał się zapamiętać utwór heavymetalowców z TSA, „Marsz wilków". Nie ukazał się na żadnej płycie zespołu ani na soundtracku do filmu. Warto dodać, że PŁYTA WINYLOWA, wydana przez Polton, powstała w imponującym jak na owe czasy tempie. Można ją było kupić już na uroczystej premierze, 4 grudnia w warszawskiej Sali Kongresowej.

Tak wielka produkcja była wyzwaniem dla scenografów. Siedzibę Akademii udawał pałac w podwarszawskim Naborowie. Kolorowe wnętrze wzniesiono w hali łódzkiej Wytwórni Filmów Fabularnych. Sen głównego bohatera, Adasia Niezgódki, to dzieło Studia Filmów Animowanych z Krakowa, a „psi raj" przygotowali Rosjanie w Jałcie.

Jeszcze większy udział koproducentów z moskiewskiej Wytwórni Filmów dla Dzieci i Młodzieży im. M. Gorkiego widać w drugiej części cyklu, zrealizowanych w 1985 roku „Podróżach Pana Kleksa". *Jak wiecie, filmy o przygodach Pana Kleksa zrealizowano przy współpracy z kinematografią radziecką* – pisał reżyser w książce „Pan Kleks na ekranie". *Z perspektywy czasu, trudno sobie wyobrazić „Podróże Pana Kleksa" bez bajecznych górskich pejzaży Kaukazu, ogrodów i pałaców Krymu i co najważniejsze, bez zdjęć trikowych, niemożliwych do zrealizowania środkami technicznymi naszej kinematografii.*

Egzotyczne plenery nie ułatwiały życia odtwórcy roli głównej, Piotrowi Fronczewskiemu. Jego twarz skrywała się pod tonami charakteryzacji. *Trudno mieć miłe wspomnienia z wyprawy do królestwa Aptekarii, do którego zdjęcia kręcone były w Erewaniu* – opowiadał aktor o miejscu, w którym filmowcy zostawili na zabytku napis Aptecos, który stał się atrakcją turystyczną. *Tam, przy*

40 stopniach w cieniu, Kleks paradował w pełnej gali – od fraka poczynając, a na brodzie i peruce kończąc. Pot ze mnie spływał. Zarosty bez przerwy się odklejały i trzeba mnie było wciąż smarować nową warstwą kleju. Podobne „rozkosze" przeżywałem zresztą w Bułgarii, gdzie m.in. Kleks musiał lekko i radośnie tańczyć na pokładzie statku miotanego falami. Prywatnie nie tańczę, nie znoszę tego. A na moje nieszczęście Kleks lubi tańczyć. Z prawdziwą ulgą wyzwalam się wreszcie z jego skóry, w której przeżyłem dwa lata.

Gradowski nie dał mu odpocząć długo. W 1988 roku zabrał się za produkcję kolejnego sequelu, „Pan Kleks w kosmosie". Krok ryzykowny – czekał przecież trzeci tom Brzechwy („Tryumf Pana Kleksa")... *Gdyby Brzechwa żył dzisiaj, najprawdopodobniej przeniósłby swoich bohaterów właśnie w kosmos* – przekonywał reżyser. *Nieznane, odległe planety zastępują dawne bezludne wyspy, przestrzeń kosmiczna – dno oceanów. Współczesne dzieci bawią się w kosmosie jak na wielkim starym strychu. W świecie pełnym niespodzianek i niewiadomych.* Problem w tym, że kosmos w wykonaniu polsko-czechosłowackim daleki był od wizji „Gwiezdnych wojen" (chyba że postać Melo-Śmiacza uznamy za protoplastę Jar Jar Binksa). Film nie dorównał popularnością poprzednim częściom. A już zupełną klęską okazał się przyszywany epilog serii z 2001 roku, animowany „Tryumf Pana Kleksa".

„Akademia Pana Kleksa" doczekała się po latach ciekawej interpretacji. Karolina Kosińska opublikowała (żartobliwy, jak twierdzi) esej na temat dwuznacznych wątków w filmie. Jest tu według niej homoseksualizm: *Wychowankowie Ambrożego Kleksa są androgyniczni („lalusiowate pajace", jak twierdzi golarz Filip), delikatni, subtelni. Zawsze w obciskających drobne ciała ubrankach, z uładzonymi włoskami, nigdy nie biegają umorusani. Subtelna chłopięcość wychowanków Akademii kojarzyć się może z filmami Dereka Jarmana (zwłaszcza scena kąpieli nago pod drzewem deszczu) czy Todda Haynesa.* Są wątki narkotyczne: *Jadalne farby, szpital chorych sprzętów, pompowanie kaczki, zmniejszające się przedmioty, psi raj pełen czekolady. Co takiego jada Pan Kleks? Dwie pastylki na porost włosów i kilka piegów! Gdy ich brak, Kleks kurczy się i marnieje, jego dłonie dygoczą, a koncentracja odmawia posłuszeństwa.* Czy nawet gloryfikacja faszyzmu: *Wilki wędrują w stalowych mundurach, niosąc flagi i płonące pochodnie, ich oczy jarzą się czerwonym jak krew światłem. Palą wsie, nie znają litości. Są zimne i bezduszne – to żywe emblematy faszyzmu...*

PAN SAMOCHODZIK

seria książkowa

12 tomów; 1964-1985

Zbigniew Tomasz Nowicki, lepiej znany pod pseudonimem Zbigniew Nienacki (1929-1994), zasłynął na dwóch polach. Z jednej strony pisał powieści dla dorosłych, z sugestywnymi opisami przyrody... *A przecież gdy po raz pierwszy położyła się naga na tapczanie i rozrzuciwszy na boki szczupłe uda, ukazała mu swą kobiecość, podobną nieco do stulonego kwiatu o bladoróżowych płatkach, nieregularnych i postrzępionych na brzegach... A potem ujrzał ów kwiat już rozwinięty, ale jeszcze nie całkiem rozchylony, połyskujący delikat-*

ną rosą i wabiący tajemniczą głębią czerwonego kielicha („Raz w roku w Skiroławkach", 1983). Z drugiej stworzył popularną serię książek dla młodzieży „Pan Samochodzik".

Jej bohater, pan Tomasz (znamy tylko inicjały nazwiska: N.N.), nigdy nie oglądał „rozwiniętego kwiatu". Wręcz przeciwnie: w dziedzinie męsko-damskiej był raczej pierdołowaty. *Czy nie stała się moim ideałem owa słynna Anna Orzelska, córka króla Augusta Mocnego? Jej portret zobaczyłem w pałacu w Nieborowie, zrobiłem jego fotografię i zawiesiłem nad biurkiem w swoim pokoju. To była kobieta moich marzeń...* („Pan Samochodzik i Winnetou", 1976).

Cóż, mamy do czynienia z historykiem. Pracownikiem Departamentu Ochrony Zabytków Ministerstwa Kultury i Sztuki, obdarzonym „żyłką detektywistyczną". Sprawia to, że przełożeni wysyłają go w teren, by tropił przemytników czy fałszerzy grasujących w Polsce i poza granicami („Pan Samochodzik i Fantomas", 1973 – Francja; „Pan Samochodzik i tajemnica tajemnic", 1975 – Czechosłowacja, „Pan Samochodzik i człowiek z UFO, 1985 – m.in. Kolumbia).

Niepozorny muzealnik dysponuje tajną bronią. Autem o pokracznym wyglądzie, acz niesamowitych możliwościach... Stąd pseudonim. Karoserię wehikułu samodzielnie wyklepał wuj bohatera, Stefan Gromiłło. Włożył do niej silnik z Ferrari 410 Super America (5 litrów pojemności, 350 koni mechanicznych), pochodzący z samochodu rozbitego przez włoskiego turystę pod Zakopanem. Konstrukcja jest w dodatku amfibią. Przekonują się o tym w odpowiednim momencie zaskoczeni złoczyńcy. Nienacki sam dysponował pływającym samochodem, Volkswagenem Schwimmwagen 166 (odsprzedał go producentom serialu „Pan Samochodzik i Templariusze"). Potem jeździł ładą, a po upadku PRL – toyotą corollą.

Charakterystyczną cechą książek było wplatanie w wartką akcję nudnych opisów krajoznawczo-historycznych. *W pewnym wieku będzie się przerzucać kartki z opisami przyrody itp. Ale później będzie się wracać do nich* – zapewniał autor. *Młodzież szuka w literaturze prawdy. Pisząc kolejnego „Pana Samochodzika", byłem świadom, że w dobie rozwijającej się turystyki taki ojciec z samochodem nie bardzo będzie wiedział, gdzie ma jechać z dziećmi na wakacje, i że one będą wybierać mu trasę. Oczywiście taką, żeby odwiedzać miejsca przygód ich ulubionego Pana Samochodzika. Moje książki to bedekery. Z każdą można zwiedzać całą Polskę...* Nienacki chętnie kierował swojego bohatera na Mazury. Pisarz od 1968 roku mieszkał we wsi Jerzwałd nieopodal Iławy.

Pierwszą powieść cyklu, „Wyspa złoczyńców", opublikował cztery lata wcześniej. Początkowo parał się dziennikarstwem, próbował też sił w łódzkiej szkole filmowej i popełnił kilka powieści dla młodzieży. *Kiedy zacząłem pisać, fabuła była wyklęta* – wspominał. *Panowała wtedy antypowieść. Całe książki były jednym wielkim monologiem wewnętrznym bohatera. Był to koniec lat pięćdziesiątych. Mnie tego rodzaju literatura nie odpowiadała i zacząłem pisać książki dla młodzieży. One nigdy właściwie nie były uznane przez krytykę jako wielkie osiągnięcie literackie. Oczywiście, były szalenie popularne, natomiast krytycy nie mogli mi darować najpierw tego, że bohaterem uczyniłem dorosłego człowieka. Bo panowa-*

ła wtedy teoria, że dla dzieci trzeba pisać o dzieciach, dla chłopów bohaterami mają być chłopi, dla robotników trzeba pisać książki z bohaterami robotniczymi itd. To oczywiście zostało przełamane, mój bohater zaczął święcić triumfy.

Następne tomy powstawały przez całe lata 70. Ostatni klasyczny, „Pan Samochodzik i złota rękawica", ukazał się w roku 1979. Sześć lat później Nienacki opublikował jeszcze jedną powieść o Panu Samochodziku – „Pan Samochodzik i człowiek z UFO". Czytelnicy nie wybaczyli mu jednak złamania konwencji, dziwnego flirtu z science fiction. Zniechęcony literat oświadczył: *Ja jestem za mądrym człowiekiem i za wielkim pisarzem, żeby napisać trzynasty tom „Pana Samochodzika". Popularnym pisarzem był Dumas, ale napisał za dużo książek w pewnym gatunku. Nastąpił przesyt. Nie napiszę więcej „Samochodzików". Dwanaście wystarczy. Tyle, żeby one były w ciągłym obiegu.* I skupił się na innych projektach.

W tej sytuacji trudno uznać za wiarygodną powstającą do dziś kontynuację cyklu. Wdowa po autorze odsprzedała prawa wydawnictwu Warmia, a to zleca pisanie kolejnych tomów różnym autorom... Uzbierała się już tego niemal setka. Dodatkowo na początku lat 90. Nienacki przerobił na Pana Samochodzika kilka swoich wcześniejszych powieści („Pozwolenie na przywóz lwa" z 1961 stało się „Pierwszą przygodą Pana Samochodzika", „Uroczysko" z 1957 zyskało tytuł „Pan Samochodzik i święty relikwiarz", a „Skarb Atanaryka" z 1960 – „Pan Samochodzik i skarb Atanaryka"). Po śmierci pisarza dokończono też rozpoczęty przez niego premierowy tom „Pan Samochodzik i nieuchwytny kolekcjoner" (1997).

Prawdziwy „Pan Samochodzik" to jednak 12 powieści. Najlepiej z kanonicznej, „białej" serii Pojezierza. W 1980 roku olsztyńskie wydawnictwo postanowiło zebrać wszystkie dotychczasowe odcinki, nadać im jednolitą szatę graficzną oraz ilustracje (z jednym wyjątkiem rysował Szymon Kobyliński). Projekt zamknięto w 1987 roku. Najrzadziej spotykane tomy osiągają dziś na aukcjach internetowych ceny rzędu kilkudziesięciu złotych.

„Pan Samochodzik" doczekał się kilku ekranizacji, z których naprawdę udana jest tylko jedna. Pięcioodcinkowy serial „Pan Samochodzik i Templariusze" z 1971 roku w reżyserii Huberta Drapelli. W roli głównej idealny na tym miejscu Stanisław Mikulski (w odcinku „Tajemnica Bahometa" przez chwilę dla żartu rozbrzmiewa nawet fragment muzyki ze „STAWKI WIĘKSZEJ NIŻ ŻYCIE"). Do tego realistycznie opracowany wehikuł i Ewa Szykulska pięknie prezentująca się w kostiumie kąpielowym...

Wcześniej, już w 1965 roku, zekranizowano „Wyspę złoczyńców". Scenariusz osobiście napisał Nienacki, za kamerą stanął Stanisław Jędryka, a w roli Pana Samochodzika pojawił się Jan Machulski. Reszta filmów woła o pomstę do nieba. „Pan samochodzik i niesamowity dwór" (1987) Janusza Kidawy z Piotrem Krukowskim razi infantylizmem – wehikuł z sześcioma kołami i jakąś parasolką?! Marnym usprawiedliwieniem jest, że projekt powstał na drodze konkursu wśród młodych widzów audycji „Sobótka"... Na osłodę brzmiała piosenka NATALII KUKULSKIEJ.

Jeszcze gorzej było w „Panu Samochodziku i praskich tajemnicach" Kazimierza Tarnasa z Markiem

Wysockim (1989). Tu futurystyczny pojazd zmieniał się w... latający spodek. Pozazdrościł koledze reżyser Kidawa i niezrażony tragicznym rezultatem swojej wcześniejszej pracy wysłał wehikuł w powietrze w „Latających machinach kontra Pan Samochodzik" (1991 – rzekoma ekranizacja „Pana Samochodzika i złotej rękawicy").

PANI WALEWSKA

linia kosmetyków

Produkt o znaczeniu strategicznym. Niezwykłą popularność zdobył za wschodnią granicą i jako taki służył za środek wymienny przy imporcie rosyjskiej ropy i gazu... Generalnie perfumy firmowane przez kochankę Napoleona stały się ikoną peerelowskiej kosmetyki dla pań. Podobnie jak symbolem kosmetyki męskiej był dezodorant BRUTAL. Produkowany w tej samej zresztą firmie.

Miraculum. Korzenie krakowskiej fabryki sięgają 1924 roku, gdy założył ją doktor medycyny Leon Luster. Pierwsze wyroby reklamowała sama Hanka Ordonówna! Po wojnie zakład znacjonalizowano, a w 1952 roku połączono z Krakowską Fabryką Mydła F. Śmiechowski. Przez kilka lat zajmowała się raczej podstawowymi środkami czystości. Pod koniec lat 50. pojawiła się jednak seria „baśniowych" wód kwiatowych: Złota Legenda, Czarodziejka, Pinokio, wód wieczorowych: Bolero, Habanera, Noturno, Jalousie, kolońskich: Prastara, Lajkonik. Królowały przez całą następną dekadę, zdobywając renomę także w innych krajach socjalistycznych.

Pani Walewska to już lata 70. Konwaliowo-różano-jaśminowa nuta była efektem prac własnego laboratorium badawczego. Intensywność zapachu i fantazyjne opakowanie szczególnie przypadły do gustu klientkom ze Związku Radzieckiego. Zapotrzebowanie było tak duże, że zaczęto budować nową fabrykę. Po jej ukończeniu, w 1987, wszystko wyjaśniała już sama nazwa: Polsko-Radziecka Fabryka Wyrobów Chemii Gospodarczej i Perfumeryjno-Kosmetycznych Miraculum. Paradoksalnie jednak obecność na tamtym rynku (sklep firmowy w Moskwie) pozwoliła firmie przetrwać zmianę ustroju. Pani Walewska wytwarzana jest w różnych odmianach do dziś, duża część produkcji wędruje do Rosji.

PAPA DANCE

zespół muzyczny

Pierwszy polski boysband, symbol sceny pop lat 80. Niegdyś obciachowy, dziś uosobienie wyrafinowanego oldschoolu.

Na pomysł spreparowania zespołu wpadł producent muzyczny Sławomir Wesołowski. Jego asystent, Mariusz Zabrodzki (wspólnie posługiwali się pseudonimem Adam Patoh), podsunął wokalistę, swojego sąsiada z warszawskiego Grochowa – Grzegorza Wawrzyszaka. Dwudziestodwulatek nagrał swój głos do przygotowanych wcześniej piosenek. W 1984 roku nie było jeszcze składu z prawdziwego zdarzenia, lecz był już pierwszy przebój i teledysk („W 40 dni dookoła świata").

Początkowo grupa nazywała się Papa Dock. Jakiś dziennikarz skojarzył to jednak z pseudonimem François Duvaliera, dyktatora Haiti. I napisał, że równie dobrze można by nazwać grupę SS... *Już nie pamiętam, kto wymyślił nazwę Papa Dock, ale ten ktoś powiedział, że „papa dock" oznacza po angielsku macierzysty dok portowy, a to pasowało do naszej piosenki „W 40 dni dookoła świata"* – wspomina wokalista. *Ale po tym porównaniu z*

SS od razu zdjęto nas z anteny albo zapowiadano, podając tylko inicjały: „To był zespół PeDe". No i zaczęły się głupie skojarzenia. Trzeba było szybko coś wymyślić. Pomyśleliśmy, że ten „papa" mógłby zostać, no i inicjałów może jednak nie ruszać. Wziąłem słownik angielski, zacząłem przeglądać wyrazy na literę D. Padło na Dance.

Wkrótce sformował się skład, w którym znalazł się m.in. grający na instrumentach klawiszowych Konstanty Joriadis – wybrany na drodze castingu. Wesołowski przygotował melodyjną muzykę nawiązującą do brzmień new romantic. Od początku nie ukrywając, że chodzi o przedsięwzięcie komercyjne: *Grają elektroniczny pop z lekkimi naleciałościami rocka. Żaden polski wykonawca nie gra podobnej muzyki. Nie ma tu protestów czy czegoś w tym rodzaju – są to raczej radosne, wakacyjne tematy...*

Radosne tematy wypełniły pierwszą płytę, „Papa Dance" wydaną już w 1985 roku (Savitor). „Pocztówka z wakacji", „Panorama Tatr", „Kamikadze wróć" po kolei podbijały listy przebojów, budząc zachwyt nastoletnich fanek i zgrozę u krytyków. Presja sukcesu okazała się dla muzyków zabójcza. Skład rozleciał się w brzydkiej atmosferze. *O rozpadzie Papa Dance zadecydował koncert 10 grudnia 1985 w klubie Park* – wyjaśniali producenci skonfliktowani z Wawrzyszakiem i grającym na instrumentach klawiszowych Markiem Kaczmarkiem. *Na koncercie tym (zorganizowanym dla specjalnie zaproszonych osób, dziennikarzy, z udziałem telewizji) zespół udowodnić miał swoje umiejętności estradowe i wykazać, że z kapelą – na której prasa nie pozostawia suchej nitki, nie jest tak źle. Od 10 rano czekaliśmy w klubie na Kaczmarka i Waw-*

rzyszaka, nie mogąc zrobić próby. W końcu dowiezieni zostali przez bębniarza Tadka pół godziny przed występem. Byli półprzytomni, o żadnej próbie mowy być nie mogło. Kto był, to widział. Koncert rozpoczął się z pięćdziesięciominutowym opóźnieniem, po akcji doprowadzania wokalisty i keyboardzisty do stanu używalności. Myśmy przeżyli szok, Mariusz w efekcie musiał się leczyć. Tyle włożonej pracy i taki niewypał? Wstyd!

Rebelianci przez chwilę używali dawnej nazwy, wspomagani przez krakowski Teatr Stu. Pod presją prawną zmienili ją jednak na Ex Dance (ten zespół wylansował m.in. utwór „Powrót Donalda", 1987). Papa Dance odrodził się natomiast w konfiguracji dwuosobowej: z Joriadisem i Pawłem Stasiakiem przy mikrofonie. *Wypomina się w Pawłowi Stasiakowi, że był technicznym w starym składzie Papa Dance, co jest zresztą nieprawdą* – to ciąg dalszy tyrady producentów. *Ale jeśliby nawet tak było, to co z tego? Artysta Wawrzyszak (absolwent dwóch klas szkoły ponadpodstawowej) nim trafił do Papa Dance pracował jako sanitariusz w Pogotowiu Ratunkowym przy ulicy Hożej w Warszawie. A Paweł w 1984 roku miał 17 lat, był za młody na występy – widząc go w przyszłym składzie, zabieraliśmy go na koncerty. Zresztą taka była umowa z jego rodzicami, że gdy w czerwcu 1986 roku skończy szkołę, weźmie się za pracę estradową. O estradzie Paweł miał już jako takie pojęcie, występował w GAWĘDZIE jako solista, chodził do szkoły baletowej. I pomagał nie komu innemu, a artyście Wawrzyszakowi w realizacji wokalnej pierwszej płyty, ustawiał mu także ruch do pierwszego teledysku.*

Po krótkotrwałym epizodzie jako Papa Dance NS (utwór „Miłość z walkmana") i odejściu Joriadisa wokół Stasiaka zbudowano nowy skład. W 1986 roku ukazał się drugi longplay grupy, „Poniżej krytyki" (Arston). Pokazał, że zmiana frontmana nie wpłynęła na popularność Papa Dance. Wystarczy wymienić hity: „Naj story", „O-la-la", „Maxi singiel", „Ocean wspomnień" (bardziej znany jako „Szary wiruje pył")... Dwa lata później na rynek trafiła kolejna duża płyta, „Nasz ziemski Eden". Tu też były przeboje: „Nasz Disneyland", „Nietykalni" czy „It's A Simple Song" nagrany w duecie z czeskim wokalistą Petrem Kotvaldem.

Na przełomie dekad zespół wyjechał na koncerty do USA i wkrótce potem, w 1991 roku, się rozpadł. Od początku lat 90. Stasiak próbował swoich sił jako Mr Dance. Pod koniec dekady uaktywnił się też Wawrzyszak. W 1999 roku zaczął grać polonijne koncerty, używając szyldu Papa Dance. Po raz kolejny zmuszony jednak został do rezygnacji z nazwy – przerzucił się na wtedy na Dock 44.

W 2001 roku reaktywował się z kolei Papa Dance ze Stasiakiem, trafiając w modę na lata 80. *To prawda. Byliśmy wytworem producenckim* – wspominał wtedy wokalista początki zespołu. *Poznaliśmy się dopiero w zespole albo właśnie na castingu. Na szczęście przytomnie się złożyło, że wszystkie osoby, które zostały wybrane, mają wspólną pasję, jaką jest muzyka. Czasami trudno jest połączyć osoby, które wychowują się na jednym podwórku, a tutaj na szczęście się udało. Tak jest do dziś. Doszedł jeszcze wzajemny szacunek do tego, co robimy, i do siebie. Myślę, że nawet z takich sztucznych tworów trochę człowieczeństwa uda się wykrzesać.*

Powodzenie koncertowe doprowadziło do nagrania płyty „1 000 000 fanek nie mogło się mylić" (2005). Na dodatkowym dysku znalazły się nowe wersje dawnych przebojów. W tym samym roku nastąpił powrót Wawrzyszaka – tym razem jako eXdance.

PARMALAT
kurtka

Popularne okrycie wierzchnie w latach 80., uwiecznione w piosence punkowej grupy Pobieda: *Nie pij wina kilka lat / Kup se kurtkę parmalat...* Nazwa jest wymieniona także w jednym z utworów T.Love. Poza tym na ulicy funkcjonowały inne, wdzięczne powiedzonka związane z tym przedmiotem. *Jak chcesz zwiedzić cały świat, kup se kurtkę parmalat.* Albo *Chcesz poderwać małolatkę, kup se kurtkę parmalatkę.* Tudzież *Chcesz se szpan rzucić na klate, kup se kurtke parmalate...*

Krój: do pasa, ze ściągaczami. Materiał: ortalionopodobny. Ozdoby: napis na plecach i na rękawach. Najbardziej rozpowszechniony był Parmalat, stąd potoczna nazwa. Zespół Pabieda dobrze opisał komfort noszenia tego typu odzieży: *Skóra z kangura leszcza farbowana / W lato się rozpuszcza w zimie popękana.* Ale męczyć się było trzeba. Dla szpanu.

Zadziwiające, w jaki sposób kurtka – prawdopodobnie robocza – przedstawiciela włoskiego koncernu spożywczego (specjaliści od mleka UHT) stała się nad Wisłą krzykiem mody męskiej. Pewne jest, że zaczęło ją kopiować krajowe rzemiosło i stała się żelazną pozycją na bazarach z ciuchami.

PEBE
zabawka

Klocki nazywane „enerdowskim LEGO".

To nie tylko komplement dla zdolności projektanckich Niemców, ale i poważny zarzut. Niektóre elementy obu systemów były do siebie tak zbliżone, że dało się je łączyć. W podobny sposób komponowano też zestawy. Największe były pudła „inżynierskie", z podstawowymi, dużymi elementami, z których można było wykonać proste obiekty lub stworzyć grunt dla bardziej skomplikowanych, sprzedawanych w osobnych pudełkach: modeli samochodów, sprzętu wojskowego, statków kosmicznych, budynków czy nawet gier (mini golf)... Brakowało tylko charakterystycznych ludzików.

Powyższe brzmi może niezbyt zachęcająco, ale to pozory. PEBE miały nad LEGO ogromną przewagę – nie wymuszały konstruowania wyłącznie określonych, pokazanych na pudełku przedmiotów. Ich uniwersalność zapewniała wielkie możliwości kreacyjne. No i chroniła kieszenie rodziców przed dokupywaniem coraz to nowych zestawów. Zwłaszcza że do Polski nie trafił, niestety, pełny wybór ponad 50 ich odmian. W sklepach SKŁADNICY HARCERSKIEJ można było spotkać najczęściej komplety „inżynierskie" i „mini auto".

PEBE wytwarzano od lat 50. w zakładach Plastica Bad Kösen. W 1985 roku zmieniono logo, a produkcję przejęła Chemische Fabrik Kösen (firma przetrwała zjednoczenie kraju i działa do dziś, jako PEBE GmbH & Co. KG). Największym konkurentem na enerdowskim rynku były klocki Formo – nieco gorzej wykonane, trudniejsze w składaniu.

PEWEX

sieć handlowa

Twórcze rozwinięcie idei „eksportu wewnętrznego" – metody ściągania dewiz spływających do kraju (na przykład w formie wynagrodzenia pracowników kontraktowych czy przekazów od rodzin za granicą). Obcej waluty nie można było spożytkować bezpośrednio, ale można było ją wymienić na towary. Początkowo krajowe (stąd zbitka sprzecznych pojęć eksport wewnętrzny), z czasem także zagraniczne. Procederem zajmował się w latach powojennych bank PeKaO. Najpierw produkty wydawano bezpośrednio w jego oddziałach. Potem powstała sieć sklepów wyspecjalizowanych w takim asortymencie.

Od 1974 roku sprawę przejęło Ministerstwo Handlu Wewnętrznego i Usług. Sklepy bankowe przekształcono w Przedsiębiorstwo Eksportu Wewnętrznego, z typowym dla krajowego biznesu rozwinięciu skrótu: Pewex. Nie zapominajmy przy okazji, że korzystały z mechanizmów eksportu wewnętrznego także inne przedsiębiorstwa, jak Pol-Mot (sprzedaż samochodów) czy Agromet (maszyn rolniczych).

Pewex kojarzy się przede wszystkim z półkami zastawionymi asortymentem niedostępnych gdzie indziej wyrobów zza żelaznej kurtyny. W pierwszych latach działalności na czołowych pozycjach pozostawały tekstylia i odzież (dżinsy!). W latach 80. spory procent sprzedaży przypadał na elektronikę. Cały czas popularnością cieszyły się alkohole, papierosy oraz kosmetyki. Ciekawostka: teoretycznie można było zamówić do ściągnięcia dowolny towar, o ile znało się adres producenta...

Najbardziej drażniła jednak sprzedaż za dolary (lub ich krajowy odpowiednik – bony) wyrobów krajowych. Szczególnie wobec permanentnych braków w zwykłych sklepach. *Dla usunięcia największych powodów do zadrażnień wycofano ze sprzedaży w Pewexie najpierw produkty mięsne naszej produkcji, potem węgiel na zlecenia krajowe* – relacjonowała prasa w drugiej połowie lat 70. *Bardzo szybko też wyperswadowano sobie chęć zwiększenia obrotów przez wprowadzenie do sprzedaży towaru tak deficytowego, jak meble. Niedostatek różnych artykułów w zwykłych*

sklepach wywołuje jednak wciąż nowe pretensje, jak choćby te, że bieliznę bawełnianą można kupić za dewizy, a za złotówki – z największym trudem. Dziennikarz odnotował jeszcze jedno ciekawe zjawisko: *W zetknięciu z klientami, których stać na kupno atrakcyjnych rzeczy nieosiągalnych dla ekspedientki, nasilają się za ladą stany frustracji i agresji – zawodowa niemal, jak dowodzą badania, choroba naszych sprzedawców.* Nie dało się też nie zauważyć, że pod sklepami gromadziły się jednoosobowe punkty wymiany walut. Cinkciarze.

Sklepy Peweksu były dla socjalistycznego państwa niezłym biznesem – w latach 80. uzyskiwano z nich rocznie około 350 milionów dolarów. Sprzedaż załamała się w pierwszym kwartale 1991 roku. Wcześniej dopuszczono płacenie złotówkami, ale ekskluzywne dotąd towary były już dostępne dla wszystkich podmiotów handlowych... Doszły do tego nietrafione inwestycje, wymierzone w próżnię akcje reklamowe i objęcie peweksowego handlu cłami. Mimo ogromnego zadłużenia (głównie wobec japońskich firm elektronicznych) nie ogłoszono jednak upadku firmy. Od 1997 roku zajęła się ona zarządzaniem nieruchomościami.

W 1984 roku Peweksowi przybyła konkurencja – zaczęto budować sieć sklepów Baltony. Istniejące od lat 40. przedsiębiorstwo zajmowało się wcześniej zaopatrywaniem pracowników zatrudnionych za granicą. Przede wszystkim marynarzy (stąd produkty o przedłużonej trwałości, np. słynny chleb baltonowski, który podrabiano później w krajowych piekarniach). Baltona zaklepała sobie poza tym miejscówki na przejściach granicznych czy lotniskach. Z takiej działalności jest dziś najbardziej znana.

PIASKOWY DZIADEK

serial animowany

(Unser Sandmännchen)

ok. 400 odcinków; różni reżyserzy; 1959-1991, NRD

Dziadku, drogi Dziadku / nie chcemy jeszcze spać – słychać w chwytliwej piosence z tej lalkowej animacji. Szacunek dla kompozytora (Wolfgang Richter), bo miał na jej stworzenie zaledwie jeden wieczór. Słowa dyktowano mu przez telefon... A po wszystkim wbito nóż w plecy, twierdząc, że melodia jest dla dzieci zbyt skomplikowana. Przyjęto ją na zasadzie tymczasowej. Historia pokazała, że prowizorka trwa najdłużej.

„Piaskowy Dziadek" w ogóle powstawał w pośpiechu. Był bowiem odpowiedzią na serial przygotowywany w Niemczech Zachodnich („Das Sandmännchen"). Gdy ci ze Wschodu dowiedzieli się o premierze planowanej na grudzień 1959, w dwa tygodnie przygotowali własną wersję i wyemitowali ją 22 listopada. Konkurencyjne filmy wyświetlano do początku lat 90. Potem okazało się, że bardziej chwyciła jednak wersja enerdowska. Produkuje się ją – od 1999 roku w zmodyfikowanej wersji – do dziś.

Co tu dużo kryć... Pokazywany u nas „Piaskowy Dziadek" (pierwsze emisje w ramach wymiany dobranocek w lipcu 1966, regularne – od jesieni 1970), był bardziej zideologizowany niż bajki krajowe lub z Czechosłowacji. Skrzata, który w zachodniej kulturze wprowadza dzieci w sen (sypiąc im piasek w oczy) wcielono do ludowej armii, do straży granicznej na Odrze i Nysie, musiał też bawić w obozach pionierów... Z drugiej strony w sympatyczny sposób portretował kraje socjalistyczne. W 1970 roku, w odcinku „Warschau/Rallye-Wagen", wpadł do Warszawy. Przejechał się Fiatem 125P (pierwszy nieenerdowski samochód na ekranie) i spotkał z profesorem Filutkiem (znanym w NRD od 1955 roku). Czterokrotnie odwiedzał też nasze Tatry (na przykład w odcinku

„Tatra IV/Pferdeschlitten" z 1978 roku), na stacji kosmicznej spotkał chłopca o typowo polskim imieniu Uschi („Interkosmos", 1978), rok później wizytował zaś Kraków („Krakau – Winter/Goralenschlitten")... Po 1980 już do nas nie przyjeżdżał. Mogliśmy go zainfekować wywrotowymi ideami.

PIĄTEK Z PANKRACYM – patrz PORA NA TELESFORA

PIESEK W KRATKĘ

serial animowany

6 odcinków; reż. Zofia Ołdak; 1968-1972, Polska

Sympatyczna dobranocka, zrealizowana w konwencji animacji poklatkowej i marionetkowej (sceny z aktorami). Tytułowy psiak – z głosem Anny Skaros – jest bardzo rozśpiewany. Już w pierwszym odcinku, z 1968 roku, przedstawia się w formie muzycznej: *Jestem taki, jak inne psiaki, naprawdę taki sam / I tylko wygląd dla niepoznaki troszeczkę inny mam.* A potem poświęca uwagę przedmiotom codziennego użytku (waga, młynek, zegar), sportom (piłka nożna), odwiedza też Dziki Zachód (ostatni odcinek: „Szeryf Długie Ucho", 1972). Za muzykę odpowiadał Adam Markiewicz (twórca oprawy dźwiękowej m.in. „REKSIA" i „POMYSŁOWEGO DOBROMIRA"). Słowa piosenek napisała Wanda Chotomska. Od 2006 roku można to wszystko podziwiać na płycie CD („Piosenki z filmów pt. Piesek w kratkę", EMI).

W 1985 roku warszawskie Studio Miniatur Filmowych postanowiło zdyskontować dotychczasowe materiały. Powstał pełnometrażowy film „Tato, nie bój się dentysty!". Lekarzem był Wojciech Pokora. Zestresowanego ojca grał Marian Glinka. Uspokoił się, dopiero gdy zobaczył kraciastego pieska. Tytułową, napisaną specjalnie z myślą o tym projekcie piosenkę zaśpiewała MARYLA RODOWICZ.

5-10-15
telewizyjny blok programowy

Telewizyjny magazyn dla dzieci i młodzieży, który stał się wylęgarnią luminarzy krajowego show-biznesu. W gronie prowadzących znajdowali się m.in. Justyna Pochanke (prezenterka „Faktów" TVN), Marcin Tyszka (ceniony fotograf), Sandra i Piotr Walterowie (prezenterka i prezes TVN). Obecność ostatniej pary nie dziwi, bo rzecz była autorską koncepcją Bożeny Walter. Popularna prezenterka wpadła na pomysł wpuszczenia na antenę dzieci z jednego podwórka: własnych i sąsiadów. *Przeszłam szkołę „STUDIA 2", tam każdy program musiał mieć pomysł* – opowiadała. *Staramy się, żeby nawet najmniejsza pozycja wchodząca w skład tych 90 minut miała własną formułę.*

„5-10-15" wystartował 18 grudnia 1983 roku, w sobotnie południe, na antenie drugiego programu TVP. Anonsowany był słowami: Zespół Dom przedstawia... Dzielił się na bloki tematyczne odpowiednie dla grup wiekowych. Wśród stałych pozycji figurowały „Szkolna lista przebojów" (zawodowi muzycy oceniają amatorskie zespoły), „Omnibus" (prezentacja dzieci wyróżniających się wiedzą), „Ojciec i syn" (o wspólnych zainteresowaniach), „Tacy jak Bruce Lee" (wiadomo) czy „Co on robił, jak miał lat 5, 10, 15" (przygotowywane przez młodych realizatorów biografie sławnych osób).

Najbardziej charakterystycznym z dorosłych współpracowników był Wojciech Mann, występujący poza kamerą, jako Pan Głos. W czołówce rozbrzmiewał temat muzyczny grupy KOMBI („Bez ograniczeń"), który wsparła z czasem śpiewana przez dzieciaki piosenka: *Że co, że jak, no właśnie / 5-10-15 / Zaraz się zacznie, Zaraz się zacznie / Koty za płoty kto nie ma ochoty / Już nie czekamy, już zaczynamy / Start, start, start!*

Magazyn przetrwał lata – w całkowicie zmienionej formule i po przeniesieniu do TVP 1. Dopiero jesienią 2007 roku okazało się, że zabrakło go na antenie.

PIKO
zabawka

Warszawa, ulica Marszałkowska, flagowy sklep SKŁADNICY HARCERSKIEJ. Przed wystawą tłum chłopców z nosami przyklejonymi do szyby. Wewnątrz megamakieta kolejki: rozbudowany system torów, semafory, dworce, tunele i co tam sobie tylko można sobie wymarzyć... Piko.

Modele kolejek przyjeżdżały do nas z NRD. Pionierski produkt nazywał się Pico Express, fabrykę w saksońskim Chemnitz opuścił w 1949 roku. W skład zestawu wchodziła lokomotywa parowa, wagon i cynowe tory. Nie było to jednak jeszcze precyzyjne odwzorowanie oryginału. Raczej zwykła zabawka...

Sytuacja zmieniła się po zmianie nazwy (literę „C", zastąpiła „K", nowy skrót miał oznaczać Pionier-Konstruktionen) i przenosinach zakładu do Sonnebergu w Turyngii. Miasto słynęło z przemysłu zabawkarskiego – wykorzystano doświadczenie wielu tamtejszych ekspertów. Był początek lat 50.

Na rynku pojawił się wtedy transformator pozwalający zasilać lokomotywy elektrycznością, a nowe modele spełniały wymogi skali H0, czyli 1:87 (w 1964 roku Piko wprowadziło jeszcze modele w skali N, 1:160, ale zrezygnowało z ich produkcji pod koniec lat 80.). Z czasem do taboru dołączyły modele budynków, akcesoria do budowy makiet i części zamienne. Poszczególne elementy można było kupować osobno lub w zestawach.

W każdym przypadku przed sklepami Składnicy Harcerskiej ustawiały się kolejki. A wiele osób odchodziło od lady z kwitkiem. Wtedy zostawała już tylko Giełda Miłośników Kolei, organizowana raz w miesiącu w warszawskim Muzeum Kolejnictwa. *Najczęściej można tu spotkać popularne w Polsce kolejki produkcji NRD, których niestety darmo szukać w naszych sklepach* – donosił reporter. *Jedynie w Centralnej Składnicy Harcerskiej w Warszawie czasami udaje się upolować te tak lubiane przez nas i naszych rodziców zabawki.*

Niemieckie produkty odznaczały się precyzyjnym wykonaniem: w wagonie sypialnym można było zajrzeć do poszczególnych przedziałów, w restauracyjnym świeciły się lampki na stolikach, a na przykład w modelach parowozów pięknie ruszały się korbowody... Niemcy zadbali też o precyzyjne odwzorowanie oznaczeń poszczególnych przewoźników. Atrakcją były produkowane w latach 80. modele taboru PKP, szczególnie wagony Warsu: niebieski sypialny i czerwony restauracyjny. Największy rarytas? Wagon piętrowy 2 klasy,

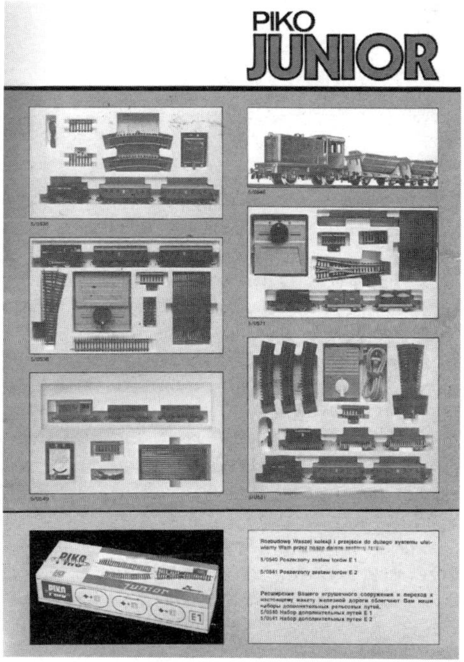

z przegubem. Poza tym trafiały się malowane po polsku węglarki czy zwykłe wagony kryte.

Konkurencją dla Piko była firma Berliner TT Bahnen. Produkowała modele w mniejszej skali TT (1:120), popularnie zwane „tetetką". Ciekawostka: przedsiębiorstwo zaczynało jako prywatne (pod nazwą Zeuke), znacjonalizowano je dopiero w 1970 roku. Dziś właścicielem jest Tillig, który produkuje zmodernizowany tabor. Wciąż działa też sprywatyzowane Piko, jako Piko Spielwaren GmbH.

PILOT ŚMIGŁOWCA

seria komiksowa

10 tomów; rys. Grzegorz Rosiński, Mirosław Kurzawa, Marek Szyszko; 1975-1982

Wojsko jest wielką szkołą obywatelskiego wychowania, szkołą hartu ducha i ciała, szkołą przygotowującą młodych ludzi do wykonywania złożonych zadań bojowych, do obsługi najnowocześniejszego sprzętu bojowego. Po dwóch latach służby wracają oni do cywila fizycznie sprawni, wytrzymali i silni, zdrowi i odważni, zahartowani i odporni na trudy, jakie niesie dzień powszedni... Tego typu mądrości można było wyczytać na obwolutach komiksowej serii „Pilot śmigłowca". Zachęcone sukcesem milicyjnego KAPITANA ŻBIKA wydawnictwo Sport i Turystyka postanowiło propagować w podobny sposób tematykę wojskową.

Bohater komiksów, Sławomir Karski, nie jest oczywiście zwykłym żołnierzem z poboru. To pilot myśliwca, który po bohaterskiej akcji ratunkowej w górach nabawił się kłopotów zdrowotnych i przeniesiono go do jednostki helikopterowej. Śmigłowce malowniczo prezentują się na rysunkach Grzegorza Rosińskiego. Podobnie jak zabiegające o względy porucznika panie, w obowiązkowych spódniczkach MINI.

Rosiński nie dokończył niestety serii. Po pięciu tomach rysowanych w latach 1974-1976 zajął się THORGALEM. „Pilota śmigłowca" przejął Mirosław Kurzawa. Jego infantylna kreska nie

sprawdziła się na tyle, że dwa ostatnie odcinki, 9 i 10, powierzono kolejnemu rysownikowi, Markowi Szyszce. Twórca ten pełnię swoich możliwości pokazał zwłaszcza w zamykającej całość „Kraksie" (1982). Scenarzystą wszystkich części był Witold Jarkowski.

PIRAMIDY
spodnie

Rodzaj spodni modny w latach 80. Charakteryzował się pumpiastą górą i stopniowo zwężającymi się ku dołowi nogawkami... Kształt odwróconej piramidy, co często pieczętowała naszywka „Pyramid" czy „Egypt" nad kieszenią. Jeśli mowa o dżinsach, to obowiązkowo musiały zostać poddane procesowi intensywnej dekatyzacji, czyli nierównomiernego ścierania w enzymach i kamieniach (spodnie z materiału o takiej fakturze – niezależnie od kroju – były nazywane dekatyzami lub marmurkami). Piramidy mogły być też jednak wykonane z innego materiału, najlepiej w jaskrawym kolorze... Większość przyjeżdżała do kraju w ramach prywatnego importu z Turcji.

Pumpiaste spodnie były w tamtej dekadzie popularne także na Zachodzie. Tyle że mówiono na nie spadochrony (parachute pants). Początkowo było to nawiązanie do nylonowej tkaniny, używanej przez breakdancerów i wczesnych hiphopowców. Gdy zaczęto stosować inne materiały, nazywano tak wszystkie spodnie o podobnym kroju.

PLAKATY

O tym, że ludowcy zamiast dobrem wsi zajmują się rozkręcaniem biznesu, wiadomo dziś bardzo dobrze. Ale i w czasach PRL Zjednoczone Stronnictwo Ludowe radziło sobie nieźle. Wyspecjalizowało się w druku plakatów młodzieżowych idoli. Była to atrakcja przyciągająca czytelników do ich organów prasowych.

Czołowym przykładem było sobotnie wydanie „Dziennika Ludowego". Poza normalną, czarno białą gazetą składało się z płachty lepszego papieru złożonej na czworo, z jednej strony kolorowej. Na froncie, obok winiety, widniała fotografia krajowej przeważnie gwiazdy. Poniżej, w niewielkim serduszku, wpisana była nazwa rubryki („Znani i lubiani") i kilkuzdaniowa informacja o artyście. Prawdziwy rarytas czekał na odwrocie. Całostronicowa fotka „znanego i lubianego" wykonawcy zagranicznego. Pod koniec działalności nawet dwustronicowa. Zdarzył się też kiedyś megaplakat LIMAHLA, do sklejenia z dwóch kolejnych numerów.

Na podobnej zasadzie funkcjonował tygodnik „Zielony Sztandar". A było jeszcze przecież „Zarzewie" Związku Młodzieży Wiejskiej (gorszy papier, chyba że w wydaniu specjalnym)... To czołówka tego typu pism. Atrakcyjne ze względu na duży format i jakość druku. W kioskach dostępne wyłącznie w obiegu „teczkowym" lub po odstaniu w kolejce. Co jakiś czas pojawiały się nawet doniesienia o zuchwałych kradzieżach z aut dystrybutorów. Dochodziło do nich, gdy w dany weekend pojawiał się szczególnie atrakcyjny wykonawca.

Na tym jednak plakatów w PRL nie koniec. Sporym powodzeniem cieszyły się – ze względu na jakość druku – fotki zamieszczane w „RAZEM". Jeżeli obejmowały dwie strony, na odwrocie można było przeczytać obszerne omówienie kariery wykonawcy. Jeżeli była to strona pojedyncza (przeważnie trafiali na takie aktorzy), informacja znajdowała się obok

zdjęcia. „Razem" ceniono też za śmiałość obyczajową — SABRINA z nagą piersią w „Dzienniku Ludowym" by nie przeszła. Wadą był mniejszy niż u ludowej konkurencji format oraz nieregularność takich atrakcji. Z podobnych powodów nie zdobyły renomy plakaty z „Panoramy" czy „Sceny".

Osobną sprawą był „ŚWIAT MŁODYCH". Na gazetowym, niestety, papierze, poza tym rzadko można było spotkać coś większego — ale zwracała uwagę różnorodność tematyczna i solidne opisy. *Prócz zdjęcia warto zauważyć jeszcze tekst, któremu ono towarzyszy, a kolekcja tylko na tym skorzysta, nie mówiąc już o wiedzy jej właściciela* — pouczała gazeta oburzona *niemiłosiernym cięciem i kaleczeniem reprodukcji*. Były jeszcze pisma specjalistyczne. Fani muzyki sięgali po „Magazyn Muzyczny", miłośnicy dziesiątej muzy mieli dla siebie „Film" i „Ekran"... Trzeba przy tym pamiętać, że zjawisko gazetowych plakatów zaistniało na dobre dopiero pod koniec lat 70. wraz z masowym wkroczeniem do polskiej prasy koloru.

Wszystkie powyższe tytuły bez skrępowania (i opłacania praw autorskich) reprodukowały zdjęcia z zachodnich magazynów. Przede wszystkim niemieckojęzycznych, w rodzaju „Brava". Umieszczane na plakatach własne logo służyło zwykle zamaskowaniu kradzieży. A czasami w miejscu oryginalnego napisu widać było po prostu kawałek papieru pomalowany na kolor tła... Oryginalne egzemplarze bajecznie kolorowego „Brava" czy innych magazynów były dostępne — w całości i po rozczłonkowaniu — niemal wyłącznie na bazarach. Za równie bajeczną cenę.

Jak wszystko, co popularne a reglamentowane przez władzę, plakaty doczekały się drugiego obiegu. Pod koniec lat 80. zaczęły być dostępne kinowe postery (w oryginalnej wielkości) z reprodukcjami zachodnich anonsów. Naturalistyczne rysunki i anglojęzyczny tytuł stanowiły nie lada atrakcję. Do polskich kin trafiały bowiem wyłącznie dzieła krajowych grafików. Czasami wybitne — tworzące polską szkołę plakatu — częściej koszmarne.

Dwie dekady wcześniej, gdy prywatna inicjatywa nie mogła sobie pozwolić na samodzielny druk, gwiazdy pojawiały się przeważnie na czarno-białych odbitkach fotograficznych. Bazarowy obieg obejmował zarówno fragmenty czasopism zza żelaznej kurtyny, jak i zdjęcia artystów krajowych. W latach 60. typowym zjawiskiem było umieszczanie na rewersie kieszonkowego lusterka idola w rodzaju ŚWIĘTEGO.

PŁYTA WINYLOWA
nośnik dźwiękowy

Płyta analogowa, gramofonowa, winylowa (produkowano ją z polichlorku winylu) lub po prostu czarna... Od czasów Edisona do początku lat 80. podstawowy nośnik muzyczny.

Pierwsze powojenne polskie płyty powstały niejako z rozpędu, gdy władza tolerowała jeszcze firmy prywatne. Na przykład poznańską Mewę, uruchomioną w 1945 roku przez chemika, entuzjastę fonografii, Mieczysława Wejmana. Albo powstałą rok później w Warszawie Fogg-Record, własność piosenkarza Mieczysława Fogga. Sytuacja taka nie trwała długo. W 1947 roku powstały państwowe Zakłady Fonograficzne Muza, trzy lata później były już monopolistą. Majątek pozyskano w prosty spo-

sób: poniemiecka tłocznia Odeon plus konfiskata majątku Mewy (wcześniej Muza nie miała własnego magnetofonu – rejestrowała dźwięk na płytach woskowych). Najwcześniejszy repertuar to muzyka rozrywkowa w rodzaju Chóru Czejanda.

W 1955 roku Muza przekształciła się w Polskie Nagrania, które dostały oficjalną wyłączność na dokonywanie rejestracji fonograficznych. Z typowo socjalistyczną niekonsekwencją za wydawanie płyt wzięły się jednak także Zakłady Chemiczne Pronit z Pionek. Potem dołączały kolejne przedsiębiorstwa (nie licząc oczywiście producentów POCZTÓWEK DŹWIĘKOWYCH) i z centralizacji wyszły nici.

Polskie Nagrania szczyciły się pionierską rejestracją stereofoniczną (1959, choć pierwsza płyta stereo ukazała się dopiero dekadę później) i pierwszym nowoczesnym longplayem. Wcześniej tłoczono płyty na 78 obrotów i krążki o nietypowej średnicy 25 cm. W kolejnych latach firmie przybyła konkurencja – założony przez Stowarzyszenie Pax Veriton (1959), związany z radiem Wifon (1970), firmowany przez RSW „Prasa–Książka–Ruch" Tonpress (1975, specjalność: single), a w latach 80. także firmy polonijne: Polton, Savitor czy Arston. Poza tym działały niszowy klub Polskiego Stowarzyszenia Jazzowego (późniejszy Poljazz) czy Klub Płytowy Razem przy tygodniku „RAZEM".

W połowie lat 80. większość sprzedawanych w Polsce płyt, 5 milionów sztuk – niezależnie od widocznej nazwy wytwórni – powstawała w tłoczni Polskich Nagrań. Kolejne 3,5 miliona w Pionkach. Korzystano też z tłoczni w ZSRR (1,25 miliona). Nieskończenie większe zapotrzebowanie dławione było nie tylko brakiem masy, ale i niewydolnością poligrafii. Musiało minąć sporo czasu, nim do gotowej płyty wydrukowano kopertę. Nawet topowe zespoły czekały więc na wydanie nagranego materiału po dwa, trzy lata.

Jakość? *Popatrzmy najpierw na kopertę, ona bowiem ma wabić klienta* – pisał ówczesny krytyk. *Marny, wiotki, łatwo mnący się papier; licha farba drukarska, jakby wymieszana z błotem; z reguły niewydarzone pomysły graficzne. Nie zniechęcajmy się, wszakże w środku coś intrygująco szeleści. To – przepraszam za wyrażenie – prezerwatywa z folii... Prawdziwe nieszczęście zaczyna się, kiedy wreszcie wyłuskamy płytę z pieluch i położymy na talerz gramofonu. Zakładając, iż krążek nie faluje, a dziurka znajduje się idealnie w środku, wysłuchujemy najpierw kojącego szumu masy, aż wreszcie z kolumn głośnikowych dobiega nas muzyka. Czasem coś trzaśnie, czasem zaskwierczy, w skrajnym przypadku jedno i drugie – nieustannie.*

Rynek uzupełniały tytuły importowane z „bratnich" krajów – np. produkty czeskiego Supraphonu czy radzieckiej Melodii. No i nieoficjalny obieg ściąganych prywatnie winyli zachodnich. Niezwykle drogich, krążących w obiegu na tzw. giełdach płytowych.

Osobną sprawą był repertuar. Pomijając muzykę poważną, dobór wykonawców (i nakładów) był dość przypadkowy. Ludzie przepychali się w kolejkach, by kupić deficytową płytę Maanamu czy Perfectu, a na wystawach leżały tłoczone w dziesiątkach tysięcy sztuk okolicznościowe składanki z festiwalu w KOŁOBRZEGU. PRL był też w szarym ogonie krajów bloku wschodniego, jeżeli chodzi o kupowanie licencji tytułów zachodnich. Szanujący się prezenter radiowy miał zaprzyjaźnioną stewardesę, która przywoziła mu nowości z lepszego świata.

Płyty winylowe zniknęły z końcem lat 80., gdy rozprzestrzeniła się technologia Compact Disc. Polskie Nagrania zostały na lodzie ze świeżo wybudowaną tłocznią czarnych krążków.

POCZTÓWKI DŹWIĘKOWE

nośnik dźwiękowy

Wynaturzony produkt fonograficzny, bazujący na technologii PŁYTY WINYLOWEJ. Zamiast tłoczenia tworzywa sztucznego ścieżkę dźwiękową ryto w warstwie laminatu naniesionej na kartę pocztową. Nagranie było monofoniczne, odtwarzało się je – podobnie jak single – na 45 obrotów. Najlepiej współpracowały z gramofonami z linii BAMBINO. W nowszych modelach nie dało się odpowiednio ustawić wysięgnika.

Działalność pocztówkową rozkręcili w latach 50., „prywaciarze". W ich wykonaniu mieliśmy do czynienia z czymś w rodzaju zwykłej małej płyty, tyle że wyciętej z prostokąta podłego, miękkiego plastiku. Nie było obrazka, informację o wykonawcy zawarto na umieszczonej centralnie naklejce. Materiał dźwiękowy czerpano z RADIA LUXEMBOURG, płyt przywożonych z Zachodu lub z krajowych wykonawców wykluczonych z głównego nurtu (np. JANUSZ LASKOWSKI)... Prawa autorskie? Jakie prawa autorskie?!

Niektórzy przedsiębiorcy – o uroczych szyldach w rodzaju Studio Nagrań Dźwiękowych D. Ropiak – wznosili się na wyższy poziom. Klient mógł wgrać w muzykę osobiście wypowiedziane pozdrowienia dla cioci. Jeśli miał fantazję, mógł to zrobić nawet na własnej fotografii. W całym kraju takich rzemieślniczych tłoczni było ponad sto.

W 1971 roku postanowiono uregulować rynek – działalność parafonograficzną przesunięto z rubryki „rzemiosło" do kompetencji Ministerstwa Kultury i Sztuki. Prywatne studia nagrań pozamykano, a Wydział Jednostek Planu Centralnego Departamentu Ekonomicznego MKiS udzielał w zamian zezwoleń „jednostkom gospodarki uspołecznionej" (np. Domy Towarowe Centrum czy Społem). W kraju funkcjonowało 28 tego typu placówki.

Osobną sprawą była, rozpoczęta w połowie lat 60., wytwórczość stricte państwowa. Czyli pocztówki właściwe: na odwrocie miały tradycyjne miejsce na znaczek i adres. Produkty te cechowało kompletnie abstrakcyjne połączenie muzyki z grafiką. Słuchamy „House Of The Rising Sun" The Animals, a na odwrocie wizerunek modliszki... Głównym producentem była Agencja Wydawnicza (późniejszy Tonpress) RSW „Prasa–Książka–Ruch". W przeciwieństwie do „normalnych" płyt znacznie szybszy był tu proces produkcji. O wiele lepiej wyglądała też dystrybucja. Grające pocztówki można było kupić po prostu w kioskach Ruchu. Dane z 1973 roku: 200 tytułów w nakładzie sięgającym 3 milionów sztuk.

W tym przypadku repertuar był legalny, *opracowany z uwzględnieniem aktualnych list przebojów polskich i zagranicznych*, a za jego dobór odpowiadała *specjalna komisja Agencji z udziałem rzeczoznawców z Polskiego Radia oraz krytyków muzycznych*. Artyści polscy? Irena Santor, Mieczysław Fogg, Halina Frąckowiak, Trubadurzy, Andrzej i Eliza. Wśród zagranicznych Elton John, Mungo Jerry lub wczesny SHAKIN' STEVENS.

„Pocztówkowy" format wydawania dźwięku służył też innym celom. Państwowa Agencja Reklamowa opublikowała na przykład w 1976 roku płytę promocyjną Zjednoczenia Gospodarki Rybnej w Szczecinie. Na awersie można było posłuchać hitu „Ali i jego osiołek" w wykonaniu Damiana Damięckiego. Rewers zawierał apetyczny przepis na pulpety rybne. Niektóre radzieckie czasopisma, na przykład „Krugozor", umieszczały z kolei takie płyty (wariant: cienki, niebieski plastik) w charak-

terze wszywki. Można z nich było chłonąć, dajmy na to, przemówienia Lenina.

Pocztówki dźwiękowe zostały na wieki utrwalone w słynnym hicie Perfectu, „Autobiografia”: *Pocztówkowy szał, każdy z nas ich pięćset miał...* Umarły pod koniec lat 70., w momencie rozpowszechnienia kaset magnetofonowych.

Eric Burdon, frontman The Animals, oprawił podarowaną mu przez fana z Polski pocztówkę z „House Of The Rusing Sun” w ramy i powiesił obok złotych płyt w swoim domu w Kalifornii.

POD JEDNYM DACHEM

serial obyczajowy

(Chalupáři)

11 odcinków; reż. Frantisek Filip; 1975, Czechosłowacja

Jeżeli przyjdzie nam w gospodzie ochota na chwycenie kufla z zimnym piwem, wzniesienie go do góry, rozkołysanie i zaintonowanie zbiorowej pieśni, to nie znajdziemy nic lepszego od tematu z serialu „Pod jednym dachem”. Słowa *Když máš v chalupě orchestrion / Nevadí, že do ní fičí* oznaczają mniej więcej, że niestraszne wichury, gdy w domu jest szafa grająca...

Zabytkowy mebel właśnie jest przedmiotem ekranowego sporu dwóch starszych panów. Tego w przyciemnianych okularach, w berecie i z wąsami, który wyprowadził się z Pragi na prowincję (Jiři Sovák, choć pierwotnie rola planowana była dla Jaroslava Marvana, który zmarł przed rozpoczęciem zdjęć). I tego chudszego, w kapelusiku (Josef Kemr), który wciąż mieszka w kupionym przez przybysza domu.

Serial zapamiętano jako najbardziej sielankowy w czeskiej telewizji. *To była trudna epoka, a wydaje się tak słodka* – mówił reżyser František Filip przy okazji premiery DVD. Dodaje anegdotę, jak to nie chciał puścić aktorów do gospody w rocznicę inwazji na Czechosłowację, 21 sierpnia. Bał się, żeby czegoś nie nawywijali – co groziło poważnymi konsekwencjami. Siłę reżimu poznał Waldemar Matuška, który śpiewał piosenkę tytułową. Gdy w 1986 roku wyemigrował do Stanów, okrzyknięto go zdrajcą i w kolejnych emisjach serialu podmieniono utwór na wersję instrumentalną.

W moim wieku każdy chętnie zostałby letnikiem (chalupáři to letnicy czy też mieszkańcy dacz na wsi), *ale serial jest mi szczególnie bliski* – twierdzi Jiřina Bohdalová, która grała zabiegającą o względy głównych bohaterów panią Fuchsovą. *Szkoda, że dziś się już takich nie kręci. Najwyraźniej nikt nie potrafi ich napisać. Cieszyliśmy się każdym dniem przed kamerą, jakby to nie była praca...* W połowie lat 70. serial rozpętał wśród

Czechów modę na większe lub mniejsze rezydencje za miastem.

Do Polski dotarł w styczniu 1981 roku (piątki, przed godziną 18) i cieszył się życzliwym zainteresowaniem. Uwaga: w 2007 roku sprowadzono do naszych kin czeski film „Pelišky" (z 1999 roku). Dystrybutor wpadł na idiotyczny pomysł nadania mu tytułu „Pod jednym dachem", choć z serialem nie ma nic wspólnego.

PODRÓŻ ZA JEDEN UŚMIECH

serial dla młodzieży

7 odcinków; reż. Stanisław Jędryka; 1971, Polska

Niezapomniany serial młodzieżowy według powieści Adama Bahdaja. Książka – pod tym samym tytułem – ukazała się w 1964 roku. Kilka lat później postanowił ją sfilmować Stanisław Jędryka. Reżyser miał już na koncie ekranizację innej powieści pisarza, „Do przerwy 0:1".

W rolach głównych – chłopców zmierzających AUTOSTOPEM z Krakowa na Hel – oglądaliśmy dwóch młodych aktorów, sprawdzonych w filmie „Abel, twój brat". Przemądrzałego Dudusia Fąferskiego grał dwunastoletni Filip Łobodziński. *W drugiej klasie wyciągnęli mnie ze szkoły, bo ładnie czytałem i zaciągnęli do Studia Opracowań Filmów, gdzie podkładałem głos podczas dubbingu* – wspomina początki swojej kariery. *Stamtąd wylądowałem na zdjęciach próbnych do „Abla"*. Młody aktor zakosztował niekonwencjonalnych metod nauczania, które stosował reżyser Janusz Nasfeter. *Kiedyś mi szepnął, bo mi nie szła jakaś scena: „Jak przede mną nie chcesz grać, chuju złamany, to przed milicjantem zagrasz". A ja byłem mały i przestraszył mnie tą milicją. Ze strachu narobiłem w gacie i zagrałem. To był ostatni dubel.*

Jego partnerem w filmowej podróży, Poldkiem „niech mnie drzwi ścisną" Wanatowiczem, był starszy o trzy lata Henryk Gołębiewski. *Nasfeter mieszkał na tym samym podwórku co ja* – opowiadał. *Kiedyś wziął całą grupę nas łobuziaków do biura i dał nam dialog do nauczenia w domu. Siostra, Basia, pomogła mi trochę. Na drugi dzień przyszliśmy, a on wołał do pokoju pojedynczo, mnie też. I dał jeszcze drugi dialog – do nauczenia się w dziesięć minut. Tu już Basi przy mnie nie było. W filmie też bym z nią nie zagrał, trzeba było sobie radzić samemu...*

Charakterystyczną cechą Dudusia był garniturek, muszka w grochy i taszczona wszędzie ogromna

walizka (na potrzeby zdjęć wypchana piłkami plażowymi). *Owszem, to było śmieszne, ale do dzisiaj mnie ludzie utożsamiają z tym potworem, którego grałem* – mówi Łobodziński. Poldek dla odmiany mocno stąpał po ziemi i z wrodzonym sprytem potrafił wybrnąć z każdej sytuacji. Pokochała go za to publiczność... Choć niekoniecznie krytycy. *Ma słabe wyniki w nauce, nie lubi się myć, kocha drakę – ot, cwaniaczek. Jego to autorzy serialu bardzo lubią.* Z tego dobrego natomiast... *robi się tchórza i daje mu idiotyczne nazwisko* – pisano.

Poza chłopcami w „Podróży za jeden uśmiech" pojawiła się śmietanka polskich aktorów. Najbardziej pamiętna była Alicja Janowska, grająca wyluzowaną ciocię Ulę. *To była bardzo przyjemna praca, urlopowa, lekka* – przypomina sobie aktorka. *Nic – za przeproszeniem – z obowiązku.* Zdjęcia rozpoczęły się latem 1970 roku, w Kartuzach. Kończyły jesienią. Gdy w październiku ekipa przyjechała do Kazimierza i udawała czerwiec, były już przymrozki... Siedmioodcinkowy czarno-biały serial trafił do telewizji w styczniu 1971 roku. Rok później w kinach pojawiła się jego pełnometrażowa wersja.

Drastycznie różnie potoczyły się losy wykonawców głównych ról. Obaj zerwali z aktorstwem po osiągnięciu wieku nastoletniego, ale... Łobodziński skończył studia i został dziennikarzem prasowym (ma też za sobą epizod z prowadzeniem „Wiadomości"). Ostatnio wziął udział w wakacyjnej kampanii „Podróż za jeden Newsweek", w której znów przyodział garnitur i nosił charakterystyczną walizkę. Gołębiewski imał się natomiast prac fizycznych. W końcu lat 90. wrócił do filmu. Początkowo pojawiał się w rolach epizodycznych, w 2002 roku popisowo zagrał w „Edim".

W 2007 obaj panowie spotkali się na planie wideoklipu „Gdzie są przyjaciele moi", śpiewanego przez Macieja Maleńczuka (w ramach projektu Yugopolis). *Pojawił się pomysł, aby aktorzy, którzy odgrywali główne role w „Podróży za jeden uśmiech", wystąpili w tym wideoklipie, grając siebie samych, teraz po upływie tych ponad 30 lat* – tłumaczył współscenarzysta. *Filip Łobodziński jeździ autobusem, jest biznesmenem, urzędnikiem średniego szczebla. A Henryk Gołębiewski jest wolnym człowiekiem, który spaceruje sobie po polach.* Współczesne zdjęcia wymieszano z fragmentami oryginalnego filmu.

PODRÓŻE PANA KLEKSA
– patrz PAN KLEKS

PODZIEMNY FRONT

seria komiksowa

9 tomów; rys. Mieczysław Wiśniewski i Janusz Wróblewski; 1969-1972

Niezbyt dobrze wspominany cykl komiksowy. Po pierwsze: spora dawka ideologii. Fabuła skoncentrowana była na gloryfikacji działań Batalionu Szturmowego Armii Ludowej im. Czwartaków (co uzupełniała w każdym zeszycie tekstowa „informacja historyczna"). Po drugie: bolała niespójność graficzna. Pierwsze sześć odcinków (1969-1971) rysował Mieczysław Wiśniewski. Rzucił zajęcie, gdy dostał lepszy kontrakt, na KAPITANA KLOSSA... Pozostałe części ilustrował – znacznie lepiej – początkujący wówczas rysownik

Jerzy Wróblewski (1972). Wydawnictwo Sport i Turystyka drukowało każdy tom w stutysięcznym nakładzie.

Punktem wyjścia komiksu był siedmioodcinkowy serial o takim samym tytule z 1965 roku oraz jego dwuodcinkowa kontynuacja – „Powrót doktora von Kniprode". *„Podziemny front" przypomina schemat westernu – w symbolicznym skrócie ukazuje walkę dobra i zła, afirmację sprawiedliwości nad gwałtem, szlachetności nad podłością, prawa nad bezprawiem* – pisano o tym dziele. *Umacnia wiarę w człowieka, w jego możliwości, w humanizm. Jednak ścielącego się gęsto trupa z cowboyskiego widowiska zastąpili ludzie; śmierć stała się tragiczna, ból – prawdziwy, fizyczny.*

POLICJANCI Z MIAMI

serial kryminalny

111 odcinków; różni reżyserzy; 1984-1989, USA

Serial, który – mimo odmiennej strefy klimatycznej – zredefiniował peerelowską modę męską. Dużo jasnych, pastelowych kolorów i śmiałe połączenia, na przykład marynarka zarzucona na T-shirt (czuwał nad tym Versace). Wypadało też paradować z kilkudniowym zarostem, podwijać rękawy i nie nosić skarpetek. Ludzie nie kopiowali tylko domowej hodowli aligatorów. Prawdopodobnie z braku aligatorów.

Telewizja Polska pokazała pierwsze odcinki – w liczbie sześciu – w czwartkowe wieczory jesienią 1989 roku. Kilka miesięcy po emisji ostatniego epizodu w USA... Seria wystartowała pięć lat wcześniej. Twórcy nazwali ją roboczo „Gliniarze z MTV". Chodziło o pokazanie wyluzowanych, modnych policjantów i sporą dawkę muzyki (świetne tematy Jana Hammera, ale też wplatane na sposób teledyskowy aktualne hity).

Jak się miał wystawny tryb życia do marnych policyjnych pensji? Inspiracją był artykuł prasowy, który relacjonował, że funkcjonariusze pracujący pod przykryciem mogą używać sprzętu zarekwirowanego przestępcom. Stąd ironiczne uwagi bohaterów (poruszających się ferrari) o rozpozna-

walnej po marnym służbowym samochodzie konkurencji z FBI.

James „Sonny" Crockett (Don Johnson) i Ricardo „Rico" Tubbs (Philip Michael Thomas) pracują jako tajniacy w wydziale obyczajowym. Nie mogą sobie pozwolić na wizerunkową fuszerkę w pełnym blichtru środowisku handlarzy narkotyków, alfonsów czy twórców pornografii. Z czasem doszła do tego wachlarza korupcja i – z tonów lekkich czy nawet humorystycznych – rzecz zaczęła się przesuwać w kierunku brutalnego policyjnego dramatu. Ale tę metamorfozę oglądaliśmy już w innej rzeczywistości... W sumie przez pięć sezonów nakręcono 111 odcinków.

W roku 2006 producent wykonawczy serialu, Michael Mann, wyreżyserował kinowy film „Miami Vice" z Colinem Farrellem i Jamie Foxxem w rolach głównych. Mroczny sposób filmowania zdecydowanie odbiegał od słonecznej atmosfery zapamiętanej z lat 80.

POLO COCKTA

napój

Napój gazowany słodzony z dodatkiem naturalnych substancji smakowo-aromatycznych. Barwiony. Zawiera kofeinę. Krajowa odpowiedź na Coca-Colę i Pepsi. Najbardziej znana, bo funkcjonowały przecież jeszcze rozmaite Quick Cole, Fru Cole czy Klub Cole...

Podobnie jak w tamtych przypadkach – efekt daleki był od oryginału. Różne oddziały Spółdzielni Spożywców Społem, które Polo Cocktę produkowały, nie potrafiły utrzymać spójnej receptury. Opakowania zresztą też: jedne butelki występo-

wały ze stylowym sitodrukiem, inne miały oranżadopodobną etykietę... Płyn był nietrwały (termin przydatności 30 dni) co pogarszała kiepska dystrybucja. Nikt nie słyszał o klimatyzowanych samochodach, w sklepach nie było odpowiednich chłodziarek... No i brakowało bąbelków. Normy dla polskich napojów gazowanych przewidywały 3 gramy CO_2 na litr. Przeważnie nie udawało się uzyskać nawet tej wartości.

W przypadku napojów licencjonowanych było to natomiast rygorystycznie przestrzegane 8 gramów. W 1972 roku z nowoczesnej taśmy produkcyjnej w warszawskim browarze zjechała pierwsza butelka Coca-Coli (napój trafiał do Polski wschodniej i południowej). W tym samym czasie rozpoczęto produkcję krajowej Pepsi-Coli (zachodnio-północna część kraju). Polo Cockta nie miałaby szans, gdyby nie ograniczona dostępność tamtych produktów.

Wyrób przetrwał w masowej świadomości dzięki filmowi „KINGSAJZ" Juliusza Machulskiego. Zażywają go tam krasnoludki, którym udało się zyskać ludzki wzrost. Być może dlatego po latach za produkcję Polo Cockty wziął się właściciel firmy Zbyszko z Białobrzegów. Jak głosi marketingowa legenda, impulsem było znalezienie w 1995 roku, w trakcie prac budowlanych, oryginalnej butelki. Produkcja nowej wersji ruszyła po pięcioletnich staraniach o uzyskanie praw do nazwy. Rzecz reklamowana jest hasłem *Napój wszystkich generacji*.

POLONEZ

samochód osobowy

Jeśli wierzyć przedstawicielom Fabryki Samochodów Osobowych, inspiracja do produkcji tego modelu była wręcz sensacyjna. *Zainteresowany Polskim Fiatem był rynek amerykański, m.in. stan Kalifornia. Specjalnie dla tamtejszej klienteli postanowiliśmy przygotować nowy model* – zeznaje Edward Pietrzak, były dyrektor fabryki.

Prace nad samochodem godnym gustów impe-

rialistów ruszyły w 1974 roku, przy zaangażowaniu ludzi z Fiata. Włosi (ze studia ItalDesign) opracowali też nadwozie. I bardzo prawdopodobne są plotki, że wcisnęli nam projekt odrzucony przez Lancię... Jak na owe czasy mieścił się on jednak w kanonach estetycznych – porównywano go do Volvo. Zapewniał też większe od dużego Fiata bezpieczeństwo.

Co z tego, skoro z poprzedniego modelu zaczerpnięto przestarzałą płytę podłogową: o promieniu skrętu godnym Żuka i fatalnych właściwościach trakcyjnych. Zdecydowanie słabe były też stare silniki (1300 i 1500 cm^3, ten drugi zresztą głównie w wersji eksportowej). Przy niemałej wadze pojazdu wyciskały zaledwie 60-82 koni mechanicznych.

W 1976 gotowy był prototyp auta. Rok później przygotowano informacyjną serię stu sztuk. Rzucono je do testowania, m.in. na „gierkówce", czyli trasie Warszawa–Katowice. Nazwę samochodu wyłoniono w konkursie ogłoszonym na łamach „Życia Warszawy". Z Polonezem konkurował m.in... Mazurek.

Pierwsze egzemplarze seryjne zjechały z taśmy 3 maja 1978 roku i trafiły głównie do rozmaitych resortów. Nie bez powodu pierwszy FSO Polonez 1500 nazywany był „borewiczem". W charakterze nieoznakowanego radiowozu wykorzystywał go bohater serialu „07 ZGŁOŚ SIĘ".

Na potrzeby nowego produktu gruntownie zmodernizowano fabrykę. Nowoczesna linia montażowa z użyciem robotów spawalniczych była atrakcją zarówno dla szkolnych wycieczek, jak i delegacji bratnich państw. Od podstaw zbudowano wielką tłocznię... W efekcie, jak to w tamtych czasach bywało, koszt wytworzenia egzemplarza szybko okazał się wyższy od ceny sprzedaży. Ceny oficjalnej. Giełda rządziła się prawami rynkowymi.

Początek lat 80. to z jednej strony kryzysowa wersja Poloneza ze zubożonym wyposażeniem, z drugiej nieliczne egzemplarze wypasionego, trzydrzwiowego modelu coupe. W 1987 roku niezbyt wyszukanymi metodami zwiększono pojemność silnika (do 1600 cm^3). Niedługo później w zakładach w Nysie rozpoczęto też produkcję wersji dostawczej. Poza tym przygotowywano wzmocnione modele rajdowe, prototypy z napędem na cztery koła, a konstruktorzy kombinowali z innymi nadwoziami, jak sanitarka czy ratownictwo drogowe.

W roku 1989, po fiasku zakupu licencji na Fiata Uno, w FSO kontynuowano produkcję „Poldka". Problem w tym, że z każdym miesiącem coraz bardziej pasował on do kategorii muzealnej. Nie pomogły modernizacje: powiększony model Caro (1991), silnik Rovera (1993), nadwozie sedan (1996, Polonez Atu) czy kombi (1999). Nowi właściciele zakładu, Koreańczycy z firmy Daewoo, zamknęli produkcję w 2002 roku.

W sumie z warszawskiej fabryki wyjechało ponad milion Polonezów, z czego ponad 200 tysięcy trafiło na eksport. Największymi odbiorcami były Chiny (40 tysięcy) i Wielka Brytania (30 tysięcy). Nic dziwnego, że w 1997 roku maszyna wpadła w łapy angielskiej gwiazdy dziennikarstwa motoryzacyjnego, Jeremy'ego Clarksona: *Zawsze zastanawiałem się, co popchnęło Lecha Wałęsę, by przeciwstawić się najpotężniejszej militarnej maszynie, jaką znał świat. Dlaczego pracownik Stoczni Gdańskiej podjął się zniszczenia ZSRR* – opowiadał w swoim programie zza kierownicy modelu Leisure (wypoczynek). *Teraz wszystko się wyjaśniło. Gość chciał mieć nowy samochód! Zastanawia mnie, czemu ten model nazywają Leisure... Polonez Obrzydliwy pasowałoby o wiele lepiej. Ten samochód jest beznadziejny. Nie miejcie co do tego wątpliwości.* Po czym zniszczył egzemplarz na drodze efektownego powietrznego zderzenia z drugim Polonezem.

POLSKA – MOJA OJCZYZNA

encyklopedia dla dzieci

Kultowa pozycja książkowa. Nie tyle ze względu na zawartość, co rzadko wówczas spotykaną formę edytorską: dobry papier, pełny kolor, mnóstwo ilustracji...

Nic dziwnego. „Polska – moja Ojczyzna. Encyklopedia dla dzieci" ukazała się w 1976 roku. Szczycie gierkowskiej prosperity. *Przeznaczamy ją dla dziewcząt i chłopców do lat 10* – pisało kolegium redakcyjne wydawnictwa Wiedza Powszechna. *Encyklopedia dla dzieci i dorastającej młodzieży, poświęcona Polsce, ukazuje się w naszym kraju po raz pierwszy. Powstała ona, aby spełnić życzenia wielu dziewcząt i chłopców pragnących mieć własną, specjalnie dla nich opracowaną encyklopedię.*

Wśród pragnących chłopców był niewątpliwie Jarema Maciszewski. Kierownik Wydziału Nauki i Oświaty KC PZPR, który stanął na czele Rady Naukowej projektu. To jemu zawdzięczamy zapewne hasła „Federacja Socjalistycznych Związków Młodzieży Polskiej" (*dla umocnienia jedności młodego pokolenia potrzebne okazało się utworzenie federacji*) czy „Milicja Obywatelska" (*dzieci przebywające w miejscach publicznych, w razie jakiegoś zagrożenia lub niebezpieczeństwa, powinny zwracać się z pełnym zaufaniem do napotkanego milicjanta*).

Poza tym jednak było nieźle. Hasła przybierały formę przystępnie napisanych esejów z mnóstwem ilustracji. „Film" ozdobiono fotosami (m.in. „Popiół i diament", „Faraon"), przy „muzyce" na wielkim zdjęciu pysznił się późniejszy bard Radia Maryja, Andrzej Rosiewicz. „Koleje" kusiły świetnymi rysunkami lokomotyw, w „lotnictwie cywilnym" można było obejrzeć samoloty, a obrazki „pojazdów samochodowych" zajęły kilka upojnych stron. Od ciężarówki Star po FIATA 126p. Jeżeli chodzi o walory edukacyjne, to – poza oczywistościami w rodzaju hasła „higiena" – pojawiła się wartość dodana. Przy „Towarzystwie Krzewienia Kultury Fizycznej" sfotografowano interesującą sportsmenkę w stroju kąpielowym, a „teatr" seksownie reprezentowała *młoda tancerka Ewa Głowacka...*

Pierwsze wydanie książki doczekało się dodruku. W 1979 roku na rynek rzucono kolejne 150 tysięcy wydania II. W następnej dekadzie większość przedstawianych haseł (np. uginające się od towarów półki sklepowe przy „handlu", czy *I Sekretarz Edward Gierek, bezpośredni w życiu codziennym, ceni kontakty z ludźmi pracy* w „Polskiej Zjednoczonej Partii Robotniczej"), gwałtownie straciła na aktualności. Nie było poza tym mowy o mocach wydawniczych. Nikt więc dzieła nie wznawiał ani nie publikował zapowiadanych kontynuacji.

W nowej rzeczywistości sprawę załatwił zalew pierwowzorów książki, w rodzaju cyklu „Encyklopedii dla dzieci Larousse".

POMYSŁOWY DOBROMIR

serial animowany

20 odcinków; reż. Roman Huszczo; 1973-1975, Polska

Serial o młodym wynalazcy na podstawie scenariusza – jakże by inaczej – ADAMA SŁODOWEGO. Główny bohater stawał w każdym odcinku przed

jakimś problemem technicznym i rozwiązywał go w błyskotliwy sposób. Olśnienie poprzedzała chwila namysłu, podczas której nad głową pojawiała się tajemnicza, podskakująca kulka... Dobromirowi towarzyszyli mądry i życzliwy dziadek oraz zabawny szpak.

W latach 1984-88 Warszawskie Studio Miniatur Filmowych postanowiło serial kontynuować, pod tytułem „Pomysłowy wnuczek". Inny sposób rysowania (w pracach nie brał udziału projektant głównej postaci, Leszek Marek Gałysz) sprawił, że nie cieszył się on jednak popularnością.

W XXI wieku Dobromir został zaprzęgnięty do reklamy. Promował produkt kredytowy jednego z banków. *Ta swego rodzaju „osobowość medialna" dobrze oddaje najważniejsze cechy marki i produktów GE Money: działanie z wyobraźnią, postawę na „TAK" oraz tworzenie rozwiązań korzystnych z perspektywy klientów* – deklarowali pomysłodawcy.

PORA NA TELESFORA

audycja telewizyjna

Audycja dla najmłodszych z lat 70., nadawana w piątki przed godziną 17. Tytułowym bohaterem był kukiełkowy smok o zabawnym głosie Huberta Antoszewskiego. Animator, wywodzący się z teatru lalkowego, miał na koncie jedną z pierwszych propozycji dla dzieci w polskiej telewizji: o Panu Cerowanym, potem imitował gadającą papugę.

Telesfor (*do zo-ba-cze-nia mniam, mniam, mniam*) pojawił się na ekranach 9 października 1970. W piątek – i przy tym dniu pozostał, choć na początku emitowano go wymiennie z cyklem „Pan Półka i spółka". W roli dodatkowego wabika po audycji pojawiały się odcinki atrakcyjnych seriali. Tu debiutował „MIŚ COLARGOL", a potem „Ulica Sezamkowa" (zwana początkowo „Ulicą Sezamową").

„Pora na Telesfora" powstała, by zastąpić zużytego „MISIA Z OKIENKA". Za scenariusz odpowiadała ta sama autorka – Wanda Szerewicz. Zastosowano podobną konwencję rozmowy prowadzącego z kukiełką. Dlaczego smok? *Po prostu nie lubię tzw. etykietek, które często krzywdzą opatrzonych nimi* – tłumaczyła pomysłodawczyni. *Mówi się na przykład sroka–złodziejka, lis–chytry, smok–budzący lęk. Chciałam, żeby w tym programie smoki były trochę nieporadne, a przede wszystkim sympatyczne.* W założeniach miał to być program dla pierwszoklasistów. Twórcy szybko jednak zorientowali się, że przy telewizorach zasiadają najstarsi przedszkolacy: *Zabawę trzeba było połączyć z korzyściami poznawczymi – i na odwrót.*

Początkowo gospodarzem był Maciej Damięcki. *Hubert, który był głosem Telesfora, był trochę taki jak jego smok, dociekliwy, przemądrzalski i skłonny jak dziecko do psikusów* – wspomina aktor swojego partnera. *Pamiętam, że z tym występowaniem na żywo bywały mrożące krew w żyłach sytuacje. Kiedyś, tuż przed 1 maja, Telesfor przynosił mi w pysku listy od dzieci, które ja mu odczytywałem. I nagle Telesfor pada mordą na stolik i mówi: „Zmęczyłem się tymi obchodami". A ja na to: „Nie bój się, nie ty pierwszy, nie ty ostatni". I zaczęliśmy brnąć w ten niebezpieczny temat, za kamerą zapanowała groza, ale na szczęście ktoś położył planszę z napisem „Przepraszamy za usterki".*

Ta sama anegdota opowiadana przez Antoszewskiego brzmiała odrobinę inaczej. Według jego opowieści smok miał powiedzieć: *Wykończyłem się tym donoszeniem.* Jak od niedawna wiadomo, Damięcki zabrnął w „niebezpieczny temat" także w rzeczywistości... Zapewne dlatego we wrześniu 1973 zastąpił go w roli prowadzącego Zygmunt Kęstowicz (już w latach 60. zabawiał dzieci w „Kąciku wujka Zygmunta"). A duży smok zyskał małego siostrzeńca: Teodora (w tej roli Stefan Pułtorak).

Kęstowicz pozostał na stanowisku także po 1978 roku, gdy audycję przekształcono w „Piątek z Pankracym". *Ten pies był jak ja. Był psem ironistą, z absurdalnym poczuciem humoru* – wspomina Antoszewski, dzięki któremu poznaliśmy tajemniczy zwrot *psiejsko-czarodziejsko* i który śpiewał niezapomnianą piosenkę *Już za chwileczkę już za momencik / Piątek z Pankracym / zacznie się kręcić / Kręcić się będzie Pankracy z panem / Czy wszystkie buzie już roześmiane?* Za scenariusze odpowiadał tym razem weteran telerozrywki („EKRAN Z BRATKIEM") Maciej Zimiński.

W drugiej połowie lat 80. zmieniono tytuł audycji – na „Okienko Pankracego" i prowadzącego – został nim Artur Barciś. Każdy odcinek urozmaicała też projekcja serialu, na przykład „Nikogo nie ma w domu". Po raz ostatni Pankracy pojawił się na ekranach w czerwcu 1990 roku. W uzasadnieniu zdjęcia z anteny stwierdzono, że *nie pasuje do nowej formuły telewizji publicznej.*

Audycję (z Barcisiem) można powspominać na płycie CD „Pies Pankracy i jego przeboje" (EMI, 2006). W 1988 roku ukazała się książeczka „Pankracy i jego pan śpiewają". Na rok 1977 datowana jest natomiast PŁYTA WINYLOWA ze słuchowiskiem „Pora na Telesfora" (Muza).

PORWANIE BALTAZARA GĄBKI — patrz BALTAZAR GĄBKA

POWRÓT DO EDENU

serial obyczajowy

25 odcinków; różni reżyserzy; 1983-1986, Australia

Zanim na ekrany polskich telewizorów trafiła prawdziwa „Dynastia", naród dał się porwać (72 procent widowni!) jej odpowiednikowi z antypodów. *Cała idea serialu jest bardzo australijska* — bronił się przed porównaniami producent, Tim Sanders. *Jedyne podobieństwa, jakie można odnaleźć, to bogactwo, przepych, władza i wielki biznes...*

Pierwsza tego typu produkcja w Australii kosztowała rekordowe 8 milionów dolarów. *Podczas gdy inni kręcili w ramach swoich budżetów dwie godziny filmu tygodniowo, my skłanialiśmy się ku zaledwie 30 minutom. Przywiązywaliśmy wielką wagę do muzyki — całą ścieżkę skomponował Brian May* (nie ten z Queen, tylko ten od m.in. „Mad Maxa"), *kostiumów czy scenografii... Wydaliśmy na to mnóstwo pieniędzy. Kupiliśmy własne luksusowe auta, żeby bohaterowie nie musieli przyjeżdżać taksówkami czy samochodami ewidentnie wynajętymi. Cała produkcja była obmyślona tak, by sprostać oczekiwaniom widzów na temat takiego świata.*

Fabuła była dość skomplikowana. Główna bohaterka, spadkobierczyni wielkiego majątku Stephanie Harper (w tej roli Rebecca Gilling), ma pecha do męża. Chłop zakochuje się w jej przyjaciółce, Jilly Stewart (Wendy Hughes, a następnie Peta Toppano). Niewierny partner wrzuca żonę do rzeki pełnej krokodyli i spokojnie zabiera się za przejmowanie fortuny. Stephanie zostaje jednak uratowana. Wybitny chirurg plastyczny, Dan Marshall (James Smillie), przerabia ją na prawdziwą piękność. Dziewczyna zostaje top modelką, planuje zemstę na „cioteczce Dżily" oraz eks-małżonku, a także walczy o odzyskanie majątku. Eden, ukochana posiadłość, jest jego głównym składnikiem...

Rzecz narodziła się jako miniserial. W 1983 roku nakręcono trzy odcinki (w Polsce premiera odbyła się w niedzielę, 8 września 1985). Kolejne 22 powstały w roku 1986. Gwałtowne zawieszenie akcji sugerowało dalszy ciąg, lecz stacja Network Ten zrezygnowała z produkcji drugiego sezonu. Twórcy dokręcili więc pospieszne zwieńczenie wątków, które doklejono do niektórych eksportowych wersji ostatniego odcinka. Polscy widzowie się nie załapali. Alternatywne zakończenie było w tej sytuacji hitem na WIDEO, jego fragmenty (z podłej jakości kasety nagranej w którymś z krajów arabskich) wyemitował „Teleexpress".

W lutym 1986 roku – między emisją pierwszego i drugiego rzutu odcinków – ściągnięto do Polski Rebeccę Gilling. Przyleciała z mężem, Tonym Pringle. Tym razem nie powtórzyło się szaleństwo „NIEWOLNICY ISAURY". Aktorzy gościli tylko w Warszawie, zainteresowanie ich wizytą było umiarkowane. *W Polsce państwu Pringle nie podobało się tylko jedno* – czytamy w relacji z konferencji prasowej w Domu Sztuki na Ursynowie. *To mianowicie, że w Victorii, w której mieszkali i jadali, za dużo przy każdym posiłku podaje się mięsa (to naprawdę miło z ich strony). Jako prawdziwi wegetarianie lubią zwierzęta.* I jeszcze: *Wyjeżdżali państwo Pringle z Polski ze smutkiem w sercu. Nie udało im się bowiem wysłuchać w Łazienkach koncertu Chopina, a przecież jest to jedno z trzech nazwisk (obok Kościuszki i Wajdy), jakie dotychczas kojarzyły im się z naszym krajem.*

POWRÓT DO PRZYSZŁOŚCI

cykl filmów fabularnych

(Back To The Future)

reż. Robert Zemeckis; 1985-1990, USA

Kultowy film pokolenia wychowanego w latach 80. Po pierwsze: wcale się nie zestarzał (czego nie można powiedzieć np. o pochodzących z tego samego okresu „Gremlinach"). Po drugie: nigdy się nie nudzi (najwięksi maniacy oglądali po kilkaset razy). Po trzecie: doczekał się kontynuacji, pozwalających cieszyć się bohaterami w dużym wymiarze...

„Powrót do przyszłości" sprowadzono do PRL – jak na ówczesne warunki – bardzo szybko. Pojawił się na ekranach w 1986 roku, podczas gdy zachodnioeuropejska premiera miała miejsce w październiku 1985. Na mało efektownym, burym plakacie widać naszkicowany samochód i wypisany wielkimi literami napis: *Steven Spielberg przedstawia.* Po sukcesie Indiany Jonesa czy „Szczęk" nazwisko to (nawet jeżeli chodziło o rolę producenta wykonawczego) było główną atrakcją przyciągającą do nieznanej fabuły.

Wkrótce problem nieznajomości przestał istnieć. Peerelowskie dzieciaki utożsamiały się z historią nastolatka, którego grał 24-letni Michael J. Fox. Mimo – a może dlatego – że był to nastolatek z amerykańskiego przedmieścia. Mieszkający w jednorodzinnym domu, który ma własną gitarę elektryczną, gra w zespole, jeździ na deskorolce i może pożyczyć od ojca samochód... Datsuna w chwili, gdy rodzinie średnio się powodzi. W rzeczywistości alternatywnej ojciec jeździ BMW, a chłopak ma własnego pick-upa Toyoty.

Marty McFly przenosi się za pomocą wehikułu czasu (nie buchającej parą machiny, lecz efektownego auta DeLorean DMC-12) do epoki, w której dorastali jego rodzice. Czyli lat 50. Pojawienie się chłopaka zakłóca ich romans, a tym samym stawia pod znakiem zapytania egzystencję potomka... Sytuację próbuje naprawić wynalazca wehikułu, doktor Emmett Brown (Christopher Lloyd).

Reżyser, Robert Zemeckis, nie planował dalszych części filmu. Napis *To be continued...* wstawiono dopiero w edycji WIDEO. Co oznaczało, że sequele jednak będą. Kręcono je równocześnie. W futurystycznej części drugiej akcja przenosi się do roku 2015. „Trójka" była z kolei zaskakującą wycieczką do świata westernów...

„Nastolatek" Fox miał w momencie tych zdjęć niemal trzydziestkę. Trzeba też było dokonać korekt w obsadzie. Na udział w produkcji nie zgodził się grający ojca bohatera Crispin Glover. Podstawiono za niego innego aktora, mieszając to z ujęciami archiwalnymi. Z obsady zniknęła też pani grająca dziewczynę Marty'ego. Sceny z jej udziałem trzeba było nakręcić na nowo, ale było warto – zastąpiła ją młodziutka Elisabeth Shue.

Premiera drugiej części odbyła się w listopadzie 1989 roku. Kolejną wyświetlano w Stanach od maja 1990. Obie nie trafiły do polskich kin – przez kilka lat funkcjonowały wyłącznie na pirackich kasetach VHS. W 1992 roku wydano za to powieściową wersję scenariusza: „Powrót do przyszłości – w trzech opowieściach" George'a Gipe'a i Craiga Shawa Gardnera (Rayton). Od końca 2002 całą filmową trylogię można kupić na DVD.

W tym samym roku zacytowano scenę wyjazdu DeLoreana z ciężarówki w filmie „Haker" Janusza Zaorskiego. *Wydaje mi się, że jest to film dla wielu pokoleń, ludzi, którzy dojrzewali w latach 80. i 90.* – wyjaśniał reżyser zapytany o nawiązanie. *Może także dlatego, że ma w swoim tytule właśnie przyszłość, a młodzież jest zawsze bardzo nastawiona na to, co będzie. Mniej ich obcho-*

dzi historia. Patrząc na rezonans, recepcję „Powrotu do przyszłości" na całym świecie – okazuje się, że jest to dla wszystkich pokoleń znaczący tytuł. Wszyscy nastolatkowie prędzej czy później na niego trafiają. Dlatego chciałem się do niego odwołać.

PRAKTYCZNY PAN – patrz ANTRESOLKA PROFESORKA NERWOSOLKA

PRASOWANKA
ozdoba odzieżowa

Fachowo: to grafika nadrukowana na papierze termotransferowym. Organoleptycznie: trochę czarnej, gumiastej substancji, umieszczonej na czymś w rodzaju kalki. Przykładało się ją do tkaniny, dociskało żelazkiem i po chwili otrzymywało elegancki T-shirt (czy – jak mówiono wtedy – trykot). Socjalistyczny przemysł nie mógł sobie poradzić z opanowaniem technologii nadruków. Jedyne kolory, które wychodziły poprawnie, to czarny i czerwony. Być może stąd wzięły się popularne pod koniec lat 70. koszulki „gazetowe" (z nadrukowanym kolażem tekstów i winiet popularnych czasopism, np. „RAZEM").

Wytwarzane przez rzemieślników prasowanki to już domena następnej dekady. Zaspokajały wszelkie popkulturowe potrzeby peerelowskiej młodzieży. W latach niezwykłej popularności „WEJŚCIA SMOKA" dominowała podobizna Bruce'a Lee. Po Mundialu '86 można było sobie sprawić cyfry przypominające numery zawodników (w rozmiarze większym – na pierś, i mniejszym – na rękaw) albo na przykład logo Adidasa. Fani muzyki zaopatrywali się w znaki graficzne ulubionych zespołów, dajmy na to Iron Maiden... A działacze podziemia korzystali z tej techniki, by robić koszulki Solidarności.

Wadą prasowanek była ich niewielka odporność na pranie. Po kilku razach wzory łuszczyły się i powstawały w nich nieestetyczne dziury. Nieumiejętny proces nanoszenia mógł też skutkować przypaleniem tkaniny.

PRINCE POLO
wafelek w czekoladzie

Cztery warstwy wafla oblane czekoladą tak bardzo kojarzą się z PRL, że wykorzystuje to nawet w reklamach dzisiejszy producent przysmaku, Kraft Jacobs Suchard... Prince Polo narodził się jednak w Zakładach Przemysłu Cukierniczego Olza w Cieszynie. Był początek lat 50. Czas, w którym każdy zachodni koncern myślący o ewentualnym kupnie fabryki zostałby unicestwiony bombą atomową.

Było czego bronić. Skład surowcowy: cukier, mąka, tłuszcz cukierniczy, jaja, mleko, kakao... Producent zawsze podkreślał, że polewa jest prawdziwa. Co w dobie czekoladopodobnej oznaczało, że produkt znikał z rynku w ekspresowym tempie.

Prince Polo dostępne były głównie na Śląsku i w Polsce centralnej. Zachód i północ kraju opanowała Princessa z poznańskiej Goplany. Obie marki rywalizują do dziś (ta druga pod skrzydłami Nestlé Polska).

Prince Polo zapisało się w pamięci Polaków także dzięki spójnemu wizerunkowi. Chociaż zmieniało się logo, smakołyk od zawsze kojarzony jest ze złotą folią opakowania – do 1995 roku zawijaną, a po modernizacji linii produkcyjnej – zgrzewaną. Mniej więcej wtedy dodano też do oferty nowe smaki, a potem wydłużono kształt wafla. Można te modyfikacje zaakceptować, zważywszy, że w latach 80. próbowano wersji trójkątnej.

Przysmak z Olzy znany był także za granicą. Nazwę świetnie kojarzą Islandczycy, a w Czechach, Słowacji i na Węgrzech wafelki sprzedawane są pod marką Siesta.

PROSPEKTY
materiały reklamowe

W szarej peerelowskiej rzeczywistości pociągało wszystko co zachodnie. Nawet na obrazkach. Jednym z głównych fetyszy były prospekty – materiały reklamowe rozmaitych branż. Od samochodów po wyroby spożywcze, choć zdarzały się też na przykład foldery sprzętu medycznego. Wystarczyło, że były kolorowe, wydrukowane na błyszczącym papierze.

Przejawy innej rzeczywistości spływały do nas z kilku źródeł. Przywozili je obowiązkowo ludzie wracający zza żelaznej kurtyny. Wynosiły ze stanowisk pracy ekspedientki PEWEKSU. Wyciekały ze stoisk międzynarodowych targów. Najpopularniejsza metoda polegała jednak na pisaniu próśb bezpośrednio do oddziałów firm.

Od końca lat 70. wśród młodzieży funkcjonował uniwersalny wzór anglojęzycznego listu. Zaczynał się od słów *Dear Sir*, a dalsza poprawność językowa zależała wyłącznie od tego, z którą kopią mieliśmy do czynienia: *please send me few free colour catalogues, labels and posters. Thank you very much, my address is...* Cenne były też zbiory adresów. Od koncernów spożywczych przez wytwórnie płytowe po agentów znanych aktorów.

Żenujące prośby spotykały się – o dziwo – z pozytywną reakcją. Swoje foldery chętnie wysyłały na przykład firmy samochodowe, choć sprzedaż ich wyrobów na naszym rynku była zerowa. Można też było liczyć na odpowiedź Coca-Coli (słynny zestaw różnojęzycznych naklejek), producentów RESORAKÓW czy klocków Lego.

PRUSAKOLEP

reklama telewizyjna

Najbardziej pamiętany, choć niereprezentatywny przykład polskiej reklamy telewizyjnej lat 80.

Zleceniodawcą była polonijna firma Grand Pol. Własność biznesmena polskiego pochodzenia, który przyjechał z Ameryki, niejakiego Dunajewa. Bardziej znanego jako Książę. Nosił się niczym arystokrata, podpierał hebanową laską z rączką inkrustowaną kością słoniową, miał roleksa z brylantami i jeździł po Warszawie rolls-royce'em... Głównym polem działalności firmy była produkcja metalowego oprzyrządowania. Wywożono je do Stanów. Polska Rzeczpospolita Ludowa – łaskawie wpuszczająca polonusów z kapitałem – wymagała też jednak produkcji na rynek krajowy. Stąd pomysł na Prusakolep.

Chodzi o pudełko wypełnione kleistą substancją, w której umieszczono środek owadobójczy. Prusaki czy inne karaluchy wbiegały do niego przez dziurkę, którą nabywca sam musiał zrobić w opakowaniu, i unieruchomione zdychały. *Dunajew – jeżeli jeszcze żyje – może się śmiać z zarzutów dotyczących tej reklamy* – mówi osoba znająca biznesmena. *Bo zarobił mnóstwo pieniędzy, mimo że Prusakolep był ubocznym polem jego działalności. Wymyślił towar, urządził fabryczkę i sprzedał całą produkcję. Najpierw wymietli to ze sklepów ludzie, później całe zapasy zamówiło Wojsko Polskie.*

Prusakolep z 1984 roku nie był pierwszym spotem komercyjnym w polskiej telewizji. Nie wyszedł też spod ręki ówczesnych zawodowców. Za jego powstaniem stał pewien obrotny dziennikarz telewizyjnego „Kuriera Warszawskiego", dla którego fucha okazała się jednorazowa. Zwłaszcza że motorem produkcji była podobno chęć wylansowania ówczesnej partnerki zleceniodawcy... Adeptka chorzowskiego Studium Taneczno-Wokalnego wykonuje radosny obrót w stronę kamery, trzymając w ręku magiczne pudełko. Po jego użyciu marynarz nie wpadnie już do wody, a ze sklepu (wypełnionego samymi puszkami) nie muszą uciekać klienci. Całość puentowała „La Cucaracha" zagrana na jakimś prymitywnym instrumencie klawiszowym.

Wbrew pozorom filmowa reklama w PRL zaczęła się znacznie wcześniej, tyle że prezentowano ją głównie w kinach. W 1972 roku wzbudził sensację spot świeżo wprowadzonej na rynek Coca-Coli.

Kolejne filmy doczekały się nawet podsumowania: na Krakowskim Festiwalu Filmów Krótkometrażowych, a potem Ogólnopolskim Przeglądzie Filmów Reklamowych i Propagandowych w Warszawie. Trafiała się wśród nich promocja telewizorów z ZURT-u (z głosem komentatora sportowego i tekstem: *Szkoda, że tego państwo nie widzą*), albo sztućców Gerlach, z animowaną sceną pojedynku. Produkcją zajmowały się Przedsiębiorstwo Reklamy Filmowej i Spółdzielcza Wytwórnia Filmowa. Pojedyncze obrazki realizowano w studiu Se-Ma-For, Wytwórni Filmów Oświatowych czy Wytwórni Filmów Dokumentalnych. Rocznie do kin trafiało około 100 tytułów, trzeba jednak pamiętać że w większości propagandowych.

Pod koniec dekady za reklamę wzięła się na poważnie telewizja. Powołano Agencję Radiowo-Telewizyjnych Programów Zleconych „Artel", która dostała wyłączność na antenowe formy reklamowe. Głównym polem jej działalności była realizacja losowania Totolotka. Czasami pojawiały się anonse na przykład środków rolniczych. Chodziło raczej o uświadomienie potrzeby nawożenia niż sprzedaż... Nie emitowano tego w formie bloków reklamowych, lecz jako odrębną formę, w różnych porach.

Sytuacja zmieniła się po 1980 roku. Władze wymyśliły II etap reformy gospodarczej, dopuszczający pewne aspekty gospodarki rynkowej. Jak choćby firmy polonijne. Telewizyjna agencja zaczęła przychylnym okiem patrzeć na nowe inicjatywy. W 1983 roku na antenie pojawiła się pierwsza komercyjna, niepaństwowa reklama. Przystojny mężczyzna biegał z panią do opery czy teatru... W tle rozbrzmiewała zwiewna, słodka muzyka. Pani używała pudru Indiańska Ziemia. *Wszystko było wtedy łatwo sprzedawalne i wydawało się, że reklama jest rzeczą drugorzędną* – mówi Zbigniew Mazur, autor spotu. *Ale ludzie, którzy to zlecali, przyjechali do Polski z pewnymi zachodnimi przyzwyczajeniami. Byli przekonani, że biznes bez reklamy nie może się udać.*

Indiańska Ziemia to jeden z produktów firmy Cosmex, prowadzonej przez polonusa, który przybył z Francji. Produkował u nas oryginalne kosmetyki z importowanych półproduktów, rzeczy markowe, choć nie z górnej półki... Mazur był natomiast operatorem wyrzuconym z Telewizji Polskiej w 1981 roku za zakładanie struktur Solidarności. Pracował potem dla amerykańskiej stacji CBS, na Woronicza wrócił po zawieszeniu stanu wojennego.

Reklamę przygotował do spółki z telewizyjnym producentem Jerzym Łańcutem. Później dołączył do nich Robert Sojka i ekipa ta nakręciła w latach 1983-1987 ponad 50 spotów. Kolejne wyroby Cosmeksu (np. woda kolońska One Man Show), produkty firmy Comindex (spożywcze: *Soki Billy w każdej chwili*, kosmetyki – Currara) czy Takon, preparat do uszczelniania opon. *Były to reklamy profesjonalne, trzydziestosekundowe, z których większość dziś zapomniano, kojarząc tamte czasy z nieszczęsnym Prusakolepem...*

Produkowanie reklam w zgodzie z przepisami było w połowie lat 80. misterną operacją. *Obowiązywał państwowy monopol*

na produkcję filmową. Przestarzała ustawa nie mówiła jednak o produkcji telewizyjnej, na nośniku wideo. Wykorzystałem tę lukę – wspomina Mazur. *Minimalny osprzęt do produkcji kosztował fortunę, jakieś 250 tysięcy dolarów. Trzeba go było pożyczyć. Okazało się, że jest problem z płaceniem – telewizja nie miała ścieżki, by przyjąć pieniądze. W końcu zapłata od zleceniodawcy szła do Artelu, oni oficjalnie zamawiali usługi, a sami dostawali kasetę z gotowym spotem.*

Nieformalna grupa producencka przyjęła standardy spotykane w świecie reklamy do dziś. Mazur – który opracował większość filmów od scenariusza po reżyserię – opowiada, że przedstawianie pomysłu klientowi odbywało się za pomocą storyboardów (rozrysowanych kadrów). Muzykę przygotowywali zawodowi ilustratorzy pracujący w telewizji czy Filmie Polskim. W spotach można było usłyszeć czołowych lektorów (m.in. Jana Suzina), zobaczyć popularnych prezenterów (Katarzynę Dowbor) i modeli z Mody Polskiej. Nie chcieli tylko występować aktorzy, uważając to za coś wstydliwego... Przeciętny budżet filmu równał się śmiesznej dziś kwocie tysiąca dolarów.

Podstawowy cykl emisyjny wynosił od 12 do 14 powtórzeń w ciągu dwóch tygodni. Twórcy także na tym etapie podchodzili do sprawy profesjonalnie. Współpracowali na przykład z doktorem socjologii jednego z uniwersytetów, który opracowywał badania rynku. Mazur: *To był 1983, 1984 rok. Nikomu wtedy nic podobnego do głowy nie przychodziło! A nam było to potrzebne jako argument handlowy. Oczywiście sprzedaż reklamowanych produktów wzrastała – mimo wysokiej ceny. Chcieliśmy mieć jednak pewność co do liczby i reakcji odbiorców.*

Produkcja polskich reklam uległa przyspieszeniu w 1987 roku, gdy zmieniono ustawę o kinematografii. Skończył się monopol telewizji, wyrosło wiele firm producenckich. Na ekranach zaczęła gościć herbatka Paracelsus, pumeks fluorescencyjny Purocolor, preparat do akumulatorów Batervit, zestaw do odbioru TELEWIZJI SATELITARNEJ Arkon, oferta Baltony czy firmy Concret zachwalanej przez zespół PAPA DANCE...

Na początku kolejnej dekady w telewizji zaczęto emitować adaptacje zachodnich reklam i spoty krajowe (np. Pollena 2000, czyli słynny *Ociec prać*), przygotowywane przez profesjonalne agencje. W 1992 roku przełamany został monopol TVP – rozpoczął nadawanie komercyjny Polsat. Zaczęła się era reklamy nowożytnej.

PRZEBOJE DWÓJKI – patrz WIDEOTEKA

PRZEZROCZA
zabawka

Peerelowskie kino domowe. W zestawie powinien znaleźć się rzutnik. Od 1953 roku Bajka, a potem Ania lub Jacek (z Łódzkich Zakładów Kinotechnicznych Prexer). Poza tym ekran (lub też kawałek białej ściany), klisze 35 mm (przeważnie z 27 klatkami) oraz rodzic (do przesuwania kadrów i czytania umieszczonych pod nimi napisów).

Produkcja tego typu bajek zaczęła się już w latach 50. Klisze były jeszcze czarno-białe, a ilustracje wypadkową estetyki przedwojennej i socrealizmu. Zajmowały się ich produkcją Państwowe

Zakłady Foto-Przezroczy (PZFP) oraz Inwalidzka Spółdzielnia Emerytów Nauczycieli Wspólna Sprawa.

Ta druga firma, po wcieleniu do Wydawniczo-Oświatowej Spółdzielni Inwalidów i zmianie nazwy na Zakłady Fotofilmowe Wspólna Sprawa, stała się w dziedzinie wyświetlanek prawdziwym potentatem. Stałym elementem projekcji były „napisy końcowe", czyli logo z trzema skrzatami i adresem siedziby. Po pewnym czasie znało go każde dziecko: Warszawa, Pańska 57. Na początku taśmy, od momentu wprowadzenia koloru, pojawiał się z kolei trójkąt, służący do regulacji ostrości.

W latach 70. solidnie wzbogacono repertuar. Oprócz adaptacji klasycznych bajek: „Przygód Koszałka-Opałka", „Czerwonego kapturka" czy „Słonia Trąbalskiego", pojawiły się ciekawe propozycje autorskie. Kultowym statusem cieszy się dzieło duetu Rabczewski/Brokowski, o przygodach Buma i Fika. Pierwszy twórca popisał się świetną kreską, której nie powstydziliby się amerykańscy twórcy komiksów. Drugi pisał zgrabne wierszyki: *Tam na strychu zbroja leży / Używana przez rycerzy / Nieraz w dawnych bitwach krwawych / Zbroja ratowała życie / Czyż od żądeł pszczółek małych/ Nie uchroni należycie?* („Bum i pszczoły"). Bohaterowie (pies i niedźwiedź?) wrócili jeszcze w dwuczęściowej opowieści „Jak Bum z Fiklem budowali dom".

Nie była to najobszerniejsza propozycja. Bajka „Śpioszek i Trocinek w roli detektywów" liczyła aż sześć odcinków. Sprzedawano ją w specjalnym, większym pudełku. Wśród pozycji wyjątkowych warto też wspomnieć przezrocza „CZTEREJ PANCERNI" z filmowymi fotosami i podpisami typu: *Po tygodniu zaciętych walk piechurzy radzieccy wspierani przez polską brygadę pancerną osadzili w miejscu hitlerowców...*

Niegroźną konkurencją dla Wspólnej Sprawy była Krajowa Agencja Wydawnicza (korzystająca z usług wykonawczych Zakładów Fotopoligraficznych w Gdańsku). Sytuacja zmieniła się w latach 80., gdy poszerzono zakres swobody gospodarczej. Za produkcję przezroczy wzięły się firmy typu Rzemieślnicza Spółdzielnia Pracy Ogniwo z Gdyni czy jej konkurencja, Spójnia z Gdańska.

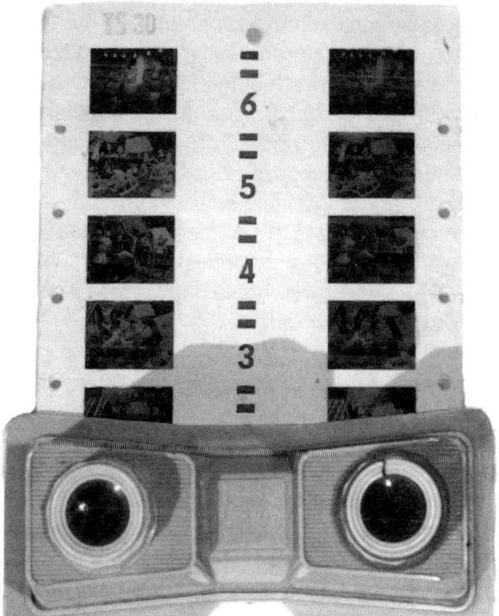

Gwałcąc prawa autorskie, wykorzystywały postaci z filmów Disneya albo np. PSZCZÓŁKĘ MAJĘ. Wyroby te cechowało niechlujne przeniesienie obrazków na kliszę (słaby kontrast, rozmyte fragmenty, krzywe kadry) i łamanie konwencji (zamiast podpisów zdarzały się komiksowe dymki)...

Bajki do oglądania pojawiały się poza tym w PRL w formie klasycznie rozumianych slajdów – pojedynczych klatek w plastikowych ramkach. Produkowało coś takiego wydawnictwo Epoka (np. „REKSIO"). Ciekawą odmianą przezroczy były te z efektem trójwymiarowym: dwie klisze z sześcioma kadrami, umieszczone w kartoniku. Wsuwało się je w urządzenie przypominające lornetkę, a następnie oglądało pod światło. Specjalizowali się w takich zabawkach Bułgarzy i Rosjanie (w odmiennych standardach). Jednak najpopularniejsze bajki – przeważnie z fotografiami kukiełkowych misiów – pochodziły z NRD.

Wyświetlane na ścianie przezrocza robią wrażenie także po latach. Warszawska „kluboksięgarnia" Numery/Litery ogranizuje cotygodniowe Slajdowisko, na którym stare bajki śledzą zarówno najmłodsi, jak i ich rodzice.

PRZYBYSZE Z MATPLANETY

audycja telewizyjna

Najbardziej zaawansowana technicznie telewizyjna produkcja dla dzieci lat 80. Rzecz opowiadała o kosmitach, wymagała więc efektów specjalnych. Jeden odcinek kręcono przez kilka dni z użyciem technologii blue box. Być może dlatego w latach 1983-1984 w Telewizji Kraków powstało tylko 10 części.

Zielony Sigma (Tadeusz Kwinta) i pomarańczowy Pi (Dagmara Bilińska – uwaga, to także postać płci męskiej) poruszali się pojazdem kosmicznym. Kradzionym, niestety – bezczelnie przemalowanym modelem Orła z serialu „KOSMOS 1999". Ubrani byli w gąbkowe kostiumy wzorowane na skafandrach nurków. Na głowach doczepiono im śmigiełka. Mówili z dziwną, niby-mechaniczną manierą. W tle bez przerwy coś irytująco elektronicznie bzyczało. Irytujący był zresztą dydaktyzm całości. I monotematyczność: bohaterowie w kółko zajmowali się działaniami na zbiorach. Ale cóż, tytuł zobowiązuje, była to audycja edukacyjna. O profilu matematycznym.

Matematykę lubiłem zawsze, więc nie widziałem przeciwwskazań. Bawiła mnie też możliwość transformacji – wspomina Kwinta, krakowski aktor, który przed podskokami w gąbce ze śmigiełkiem występował m.in. w Piwnicy pod Baranami. *Sukces programu leży nie w technice, lecz w pomyśle. W tym, że proponowaliśmy pozbawione*

nachalności atrakcyjne w formie widowisko. Bilińska (zbieżność nazwisk z kompozytorem MARKIEM BILIŃSKIM przypadkowa), która kręciła „Przybyszów" w zaawansowanej ciąży, dodaje: *Mam dobrą pamięć przestrzenną, więc praca w technice blue box była dla mnie atrakcją, a nie udręką.*

Najlepsza była w tej audycji oprawa muzyczna. Znakomity temat tytułowy autorstwa Marcelego Latoszka (z elektronicznej grupy Omni) zapadł w pamięć pokoleniu widzów. Doczekał się rockowych i trance'owych przeróbek. We Wrocławiu powstał zespół o nazwie Matplaneta, z kolei w Warszawie funkcjonuje duet Mathplanete.

PRZYGODA NA MARIENSZTACIE

film fabularny

reż. Leonard Buczkowski; 1954, Polska

Jak przygoda to tylko w Warszawie, w Warszawie / Jak Warszawa to w maju, gdy kwitną bzy... Musical z nieśmiertelnymi piosenkami. Komedia romantyczna. Rzecz o emancypacji kobiet. I najważniejsze: pierwszy polski film kolorowy.

Trudno dziś sobie wyobrazić skalę wyzwań, jakie stanęły przed realizatorami. Produkcja barwnego obrazu wymagała zupełnie nowych rozwiązań technicznych. Problemy miał choćby charakteryzator, co widać w przesadnym makijażu aktorów. Użycie ciemniejszych odcieni kosmetyków specjalista tłumaczył faktem, że murarze są ludźmi pochodzącymi ze wsi, a więc spędzają dużo czasu na słońcu... W ramach badania terenu stosowano też niespotykaną później ilość dubli (od 10 do 20).

Reżyser Leonard Buczkowski (autor „Zakazanych piosenek") przed rozpoczęciem produkcji udał się do czeskiego studia Barrandov, by podpatrzeć rozwiązania bardziej zaawansowanej kinematografii. *Mogłem tam robić do celów eksperymentalnych zdjęcia barwne, które natychmiast były wywoływane i kopiowane* – opowiadał. *W ten sposób zapoznałem się ze stosowaniem różnych systemów oświetlenia, charakteryzacji itp. Łączenie poszczególnych ujęć ze sobą nie może zaskakiwać w kolorze, bo daje to nieprzyjemny efekt na ekranie...* Jako doradcy służyli operatorzy czescy i rosyjscy.

W rolę amanta, odbudowującego stolicę murarza, wcielił się Tadeusz Schmidt, rozchwytywany aktor socrealistyczny (równocześnie kręcił zdjęcia do „Żołnierza zwycięstwa" o Karolu Świerczewskim). *Do tej roli – by ująć ją realistycznie i zrozumieć lepiej sztukę murarską – nieco się przygotowywałem* – mówił przy okazji „Przygody...". *Uczyłem się posługiwać narzędziami, zaprawą i cegłą. W wyniku tego „przeszkolenia" nawet uzyskałem pochwałę od konsultanta–murarza z MDM.*

Jego partnerkę, początkowo dziewczynę z ludowego zespołu, a potem rywalkę przy kielni, grała 19-latnia Lidia Korsakówna. *Co do obsady aktorskiej, to muszę powiedzieć, że największy kłopot sprawiło wyszukanie odtwórczyni głównej roli kobiecej* – mówił reżyser. *Nie chciałem, żeby była to aktorka znana publiczności, bo wówczas postać wiejskiej dziewczyny straciłaby wiele ze swego autentyzmu. Po wielu próbach zdecydowałem się powierzyć tę rolę utalentowanej członkini zespołu Mazowsze – młodej śpiewaczce i tancerce, Lidii Korsakównie.* Reżyser wypatrzył dziewczynę w Czechosłowacji, gdy jej zespół przebywał tam na gościnnych występach. Potem i tak musiała jednak wziąć udział w castingu. Wybrano ją spośród 600 kandydatek.

Sama zainteresowana mówiła: *Cieszy mnie, że mam zagrać postać prostej dziewczyny wiejskiej, która własnym wysiłkiem osiąga awans społeczny i zostaje przodownicą pracy w murarstwie, szczęśliwie układając również swoje życie osobiste. Przyjemne jest i to, że łączę tę rolę ze śpiewem i tańcem, co jest dotąd moim zajęciem. Na okres zdjęć otrzymałam „urlop" z Mazowsza.* Warto odnotować, że partie wokalne w piosenkach podkładała jej koleżanka z zespołu, Irena Wiśniewska. Znana później jako Irena Santor.

Obie panie dobrze czuły utwory, bo za muzykę odpowiadał kierownik artystyczny Mazowsza, Tadeusz Sygietyński. Słowa napisał przedwojenny fachowiec – Ludwik Starski. A całość zarejestrował realizator dźwięku specjalnie sprowadzony z Wiednia. „Piosenki z filmu Przygoda na Mariensztacie" – taki tytuł nosi singel zawierający utwory „Jak przygoda to tylko w Warszawie" i „To idzie

młodość" (Muza). PŁYTA WINYLOWA kręciła się jeszcze na 78 obrotów.

Zdjęcia do filmu ruszyły w 1952 roku na terenie autentycznie odbudowującego się miasta stołecznego (choć część ujęć powstawała w Łodzi, a jedno w Zgierzu). *Zainteresowanie filmem w Warszawie jest ogromne* – mówił Ludwig Hager, kierownik produkcji. *Przykładem może być ilość zgłaszających się kandydatów do statystowania, przekraczająca niejednokrotnie liczbę 600-700 osób w ciągu dnia...* Filmowanie trwało 13 miesięcy. Produkcję kończono w 1953 roku, korzystając ze studia Defa w Berlinie. Premiera „Przygody na Mariensztacie" odbyła się 25 stycznia 1954 roku. Film obejrzało ponad 5 milionów widzów.

PRZYGODY ELEKTRONIKA

film fabularny

(Prikluczenia Elektronika)

reż. Konstantin Bromber; 1979, ZSRR

Najpopularniejszy radziecki film dla dzieci. Utrzymany w konwencji science fiction, na motywach książek Jewgienija Wieltistowa (przede wszystkim „Elektronik, malczik iz czemodana", wydanej w 1964 roku). Opowiada o naukowcu, który skonstruował perfekcyjnego biorobota o wyglądzie wzorowanym na gazetowej fotografii chłopca. Przypadek sprawia, że android spotyka się z oryginałem. Szóstoklasista szybko odkrywa, że cybernetyczny przyjaciel może za niego załatwić wiele spraw. Dopiero później orientuje się, że owszem, lecz kosztem zajęcia miejsca w życiu. W dodatku robotem zaczynają interesować się przestępcy... Całość obrazu trwała ponad 200 minut. Na potrzeby emisji telewizyjnych podzielono go na trzy części. Pokazano je u nas w lipcu 1983 roku, w ramach niedzielnych „Teleferii".

Twórcy „Przygód Elektronika" planowali początkowo, że w obie role wcieli się jeden aktor. Zmienili jednak zdanie. Asystenci produkcji rozjechali się po całym kraju w poszukiwaniu bliźniaków. *Któregoś dnia mróz sięgał 40 stopni* – wspomina drugi reżyser, Julia Konstantinowa. *I oprócz braci Torsujewów nikt nie pojawił się na spotkaniu. Przyprowadziła ich mama. Przeczytali coś, zagrali na gitarze, zaśpiewali... Mimo że poszukiwaliśmy do tych ról młodszych chłopców, to zaakceptowaliśmy dwunastoletnich Torsujewów. W trakcie prób Jura miał być Elektronikiem, a Wołodia – Syrojeżkinem. Ale coś nie grało. Reżyser zamienił ich wtedy miejscami i zdjęcia poszły jak z płatka.*

Młodzi artyści cieszyli się z roli – poza jednym aspektem: koniecznością zapuszczenia bujnych fryzur oraz pofarbowania włosów na jasny kolor. Poza tym mieli osiem miesięcy wakacji (zdjęcia kręcono w słonecznej Odessie), no i studwudziestorublową pensję (równą zarobkom inżyniera). Jak przyznają, pieniądze szybko przepuścili na jedzenie, rozrywki i... papierosy. Obaj panowie nie kontynuowali później kariery aktorskiej. W ostatnich latach jeden pracował w administracji rejonu krasnojarskiego, drugi w firmie, która zajmuje się tuningiem luksusowych samochodów.

W 2004 roku mieszkający w Stanach reżyser zaczął mówić o nakręceniu trzydziestoodcinkowego serialu „Elektronik – 25 lat później", ale do jego realizacji jak dotąd nie doszło.

PRZYGODY PSA CYWILA

serial dla młodzieży

7 odcinków; reż. Krzysztof Szmagier; 1971, Polska

To był film dla ludzi. Niestety występowałem w nieszczęsnym mundurze milicjanta, ale wcześniej dogadałem się z reżyserem, że będę grał człowieka, a nie milicjanta – mówił Krzysztof Litwin, odtwórca sierżanta Walczaka, głównej roli w serialu. Niepotrzebne zmartwienia. Gdy przyjrzeć się sprawie, na pierwszym planie brylował chyba jednak owczarek niemiecki.

Nie był to pierwszy film Krzysztofa Szmagiera o psiej tematyce. Zaraz po szkole filmowej reżyser próbował swoich sił w obrazach dokumentalnych. Jednym z nich był „Selim" z 1967 roku. Rzecz o egzaminie psów służbowych. Najpierw na ekranie rozgrywała się sensacyjna akcja z udziałem czworonoga. Potem okazywało się, że wszystko jest pozorowane na potrzeby komisji... *To było wyświetlane jako dodatek. Na premierze był ktoś z notabli telewizyjnych i następnego dnia zaproponowano mi zrobienie serialu fabularnego o milicyjnym psie* – wspomina reżyser.

Choć nie miał doświadczenia jako scenarzysta, naszkicował siedem odcinków. *Był to efekt moich rozmów z emerytowanymi milicjantami przewodnikami psów służbowych. Odcinki zostały, oprócz jednego, zaakceptowane. Usiadłem do pisania scenariusza. „Trudne dzieciństwo" przytrafiło się naprawdę mojemu własnemu psu. Choć pochodził z dobrej rodziny, miał to nieszczęście urodzić się jako siódmy – według przepisów Związku Kynologicznego, bez prawa do legalnego istnienia...* Dokładnie za takim nadprogramowym szczenięciem ujął się ekranowy sierżant Walczak. Mimo knowań porucznika Zubka (o etymologii nazwiska więcej w „07 ZGŁOŚ SIĘ") milicja wybaczyła mu nadużycie. Pies odbył szkolenie i dostał specyficzną ksywkę – Cywil.

W zdjęciach do serialu brały udział trzy czworonogi. Przede wszystkim Bej, należący do reżysera oraz dwa szkolone owczarki. Z tymi ostatnimi był problem, bo nie potrafiły udawać. *Jak mu rano powiedziano: „Bierz go!" i na dodatek scenę powtórzono parę razy, to ten człowiek przez następne 48 godzin nie miał prawa pokazać się na*

planie – opowiada Szmagier. Bej, choć brakowało mu na przykład umiejętności tropienia, radził sobie znacznie lepiej: *Nie było takiej rzeczy, której by dla mnie nie zrobił. Nawet wskakiwał do pracującego helikoptera, czego nie robi pies policyjny, bo zatyka go pęd powietrza, temperatura i smród spalin. No, ale ja siedziałem pod ławką.*

Jak przystało na gwiazdę, Bej miewał też kaprysy. *Na hasło „Cisza, kamera!", szybko zorientował się, że to on jest w tym biznesie najważniejszy. Przybiegał niewołany nawet do scen z samymi aktorami, więc najpierw zamykaliśmy go w samochodzie, a kiedy się za bardzo pieklił, sadzaliśmy go u nóg kamery, żeby mu się wydawało, że „gra"*. Niestety, psi aktor źle skończył. Motywowanie za pomocą smakołyków okazało się zgubne dla organizmu. Wkrótce zwierzę zapadło na wątrobę i trzeba je było uśpić.

Zdjęcia trwały przez pięć miesięcy 1970 roku. Tylko pierwszy odcinek powstał wcześniej. A potem długo czekał na decyzję o kontynuacji. Stało się tak dlatego, że już dziewiątego dnia filmowcy przekroczyli normę zużycia taśmy i dostali polecenie przerwania zdjęć. Urzędnicy nie mogli pojąć, że sceny z udziałem zwierząt wymagają licznych przerw w pracy i dubli. *Na szczęście kierownictwo zespołu po obejrzeniu nakręconego materiału poczuło, że coś w tym jest i pozwoliło nam dokończyć. Serial zdobył pierwszą nagrodę na festiwalu w Monte Carlo, ale na swoje nieszczęście był zrobiony na taśmie czarno-białej, więc nie chciał go nikt spoza demoludów, gdzie cieszył się niewyobrażalną popularnością* – mówi Szmagier.

Telewizyjna premiera odbyła się 9 września 1971 roku. Potem „Przygody psa Cywila" regularnie wracały w powtórkach. Serial jest dostępny na DVD.

PSZCZÓŁKA MAJA

serial animowany

(Mitsubachi Maya no boken)

104 odcinki; reż. Seiji Endo, Hiroshi Saito, Mitsuo Kamanashi; 1975-1979; Japonia/Kanada/Austria/RFN

Tę pszczółkę, którą tu widzicie... Zawdzięczamy prawdziwie internacjonalistycznej kooperacji. W połowie lat 70. grupa medialna skupiona wokół niemieckiej telewizji ZDF postanowiła zekranizować popularną powieść dla dzieci. Jak wskazuje tytuł – „Die Biene Maja und ihre Abenteuer" („Pszczółka Maja i jej przygody") – była to powieść niemiecka. Waldemar Bonsels napisał ją w 1912 roku. Już w latach międzywojennych tłumaczenie trafiło także do Polski.

W roku 1926 dokonano co prawda pierwszej ekranizacji, z aktorami (reż. Wolfram Junghans), ale do dnia dzisiejszego przetrwała jedna kopia. Trudno się więc co dziwić, że film przepadł w mrokach historii. Miał tylko jedną zaletę: w jego realizacji asystował sam Bonsels.

Po śmierci pisarza, w 1952 roku, prawa do postaci odziedziczyła wdowa. I bardzo trudno było ją namówić do użyczenia czegokolwiek na potrzeby kreskówki. Zwłaszcza że pomysłodawcy zamierzali wprowadzić nowych bohaterów... Gdy negocjacje wreszcie dobiegły końca, ruszyła międzynarodowa produkcja. Jej sztab rezydował w Moguncji i Monachium. Rysownicy działali w Los Angeles (za wizerunek postaci odpowiada Marty Murphy, znany ze współpracy ze studiem Hanna-Barbera). Muzykę napisał Czech stale pracujący w RFN – Karel Svoboda. Natomiast samo wykonanie animacji przypadło Japończykom, ze studia Nippon Animation.

Główną bohaterką serialu jest Maja – zadzierająca nosa, wścibska pszczoła. Jak się okazuje, pokazana z uwzględnieniem owadzich realiów. *Wygląda mi na to, że w hierarchii ula Maja zajmuje pozycję starszej robotnicy* – analizował Bronisław Cymborowski, entomolog, specjalista od zachowań owadów z Zakładu Fizjologii Bezkręgowców Uniwersytetu Warszawskiego. *Ponad nią jest królowa matka, poniżej młodsze robotnice. To widać od razu: jest doświadczona, przemądrzała, wie co i jak. Na pewno nie jest nowicjuszką. Dyryguje innymi. Powiem więcej – ma zapędy dyktatorskie.*

Towarzyszy jej najczęściej Gucio – ospały truteń. *W świecie pszczół tak jest naprawdę: trutnie są nie tyle mniej inteligentne, ile o wiele mniej pracowite. Ich jedynym zadaniem jest zapłodnienie królowej matki. Wtedy muszą wykrzesać z sie-*

bie trochę inicjatywy w konkurach o jej względy. Poza tym fruwają sobie z kwiatka na kwiatek... Wśród pozostałych postaci najbardziej wyróżniają się Tekla – rzępoląca na skrzypcach pajęczyca, pasikonik Filip oraz trzmiel Bzyk (w czarnych okularach, które kojarzyły się nieodparcie z Jaruzelskim).

52 odcinki pierwszego sezonu pojawiły się po raz pierwszy w kwietniu 1975 roku na antenie japońskiej telewizji Asahi. Od września 1976 zaczęto je wyświetlać w RFN i Austrii. Polska telewizja sprowadziła „Maję" na przełomie lat 70. i 80. Dosłownie. Pierwszy odcinek pokazano 26 grudnia 1979, w świąteczną środę. Od stycznia kreskówka zajęła stałą pozycję w ramach niedzielnej „Wieczorynki" (zdarzyły się też emisje poranne, np. czwartkowe „Teleferie" z lipca 1985). Był to podobno spory wysiłek dewizowy – jeden odcinek kosztował tysiąc dolarów. Z tego powodu odpadli Czesi. Pokazali serial dopiero w połowie dekady, gdy Niemcy obniżyli cenę.

Głosu bohaterce użyczyła w Polsce Ewa Złotowska. To za jej sprawą nasza Maja jest bardziej piskliwa od niemieckiej, która przemawia głosem nastolatka płci męskiej... Pamiętną piosenkę tytułową zaśpiewał ZBIGNIEW WODECKI, czasami tylko ustępując miejsca żeńskiemu chórkowi. W każdym kraju wykonywała temat lokalna gwiazda. W Czechosłowacji był to KAREL GOTT, który od razu trzasnął wersję czeską, słowacką i niemiecką...

W 1979 roku dokręcono drugi sezon serialu. Kolejne 52 odcinki nosiły tytuł „Shin Mitsubachi Maya no Boken" – „Nowe przygody Pszczółki Mai", u nas wyświetlano je pod starym szyldem. Można je rozpoznać m.in. po tym, że na ekranie pojawia się pierwsza nieowadzia postać, mysz Aleksander (świetnie zdubbingowany przez Henryka Talara). W 2005 roku cały serial wrócił na ekrany w odświeżonej cyfrowo wersji.

Pszczółka Maja była w PRL postacią kultową. Eksploatował ją rzemieślniczy przemysł zabawkarski (pierścionki z okrągłym oczkiem, „telewizorki" ze slajdami, w których pod światło można było oglądać historię), a także rozmaici producenci żywności (z mniej lub bardziej okropnymi trawestacjami oryginalnych rysunków). W 1981 roku wytwórnia Tonpress wydała małą płytę z czterema utworami z serialu. Oprócz tematu tytułowego (ze słowami Henryka Rostworowskiego) można było posłuchać np. „Piosenki Gucia" w wykonaniu Jana Kociniaka (słowa: Wojciech Młynarski).

W roku 2007 raz jeszcze nawiązano do serialu pod względem muzycznym. Ale był to raczej gwałt. Na płycie „Pszczółka Maja – Przeboje dla dzieci" (Universal Polska) Ewa Złotowska śpiewa cienkim, pszczółkowym głosikiem popularne melodie (np. „Kółko graniaste"). Wszystko zaaranżowane na modłę disco polo. Tematów z serialu brak.

RADIO LUXEMBOURG
rozgłośnia radiowa

Pokolenie Polaków dorastających w latach 60. zawdzięcza swoją edukację muzyczną brytyjskim prawodawcom. Do 1972 roku na Wyspach obowiązywał monopol stacji BBC. Rozgłośnia publiczna nie kwapiła się do nadawania twórczości wykonawców młodzieżowych, a stacje komercyjne nie miały racji bytu (całkowity zakaz reklam). Chyba... Chyba że nadawały z terenu nie objętego jurysdykcją Jej Królewskiej Mości. Na przykład wciśniętego w środek Europy Luksemburga. Dla fal średnich długości 208 metrów i częstotliwości 1440 kiloherców odległość do Londynu i Warszawy była mniej więcej taka sama...

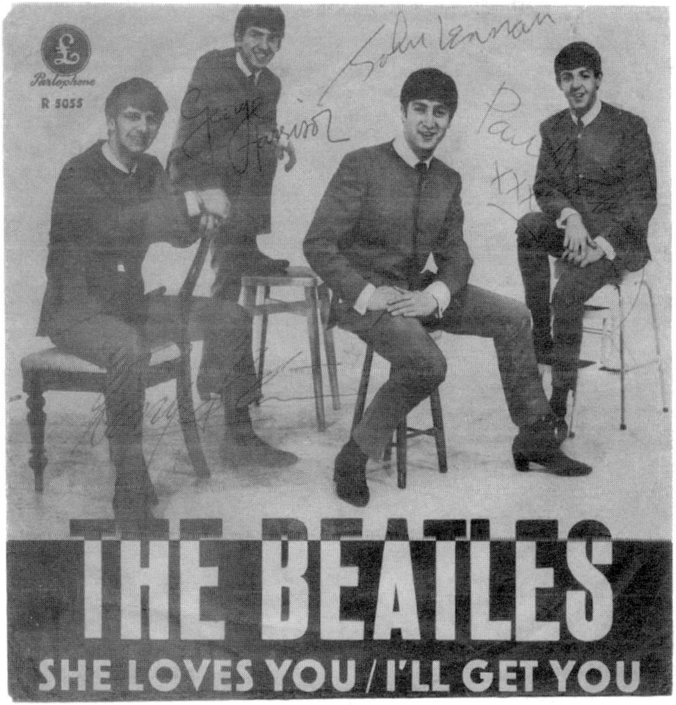

Ekspansja działającej od lat 30. anglojęzycznej rozgłośni (były jeszcze inne wersje językowe) rozpoczęła się w 1964 roku. Po pierwsze – był to czas narodzin muzyki rockowej. Po drugie – dopingiem okazała się konkurencja. Uruchomienie Radia Caroline, nadającego ze statku zacumowanego na granicy brytyjskich wód terytorialnych. Luxembourg zaczął wtedy stopniowo rezygnować z audycji nagrywanych w Londynie na rzecz ściągniętych na miejsce didżejów rezydentów (czołowym był Barry Alldis). Nadawali na żywo, non stop, muzykę odtwarzaną z płyt. To było novum nawet w Europie Zachodniej. A w szarym Peerelu wręcz kosmos. Podobnie jak tzw. dżingle: *The rock'n'roll swingin' station of the stars, ye, ye, ye!*

Radio Luxembourg zapisało się na stałe w naszej popkulturze. Co widać zarówno w muzyce, jak na ekranie. W filmie „Yesterday" zawdzięczamy mu jedną z najpiękniejszych scen miłosnych w historii polskiego kina. Żeby uzyskać dobry sygnał, Anna Kaźmierczak chwyta w ręce sprężynową antenę, odsłaniając pełnię swoich wdzięków. Piotr Siwkiewicz stara się zbliżyć do partnerki, nie tracąc odbioru „She Loves You" Beatlesów... *A w sobotnią noc był Luksemburg, chata, szkło* – pisał z kolei Bogdan Olewicz w Perfectowej „Autobiografii". Autor nasłuchiwał zachodnich rozgłośni korzystając z radioodbiornika Pionier, który dostał od taty – przodownika pracy (*Ojciec Bóg wie gdzie martenowski stawiał piec*).

Blask Luxembourga zaczął przygasać około roku 1967. Po zamknięciu piratów z Caroline i tym podobnych ruszyło założone przez BBC młodzieżowe Radio 1. Gdy zmieniły się brytyjskie przepisy, doszły do tego stacje komercyjne. Odtąd Luxembourg był tylko jedną z nich, w dodatku nadającą na archaicznej częstotliwości. Stację zamknięto ostatecznie 1 stycznia 1992 roku, po epizodzie z nadawaniem satelitarnym.

Od końca lat 60. była coraz mniej potrzebna także w Polsce. Sporo muzyki młodzieżowej, jak eufemistycznie nazywano u nas rock, można już wówczas było usłyszeć w Polskim Radiu, zwłaszcza w Trójce (przede wszystkim „Mini-Max" Piotra Kaczkowskiego), ale też w Jedynce (blok „Studio Rytm"), a rękę na pulsie trzymali też prezenterzy Rozgłośni Harcerskiej. Słuchacze mieli ponadto do dyspozycji codzienną polskojęzyczną audycję na antenie Wolnej Europy – „Rendez vouz o 6.10" Jana Tyszkiewicza...

RAMBO – patrz STALLONE, SYLVESTER

RAZEM

czasopismo

„Ilustrowany Tygodnik Młodzieży" o zacięciu społecznym, z dużą dawką kultury i rozrywki... W pamięci zapisał się jednak najbardziej fotografiami nagich pań na ostatniej stronie.

Pierwszy numer „Razem – Magazynu Młodzieży Polskiej" ukazał się 13 lipca 1975. Widniał na nim jeszcze dopisek: „numer próbny". Zamiast artykułu wstępnego pojawiło się wzruszające przesłanie od Edwarda Gierka: *Macie przed sobą możliwości, jakich od wieków nie miało żadne pokolenie Polaków. Mówimy wam otwarcie, z całym przekonaniem: jesteście pokoleniem wielkiej szansy dla Polski. Spełnienie tej szansy jest waszym patriotycznym obowiązkiem.*

Następnie był reportaż o Nowej Hucie, radzieckim przemyśle kosmicznym, kilka kawałków społecznych, ale też tekst o kolarzu Ryszardzie Szurkowskim, relacja z premiery rockowego oratorium „Zagrajcie nam dzisiaj wszystkie srebrne dzwony", a na ostatniej stronie coś w rodzaju komiksu Andrzeja Mleczki. Duże zdjęcia, kolor (przynajmniej na niektórych stronach), ładny papier... Na tym papierze świetnie wyszły reprodukcje dwóch rozebranych dziewcząt. Dział, w którym je umieszczono, nosił winietę „Fotografowanie", ale o technice tworzenia aktów – ani słowa. Golizna była w „Razem" po prostu niezależnym punktem programu.

Po trzech numerach próbnych z 1975 roku nastąpiła przerwa wydawnicza. Pismo wróciło 5 września 1976. Miało już charakterystyczne logo, a napis na okładce głosił: *To jest nowy magazyn*

młodzieżowy. Tym razem nie zabrakło wstępniaka. *Drogi czytelniku! Oddajemy dzisiaj do Twoich rąk pierwszy numer nowego pisma* – pisał redaktor naczelny, Jan Szewczyk. *Wypada się przedstawić. Jesteśmy tygodnikiem Federacji Socjalistycznych Związków Młodzieży Polskiej. To określa nasz program ideowy i polityczny.* I dalej: *Chcemy być nowoczesnym ilustrowanym magazynem młodzieży starszej. Magazynem, co oznacza, że każdy Czytelnik, niezależnie od zawodu, wykształcenia, środowiska i zainteresowań, znajdzie zawsze coś dla siebie...*

W numerze pojawiła się już kultowa humorystyczna rubryka „Osobno". Redagował ją anonimowo znany z ironicznego pióra Marian Butrym. To jemu – i jego następcom – zawdzięczamy na przykład parodię relacji z WYŚCIGU POKOJU. *To kolarska arystokracja. Totalny przykład to totalnie niewidoczny Ampler. Ale przecież potrafi on skakać z absolutną łatwością. Ooo... właśnie... ooo... próba kolarskiej przygody. To chyba Mongoł! Mongoły lubią bardzo skakać. To ich narodowa specjalność, skakać na pierwszych metrach.* Na początku „Osobno" występowało jeszcze wewnątrz numeru. Z czasem przemieściło się na ostatnią stronę. Razem z gołą panią.

Z upływem lat pismo stawało się coraz bardziej atrakcyjne dla czytelnika. To tu drukowano „Sztukę kochania" Michaliny Wisłockiej, a później porady seksuologa Leopolda Szafrańca. Tu pojawiały się PLAKATY wykonawców muzycznych (jako pierwsza ABBA, przy okazji wizyty w Polsce), aktorów czy sportowców. W przeciwieństwie do pism „ludowych" wspierano je zawsze mniej lub bardziej solidnymi artykułami. Tu rysował komiksy o Praktycznym Panu Tadeusz Baranowski (patrz „ANTRESOLKA PROFESORKA NERWOSOLKA"). W latach 80. redakcja pomagała propagować komputery osobiste (dział „Mikro"), nieocenione poza tym były pierwsze próbki nowoczesnych gier planszowych (patrz FANTASOLO). Co dwa miesiące ukazywał się dodatkowo „Magazyn Razem".

W 1990 roku rząd Tadeusza Mazowieckiego zlikwidował koncern RSW „Prasa–Książka–Ruch". Część tytułów prasowych poszła w ręce spółdzielni dziennikarskich. Część wystawiono na przetargach, do których chętnie stawały partie polityczne. „Razem" trafiło w ręce Konfederacji Polski Niepodległej, która w ciągu kilku miesięcy doprowadziła do upadku pisma. W 2003 roku tytuł kupiło wydawnictwo Holygram i pod starym szyldem wydaje nowoczesny miesięcznik.

REJS

film fabularny

reż. Marek Piwowski; 1970, Polska

Czy mógł powstać inny film, skoro pomysł wyglądał następująco: *Płynie statek, są tam jacyś ludzie, statek osiada na mieliźnie, dalej coś wymyślimy?* W sytuacji, gdy większość pojawiających się na ekranie postaci wzięła się z ogłoszenia w „Expressie Wieczornym": *Niech przyjdzie każdy, kto umie śpiewać, grać albo robić cokolwiek?* A zdjęcia na statku były kompletną improwizacją przy śledziu i... likierze?

Gwoli sprawiedliwości: jakiś scenariusz był. Debiutujący w fabule dokumentalista, Marek Piwowski, złożył (wraz z pisarzem Januszem Głowackim) do Zespołu Filmowego Tor tekst komedii. Mieli w niej zagrać m.in. Bogumił Kobiela i Wojciech Pokora. Pokora pojawia się w ostatecznej wersji filmu przez ułamek sekundy (choć miał zakontraktowane 40 dni zdjęciowych). Kobiela przedwcześnie zmarł. Na jego miejsce trafił młody satyryk – Stanisław Tym.

Przygotowania do produkcji ruszyły latem 1969. Zaczęło się od wielkiego castingu w warszawskiej Hali Gwardii. Po wspomnianym ogłoszeniu stawiło się od 2 do 20 tysięcy osób. Skąd ta rozpiętość? W przypadku „Rejsu" trudno cokolwiek stwierdzić na pewno – dokumentacja zaginęła, a relacje świadków różnią się w zależności od stopnia spożycia...

Piwowski starał się wybierać osobników najdziwniejszych. Tym sposobem dostał się do filmu na przykład Poeta (Leszek Kowalewski). Zwany Missisipim, bo wyśpiewał barytonem pieśń „O Missisipi, ty wierna rzeko", co kontrastowało z jego mizerną posturą. *Jeśli ktoś umiał grać na skrzypcach, Piwowski go nie brał* – wspomina Stanisław Tym. *Ale jeśli przyszedł ze skrzypcami i rzępolił, aż uszy bolały, to go angażował... Piwowski wybrał samych nieudaczników. On po prostu prześwietlił*

PRL rentgenem i chciał mieć na planie ludzi, którzy utrzymują się z tego, że nic nie umieją. Bo taka była, według niego, Polska Ludowa.

Pojawili się też aktorzy zawodowi. Genialnym posunięciem reżysera było zestawienie Zdzisława Maklakiewicza z Janem Himilsbachem – do tego momentu kamieniarzem i pisarzem. Trudno było panów okiełznać, ale wykreowali w filmie najbardziej pamiętne sceny. Choćby tę, w której inżynier Mamoń (Maklakiewicz wymyślił nazwisko na poczekaniu) tłumaczy panu Sidorowskiemu (tak nazywał się kierownik restauracji SPATiF-u, który nie chciał wpuszczać Himilsbacha), że w polskim filmie jest nuda, nic się nie dzieje, proszę pana, dialogi niedobre i w ogóle brak akcji jest... *Tuż przed nakręceniem rozmowy artyści, ostro zamroczeni, zamknęli się w kotłowni i odmawiali wyjścia* – wspomina Głowacki. *Mieli na dole hydrant i dość długo się bronili, zanim się poddali i zgodzili wziąć udział w kręceniu filmu. Scenę powtarzano wiele razy. Zdzisio był profesjonalistą, mógł grać w każdym stanie i miał starannie przygotowany tekst. Natomiast Janek szalał i mimo próśb i błagań ciągle przerywał opowieść Zdzisia i kompletnie go zagłuszał. Straciliśmy już wszelką nadzieję, kiedy Janek nagle osłabł, zapadł się w sobie, zamilkł i na jego twarzy pojawił się ten wyraz rozpaczliwej koncentracji i uwagi, który słusznie tak zachwycił swym aktorskim kunsztem publiczność i krytyków.* A tak wspominał kręcenie owej sceny sam Himilsbach: *Ogromnie wtedy dużo mówiłem, a Marek ciągle mi przerywał i kazał milczeć. Więc byłem wściekły – stąd ta mina. No i suszyło mnie, a naprzeciwko, tuż za kamerą, facet pił piwko. I nie lubiłem jeszcze siedzieć obok tej grubej pani, która w filmie była moją żoną.*

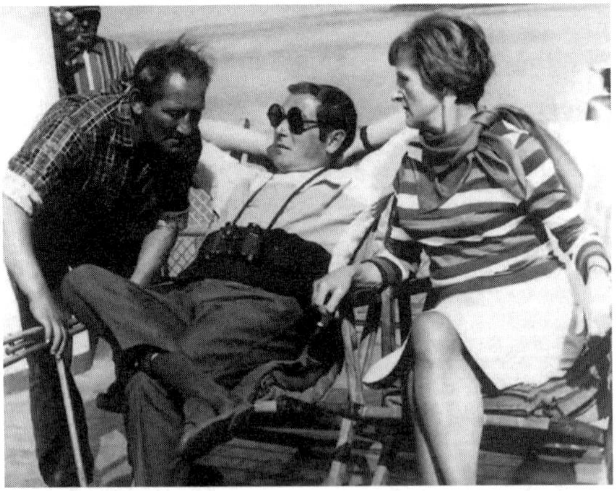

„Rejs" kręcono na autentycznym bocznokołowcu, pływającym na co dzień po Wiśle. Jedni świadkowie twierdzili, że statek nazywał się „Świerczewski", inni że „Dzierżyński"... Na potrzeby filmu nazwano go po prostu „Neptun". Możliwe zresztą, że kręcono na dwóch jednostkach – z których jedna spoczywa dziś na dnie zegrzyńskiego portu Jadwisin.

Ekipa wsiadła w Gdańsku, zdjęcia ruszyły w Toruniu, a potem już raczej nie cumowano... *Kompletne zerwanie więzi ze światem* – wspomina Tym. *Jak trzeba było wywołać taśmę, to asystenci łódką podpływali do brzegu, dzwonili i ktoś z Warszawy tę taśmę odbierał. Myśmy ich przy okazji prosili, żeby kupili na lądzie jakiś alkohol.*

A ponieważ w GS był tylko likier orzechowy, poiliśmy się wyłącznie tym likierem. Odizolowanie ludzi na tym statku było niebywałym pomysłem. Ja sam, gdy tylko do nich przyjechałem, natychmiast wsiąkłem w atmosferę psychodramy. Wymyśliłem sobie, że jako kaowiec zrobię po kolacji zebranie. Obowiązkowe. Od tej pory spotykaliśmy się codziennie wieczorem i za każdym razem wymyślałem inny temat do rozmowy... Myśmy tak żyli, weszliśmy w psychodramę, nikt nie wiedział, gdzie się kończy żart, a zaczyna życie, co jest serio, a co kpiną. A Piwowski nad tym wszystkim panował i to kręcił. Po prostu geniusz!

Klasyczna jest improwizowana wypowiedź Tyma na temat śpiewaka, który nie śpiewa smutno, tylko żartobliwie, ironicznie, ze stosunkiem jakimś takim żartobliwym do tematu i do samego siebie... Albo jego autoprezentacja jako instruktora kulturalno-oświatowego czyli kaowca (obsmarowanego w damskiej ubikacji), z której dowiadujemy się, że urodził się w Małkini w 1937 roku, w lipcu, znaczy w połowie lipca... Wszyscy pamiętają grę w dupnika–salonowca, w której dostaje się filozofowi (autentycznemu, w tej roli Andrzej Dobosz). O zachowanie tej sceny trzeba było walczyć u samego ministra... Kultowy jest tekst Himilsbacha o Hali Mirowskiej i aparacie ZORKA 5, tak samo jak konkurs wiedzy okołorzecznej:

– Jak się nazywa miasto nad Wisłą. Dla ułatwienia dodajemy, że jest to imię króla, który zostawił Polskę murowaną.

– Ale jakie miasto?

– To ja się pana pytam, jakie miasto.

– Aha... To ja nie wiem.

– Panie Kazimierzu! Ma pan klucz od kabiny?

– Bardzo państwa proszę nie podpowiadać. Bardzo proszę.

– Kluczbork.

Zdjęcia kończyły się *w pięknych okolicznościach przyrody* na Zalewie Zegrzyńskim. Na statek zaczęli wtedy ściągać znajomi ekipy, ale też dziennikarze skuszeni opowieściami o alkoholowo-erotycznych (jedną z bardziej aktywnych „aktorek" nazywano Zuzia Ping Pong) ekscesach... *Czy „Rejs" będzie do śmiechu?* – zastanawiał się jeden z reporterów. *Wycieczka, która płynie „Neptunem", ma jakoby reprezentować nas wszystkich. Cała Polska (ale tego lepiej nie pisać, przestrzega Głowacki) płynie tym statkiem. Rozumiem, ale dlaczego jest tam kilku psychodelików, jest panna Kasia, facet podobny do księcia Pepi i inny facet podobny do premiera bardzo zaprzyjaźnionego państwa, tylko mnie tam nie ma?*

O tym, że do śmiechu nie będzie, próbowano zadecydować już na etapie montażu. Choć udało się uniknąć formalnej interwencji cenzury, z pierwotnej trzygodzinnej wersji materiału zostały 64 minuty. Niczego nie wycięto po kolaudacji, lecz opinia o filmie była druzgocąca. Zlecono wyprodukowanie tylko dwóch kopii. I zamknięto je pod kluczem w Ministerstwie Kultury i Sztuki.

„Rejs" ujrzał światło dzienne po interwencjach Jerzego Passendorfera i Andrzeja Wajdy. Ten drugi ogłosił na łamach miesięcznika „Film" pamiętny list, w którym czytamy: *Na „Rejs" poszedłem z krytycznym nastawieniem. Sprzyjałem temu filmowi w czasie realizacji, a potem kiedy obejrzałem kolejne jego wersje, spotkał mnie zawód. Zobaczyłem kilka wspaniałych „gombrowiczowskich" scen absolutnie oryginalnych i nowych w kinie –*

nie zobaczyłem filmu... Od pierwszych minut towarzyszyła jednak projekcji spontaniczna, pełna aprobaty i zrozumienia reakcja widowni, wybuchy śmiechu, oklaski. Natychmiastowe porozumienie, zawarte na moich oczach pomiędzy twórcami „Rejsu" a widownią, jest tym bardziej ocucające, że ani mnie, jako autorowi „Polowania na muchy", ani wielu wytrawnym realizatorom polskich komedii filmowych, nie udało się nawiązać tak bliskiego kontaktu z publicznością; na pokazach naszych filmów nie słyszało się tego śmiechu i tych oklasków.

Po oficjalnej premierze (19 października 1970), gdy film dopuszczono do obiegu w kinach studyjnych, bilety trzeba było kupować u koników... Jak widać z powyższego, od początku był to obraz kultowy. I tak zostało. W 1999 roku tygodnik „Polityka" przeprowadził ankietę „na koniec wieku". „Rejs" triumfował w niej jako najważniejszy film polski. W 2001 roku za najzabawniejszą polską komedię uznali go dziennikarze „Filmu". O popularności świadczy też fakt, że był to pierwszy polski tytuł wydany na DVD (1999).

Od połowy lat 90. dobiegają informacje o pomysle nakręcenia „Rejsu 2". Piwowski planował początkowo, że akcja będzie się rozgrywać poza statkiem, lecz nie spotkało się to ze zrozumieniem sponsorów. Nie udawały się poza tym castingi mające doprowadzić do znalezienia nowej ekipy naturszczyków. Ponowne przymiarki do produkcji — tym razem z jednostką pływającą — nastąpiły w 2006 roku. Rozpoczęcie zdjęć do telewizyjnego serialu stało się jednak wątpliwe po lustracyjnej nagonce na reżysera.

REKLAMÓWKA

foliowa torba na zakupy

Jeden z fetyszy społeczeństwa odciętego od zdrowej gospodarki rynkowej. Plastikowe torby z kolorowymi nadrukami zachodnich sieci handlowych lub tamtejszych produktów odeszły daleko od pierwotnej funkcji. Normalna procedura powinna wyglądać następująco: pakowanie—transport do domu—wyrzucenie do śmietnika. W PRL „reklamówkę" nosiło się jednak wielorazowo, w kontekście pozazakupowym. Zastępowała często damską torebkę czy męską teczkę. Zużyta folia podlegała procesowi mycia i suszenia na balkonie, co wyprzedzało o dekady dzisiejsze trendy ekologiczne. Dyskwalifikowały ją dopiero dziury lub zupełne wytarcie napisów.

Torby przyjeżdżały w bagażach nielicznych podróżnych ze strefy dewizowej. Kwitł też przemyt:

na bazarach sprzedawano reklamówki masowo kradzione z zachodnich sklepów, przede wszystkim w Niemczech. Osobnym źródłem były PEWEKSY. Sieć ta otrzymywała jakąś pulę gadżetów reklamowych, nie trafiała ona jednak do klientów, lecz rozchodziła się wśród rodzin i znajomych sprzedawczyń. Za produkcję reklamówek brał się też w latach 80. przemysł rzemieślniczy. Jego wyroby cechowały się rozmytymi, źle zreprodukowanymi nadrukami lub osobliwymi kolażami: kilkanaście logotypów różnych firm obok siebie.

Wzornictwo? Największy respekt budziły ogromne torby francuskiej sieci dyskontowej Tati. Ceniono opakowania z nadrukami producentów papierosów, na przykład Marlboro. Najniżej w hierarchii stały produkty rodzimych sieci eksportu wewnętrznego – Pewexu czy Baltony.

Uwaga: słowo reklamówka weszło do potocznego języka jako określenie każdej torby foliowej, także bez nadruku.

REKSIO

serial animowany

68 odcinków; różni reżyserzy; 1967-1990, Polska

Przygody podwórkowego psiaka należą do najsympatyczniejszych polskich animacji. Twórca Reksia, Lechosław Marszałek, miał dobrą kreskę, zapewnił dynamiczną akcję i dyskretne zacięcie dydaktyczne: *Pragnę kręcić filmy służące jakiejś idei wychowawczej. Próbuję wytworzyć w podświadomości młodocianego widza pewne odruchy, przekonania moralne. W filmach o Reksiu te sugestie są na ogół dość czytelne, niekiedy jednak wiążą się luźno z fabułą.*

Początkowo powstał pojedynczy film: „Reksio poliglota" z 1967. Nagroda na Ogólnopolskim Festiwalu Filmów Krótkometrażowych, a potem Srebrne Koziołki na Festiwalu Filmów dla Dzieci, skłoniły Studio Filmów Rysunkowych w Bielsku-Białej do kontynuowania produkcji. Do 1971 roku Marszałek napisał scenariusze i wyreżyserował sześć odcinków bajki. Potem stanął przed dylematem: *Praca nad filmami o Reksiu jest dość czasochłonna, a zapotrzebowanie na kolejne odcinki stale rośnie. Toteż rzucono propozycję, bym przygotował scenariusz do siedmiu dalszych filmów z Reksiem w roli głównej, a ich realizacją zajęliby się moi koledzy. Innymi słowy, byłaby to seria realizowana na podobnej zasadzie co „BOLEK I LOLEK".*

Tak się stało. Od 1972 do 1987 roku powstało kilkadziesiąt odcinków. W latach 1987-1990 dodatkowo seria „Reksio i ptaki" (13 odcinków). Były też trzy filmy świąteczne. Kontynuację prac uniemożliwiła śmierć Lechosława Marszałka w 1991 roku.

Przez kolejną dekadę Reksio powracał tylko w rozmaitych odsłonach niefilmowych. W 2002 roku doszło do sporu prawnego między wdową po reżyserze Haliną Filek-Marszałek i studiem z Bielska-Białej. *Ukazały się produkowane w Chinach pluszowe zabawki w kształcie Reksia, mamy też informacje, że prawdopodobnie wdowa po twórcy postaci sprzedała licencję Reksia do książeczek warszawskiemu wydawnictwu, a także na makarony i karmy dla zwierząt* – mówił przedstawiciel firmy. *Za to, że takie pluszaki powstały, studio powinno otrzymać pieniądze. Trudno powiedzieć ile, ale każde pieniądze się liczą.* Wytwórnia powoływała się na umowę z 1977 roku, na podstawie której twórca odsprzedał jej prawa na wszystkie formy plastyczne, do produkcji i postaci Reksia. Filek-Marszałek utrzymywała, że dotyczyło to wyłącznie formy audiowizualnej...

Z wydarzeń sympatyczniejszych: w 2006 roku imieniem Reksia nazwano w Bielsku-Białej ulicę.

RELAKS

buty

Symbol obciachu w peerelowskim obuwnictwie narodził się z całkiem dobrych intencji. Projektanci Nowotarskich Zakładów Przemysłu Skórzanego Podhale postanowili unowocześnić krajową odmianę butów typu „apres-ski" („po nartach"). Wysokich, ciepłych botków wkładanych, gdy skończymy śnieżne szaleństwa... Pierwsze egzemplarze pokazano na targach Wiosna '79 w Poznaniu. Różniły się trochę od modelu klasycznego. W miejscu, gdzie na początku lat 80. pojawił się napis Relaks, widniały tylko słowa Podhale – Nowy Targ. Ale znajoma była stylistyka. Połączenie metalizującego ortalionu obszycia z toporną plastikową podeszwą. W sumie wyglądało to jak jakieś kosmiczne walonki...

Zwraca uwagę bogata kolorystyka do srebra i

złota włącznie, śmiała w zestawieniach, podobnie jak ma to miejsce w strojach narciarskich. Dalszym elementem urozmaicenia są zestawy różnych materiałów, takich jak: skóra, ortalion, roy kyras, celia – zachwalał producent. Szybko jednak dodając, że dotknęły go pewne ograniczenia. *Nie zawsze udało się dopasować w kolekcji kolor spodów np. poliuretanowych, ponieważ aktualnie agregat produkuje spody w kolorze brąz i nie ma możliwości przestawienia go dla wyprodukowania kilku par w innym kolorze.*

Wyznaczono też od razu grupę docelową. *Udaną chyba propozycją jest nowy wzór popularnej „apreski", na nowym spodzie PCV, umożliwiającym wykorzystanie buta do nart. Proponujemy ten but nie tylko jako dziecięcy i młodzieżowy, lecz również jako damski.* Rzeczywiście: podstawowymi odbiorcami tych butów były dzieci. Choć można w nich było też zobaczyć dorosłego faceta... W garniturze.

Przy okazji Relaksów często wspominane są buty Sofix. Błąd. Jedyne, co łączy te produkty, to zbliżona nazwa. Zakłady w Nowym Targu były państwowym molochem, w szczytowym okresie zatrudniającym niemal 10 tysięcy osób. Sofix to niewielka firma polonijna, założona w Radomiu w 1983 roku. Jej domeną nie było obuwie zimowe, lecz adidasopodobne wyroby sportowe (szczególną popularnością cieszył się model z rzepami).

RELAX
czasopismo

Legendarne – bo jedyne – polskie pismo komiksowe („ALFA" była tylko namiastką). Wymyślone w połowie lat 70. przez Dobrosława Kobielskiego – szefa Krajowej Agencji Wydawniczej. Obserwując popularność KAPITANA ŻBIKA, zwietrzył on w komiksie niezły interes. Realizacja wymagała jednak pokonania biurokratycznych przeszkód. Jedną z nich było zdobycie papieru, potrzebnego na stutysięczny nakład (potem zwiększono go do 200 tysięcy). Trafionym pomysłem okazało się dotarcie do Janusza Wieczorka, szefa Urzędu Rady Ministrów, który zarazem patronował budowie Centrum Zdrowia Dziecka. Na łamach nowego pisma ukazywały się informacje o postępach prac, pojawił się też dopisek przy cenie: 18 zł + 2 na CZD.

Redaktorami „Relaksu" zostali Henryk Kurta (naczelny), Bolesław Kowalski i Adam Kołodziejczyk. W opracowywaniu koncepcji uczestniczyło też jednak grono zaproszonych rysowników. Historia pokazała, że były to najwybitniejsze nazwiska w branży. I to nie tylko w skali krajowej... Grzegorz Rosiński, autor „THORGALA". Janusz Christa, ten od „KAJKA I KOKOSZA". Bogusław Polch, któremu zawdzięczamy „FUNKY'EGO KOVALA". Czy Tadeusz Baranowski, twórca „ANTRESOLKI PROFESORKA NERWOSOLKA".

Pierwszy numer „Relaksu" ukazał się w czerwcu 1976 roku. Od początku wprowadzono proporcje tematyczne, które mniej więcej utrzymywały się w kolejnych latach. A zatem: komiks przygodowo-wojenny, z naciskiem na braterstwo radzieckich towarzyszy broni („Dziewięciu z nieba" Rosińskiego). Coś humorystycznego („Bajki dla dorosłych" Christy i „Orient-Men" Baranowskiego). Odrobina science fiction („Spotkanie" Polcha). I dawka historii („Poselstwo do Gniezna" Szymona Kobylińskiego plus pogadanka o zwyczajach staropolskich). Całość uzupełniał esej mający usprawiedliwić propagowanie zachodniej formy rozrywki: *Nie zawsze słowo jest sprawnym, posłusznym instrumentem dla tego, kto pragnie wyrazić swoje odczucia, swoją wizję świata. Gdyby tak było, prawdopodobnie nie istniałyby sztuki plastyczne, film czy telewizja. W celu przedstawiania otaczającego go świata, człowiek zawsze posługiwał się – obok słowa – obrazem. W naszych czasach, być może z powodu zalewu słów, następuje jak gdyby renesans obrazka, będącego po trochu zaczarowanym zwierciadłem rzeczywistości...*

Od drugiego numeru na łamach zaczęli się pojawiać autorzy zagraniczni. Rewelacyjny Czech Karel Saudek („Zamach"), a także przedstawiciel niezbyt u nas lubianych rysowników węgierskich Imre Sebok („Świątynia słońca"). Za drugą stronę żelaznej kurtyny zajrzano tylko raz, w numerze 8. Była to krótka opowiastka belgijskiego twórcy, Charlesa Degotte'a, anonsowana jako *przygotowana specjalnie dla czytelników „Relaxu"*. Chyba że doliczymy zrodzonego na Zachodzie „Thorgala", który triumfalnie wkroczył do „Relaksu" w numerze 19 (1978).

Ważnym rysownikiem był Jerzy Wróblewski (znany z BINIO BILLA i cyklu o Kapitanie Żbiku). Jego dynamiczna, ewidentnie inspirowana komiksem amerykańskim kreska była wykorzystywana do realizacji najrozmaitszych scenariuszy. Od historii młodzieżowych („Tajemnica głębin", którą zadebiutował na łamach w numerze 4) przez sensacyjne („Czarna róża") po propagandowe („Polak w kosmosie" o MIROSŁAWIE HERMASZEWSKIM).

Od 1979 roku „Relax" zaczął się ukazywać nieregularnie – wyszły tylko trzy numery. W kolejnych

latach po dwa. Stan wojenny przerwał wszelkie prace, a potem tytułu nie wznowiono. W sumie ukazało się 31 numerów. Zamówione materiały wykorzystano częściowo w osobno wydawanych zbiorach komiksów (np. „Ogień nad tajgą" z 1982 roku, wydany na kryzysowym, żółtym papierze). Znamiona opowieści rysowanej na potrzeby czasopisma nosiły też tomy monograficzne, np. „Skradziony skarb" Wróblewskiego (1986).

RESORAKI
zabawka

Przedmiot pożądania chłopców w latach 70. i 80. Miniaturowe modele samochodów, z metalowym nadwoziem (często z otwieranymi drzwiczkami czy maską) i resorowanymi kołami (stąd nazwa). Do nabycia – w PEWEKSIE. Najbardziej liczącym się producentem był brytyjski Matchbox. Podstawowa linia modeli to produkowana od 1969 roku tzw. 1-75. Dokładnie odwzorowane zarówno osobówki, jak i samochody ciężarowe lub specjalnego przeznaczenia...

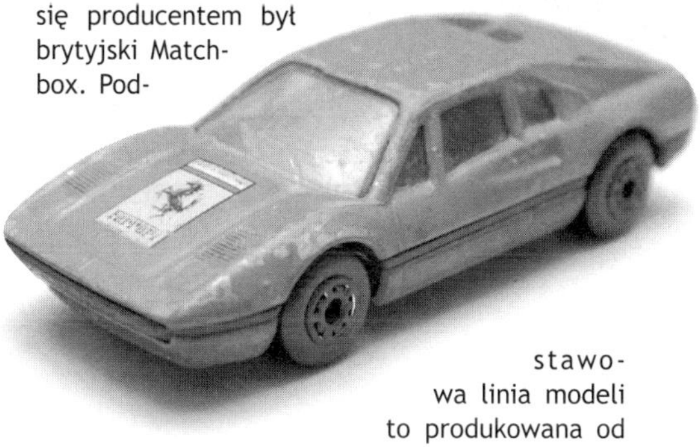

Najbardziej rozpowszechnione były te w niebieskich pudełkach, wprowadzone po przejęciu oryginalnej firmy przez Universal Toys. Zarządzany z Dalekiego Wschodu koncern nie miał sentymentów, by przenieść produkcję z Wysp do Makao lub Chin. Matchbox zlecał też produkcję np. zakładom w Bułgarii (czerwone opakowania i odpowiedni napis na podwoziu).

Nieco mniejszym prestiżem cieszyła się firma Majorette z Francji. W latach 70. reprezentowała poziom zbliżony do Matchboksa, tyle że w jej katalogu dominowały auta francuskie. Kolejna dekada przyniosła obniżenie jakości i zwiększenie „zabawkowości" modeli. Nierealistyczne wymiary i krzykliwe kolory nie były tym, co najbardziej przypadło do gustu młodym kolekcjonerom z PRL.

Rzadziej docierały do nas modele włoskiej firmy Bburago – charakteryzujące się większymi rozmiarami. Trudno też było o wyroby brytyjskiej Corgi, która specjalizowała się w autach tematycznych, np. nawiązujących do filmów. Być może z powodu nazwy, a może plastikowego materiału, małym zainteresowaniem cieszyła się niemiecka wytwórnia Siku. Na samym dnie hierarchii lądowały modele „made in USSR".

RIKI-TIKI-TAK
zabawka

Zabawka popularna na początku lat 70. Przywędrowała do nas z Zachodu, gdzie zresztą szybko wycofano ją ze sprzedaży. Dwie odbijające się od siebie kulki na sznureczkach były niebezpieczne zarówno przy uderzeniu w ciało, jak z powodu możliwego rozpryśnięcia się plastiku, z którego je wykonano. Bardzo też możliwe, że urzędnicy mieli dość irytującego odgłosu, który nieuchronnie wiązał się z tą odmianą wahadła Newtona.

Riki-tiki-tak (dorosłym kojarzyło się to seksualnie), znany też pod nazwą klik-klak czy na przykład klakery, zaliczył krótki renesans w latach 90. Tym razem kulki zawieszone były na końcu plastikowej rączki, co utrudniało młodemu użytkownikowi obicie palców.

RINGO

gra sportowa

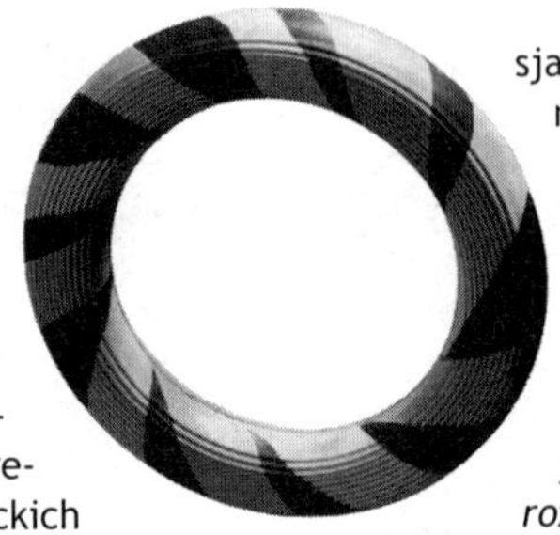

Niewiele jest odmian sportu wymyślonych w Polsce. Jeszcze mniej – za czasów PRL. Ringo stanowi więc prawdziwy wyjątek.

Zabawę wymyślił w 1959 roku Włodzimierz Strzyżewski. Dziennikarz i reprezentant polski w szpadzie na Akademickich Mistrzostwach Świata. Gdy nie udzielono mu urlopu na obóz szkoleniowy, postanowił zadbać o formę bez trenera i partnerów sparringowych. Z grubsza polegało to na rzucaniu i chwytaniu gumowego pierścienia. Twórca nazwał taką aktywność „grą w kółko".

Nazwę ringo zastosowano po raz pierwszy w 1968, na pokazie w trakcie Igrzysk Olimpijskich w Meksyku. W 1972 roku Strzyżewski ustanowił oficjalne przepisy, a rok później zarejestrował w Urzędzie Patentowym przybór do gry (kółko ringo o średnicy 17 cm) oraz osprzęt przenośnego boiska. Dwa lata później twórca zabezpieczył swoje prawa na całym świecie: przepisy zapisano w Centralnym Rejestrze Autorów USA.

Gra szybko zyskała popularność, bo nie wymagała szczególnego przygotowania fizycznego ani znajomości techniki. W sklepach było pełno oficjalnych i nieoficjalnych kółek. *W ringo może grać bez obawy urazu pleców dziecko, i weteran, i wirtuoz skrzypiec, i zawodowy bokser, stenotypistka, chirurg i pilot* – reklamował swój wynalazek twórca. Do śmierci, w 2001 roku, nie udało mu się jednak przekształcić gry w sport wyczynowy.

Sporą popularnością cieszyła się natomiast wersja podwórkowa. Zespół 2+1 wyśpiewał nawet o tym fenomenie piosenkę (ze słowami Wojciecha Młynarskiego): *Odkąd, odkąd raz weszła w modę owa gra/ Słodko do siebie się uśmiechamy ty i ja/ z wodą, z wodą źródlaną niby potok mkną/ Młode lata wpisane w małe kółko to/ Co fruwa, fruwa z rąk do rąk/ i wspólny śmiech rozbrzmiewa w krąg...*

Mimo że w 1989 powstało Polskie Towarzystwo Ringo, a w 1993 Międzynarodowa Federacja Ringo, sport ten w ostatnich latach mocno podupadł. Działacze pracują nad zmianami w przepisach, mającymi na celu zwiększenie tempa – a tym samym atrakcyjności – meczów.

RIO BRAVO

film fabularny

reż. Howard Hawks; 1959, USA

Olbrzym w wymiętym kapeluszu – John Wayne – krzyczały litery z krwistoczerwonego plakatu. *Pogromca kobiet – Dean Martin. I kowboj o dziecięcej twarzy – Ricky Nelson.* Powyżej, największymi literami: *Najbardziej dynamiczny western świata.* W 1962 roku, trzy lata po oryginalnej premierze, nie było to stwierdzenie zgodne z prawdą. Amerykańscy krytycy od początku zarzucali filmowi ospałe tempo... Wystarczyło ono jednak, by rozpętał (wraz z wprowadzonym w tym samym roku „Siedmiu wspaniałych" i nadawanym wkrótce potem serialem telewizyjnym „BONANZA") modę, która trwała u nas przez całą dekadę.

Pozowaliśmy na bohaterów westernów – wspomina aktor Marek Kondrat, który miał wtedy 12 lat. *Mało mówiliśmy, patrzyliśmy spode łba. Ja nawet miałem kolekcję broni ze sklepu z zabawkami. Poza tym ta zachwycającą przyroda. Myśmy się w PRL trochę czuli jak na bezludnej wyspie. Byliśmy w stanie uwierzyć w każdy kit ze względu na tę izolację, która nas dotykała. Dlatego z całą powagą wierzyliśmy w westerny, ale i w lektury z dzieciństwa, tych wszystkich Indian, Guliwerów itd.*

Dodatkowym atutem filmu była ballada „My Rifle, My Pony And Me" wykonana przez Martina z akompaniamentem Nelsona. Dramaturg Janusz Głowacki: *Oglądałem ten film z pięć razy w młodości... Byłem wtedy na wakacjach w Międzyzdrojach i tam było kino letnie. Ekran było widać też z pobliskiej górki, na której siadaliśmy z kolegami, nie płacąc za bilety. Piliśmy wino marki wino, po 3 zł butelka, i przerywaliśmy tylko na nasze ulubione sceny. Np. na duet piosenkarski Rickiego Nelsona i Deana Martina. Kiedy nauczyłem się angielskiego i zrozumiałem, że śpiewają: „Kanion, noc, tylko koń, pistolet i ja", to się trochę rozczarowałem*. Od 26 marca 1967 roku nie trzeba już było kombinować. Film wyemitowała telewizja, wracając do niego przy okazji kolejnych świąt, np. 1 stycznia 1975.

Po latach zastanawia, dlaczego w ogóle zdecydowano się „Rio Bravo" do PRL sprowadzić. Oboraz powstał jako polemika z innym słynnym westernem, „W samo południe" („High Noon", 1952). John Wayne z kolegami postanowili stworzyć postać szeryfa, który nie jest – jak tam – mięczakiem, lecz uosobieniem twardych, prawicowych, amerykańskich wartości...

ROBIN HOOD

serial kostiumowy

(Robin Of Sherwood)

26 odcinków; reż. Alex Kirby; 1984-1986, Wielka Brytania

Rok 1986, program drugi telewizji, godzina 12.00. Czas cotygodniowego rytuału. Oglądania znakomitej, odcinkowej ekranizacji przygód Robin Hooda. Wyprodukował ją walijski oddział telewizji ITV. Pierwsze odcinki nadano w Wielkiej Brytanii w kwietniu 1984 roku.

Serial doczekał się trzech sezonów, które dzielimy na dwa z „czarnym" Robin Hoodem i jeden z „białym". Mowa o kolorze włosów wykonawców głównej roli. Najpierw był to Michael Praed (przez koneserów uznawany za jedynego prawowitego), potem Jason Connery (z tych Connerych).

Praed postawił producentów w trudnej sytuacji. Dostał angaż na Broadwayu i zdecydował się przenieść do Ameryki. *Postanowiłem, że lepiej będzie zapewnić Michaelowi godne odejście i go uśmiercić* – mówił producent Richard Carpenter. *Bohate-*

rowie nie są nieśmiertelni, a największym aktem odwagi jest poświęcenie życia. W tym wypadku poświęcenie dla Marion i Mucha.

Filmowcy nie zainstalowali na jego miejsce nowego człowieka, nie udawali głupich... Connery nie był tym samym plebejskim Robinem, lecz zupełnie inną postacią – synem szlachcica. Zaczerpniętą zresztą z alternatywnej wersji legendy. *Oba przekazy były wiarygodne dla twórcy scenariusza, więc z radością wprowadziliśmy ten drugi i wykorzystaliśmy nową twarz. Nazwaliśmy go Robertem z Huntingdon. Pozostawał Robertem do trzeciego odcinka, w którym oświadczył Marion: „Nie chciałem nazywać się imieniem twojego zmarłego męża". Na co ona: „Ale ludzie cię potrzebują". Naturalnie akceptuje on wtedy imię i rolę wydziedziczonego potępieńca.* Te odcinki także wyemitowano w TVP. Niestety, „Robin Of Sherwood" nie doczekał się już dalszego ciągu, na skutek kłopotów finansowych jednego z producentów.

Poza przystojnymi odtwórcami roli głównej (choć i rudowłosa Marion – Judi Trott – była niczego sobie), których PLAKATY trafiały na ściany pokojów, serial przyciągał mistyczną atmosferą. Carpenter postanowił wzbogacić legendę pogańskimi wierzeniami. Stąd postać Herna, Pana Drzew, który wskazuje drogę bohaterowi. *Pytanie, czy Hern to szaman, czy też – jak niektórzy szamani – chwilami staje się bogiem po odprawieniu pewnych rytuałów...*

Aspekt fantasy podkreślała muzyka irlandzkiej grupy Clannad (z której wywodzi się słynna Enya). *To był dokładnie nasz klimat, jeżeli chodzi o możliwości kompozytorskie i wokalne.* – wspominał jeden z muzyków, Pol Brennan. Większość tematów – włącznie z tytułowym – można znaleźć na płycie grupy zatytułowanej „Legend" (1984). W listopadzie 1987 roku wyemitował ją w „WIECZORZE PŁYTOWYM" Tomasz Beksiński i odtąd Clannad na wieki cieszyć się będzie w Polsce kultowym statusem. Zwłaszcza, że serial jest u nas dostępny na DVD.

Wcześniejsze spotkanie polskich telewidzów z Robin Hoodem odbyło się w październiku 1963 roku. Wielką popularność zyskał wówczas skromny, kręcony w całości w studiu, czarno-biały serial ITV „Przygody Robin Hooda" („The Adventures Of Robin Hood", oryginalnie z lat 1955-1960) z Richardem Greene'em w roli głównej. *Frapująca akcja przyciągnie na pewno do telewizorów wielu młodych widzów* – pisano. *Hood oznacza po angielsku kaptur, jeśli wśród młodzieży przyjmie się moda na kaptury (lansowane obecnie), to w nadchodzącym sezonie wyjdzie to wszystkim na dobre.* Serial wracał potem w „Teleferiach" (1967) i „EKRANIE Z BRATKIEM" (1974).

W świąteczny wieczór 1968 roku, telewizja pokazała amerykański film „Syn Robin Hooda" („Rogues Of Sherwood Forest", 1950), z Johnem Derekiem w roli głównej. W 1977 roku sprowadzono natomiast do kin „Strzały Robin Hooda". W oryginale: „Striełу Robin Guda" (1975, bohatera odtwarzał Borys Chmielnickij), co jasno wskazuje na miejsce produkcji. *Ekipa wytwórni filmowej w Rydze włożyła wiele wysiłku w wierne materialnym realiom odtworzenie epoki* – donosił recenzent. *Trochę zatem żal, że realia polityczne i społeczne, a także aspekty intelektualne legendy zostały poza scenariuszem.* Dysonans kulturowy łagodził trochę polski dubbing (w roli głównej Wojciech Zeidler). W tym samym roku na ekrany wszedł też gorzki „Powrót Robin Hooda" („Robin And Marian", reż. Richard Lester, 1976) z Seanem Connerym w roli starzejącego się bohatera.

ROCKY – patrz STALLONE, SYLVESTER

RODOWICZ, MARYLA

piosenkarka

właśc. Maria Antonina Rodowicz; ur. 8 grudnia 1945 w Zielonej Górze, Polska

Laureatka tytułów Królowej Polskiej Piosenki oraz Madonny RWPG. Uwielbiana przez publiczność, ale i przez peerelowskie władze. Właścicielka drapieżnego głosu i estradowa skandalistka. Miłośniczka szybkich samochodów, a zarazem femme fatale prominentów lat 70... Maryla Rodowicz.

Właściwie już w dzieciństwie, w domu, wpojono

mi zamiłowanie do muzyki, śpiewu – opowiadała w jednym z pierwszych wywiadów. *Chodziłam do podstawowej szkoły muzycznej, grałam na skrzypcach, i jednocześnie uczyłam się w ogólniaku. Były – bo tak to zwykle bywa – występy na szkolnych akademiach, na obozach sportowych i takich różnych uroczystościach. Kiedyś dostałam gitarę, koledzy ze szkoły muzycznej pokazali mi kilka chwytów. Potem już sama starałam się nauczyć czegoś więcej. Idąc do szkoły muzycznej – pod jedną pachą targałam gitarę, pod drugą – skrzypce. Po maturze poszłam na AWF – ta dziedzina zawsze bardzo mnie interesowała, a w sporcie miałam niezłe wyniki.*

Kariera sportowa o mały włos nie stanęłaby na drodze karierze muzycznej. W 1962 roku siedemnastolatka zakwalifikowała się do Festiwalu Młodych Talentów w Szczecinie. Nie wzięła w nim jednak udziału, bo termin kolidował z Lekkoatletycznymi Mistrzostwami Polski Młodzików. Zdobyła tam mistrzowski tytuł w sztafecie 4 razy 100 metrów. Miała też niezłe osiągnięcia jako zawodniczka w biegu 80 metrów przez płotki. Trzy lata później pochłonął ją już jednak big beat. W uczelnianym klubie Relax występowała z zespołem Szejtany, a potem z kabaretem Gag. W roku 1967 przyszły sukcesy na festiwalach piosenki studenckiej, a w 1968 pierwszy występ na festiwalu w OPOLU i nagrania radiowe. Maryla specjalizowała się wtedy w folk rocku, inspirowanym m.in. twórczością Boba Dylana.

Kilkanaście miesięcy później o piosenkarce było już naprawdę głośno. Kolejne Opole wylansowało pierwszy przebój, „Mówiły mu". Artystka pojawiła się poza tym w SOPOCIE, KOŁOBRZEGU i na festiwalach zagranicznych: w Soczi, Varadero (na Kubie, gdzie pstryknęła sobie fotkę z Fidelem Castro), Palermo. Dzięki rekomendacji znanego prezentera Alana Freeda wydała singel w Wielkiej Brytanii i trafiła na antenę RADIA LUXEMBOURG. Rok 1970 stał pod znakiem jej hitu „Jadą wozy kolorowe". Ukazał się też debiutancki longplay – „Żyj mój świecie" (Muza).

Kolejna dekada była już zdecydowanie dekadą Maryli. Zapoczątkowała ją wyjazdem na trasę do Związku Radzieckiego, w którym (podobnie jak w pozostałych demoludach) miała wkrótce zyskać kultowy status. *Na występy przychodziło po 20 tysięcy ludzi. Nakład mojej drugiej płyty w Rosji przekroczył 10 milionów, ale artysta nie miał ani grosza od ilości* – opowiadała. Dodając przy tym: *Pełne hale w NRD, co tydzień występ w telewizji. Nagrałam z 50 piosenek po niemiecku. Pieniądze wsadzało się w buty i żebrało o przepustkę do Berlina Zachodniego. A tam do kantoru i na ciuchy, do kina.*

Te wyjazdy, podobnie jak intensywne koncertowanie w Polsce (*pacyfikowało się kraj województwami – dwa tygodnie w jednym województwie, dwa koncerty dziennie*), pozwoliły jej na wyprowadzenie się z akademika i oddanie pasji motoryzacyjnej. *Lubiłam dobre samochody, ale kupowałam używane, nie stać mnie było na nowe. Moje pierwsze Porsche to nie było prawdziwe Porsche, tylko Volkswagen Porsche 914. Kupiłam je w Berlinie Zachodnim, gdy pojechałam na koncert telewizyjny – ja, ALIBABKI, Tadek Woźniak. Samochód był używany, po wypadku. Zielony... Moje pierwsze Porsche – straszny szpan. Walnęłam nim w drzewo i poszło do kasacji. Drugie,*

Porsche 911, czerwone, kupiłam od Wacka Kisielewskiego.

Wyjątkowe samochody doprowadziły Rodowicz do wyjątkowych mężczyzn. Daniel Olbrychski przejechał się kiedyś potajemnie porszakiem piosenkarki i zostawił jej liścik: *Nieznani fetyszyści porwali Pani samochód, tulę się do kierownicy (na razie).* Wkrótce potem mógł tulić się do właścicielki, bo zostali parą. Aktor dla Maryli zostawił żonę i dziecko. A ta zostawiła go następnie dla Andrzeja Jaroszewicza. Znanego z pasji rajdowej „czerwonego księcia", syna premiera PRL...

W trakcie związku z Olbrychskim, w 1976 roku, powstał jeden z największych przebojów Maryli, „Sing Sing". *To był okres współpracy z Jackiem Mikułą, który grał u mnie na fortepianie. Napisał serię wesołych, rytmicznych piosenek, m.in. „Sing Sing" i jeszcze mnóstwo, bo około kilkudziesięciu innych piosenek. Agnieszka Osiecka napisała z kolei całą serię fantastycznych, pogodnych tekstów i to się zbiegło w czasie.* Dwa lata wcześniej królowała z kolei „Małgośka", z muzyką Katarzyny Gaertner. Utwór powstał w domu kompozytorki na Kaszubach, gdzie panie Rodowicz, Gaertner, Osiecka lubiły spędzać lato. *Nie czułam powołania, żeby napisać „Księgi pielgrzymstwa i narodu polskiego"* – pisała w swoich wspomnieniach autorka tekstu. *W ogóle podobało mi się to nasze polskie country. Jakaś taka wiejska Amerycz-ka, bosa i zbożowa. Lubiłam tego słuchać i z radością to robiłam.*

W 1978 roku Rodowicz wylansowała natomiast słynne „Remedium", którego tekst doczekał się później twórczych przeróbek (*Ściskając w ręku/ kartki na cukier/ patrzeć jak wszystko zostaje w dupie*). Piosenkarka wspomina: *Hala Ludowa we Wrocławiu. Zjazd Pokoleń – partia, ZMS. Jakaś młodzież w czerwonych krawatach. Śpiewam „Wsiąść do pociągu" i cała sala śpiewa ze mną: „Patrzeć jak wszystko zostaje w tyle". Cała sala czerwonych krawatów! Dopiero potem się zastanowili, jakaś władza wyszła na znak protestu...* Naród zapamiętał też wykonanie „Kolorowych jarmarków" JANUSZA LASKOWSKIEGO w Sopocie '77. Ekstrawagancka Maryla pojawiła się na scenie w towarzystwie żywych gołębi.

Koniec dekady Gierka przyniósł piosenkarce lata chude. Współpracowała z grupą Gang Marcela i koncertowała za oceanem. *Zaczęłam jeździć do Ameryki, gdzie grałam po sześć tygodni w stanie wojennym, w zadymionych klubach. Byłam wtedy w ciąży z Kasią. Chyba siódmy miesiąc. Zasłaniałam się gitarą i bębniłam dziecku nad głową. Potem na miesiąc do Rosji, codziennie koncert. Hale po dziesięć tysięcy ludzi. I znów Polska i pół roku siedzenia z dziećmi. I tak upłynęły lata 80...* Dodajmy do tego kuriozalną parodię stylu punk w 1982 roku („Dentysta sadysta" pod szyldem Różowe Czuby) i próbę unowocześnienia brzmienia na płycie „Gejsza nocy" (1986, Muza), z wątpliwym przebojem „Szparka sekretarka". Rok 1989 zastał Rodowicz na koncercie w Chinach.

Po chwilowym zwolnieniu tempa na początku nowej dekady Maryla odzyskała impet. Od 1994 roku zaczęła występować na Gali Piosenki Biesiadnej i wydała płytę „Marysia Biesiadna" (w ramach firmy Tra la la). Ludyczny wizerunek ciągnął się za nią przez kilka lat, dopóki nie nagrała poświęconej Agnieszce Osieckiej piosenki „Łatwopalni"

(1997). Wśród nieskończonego pasma koncertów, jubileuszy, odznaczeń i kolejnych płyt warto wyróżnić album „Kochać" (2005, Sony BMG). Kompozycje i teksty dla weteranki przygotowali na nim młodzi twórcy. Album przywrócił Rodowicz do mainstreamu.

ROUSSOS, DEMIS

piosenkarz

właśc. Artemios Wenturis Roussos; ur. 15 czerwca 1946; w Aleksandrii, Egipt

Właściciel imponującego głosu, imponującej postury, imponujących szat oraz imponujących wymagań stawianych organizatorom koncertów. O trzech ostatnich punktach można się było przekonać w SOPOCIE' 79. W pierwszym należało zdać się na wiarę. Artysta zasuwał bowiem z playbacku...

Artemios, choć z greckiej rodziny, przyszedł na świat w Egipcie. Po kryzysie sueskim w 1956 roku państwo Roussosowie wrócili na Peloponez. Bez grosza przy duszy. Gdy chłopak nauczył się grać na gitarze, fortepianie i trąbce, zaczął zarabiać jako muzyk kabaretowy. Potem przerzucił się na rock, uprawiany ze składami We Five i The Idols. W 1967 roku dołączył do grupy Aphrodite's Child, w której działał też niejaki Vangelis Papathanassiou. To on wpadł na pomysł, że prawdziwą karierę można zrobić tylko w Europie Zachodniej. Po zamachu stanu w Grecji zespół skierował się do Londynu, ale po drodze zatrzymał w Paryżu. Jak się okazało – na dłużej. Muzycy podpisali tam kontrakt płytowy i wydali trzy płyty. Ostatnia, „666" (1972, Mercury), zaliczana jest do kanonu rocka progresywnego. Niestety, skład rozpadł się tuż po jej nagraniu.

Vangelis poszedł potem w kierunku muzyki elektronicznej. Demis zasmakował w piosence pop, inspirowanej tradycyjną muzyką grecką. W 1971 roku ukazała się jego pierwsza solowa płyta – „On The Greek Side Of My Mind" (nakładem firmy Philips, we Francji znana pod tytułem „Fire And Ice"). Dwa lata później wylansował swój największy przebój, „Goodbye My Love Goodbye". Wielki hit także na POCZTÓWCE wydanej w Polsce przez Ruch.

Gdy w 1979 roku zaproszono Roussosa do Sopotu, cieszył się już statusem europejskiej sławy.

Przejawiło się to w specyficznych żądaniach, jakie postawił organizatorom. W samolocie należało dla potężnego artysty zarezerwować dwa miejsca. W Grand Hotelu przygotowano specjalne łóżko. W kontrakcie zapisano też klimatyzację, ale to pozostawało poza zasięgiem krajowego hotelarstwa... Obsługa donosiła podobno do pokoju wiaderka z lodem.

Na scenie Demis pojawił się w białej, powłóczystej szacie ze złotymi ozdobami. I niespecjalnie wysilał się, by ukryć playback. Sensacyjnym momentem było zaproszenie na scenę współprowadzącej festiwal Ireny Dziedzic. Ku zaskoczeniu prezenterki, reżysera spektaklu i widowni artysta postanowił z nią... zatańczyć.

Roussos wrócił jeszcze na estradę PRL, choć w znacznie skromniejszej roli. W 1986 (rok wcześniej znalazł się w samolocie porwanym przez terrorystów; przeszedł wówczas wewnętrzną przemianę, zwrócił się ku Bogu) wystąpił na jubileuszu warszawskiego hotelu Victoria. Od lat 90. przyjeżdża do nas całkiem często, nawet na niewielkie koncerty. Prestiżowy come back zafundowano mu dopiero na festiwalu Sopot 2006. Nie śpiewał co prawda z playbacku. Za to śpiewał słabo.

RÓŻOWA SERIA

serial erotyczny

(Serie rose)

26 odcinków; różni reżyserzy; 1986-1991, Francja

Pod koniec lat 80., gdy system poważnie trzeszczał już w szwach, władze telewizji pozwoliły sobie wpuścić na telewizyjny ekran trochę erotyki. Na początku 1988 roku w kinie nocnym wyświetlono kilka odcinków francuskiego serialu „Różowa seria". *W zakamarkach bibliotek można się natknąć na tajemnicze książki w ozdobnych okładkach* — opowiadał narrator na początku każdego epizodu... A kamera podniecająco błądziła po półkach. *Niektóre zawdzięczamy słynnym pisarzom. Wielu z nich pod własnym nazwiskiem lub pseudonimem obok swoich znanych dzieł pisało dla rozrywki opowieści pełne miłosnych igraszek. „Różowa seria" udostępnia je wrażliwym na piękno i chętnym widzom.*

Literacki pretekst był zapewne powodem, dla którego wyprodukowała to francuska telewizja publiczna FR3. Także u nas usiłowano podciągnąć półgodzinne soft erotyki w XVIII-wiecznych realiach pod sztukę wyższą. Świadczy o tym fakt, że cykl pokazywany w ramach kina nocnego dostał tytuł „Literatura i eros". Gdy powrócił, na jesieni 1988, pokazano w nim również pełne MOMENTÓW filmy krajowe: „Widziadło" czy „Thais".

Z „Różową serią" wiążą się interesujące polonica. Cztery części wyreżyserował emigracyjny skandalista Walerian Borowczyk. A w odcinku „Połowiczne małżeństwo" („Le Demi-mariage", 1990) pokazuje się znana z „Kroniki wypadków miłosnych", a potem z kariery dziennikarskiej Paulina Młynarska. *Zagrałam kilka rozbieranych ról, nie tylko we Francji, ale także w Polsce* — wyjaśniała, gdy po latach wypomniano jej tę przygodę. *Nigdy jednak nie zarabiałam w porno-biznesie, co sugerowała brukowa prasa. Film, który wywołał taką burzę, był jednym z odcinków „Różowej serii" — popularnego w latach 80. serialu komedyjek francuskich. Debiutowało tam wiele młodych aktorek*

i aktorów we Francji, a filmy były reżyserowane przez dobrych reżyserów. Mój agent poradził mi, żebym wzięła tę rolę.

Odcinek z udziałem Młynarskiej dołączono w roku 2006 na DVD do pisma „TV Okey!". Znalazła się w dobrym towarzystwie, bo z innym numerem można było kupić epizod, w którym zagrała Penelope Cruz.

RUBIKA KOSTKA
zabawka

Wynalazek z lat 70. – modny w kolejnej dekadzie. Twórcą obrotowej kostki podzielonej na mniejsze sześciany (które należy ułożyć w porządku kolorystycznym) był Węgier. Rzeźbiarz i profesor architektury Erno Rubik.

„Magiczną" kostkę – w jego ojczyźnie nie używa się nazwiska, tylko określenia buvos kocka – wymyślił w 1974 roku. Rok później wystąpił o patent. Niestety, tylko lokalny, co przysporzyło mu potem prawnych kłopotów... Do węgierskich sklepów produkt trafił w 1977 roku. Dwa lata później licencję kupiła amerykańska firma Ideal Toy. Na początku 1980 roku zaprezentowano kostkę na międzynarodowych targach zabawkarskich. W maju węgierska fabryka rozpoczęła eksport.

Od tego momentu świat zabawek nie był taki sam. Wcześniej na Węgrzech sprzedano kilkaset tysięcy sztuk, a w ciągu dwóch lat na świecie rozeszło się ponad sto milionów kostki Rubika. Szaleństwo dotarło także do Polski. O oryginalny produkt było trudno, koniunkturę wyczuło jednak krajowe rzemiosło. Jego wyroby były toporne, ciężko się obracały (można było to usprawnić za pomocą kremu do golenia) i odpadały z nich naklejki z kolorami...

To ostatnie miewało swoje zalety. Co bardziej zdesperowani użytkownicy, chcąc zaimponować komuś wynikami, przeklejali po prostu kolory w odpowiednim porządku. Uczciwi studiowali metody rozwiązania łamigłówki drukowane na łamach „Przekroju" czy „MŁODEGO TECHNIKA" i ćwiczyli się w sztuce. Najszybszych pokazywano w telewizji, choć nie było jeszcze – jak dziś – sformalizowanych zawodów tzw. speedcubingu.

Rubikomania zachęciła warszawskie Muzeum Techniki do rozpisania konkursu na polskie gry i zabawy logiczne. Finał odbył się w 1982 roku. W roli przewodniczącego stawił się osobiście pan Erno. Uczestnicy zdarzenia zapamiętali, że otworzył pokonkursową wystawę, przecinając wstęgę swoją kostką i że był małomówny, nieprzystępny. Trafiliśmy chyba w zbyt intensywny czas. *Przez trzy lata całkowicie porwało mnie to szaleństwo* – wspominał Rubik po latach. *Podróżowałem po całym świecie, nie widząc niczego poza hotelami, lotniskami i miejscami spotkań. Walczyłem też o swoje prawa. Jasne, że było to ekscytujące, ale też bardzo trudne i męczące...*

RUBIN
odbiornik telewizyjny

Przewinęło się przez PRL trochę kolorowych odbiorników telewizyjnych, ale żaden nie zyskał takiej sławy jak Rubin. Czy – uściślijmy – Rubin z serii 700. Dostępny w latach 70. Moskowskoj Telewizornyj Zawod Rubin działał bowiem i wcześniej,

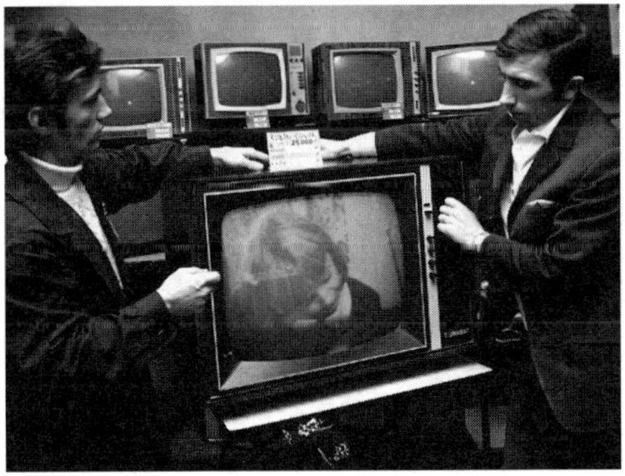

produkując odbiorniki czarno-białe. A potem z powodzeniem kontynuował działalność – dziś powstaje tam nawet sprzęt z wbudowanym DVD... Od 1972 roku Rubiny wytwarzały też na licencji Warszawskie Zakłady Telewizyjne (model 714p).

Odbiornik miał popularyzować w kraju telewizję barwną (nadawano ją od 1971), ale kolorowy był tylko formalnie. Za pomocą charakterystycznych suwaków można było uzyskać co najwyżej większy lub mniejszy odcień zieleni, czerwieni lub niebieskiego. Ustrojstwo niesamowicie się nagrzewało, w tajemnicy utrzymywano fakt wydzielania ponadnormatywnych ilości promieniowania alfa i beta. Nie wiedzieliśmy więc, że mamy w domu mini-Czarnobyl. Żadną miarą nie dało się natomiast ukryć wybuchowych skłonności wynalazku.

Mówiąc z grubsza: radzieccy konstruktorzy poprowadzili bardzo wysokie napięcie (konieczne do układów lampowych) tuż obok materiałów izolacyjnych wykonanych z... tektury. Wystarczyło przebicie, by doprowadzić w najlepszym wypadku do przepalenia odbiornika – w najgorszym do eksplozji połączonej z kłębami gęstego dymu. Dodajmy, że w polskich domach na telewizorze leżała zwykle serwetka, a stąd już krok tylko do firanek... W okolicach stanu wojennego obliczano, że na terenie każdego województwa płonęło rocznie 20-30 odbiorników. A ostatnie przypadku rubinowych pożarów notowano jeszcze w początkach XXI.

Generalnie epoka Rubinów skończyła się na początku lat 80. WZT wypuściły wtedy model polskiego telewizora kolorowego, Jowisz. Dołączył do niego później coraz bardziej przystępny cenowo import z krajów azjatyckich.

RUMCAJS

serial animowany

(O loupežniku Rumcajsovi)

39 odcinków; reż. Ladislav Čapek; 1967-1984; Czechosłowacja

Najsłynniejszy – po JANOSIKU i ROBIN HOODZIE – zbójnik przed wstąpieniem na drogę banicji był szewcem w Jiczinie (miasteczko autentyczne, w 1973 roku nasza telewizja pokazała nawet o nim reportaż: „Śladami Rumcajsa"). Któregoś razu obstalował u niego buty starosta. Panowie poróżnili się, gdy rzemieślnik nie wyraził zachwytu nogami klienta... W odwecie ten wygnał go z miasta. Rumcajs zaszył się w pobliskim lesie Rzaholec, po którym biegał z charakterystyczną flintą.

Nie czynił jednak nikomu krzywdy. Weźmy atak na starostę: *Rumcajs po rozbójnicku zaświstał przez zaciśnięte zęby. Na ten znak od strony Rzaholca przyleciało siedem szerszeni, a każdy z nich był wielki jak ptaszek. Rumcajs wsadził te szerszenie pod kapelusz na głowie starosty. Od tej pory ilekroć jiczińskiego starostę zaczęło nachodzić lenistwo, szerszenie zaczynały brzęczeć ostrzegawczo.*

Jak na rebelianta, utrzymywał też Rumcajs całkiem poprawne stosunki z księciem panem (cechy charakterystyczne: niemiecki kapelusik i przekleństwa po francusku: *sacrebleu!*). Syn zbójnika – Cypisek – był nawet w zamku na posługach. Generalna niechęć do feudalnej władzy ładnie się jednak wpisywała w socjalistyczne ideały.

Można to wszystko przeczytać w książkowej opowieści Vaclava Čtvrtka. Opublikowanej u nas w trzech tomach: „Rumcajs", „Cypisek", „Hanka" (Nasza Księgarnia) na początku lat 80. Popularny pisarz dla dzieci wymyślił dobrodusznego zbója znacznie wcześniej. Bajka po raz pierwszy pojawiła się w Czechosłowacji w 1946 roku, jako słuchowisko radiowe. Dwie dekady później formę graficzną nadał jej rysownik Radek Pilar.

W listopadzie 1967 roku pojawił się w tamtejszej telewizji pierwszy, czarno-biały jeszcze, odcinek kreskówki „O loupežniku Rumcajsovi". Przygody bohaterów relacjonował narrator (w polskiej wersji wcielił się w niego Bogusław Sochnacki). Początkowo zaplanowano 13 części serialu. Popularność skłoniła producentów do przygotowania kolejnych sezonów. Ostatni, 39 odcinek, trafił na ekrany w 1984 roku.

„O rozbójniku Rumcajsie" po raz pierwszy pokazano w Polsce 3 lipca 1970 roku. Serial pojawiał się następnie w ramach piątkowej dobranocki. W 1974 roku powstał musical „Przygody Rozbójnika Rumcajsa" z muzyką Katarzyny Gaertner i librettem Ernesta Brylla. Po raz pierwszy wystawiono go w warszawskim Teatrze Polskim. Potem były Olsztyn, Jelenia Góra, Kielce, Gdynia... Sztuka do dziś gości w teatrach całego kraju.

SABRINA

piosenkarka

właśc. Sabrina Salerno; ur. 15 marca 1968 w Genui, Włochy

Ech, cóż to był za klip... Drink z palemką, basen w miejscowości turystycznej i artystka przegrywająca walkę z mokrym, niesfornym stanikiem. Te zmagania naprawdę wciągały. Z rozmiarem 36D (autentycznym, certyfikowanym u chirurga plastycznego) mogła konkurować tylko SAMANTHA FOX. OK, koneserzy cenią jeszcze Wojciecha Manna, parodiującego piosenkarkę w audycji „Mądrej Głowie"... Mowa o „Boys (Summertime Love)". 1987 rok. Najpopularniejszy przebój Sabriny.

W rodzinnych Włoszech dała się poznać już wcześniej. Jako zwyciężczyni lokalnego konkursu piękności, modelka i ozdoba programu „Premiatissima", nagrała w 1985 roku dance'owy utwór „Sexy Girl". *Nie przypuszczałam, że od tego momentu sprawy potoczą się w tak gwałtownym i niespodziewanym kierunku* – wspomina. *Że taniec w telewizji przerodzi się w nagrania, potem film, następnie studia, film dla telewizji, wciąż taniec, śpiew, wyrabianie stylu i tak dalej, i tak dalej... Sabrina Salerno stała się cudowną maszynką do robienia pieniędzy.*

W 1987 ukazał się pełnowymiarowy debiut płytowy, ze wspomnianym na wstępie hitem. Już rok później Sabrina robiła za gwiazdę festiwalu w SOPOCIE. Odsłoniły się tam, niestety, jej mizerne możliwości wokalne. A także ultrakrótkie dżinsowe szorty. Zdjęcia pokazujące ich zawartość stały się sensacją w ówczesnej prasie kolorowej... *By wynagrodzić straty artystyczne, gwiazda ściągnęła bluzkę i uraczyła nią jednego z rozegzaltowanych młodzieńców* – czytamy w relacji. *Boys szaleją, rzucają kwiaty i skandują imię. Pani Torbicka dementuje plotki, jakoby pozostałe części garderoby też miały być rzucane.*

Z jadem odnotowano pozaestradowe aspekty wizyty: *Wyraźnie lubią Sabrinę w programie „102", gdzie na zaproszenie redakcji zjawiła się w towarzystwie opiekunki, menedżera i przedstawiciela Pagartu. Zamiast kilku słów od nich samych usłyszeliśmy pojedyncze czkanie pochodzące praw-*

dopodobnie z ust opiekunki. Prowadzący program zaprezentował widzom dwa roznegliżowane zdjęcia „idolki", niedwuznacznie wskazujące na profesję, jaką zdaje się uprawiać piosenkarka w chwilach wolnych...

W 1988 ukazał się drugi album wokalistki („Super Sabrina"), ale nikt już nie miał do niej w Polsce głowy. Tym bardziej dotyczyło to późniejszej kariery, gdy zdarzało się jej nagrywać płyty wyłącznie w języku włoskim (np. „Maschio dove sei?", 1996). Ostatnim – jak dotąd – muzycznym dokonaniem Sabriny jest udostępniona w 2006 roku w internecie piosenka „I Feel Love (Good Sensation)".

SALONY GIER ZRĘCZNOŚCIOWYCH – patrz AUTOMATY

SAMI SWOI

cykl filmów fabularnych

reż. Sylwester Chęciński; 1967-1977; Polska

Kultowa komedia, która doczekała się dwóch sequeli: „Nie ma mocnych" (1974) i „Kochaj albo rzuć" (1977).

Pomysłodawcą opowieści o dwóch skłóconych rodzinach zabużan był scenarzysta Andrzej Mularczyk. Wedle klasycznych wzorów komediowych zestawił przeciwstawnych bohaterów: Kaźmierza Pawlaka, *który uważał, że żyje nie tylko na ziemi, ale i dla ziemi, i chyba dlatego od tej ziemi zbytnio nie odrósł.* Oraz Władysława Kargula, który *nie szedł, tylko kroczył, nie mówił, tylko dudnił jak listopadowy deszcz w zardzewiałej rynnie...* Inspiracje przyszły z historii rodzinnej: *Prototypem Pawlaka jest mój stryj Jaśko Mularczyk, którego dzieje i temperament stoją u genezy postaci filmowej. Stryj jest rolnikiem, gospodarzy we Wrocławskiem – często go odwiedzam, nasycając się kolejnymi porcjami z jego życiorysu...*

Jednym z czynników decydujących o sile tych filmów stało się użycie kresowego dialektu. Pomysł nie wyszedł od Mularczyka – scenariusz napisany był literacką polszczyzną. Kluczowe okazało się obsadzenie roli Kargula. Reżyser, Sylwester Chęciński, początkowo widział w niej Jacka Woszczerowicza. Gdy ten nie mógł się stawić ze względu na kłopoty zdrowotne, pomyślano o Wacławie Kowalskim (z którym reżyser pracował wcześniej przy filmie „Agnieszka 46"). *Miał w sobie tak potęż-*

ną vis comica, że trzeba go było dobrze pilnować, by nie wypadał zabawnie w dramatycznych sytuacjach — wspomina Chęciński. *Urzekł mnie swym zabużańskim narzeczem, więc zacząłem myśleć o kręceniu filmu w dialekcie.* Nie radził z tym sobie, niestety, drugi główny aktor — Władysław Hańcza obsadzony w roli Kargula. W finalnej wersji podkłada więc za niego głos Bolesław Płotnicki.

Plenery znaleziono w Dobrzykowicach pod Wrocławiem (dom ze słynnym płotem: — *Pawlak, podejdź no do płota. — A na co to mnie? — Podejdź! Bo i ja podchodzę!*) oraz Lubomierzu (sceny w miasteczku). Przez trzy miesiące 1967 roku ekipa pracowała w obejściu autentycznych repatriantów. *Gospodarze byli bardzo przyjaźni i pomocni* — wspomina Chęciński. *Nie raz częstowali nas prawdziwymi frykasami, na przykład kwaśnym mlekiem z ziemniakami. Oni na początku byli bardzo przejęci i urzeczeni tym, że kręcimy film, ale z czasem trochę ich chyba zmęczyliśmy. Na szczęście udało się wytrwać do końca zdjęć.* Sceny wnętrz kręcono we wrocławskiej Wytwórni Filmów Fabularnych.

Premiera „Samych swoich" (tytuł roboczy: „I było święto") odbyła się we wrześniu 1967 roku. Zachwycili się filmem krytycy: *Rzadko udaje się u nas wyprodukować dobry film komediowy, a cóż mówić o komedii wiejskiej! Tymczasem okazuje się, że nie jest to niemożliwe, jeżeli sięgnie się do narodowej spuścizny komediopisarskiej. Jest to skarbiec nieprzebrany, gdzie można znaleźć wzory na każdą okoliczność...* Zachwyciła się widownia. Film obejrzało ponad 31 milionów widzów. Więcej — 32 miliony — w historii polskiej kinematografii zgromadzili tylko „Krzyżacy".

Mimo sukcesu Chęciński nie palił się do kontynuacji. *Zespół filmowy, władze, środki masowego przekazu, wszyscy wywierali na mnie presję, żebym robił dalsze części. Bardzo się przed tym wzbraniałem. Byłem młody, ambitny, mierzyłem wyżej.* Złamał się, gdy zaproponowano umieszczenie bohaterów w jednym z odcinków serialu telewizyjnego „Droga" (zdjęcia — 1973, premiera — 1975). *Nakręciłem sekwencję polowania. Po jej obejrzeniu powiedzieli mi, że byłoby grzechem odpuścić taki temat i muszę to kręcić dalej. Skończyło się, jak przewidywałem. Zrobił się z tego film fabularny „Nie ma mocnych".*

Sequel wszedł na ekrany w maju 1974 roku. Pogodzeni już Kargul z Pawlakiem usiłują w nim znaleźć męża dla swojej wnuczki, Ani (w tej roli zjawiskowa Anna Dymna). Ponownie przydały się doświadczenia stryja Mularczyka: *Stanął przed nim problem spuścizny: komu przekazać ziemię, którą tak głęboko ukochał? Autentyczne pragnienie stryja, by mieć kontynuatora, stało się bezpośrednim impulsem do napisania scenariusza „Nie ma mocnych"...* Ponad 8 milionów widzów.

Na trzecią część nie trzeba było czekać długo. Udało się zachować świeżość, bo akcja „Kochaj albo rzuć" (roboczy tytuł: „Big Deal") rozgrywa się w Chicago. Część ekipy udała się na miesiąc do Stanów, by kręcić m.in. zdjęcia uliczne (stąd np. długa scena parady — chciano maksymalnie wykorzystać zgromadzony materiał). Reszta pracowała w Polsce. Wnętrza amerykańskiego mieszkania, w którym zatrzymali się bohaterowie, zbudowano na przykład w warszawskim studiu. W stolicy była też kręcona scena w rozgłośni radiowej, z udziałem

Jana Pietrzaka. Po premierze, w czerwcu 1977 roku, do kin stawiło się 9 384 135 widzów.

Popularność trylogii nie zmniejszyła się – wręcz przeciwnie – po 1989 roku. To murowany hit przy kolejnych, świątecznych przeważnie, emisjach telewizyjnych (pierwsza: Wigilia 1970). W latach 1993-1994 Mularczyk opublikował trzy tomy książkowych nowelizacji swoich scenariuszy (wydawnictwa Akapit i Edytor). W 2000 roku, na zlecenie telewizji Polsat, czarno-białych w oryginalne „Samych swoich" poddano w USA procesowi koloryzacji. Taka wersja ukazała się na DVD. Od 1996 roku w Lubomierzu działa Muzeum Kargula i Pawlaka, a w roku 2006 odsłonięto pomnik bohaterów w Toruniu.

SANDRA

piosenkarka

właśc. Sandra Ann Lauer; ur. 18 maja 1962 w Saarbrücken, RFN

Gdy mowa o wokalistkach pop lat 80., wymienia się ją zwykle obok SAMANTHY FOX i SABRINY... Owszem, Sandra z równą częstotliwością pojawiała się na PLAKATACH, ale nie dysponowała podobnymi, hm, atutami. Nie chciała się nawet rozebrać! Rzekoma sesja dla „Playboya" okazała się fotomontażem. Podobnie jak koleżanki, cechowała ją za to obfita fryzura, co wykorzystał w 1986 roku w reklamie producent lakieru do włosów.

Córka Niemki i Francuza (który zajmował się w RFN handlem winami), piosenkarską karierę zaczęła już jako dwunastolatka. W 1974 roku ukazał się jej pierwszy singel, „Andy mein Freund". Pełna przepychu, festiwalowa aranżacja kontrastowała z cienkim głosem dziewczynki.

Trzy lata później Sandra dołączyła do dziewczęcej grupy Arabesque, która w Europie wielkiej kariery nie zrobiła. Powaliła za to na kolana uwielbiającą lolitki Japonię. Artystka nie wspomina tego czasu najlepiej. *Przez siedem lat podróżowałam z tym zespołem, głównie po Japonii i Hongkongu, a chciałam bywać częściej w Europie* – wyznała w 2006 roku na konferencji prasowej w Polsce. *Nagrałyśmy wtedy siedem albumów i nigdy nie czułam się dobrze w tej muzyce. Chciałam tworzyć coś własnego. Nie utrzymywałam więcej kontaktu z dziewczynami, ponieważ trochę mnie oszukały. Musiałam dopłacać do podatków i to nie było dla mnie zabawne. Wiem tylko, że Jasmin* (Vetter) *obecnie mieszka w Kairze i wyszła na mąż za Araba. A co do Michaeli* (Rose), *to nie mam pojęcia.*

Plusem tej przygody okazało się spotkanie Mi-

chaela Cretu. Pianista wspomagał w 1981 roku Arabesque na koncertach w Tokio. Starszy o pięć lat, upatrzył sobie nastolatkę i pomógł jej zaistnieć solowo. W 1984 roku wyprodukował singel „Japan ist weit" – niemieckojęzyczną wersję utworu grupy Alphaville „Big In Japan". Prawdziwą popularność przyniosła Sandrze jednak rok później piosenka „(I'll Never Be) Maria Magdalena", przygotowana wspólnie z producentem Hubertem Kahem.

Pod koniec 1985 roku ukazał się debiutancki album wokalistki, „The Long Play" (Virgin). Zawierał dyskotekowe kawałki o elektronicznych brzmieniu. Wśród późniejszych hitów wyróżniały się „Hi! Hi! Hi!" (1986), „Midnight Man" oraz „Everlasting Love" (1987). Ten ostatni to przeróbka kompozycji spopularyzowanej w latach 60. przez brytyjską grupę Love Affair.

Od końca lat 80., gdy Sandra wzięła ślub z Cretu, zaczęła powoli ograniczać obecność na scenie pop. Jednym z ostatnich akcentów był występ w Sopocie, w 1990 roku, podczas wyborów Queen Of Europe. Dostała wtedy od polskich fanów swój wielki namalowany portret. W tym samym roku zaśpiewała w projekcie Michaela, nazwanym Enigma. Płyta „MCMXC AD" (Virgin), nawiązująca do chorałów gregoriańskich, odniosła fenomenalny sukces na całym świecie.

Pierwszej poważne próby powrotu solowej Sandry przypadają na 2002 rok. Chodzi o album „The Wheel Of Time" (Virgin). Prawdziwym wzięciem cieszyły się jednak nowe wersje starych hitów zebrane na płycie „Reflections" (2006, Virgin). Dawny repertuar artystka przedstawiła 3 czerwca 2006 na dużym koncercie w Płocku.

SATURATOR

urządzenie spożywcze

Dawno, dawno temu, zanim skrót SMS nabrał znaczenia telekomunikacyjnego, oznaczał Spółdzielnię Mechaników z warszawskiej ulicy Konstruktorskiej. Zakład funkcjonuje od 1948 roku. W połowie lat 50. rozpoczął produkcję sprzętu spożywczego. Obok młynków czy zaparzaczy do kawy pojawił się saturator. Mobilne urządzenie do nasycania płynu bąbelkami, następca popularnych przed wojną budek z wodą sodową.

Zestaw przypominał chłodziarkę na dwóch motorowerowych kółkach. Blat pokryty był sitem, w którym umieszczono niewielki natrysk (teoretycznie służył do mycia szklanek). W centralnym punkcie prężył się kranik uzupełniony zbiorniczkiem na sok. Wodę czerpano prosto z hydrantu. Nasycenie gazem zapewniała ukryta pod spodem duża butla. Uzupełnieniem całości mogła być gustowna, chroniąca przed słońcem parasolka.

Rzadziej spotykaną odmianą był importowany z

ZSRR samoobsługowy sprzęt przypominający dzisiejsze maszyny do kawy. Po wrzuceniu pieniążka (woda sodowa lub woda sodowa z sokiem) chwytało się przytwierdzoną drutem szklankę, do której spływał napój...

Klasyczny zestaw saturatorowy, obsługiwany przez odzianego w biały fartuch sprzedawcę, instalowano w ruchliwych punktach miast. Brak zaplecza sanitarnego oraz wątpliwe walory higieniczne wielorazowych szklanek sprawiły, że sprzedawany w ten sposób napój („czysta" kosztowała 30 groszy, „z sokiem" — złotówkę, „z podwójnym sokiem" — dwa złote) nazywano „gruźliczanką". Trafienie prawie celne — na początku lat 60. stacje sanitarno-epidemiologiczne walczyły z saturatorami jako nośnikiem wirusowego zapalenia wątroby. Społeczny opór nie pozwolił jednak przenieść urządzeń do kiosków.

Wobec permanentnego deficytu napojów gazowanych saturatory królowały na ulicach aż do końca lat 80. Upamiętnił je w piosence „Złote żniwa" zespół WAŁY JAGIELLOŃSKIE: *Tato/ rzuć sałatą/ kupmy sobie saturator...* Pojedyncze egzemplarze funkcjonują dziś na zasadzie atrakcji. Kubeczki są jednorazowe, woda pochodzi z kupowanych w hurtowniach zbiorników.

SĄSIEDZI

serial animowany

(A je to!)

78 odcinków, reż. Lubomir Beneš, 1976-2004, Czechosłowacja

Gdy kreskówkowi Beavis i Butt-head dokonywali w swoim domu jakiejś demolki, stacja MTV umieszczała na ekranie ostrzegawczy napis, by w żadnym razie nie powtarzać tego samodzielnie. Dwie dekady wcześniej podobnymi problemami zajmowało się ministerstwo kultury Czechosłowacji. Opowieść o dwóch sąsiadach destruktorach uznano za groźną dla dzieci. Niedostatecznie socjalistyczną w treści. A w dodatku spiskową... Kolory ubrań bohaterów: czerwony i żółty, miały rzekomo nawiązywać do dwóch komunistycznych potęg, Związku Radzieckiego i Chin. Twórcy serialu, Lubomir Beneš (reżyser) do spółki z Vladimirem Jiránkiem (scenarzysta), popukali się w czoło, spakowali manatki i przenieśli do Bratysławy. Słowacka część telewizji uchodziła wtedy za bardziej liberalną.

Działo się to w 1979 roku. Trzy lata wcześniej powstał pilotażowy film w konwencji kukiełkowej animacji, zatytułowany „Kutaci" („Druciarze"). Opowiadał o tym, jak niebezpieczna może być

konsumpcja jajka i nie miał jeszcze charakterystycznej muzyki Petra Skoumala (zagranej w większości na harmonijce ustnej). Nie wiadomo było zresztą, czy nastąpi jakakolwiek kontynuacja.

Dopiero po nakręceniu w Bratysławie kolejnego odcinka, „Tapety", stało się jasne, że będzie z tego serial. Z własnym tytułem: „A je to!" („I to wszystko!"). W 1989 roku zmieniono go na „Pat a Mat", od świeżo nadanych bohaterom imion (pomagały sprzedawać licencje na zachodnie rynki). W Polsce od zawsze oglądaliśmy „Sąsiadów".

Do 1985 roku na Słowacji powstało blisko 30 odcinków przygód dwójki niefrasobliwców. W 1989 produkcja wróciła do Czech (Kratky Film Praha), gdzie zrealizowano sześć epizodów. Kolejnych 14 powstało w latach 1992-1994, już w studiu prywatnym (AIF). Od 2003 roku kręceniem „Sąsiadów" para się nowy właściciel praw do postaci: Bonton Zlin. Jako że Lubomir Beneš zmarł w 1995 roku, reżyserią zajmowało się kilka osób, w tym syn twórcy oryginału – Marek. Ostatni jak dotąd odcinek, „Choinka" („Vánočni stromeček"), powstał w 2001 roku.

SCHWARZENEGGER, ARNOLD

aktor

właśc. Arnold Alois Schwarzenegger; ur. 30 lipca 1947; Grazu, Austria

Austriacki emigrant, który zaczynał amerykańską karierę od kulturystyki, a skończył jako gubernator Kalifornii. Dla nas najważniejszy jest jednak jego podbój Hollywood. Wszystkie filmy z udziałem Arniego były hitami polskich wypożyczalni WIDEO w latach 80.

Nie liczymy beznadziejnego – nawet na ówczesne standardy – „Herkulesa w Nowym Jorku" („Hercules In New York", 1970). Ani dzieł o rozwoju mięśni (zwłaszcza że chłopak kombinował ze sterydami). Prawdziwy sukces przyszedł z „Conanem": „Barbarzyńcą" („Barbarian", 1982) i „Niszczycielem" („Destroyer", 1984). Arnold był stworzony do roli osiłka z mieczem w dłoni. Dodatkową zaletę stanowił fakt, że nie musiał wiele mówić (niemiecki akcent pozostał mu do dziś). Pytanie z ekranu: *Co jest najlepsze w życiu?* Conan: *Zgniatać wrogów, widzieć, jak wloką ich przed tobą, i słyszeć płacz ich kobiet...*

Kolejna wielka rola Arnolda to „Terminator" (1984). Trzy lata po światowej premierze wprowadzony także do naszych kin pod uroczym tytułem „Elektroniczny morderca". Rewelacyjny thriller science fiction, w którym Schwarzenegger gra robota usiłującego zmienić przeszłość w stawce ludzie kontra maszyny, nie zestarzał się do dziś. Kultowa kwestia: *Wrócę tu* (przed wjechaniem samochodem w recepcję komisariatu).

Miłośników wideo rozpalało też do czerwoności „Commando" z 1985 roku. Szczególnie scena, w której eks-komandos o proroczym nazwisku Matrix przygotowuje się do walki. Schwarzenegger maluje twarz w maskujące barwy i obwiesza arsenałem, w skład którego wchodzą m.in. pistolet maszynowy Uzi, strzelba Remington 870 czy karabin maszynowy M60E3 z efektownym pasem nabojów. W pamięć zapadał piękny tekst wypowiedziany po zrzuceniu w przepaść złoczyńcy: – *Co zrobiłeś z Sullym? – Puściłem go.*

Socjalistyczny przemysł rozrywkowy mógł to wszystko strawić dopiero w 1988 roku. Wtedy „Commando" trafiło do kin. A prasa biadoliła: *W witrynie warszawskiego kina Relax wisi plakat. Arnold Schwarzenegger napina potężne bicepsy, oczy, ukryte pod zmarszczonymi brwiami, taksują przechodniów groźnym spojrzeniem. Przed plakatem stoi kilku chłopców, na oko – piąta, szósta klasa. Podziwiają „muskulaturę" Arnolda. Chcieliby być tacy jak on. Jacy będą, gdy dorosną?*

Jedynym filmem Schwarzeneggera, który pokazano w miarę szybko – rok po premierze – był sensacyjny „Raw Deal" (1986). Może dlatego, że bohater nazywał się tam Kaminsky? Do kin rzecz trafiła pod koszmarnym tytułem „Jak to się robi w Chicago". Fantastyczny „Predator" (1987) pozostał na etapie wypożyczalni, podobnie jak filmy z końca dekady, będące próbą zmiany wizerunku aktora (np. komedia „Bliźniacy" – „Twins", 1988).

Arnold nigdy już nie zyskał popularności na miarę tej z lat 80. – mimo udanych filmów, jak „Bohater ostatniej akcji" („Last Action Hero", 1993), „Prawdziwe kłamstwa" („True Lies", 1994) czy „Egzekutor" („Eraser", 1999). Jego karierę podtrzymują głównie kolejne „Terminatory". Poza tym zajął się wżenianiem w klan Kennedych, karierą polityczną i prowadzeniem pojazdów typu Hummer.

SEGMENT – patrz MEBLOŚCIANKA

SEKSMISJA

film fabularny

reż. Juliusz Machulski; 1984, Polska

Jeśli nie liczyć dziecięcej „AKADEMII PANA KLEKSA" – to największy przebój polskiego kina lat 80. 11 164 329 widzów, 76 milionów złotych zysku w ciągu dwóch miesięcy wyświetlania. Szaleństwo frekwencyjne w krajach ościennych. I – do dziś – kultowy status.

„Seksmisja" była zaledwie drugim dziełem reżysera Juliusza Machulskiego. Po sukcesie debiutanckiego „Vabanku" (1981) filmowiec miał już jednak status złotego dziecka polskiego kina. Pozwoliło to porwać się na niewyobrażalne w środku stanu wojennego przedsięwzięcie – produkcję science fiction z dużą dawką erotyzmu, w dodatku najeżoną politycznymi aluzjami.

Majstersztyk, choć ówcześni krytycy zarzucali zapożyczenia z amerykańskiej „Ucieczki Logana" czy nawet słuchowiska radiowego „Matriarchat" Marcina Wolskiego. Dwóch zahibernowanych mężczyzn pozostaje w tym stanie dłużej niż planowano (mieli być obudzeni po trzech latach od roku 1991 – wylądowali w 2044). Nowy świat przeżył wojenną apokalipsę. W jej wyniku pozostała społeczność musi żyć pod ziemią i składa się wyłącznie z kobiet. Z przyrostem naturalnym panie radzą sobie za pomocą partenogenezy (dzieworództwa)...

Państwo kobiet wymagało dużej liczby statystek. Na początku 1983 roku w prasie pojawiły się więc następujące ogłoszenia: *W związku z realizacją zdjęć do filmu „Seksmisja" w kopalni soli w Wieliczce, realizatorzy filmu poszukują młodych (18-35 lat) wysportowanych kobiet, które zagrałyby w epizodach. Film jest z gatunku science fiction. A więc odpowiedni wiek, minimum 165 cm wzrostu, wolny czas od 1 do 15 lutego i... na plan w Wieliczce. Kandydatki proszone są o zgłaszanie się w KDK, Rynek Główny 27 w sali Drewnianej w godz. 11-14, 16 stycznia br.*

Machulski od początku wiedział, kogo obsadzić w jednej z dwóch głównych ról. Gapowatego Alberta Starskiego miał zagrać Olgierd Łukaszewicz. Wątpliwości budziła postać swojskiego cwaniaka, Maksa Paradysa. Po wizji lokalnej w Wieliczce, przeznaczonej na sceny podziemne (resztę nakręcono w Łodzi i Łebie), reżyser zatrzymał się w krakowskiej kawiarni SPATIF-u. Traf chciał, że był tam Jerzy Stuhr... Panowie przypadli sobie do gustu pod względem poczucia humoru. Problem wydawał się rozwiązany. Do momentu, gdy dowiedziało się o tym kandydacie kierownictwo Zespołu Filmowego Kadr. *Wszyscy jak jeden mąż orzekli, że to jest rola nie dla Stuhra* – wspominał Machulski w swoich wspomnieniach. *Pamiętano go z ról w filmach moralnego niepokoju. Pewnie wszystkim się wydawało, że naturalność Jurka przed kamerą, tak bardzo na miejscu w tych quasi-dokumentalnych filmach, w komedii, w dodatku komedii science fiction, nie sprawdzi się zupełnie. Mnie właśnie ta naturalność natchnęła do rozwiązania roli Maksa jako „naszego człowieka w kosmosie".*

Genialne wyczucie. Większość kwestii, które funkcjonują dziś nawet w języku potocznym, trudno sobie wyobrazić bez interpretacji Stuhra. Weźmy słynne: *Ciemność, widzę ciemność! Ciemność widzę!* (w 2003 sparafrazowano tekst w reklamie rozgłośni RMF FM – Machulski przegrał proces o odszkodowanie). Albo: *Kobieta mnie bije...* To właśnie Stuhrowy Maksio zapędził się przed Zgromadzeniem Kobiet, które twierdziło, że Kopernik i Einstein były istotami płci żeńskiej... *A może Curie-Skłodowska też?* Pozwalał sobie na refleksję: *Sfiksowałyście, boście chłopa dawno nie miały!* On też ucieszył się na widok flaszki WINA MARKI WINO: *Nasi tu byli!* I potrafił odnaleźć nawet w sytuacji, gdy przyłapano go w cudzej szafie: *Dzień dobry! Zastałem Jolkę?* Stuhr dojeżdżał na plan z Krakowa – gdzie wciąż grał w teatrze – nawet taksówką.

Znakomitym pomysłem było też zaangażowanie do roli rządzącej kobiecym światem Jej Ekscelencji mężczyzny – Wiesława Michnikowskiego (*To nas tu o mało nie wykastrowały, a ty cycki sobie będziesz, Cyganie, przyprawiał?*). Aktor zadedykował rolę swojemu mistrzowi, reżyserowi teatralnemu Erwinowi Axerowi. *Podczas mojego pobytu we Współczesnym Axer wielokrotnie mówił, że widzi mnie w roli... starej kobiety. Bardzo mnie to zaciekawiło. Aż wreszcie Juliusz Machulski zaproponował mi w „Seksmisji" rolę dojrzałej kobiety. Jakże mogłem nie dedykować jej Axerowi. Choćby z wdzięczności...* W głównej roli kobiecej – archeolożki Lamii Reno, która odkryła dwóch zamrożonych facetów – wystąpiła ówczesna żona reżysera Bożena Stryjkówna. Obsadę uzupełniała m.in. Beata Tyszkiewicz, świetna w roli wyniosłej szefowej sekcji Archeo.

Wyzwaniem było w tamtych czasach zbudowanie wiarygodnych dekoracji. Pewnie dlatego film obmyślono początkowo jako koprodukcję z kinematografią czechosłowacką. Machulski zakolegował się z niejakim Pavlem Hajnym, który przez krótką chwilę pomagał nawet w pisaniu scenarusza. Ale poza tym dogadać się było ciężko. Czesi nalegali na przykład, by zmienić czas akcji. Zamiast roku 2044 – 2144. Nie chcieli tak nieodległego upadku panującego w ich kraju systemu... Współpracę zerwano.

Ostateczny ekranowy rezultat zawdzięczamy inwencji polskiego scenografa Janusza Sosnowskiego. George Lucas wydawał w „GWIEZDNYCH WOJNACH" miliony dolarów. Tu radzono sobie za pomocą np. rury kanalizacyjnej czy komputera ZX SPECTRUM (scena pościgu). *Ponieważ ten świat kobiet jest tworem stworzonym sztucznie, wywodzącym się z chemii, posłużyliśmy się odpowiednimi materiałami połyskliwymi, dającymi efekt sztuczności* – opowiadał Sosnowski. *Do tego próbowaliśmy zastosować wiele pomysłów rodem z elektroniki, zdobytych dzięki staraniom ekipy różnych części z fabryk radiowych i telewizyjnych.* Dobrym pomysłem było zastosowanie świateł wbudowanych w dekoracje. Nie rażą też kostiumy. Małgorzata Braszka zaprojektowała je zgodnie z ówczesną modą, są nawet buty przypominające RELAKSY.

Zmontowany materiał trafił na kolaudację, gdzie bardzo dobrze go przyjęto. Następnie reżysera skierowano do cenzury. Tam albo nikt nie zorien-

tował się co do wywrotowej wymowy filmu, albo udawał głupiego. Były tylko dwie uwagi. W pierwszej chodziło o palce złożone w literę V, które prezentował Maks na konferencji prasowej. *„To się nie może znaleźć w filmie”* — wspomina Machulski słowa urzędnika. *„Dlaczego, przecież to znak zwycięstwa. Jeszcze z czasów Churchilla?”. Marcisz-cenzor popatrzył przeciągle. „Terefere... To niemiecki znak z II wojny światowej: Deutschland siegt im allen fronten!” — wypalił, przyłapując mnie na zdradzie stanu. „Ale gdzie tam jest V” — nadal nie rozumiałem. Marcisz-cenzor zafrasował się na sekundę, ale wybrnął z honorem: „Na tę literę nie zaczyna się żadne polskie słowo” — podsumował.* Drugi przypadek dotyczył kontroli paszportowej między podziemnymi państwami. W pierwotnej wersji funkcjonariuszka zwracała się do bohaterów po czesku: *Pasova kontrola. Pasy prosim!* Cenzor zażądał przerobienia tego na jakiś język zachodni. Padło na niemiecki, *pod warunkiem że będzie to zachodnioniemiecki.*

Powszechnie znana jest sprawa wycięcia fragmentu ze słowami: *Kierunek wschód! Tam musi być jakaś cywilizacja.* Nastąpiło to jednak już po premierze, która odbyła się w maju 1984 roku. Motywacja? *W tym miejscu rozlegał się zawsze żywiołowy śmiech widowni.* Decyzję o usunięciu 6 sekund z 70 kopii filmu w całej Polsce podjął osobiście sekretarz KC PZPR, Waldemar Świrgoń.

Machulski do dziś dziwi się, jak doszło do tego, że film w ogóle mógł powstać. *Kiedy mieszkającego wtedy w San Francisco Miłosza zapytałem, jak to możliwe, że ten film przeszedł przez cenzurę. Powiedział, że o tym zadecydował „chłopski antyfeminizm władz PRL-u”. I chyba jest coś na rzeczy, że ten antyfeminizm, można powiedzieć prymitywny macho polski, spowodował, że te dowcipy bawiły. Pewnie zdawano sobie sprawę, że politycznie ten film nie jest poprawny, ale „świat kobiet” to był wentyl bezpieczeństwa.*

Wątki feministyczne stały się osią ataku przeciwników obrazu. *„Seksmisja” jest z pewnością świetną zabawą dla wszystkich mężczyzn (dość było się przyjrzeć ogólnej ekstazie panów na sali kinowej)* — pisała ówczesna recenzentka. *A także dla kobiet, które albo nie zdają sobie sprawy z tego, co się święci i chichoczą do wtóru partnerom, albo tych, które z przymrużeniem oka traktują męski sen o ich domniemanej wielkości i potędze. Na usprawiedliwienie reżysera filmu można tylko dodać, że ma on ponoć zaledwie 28 lat, a jest to stanowczo za mało, by zrozumieć duszę kobiety — szczególnie — gdy się kobietą nie jest (niestety).*

Nie mąciło to jednak euforii, wyraźnej choćby w następującej relacji: *Na „Seksmisję” ludziska walą, jak w dym. Podobnych kolejek nie widziało się chyba od czasu prezentowanych na naszym ekranie przygód karateki — Bruce'a Lee. Okazuje się, że my też potrafimy robić dobre filmy. Wystarczyło, że „Seksmisja” zagościła kilka dni w warszawskich kinach i już poczta pantoflowa określiła film mianem arcydzieła. Nikt nie narzeka na kolejki przed kasami, a i koniki przypomniały sobie dobre czasy wietrząc w „Seksmisji” finansowy interes.*

Wielkim powodzeniem film cieszył się w Związku Radzieckim. Obejrzało go tam 40 milionów widzów, mimo że nie przyciągał słowem „seks” w tytule (w zamian wymyślono „Nowyje Amazonki”). *Ponieważ te dwa komunistyczne, złodziejskie państwa: PRL i ZSRR dzieliły się po bratersku, nie mam z tej dystrybucji ani kopiejki* – wspominał później reżyser. Ponad milion widzów udało się do kin w Czechosłowacji. „Seksmisję" obsypano nagrodami na festiwalu w Gdyni, obraz otrzymał też Złotą Kaczkę od czytelników pisma „Film".

Jeszcze w 1984 roku Krajowa Agencja Wydawnicza planowała wydanie nowelizacji – czyli powieściowej wersji scenariusza. Machulski przygotował tekst, ale książki się nie doczekał. Po 1989 roku wydano ją w Rosji i Bułgarii. Dopiero w 2002 roku doszło do publikacji KAW, uzupełnionej scenariuszem sequelu: „Seksmisja 3 czyli Graniasta Cytryna" (napisanym w 1996 roku z Ryszardem Zatorskim).

Do realizacji drugiej części nie doszło, choć pomysł zapowiadał się ciekawie... *Akcja rozpocznie się w sytuacji, kiedy wydaje się, że wszystko wróciło już do normy, bo rodzą się pierwsi mężczyźni* – streszczał fabułę reżyser. *Wtedy właśnie na Ziemię powracają dwaj nowi bohaterzy (przed laty wysłano ich w kosmos). Nie znaczy to, że zrezygnuję z Maksa i Alberta – bardzo chciałbym, by w filmie zagrali Jerzy Stuhr i Olgierd Łukaszewicz. W odróżnieniu od bohaterów pierwszej „Seksmisji" ci „nowi" wiedzą doskonale, w jakim świecie przyjdzie im żyć. Powiedziałbym tak: kiedy 20 lat temu kręciłem „Seksmisję", wydawało się, że najważniejsze to obalić komunę. Teraz wiemy, że było to ważne, ale rzeczywistość pokomunistyczna okazała się trudniejsza niż myśleliśmy. I podobnie jest z bohaterami filmu, osiągnęli cel (świat przestaje być zaludniony tylko przez kobiety), ale to dopiero początek.*

Jak dotąd współczesną „Seksmisję" mogliśmy oglądać jedynie w reklamie. W spotach „Plusmisja" z 2003 roku w role Maksa i Alberta wcielili się Radosław Pazura i Olaf Lubaszenko.

SHAKIN' STEVENS

piosenkarz

właśc. Michael Barrett; ur. 4 marca 1948 w Cardiff, Wielka Brytania

Wykonawca, który konsekwentnie lansował archaiczną (biorąc pod uwagę datę urodzenia) muzykę rock'n'rollową. Gdy jego wysiłki zbiegły się w latach 80. z modą na takie dźwięki, stał się niezwykle popularny. Dzierży tytuł brytyjskiego artysty, który sprzedał najwięcej singli w dekadzie.

Urodzony jako najmłodszy z jedenaściorga rodzeństwa w nie najlepszej dzielnicy walijskiego Cardiff od początku wiedział, czym zajmie się w przyszłości. Sąsiedzi wspominali, że jeszcze w dzieciństwie siadał na schodach domu i kusił dziewczęta grą na plastikowej gitarze. W wieku dwunastu lat zaczął stylizować się na Elvisa. Rok później założył z kumplem pierwszy zespół. Nazwali się The Cossacks (Kozacy) – od stroju scenicznego, którym były koszule przypominajace rosyjskie. Po skończeniu szkoły grupa przechrzciła się na Denims (Dżinsy). Dżinsowy mundurek stał się potem znakiem rozpoznawczym artysty. Utrzymanie się z muzyki nie było łatwe – Michael dorabiał myciem okien, próbował też sił jako tapicer.

W 1968 roku związał się z lokalnym zespołem The Rebels, który na początku następnego roku przekształcił się w Shakin' Stevens And The Sunsets. Według jednych źródeł pseudonim wziął się od kumpla. Facet zajmował się sprzątaniem ulic, a w chwilach natchnienia chwytał miotłę z okrzykiem:

Jestem gwiazdą rock'n'rolla, nazywam się Shakin' Stevens... Według innych chodziło o chwiejną postawę Michaela podczas gry w krykieta.

Grupa pracowicie dążyła do sukcesu, ale największymi osiągnięciami były występy na imprezach Komunistycznej Partii Wielkiej Brytanii (dzięki ideowemu zaangażowaniu menedżera). Zabawa skończyła się w 1977 roku, gdy Shaky wygrał ca-

sting do musicalu „Elvis". W tamtych czasach zaprzyjaźnił się też z flaszką. Na trwałe. Doprowadziło go to w XXI wieku do aresztu, za jazdę po pijanemu.

Równocześnie podpisał solowy kontrakt z wytwórnią Track, w barwach której wydał kilka singli, a w 1978 roku płytę długogrającą, „Shakin' Stevens". Prawdziwy sukces przyszedł dopiero dwa lata później, gdy ukazał się album „Take One", już pod opieką giganta, Epic. Dalej poszło z górki – kolejne longplaye i mnóstwo hitów: „Cry Just A Little Bit", „Give Me Your Heart Tonight", „A Letter To You" (pamiętny klip z aeroplanem), przebój świąteczny „Merry Christmas Everyone".

Nowocześnie zaaranżowany rock'n'roll trafił najwyraźniej w gust Krzysztofa Szewczyka, bo lansował on Stevensa niemiłosiernie w swojej „WIDEOTECE" (a nawet wynalazł jego polski odpowiednik: Wojciecha Blonda). Nic dziwnego, że Brytyjczyk należał do najpopularniejszych wykonawców nad Wisłą. Pod koniec 1985 roku osobiście zjechał do PRL, by odbyć trasę: Gdańsk, Poznań, Wrocław, Katowice, Łódź i Warszawa. Dwa lata później, w marcu 1987, stawił się Białymstoku (gdzie ekipie zamarzł na mrozie autobus) oraz w Warszawie. „Trybuna Ludu" skrytykowała wtedy Stevensa za gwiazdorskie maniery, przywołując jako przykład żądanie przygotowania czystej ubikacji w Sali Kongresowej.

Kariera zwolniła tempo na początku lat 90. W połowie dekady piosenkarz zrobił sobie przerwę od nagrywania, choć nie zaniechał koncertów. W 2007 roku powraca z nowym premierowym albumem, „Now Listen".

SIEDEM ŻYCZEŃ

serial dla dzieci

7 odcinków; reż. Janusz Dymek; 1986, Polska

Kultowy serial dla młodzieży, łączący element bajkowy z realistycznym... Trochę w stylu „ARABELI". Zamiast cudownego pierścienia, życzenia spełnia tu – raz w tygodniu – kot. Niezwykłe zwierzę, uratowane przez nastolatka z rąk łobuzów. Jak się okazuje, w rzeczywistości jest to egipski kapłan, który przyjął zwierzęcą postać na skutek klątwy bogini Bast (afrykańskie plenery kręcono w Bułgarii). Zachował przy tym zdolność mówienia. Ze swoim wybawcą porozumiewa się swobodnie w języku polskim. Przemawia głębokim głosem Macieja Zembatego.

W rolę szczęśliwca, który dzięki kocim sztuczkom dostał na przykład profesjonalny sprzęt zespołu rockowego lub mógł wejść do kina na „SEKSMISJĘ", wcielił się Daniel Kozakiewicz. Czternastoletni syn prominentnego działacza ZSL Mikołaja Kozakiewicza. Chłopak miał już za sobą występ w filmie dla dzieci „Dzień kolibra" (1984). Obie role przypadły mu podobno na drodze castingu. *Moja matka przeczytała ogłoszenie w gazecie i wysłała mnie z nadzieją, że może coś w życiu mnie zainteresuje poza włóczeniem się z kolegami po podwórkach* – opowiada Daniel, który dziś mieszka w Peru i zajmuje się fotografią. Przygodę z aktorstwem w „Dniu kolibra" potraktował jednorazowo. Ale wysłano go na eliminacje do serialu. Pokonał ośmiuset kandydatów.

Czarnego kota o imieniu Rademenes odgrywały trzy zwierzątka. Wszystkie skończyły marnie. *Pierwszy popełnił samobójstwo po dwóch tygodniach zdjęć, skacząc z 14. piętra bloku na Jelonkach* – mówi Kozakiewicz. *Nie spadł na cztery łapy. Drugi oszalał i zaczął wszystkich atakować, drapać, gryźć. Trzeci niczym się nie przejmował, nie reagował, aż któregoś dnia, wykorzystując nasze zaufanie, zwiał. Na szczęście ktoś go znalazł i mogliśmy dokończyć film.*

O tragicznym losie ostatniego zwierzaka wspominał też w felietonie aktor Zdzisław Rychter: *Pod koniec kręcenia kocisko permanentnie już uciekało. Może czuło, co je czeka. W końcu przyszedł*

czas udźwiękowienia filmu. Kot ma ruszać pyszczkiem – jakby mówił, aktor podłoży głos. Ale jak to zrobić? Różne mikstury dawali zwierzakowi, co by mu gębę wykręcało. Efekt: podrapane ręce „reżyserii". To może animator-lalkarz coś poradzi. Eee. Na ekranie widać, że kot sztuczny i niepodobny. W końcu ktoś wpadł na pomysł, że przecież można animować filmową techniką i montażem. Pożądany efekt uzyskano – z tym, że kot karierę przypłacił życiem. Właścicielka otrzymała odszkodowanie.

„Siedem życzeń" to także pamiętna oprawa muzyczna. Jej kompozytorem był uznany rockman John Porter, słowa do piosenki tytułowej napisał Maciej Zembaty (także współscenarzysta serialu). Wykonywała ją grupa BANDA I WANDA.

SIEDEMNAŚCIE MGNIEŃ WIOSNY

serial wojenny

(Siemnatcat mgnowienij wiesny)

12 odcinków; reż. Tatiana Lioznowa; 1973, ZSRR

Niektórzy mówią, że to radziecki odpowiednik Klossa. Pozornie – owszem. Podobnie jak w „STAWCE WIĘKSZEJ NIŻ ŻYCIE" mamy do czynienia ze słowiańskim agentem zakamuflowanym w niemieckich strukturach. Max Otton von Stirlitz to w rzeczywistości Maksymilian Maksymilianowicz Isajew. Pracuje w Głównym Urzędzie Bezpieczeństwa Rzeszy, pod koniec wojny usiłuje zapobiec porozumieniu hitlerowców z Amerykanami.

W przeciwieństwie do serialu polskiego rzecz niemal pozbawiona jest akcji. Większość czasu 70-minutowych odcinków wypełniają dialogi w studyjnych dekoracjach. *Chodziło o to, by w przekonujący artystycznie i emocjonalnie sposób pokazać nie Supermana czy Jamesa Bonda, tylko człowieka, który w obliczu okoliczności robi to, co trzeba. Uczciwie, odważnie i szczerze do samego końca* – opowiadała z przejęciem reżyserka.

Być może właśnie nadęcie sprawiło, że Stirlitz (wraz ze swoim adwersarzem, Heinrichem Müllerem) zaczął żyć w Związku Radzieckim nowym życiem – dowcipowym. Charakterystyczny sposób streszczania myśli bohatera zaowocował na przykład wicem: *Müller wyjrzał przez okno i ujrzał podążającego gdzieś Stirlitza. „Dokąd on idzie?" – pomyślał Müller. „Nie twój zasrany interes" – pomyślał Stirlitz.* Bohater wykazuje niebywały spryt w unikaniu dekonspiracji: *Müller wiedział, że Rosjanie, zamieszawszy cukier, zostawiają łyżeczkę w szklance. Chcąc sprawdzić Stirlitza, zaprosił go na herbatę. Stirlitz wsypał cukier do szklanki, zamieszał, wyjął łyżeczkę, położył ją*

na spodeczku. Po czym pokazał Müllerowi język. Brak kobiet? *Doniczka spadla z okna tajnego lokalu i rozbiła się prosto na głowie Stirlitza. Był to znak, że jego żona właśnie powiła mu syna. Stirlitz otarł męską łzę. Nie było go przecież w domu już od siedmiu lat.*

Uzupełnieniem powyższego może być anegdota, jak to zapragnął udekorować wybitnego agenta sam towarzysz Breżniew. Otoczenie nie śmiało się sprzeciwić woli przywódcy – order Bohatera Pracy Socjalistycznej odebrał aktor Wiaczesław Tichonow. I pomyśleć, że reżyserka chciała pierwotnie zatrudnić do tej roli Arczila Gomiaszwilego... Gruzin miał podobno zbyt mało aryjski profil.

Ostateczny głos dotyczący obsady należał do scenarzysty i pomysłodawcy postaci, pisarza Juliana Siemionowa (1931-1993). Powieść „Siedemnaście mgnień wiosny" pochodzi z 1969 roku. Ale postać agenta wprowadził do swoich powieści już wcześniej. *Szukałem wzorca bohatera, który służąc w radzieckim wywiadzie nie byłby ślepym wykonawcą, lecz człowiekiem ideowo zaangażowanym* – wyjaśniał. *Przeglądając korespondencję Blüchera i Postyczewa znalazłem wzmiankę o tym, że z polecenia Feliksa Dzierżyńskiego zameldował się u nich interesujący młody człowiek, znający dobrze trzy języki i już doświadczony wywiadowca. Właśnie jego postać postanowiłem odrodzić w literaturze – dałem mu nazwisko Isajew. Odwiedziłem potem Polskę, aby pogrzebać w archiwach. I kiedy mój serdeczny przyjaciel, a wasz obywatel, dawny konspirator Zając z żoną Walentyną oprowadzali mnie po Krakowie, pokazywali miejsca dawnych wydarzeń – czułem się jako pisarz coraz pewniej.*

Cykl o Isajewie-Stirlitzu złożył się w sumie na 12 tomów. Z sequelami i prequelami, których akcja obejmuje lata 1921-1967. Niektórzy twierdzili, że doskonałe przygotowanie faktograficzne to efekt służby Siemionowa w KGB. Rodzina pisarza temu zaprzecza. Przyznaje jednak, że miał on dostęp do archiwów bezpieki, zwłaszcza odkąd szefował w niej zaprzyjaźniony Jurij Andropow.

Nakręcony w 1973 czarno-biały serial po raz pierwszy pojawił się na polskiej antenie w połowie roku następnego. Wcześniej, w grudniu 1972 roku, w ramach Teatru Sensacji pokazano dwuodcinkowy spektakl „Stirlitz" (reż. Andrzej Zakrzewski). W rolę główną wcielił się Piotr Pawłowski. Ten sam aktor dubbingował później bohatera w filmie.

W 2004 serial ukazał się w Polsce na płytach DVD – dołączonych do pisma „Naj".

SIMONE, AFRIC

piosenkarz

brak danych biograficznych

Jeden z zadziwiających przypadków wykreowania drugorzędnego artysty z Zachodu na gwiazdę pierwszej wielkości w PRL (patrz też DRUPI). Wbrew legendzie – nigdy nie ściągnięto go na festiwal do SOPOTU. Dał się za to poznać w telewizyjnym show. Swoje sceniczne sztuczki (podnoszenie krzesła zębami czy zabawy z ogniem) prezentował w towarzystwie mało apetycznych tancerek w „STUDIU 2". W tym samym, 1978 roku, długogrającą płytę wydały mu Polskie Nagrania. Na okładce widać artystę w charakterystycznym, futrzanym obuwiu.

Jego biografia owiana jest mgłą tajemnicy. Wiadomo, że przybył z Mozambiku, karierę zaczynał w tamtejszej stolicy, Lourenco Marques (dziś Maputo). Afric Simone to – przybrany później – pseudonim nawiązujący do pochodzenia. Pierwszym europejskim przystankiem, w 1973 roku, był Londyn. Potem podbijał nocne kluby innych stolic, z których najważniejszą okazał się Paryż. Wyłowił go tam producent Eddy Barclay i doprowadził do realizacji profesjonalnych nagrań. Łączyły disco, wpływy afrykańskie, ale też latynoskie i z rejonu Karaibów.

Osobną sprawą były teksty. Wystarczy spojrzeć na fragment, by zorientować się, że to jakiś oryginalny wynalazek: *A keki prrr keki wanne ki elille (la la la la la la)/ Boomala tomala a malonga (la la la la la la)/ Aryki prrrr takana a pitonga (la la la la la la)*... W rzeczywistości Afric włada podobno kilkunastoma realnymi językami (dialekty afrykańskie, portugalski, francuski, niemiecki i angielski).

Pierwszym przebojem Simone'a była „Barracuda". Przyniosła mu popularność w Wenezueli, a potem innych krajach Ameryki Południowej. Furorę w Europie zrobił singel „Ramaya" z 1975 roku, do którego szybko dołączył podobny „Hafanana". Potem było już coraz gorzej. Ostatnie podrygi (anglojęzyczne) artysty notowano na początku lat 80.

Afric doczekał się renesansu dopiero w XXI wieku, wraz z modą na stare disco. Rezyduje dziś w Berlinie i za 15 tysięcy euro pojawi się – śpiewając lub nie – w dowolnym miejscu. Korzystają z tego głównie twórcy drugorzędnych audycji telewizyjnych. W 2006 roku zaproszono go do teleturnieju „Jaka to melodia", a rok wcześniej do „Załóż się".

Gdy po latach wznowiono w Polsce przeboje Simone'a na CD, jeden z bonusowych remiksów przygotował ceniony producent Andrzej Smolik. Wcześniej własną wersję hitu „Ramaya" wykonywał punkowy zespół Sexbomba. Muzycy wystąpili nawet z wykonawcą oryginału na wspólnym koncercie, w 1999 roku w Giżycku. *Najbardziej zaskoczyło mnie, ze gdy na próbie graliśmy jego „Ramaya", to biegał po sali z krzesłem w zębach* – wspominał lider grupy, Robert Szymański. *Myśleliśmy, że jakiś zasuszony piernik przyjedzie, a tu pojawił się wulkan energii*. Studyjny zapis utworu ukazał się w 2001 roku, na albumie Sexbomby „Historia jakiej nie znał świat" (Sonic).

SKAUCI PIWNI – patrz STUDIO LATO

SKŁADAK – patrz WIGRY 3

SKŁADNICA HARCERSKA

sieć handlowa

Formalnie było to przedsiębiorstwo mające na celu rozprowadzanie akcesoriów Związku Harcerstwa Polskiego. Czyli jeżeli ktoś musiał kupić zuchowy pasek, z charakterystyczną klamrą, chustę lub mundur – kierował tam swoje kroki. Znacznie ciekawiej prezentowały się jednak gadżety w rodzaju finek (rodzaj noża) czy kompasów. A prawdziwą siłą przyciągania sieci sklepów Centralnej Składnicy Harcerskiej były pozostałe artykuły... Związane z szeroko rozumianym modelarstwem.

Od przyborów i materiałów poczynając, przez drewniane modele latające, po kolekcjonerskie MODELE SAMOLOTÓW ze wschodnich Niemiec rodem. Enerdowcy byli także dostawcami kultowej kolejki PIKO. O tym, jak bajecznie wygląda wzorcowa makieta tego systemu, można się było przekonać na wystawie flagowego sklepu Składnicy przy ulicy Marszałkowskiej w Warszawie.

W 1987 roku do zaopatrzenia doszedł dodatkowy atut – komputery. Rozprowadzano m.in. Timeksy (klony ZX SPECTRUM), a także kompletnie dziś zapomniane maszyny SpectraVideo MSX. Poza tym zaczęto sprowadzać sprzęt do majsterkowania renomowanych firm, jak Black And Decker, ekwipunek narciarski i zabawki niezwiązane z modelarstwem.

Centralna Składnica Harcerska powstała w 1957 roku. Była spółdzielnią zaopatrzeniową w ramach Związku Spółdzielczości Spożywców „Społem". Dwa lata później firmę przejęli harcerze i funkcjonowała jako Organizacja Gospodarcza przy ZHP. Od 1965 roku należy mówić o Przedsiębiorstwie Państwowym – Centralna Składnica Harcerska, z 15 oddziałami terenowymi. Po 1989 firma podupadła. Jej działalność formalnie zakończono w 2002 roku. Modelarze kupują dziś swoje produkty w specjalistycznych sklepach. Harcerze mogą się zaopatrywać w różnych, konkurencyjnych punktach, np. prowadzonej przez ZHP Składnicy Harcerskiej 4 Żywioły.

SŁODOWY, ADAM – patrz ZRÓB TO SAM

SMERFY

serial animowany

(The Smurfs)

414 odcinków; różni reżyserzy; 1981-1990, USA

Zaczęło się od komiksu. W 1958 roku belgijski rysownik o pseudonimie Peyo (właśc. Pierre Culliford) wprowadził do swojego komiksu „Johan & Pirlouit" nowych bohaterów. Nazwanych przypadkowo wymyślonym słowem schtroumpf. Niebieskie skrzaty spodobały się tak bardzo, że już rok później wystąpiły we własnych odcinkach. Równocześnie rozpoczęto sprzedaż plastikowych figurek kolekcjonerskich – wszystko pracowało na finansowy sukces założonego przez artystę studia graficznego.

Pierwszą próbę przeniesienia rysunków do filmu podjęto w 1965 roku. Jedna z belgijskich stacji zrealizowała kilka czarno-białych odcinków, które sklejono następnie w dłuższy obraz. „Les Aventures des Schtroumpfs" nie cieszył się jednak w kinach wielkim powodzeniem. Kolejną próbę, tym razem od początku pełnometrażową, podjęto w roku 1976. Powstawanie „La Flute a six Schtroumpfs" osobiście nadzorował Peyo. Film ten doprowadził do tego, co zobaczyliśmy na ekranach polskich telewizorów...

W USA powstał animowany serial produkcji studia Hanna-Barbera, na zamówienie NBC (córka prezesa stacji uwielbiała popularne niebieskie figurki). Niewymawialne słowo „schtroumpfs" zamieniono na przyjazne anglojęzycznemu uchu „smurfs"... I rozpętało się szaleństwo. W latach 1981-1990 nakręcono 9 sezonów kreskówki plus kilka odcinków specjalnych.

Do Polski smerfy trafiły w 1987 roku (dobrze, że nie wymyślano im oryginalnej nazwy, jak węgierska „hupikék törpikék"). I też stały się hitem: kreskówki Hanna-Barbera zawsze były w cenie (patrz „YOGI"), atrakcyjność dodatkowo zwiększał świetny dubbing. Dość powiedzieć, że szef leśnego interesu, 542-letni Papa Smerf, odtwarzany był przez Wiesława Michnikowskiego. Złego czarodzieja Gargamela skrzekliwie uosabiał Wiesław Drzewicz. A wioskowego Łasucha – Włodzimierz Press. W galerii postaci mieliśmy poza tym m.in. Ważniaka, Marudę, Zgrywusa, Ciamajdę czy przedstawicielkę płci pięknej, Smerfetkę (więcej pań nie trzeba, bo smerfy rozmnażają się na drodze przynoszenia przez bociany).

Popularność skrzatów szybko załapał rynek. „Prywaciarze" wytwarzali z gumy kopie zachodnich figurek, Krajowa Agencja Wydawnicza publikowała pocztówki z wizerunkami postaci. Karierę zrobiło często powtarzane na ekranie słowo „smerfny". Nowe przezwisko zyskali umundurowani na niebiesko milicjanci.

Peerelowska telewizja pokazała 5 sezonów serialu. Smerfy wróciły do TVP dopiero w 2005 roku (częściowo z nowym dubbingiem). Mniej więcej w tym czasie święciła triumfy muzyczna seria płyt „Smerfne hity". Wersje znanych przebojów w tandetnych aranżacjach, ze sztucznie cienkimi głosami śpiewaków.

Dziś prawa do ludzików należą do studia Paramount Pictures, które planuje na pięćdziesięciolecie ich narodzin serię filmów pełnometrażowych w technologii 3D.

SOFIX – patrz RELAKS

SONDA
audycja telewizyjna

Audycja o tematyce popularnonaukowej, która cieszyła się kultowym niemal statusem – 6 milionów widzów pod koniec lat 80.! Wielka w tym zasługa prowadzących: Andrzeja Kurka (entuzjasta, z wąsem) i Zdzisława Kamińskiego (sceptyk, grube oprawki okularów).

Pierwszy odcinek wyemitowano 8 września 1977 roku jako następcę archaicznej już wówczas audycji „Eureka". Kurek (absolwent fizyki, pracownik poprzedniej redakcji) prowadził go jeszcze samodzielnie. Dopiero w trzecim odcinku dołączył Kamiński (dziennikarz specjalizujący się dotąd w ekonomii).

Początkowo „Sonda" miała formę magazynu, zbioru felietonów filmowych dotyczących różnych dziedzin. Z czasem pojawiał się temat przewodni, a prowadzący ubarwiali swoje sprzeczki elementami scenograficznymi czy kostiumowymi. Zdarzały się też demonstracje i doświadczenia dotyczące omawianych zjawisk. Wyprzedzało to poniekąd formułę zastosowaną lata później w telewizji anglosaskiej („Brainiac: Science Abuse" Richarda Hammonda). Tyle że było realizowane nieporównanie skromniejszymi środkami... *Atakujemy widza obrazami* – opowiadali twórcy. *I stąd te chwyty, które jedni nazywają opakowaniem, galanterią, cyrkiem, a my – prawdziwą telewizją. Stąd nasze kłótnie, przebieranki, eksperymenty na samych sobie, elektroniczne zabawy z obrazem. Za każdym razem wymyślamy wszystko sami od początku do końca! A zasada wiodąca: nasz program nie operuje szczegółami, parametrami technicznymi... Temat staramy się pokazać na ogólnym tle nauki światowej.*

Możliwości peerelowskiej telewizji ograniczały dostęp do materiałów filmowych. Autorzy musieli początkowo bazować na rzeczach wyproszonych z bibliotek filmowych ambasad, działów handlowych zachodnich koncernów czy sprowadzanych prywatnymi kanałami. Zmontowano z takowych pamiętną czołówkę. Potem zaczęły się pojawiać samodzielnie realizowane zdjęcia reportażowe, w tym z zagranicy. Pod koniec lat 80. autorzy odwiedzili np. Japonię i Australię.

W trakcie jednego z wyjazdów, tym razem do Raciborskiej Fabryki Kotłów Rafako, prezenterzy zginęli w wypadku samochodowym. Było to 29 września 1989 roku. Kilka tygodni wcześniej zapowiedzieli koniec „Sondy". W nowej rzeczywistości zamierzali realizować audycję o tematyce gospodarczej... Wliczając odcinki wyemitowane po tragedii, powstało w sumie 529 audycji (ostatnia: 29 września 1990).

Uwaga! W początku lat 70. w Telewizji Polskiej nadawano także teleturniej pod tytułem „Sonda".

SOPOT

festiwal piosenki

Conchita Bautista, Michel Fugain, Angela Zilia, Henri Des... Jak widać: nazwiska niewiele mówiące. A są to przecież najbardziej wyróżniający się goście spośród setek, które nawiedziły Polskę na Międzynarodowym Festiwalu Piosenki! Dorzućmy „gwiazdy": DRUPI, BONEY M, SABRINA... Owszem, Sopot stanowił nasze okno na świat piosenki. Ale orły poza wyjątkami (Joan Baez, Johnny Cash) raczej nim nie wlatywały.

Pomysłodawcami imprezy byli słynny kompozytor, pianista, pracownik Polskiego Radia – Władysław Szpilman (to jego wojenne wspomnienia stały się kanwą scenariusza „Pianisty" Romana Polańskiego) oraz dyrektor Polskiej Dyrekcji Artystycznej Pagart – Szymon Zakrzewski. Zamierzali stworzyć platformę, dzięki której będzie można promować polską muzykę w świecie. *Festiwal został zorganizowany w tym celu, by przedstawić polską piosenkę zagranicznym gościom z fachowych sfer* – pisano o pierwszej edycji, z 1961 roku. *Rezultaty przeszły oczekiwania organizatorów. Kilka festiwalowych utworów zostało na miejscu sprzedanych za granicę, a poza tym wielu piosenkarzy zagranicznych postanowiło polskie piosenki włączyć do swych repertuarów. Radio Genewa oraz rozgłośnia radia zachodnioniemieckiego zakupiły najlepszą polską piosenkę Festiwalu – „Embarras" Jerzego Wasowskiego, przedstawiciele kilku europejskich wytwórni płyt gramofonowych zawarli na miejscu umowy w sprawie nagrania wszystkich niemal polskich piosenek festiwalowych.*

Pierwsze edycje odbywały się w hali Stoczni Gdańskiej. Dopiero w 1964 przeniesiono festiwal do Opery Leśnej, poniemieckiego amfiteatru na świeżym powietrzu (który właśnie zyskał zadaszenie). Powoli zmieniała się też formuła. W 1961 wymyślono dzień międzynarodowy i dzień polski. Odpowiadało to podziałowi wykonawców, z których każdy śpiewał w swoim języku. Rok później dzień polski polegał już na czym innym. Obok artystów krajowych goście z zagranicy musieli łamać sobie języki na polskich tekstach. Na pocieszenie dostali dzień trzeci – Piosenka nie zna granic, podczas którego mogli już śpiewać swój repertuar.

Równie ważni – a może ważniejsi – od artystów byli prezenterzy. Najsłynniejsi to duet Irena Dziedzic i Lucjan Kydryński. *Byli niezastąpieni* – wspomina Jerzy Gruza, reżyser większości widowisk. *Być może dlatego, że rywalizacja między tymi ówczesnymi personalities rozpalała spory, domysły i plotki. To było dwoje ambitnych, inteligentnych ludzi, których osobowości wpływały na przebieg festiwalu. Jakoś pasowali do siebie, mimo że prywatnie Lucjan nie przepadał za Ireną. Ale ich obecność na estradzie nadawała całemu spektaklowi jakiś prywatno-towarzyski charakter. Publiczność miała poczucie, że jest zaproszona na to spotkanie.*

Gdy Dziedzic wyjechała na jakiś czas z kraju, zatrudniono aktorkę Elżbietę Czyżewską, wypożyczoną z telewizji włoskiej Renatę Mauro, prezenterów z bratniej Jugosławii i Związku Radzieckiego. Potem dołączyły ówczesne gwiazdy telewizji (jak Edyta Wojtczak i Krystyna Loska), a w 1975 zadebiutował ironiczny Krzysztof Materna. *W Operze Leśnej pojawiali się początkujący amatorzy z odległej Kuby oraz bardzo bliskiej naszym sercom Mongolii* – wspomina showman. *Ich udział przypominał poziom „Szansy na sukces", o czym lepiej było nie mówić. Sparzyłem się na tym, prowadząc koncert po raz pierwszy. Jako konferansjera zafrapowały mnie biografie artystów – to, że ktoś jest gospodynią domową, a inny – policjantem. Otrzymałem wtedy bardzo poważne ostrzeżenie od organizatorów. Zaczęli nawet powątpiewać, czy należy mi się honorarium, skoro deprecjonowałem znaczenie „wielkich gwiazd", które niesłychanie trudno było ściągnąć do Sopotu.*

Dwa lata później impreza wzniosła się na nowy poziom. W szczycie gierkowskiego rozpasania wymyślono że będzie Festiwalem Interwizji (czyli Międzynarodowej Organizacji Radia i Telewizji OIRT, skupiającej stacje krajów socjalistycznych), wschodnią odpowiedzią na Eurowizję. Gruza: *Prezesowi Radiokomitetu Maciejowi Szczepańskiemu udało się zdobyć olbrzymie środki i impreza była realizowana naprawdę z gigantycznym rozmachem. Jej echa docierały na Zachód. Było też o niej głośno w ZSRR. Można wręcz mówić o radzieckim kompleksie Sopotu.*

W 1977 za gwiazdę robiła amerykańska dyskotekowa grupa The Ritchie Family. Rok później rządził Drupi, potem Boney M i DEMIS ROUSSOS, następnie Gloria Gaynor, a w 1981 roku festiwal się nie odbył. W Trójmieście było wtedy zdecydowanie za gorąco. Gdy powrócił w 1984 roku, nie był już imprezą Interwizji, lecz skromnym International Music Festival, w którym gwiazdą był podstarzały Charles Aznavour. Francuz nie skorzystał z propozycji, by zagrać przed innymi. Wystąpił jako ostatni i mógł obserwować ubywanie widzów spieszących na ostatni kurs kolejki dojazdowej...

W roku 1985 za kulisami o mało się nie rozpadła grupa CLASSIX NOUVEAUX, potem podskakiwali BAD BOYS BLUE, dalej gwiazda ITALO DISCO – Gazebo, w 1988 wspomniana już Sabrina, a całą gromadę drugorzędnych gwiazd zamknął Blue System, czyli wcielenie Dietera Bohlena z MODERN TALKING.

W nowej dekadzie sytuacja wcale nie była lepsza. Poza nielicznymi wyjątkami (Whitney Houston w 1999 roku) brakowało pieniędzy na wielkie nazwiska. Telewizja Polska szukała też formuły festiwalu na wolnym rynku... W roku 2005 pozbawiła ją tego problemu telewizja TVN, która podeszła do sprawy z rozmachem (m.in. Elton John) i będzie organizować imprezę co najmniej do roku 2009.

SOS DLA PLANETY

komiks

(Luc Orient: 24 Heures pour la Planete Terre)

Pierwszy zachodni komiks z prawdziwego zdarzenia, który oficjalnie trafił do rąk polskich czytelników. Pośrednikiem był „ŚWIAT MŁODYCH". Gazeta już od początku lat 70. oprócz serii krajowych („TYTUS, ROMEK I A'TOMEK" czy „JONKA, JONEK I KLEKS") sięgała po twórczość autorów zagra-

nicznych. Do interesującego nas momentu byli to jednak rysownicy węgierscy i jeden Słowak.

„SOS DLA PLANETY", którego przedruk rozpoczęto we wrześniu 1982 roku, to zupełnie co innego. Wprawdzie twórcami byli Belgowie (scenarzysta Edouard Paape oraz rysownik Michel Regnier ukrywający się pod pseudonimem Greg), lecz akcja toczyła się w USA. W Stanach Zjednoczonych! Narysowanych w sposób ultrarealistyczny, gadżeciarski (samochody, łodzie motorowe, helikoptery), pełen dynamiki. W dodatku główny bohater miał twarz Rogera Moore'a (ówczesny BOND), a intryga zaliczała się do gatunku science fiction... Czegoś takiego wcześniej nie widzieliśmy. Mimo rozwalenia przez kosmitów Statuy Wolności, była w tym tak duża dawka imperialistycznej propagandy, że cenzura musiała chyba przechodzić jakieś zaćmienie.

Redaktorzy gazety sięgnęli po 9. odcinek cyklu „Luc Orient", zatytułowany w oryginale „24 Heures pour la Planete Terre". Opowieść ukazała się w 1972 roku na łamach belgijskiego magazynu „Tintin". Potem wydano ją w osobnym albumie. W oryginale 46-stronicową opowieść mocno u nas skrócono. Ukazało się 28 plansz, przeskoki fabuły objaśniały streszczenia.

Luc Orient powrócił na łamy „ŚWIATA MŁODYCH" w roku 1986. Historia zatytułowana „W kuźni piorunów" nie miała już takiej siły rażenia, bo rozgrywała się w neutralnym kosmosie. Co najwyżej mogły budzić ciekawość kosmitki w przezroczystych strojach... Oryginał był 13. tomem cyklu, ukazał się w 1977 roku i nosił tytuł „L'Enclume de la Foudre". Tym razem całość zredukowano jeszcze bardziej: do zaledwie 19 plansz.

Na liście przedrukowych hitów złotymi zgłoskami zapisały się poza tym dzieła innych Belgów: scenarzysty Andre-Paula Duchateau oraz rysownika Christiana Denayera. Ten drugi specjalizował się w rysowaniu samochodów, czego dowód dostaliśmy w opowieści o modnej wówczas FORMULE 1, „Błyskawica – na start!". Przedruk rozpoczęto w 1985 roku. Oryginalnie była to część cyklu „Alain Chevallier", w tym akurat przypadku zaczerpnięta z numeru „Tintina" („Menace pour Alain Chevallier et sa Fulgura", 1977).

Drugim komiksem duetu autorów był „3x kontra Mamuty", drukowany w „Świecie Młodych" w 1986 roku. Sensacyjna opowiastka dotyczyła dwóch kalifornijskich policjantów przenikających do gangu kierowców ciężarówek (również strzał w dziesiątkę: w owym czasie kierowca tira plasował się na szczycie wymarzonych zawodów). Rzecz ukazała się w Belgii w 1977 roku jako trzeci tom cyklu „Les Casseurs", pod tytułem „Operation Mammouth".

Duchateau był poza tym autorem scenariusza komiksu „Zbieg z planety Zahor", który publikowano na łamach „Świata Młodych" w 1983 roku. Krótka historia o chłopcu, który przyjął na odludnej farmie kosmicznego przybysza, ukazała się w „Tintinie" trzy lata wcześniej (jako „Les evades"). Za rysunki odpowiadał w tym przypadku Walter Laureyssens.

W tym samym 1983 roku udostępniono polskiemu czytelnikowi także dwa odcinki pochodzącego z tego samego źródła cyklu „Papilio". Michel Pierret (scenariusz i rysunki), potrafił ująć młodą widownię opowieścią o – jak pisała redakcja – *płowowłosym chłopaku, kosmicznym podróżniku*. Najpierw ukazały się „Kosmiczne miraże" („Mirages cosmiques", 1982). Potem „Tajemniczy labirynt" („Le labyrinthe sacre", 1981). Oba liczyły kilka plansz już w punkcie wyjścia – obyło się więc bez skrótów. Nie dotyczyło to, niestety, historii o Papilio zamieszczonej w jubileuszowym, komiksowym numerze „Świata Młodych" (7 lutego 1984). „Papilio ratuje przyjaciół" był mocno przyciętym fragmentem „La porte des planetes", zamieszczonego w specjalnym wydaniu „Tintina" z roku 1980.

Czteroletnią przygodę z frankofońskim komiksem zamykają fragmenty dwóch serii dobrze potem zadomowionych na polskim rynku. W 1984 w „Świecie Młodych" zaczęto drukować fragmenty 7. części cyklu „Valerian" Jeana-Claude'a Mezieresa i Pierre'a Christina. „Sur les Terres Truquees" (1977) nosił u nas tytuł „Kosmiczne fanaberie". Więcej opowieści z tego cyklu można było potem podziwiać w „FANTASTYCE-Komiks". Podobnie jak serię „Yans", z rysunkami Grzegorza Rosińskiego (scenariusz: Duchateau). W „Świecie Młodych" ukazała się w 1984 roku, jako „Jan – przybysz znikąd" i była fragmentem opowieści „Hans: La derniere ile" (drukowanej w „Tintinie" w 1980 roku).

SPORT
papierosy

Najpopularniejsze – obok Klubowych – papierosy PRL. W połowie lat 70. sprzedaż tych dwóch odmian stanowiła 89 procent rynku, na którym funkcjonowały zaledwie 24 marki. Statystyczny Polak palił rocznie ponad 2000 sztuk papierosów i liczba ta stale rosła...

Przede wszystkim: mamy do czynienia z produktem bez filtra. Tylko co bardziej wyrafinowani sportsmeni – na przykład towarzysz Gomułka – stosowali fifkę (inaczej zwaną lufką), która przechwytywała część substancji smolistych. Do środka wpychano wyłącznie najgorsze, krajowe gatunki tytoniu. Dyrektor Edward Rybarczyk ze Zjednoczenia Przemysłu Tytoniowego tłumaczył, że *w naszej strefie klimatycznej nigdy nie będą tak wonne jak te ze stref ciepłych, na przykład śródziemnomorskiej.* Domieszki importowanych odmian z Bułgarii czy Macedonii pojawiały się tylko w lepszych fajkach, bo *znacznie podraża to koszty produkcji i ceny detaliczne, nie może więc być powszechnie stosowane...* Do tego dochodziła niska jakość bibułki – co wzmagało koncentrację szkodliwych składników w dymie. Gros krajowej produkcji Sportów pochodził z Krakowskiej Wy-

twórni Papierosów. Sprzedawano je w opakowaniach po 20 i 10 sztuk.

Są to równocześnie papierosy najłatwiej osiągalne, prawie nigdy ich w kioskach nie brakuje, a poza tym w porównaniu z pozostałymi gatunkami wcale nie są takie złe – pisała prasa. O ile z ostatnią myślą trudno się zgodzić, osiągalność rzeczywiście była satysfakcjonująca. Dzięki temu to właśnie Sporty, a nie marki z pozostałej, 11-procentowej grupy sprzedaży rozgościły się w masowej świadomości.

Od wywrotowych rozszyfrowań nazwy: Stalin Powiedział Odebrać Robotnikom Tytoń (wspak: To Robotnicy Odpowiedzieli Powiesić Stalina). Przez dowcipy: *Trzy życzenia Polaka do złotej rybki? Sporty, zapałki i „Express"*. Po sympatyczne rymowanki: *Sport to zdrowie, póki tatuś się nie dowie...* W latach 80. ktoś zorientował się, że nazwa nie licuje z produktem. Na rynek wkroczyły Popularne.

Towarzyszące Sportom papierosy Klubowe to odrobinę wyższa półka. Przede wszystkim za sprawą filtra. Inna sprawa, że był to filtr z papieru karbowanego, niezbyt skuteczny w zatrzymywaniu niepożądanych substancji. Filtry z acetatu celulozy wkroczyły dopiero w 1973 roku i stosowano je w droższych markach – jak Carmen, Orient czy Zefir.

Rok 1973 w ogóle był przełomowy dla peerelowskich palaczy. Krakowska fabryka kupiła wtedy licencję od koncernu Philip Morris i zaczęła produkować Marlboro. Był to oczywiście rarytas, zarezerwowany przede wszystkim dla hoteli, gastronomii itp. Inne zachodnie marki można było kupić w PEWEKSIE. Nieproporcjonalna cena (około 30 złotych w porównaniu z 3 za Sporty) sprawiała, że stały się obiektem swoistego kultu. Niektórzy kolekcjonowali puste pudełka, a zbiory trafiały na maty rozwieszone w eksponowanych punktach mieszkania. Uzupełnieniem rynku był import z krajów socjalistycznych. Od ścinających z nóg wyrobów kubańskich (np. Partagasy) przez niedające się zassać wynalazki z Albanii (Alberie) po śmierdzące Yugo (wiadomo skąd).

STALLONE, SYLVESTER

aktor

ur. 6 lipca 1946; w Nowym Jorku, USA

Czołowy – obok ARNOLDA SCHWARZENEGGERA – aktor kina akcji lat 80. W PRL funkcjonował zarówno w oficjalnym obiegu kinowym, jak na podziemnym WIDEO.

Stallone, wychowany we włoskiej dzielnicy Nowego Jorku, wiedział, co to bieda. W 1970 roku przyjął gażę 200 dolarów i zadebiutował w filmie porno znanym pod tytułem „Party At Kitty And Stud's", a później „Cocky" (połączenie Rocky'ego z angielskim słowem oznaczającym penis). Poza tym starał się dotrzeć na każdy casting, co owocowało czasem drobnymi rolami. Załapał się na przykład do epizodów w „KOJAKU".

W 1975 roku aktor poszedł na mecz bokserski Muhammad Ali kontra Chuck Wepner. I postanowił napisać scenariusz o pięściarzu torującym sobie drogę do sławy. Miał już wtedy wsparcie producentów, którzy przeczytali jego wcześniejsze próbki. Zapewnili Sylvestrowi finansowanie i zaakceptowali rezultat prac. Pozostał tylko problem wykonawcy roli głównej. Stallone wywalczył ją w końcu dla siebie, mimo że pod uwagę brano np. Burta Reynoldsa. Film wszedł na ekrany w 1976 roku. Kosztował milion dolarów – przyniósł ponad sto zysku. Włoch błyskawicznie stał się pierwszoplanową gwiazdą kina.

Dwa lata po tym wydarzeniu sprowadzono „Rocky'ego" do Polski. *Chyba właśnie motyw Kopciuszka, amerykańskiego pucybuta, który staje się milionerem, zdecydował o niezwykłej popularności filmu* – pisali krytycy. *Człowiek idzie do kina, aby przez dwie godziny pomarzyć o lepszej egzystencji, widzi swojego kolesia, któremu początkowo wiedzie się kiepsko, ale który przez upór, pracę dochodzi do najwyższych zaszczytów i pieniędzy. I wreszcie wprawa jednego silnego ciosu, który o wszystkim rozstrzyga, a który jest „moralnie czysty"*. W 1979 roku powstała kontynuacja filmu – „Rocky II". Trafiła na nasze ekrany już rok później. Po drodze był obraz „F.I.S.T.", sprowadzony w 1979 – czyli rok po oryginalnej premierze. Rzecz była słuszna ideologicznie, dotyczyła związków zawodowych.

W kolejnej dekadzie okazało się jednak, że Stallone przeszedł na antysocjalistyczną stronę mocy. W 1982 roku powstał „First Blood". Pierwsza historia z życia weterana Wietnamu, Johna Rambo. Dająca się jeszcze zaakceptować: sfrustrowany żołnierz spotyka się z niechęcią amerykańskiej prowincji... Ale potem był „Rambo: First Blood Part II" (1985). Stallone pojechał po całości – wysyłając bohatera do dżungli, gdzie walczy z samymi Rosjanami. Spotkało się to w dodatku z pochwałą prezydenta Ronalda Reagana. W tym roku powstał też „Rocky IV". Bokser niszczył napędzanego sterydami sowieckiego nadczłowieka (w tej roli Dolph Lundgren). A w 1988 Rambo ponownie starł się z imperium zła („Rambo III"), tym razem w Afganistanie.

Wszystkie te tytuły cieszyły się entuzjastycznym przyjęciem polskich widzów kaset wideo. Rambo, trzymający w ręku wyrzutnik granatów, stał się na przykład obowiązkowym motywem na chustach rezerwistów. Aktor biegał bez koszulki, prezentując rozwinięte mięśnie – wielu mężczyzn zaczęło wtedy uprawiać kulturystykę. Najmłodsi grali zaś w „Rambo" na swoich ZX SPECTRUM czy COMMODORE.

Stallone wrócił na duży ekran w schyłkowym okresie PRL. W 1988 roku sprowadzono sensacyjny film „Cobra" (oryginalnie: 1986), dostępny też na licencjonowanych kasetach VHS. Po przełomie „Sly" był już dostępny w dowolnych ilościach, ale kultowa popularność aktora należała do przeszłości. W XXI wieku usiłuje przypomnieć o sobie nawiązaniami do największych hitów. W 2006 roku powstał „Rocky Balboa", rok później nakręcono film „John Rambo".

STAWIAM NA TOLKA BANANA

serial dla młodzieży

7 odcinków; reż. Stanisław Jędryka; 1973, Polska

Stare miał dżinsy/ Starą koszulę/ W dziurawych kamaszach szedł... To po pierwsze. Wspaniała „Ballada o Tolku Bananie" Jerzego Matuszkiewicza, wyśpiewana w czołówce przez młodych aktorów. Jeden z nich, Filip Łobodziński, wspomina, że nagranie odbywało się pod kierunkiem dyrygenta Romualda Miazgi. *Wpadł na taki pomysł, że nie możemy śpiewać „Piosnka o Tolku", tylko „Piosnka o Tol'ku", przez miękkie „l". I tak poszło do czołówki serialu. Pamiętam, że z Sergiuszem Lachem, tym co grał Filipka, zwijaliśmy się ze śmiechu z tego „Tol'ka".* W nagraniu nie brał udziału występujący w filmie kolega Łobodzińskiego (z „PODRÓŻY ZA JEDEN UŚMIECH"), Henryk Gołębiewski. Uznano, że jest niemuzykalny.

Po drugie – Agata Siecińska. Obiekt pożądania równolatków (w roku produkcji miała 13 lat). Dotyczyło to zarówno rozwoju fizycznego aktorki, jak charakteru odgrywanej postaci. Ekranowa Karioka rządziła w młodzieżowej szajce. Dopóki oczywiście nie zjawił się konkurent, tytułowy Tolek Banan (Jacek Zejdler). Jeżeli komuś do dziewczyny nie pasował sztucznie piskliwy, wyniosły, szkolony głos, to słusznie. Dubbingowała ją starsza o dwie dekady Joanna Jędryka. Za Tolka mówił z kolei Andrzej Seweryn.

Zejdler zginął tragicznie w wypadku, miał 25 lat. Siecińska studiowała na warszawskiej Akademii Sztuk Pięknych i robi karierę artystyczną w Paryżu. Ich losy zadziwiająco przypominają życiorysy odtwórców głównych ról w innym serialu Stanisława Jędryki, „SZALEŃSTWO MAJKI SKOWRON".

Po trzecie – *muka*. Tajemnicze słowo wypowiadane w serialu przez Filipka. Po emisji zrobiło ogólnopolską karierę. Adam Bahdaj, autor powieściowego pierwowzoru i scenariusza, zaczerpnął je od swojego syna. *Było to w okolicach Stadionu Dziesięciolecia, na którym odbywał się jakiś mecz piłkarski* – wspomina Marek Bahdaj. *Z tego me-*

czu najbardziej pamiętam piekielny upał i to, że strasznie chciało mi się pić. Gdy mecz się skończył, ojciec próbował dla mnie kupić jakąś wodę mineralną lub oranżadę. Niestety poza jasnym piwem niczego nie było. Wówczas tato zaproponował mi ten napój pod warunkiem, że nie powiem nic matce. Miałem wówczas najwyżej dwanaście lat i z ochotą przystałem na ten układ. Ojciec wypił duże piwo, a ja małe. Pamiętam, że szliśmy razem z tłumem kibiców, a mnie straszliwie plątały się nogi. Ojciec to zauważył i się zaniepokoił: „Tylko matce nic nie mów" — przypomniał. A ja wybełkotałem: „muka". Tato bardzo się zainteresował tym tajemniczym słówkiem. Wyjaśniłem mu, że to używane w naszej szkole słowo wytrych. Znaczy wszystko i nic. Było szczególnie przydatne wówczas, kiedy nie potrafiliśmy odpowiedzieć na zadane pytanie.

Czarno-biały serial pokazano w telewizji we wrześniu 1973 roku (po „EKRANIE Z BRATKIEM") i spotkał się z fenomenalnym odbiorem widzów. Jak się okazało, oglądano go też w innych kręgach. Po pierwszym odcinku redaktorzy odebrali telefon z KC PZPR. *Jakiś zatroskany towarzysz sugerował, by przerwać emisję* — mówi Marek Bahdaj. *Argumentował w ten sposób: „Co wy tam w telewizji pokazujecie? Jakieś gangi młodzieżowe, margines społeczny, bazary... tak jakby nie było przyzwoitych organizacji młodzieżowych w naszym kraju". Na szczęście nikt się tego towarzysza nie przestraszył.* Szkoda, że nasi towarzysze nie skonsultowali się z towarzyszami zza wschodniej granicy. *Serial był na sympozjum w Związku Radzieckim jedynym filmem telewizyjnym o tematyce współczesnej* — opowiadał reżyser. *Krytycy radzieccy z uznaniem mówili o jego walorach pedagogicznych, psychologicznych, wychowawczych.*

Wydaje się, że „Stawiam na Tolka Banana" najmocniej zapadł w pamięć widzom zajmującym się muzyką. Ballada z czołówki weszła do kanonu turystyczno-ogniskowego. Jej współczesne wersje grały też jednak m.in. Wilki (2002) i zespół Strachy na Lachy (2003). W Warszawie działała rockowa grupa Karioka, istnieje też zespół o nazwie Muka. Tym dziwnym słowem zatytułowana została kaseta formacji Marilyn Monroe (1992) oraz utwór grupy Hey (2003).

STAWKA WIĘKSZA NIŻ ŻYCIE

serial wojenny

18 odcinków; reż. Janusz Morgenstern, Andrzej Konic; 1967-1968, Polska

Najlepszy polski serial — o czym świadczy zarówno triumf w plebiscycie z okazji czterdziestolecia telewizji, jak nieustające powtórki.

Zaczęło się od ukraińskiej powieści, której bohaterem był radziecki żołnierz podszywający się pod hitlerowskiego oficera — wspomina Andrzej Szypulski. Połowa duetu scenarzystów, skrywającego się pod pseudonimem Andrzej Zbych (druga połowa: Zbigniew Safjan). *Telewizja zaproponowała nam, żebyśmy przerobili tę książkę na sztukę teatralną. Przeczytałem i w opinii, którą przekazałem szefom telewizji, napisałem, iż książka jest słaba i w ogóle nie ma sensu jej adaptować. Natomiast można by napisać coś takiego, ale głównym bohaterem czyniąc Polaka.*

Mowa o sztuce teatralnej, bo początkowo planowano widowisko w ramach „KOBRY". Realizowane całkowicie na żywo. *W jednej scenie leżałem w łóżku z kołdrą pod samą szyję, bo pod nią miałem na sobie mundur. Nie zdążyłbym się przebrać do następnej* – wspominał Stanisław Mikulski. Odtwórca głównej roli, polskiego szpiega w mundurze Abwehry, agenta J-23... Hansa Klossa.

Według pierwotnych pomysłów w rolę główną miał się wcielić Ignacy Gogolewski. Janusz Morgenstern zdecydował się jednak na mniej opatrzoną twarz, Mikulskiego właśnie. 35-letni aktor przeniósł się w 1964 roku z Lublina do warszawskiego Teatru Powszechnego. *Na próbnych zdjęciach było wielu kandydatów, ale wciąż byłem niezadowolony* – wspomina reżyser. *Przypomniałem sobie, że byłem asystentem u Wajdy przy „Kanale". Tam w jednym z epizodów grał Mikulski – w kurtce skórzanej – fantastycznie wyglądał. Zaprosiłem go na zdjęcia i po 10 minutach zdecydowałem: „Tak, to on".*

Pierwsze przedstawienie, „Wróg jest wszędzie", wyemitowano w ramach Teatru Sensacji w styczniu 1965 roku. W założeniu miało być częścią 6-odcinkowej całości, w której bohater na końcu ginie. Do takiego rozwoju wypadków nie dopuścili jednak... górnicy, którzy wymusili kontynuację na ówczesnym prezesie Radiokomitetu Włodzimierzu Sokorskim. Do grudnia powstały jeszcze trzy odcinki. Drugi sezon teatralny ruszył w październiku 1966 roku („Czarny wilk von Hubertus") i liczył pięć epizodów. Jako że akcja zakończyła się wcześniej na zdobyciu Berlina, w centrum uwagi znalazło się tym razem ściganie zbrodniarzy hitlerowskich, uzupełnione retrospekcjami.

Powodzenie spektaklu skłoniło telewizję do zamówienia wersji na taśmie filmowej. Ktoś doszedł do słusznego wniosku, że można to będzie sprzedać za granicą – do czego nie nadawała się rejestracja z tzw. telerecordingu. W Zespole Realizatorów Filmowych Syrena zrealizowano w trzech rzutach 18 odcinków. Materiał powstawał od marca 1967 do października 1968 roku. Telewizja wyemitowała serial w chronologicznej kolejności wydarzeń. Dopiero potem przyjęto porządek zgodny z założeniami twórców.

Niedobre doświadczenia ze zideologizowanym spektaklem ustrzegły realizatorów przed nadmierną propagandą w wersji filmowej. Spece od socjalistycznej poprawności wnieśli tylko kilka drobnych poprawek (typu usunięcie flagi amerykańskiej), zachęcając do zwiększenia dowcipu czy... swobody obyczajowej (*Niech on sobie parę dziewcząt zaliczy*)!

Ostatni postulat skończył się na etapie platonicznym. Jeżeli zaś chodzi o dowcip, znajdziemy go głównie na linii Hans Kloss – Hermann Brunner. Ten drugi to oficer SS, grany przez Emila Karewicza. *W ogóle cały Brunner to nam wyszedł przypadkiem* – opowiadał Szypulski. *Tylko dzięki Emilowi Karewiczowi stał się interesujący. Miał być zwykły esesman, jak to esesman – świnia i bandzior. Taki bardziej kukiełkowy.* Karewicz: *Miałem wystąpić tylko raz. Dopiero w trakcie kręcenia scenarzyści rozciągnęli Brunnera jeszcze na pięć odcinków. Brunner to była taka mała szujka. Ale widzowie jakoś go polubili.*

Rzeczywiście. Mimo że groteskowy przeciwnik pojawia się tylko w pięciu odcinkach, wrył się w pamięć widzów na równi z głównym bohaterem. Wszyscy kojarzą wygłaszane przez obu panów kwestie. Kojarzą mniej więcej... *Takie sztuczki nie ze mną, Brunner!* (z odcinka „Edyta") funkcjonuje jako *Nie ze mną te numery, Brunner.* Z kolei *Rączki, rączki, Kloss!* to w rzeczywistości *Ręce, ręce, ręce, Kloss!* („Edyta") skrzyżowana z *Rączki, rączki* („Poszukiwany gruppenfuhrer Wolf"). Na pocieszenie można dodać, że hasło *W Paryżu najlepsze kasztany są na placu Pigalle* (odzew: *Zuzanna lubi je tylko jesienią*) jest dosłowne, pojawia sie w odcinku „Hasło".

Serial przyciągał dynamicznie zmontowaną czołówką i genialnym motywem muzycznym autorstwa Jerzego „Dudusia" Matuszkiewicza. Istnieje też wersja ze śpiewem Mikulskiego, „Był taki czas" (słowa: Wojciech Młynarski), która ukazała się w 1969 roku na składankowej płycie pod tym samym tytułem. Aktor wdzięczy się na okładce w mundurze Ludowego Wojska Polskiego, którego oficerem był w rzeczywistości J-23.

Popularność Klossa wykroczyła poza PRL, obejmując wszystkie kraje bloku socjalistycznego — włączając Mongolię i Kubę. Mikulski wspomina, że na Węgrzech witało go sto tysięcy ludzi zgromadzonych na stadionie, wokół którego odbył rundę konnym rydwanem. Entuzjastycznie przyjmowano go też w NRD. Serial funkcjonował tam pod tytułem „Sekunden entscheiden" („Rozstrzygające sekundy"). Bratnie kraje na wyścigi zaczęły produkować filmy w tym stylu: „SIEDEMNAŚCIE MGNIEŃ WIOSNY" (ZSRR), „Sprawy majora Zemana" (Czechosłowacja), „Na każdym kilometrze" (Bułgaria).

Nic dziwnego, że twórcy już w latach 70. myśleli o kontynuacji „Stawki". Scenariusze pisane z myślą o powojennych przygodach J-23 przerodziły się jednak w fatalny serial „ŻYCIE NA GORĄCO". Dwugłowy Andrzej Zbych powrócił do Klossa dopiero dwie dekady później, w momencie gdy swoją wersję przygód bohatera zapowiedział reżyser Władysław Pasikowski. Po medialnym starciu upadły plany jednej i drugiej strony. Bohater wraca za to w rozmaitych parodiach, ostatnio w serialu „Halo Hans".

„Stawka większa niż życie" jest poza tym przykładem na to, że w socjalizmie całkiem nieźle radzono sobie z zarabianiem na przedsięwzięciach okołofilmowych. Najważniejszym z nich był komiks „KAPITAN KLOSS". Poza tym ukazały się książki z opowiadaniami na podstawie scenariuszy (pierwsze wydanie: trzy tomy w latach 1969--1971, Iskry).

Serial jest dostępny na płytach DVD.

STEREO TEST

Fakt, że w radiu odbieramy dźwięk dwukanałowy, wydaje się czymś oczywistym. W epoce PRL był to jednak rarytas, wdrażany stopniowo i nierównomiernie. Dość powiedzieć, że w niektórych regionach kraju Program III doczekał się stereofonicznego nadawania dopiero na początku lat 90.

Najbardziej charakterystycznym przejawem stereo-fetyszu było nadawanie przed audycjami testu. Zanim usłyszało się ulubioną muzykę, na przykład w „WIECZORZE PŁYTOWYM", trzeba było wysłuchać najpierw kilku puknięć, potem Tadeusza Sznuka mówiącego: *kanał lewy – kanał prawy*, a następnie irytujących szumów... Dobrze, że nie puszczano pełnej wersji tego nagrania, wydanej na płycie testowej. Z długimi komentarzami na temat każdej szumiącej częstotliwości.

Stereofonia na falach UKF zaczęła się na dobre w 1955 roku. Brytyjska BBC zaczęła nadawać w tej technologii trzy programy. Wkrótce dołączyły RFN i kraje Beneluksu. Polskie Radio nadało pierwszą próbną audycję w lipcu 1961 roku. Miesiąc później przeprowadzono eksperyment polegający na równoczesnym nadawaniu stereofonicznego dźwięku na falach radiowych i obrazu za pomocą telewizji.

Od 1967 roku w Warszawie stereofonia zagościła na dłużej. Można się nią było cieszyć wyłącznie za pośrednictwem importowanego sprzętu. Pionierski krajowy radioodbiornik stereofoniczny (Diora DSL 201) pokazano dopiero w 1970 roku. Pierwszy w miarę dostępny, Meluzyna (o ile dostępnością nazwiemy produkcję 100 sztuk miesięcznie) – dwa lata później. Sytuacja zmieniła się dopiero w roku 1976, za sprawą popularnego AMATORA.

W latach 70. audycje stereofoniczne stawały się coraz bardziej powszechne. Nadawano je w Programie II i IV. Trójka zaczęła nadawać dwukanałowo dopiero w roku 1984, w dodatku nie dotyczyło to całego kraju. Telewizja nie doczekała się stereo aż do połowy lat 90.

Podobnie było z kinami. Nic dziwnego, że gdy w 1976 roku wypożyczono na kilka miesięcy od brytyjskiego dystrybutora filmu „Trzęsienie ziemi" aparaturę Sensurround (system dźwięku przestrzennego z uwypukloną rolą basów, opracowany specjalnie na potrzeby tego obrazu), było to wielkim wydarzeniem. Tak wielkim, że obudowano je dodatkowymi atrakcjami – przed projekcją odbywały się... występy rewiowe.

STILON

nośnik dźwiękowy

Kaseta magnetofonowa Stilon to podstawowy peerelowski nośnik wielokrotnego zapisu. Idealny do magnetofonu GRUNDIG. Mimo mizernych parametrów technicznych, momentalnie znikał ze sklepów.

Zakłady Włókien Chemicznych Stilon z Gorzowa Wielkopolskiego produkowały taśmy magnetyczne od 1963 roku. W 1971, po zakupieniu licencji od Agfy, rozpoczął wytwarzanie kaset. W połowie lat 80. produkty otrzymały zgodność z normami IEC, ale i tak nie mogły się równać z produktami firm zachodnich. Dotyczyło to zarówno taśmy (widoczna gołym okiem chropowatość), jak mechaniki i designu (toporna, zamknięta obudowa z białego plastiku, podczas gdy na świecie już dawno królowały kasety przezroczyste).

Stilony dzieliły się na trzy rodzaje: model KN (z napisem „taśma magnetofonowa w kasecie"), najbardziej popularny, humorystycznie zwany przez producenta „niskoszumowym", model KF, z zagęszczoną warstwą magnetyczną (napis „ferrum forte"), no i absolutny rarytas, KCr — napis „kaseta chromowa" mówił wszystko.

Poza Stilonem produkcją kaset trudniły się szczecińskie Zakłady Włókien Chemicznych Wiskord (modele Superton). Sprawa ograniczała się jednak wyłącznie do konfekcjonowania taśm sprowadzanych z zagranicy. W porównaniu ze Stilonami wyroby te były znacznie bardziej podatne na wciąganie przez mechanizm magnetofonu. Jeszcze gorzej radziła sobie pod tym względem produkcja polonijna i spółdzielcza... W ostateczności można było zastosować enerdowskie kasety Orwo, które cechował intensywny zapach, zapewniający odlot równy niemal zawdzięczanemu klejowi BUTAPREN.

STUDIO 2

telewizyjny blok programowy

Symbol rozmachu gierkowskiej telewizji. Zadebiutował 30 listopada 1974, pół roku po wprowadzeniu w PRL wolnych sobót (początkowo raz w miesiącu). Pomysłodawcą show był Mariusz Walter, producent znany dzięki „Turniejowi miast", a po latach twórca potęgi telewizji TVN. *Ten pomysł urodził się z bazy organizacyjnej, która powstała przy tworzeniu innych programów, takich jak np. „Spotkania w drodze", „Progi i bariery" itd.* — wspomina. *To wszystko obrastało organizacją redakcyjną, produkcyjną. Wokół tych programów skupił się interesujący team ludzi myślących podobnie, chcących podobnie tworzyć. W pewnej chwili zdałem sobie sprawę, że mam wokół siebie bardzo silny zespół, może więc stać nas na coś więcej. A i telewizja była wtedy w okresie radości twórczego odkrywania i możliwości. Były one wtedy spore, bo telewizja była prężną, silną instytucją bez finansowych kłopotów. Któregoś dnia pomyślałem sobie, że może stać nas nie tylko na segmenty, ale na zagospodarowanie całego dnia...*

Magazynowa formuła polegała na łączeniu audycji dla dzieci („Muppet Show"), kreskówek („Jaskiniowcy"), produkcji rozrywkowych („Właśnie leci kabarecik" Olgi Lipińskiej), teleturniejów („Kto z nim wygra" — specjaliści kontra amatorzy), ekskluzywnych dyscyplin sportu (tenis, wyścigi konne, FORMUŁA 1), recitali gwiazd (ABBA, AFRIC SIMONE) czy starannie dobranych filmów fabularnych. Były też oczywiście specjalnie zarezerwowane seriale zachodnie. Sukces „KOSMOSU 1999" zachęcił do prezentowania pozycji scien-

ce fiction: „Planeta małp" („Planet Of The Apes", USA, oryginalnie 1974) czy „Najeźdźcy z kosmosu" („The Invaders", USA, 1967-1968). Poza tym westerny: „Strzały w Dodge City" („Gunsmoke", USA, 1955-1975) albo dzieła sensacyjne: „ŚWIĘTY". Odbywało się to w ramach stałego rozkładu. Od 16 do 18:30 były audycje magazynowe, potem serial, duże widowisko, a na koniec atrakcyjny film fabularny.

Nowatorska była formuła prowadzenia całości. Bożena Walter (kultura), Edward Mikołajczyk (publicystyka), Tomasz Hopfer (sport) i Tadeusz Sznuk (radiowiec, który dołączył do ekipy później) odeszli od konwencji sztywnego odczytywania z kartki. Ważne były dialogi i improwizacja. Zadbano poza tym o telefoniczny kontakt z widzami.

„Studio 2" nadawano na antenie programu drugiego. Przynajmniej początkowo, bo na skutek protestów widzów (zasięg stacji obejmował wtedy tylko 60 procent kraju) przeniesiono je do Jedynki. Sukces był nadspodziewany. *Przyznać trzeba, że „Studio 2" jest programem ofensywnym i bardziej niż tradycyjne formy telewizyjne narzuca się widowni, skłania widownię do koncentracji uwagi* – pisała prasa. *Dla olbrzymiej większości mieszkańców małych miast i wsi jest na pewno interesującą propozycją kulturalnego wykorzystania wolnego czasu.*

Schyłek koncepcji nastał na początku lat 80. Zmieniła się ekipa, obcięto fundusze... No i doszedł stan wojenny. W 1982 roku reaktywowano show (w soboty i niedziele), ale przyniósł tylko rozczarowanie. Nowy redaktor całości Andrzej Zaporowski powierzył prowadzenie jednej prezenterce (Aldona Dmochowska). Dawny rozmach zastąpiono koncepcją poradnikową (audycje typu „Bądźmy zdrowi"). Ostatni raz użyto tego szyldu przed wakacjami 1983 roku. Potem zawieszono nadawanie programu drugiego. Gdy wrócił jesienią, „Studia 2" w nim zabrakło. Namiastką były późniejsze „STUDIO LATO" czy „Studio 1". W latach świetności konkurencję stanowiło natomiast „Studio 8" (przygotowywane przez ośrodki regionalne) oraz blok „Tylko w niedzielę". Współczesną próbą reaktywacji koncepcji ma być „Studio Złote Tarasy" na antenie TVN.

STUDIO LATO

telewizyjny blok programowy

Zwiastun obniżania lotów TVP połowy lat 80. Krytykowany przez elity, ale ubóstwiany wśród widzów. W pewnym sensie zapowiedź tego, co stało się z telewizyjną rozrywką po 1989 roku.

Nie da się ukryć, że inspiracją do stworzenia takiego magazynu było słynne „STUDIO 2". Tym razem pomysłodawcą i reżyserem był Feridun Erol. *Stworzyliśmy formułę bardzo krótkich odcinków, a wspólnym mianownikiem jest żywioł zabawy* – opowiadał. Znacznie skromniejsze były natomiast środki.

W gronie prowadzących znaleźli się Maria Szabłowska, Zofia Czerwińska, Anna Szulc i Włodzimierz Szaranowicz. „Studio Lato" wyróżniało się konwencją luźnej rozmowy, dużą ilością konkursów i teledysków (to tu wylansowano „Chałupy Welcome To" ZBIGNIEWA WODECKIEGO), zaskakującymi akcjami (Murzyn przepytujący przechodniów na ulicach Warszawy, kojarzenie par za pomocą komputera) oraz udziałem satyryków. *Udało nam się pozyskać do tego programu wielu artystów, którzy chcą się z nami zabawić* – chwalił się Erol.

Najbardziej znaczący byli Skauci Piwni, pod wodzą Janusza Rewińskiego (poza tym w drużynie Paweł Dłużewski, Krzysztof Jaroszyński, Krzysztof Piasecki i Kabaret Elita). Panowie lansowali własne piosenki (najsłynniejsza ze słowami *Kochana mamo! Jest tu bardzo fajnie...*), a po zakończeniu emisji telewizyjnych kontynuowali działalność estradową. Zaowocowało to stowarzyszeniem miłośników kabaretu, a potem Polską Partią Przyjaciół Piwa, która w 1991 roku wprowadziła do Sejmu swoich 16 kandydatów.

„Studio Lato" utrzymało się na antenie tylko dwa sezony. Nadawano je w wakacje 1985 i 1986 roku, w dni powszednie, w godzinach popołudniowych. Jesienią 1985 na antenie pojawiło się „Studio 1", o nieco bardziej stonowanej formule i rzadszym cyklu nadawania. Analogicznym do „Chałup" przebojem był w tym przypadku „Szał By Night" w wykonaniu Andrzeja Dąbrowskiego.

SYFON

urządzenie spożywcze

Domowa metoda produkcji napojów gazowanych. Jeden z epizodów bitwy wojny o bąbelki, która w PRL toczyła się nieustannie. *Wprawdzie woda nienasycona dwutlenkiem węgla jest na przykład we Francji bardziej popularna niż gazowana, ale my wolimy bąbelki* – pisano w prasie. *Napój bez bąbelków poddawany jest reklamacji i słusznie, gdyż ich brak dowodzi, że jest to towar przeterminowany lub wybrakowany.* Uwaga trafna, acz niepełna. Polskie wytwórnie często nie by-

ły w stanie sprostać normom gazowania znanym z Zachodu (patrz POLO COCKTA).

Wynalazek syfonu nie jest młody. Specjalna nakrętka na butelkę (z rączką, która umożliwiała pompowanie płynu pod ciśnieniem) powstała w 1837 roku. Jej autorem był Francuz – Antoine Perpigna. Rzecz szybko rozpowszechniła się w całej Europie, także na ziemiach polskich. Sytuacja dotyczyła II Rzeczpospolitej, lat okupacji i pierwszego okresu po wojnie. Wodę sodową wytwarzały niewielkie zakłady rzemieślnicze, część produkcji kierując do szklanych syfonów, a część do zwykłych butelek. Za pojemniki z mechanizmem płaciło się kaucję. Chyba że klient przyniósł swój, na wymianę.

Na początku lat 70. nazwę syfon kojarzono już z nieco innym urządzeniem, tzw. autosyfonem. Z NRD i Węgier zaczęto sprowadzać metalowe pojemniki z mechanizmem na naboje. Wymienne pojemniczki z dwutlenkiem węgla trzymało się zwykle w pudełkach liczących kilka sztuk. Po wyczerpaniu zapasu zużyte naboje wędrowały do punktu handlowego, gdzie za dopłatą dostawaliśmy napełniony zestaw. Dalsza procedura była prosta. Woda do pojemnika – nabój na iglicę – wstrząsnąć...

Upowszechniają się syfony z nabojami, których jakoby sprzedano już w Polsce około trzech milionów sztuk – można było przeczytać w 1975 roku. *Tu i ówdzie są do nabycia rozmaite koncentraty do sporządzania napojów i planuje się wzrost ich produkcji. Kłopot polega jednak na dostępie do odpowiednich źródeł wody. Kranówka – nie ulega wątpliwości – to nie to. Jeżeli chodzi o wody mineralne, to najbardziej smacznych szczaw typu Staropolanka czy Kryniczanka mamy niewiele, toteż często musimy się zadowolić wodami chlorkowo-sodowymi, jak Perła Bałtyku czy Kujawianka.*

Syfony zniknęły po 1989 roku, gdy zaczęto sprzedawać napoje gazowane z prawdziwego zdarzenia. Dziś urządzenia funkcjonują tylko w gastronomii.

SYRENA
samochód osobowy

Pierwszy w PRL samochód osobowy krajowej konstrukcji. Myśl, że coś takiego w ogóle mogłoby powstać, dopuszczono w warszawskiej Fabryce Samochodów Osobowych dopiero w 1953 roku. Na fali odwilży po śmierci Stalina. Zielone światło zapalił Komitet Centralny PZPR: *Należy zbudować popularny środek przewozu, oszczędzający czas przy wykonywaniu czynności służbowych i wypoczynku, przeznaczony dla racjonalistów, przodowników pracy, aktywistów, naukowców, przodujących przedstawicieli inteligencji.*

Produkowana od 1951 roku licencyjna Warszawa pozostawała poza zasięgiem przodujących obywateli. Ułatwiła jednak powstawanie nowego modelu. Jako że inżynierom poskąpiono finansów, czerpali z tego auta rozmaite rozwiązania, uzupełniając to radosną improwizacją. Makieta z gipsu, silnik od motopompy strażackiej, ręcznie klepana karoseria... W 1955 roku gotowy był prototyp modelu 100. Nazwę Syrena wybrała załoga – w nawiązaniu do faktu, że była to pochodna Warszawy.

Udana prezentacja na Międzynarodowych Targach Poznańskich skłoniła rząd do podjęcia decyzji o produkcji. *Syrena miała być czymś w rodzaju produktu ubocznego* – pisano w ówczesnej prasie. *Przewidywało się małoseryjną produkcję samochodu opartego do maksimum o elementy Warszawy. Nie inwestowano niemal nic w oprzyrządowanie, bo np. dach miał być drewniany. Życie spłatało jednak potężnego figla. Oto już pierwsze egzemplarze ręcznie klepanych Syren zostały rozchwytane. Zapadła decyzja zwiększenia produkcji. Z tą chwilą zaczęła się istna gehenna dla załogi. Brak oprzyrządowania, fatalna ciasnota, praca niemal od początku do końca ręczna, kłopoty z kooperantami...* Pierwszych 200 „ręcznych" egzemplarzy pojawiło się w 1957 roku. Rok później z taśm zjechały już samochody wykonane z tłoczonych elementów.

W kolejnych latach Syrenę stopniowo modernizowano. Ale dopiero w modelu 105, produkowanym od 1972 roku w Fabryce Samochodów Małolitrażowych w Bielsku-Białej, pojawiły się drzwi z normalnymi zawiasami. Wcześniej otwierały się do przodu, co powodowało, że auto zyskało przydomek „kurołapa"... Syrena miała poza tym odmianę dostawczą (Bosto) i pickup (R-20). Wyobraźnię rozpalał prototypowy model Syrena Sport o naprawdę nowoczesnej linii nadwozia. Nigdy jednak nie skierowano go do produkcji.

„Brzydkie kaczątko polskiej motoryzacji" przetrwało do lat 80. I pewnie produkowano by je dalej, gdyby nie całkowite wyeksploatowanie maszyn (nazwane „syrenizacją"), które uniemożliwiało utrzymanie parametrów technicznych. Dla przestarzałego modelu nie opłacało się ich odtwarzać – ostatni egzemplarz zjechał z taśm 30 czerwca 1983 roku. W sumie wyprodukowano ponad 500 tysięcy sztuk auta.

Syrena nie cieszyła się wielkim poważaniem kierowców, o czym świadczą przydomki „skarpeta" czy „skorupa". Z drugiej strony budziła sympatię, której symbolem był film „Kochajmy syrenki" (i piosenka pod takim tytułem) z 1967 roku. Po latach auto ma status kultowego. Jego miłośnicy zrzeszają się w klubach, skupują stare pojazdy, pieczołowicie je odnawiają lub fantazyjnie tuningują.

SZADOKI – patrz OTO SZADOKI

SZALEŃSTWO MAJKI SKOWRON

serial dla młodzieży

9 odcinków; reż. Stanisław Jędryka; 1976, Polska

Pierwszy kolorowy serial uznanego specjalisty od produkcji dla młodzieży Stanisława Jędryki. Początkowo miał nosić tytuł „Mazury" – w scenerii tamtejszych jezior rozgrywa się bowiem akcja. Ostatecznie bez kombinowania pozostawiono pierwowzór literacki (od powieści Aleksandra Minkowskiego, 1972).

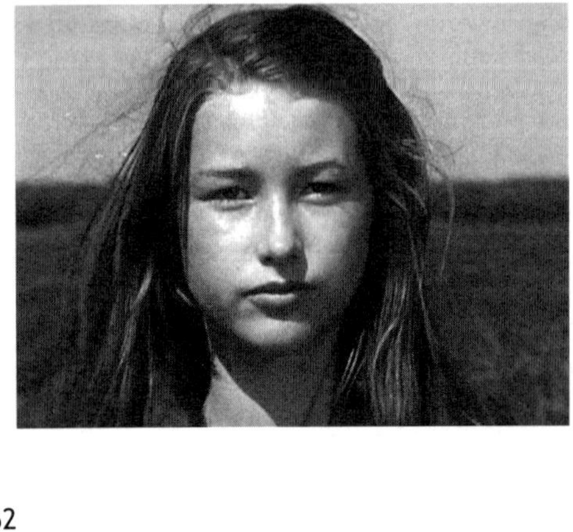

Wbrew pozorom głównym bohaterem nie jest tu dziewczyna, tylko niejaki Ariel (Marek Sikora). Syn komendanta Milicji Obywatelskiej z Krainy Wielkich Jezior. Z jednej strony korzysta z malowniczych rajdów motorówkowych, z drugiej buntuje się przeciw staremu, ukrywając nastoletnią uciekinierkę. Majka (Zuzanna Antoszkiewicz) przyjechała na prowincję, bo nie mogła wytrzymać z ojcem, dyrektorem Ważnego Zakładu. Wakacyjna aura, wspólnota doświadczeń i atrakcyjna powierzchowność bohaterów owocują – jakżeby inaczej – uczuciem.

Piętnastoletnia Antoszkiewicz dostała się do ekipy rzutem na taśmę. Wypatrzono ją podczas naboru w szkole baletowej przy warszawskim Teatrze Wielkim. Nie zdecydowała się potem na kontynuowanie kariery filmowej, działa jako artystka multimedialna. Kontrowersyjna artystka. Pod pseudonimem Zuzanna Janin zorganizowała na przykład happening polegający na sfingowaniu własnego zgonu (2003). Marek Sikora, który został aktorem, reżyserem i choreografem teatralnym, zmarł w 1996 roku. Nagły wylew dotknął go, gdy miał zaledwie 37 lat.

SZARIKI – patrz ODRA

SZMARAGD

odbiornik telewizyjny

Najpopularniejszy odbiornik telewizyjny lat 60. Drewniana obudowa, w środku lampy i siedemnastocalowy ekran (oczywiście czarno-biały)... Przed użyciem należało cierpliwie przeczekać kilka minut rozgrzewania. Sprzęt charakteryzował

się ciekawym logo, liternictwo przypominało to z samochodu SYRENA. *Ponieważ część napisu „szmaragd" odkleiła się w czasach prehistorycznych, przez długi czas byłem pewien, że ślady kleju po byłych literach to ludzie wiosłujący na łodzi. Trwało to do momentu, gdy zacząłem umieć to i owo odczytać* – wspominał Kazik Staszewski.

Szmaragd oznaczony symbolem 901 powstawał od 1959 roku w Warszawskich Zakładach Telewizyjnych. Był następcą pierwszego odbiornika polskiej konstrukcji, Belwedera (1957). Wcześniej WZT produkowały Wisłę, na radzieckiej licencji. Po trzech latach produkcji Szmaragda dokonano jego modernizacji (m.in. nowa technika odchylania kineskopów). Narodził się model 902. Wraz ze zbliżonymi technologicznie produktami – jak Turkus czy Jantar – na początku lat 60. powstawało w warszawskich zakładach 200 tysięcy telewizorów rocznie. Dochodziła do tego wytwórczość Unimoru z Gdańska i Diory w Dzierżoniowie.

Lata 70. stały już pod znakiem nowocześniejszego telewizora Ametyst – z kineskopem o prostokątnych rogach, głowicą UHF i tranzystorową fonią. Pojawiły się też pierwsze odbiorniki kolorowe – patrz RUBIN.

SZPITAL NA PERYFERIACH

serial obyczajowy

(Nemocnice na kraji mesta)

20 odcinków; reż. Jaroslav Dudek; 1977-1981, Czechosłowacja

Czeska odpowiedź na seriale, których akcja rozgrywa się w środowisku lekarskim, w rodzaju DR KILDARE.

Produkcja rozpoczęła się pechowo. W 1977 roku, gdy wszystko już było przygotowane do zdjęć, zmarł aktor, który kreował czołową postać – ordynatora Sovę. Jako że Karl Höger wydawał się reżyserowi niezastąpiony, rozważano nawet wstrzymanie prac. W końcu ktoś wpadł na pomysł, by poszukać kogoś w słowackim oddziale telewizji. Idealnym kandydatem okazał się Ladislav Chudik. Musiał tylko podszkolić język czeski... *Rola rozrastała się z odcinka na odcinek i przyniosła mi wielką popularność* – wspomina aktor. *Ludzie pytali mnie o diagnozy lekarskie, zapraszany byłem na sympozja. Niektórzy dla żartu prosili o wypisanie recepty.* Poza tym w gronie głównych postaci znalazł się ironiczny doktor Sztrosmajer (Milosz Kopecky), młoda stażystka Elżbieta Czenkova (Eliszka Balcerova) oraz lokalny playboy, Arnošt Blažej (Josef Abrhám).

Twórcą serialu był Jaroslav Dietl – „ojciec czeskiego serialu". *Pomysł scenariusza narodził się wtedy, gdy Dietl leżał w szpitalu* – mówi Chudik. *Miał operowany staw biodrowy, kulał. Napisał tę opowieść, by spłacić dług wdzięczności wobec lekarzy, którzy otoczyli go wspaniałą opieką i przywrócili do życia.* Sam scenarzysta opowiadał, że przed pomysłem na historię o lekarzach chciał po prostu stworzyć opowieść miłosną.

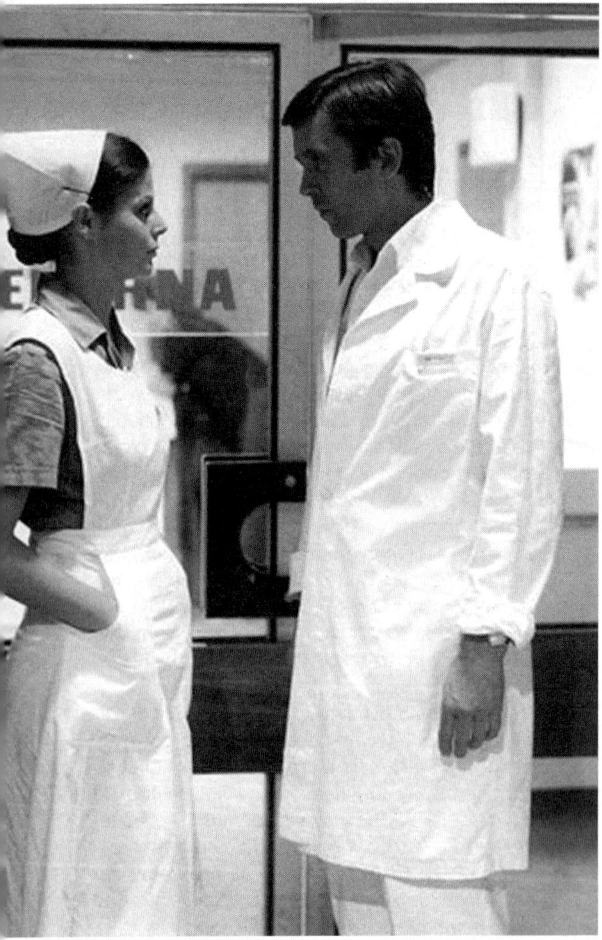

Dietl znany był z upiększania socjalistycznej rzeczywistości. Ale i tak nie cieszył się sympatią władz... Z wzajemnością. *Pamiętam, że były narzekania na dwie postaci w serialu, obie ważne i pozytywne* – wspomina wdowa, Magdalena Dietlova. *Były pretensje, że nie wiadomo, czy należą one do partii, co było wymagane. Jaroslav odpowiedział, że nie każdy musi być w partii. Ale nie udało mu się przewalczyć swojego zdania. Został zmuszony do napisania scen, w których stało się jasne, że to partyjni. Doktor Sova przemawia na przykład na zebraniu aktywistów w szpitalu... Po pewnym czasie zgłosili się ludzie, który przygotowywali niemiecki dubbing dla telewizji w RFN. Pytali, czy mogą wyciąć tę scenę, bo z ich punktu widzenia zupełnie nie ma sensu. Nie ma nic wspólnego z fabułą.*

Rynek niemiecki – po obu stronach muru – był dla „Krankenhaus am Rande der Stadt" bardzo ważny. Drugi sezon serialu (siedem odcinków, które miały premierę w 1981 roku), powstawał z udziałem tamtejszych środków finansowych. Dietl dostał nawet propozycję pracy w RFN. Odmówił, tłumacząc się brakiem znajomości realiów. W Polsce pokazywano „Szpital na peryferiach" w roku 1982. W 1991 roku Wydawnictwo Łódzkie opublikowało powieść Dietla pod tym samym tytułem.

W 2003 roku powstało 13 nowych odcinków serialu, zatytułowanych „Szpital na peryferiach po 20 latach" („Nemocnice na kraji mesta po dvaceti letech"). W 2007 nakręcono kolejnych 13, tym razem jako „Szpital na peryferiach – nowe losy" („Nemocnice na kraji mesta ...nove osudy").

ŚWIAT MŁODYCH

gazeta

Ukazująca się najpierw dwa, a później trzy razy w tygodniu „Harcerska Gazeta Nastolatków”. W latach 80., w okresie największych triumfów, można ją było zdobyć wyłącznie dzięki przychylności kioskarzy (odkładali egzemplarze do specjalnych teczek). Mimo półmilionowego nakładu!

Fenomenalnej koniunktury nie napędzały bynajmniej akcje typu „Ukwiecimy sadami, ustroimy zielenią naszą ojczystą ziemię”. Chodziło o:

1. artykuł o zespołach („Świat muzyki”), okraszony przedrukami fotosów z „Brava” (sobota, czerwona winieta);

2. artykuł o filmach („Gwiazdozbiór”), okraszony przedrukami z „Brava” (wtorek, niebieska winieta);

3. artykuł o samochodach („Świat na 4 kółkach”), okraszony przedrukami z PROSPEKTÓW (czwartek, zielona winieta);

4. komiks w odcinkach na ostatniej stronie (wtorek, czwartek, sobota).

Ostatni punkt trzeba uznać za najważniejszy. Mimo dumnie eksponowanego Złotego Odznaczenia im. Janka Krasickiego, „Świat Młodych” był otwarty na nowinki. Wydatnie przyczynił się do popularyzacji komiksu. Tu po raz pierwszy objawił się – i królował przez lata – „TYTUS ROMEK I A'TOMEK”. Tu publikowano „JONKA, JONKĘ I KLEKSA” i „KAJKO I KOKOSZA”. Tu, we

SPOMNIENIE O ALEKSANDRZE KAMIŃSKIM 4 • BRUCE LEE 6

WTOREK Nr 34 22 III 1983 Cena 5 zł

ŚWIAT MŁODYCH

HARCERSKA GAZETA NASTOLATKÓW

s! Konkurs! Konkurs!

rysuj i sięgnij

dzynarodowy laur

i z Muranowa

Poznać lwa po pazurach

Fot. Maryla Zieleniewska

TWIERDZĘ, WĄTPIĘ, PYTAM

czyli Towarzystwo Wiedzy Poszukiwanej

UWAGA! TU „LATAJĄCY HOLENDER”

ZADANIE MIESIĄCA:

DZIŚ OSTATNI DYŻUR REDAKCYJNEGO PSYCHOLOGA

28-25-48 (Warszawa)

Komputer... pisarzem

wrześniu 1982 roku, pojawił się przedsmak Zachodu (patrz „SOS DLA PLANETY"). Mimo kastrowania treści kolejne tego typu przedruki powodowały wypieki na twarzach młodocianych.

Komiksowe zaangażowanie gazety wydawało się naturalne. Narodziła się ona jako kontynuacja pionierskiego w tej dziedzinie „Świata Przygód", który w 1949 roku połączono z harcerskim magazynem „Na Tropie". Przełomowym momentem w historii pisma było wprowadzenie kolorowego druku (1974). Takiego bajeru nie miała nawet „Trybuna Ludu"...

Po roku 1989 tytuł został przejęty od Młodzieżowej Agencji Wydawniczej (należącej do RSW „Prasa–Książka–Ruch") przez dziennikarzy. *Zespół naszej gazety, grupa wspaniałych, mądrych, dobrze przygotowanych dziennikarzy, chciała uratować tytuł* – wspomina Szarlota Pawel, odpowiedzialna w piśmie za grafikę. *Chcieliśmy dalej robić to, co kochaliśmy. Powstała spółdzielnia dziennikarska i zaczęliśmy się miotać. Sto pomysłów, burza mózgów i... dupść! „Świat Młodych" był gazetą zasłużoną (nawet w winiecie miał medale), a potrzebne były nie zasługi, a poczytność. Młodzież chciała seksu, zabawy łatwej i przyjemnej, krótkich tekstów i mało refleksji, a my nieopatrznie przerobiliśmy harcerską gazetę dla dzieci w przynudzające pismo dla młodzieży. To był błąd nie do naprawienia.*

Spółdzielnia Pracy „Świat Młodych" nie wytrzymała konfrontacji z rzeczywistością, w której nie trzeba przedrukowywać z „Brava", bo pełno go było w kioskach... Ostatni numer „ŚM" (5061) ukazał się w 1993 roku.

ŚWIERSZCZYK

czasopismo

Najstarsze polskie czasopismo dla dzieci, które ukazuje się nieprzerwanie. Nie pierwsze jednak. Już w 1944 roku w Lublinie Wydział Wydawniczy Resortu Oświaty PKWN wznowił przedwojenny „Płomyk". W Siedlcach powstało z kolei efemeryczne „Nasze Pisemko", a w Katowicach „Poranek"...

Koncepcja zupełnie nowego pisma narodziła się w Łodzi. Pomysłodawcami byli rysownik Jan Marcin Szancer oraz literatki Wanda Grodzieńska i Ewa Szelburg-Zarembina. Pierwsza została redaktor naczelną, druga należała do czołowych autorek na łamach i wymyśliła tytuł „Świerszczyk".

Pierwszy numer ukazał się 1 maja 1945 roku nakładem Spółdzielni Wydawniczej Czytelnik. Na jego zawartość składały się krótkie teksty pisane prozą i wierszem, przeznaczone dla czytelnika w wieku 7-8 lat. Wśród autorów byli Jan Brzechwa i Lucyna Krzemieniecka. Później do znakomitego grona dołączyli m.in. Wanda Chotomska, Czesław Janczarski, Ludwik Jerzy Kern, a rysowali graficy tej miary co Bohdan Butenko, Jerzy Flisak i Julian Bohdanowicz.

W październiku 1945 roku w Warszawie zaczęło się ukazywać inne pismo dziecięce, „Iskierki" (Nasza Księgarnia). W 1951 roku połączono oba tytuły, od kwietnia dwutygodnik ukazywał się jako „Świerszczyk-Iskierki". Do pierwotnej nazwy powrócono – na życzenie czytelników – w roku 1956. W szczytowym okresie popularności, na początku lat 70., nakład sięgał niemal miliona egzemplarzy. Sporą jego część nakręcała prenumerata w pod-

stawówkach. W przeciwieństwie do „Płomyka", „Świerszczyk" przetrwał 1989 rok. Początkowo wydawała go sprywatyzowana Nasza Księgarnia, od 2005 roku wydawnictwo Nowa Era.

Uwaga: „świerszczykami" nazywano w PRL pokątnie przywożoną z Zachodu pornografię.

ŚWIĘTY

serial sensacyjny

(The Saint)

118 odcinków; różni reżyserzy; 1962-1969, Wielka Brytania

W latach 60. byliście jedynym krajem zza żelaznej kurtyny, w którym wyświetlano „Świętego". Pytałem nawet szefa angielskiego wywiadu, czy nie można w filmie przemycić dla was jakichś zaszyfrowanych informacji – to słowa Rogera Moore'a. Jak zwykle ironiczny aktor wypowiedział je podczas wizyty w naszym kraju w 2004 roku.

Cztery dekady wcześniej polska telewizja rzeczywiście uraczyła widzów nie lada atrakcją. W 1963 roku pokazano świeżutki serial (produkcja ruszyła zaledwie rok wcześniej), którego bohater był sympatycznym – ale jednak – przestępcą. W dodatku w roli głównej mieliśmy człowieka, który miał się stać twarzą BONDA. Mówiąc krótko: kop w pupę socjalistycznych ideałów.

Proces zepsucia postępował też na polu literackim. W 1967 roku wydawnictwo Iskry opublikowało w kryminalnej serii z kluczykiem wybór opowiadań „Simon Templar wkracza do akcji". Z okładki bezczelnie patrzył na czytelnika Moore właśnie. Kolejne tomy trafiły do księgarń w roku 1982 („Wendeta dla Świętego", „Święty w Nowym Jorku", Iskry). A potem już w nowej rzeczywistości. Była to tylko skromna część liczącej kilkadziesiąt pozycji bibliografii pomysłodawcy Świętego – pisarza Leslie'ego Charterisa.

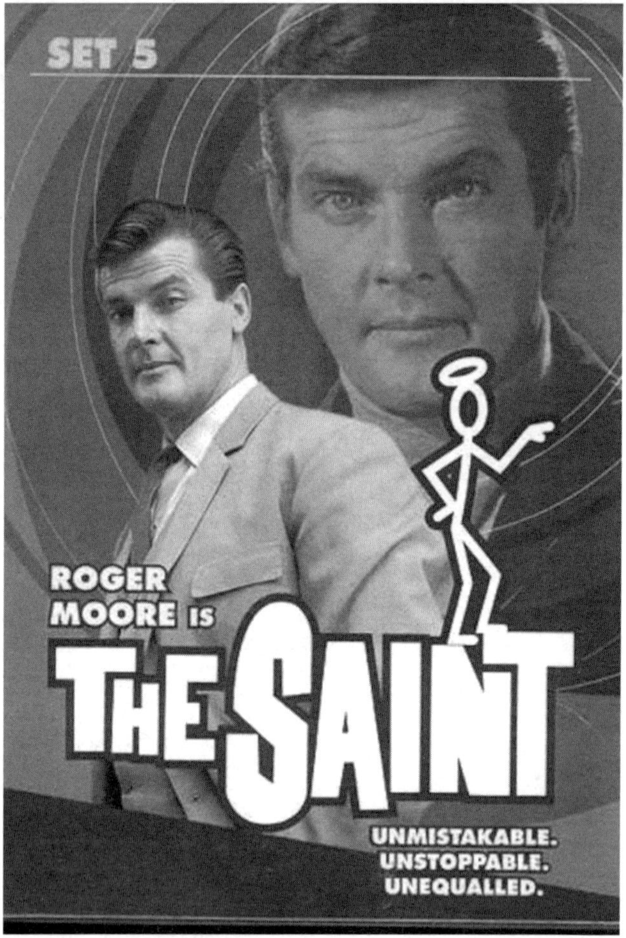

Film z Rogerem Moore'em nie był pierwszym podejściem do ekranizacji tych książek. Próby podejmowano jeszcze przed wojną, lecz bez większego powodzenia. Dopiero 35-letni aktor potrafił idealnie oddać nonszalancko elegancki styl bycia postaci. *Niezwykle korzystne warunki zewnętrzne, nieco infantylny urok, temperament i poczucie humoru pasują go na jedynego w tej chwili rywala Richarda Chamberlaina* – pisała polska prasa śledząc rywalizację serialu z „DR KILDARE".

Zapoczątkowany w 1962 roku „Święty" należał do najdłuższych produkcji brytyjskiej telewizji. Doczekał się 6 sezonów, 118 odcinków i dwóch montaży pełnometrażowych („The Fiction Makers", 1968 oraz „Vendetta For The Saint", 1969). Dwa ostatnie sezony zrealizowano w kolorze. Ostatni odcinek Brytyjczycy obejrzeli w stacji ITV w lutym 1969 roku.

W Polsce serial żyje we wspomnieniach jako dominująca pozycja programowa. W rzeczywistości nadawano go jednak rzadko i bardzo nieregularnie. Mniej więcej raz w miesiącu, w różne dni tygodnia (środa, sobota, czwartek). Lekceważono przy tym oryginalną kolejność odcinków. Pierwszy, „Utalentowany mąż" („The Talented Husband"), objawił się na przykład dopiero we wrześniu 1964. Już po emisji kilku epizodów z... drugiego sezonu. W całym 1965 roku można było oglądać „Świętego" jedynie w dwóch wycinkach sezonu trzeciego. Rzecz nabrała nieco rozpędu w 1967: w środowe wieczory pojawiło się osiem odcinków sezonu numer pięć. W pamięci fanów zapisał się też primaaprilisowy żart. Któregoś razu zmontowano fragmenty różnych odcinków i dopisano do nich absurdalne teksty. Lektor czytał to jak gdyby nigdy nic, wprawiając w osłupienie mniej zorientowanych widzów.

Potem miłośnicy Simona Templara mogli się cieszyć głównie wywiadem z odtwórcą roli głównej, który przedstawiciel naszej telewizji przeprowadził pod koniec 1968 roku: — *Mówiłeś, że dostajesz listy z Polski... — A tak, oto list, który dotarł do mnie zupełnie przypadkowo, pisany po angielsku przez dziewczynę imieniem Lucyna. List bardzo słodki, pisze ona: „Proszę, przyślij mi swoją fotografię — przykro mi bowiem, ale muszę patrzeć na Ciebie"*. „Święty" wrócił na polskie ekrany dopiero w 1973 roku, już w telewizji kolorowej. Wiosną pokazano pięć odcinków sezonu szóstego. Następną dawkę wydzielono latem 1976. „Święty" gościł też w ramach „STUDIA 2".

Pomiędzy emisjami, już od lat 60., na antenie pojawiał się sporadycznie inny serial z Moore'em: „Detektywi z wyższych sfer" („The Persuaders!", oryginalnie z lat 1971-72). Od lutego 1980 Telewizja Polska pokazywała natomiast w dużej dawce kontynuację „Świętego": „Powrót Świętego" („Return Of The Saint", oryginalnie z lat 1978-79), z Ianem Ogilvym, późniejszym autorem popularnej książki dla dzieci „Lichotek i czarnoKsiężnik", zamiast Moore'a.

„The Saint" wyróżniał się specyficzną czołówką. Najpierw bohater zwracał się z krótką przemową wprost do kamery. Później ktoś wypowiadał kwestię: *Och, to przecież słynny Simon Templar!* Nad głową Moore'a pojawiała się w tym momencie animowana aureola. Aktor spoglądał na nią z uśmieszkiem, charakterystycznie unosząc brew... Ekran zaczerniał się, pozostawał tylko świetlisty krążek. Przeskakujący do naszkicowanego kilkoma kreskami facecika, czyli logo znanego z książek (Leslie Charteris nazywał go „patyczakiem" i twierdził, że po raz pierwszy narysował w wieku lat dziewięciu). Wszystkiemu towarzyszył świetny temat muzyczny Edwina Astleya. Po latach, w 1997 roku, melodyjkę przerobił zespół Orbital, na potrzeby kinowej wersji „Świętego" z Valem Kilmerem.

Cały serial z Moore'em ukazał się w Polsce na płytach DVD — dołączanych od 2004 do tygodnika „TV Okey!", a później dostępnych też w kompletach (podobnie jak „The Persuaders!" — pod tytułem „Partnerzy").

H. J. CHMIELEWSKI
ROMEK i A'TOMEK
Księga IX

TAJEMNICA SZYFRU MARABUTA

serial animowany

10 odcinków; reż. Maciej Wojtyszko; 1976-1979, Polska

Serial zrealizowany na podstawie jednej z przygód Bromby i jej przyjaciół. Maciej Wojtyszko, reżyser i literat (samodzielnie w dodatku ilustrujący swoje dzieła), rozpoczął książkowy cykl w 1975 roku. *Bromba nie posiada specjalnie niepokojącego wyglądu, nie wyróżnia się też niczym, co by przykuwało uwagę na pierwszy rzut oka. Jest nieco większym od wiewiórki stworzonkiem o różowym futerku, a na odrobinie za bardzo wystającym brzuszku nosi dużą torbę wypełnioną różnymi niezbędnymi przedmiotami... Wszystkie Bromby, jak wiadomo, były skłonne do refleksji i może dlatego tak skromnie prezentuje się ich udział w wojnach i tym podobnych imprezach, w których umysły głębokie, czyli refleksyjne, nigdy nie gustowały.*

Zbiór opowiadań „Bromba i inni" rozszedł się w nakładzie przekraczającym w sumie 600 tysięcy egzemplarzy! Potem ukazały się „Trzynaste piórko Eufemii" (komiks dla dzieci, 1977), „Tajemnica szyfru Marabuta" (coś jakby kryminał, 1978), „Bromba i inni (po latach także...)" (uzupełniona wersja pierwszej książki, 2003) oraz „Bromba i filozofia", „Bromba i psychologia" — tytuły mówią same za siebie (2004, 2007).

To dziwne bajki — trochę surrealistyczne, z głębszym podtekstem, nie tylko dla dzieci... Nie ma się co dziwić, skoro ich twórca studiował filozofię. *Do napisania „Bromby" ośmielił mnie swoimi „Bajkami z królestwa Lailonii" Leszek Kołakowski, którego wykładów miałem szczęście słuchać na studiach* — wspomina Wojtyszko. *Drugą inspirację stanowiły książki Stefana Themersona, które pod koniec lat 60. pojawiły się w księgarniach. Literatura dziecięca była wtedy w większości bardzo infantylna. Właśnie czytając Kołakowskiego i Themersona, przekonałem się, że z dziećmi można rozmawiać inaczej. Przecież one kochają surrealizm i absurd. Starałem się pisać zrozumiałym dla dzieci językiem o tym, co niepokoi dorosłych, stawiać pytania, na które oni nie zawsze znajdują odpowiedź.*

Jednym z ciekawszych elementów są dziwne imiona postaci. Gluś, Gżdacz, Fikander, Kajetan Chrumps, Psztymucle... Nazywając je, Wojtyszko bawił się językiem, a charaktery wzorował na swoich bliskich. *Zwierzątko Mojej Mamy oddaje relacje między mną a moją mamą. Fikander i Malwinka to ja i moja żona. Ich dzieci Meander i Filwinka mają swoje pierwowzory w naszych. Na dużą część „Bromby" złożyły się listy, które wy-*

syłałem do żony studiującej w Poznaniu, podczas gdy ja byłem na studiach w łódzkiej Filmówce. Rozdziały o Fikandrze, Malwince, Brombie, Zwierzątku Mojej Mamy i Glusiu są owocem tej korespondencji. Natomiast ciocię Molestę Zgrzypik z „Tajemnicy szyfru Marabuta" wzorowałem na mojej babci.

Pierwsze spotkanie z Brombą w telewizji nastąpiło już w 1974 roku. Wojtyszko wyreżyserował cykl spektakli według swoich opowieści. Występowali w nich Magdalena Zawadzka i Wieńczysław Gliński. Dziesięcioodcinkowy serial animowany (z narracją Glińskiego) powstał między 1976 a 1979 rokiem w warszawskim Studiu Miniatur Filmowych. W 1980 zmontowano go w 76-minutową całość i wprowadzono do kin.

Mimo upływu lat postaci stworzone przez Wojtyszkę cieszą się kultowym statusem. W 1999 roku Tomasz Budzyński z rockowej grupy Armia wykorzystał postać Bromby w oprawie graficznej albumu „Droga" i wspomniał ją w tekście utworu „Radio NRD" (a wcześniej „Łapaczach wiatru"). W 2003 „Brombę i innych" wpisano do Kanonu Książek dla Dzieci i Młodzieży. Rok później Stowarzyszenie Przyjaciół Książki dla Młodych — Polska Sekcja IBBY, uznało tom „Bromba i filozofia" za książkę roku. W 2007 roku zorganizowano w Warszawie Festiwal Twórczości Dziecięcej i Młodzieżowej Brombolandia, z następującym anonsem: *Wydarzenie to ma być okazją do spotkania z dziecięcą i młodzieżową polską literaturą z wysokiej półki, a także propozycją alternatywną wobec zalewu komercyjnej zachodniej kultury, na co dzień wkraczającej w życie naszych dzieci. Celem Festiwalu Brombolandia jest zainteresowanie dzieci i młodzieży twórczością tak wybitnej postaci polskiej kultury, jaką jest Maciej Wojtyszko, oraz zaproszenie ich do twórczego i aktywnego obcowania z jego dziełem.*

TAJFUN

seria komiksowa

1 tom; rys. Tadeusz Raczkiewicz; 2006

Zapomniany komiks ze „ŚWIATA MŁODYCH". Przemknął przez łamy w latach 80. i nie doczekał się wydań albumowych... Do czasu. Gdy w 2006 roku „Tajfuna" wznowiło w twardej oprawie wydawnictwo Mandragora, fanom nie zadrżała ręka przy kwocie 79,90 złotych.

Fenomen. Zważywszy, że opowieści cechowały się nierównym poziomem rysunków, a scenariusze były kalkami popkulturowych schematów (z krajowymi włącznie — tytułowy Tajfun jest kosmicznym agentem, jak FUNKY KOVAL). Raczkiewicz, pracownik handlu z Gubina, zadebiutował na łamach „Świata Młodych" w 1976 roku. Narysował humorystyczną opowieść „Kuśmider i Filo". Potem miał przerwę, aż do dwóch komiksów opartych na znanych powieściach (1982). *Najpierw postanowiłem zrobić coś Juliusza Verne'a* — wspomina. *„Dwa lata wakacji" mi się podobało i narysowałem. W redakcji powiedzieli: „W porządku przyjmiemy". Myślałem, co dalej? Postanowiłem, że będzie to „Piętnastoletni kapitan". Ale potem powiedzieli: „Panie Raczkiewicz u nas to nie lubią takich komiksów z książek, taka linia partii... Niech Pan tak od siebie coś".*

Mimo braku doświadczenia twórca podjął wyzwanie. *Chciałem, żeby to był jakiś przebojowy tytuł. Coś, co by narobiło dużo zamieszania — wichura jakaś, czy... tajfun! No i siadłem nad kartką i skrypt napisałem w ciągu dziesięciu, dosłownie minut, w punktach. Najpierw rozrysowałem całość na brudno, w ciągu dwóch dni... Spakowałem i wysłałem te szkice do Warszawy. „Przyjmujemy — w porządku — rysować". Taką dostałem odpowiedź. Więc zacząłem rysować i dwa, trzy razy w tygodniu zawoziłem prace do Warszawy, od razu do druku, a jednocześnie dalej tworzyłem.*

Ciekawym pomysłem Raczkiewicza — zwłaszcza w gazecie harcerskiej — było wprowadzenie obok głównego bohatera dwóch seksownych kobiet. Blondynki i brunetki, niczym z ABBY. Obie pozostawały z Tajfunem w dwuznacznych stosunkach. *Pomyślałem, że nie chcę w moim komiksie samotnego męskiego bohatera. Może by tak jakiś przyjaciel, ale przyjaciel to kojarzyłoby się z...* (śmiech) *No to może dwie przyjaciółki? Jednej dałbym na imię Kriss, takie ciekawe imię, a drugiej nietypowe... Maar, nie tam Jola, Ola.*

Pierwsza opowieść o Tajfunie, zatytułowana „Zagadka układu

C-2", ukazała się na łamach „Świata Młodych" w 1984 roku. Kolejna była „Afera Bradleya" (1985), a potem „Na tropie Skorpiona" (1987). Wszystkie wznowiono w zbiorze Mandragory. Zabrakło natomiast opowieści czwartej, „Monstrum", drukowanej w roku 1988. Jej wznowienie jest w planach, ale jeszcze do niego nie doszło. Podobnie jak do wydania premierowych odcinków, mających nosić tytuły „Jądro" oraz „Synonim zła".

Ciekawym uzupełnieniem dorobku twórcy jest komiks „Tajemnica Kamiennego Lasu", drukowany w „Świecie Młodych" w 1986 roku. Tym razem rysownik nie pisał sam scenariusza. Za postapokaliptyczną fabułę odpowiadali Tomasz Siwiński i Piotr Ponaczewny. Komiksową karierę Raczkiewicza przerwał upadek „Świata Młodych" i Krajowej Agencji Wydawniczej, w której pod koniec lat 80. rysownik złożył plansze do wydań albumowych.

TELEFON 110

serial kryminalny

(Polizeiruf 110)

ok. 280 odcinków; różni reżyserzy; 1971-2007, NRD/Niemcy

Podobnie jak w przypadku „PIASKOWEGO DZIADKA" – enerdowska odpowiedź na zachodnioniemiecki pomysł telewizyjny. W listopadzie 1970 na tamtejszych ekranach pojawił się kryminalny serial „Tator". Pół roku później, 27 czerwca 1971, strona wschodnia przedstawiła „Telefon 110".

W porównaniu choćby z naszym „07 ZGŁOŚ SIĘ" była to bajka dla grzecznych dzieci. Do końca lat 80. funkcjonariusze na ekranie nie pili, nie palili, nie mówiąc już o rzucaniu dowcipów na temat swojej instytucji... Inna sprawa, że był to w ogóle jedyny film, w którym pokazywano negatywne strony idealnego państwa. Przestępczość.

W odróżnieniu od większości seriali policyjnych w tym nie było głównego bohatera. W danym odcinku na czoło wysuwał się po prostu ktoś z większej ekipy. Wynikało to po części z innych zobowiązań aktorów (np. teatralnych w przypadku Petera Borgelta – komisarza Fuchsa). Z drugiej strony dzięki takiej taktyce możliwe było zatrudnianie ciągle nowych twarzy i swobodne zmiany

miejsca akcji. Ciekawostka: w odcinku „Alarm am See" (1973) w obsadzie pojawił się Emil Karewicz, a w „Zwischen den Gleisen" (1975) popularny w NRD Leon Niemczyk.

Nie był to pierwszy serial kryminalny z NRD, jaki emitowano w polskiej telewizji. W 1969 roku pojawiły się fragmenty cyklu „Niebieskie światło" („Blaulicht", oryginalnie 1959-1968). W 1973 roku zaprezentowano „Przypadki kryminalne bez precedensu" („Kriminalfälle ohne Beispiel", 1967-1975). Pierwszy odcinek „Telefonu" objawił się natomiast 14 marca 1974 roku. Emitowany był w czwartkowe, „kryminalne" wieczory, wymiennie z „KOBRĄ". Potem zmieniał dni emisji, m.in. na sobotę.

Generalnie serial uchodził za zapchajdziurę wklejaną zamiast atrakcyjnych propozycji z Zachodu („Columbo", „KOJAK"). Męską część widowni przyciągał jednak licznymi MOMENTAMI. A w NRD cieszył się tak wielką popularnością, że przetrwał zmiany ustrojowe. W odróżnieniu od starszych odcinków akcja wykracza teraz także poza granice Niemiec. W roku 1999 i 2003 filmowano sceny w Polsce, odpowiednio w Gorzowie i Szczecinie. W obu przypadkach fabuła dotyczyła – jakżeby inaczej – złodziei samochodów.

TELERANEK

telewizyjny blok programowy

Telewizyjny magazyn dla dzieci słynny nie z tego, że był, lecz że go raz nie było. Brak „Teleranka" 13 grudnia 1981 zapisał się w pamięci pokolenia bardziej traumatycznie niż czołgi na ulicach.

Zanim do tego doszło, było jednak dziesięć lat tłustych. 80-minutowy blok audycji Telewizji Dziewcząt i Chłopców zadebiutował na antenie 17 września 1972 roku. Niedziela, 9 rano – zaraz po „Nowoczesności w domu i w zagrodzie". Przymiarki do tego pasma programowego poczyniono już wcześniej. Od 1970 roku pojawiał się tam od czasu do czasu „Telewizyjny Klub Śmiałych" (kontynuacja „Klubu Pancernych"), mający *propagować polskie tradycje kulturalne i patriotyczne, turystykę i sport.*

Pomysłodawcą „Teleranka" był Maciej Zimiński (patrz „EKRAN Z BRATKIEM"). Pomiędzy kreskówkami, materiałami popularnonaukowymi i edukacyjnymi odbywały się rozmowy z udziałem prowadzącego i zaproszonych do studia dzieci – tzw. dialog inspirujący. *Podstawowym założeniem jest uświadomienie dzieciom potrzeby i możliwości działania na rzecz innych, dla wspólnego środowiska* – opowiadał dziennikarz. W czołówce przewijał się motyw koguta wskakującego na płot.

Początkowo w koncepcji magazynu mieściły się trzy pozycje stałe i dwie zmienne. W drugiej gru-

pie znajdowała się „Galeria na medal" (propagująca aktywność plastyczną) i „ZRÓB TO SAM" Adama Słodowego. Uzupełniały to kreskówki, np. z Różową Panterą. Do puli pozycji stałych zaliczał się wspomniany Klub Śmiałych, NIEWIDZIALNA RĘKA oraz serial... Czyli największa atrakcja.

W ramach inauguracji wyświetlono polskie „Wakacje z duchami". Potem była amerykańska produkcja „Mój przyjaciel Ben" („Gentle Ben", oryginalnie 1967-1969), o przyjaźni chłopca z niedźwiedziem czy francuski „Bella i Sebastian" („Belle et Sebastien", 1965-1970) o przyjaźni chłopca z psem. W 1975 roku zadebiutowała szwedzko-zachodnioniemiecka „Pippi" („Pippi Langstrump", 1969), która przyjaźniła się co najwyżej z małpą czy koniem. Dalej „Lassie" z Ameryki, powtórki „ZORRA", pod koniec dekady „Na skraju puszczy" („The Forest Rangers", Kanada, 1963-1965) i „Dick Turpin" (Wielka Brytania, 1979-1982)...

W latach 80. zapisały się w pamięci seriale „Niedźwiedź pana Adamsa" („The Life And Times Of Grizzly Adams", USA, 1977-1978), „Jack Vincent – przemytnik" („Smuggler", Wielka Brytania, 1981), „Latający Czestimir" („Letajici Cestmir", Czechosłowacja/RFN, 1984), no i oczywiście „ARABELA". Prezenterem „Teleranka" był już wtedy Tadeusz Broś, który dał się też poznać od strony muzycznej (nagrał utwór „Na dzień dobry jestem dobry" z grupą PAPA DANCE).

W pamiętną niedzielę roku 1981 „Teleranek" jak zwykle miał być emitowany z taśmy. Nagrano ją w piątek, 11 grudnia. Temat przewodni, z racji daty: zabobony i okultyzm. Wojciech Siemion czytał fragmenty „Pani Twardowskiej", przygotowano reportaż z Łysej Góry, a gościem był Lech Emfazy Stefański, ówczesny prezes Stowarzyszenia Radiestetów. Zamiast tych atrakcji o 9 rano dzieciaki zobaczyły tylko śnieżące ekrany. Przemówienie Wojciecha Jaruzelskiego pojawiło się jakieś dwie godziny później. Dopiero potem nadano jeden ze spektakli Macieja Wojtyszki o Brombie i jej przyjaciołach (patrz „TAJEMNICA SZYFRU MARABUTA").

„Teleranek" przywrócono na antenę w marcu 1982 roku (nadawany jest – w okrojonym czasie i nowej formule do dziś). 5 września dołączył do niego podobny blok programowy, nadawany w soboty. Nosił tytuł „Sobótka" i kierowany był do nieco starszych widzów (stąd pozycje typu „Klub czarnego krążka"). Tu również atrakcją były seriale. W pierwszym okresie działania – słynna „WOJNA PLANET", od 1984 roku „NIEBIESKIE LATO", a potem „Domek na prerii" („Little House On The Prairie", USA, 1974-1983).

TELEWIZJA SATELITARNA

Czarny sen władz PRL – szeroki wybór wolnych mediów, zupełnie poza kontrolą... No, prawie zupełnie. By odbierać zachodnie programy z satelity, trzeba było mieć antenę. Dużą (2,5 metra średnicy), trudną do ukrycia. Władze zorientowały się w czym rzecz i w listopadzie 1984 roku znowelizowały ustawę o łączności. Odtąd, by posiadać odbiornik RTV „inny niż powszechnego użytku", należało uzyskać pozwolenie Ministerstwa Spraw Wewnętrznych. Papier dostępny był wyłącznie dla osób, które potrafiły udowodnić, że urządzenie jest im potrzebne do wykonywania zawodu.

Przepisy poluzowano w 1987 roku. Wtedy zaczęła się eksplozja popularności „satelity", przypominająca wcześniejszy boom na WIDŁO. Najpierw kupowali sobie talerze co zamożniejsi przedstawiciele społeczeństwa. Potem sprawa zaczęła się rozpowszechniać: podmioty w rodzaju spółdzielni mieszkaniowych występowały o rozprowadzanie sygnału w lokalnych sieciach. W marcu 1988 roku na warszawskim Ursynowie rozpoczął działanie Ursynat – pierwsza w PRL telewizja kablowa (nie licząc gdańskiego eksperymentu z „siecią zbiorowego odbioru" w 1975 roku). Widzowie mogli oglądać cztery zachodnie kanały: Super Channel, Teleclub, SAT1 i RTL-Plus czerpane z satelity Eutelsat.

Warto od razu zaznaczyć, że w latach 80. nie istniało pojęcie indywidualnego odbiorcy telewizji satelitarnej. Nawet w tej lepszej części Europy. Programy nadawane były z myślą o kablówkach. Pierwsza ogólnodostępna platforma, brytyjska Sky Television, ruszyła dopiero w lutym 1989 roku.

Władze nie bardzo wiedziały, co z Ursynatem i podobnymi zrobić. Kontratakiem miało być nadawanie w Warszawie pierwszego programu telewizji radzieckiej. Farsa polegała na tym, że choć sygnał docierał z kosmosu, rozsyłany był lokalnie za pomocą tradycyjnej antény umieszczonej na Pałacu Kultury...

I jeszcze jedno. Żałowano „satelity" społeczeństwu, a Telewizja Polska bez żenady korzystała z jej dobrodziejstw. Materiały nagrywane z zachodnich anten służyły do urozmaicania własnych produkcji, w rodzaju „JARMARKU". Pod koniec lat 80. utworzono audycję złożoną wyłącznie z takich wycinków – „BLIŻEJ ŚWIATA".

TERCET EGZOTYCZNY

zespół muzyczny

Słyszysz, Pamelo, ten śpiew i dźwięki gitar?/ To śpiewają chłopcy z naszego puebla/ Jutro o świcie idziemy w świat/ Głód wypędza nas z tego pustego stepu/ na którym rosną tylko kolczaste opuncje/ Może w dalekim mieście znajdziemy odrobinę chleba i odrobinę szczęścia. Któż nie zna tej wzruszającej recytacji? A potem rusza rzewna latynoska melodia ze słowami *Niebo skąpi suchej ziemi kropli deszczu...*

Gorące rytmy w środku PRL zawdzięczamy formacji Tercet Egzotyczny znanej też jako Isabella's Vocal Group. Izabella Skrybant, śpiewaczka Operetki Wrocławskiej, dołączyła w 1963 roku do Duetu Egzotycznego. Występowali w nim kumple z wojska: Zbigniew Dziewiątkowski i Witold Antkowiak (tata KRZYSZTOFA ANTKOWIAKA).

Po chorobie Antkowiaka na jego miejsce wszedł Mieczysław Metelski. A pani Izabella została życiową partnerką pana Zbigniewa. *Młode to jeszcze było, wiec nawet nie chciałem na nią spojrzeć. Ale minęło parę lat i spostrzegłem, że z tego nieopierzonego kurczęcia wyrosła atrakcyjna kobieta. I tak to się zaczęło* – opowiadał Dziewiątkowski, który dla koleżanki z zespołu rozstał się z żoną.

Wokalista i kompozytor działał w duecie od 1956 roku. Muzyką latynoską zainteresował się pod wpływem meksykańskiego filmu „Paloma" (oryg. „Pueblerina" z 1949 roku), który wszedł na nasze ekrany właśnie w połowie lat 50. *Oglądałem go kilkakrotnie. Zafascynowała mnie swoista melodyjność meksykańskiej muzyki. Jak urzeczony powtarzałem zasłyszane piosenki, m.in. „Tu solo Tu" („Ty tylko ty"), czy „Ennacido nmi rancho" („Urodziłem się na ranczo"). Marzyłem, by wykorzystać je na estradzie.* Dziewiątkowski nagrał w kinie dźwięk na przyniesiony magnetofon. Znajomy menedżer dostarczył mu listę dialogową. Piosenki trzeba było opanować fonetycznie, bo muzyk nie znał hiszpańskiego.

Największy przebój Tercetu, „Pamelo żegnaj", to pierwsza oryginalna kompozycja zrobiona z myślą o nowym składzie. Wzruszające słowa napisał Mirosław Łebkowski, początkujący wówczas poeta. *To był jeden z moich pierwszych tekstów* – wspomina. *Dziewiątkowski zagrał mi tę melodię na fortepianie. Spodobało mi się, a tekst napisałem w jeden dzień. Z zasady nie pisałem na chybcika, ale z „Pamelą" poszło jakoś łatwiej. Muzyka wymogła na mnie melodramatyczną konwencję. Tak mi wtedy w duszy grało. Nigdy sobie nie zarzucałem, że napisałem grafomański tekst. Miało być smutno i sentymentalnie – i było.*

Zespół zarejestrował „Pamelę" w kwietniu 1966 roku, w studiu wrocławskiej rozgłośni Polskiego Radia. Nie bez problemów z cenzurą. Izabella Skrybant: *„Niebo skąpi suchej ziemi kropli deszczu/ Niebo skąpi szczęścia biednym tak jak my"... Cenzura nie chciała tego puścić. Jak to skąpi nam się szczęścia? Wtedy Zbyszek mówi do cenzora: „No przecież my tu śpiewamy muzykę kubańską! A Kuba to rewolucja socjalistyczna".*

W radiu usłyszeli piosenkę ludzie z wytwórni płytowej i zaproponowali grupie wydanie płyty. Na rynek trafił longplay „Tercet Egzotyczny" (1966, Pronit). Podobno sprzedano go w nakładzie miliona dwustu tysięcy egzemplarzy! Kolejne płyty ukazywały się niemal co rok do końca lat 70. Były rozchwytywane przez publiczność i ganione przez krytykę. Największym echem odbiły się negatywne opinie Andrzeja Ibisa-Wróblewskiego. To on nazwał Tercet „kiczem stulecia". Do pojednania z dziennikarzem doszło dopiero po latach.

Pod koniec lat 60. zespół po raz pierwszy wyjechał na koncerty do USA. I odtąd występy zagraniczne stały się poważną częścią jego działalności. Nie były to zresztą wyłącznie koncerty polonijne. Tercet należy do nielicznych polskich wykonawców, którzy trafili do nowojorskiej Carnegie Hall... Ich show cieszył się popularnością także ze względu na aspekt wizualny. Standardem były fantazyjne, stylizowane na meksykańskie kostiumy, kilkakrotnie w trakcie występu zmieniane.

Tercet Egzotyczny był na tyle osobnym zjawiskiem na peerelowskiej estradzie, że niewiele się w jego działalności zmieniło po 1989 roku. Dziewiątkowski założył tylko własną firmę, za pośrednictwem której organizował koncerty i sprzedawał licencje fonograficzne różnym wydawcom. Stopniowo przypominały sobie o zespole duże media, z telewizyjną Dwójką na czele...

Na początku XXI wieku zespół dotknęła tragedia. W czerwcu 2002 roku zmarł gitarzysta Zbigniew Adamkiewicz, obecny w składzie od 1976 roku. A w styczniu 2003 roku na zawsze odszedł Zbigniew Dziewiątkowski. Kilka miesięcy później Izabella Skrybant postanowiła kontynuować działalność Tercetu z dwoma wrocławskimi jazzmanami Januszem Konefałem i Włodzimierzem Krakusem). Na wydanej wkrótce potem płycie znalazł się utwór „Nie płacz Pamelo" — trzecia część tryptyku (środkowa to „Witaj Pamelo").

TERMINATOR — patrz SCHWARZENEGGER, ARNOLD

TETETKA — patrz PIKO

THORGAL

seria komiksowa

29 tomów; rys. Grzegorz Rosiński; 1978-2007

Najważniejszy komiks, jaki wyszedł spod ręki polskiego rysownika. Grzegorz Rosiński miał szczęście spotkać na swojej drodze wybitnego scenarzystę — Jeana Van Hamme'a. Egzotyczna współpraca ponad żelazną kurtyną zaowocowała komercyjnym sukcesem na Zachodzie i kultowym statusem w Polsce.

Rosiński, znany m.in. z kilku odcinków „KAPITANA ŻBIKA", mniej więcej w tym samym czasie dostał propozycje z Niemiec (seria „BOGOWIE Z GWIAZD" — zrzekł się jej na rzecz Bogusława Polcha) i Belgii. *Pewien belgijski wydawca produkujący kalendarze i kartki pocztowe poszukiwał tanich grafików, między innymi w Polsce i Czechosłowacji* — wspomina rysownik. *Skontaktował nas mój kolega z ZAiKS-u, który do mnie zadzwonił, że jest tu taki Belg i on nie wie, co z nim zrobić. Belg przyszedł do mnie i przeżył szok, kiedy się dowiedział, że w bloku wschodnim są zawodowi rysownicy komiksów.*

Od prostych prac do zakorzenienia na tamtejszym rynku było jednak daleko. *Wtedy nikt mi nie ufał, nikt mi nie wierzył, nikt nie chciał ze mną gadać. Przecież ja wtedy byłem dla nich jak z innej planety. Zza muru berlińskiego, komunista, na pewno szpieg KGB — to było takie stereotypowe myślenie, zupełnie jak z Jamesa Bonda.* Oferty Rosińskiego odrzuciły największe wydawnictwa: Lombard, Dargaud, Casterman. W końcu załapał się do „Tintina" — komiksowego dodatku pisma „Spirou". *Nie wiedziałem, kim ja tam jestem, mieszkałem cały czas w Warszawie, oni mi przysyłali scenariusze. Drukowali mnie w „Tintin", który był legendarną wkładką do „Spirou", byłem tam w znakomitym towarzystwie — Moebius, Franquin, Bilal. To było pisemko rozrywkowe. Tam mnie zaakceptowali i przyjęli jak brata. Zrobiłem parę krótkich dowcipnych historyjek z Krzysiem Jaroszyńskim, kilka własnych...*

Przejście w stronę komiksu realistycznego umoż-

liwiło Rosińskiemu poznanie Van Hamme'a. Belg miał za sobą próby scenariuszowe, ale generalnie zajmował się biznesem – był dyrektorem finansowym w koncernie Philips. W połowie lat 70. rzucił to zajęcie, by skupić się na twórczości literackiej. Rysownik dowiedział się o nim od znajomych. *Łaps za telefon, umówiliśmy się następnego dnia. Zrobiłem dwie plansze do albumu, którego nie widziałem, zrobionego przez młodego rysownika, który nagle zmarł i zatrzymał serię. Ja zrobiłem te plansze po mojemu. Zostały gdzieś potem opublikowane, jako ciekawostka – plansze Logana i moje do tego samego scenariusza. Tak się właściwie zaczęło. Jean był pierwszym, który mi zaufał na serio. I powiedział: „Dobrze, zrobimy historyjkę, ja ci wymyślę taką krótką na 30 stron, do gazety".*

Pierwszy odcinek „Thorgala" ukazał się na łamach „Tintina" w 1977 roku. Składał się z dwóch części rozpisanych na 30 i 16 plansz. Już rok później pierwsza z nich pojawiła się na łamach krajowego magazynu komiksowego „RELAX". Można ją było śledzić w numerach 19-23.

Rosiński wspomina, że konwencja opowieści rozgrywającej się w świecie wikingów wzięła się z kompromisu wymuszonego warunkami pracy. Rysowane w Polsce plansze wędrowały do Belgii za pośrednictwem Ministerstwa Kultury. *Tłumaczyłem Jeanowi, że jeśli mamy współpracować korespondencyjnie, to nie może w tym być ani seksu, ani polityki, bo wszystko będzie przecież czytane. Musimy wymyślić jakąś tematykę i jakąś postać, która nie będzie budzić niczyich podejrzeń. Drogą eliminacji doszliśmy do rodzinnej sagi ze średniowiecza* – wspomina. I dodaje, że dobrze mu się takie historie rysuje: *„Thorgal" dzieje się z reguły na łonie natury, w jakichś kurnikach, drewnianych chatach, tam gdzie sobie siedzą wikingowie... To bardzo prosta, ludowa, wioskowa historia, które ja uwielbiam. W takim świecie dobrze się czuję, trochę jak nasi autorzy młodopolscy, którzy uwielbiali tematy wsi.*

W momencie powstawania piątego odcinka, „Ponad krainą cieni" („Au-dela des ombres"), wybuchł stan wojenny. Trudności z przesyłaniem prac spowodowały, że rysownik zdecydował się na emigrację i osiadł w Belgii (a potem w Szwajcarii).

Pierwszy album grupujący drukowane w gazetach opowieści, „Zdradzona czarodziejka" („La Magicienne trahie"), wydano w krajach francuskojęzycznych w 1980 roku. W Polsce doczekaliśmy się go dopiero w roku 1988. „Zdradzona czarodziejka", z innym niż w „Relaksie" tłumaczeniem, wyszła nakładem Krajowej Agencji Wydawniczej. W tym samym roku ukazał się drugi tom, „Wyspa wśród lodów" („L'Ile des mers gelees"), a w 1989 trzeci – „Nad jeziorem bez dna" („Les Trois Vieillards du pays d'Aran", w późniejszych tłumaczeniach znany jako „Trzech starców z krainy Aran"). Ten ostatni miał już lakierowaną okładkę, w przeciwieństwie do szorstkich, kartonowych poprzedników.

W 1989 roku serię przejęła spółka Orbita, która rok wcześniej dała się poznać polską edycją innego znakomitego komiksu Rosińskiego, „Szninkiel" („Le grand pouvoir du Chninkel"). W ciągu roku opublikowano 13 zaległych odcinków „Thorgala". W 1991 za cykl wzięło się z kolei wydawnictwo Korona, które powtórzyło dwa pierwsze tomy i dodało premierowy wówczas odcinek „Strażniczka kluczy" („La Gardienne des cles"), w eleganckiej, twardej oprawie. Na więcej zabrakło, niestety, zapału. Kolejnym polskim wydawcą serii została firma Egmont i tak zostało do dziś.

Ostatni tom serii, „Ofiara" („Le Sacrifice"), ukazał się równocześnie po polsku i francusku w 2006 roku. Van Hamme zamknął w nim cykl przygód wikinga o pozaziemskim pochodzeniu. Rosiński zamierza dalej rysować przygody syna Thorgala – Jolana, ze scenarzystą Yvesem Sente'em.

TIK-TAK
audycja telewizyjna

Telewizyjna audycja dla dzieci, wprowadzona na ekrany 12 stycznia 1982 roku. Początkowo kukiełkowa – panował aktorski bojkot telewizji – od 1983 na ekranach pojawili się twórcy. Ewa Chotomska (córka Wandy, odpowiedzialnej za „JACKA I AGATKĘ") jako Ciotka Klotka. I Andrzej Grabowski (absolwent wydziału pedagogiki Uniwersytetu Warszawskiego) jako Pan Tik-Tak. Oboje zakładali dziecięcy zespół FASOLKI. Do którego muzykę dostarczał Krzysztof Marzec (dał się poznać w grupie

ZOO – znanej z przeboju „Na drzewie").

Marzec był autorem tytułowej kompozycji ze słowami Chotomskiej: *Która godzina? – pyta rodzina/ Jak kraj jest wielki wszerz i wzdłuż/ Wszyscy gotowi? Można zaczynać?/ Zatem otwieram nasz program już/ Ja jestem Pan Tik-Tak/ A to mój mały świat/ Tak, tak, tak – to ja – Tik-Tak/ A to mój mały świat...* Coś traktowane jako chałtura miało zdefiniować dalszą karierę muzyka (pomagającemu również bratu, Andrzejowi, w sprowadzaniu zagranicznych artystów do Polski).

W 1986 roku wcielił się w główną rolę show, przyjmując pseudonim Krzyś Tik-Tak. Znak rozpoznawczy: bujne wąsy. *Niektórzy mówili, że je sobie przyklejam. Swego czasu rzeczywiście miałem takie doczepiane z dwoma wskazówkami od zegara, ale one przeszkadzały mi w wymowie prawie wszystkich głosek. Po dwóch latach zostały mi moje naturalne wąsy i charakterystyczne okulary bez szkiełek.*

Po roszadach personalnych Grabowski został Profesorem Ciekawskim. Wykonawcom towarzyszył kukiełkowy zając Poziomka, odtwarzany przez Stefana Pułtoraka (smok Teodor z „PORY NA TELESFORA"). Osobne scenki grali Zbigniew Gruszníc i Marek Wysocki. *„Tik-Tak" to nie były tylko same filmy czy same piosenki, tam była nauka wierszy, zapoznawanie dzieci z kulturą, geografia, były „Tik-Taki" wyjazdowe* – wspomina Marzec. *Jeździliśmy po całej Polsce, ale także po świętej pamięci NRD, Czechosłowacji, zahaczyliśmy również o USA. Całość była podawana na wesoło – ja byłem postacią, która czegoś nie wiedziała, czasem żartowała, a ciotka była osobą, która mnie upominała, prostowała moje wygłupy.*

Wkrótce poza „Tik-Takiem" na antenie pojawiła się – przygotowywana przez tych samych twórców – nowa propozycja. „Fasola" (z podtytułem „Telewizyjny Teatrzyk Piosenki dla Dzieci"), która miała być czymś rodzaju listy przebojów dla szerokiego grona wykonawców. W rolę Pana Fasoli wcielił się Krzysztof Tyniec. *To piękny okres w Telewizji Polskiej* – opowiada aktor. *Pierwsze teledyski dla dzieci, połączenie edukacji z rozrywką... Program był przygotowywany z ogromną dbałością. Dzieci w studiu traktowaliśmy nie jak dzieci, tylko jak artystów. Wtedy debiutowała NATALKA KUKULSKA piosenką „Puszek okruszek". Albo piosenka „Mydło wszystko umyje, nawet uszy i szyję", po której zadzwoniła jedna mama, dziękując, że jej Jaś wreszcie chętnie się kąpie.* Tu także rozbrzmiewał chwytliwy szlagwort: *Przez łąki, przez pola/ Pędzi Fasola...* A poza NatąKuku królowały np. Kama i Maja Kowalewskie (córki muzyka Trubadurów) z piosenkami „Zielone ufoludki" i „Moja fantazja".

Po czterech latach zabawy Tyniec przeniósł się do „Kabareciku" Olgi Lipińskiej. Grabowski zyskał własny show: „Wyprawy Profesora Ciekawskiego", a po 1989 współtworzył audycje „Ciuchcia" i „Budzik". W tym ostatnim maczała palce Chotomska, podobnie jak w „Jedyneczce". Poza tym autorka pisze książki dla najmłodszych. Marzec wciąż komponuje piosenki do telewizyjnych audycji dziecięcych, zajmuje się też animacją w „Domisiach". Sporadycznie tworzył muzykę filmową, m.in. do serialu „W LABIRYNCIE".

Ostatni „Tik-Tak" pojawił się na antenie w 1988 roku.

TOMEK

seria książkowa

8 tomów; 1957-1987

Cykl przygodowych powieści dla młodzieży, których akcja rozgrywa się w najbardziej egzotycznych zakątkach globu. Ciekawostką pozostaje fakt, że facet, który je pisał, przez cały ten czas nie ruszał się z Katowic. Jedyna dalsza wycieczka, do Egiptu, o mało nie skończyła się tragicznie. Poczęstowano go tam zatrutymi daktylami...

Mimo wszystko Alfred Szklarski (1912-1992) miał życiorys ciekawy. Przyszedł na świat w Chicago, w rodzinie polskiego emigranta. W latach 20. przyjechał z matką do Polski, gdzie został – tuż przed wybuchem wojny znajdując w Warszawie żonę. Okres okupacji owiany jest niejasnościami. W oficjalnych biografiach wspominano o udziale w Powstaniu Warszawskim. Niedawno ujawniono jednak dokumenty, z których wynika, że autor debiutował w grudniu 1939 roku na łamach tzw. prasy gadzinowej. Pisaniem opowiadań do „Nowego Kuriera Warszawskiego" zajmował się do końca obecności hitlerowców. W 1949 roku skazano go na kilka lat więzienia za kolaborację.

Tłumaczyłoby to przerwę w bibliografii. Pierwsze powieści wydawał (pod pseudonimami) tuż po wojnie. W 1948 po raz pierwszy pojawiła się interesująca nas postać: w książce „Tomek w tarapatach" podpisanej nazwiskiem Fred Garland. Opublikowała ją w niewielkim nakładzie drukarnia w Mikołowie (Książnica Śląska). I podobno to znajomy drukarz, Czesław Ley, namówił Szklarskiego do napisania przygodowej historii dla młodzieży.

Córka pisarza wspomina, skąd wzięło się imię bohatera (który nie nosił jeszcze nazwiska Wilmowski): *W rodzinie nie było nikogo o tym imieniu, tata wybrał je dopiero dla wnuka. Do tego imienia miał sentyment, gdyż jako mały chłopiec przyjaźnił się w Chicago z pewnym Tomkiem. Razem siedzieli w ławce, bawili się w Indian, a że powieści opowiadały o przygodach nastolatka, więc imię przyjaciela z dawnych lat pasowało.* Tę wczesną powieść wznowiono dopiero w 2006 roku (Muza).

Zasadniczy cykl rozpoczął się w 1957, od książki „Tomek w krainie kangurów". Opowieść rozgrywa się na początku XX wieku. Warszawski uczeń nie może się pogodzić z realiami carskiej szkoły. Jego życie ulega zmianie, gdy ściąga go do siebie przebywający za granicą ojciec – podróżnik zajmujący się odławianiem egzotycznych zwierząt...

Autor zastosował tu wszystkie elementy obecne w kolejnych tomach: odrobinę akcji (z dzisiejszej perspektywy, niestety, przeraźliwie nudnej), nawiązania do światowego dorobku wybitnych Polaków i olbrzymią dawkę dydaktyki. Często sprzedawanej w formie dialogów: — *Słyszałem od pana już na statku, że mamy chwytać kangury czerwone, szare i skalne. Czyżby istniały i inne gatunki? — Oczywiście, mój chłopcze! Przecież rodzina zwierząt workowatych skaczących obejmuje szereg podrodzin. Pierwsza z nich stanowi przejście od torbaczy łażących po drzewach do skaczących. Reprezentantami jej są...* I tak przez dwie strony.

Szklarski czerpał wiedzę z książek oraz przysyłanych ze Stanów przez ojca numerów „National Geographic". Dbał o realia — potrafił przez długie godziny nadzorować prace ilustratora. *Duży wpływ na stworzenie postaci Tomka wywarła książka Henryka Sienkiewicza „W PUSTYNI I W PUSZCZY"* — opowiadał pisarz. *Z tym, że mnie interesowała nie tylko Afryka, ale cały świat. I w ten szeroki świat postanowiłem wypuścić Tomka, by dzięki jego przygodom przybliżyć naszym czytelnikom inne kraje, kultury i cywilizacje.*

„Tomek w krainie kangurów" ukazał się nakładem Wydawnictwa Śląsk, w którym Szklarski pracował. I nie od razu był bestsellerem. Kilkanaście tysięcy egzemplarzy rozchodziło się przez ponad rok. Sprzedaż ruszyła dopiero po zmianie okładki i wprowadzeniu ilustracji Józefa Marka. Kolejne powieści powstawały regularnie do 1967 roku, gdy ukazała się „Tomek u źródeł Amazonki". W latach 70. autor skupił się na pisaniu trylogii indiańskiej „Złoto Gór Czarnych". Ostatni klasyczny tom przygód Wilmowskiego, „Tomek w Gran Chaco", ukazał się dopiero w 1987 roku. W odróżnieniu od pierwszego wydrukowano 200 tysięcy egzemplarzy. Potem były oczywiście wielokrotne wznowienia.

Po śmierci pisarza ukazał się jeszcze jeden tom, „Tomek w krainie faraonów". Kończył go na podstawie zachowanych materiałów przyjaciel domu, ksiądz Adam Zelga. W przeciwieństwie do „PANA SAMOCHODZIKA" nie zdecydowano się na kontynuowanie cyklu przez innych autorów. *Seria tych powieści na zawsze winna wiązać się jedynie z nazwiskiem Szklarskiego. Takie jest zdanie rodziny i ja się do niego przychylam* — mówi Zelga.

TONETTE

magnetofon szpulowy

Chronologicznie pierwsza była Melodia. Magnetofon szpulowy przedstawiony przez warszawskie Zakłady Radiowe im. Kasprzaka w 1958 roku. Rozmiary i cena sprawiły jednak, że sprzęt ten był osiągalny dla nielicznych. Pięć lat później na rynek trafił Tonette. Tańszy, nowocześniejszy i zgrabny. Domowe nagrywanie stało się powszechne.

Tradycją stały się już w naszym kraju zobowiązania podejmowane w zakładach pracy z okazji święta 1-majowego — czytaliśmy w 1963. *W tym roku załoga Zakładów Radiowych im. Kasprzaka w Warszawie postanowiła w czynie 1-majowym wyprodukować dodatkowo 200 nowego typu magnetofonów Tonette, które w najbliższych dniach wchodzą do seryjnej produkcji...*

Monofoniczne urządzenie (z głośnikiem w przedniej ścianie obudowy) było dwuścieżkowe. Na jednym odcinku taśmy dało się zrealizować dwie niezależne rejestracje. Dwie były też prędkości przesuwu. Wolniejsza pozwalała na zarejestrowanie dwa razy tyle dźwięku co szybsza, ale gorszej jakości. Służyła, w założeniach, do zapisu nagrań słownych. Ale fani rocka znaleźli dla niej inne zastosowanie. *Właśnie skończył się festiwal w Woodstock, gdzie zagrał zespół Ten Years After, a u kolegi na magnetofonie Tonette można było zwolnić obroty i usłyszeć, jakie cuda gra na gitarze Alvin Lee* – wspomina Mietek Jurecki (rocznik 1956), znany z Budki Suflera.

Klawisze sterujące umieszczono w magnetofonie na przednim panelu. Obok kusiło tzw. oko magiczne, czyli wskaźnik wysterowania lampy. Ścięte boki sprawiały, że sprzęt łatwo było transportować (na gumowym pasku) i nadawały mu dynamiczny wygląd. Można też sobie było wybrać – przynajmniej teoretycznie – kolor plastikowej obudowy. Szary, kremowy lub brązowy.

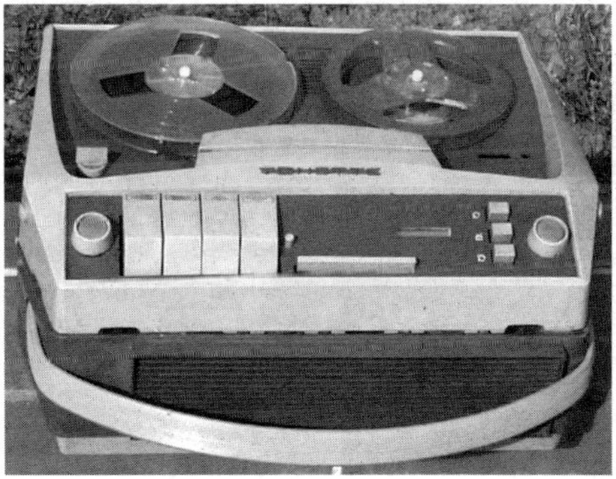

Produkcja Tonette okazała się zbyt pracochłonna technologicznie i zaprzestano jej już po czterech latach. Na scenę wkroczyły produkty licencyjne. Najpopularniejszy to ZK 120 (i jego rodzina, z oznaczeniami 1xx), wytwarzany od 1968 roku na licencji Grundiga. Do momentu wygaśnięcia umowy z Niemcami informował o tym dumny napis na obudowie. Potem widać było już tylko Unitra ZRK. W 1971 roku, w ramach tej serii, pojawił się pierwszy szpulowiec stereofoniczny: ZK 146.

Kolejna generacja, oznaczana 2xx, to znów rozwiązania krajowe. Ostatnim słowem warszawskich zakładów była zaś seria czterocyfrowa (24xx), zapewniająca parametry hi-fi. Produkowano ją od końca lat 70., najpopularniejszy model obok cyferek nosił nazwę Aria. Wszystkie te wynalazki przegrały z magnetofonami kasetowymi.

Dostarczycielem 6,3-milimetrowych taśm do szpulowców był od 1952 roku Filmowy Ośrodek Badawczo-Rozwojowy Techfilm z Warszawy. Potem dołączył gorzowski STILON (od 1970 roku na licencji Agfy). Z wyrobami krajowymi konkurowały taśmy Orwo importowane z NRD.

TOP ONE

zespół muzyczny

Skład, który wdrażał na naszym gruncie ITALO DISCO na tyle zawzięcie, że dał początek nurtowi disco polo. *Muzyka italo disco jest czymś, czego nie da się opisać* – ekscytował się Paweł Kucharski, wokalista i lider Top One. *Jeśli ktoś ma radosną duszę i ogromny romantyzm oraz wrażliwość, musi ją pokochać...*

Założona w podwarszawskim Ursusie grupa istnieje od 1986 roku. Swoją historyczną misję odnalazła jednak dopiero pod koniec dekady. Pomysł był prosty: ożenić melodyjną włoską elektronikę z czymś, co nazwano później „piosenką chodnikową". Przyśpiewkami weselno-podwórkowymi, w jakich specjalizowały się grupy polonijne w rodzaju Biało-Czerwonych z Chicago.

Tego typu repertuar ukazał się w 1990 roku na kasecie „Poland Disco No. 2". *Zdaliśmy sobie sprawę, że to najlepiej się sprzedaje. Takie przeboje grane są wszędzie na weselach, dancingach... Denerwowała nas jakość, że ludzie odwalają taką chałturę. Chcieliśmy pokazać, że Top One może zrobić te utwory tak, że będzie ich słuchać zarówno młodzież, jak starsi ludzie.* 300 tysięcy oficjalnie sprzedanych egzemplarzy to wynik, który mówi sam za siebie. Przed przeczytaniem o sprzedaży pirackiej trzeba usiąść. Artyści szacują, że było tego 6 milionów! Ciekawostka: pomiędzy „BIAŁYM MISIEM" czy „Miłą moją" pojawia się kompozycja... Boba Dylana („Wiatr").

Chwilę wcześniej chłopaki wylansowali – dzięki przychylności radiowca Bogdana Fabiańskiego – piosenkę „Ciao Italia". Zapewniła im ona w 1989 roku udział w polsko-radzieckiej trasie tuzów italo, Savage i Freda Ventury. Kompozycja ukazała się na debiutanckiej kasecie grupy, „No disco no. 1". W nagrywaniu materiału uczestniczył sam Jan Borysewicz z Lady Pank.

Top One istnieje do dziś, choć jego popularność wyblakła wraz ze zmierzchem disco polo. Ostatnim zauważalnym akcentem był udział w kampanii prezydenckiej Aleksandra Kwaśniewskiego z 1995 roku (utwór „Ole Olek!").

TURBO

guma do żucia

Najpopularniejsza (obok DONALDA) guma do żucia schyłkowego PRL. Do kraju zaczęła trafiać na początku lat 80., na fali prywatnych handlowych wyjazdów do Turcji. Karierę skończyła pod koniec dekady, nagle, zabita plotką o rzekomej rakotwórczości.

Brzoskwiniowy smak produktu nie był jego głównym atutem. Zwłaszcza że szybko zanikał. W Turbo liczyły się HISTORYJKI z samochodami. Na kolorowych zdjęciach pełny przekrój: od kompaktów po sportowe bolidy. Poniżej dane techniczne zapewniające możliwość nauki egzotycznego języka. Silindir/Motor – liczba cylindrów/pojemność silnika. Beygir Gucu – moc w koniach mechanicznych. Azami Surat – prędkość maksymalna... Pierwsza seria obrazków (o numerach 1-50) raczej nie była dostępna nad Wisłą. Szkoda, bo za jej obecną wartość można by kupić co najmniej Hondę Accord (obrazek nr 5) z ówczesnego rocznika. Najbardziej popularne u nas numery mieszczą się w przedziale 51-190. Od Ferrari Testarossy po Yugo. Potem zaczynają się już lata 90...

Tak jest – Turbo wciąż jest produkowane. Tak jest – w Turcji. Spożywcza firma Kent funkcjonuje tam od 1927 roku. W 1960 kierująca nią rodzina Tahincioglu pionierskko wprowadziła do sprzedaży gumy do żucia. Ekspansja do krajów bloku wschodniego zaczęła się z chwilą poszerzenia dystrybucji (1983). W 2002 Kent został przejęty przez koncern Cadbury Schweppes.

Trzy lata później w Warszawie odbył się Zlot Kolekcjonerów Turbo. W tym samym też roku multi-

medialny artysta Jan Simon wprowadził kultową gumę do świata sztuki. Podczas wystawy „Krakowiacy lubią czystość" w warszawskiej Zachęcie wykleił na ścianie z wielu historyjek kształt samochodu.

TURECKI SWETER

Hit mody męskiej drugiej połowy lat 80. Rozpowszechniony po tym, jak władze złagodziły procedury paszportowe. Tysiące rodaków mogło udać się do Turcji (formalnie na wycieczki), gdzie czekała na nich cała dzielnica, Laleli, pełna sklepików działających na zasadzie hurt-detal. Dozwoloną ilość towaru brało się do samolotu, reszta przychodziła w paczce sporządzonej przez kontrahenta (który zwykle doskonale porozumiewał się w naszym języku).

Słynne swetry wykonane były z tworzywa sztucznego z niewielką domieszką wełny, co prowadziło do szybkiego zużycia higienicznego użytkownika. Przeważały ciemne kolory, z jaskrawym, geometrycznym wzorem na piersi. Mógł to być gustowny szlaczek, jakieś chaotyczne figury, ale i wciąż modne romby. Swetry pochodziły z rozproszonych drobnych manufaktur, większość opatrywano jednak uniwersalną metką Sellin. Stąd potoczna nazwa: „selliny".

W latach 90. tureckie swetry stały się symbolem złego smaku. Przeżyły jednak niespodziewany renesans w XXI wieku. Wylansował je groteskowy kandydat na prezydenta Białegostoku, Krzysztof Kononowicz. Noszony przez niego model firmy Ozlem Triko z abstrakcyjnym wzorem osiągał zawrotne ceny na aukcjach internetowych. Wplotła go potem do swojej kampanii „śledzimy najświeższe trendy" firma Próchink.

TYGRYSY

seria książkowa

635 tomów; 1957-1989

Przykład PRL-owskiej literatury typu „paperback". Niewielki format, miękka oprawa, masowy nakład (240 tysięcy egzemplarzy), cykliczny tryb wydawniczy... Jako że serię firmowało Wydawnictwo Ministerstwa Obrony Narodowej, poświęcona była tematyce batalistycznej, podanej w sensacyjny sposób: z naciskiem na kulisy zdarzeń (przeważnie z II wojny światowej), bez przesadnych wtrętów ideologicznych. Okładkę zdobiło efektowne logo z drapieżnikiem na żółtym tle. Stąd popularna nazwa cyklu: Żółte Tygrysy.

Pierwszy tomik ukazał się w 1957 roku. „Cyrk Skalskiego", opowieść o afrykańskim epizodzie polskich pilotów, wyszedł spod pióra Bohdana Arcta, pilota Dywizjonu 303, uznanego autora książek wojennych związanych z tematyką lotniczą. Arct powracał jeszcze do serii kilkakrotnie, a obok niego pojawiali się autorzy z różnych półek. W latach 60. kilka odcinków popełnił Leszek Moczulski, późniejszy lider KPN („Krach siwej czapli", „Szosa piotrkowska"). Pisywał też Andrzej Drawicz, pierwszy po 1989 roku prezes Ko-

mitetu ds. Radia i Telewizji („Miasto siedmiu diabłów", „Pętla na gardle") i znany podróżnik Jacek Pałkiewicz („Tajna misja"). Obok nich zdarzała się jednak ponura twórczość funkcjonariuszy Służby Bezpieczeństwa, np. Feliksa Sikorskiego („Ryngraf z trupią czaszką") czy Aleksandra Omiljanowicza („V-mann Karol32").

Ostatni Tygrys z klasycznej serii ukazał się w połowie 1989 i nosił tytuł „Okręty pod Reichstagiem" (Andrzej Kuczera i Jan Wiesław Żminko). Potem było 17 odcinków tzw. „czarnej serii" (ostatni: „Zatruta mgła" Kazimierza Szarskiego, 1990). Tygrysy zostały na krótko wznowione w 1997 roku przez następcę Wydawnictwa MON, Bellonę. Skończyło się na sześciu tomach. W 2006 roku Dom Wydawniczy Bellona zaczął publikować klasyczne Tygrysy (np. „Cyrk Skalskiego") w formie audio, na płytach CD.

TYTUS, ROMEK I A'TOMEK

seria komiksowa

30 tomów; Henryk Jerzy Chmielewski; 1966-2006

Gdybyśmy nawet nie cenili „Tytusa, Romka i A'Tomka" za cokolwiek innego, pozostanie kopalnią kultowych tekstów. Weźmy do ręki jedną, XVI księgę (tak autor nazywa poszczególne tomy, numerując je rzymskimi cyframi). Bohaterowie wznoszą noworoczny toast: *Aby nam się dzieci nie czepiały rakiet*. A'Tomek konstruuje wirolot: *Wynalazek choć nie z USA, w górę niesie nam Tytusa*. Tytus nadział się na strzałę amora: *Serce mi pika jak klapa u śmietnika*. Tytusowi śni się, że cofnął się w przeszłość i jest pod pręgierzem: *Precz z preczem!* Małpiszon przyjmuje kolegów jako redaktor naczelny pisma „Trele morele": *Chcecie spróbować drinka? To jest drink. Tu się naciska guzik, wtedy dzwoni: „drink, drink!"* Tytus na lotniskowej odprawie celnej: *Brylantów nie mam, tylko brylantynę do włosów.* Bohater obezwładnia złoczyńców: *Ręce do góry – nogi w dół!* Wystarczy to teraz pomnożyć razy 30... No, powiedzmy że razy 10. Bo klasyczny okres zamyka się między księgą VI (olimpijską 1971), a XVI (dziennikarską, 1981).

Twórcą komiksu – zarówno jeżeli chodzi o warstwę graficzną, jak i scenariusz – jest Henryk Jerzy Chmielewski. Bardziej znany jako Papcio Chmiel. Nastoletni powstaniec, który po wojnie trafił do redakcji „Świata Przygód". W 1947 drukowano tam sporo komiksów, głównie przedruków z prasy zachodniej. Chmielewski dostał zadanie wpisywania dymków do opowieści „Sierżant King z Królewskiej Konnicy". *Niestety, nie doszedł do nas szósty*

odcinek, a komiks trzeba było jakoś zakończyć – wspomina. *Podjąłem się tego. Przerysowywałem obrazki przez szybę. Kiedy we wcześniejszych numerach sierżant King pokazywał prawy profil, ja rysowałem go z drugiej strony. Później zacząłem chodzić na prywatne kursy rysunku i malarstwa, a w końcu na Akademię, gdzie ukończyłem wydział grafiki u prof. Henryka Tomaszewskiego.* Po przyspieszonym zakończeniu cudzego cyklu rysownik rozpoczął własny, „Sadełko i szczudełko".

Gdy „Świat Przygód" przekształcił się w „ŚWIAT MŁODYCH", Chmielewski został tam redaktorem technicznym. Przy okazji narysował dziesięcioplanszowy komiks o kosmicznych przygodach dwóch chłopców: Romka i A'Tomka (w „Świecie Przygody" pojawiła się wcześniej opowieść „Tomek i Romek, dwaj figlarze" z rysunkami Czesława Szczerbińskiego). Po zmianie formuły nie było jednak szans na wydrukowanie dzieła... *Aż wreszcie z pomocą przyszedł mi sputnik, który wystrzelono w pięćdziesiątym siódmym roku w Związku Radzieckim* – mówi Chmielewski. *Latał naokoło Ziemi i popiskiwał, wszystko było utrzymywane w tajemnicy. Wtedy okazało się, że moja historia jest na czasie. Z wielkim strachem redakcja wydrukowała dziesięć odcinków. Po tym przyszło wiele listów od czytelników. I tak się to zaczęło.*

Małpka pojawiła się w drugim odcinku, wydrukowanym 25 października 1957 roku. Miała długi ogon, nosiła koszulkę z napisem Tytus i była „kosmicznym zwierzątkiem doświadczalnym". Jej wizerunek – podobnie jak chłopców – prezentował się jeszcze bardzo nieporadnie... Papcio Chmiel długo odżegnywał się od tych wczesnych dzieł. Opublikowano je dopiero w 2002 roku, jako „Księgę zerową" (Egmont), a potem uzupełniono w „Księdze 80-lecia" (2003, Egmont).

W roku 1966 zaczęła się era Tytusa właściwego. *Kiedy Wydawnictwo Harcerskie „Horyzonty" zwróciło się do mnie o narysowanie pierwszej książeczki, zaczęło się narzucanie tematów* – wspomina rysownik. *Pierwsza książeczka była harcerska, wprowadzała Tytusa do harcerstwa. Miały być przy okazji promowane wartości harcerskie, którymi były zbieranie złomu, makulatury i przeprowadzanie staruszków przez jezdnię.* Rzecz liczyła 30 tysięcy nakładu, który rozszedł się w kilka tygodni. Po liczącym 30 tysięcy dodruku stało się jasne, że opowieść warto kontynuować.

Żeby przypodobać się czynnikom wyższym, choćby ministerstwu kultury czy milicji, kolejna książka poświęcona została przepisom ruchu drogowego – żali się Chmielewski, który chętnie umieszczał w swoich komiksach treści dydaktyczne, ale niechętnie godził się na ideologię. *Po wydrukowaniu pierwszego komiksu, w którym Tytus wylatywał rakietą w kosmos, zadzwonił pan z Wydziału Prasy KC PZPR i powiedział, że to jest pożyteczne, można drukować, bo jego dziesięcioletniemu synowi się podoba. W książeczce czwartej trzeba było przypodobać się wojsku. Miałem z tym kłopoty, bo kiedy pokazywałem, jak po wystrzeleniu pocisku z czołgu fałdowała się lufa, to było to potraktowane jako ośmieszanie armii... W piątej książeczce trzeba było unicestwić białego rasistę, gnębiącego małego Murzynka. W jednej z ksiąg pojawił się radziecki obóz pionierski w Arteku, w którym radziecki pionier trzymał czerwoną chorągiewkę z sierpem i młotem, a A'Tomek wołał: „Niech żyje przyjaźń narodów".* Okres błędów i wypaczeń można by było wybaczyć, gdyby autor desperacko nie starał się go tuszować. Wznowienia pierwszych odcinków w latach 90. były rysowane od nowa, z pozmienianymi realiami.

Tytus de ZOO wywodzi się z Trapezfiku (obecnie Fikulian) lub – jak kto woli – z rozlanej przez Papcia Chmiela plamy tuszu. *Ma nierówny charakter dziesięcioletniego chłopaka* – wyjaśnia rysownik. *Raz jest grzeczny, dojrzały, a raz ma skłonność do głupich psikusów.* Towarzyszy mu dwóch chłopaków, próbujących małpiszona „uczłowieczyć". Chudy to Romek: *Wysoki, nerwowy, dusza artystyczna, często naśmiewa się z Tytusa, że ten nigdy się nie uczłowieczy.* Gruby, w okularach, nosi imię A'Tomek: *Mały człowiek do wielkich interesów, wieczny drużynowy, wierzy w uczłowieczenie tej małpy...* Z czasem dołączył do nich wynalazca, profesor T'Alent. Jego dziełem są fantazyjne pojazdy, którymi poruszają się bohaterowie. Dość wymienić Wannolot (księga V, podróżnicza), Slajdolot (XIII, wyprawa na wyspy Nonsensu) czy Wkrętacz (XV, geologiczna).

Między 1966 a 1987 rokiem ukazało się 17 tomów komiksu. Ich łączny nakład sięgał 8 milionów egzemplarzy. Chmielewski wrócił do postaci w roku 1992 (księga aktorska), a w 2006 dociągnął cykl do okrągłej liczby (wyprawa po Owoce Chichotu). *Myślę, że trzydziesta księga jest ostatnia, bo mam coraz poważniejsze kłopoty ze zdrowiem* – zapowiedział 83-letni autor.

W połowie lat 80. na motywach komiksu wystawiano w Warszawie, Łodzi i Zabrzu muzyczne przedstawienie teatralne. W 1990 roku w Telewizyjnym Studiu Filmów Animowanych w Poznaniu powstały dwa odcinki filmu animowanego. Mimo napisania scenariusza Chmielewski nie był zadowolony z rezultatów i nie doszło do kontynuacji. Małpa wróciła na ekran dopiero w 2002 roku, w pełnometrażowej produkcji „Tytus, Romek i A'Tomek wśród złodziei marzeń" (według scenariusza Małgorzaty Sikorskiej-Miszczuk). Trzy lata później stała się bohaterem gry komputerowej. A w 2007 roku autor skierował ją do kampanii wyborczej partii Prawo i Sprawiedliwość.

Helena
Vondráčková
S písní
vstříc ti běžím...

UNIVERSE
zespół muzyczny

Fenomen lat 80. Pod względem formalnym zespół funkcjonował w oficjalnym życiu estradowym. Walory artystyczne (połączenie soft rocka, poezji śpiewanej oraz elektroniki kojarzącej się później z disco polo) i brak wydawnictw płytowych kazałyby go jednak umieszczać w nurcie „chodnikowym". W każdym razie było to zjawisko autentyczne — dwóch śląskich robotników, którzy sami doszli do sukcesu.

Mirosław Breguła (ur. 10 lutego 1964, śpiew, gitara) i Henryk Czich (ur. 29 listopada 1961, śpiew, instrumenty klawiszowe). Pierwszy był mechanikiem urządzeń przemysłowych w chorzowskiej hucie Batory. Drugi obsługiwał tokarkę w Zamecie w Tarnowskich Górach. Obaj amatorsko muzykowali — spotkali się w 1981 roku na eliminacjach do katowickiego Studia Piosenki. Rok później dali pierwszy publiczny koncert, wymyślając naprędce nazwę (w nawiązaniu do „Across The Universe" Beatlesów).

Przełomem okazał się rok 1983. Najpierw triumf na Ogólnopolskim Młodzieżowym Przeglądzie Piosenki we Wrocławiu, potem udział w Konkursie Promocji festiwalu OPOLE. Zdobyli tam drugą nagrodę dzięki piosence „Mr Lennon". Wyśpiewana cienkim głosem patetyczna ballada wprowadziła chłopaków do mediów i zapewniła etat w Zjednoczonych Przedsiębiorstwach Rozrywkowych. A z nim atrakcje typu występy na Kubie czy w Bułgarii.

W 1984 roku dwudziestolatkowie doczekali się pierwszego wydawnictwa płytowego, singla „Każdego wciąga poker"/„Blues na wpół do piątej rano" (Tonpress). Popularność zdobyła druga piosenka, opis autentycznych przeżyć Breguły przy pile mechanicznej, tudzież mozolnej drogi do pracy (*I tak samo, jak co rano/ Wsiadasz w tramwaj numer sześć/ Premię dawno obiecaną/ Możesz tylko w myślach zjeść*). W towarzyszącym zespole znaleźli się wybitni instrumentaliści, m.in. Dariusz Kozakiewicz i Wojciech Morawski. Na koncertach produkował się mniej gwiazdorski skład.

Kolejne lata upłynęły Universe na występach i nagrywaniu utworów, z których kilka stało się przebojami („Wołanie przez ciszę", „Głupia żaba", „Tacy byliśmy"). Nie przekładało się to jednak na zainteresowanie firm fonograficznych. W 1988 roku grupa skurczyła się do duetu, którego źródłem utrzymania stał się udział w objazdowym show radiowego Klubu Rodziny Masztalskich. Chałtury nie wytrzymał psychicznie Breguła – po trzech latach podjął pracę w drukarni.

Na scenę ściągnęła go ponownie w 1991 roku oferta prywatnej firmy płytowej Baron. W 1992 roku zespół przypomniał się składanką „The Best Of", chwilę później ukazał się premierowy album „Magnes serc". Universe wydał potem jeszcze kilka płyt i funkcjonował na marginesie muzycznego rynku. Breguła przez lata zmagał się z problemem alkoholowym (bywało, że na koncertach śpiewał Czich), 2 listopada 2007 popełnił samobójstwo.

VIBOVIT
farmaceutyk

Visolvit i Vibovit. Dwa rywalizujące ze sobą od połowy lat 70. preparaty witaminowe. Teoretycznie do rozpuszczania... Tylko teoretycznie. Dzieciarnia wyjadała je bowiem bezpośrednio z saszetek – podobnie jak ORANŻADĘ w proszku.

Vibovit powstawał w fabryce Polfa Kutno. Visolvit – w Polfie Poznań. Pierwszy miał łagodniejszy smak. Drugi był cierpki, przyjemnie szczypał w język. Pierwszy można było spożyć bez zostawiania śladów. Drugi oskarżycielsko barwił palec. Pierwszy przeznaczony był dla młodszych dzieci (zdjęcie przedszkolaka na opakowaniu). Drugi dla

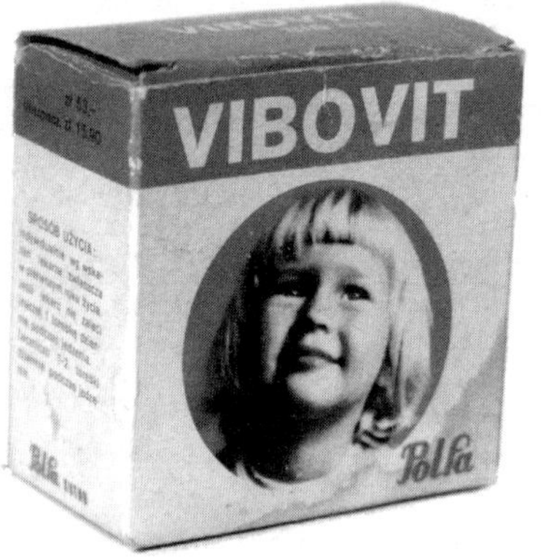

nastolatków (awangardowy rysunek grającego w piłkę młodzieńca).

Obie marki trafiły po 1989 roku w ręce światowych koncernów. Odpowiednio: Teva i GlaxoSmithKline. Firmy te zróżnicowały recepturę, dodały smaki, a w 2003 roku, niemal równocześnie, odświeżyły wygląd produktów. Śmiało odwoływały się przy tym do peerelowskich sentymentów: *Co czwarta osoba wspominając młode lata myśli o „TELERANKU", koloniach i oranżadzie. Wielu wręcz oblizuje się na myśl o swoich ulubionych witaminach, które dostawaliśmy od mamy, a o których pamiętamy, bo przecież z witamin się nie wyrasta...*

Wśród farmaceutyków chętnie spożywanych w PRL w zastępstwie brakujących słodyczy znajdował się jeszcze Satural (rozpuszczalny preparat wapniowy) oraz tabletki do ssania Akron (wycofane z powodu toksyczności).

VILLAS, VIOLETTA

piosenkarka

właśc. Czesława Maria Cieślak; ur. 10 czerwca 1938 w Liège, Belgia

Pierwsza diwa PRL. Właścicielka pięciooktawowego głosu, blond grzywy i imponującej figury...

Przyszła na świat w górniczej rodzinie w Belgii. Do Polski przyjechała z rodzicami w 1946 roku. Zamieszkała w Lewinie Kłodzkim. *Gdy miałam 15 lat, byłam już bardzo rozwinięta, wyglądałam na co najmniej 17* – wspomina. *Upodobał mnie sobie wtedy pewien porucznik po szkole oficerskiej na służbie WOP w Kudowie. Miał 27 lat. Wpadłam mu w oko. Ale ja nie chciałam wychodzić za mąż. W tym czasie marzyłam już, żeby wyjechać z Lewina do szkoły muzycznej do Wrocławia. Pragnęłam zostać piosenkarką...*

Mimo sprzeciwu dziewczyna została wydana za mąż jako szesnastolatka. Rok później urodziła dziecko. Po osiągnięciu pełnoletności zabrała jednak syna i uciekła od męża. Zatrzymała się u siostry, w Szczecinie, tam też dostała się do średniej szkoły muzycznej. Naukę kontynuowała następnie we Wrocławiu, by mieć bliżej do rodzinnego domu. Pod koniec lat 50. przeniosła się do Warszawy, gdzie trafiła na przesłuchanie do Orkiestry Polskiego Radia. Kandydatką zainteresował się sam Władysław „Pianista" Szpilman. Postanowił pomóc dziewczynie w karierze.

Jemu zawdzięczamy metamorfozę Czesławy. *„Tylko niech pani nie przyzwyczaja ludzi do nazwiska Cieślak! Od razu proszę wybrać sobie pseudonim" – poradził mi. Za jego namową musiałam więc wymyślić nowe nazwisko. W Belgii, gdzie się urodziłam, ochrzczono mnie Violetta Eliza. Ale tata, rejestrując mnie w polskim urzędzie, stwierdził, że nie mogę mieć francuskiego imienia, tylko polskie. Więc nazwał mnie Czesławą. Za namową Szpilmana wróciłam do Violetty. Jako nazwisko skonstruowałam: Villas. „Vi" od pierwszych liter imienia, „llas" – od lasu. Bo kocham las.*

W radiu zarejestrowała swój pierwszy przebój, „Dla ciebie, miły". Piosenka spodobała się czytelnikom „Expressu Wieczornego", co z kolei otworzyło drzwi do festiwalu w SOPOCIE. Wróciła tam jeszcze rok później. W 1962 roku ukazał się jej pierwszy longplay, „Rendez-vous z Violettą Villas" (Muza). Zaczęła też wyjeżdżać za granicę: do

ZSRR, NRD, Rumunii, Czech. W 1965 roku zdobyła Grand Prix na festiwalu we francuskim Rennes.

Rok później trafiła na przesłuchanie do Brunona Coquatrixa, szefa paryskiej Olympii. *Dyrektor był mną tak zachwycony, że dostałam od niego własną garderobę w Olympii. Po Edith Piaf! Rozmawiałam z nią w myślach... „Wstaw się za mną" – prosiłam ją.* W Paryżu dostrzegli ją przedstawiciele Casino de Paris z Las Vegas. Podpisała kontrakt na trzy sezony, jako pierwsza artystka z PRL (przed wojną występował tam Jan Kiepura).

Byłam gwiazdą – opowiada. *Do projektowania sukni dla mnie zaproszono dom mody Diora. Wreszcie wszystko było szyte specjalnie dla mnie, pod mój typ urody. Do dyspozycji miałam stuosobowy zespół, balet. Wszyscy ubrani pod kolor moich sukni. Byłam diwą! Na scenę wjeżdżałam jaguarem kabrioletem, całym w czarnej skórze. Miałam tylko śpiewać dla gości Casino de Paris. W dziewięciu językach! Zaangażowali mi osobistych nauczycieli...* Villas przeżyła też flirt z filmem – pojawiała się w drobnych rólkach w filmach muzycznych produkowanych przez Joe Pasternaka. Kolejnym krokiem miał być udział w serialu „Dolce Vita In Las Vegas" z Tomem Jonesem i kontrakt z wytwórnią Paramount. Choroba matki sprawiła jednak, że artystka wróciła do Polski.

W kraju odebrano jej paszport, ale kontynuowała amerykański tryb życia. Szokowała wystawną willą w Magdalence i dwoma mercedesami. W 1970 powstało widowisko telewizyjne z elementami rewiowymi, „Śpiewa Violetta Villas". Przyjęto je z mieszanymi uczuciami. Odtąd piosenkarka budziła albo zachwyt, albo niechęć. Krytycy zarzucali kiczowatość – wdzięczny lud nazwał jej imieniem hutę szkła...

W 1972 roku artystka pojawiła się w filmie „Dzięcioł" Jerzego Gruzy. Współpracowała też z warszawskim Teatrem Syrena. W ciągu dekady ukazała się zaledwie jedna płyta, „Nie ma miłości bez zazdrości" (1978, Muza). Villas coraz bardziej izolowała się od krajowej estrady, aż w pewnym momencie w ogóle wycofała się z życia publicznego. Wobec żarliwie deklarowanej religijności pojawiły się plotki, że przebywa w klasztorze...

Wróciła w 1983 roku filmem „Sny i marzenia" – fabularnej opowieści o hydrauliku zafascynowanym jej postacią. Trzy lata później przygotowano dla niej rewię „Violetta", z powodzeniem wystawianą w całej Polsce. Koniec dekady spędziła głównie na występach zagranicznych. W Chicago przeżyła kolejny nieudany związek, z polonijnym biznesmenem. Coraz bardziej odrywała się też od rzeczywistości: wspominała, że jest szpiegowana, opowiadała o spiskach kosmitów...

Po 1989 o piosenkarce słychać już raczej wyłącznie przy okazji życia prywatnego. Do nielicznych wyjątków należał udział w nagraniu płyty Kultu, „Tata Kazika 2" (SP Records, 1996). *Ja pana, panie Kaziu, zapamiętam do końca życia* – usłyszał Kazik Staszewski, z którym śpiewała w utworze „Kochaj mnie, a będę twoją"... Albo recital dla Rodziny Radia Maryja w roku 2000.

W 1998 roku Villas sprzedała dom pod Warszawą i przeniosła się do Lewina. W izolacji od lokalnej społeczności zorganizowała nieformalne schronisko dla psów. W 2006, gdy zrezygnowała z przyjmowania posiłków, trafiła do szpitala psychiatrycznego. Po opuszczeniu placówki zarzuciła osobom, które ją uratowały, bezprawne wtargnięcie na prywatny teren... W 2007 roku pojawiła się na ekranie telewizyjnym („Szansa na sukces"), wróciła do koncertowania, przygotowuje też podobno nową płytę.

VINTON, BOBBY

piosenkarz

właśc. Stanley Robert Vintula, Jr.; ur. 16 kwietnia 1935 w Canonsburgu, USA

Który wokalista miał najwięcej pierwszych miejsc w notowaniu „Billboardu" między 1962 a 1972 rokiem? Elvis Presley? Frank Sinatra? Nie. Nasz człowiek w Ameryce – Bobby Vinton.

Jako syn muzyka, pierwszy zespół założył w wieku 15 lat. Aby odróżnić się od Stanleya Roberta Vintuli Seniora, przybrał pseudonim Bobby Vinton. Pieniądze zarobione na graniu zainwestował w edukację muzyczną na uniwersytecie w Pittsburgu. Po jej zakończeniu miał dyplom z kompozycji i potrafił grać na wielu instrumentach. Z takim kapitałem trafił do Nowego Jorku, gdzie udało mu się załapać na lidera big bandu akompaniującego gwiazdom w telewizji NBC.

W 1960 roku kontrakt z Bobbym podpisała wytwórnia Epic. Po dwóch albumach i kilku singlach wciąż brakowało jednak przeboju. Wszystko wskazywało na to, że współpraca wydawnicza się skończy, gdy rzutem na taśmę Vinton przedstawił swoją wersję kompozycji „Roses Are Red (My Love)". Sukces! W 1962 roku piosenka spędziła cztery tygodnie na szczycie amerykańskiego notowania. Wśród kolejnych hitów były „Blue Velvet" (1963), który po latach zainspirował film Davida Lyncha i autorski „Mr. Lonely" (1964), zsamplowany 41 lat później przez rapera Akona. W 1972 roku firma płytowa uznała, że popyt na romantycznych balladzistów przeminął. Vinton został bez kontraktu.

Paradoksalnie właśnie wtedy rozpoczął się najciekawszy etap jego kariery. *Na jednym z koncertów była moja mama* – wspomina. *I powiedziała: „Synek, dlaczego nie zaśpiewusz po polsku?". Ja na to: „Nie znam żadnych polskich piosenek, które puszczaliby w radiu, żadnych, które znałaby młoda rock'n'rollowa publiczność". Mama mówi: „Napisz, nagraj i zobaczysz, że będzie hit". Na prośbę matki skomponowałem więc „My Melody Of Love". Nie miałem pojęcia, że to będzie numer jeden. Że zapewni mi telewizyjny show i gwiazdorskie występy w Las Vegas. To moja sztandarowa piosenka.*

Vinton zainwestował 50 tysięcy dolarów i nagrał dwujęzyczną piosenkę ze słowami: *Moja droga ja cie kocham/ Means that I love you so/ Moja droga ja cie kocham/ More than you'll ever know...* Odrzuciło ją siedem wytworni płytowych. Ale w końcu udało się namówić ABC. Wydany w jej barwach singel dotarł w 1974 roku do trzeciego miejsca listy „Billboardu" (pierwszego w kategorii Adult Contemporary). Potem była złota płyta „Melodies Of Love" i własny show telewizyjny, „The Bobby Vinton Show" (1975-1978). Piosenkarz zaczął być nazywany Polskim Księciem. Wydał nawet autobiografię pod takim tytułem.

Fenomen „My Melody Of Love" dostrzeżono w PRL. Po krótkich wahaniach zdecydowano się wpuścić piosenkę na nasz rynek. Ukazała się na oficjalnie wydawanych pocztówkach (Tonpress i Ruch,

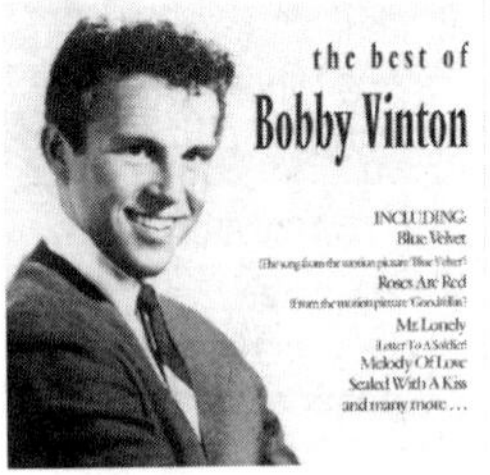

w drugim przypadku pod tytułem „Ja cię kocham"). Pod koniec lat 70. piosenkarz zjawił się w kraju przodków. *Pojechałem, bo miałem krewnych żyjących pod rządami komunistów* – opowiadał po latach w amerykańskiej prasie. *Nie byłem pewny, co ze mną zrobią. Traktowali mnie nieźle, przyjął mnie wicepremier, wypiliśmy morze wódki... Ale wypytywali mnie, chcieli znać zamiary.*

Zamiary Vintona wyjaśniły się całkiem szybko. Najpierw wziął udział w pierwszej pielgrzymce Jana Pawła II do Polski. A zaraz po powrocie do Stanów zaangażował się we wspieranie Solidarności. 9 sierpnia 1981 roku na antenie chicagowskiej stacji WGN-TV odbył się „Bobby Vinton Telethon For Polish Relief", czyli telewizyjna akcja zbierania pieniędzy. Stawką był milion dolarów. Bobby'ego wspierali w studiu Stan Borys i przedstawiciele organizacji polonijnych.

Vinton wydawał premierowe płyty do końca lat 80. Potem były już tylko kompilacje. Mimo zaawansowanego wieku (w 2004 roku zasłabł na scenie), w ostatnich latach wciąż aktywnie koncertuje.

VISTULA
wódka

Kogo nie zmogła niemiecka kula, tego zamęczy polska Vistula – brzmiał głos ludu. Trafna recenzja najpodlejszego gatunku polskiej wódki. Zważywszy, że Vistula była też nazwą kombajnu, nabierało sensu powiedzenie *Zboże wymłóci, chłopa przewróci...*

Podły smak (niektórzy przyrównywali go do karbidu) i niszczycielska siła sprawiały, że produkt należał do nielicznych, jakie można było upolować w latach 80. w sklepach monopolowych. Sięgali po niego po prostu najwięksi desperaci. Przedstawicielka producenta, szczecińskiego Polmosu, twierdzi dziś, że przyczyną takiego stanu rzeczy było zastosowanie spirytusu gorszej jakości. Plotka głosiła jednak, że zamiast naturalnej fermentacji stosowano w tym przypadku syntetyczną hydratację etylenu.

Według anegdoty – tyleż niewiarygodnej, co zabawnej – producent bronił swojego wyrobu, twierdząc, że jest on świetnie przyjmowany w Australii. Po jakimś czasie okazało się, że owszem, lecz wśród szamanów spożywających Vistulę z domieszką benzyny i krwi kazuara. Mieszanka zapewniała jakoby niezły haj... Faktem jest natomiast, że część etykiet Vistuli drukowano na odwrocie nalepek wódki Luksusowa Żałobna. Zalegały w magazynie, bo taka nazwa (wymyślona na stypy) nie przyjęła się w zabobonnym społeczeństwie.

Po badaniach, które wykazały toksyczne właściwości Vistuli, zaprzestano w końcu jej produkcji. Niechlubną tradycję podtrzymywał Baltic, o którym mówiono, że wytwarzany jest na bazie wody morskiej. Bałtycka – z inną rzecz jasna recepturą – powstaje do dziś w Polmosie Siedlce. Vistuli brak.

VONDRÁČKOVÁ, HELENA

piosenkarka

ur. 24 czerwca 1947 w Pradze, Czechosłowacja

Czeska piosenkarka, która cieszy się u nas niemal tak wielką popularnością, jak w rodzinnym kraju. Nic dziwnego. Nigdy nie ukrywała sympatii do Polski, przyjaźni się z MARYLĄ RODOWICZ, reklamuje lody Koral i świetnie mówi w naszym języku. *Polacy są dla mnie bardzo przyjemni, kochają dobrą muzykę i są temperamentną publicznością* – wyznała. *Było u was dużo rzeczy, których nie było u nas. Nasze kobiety z przyjemnością przyjeżdżały, żeby kupić sobie jakieś ciuchy...*

Patrząc na panią Helenę – która z każdym rokiem wygląda coraz korzystniej – trudno uwierzyć, że przyszła na świat w 1947 roku. W dzieciństwie interesowały ją głównie dwa tematy. Sport i gra na pianinie. *Chciałam być księżniczką* – żartuje Vondráčková. *Nic nie robić, leżeć na poduchach. Tylko że szybko dojrzałam i zrozumiałam, że tak lekko to nie ma. Postanowiłam więc, że będę kimś pożytecznym – lekarzem albo filologiem. Tylko że tato raz pojechał do Pragi w delegację i przywiózł ulotkę o konkursie: „Szukamy nowych piosenkarzy". Pojechałam, wygrałam, no i tak już zostało...*

Konkurs „Hledame nove talenty" odbył się w 1964 roku. Dziewczyna z miejscowości Slatinany wygrała go, śpiewając „The Man I Love" Gershwina. W tym samym roku zarejestrowała swój pierwszy przebój, „Červená řeka", a w 1965 otrzymała prestiżową nagrodę Złotego Słowika. W praskim teatrze Rokoko, gdzie dostała angaż, poznała Václava Neckářa i Martę Kubišovą.

To czas, w którym kultura czechosłowacka dostała pewną dozę swobody. W 1968 roku zaprzyjaźnieni piosenkarze założyli trio pod anglojęzyczną nazwą Golden Kids. Występowali w Paryżu, zjawili się na targach w Cannes... Sytuacja uległa zmianie po stłumieniu Praskiej Wiosny. Pod koniec 1969 roku władzę objął Gustáv Husák. I zaczął tzw. „normalizację", czyli brutalne tłumienie przejawów wolności kulturalnej.

Kubišova nie pasowała władzom, bo kojarzona była z pieśniami patriotycznymi i zachodnim repertuarem. Na początku 1970 roku służba bezpieczeństwa zmontowała aferę. Piosenkarka miała jakoby wystąpić w duńskim magazynie pornograficznym... Rozwiązano Golden Kids, zabroniono Kubišovej występować (pracowała potem fizycz-

nie). Neckář i Vondráčková kontynuowali jednak karierę. *Oburzano się, że pracujemy* – wspomina Helena. *Trzeba mieć wyobraźnię: ja miałam 18 lat, Vaszek 23, a Marta skończone 27 i męża. Przecież nie mogłam w wieku 18 lat usiąść na chodniku i żebrać. Ja tak marzyłam o śpiewaniu!*

Lata 70. to złote żniwa Vondráčkovej. Miała już na koncie dwie płyty długogrające („Růže kvetou dál", „Micro Magic Circus", obie z 1969 roku, Supraphon), w ciągu dekady wydała pięć kolejnych. Nie licząc tych z Japonii i RFN. W 1971 roku po raz pierwszy pojawiła się w Polsce, a sześć lat później zdobyła Grand Prix I Festiwalu Interwizji w SOPOCIE za piosenkę „Malovaný džbánku". Przebój okazał się na singlu Tonpressu. Poza tym było kilka innych małych krążków i jedna duża PŁYTA WINYLOWA, „I Am Your Song" (Muza, 1990).

Tournée po Polsce w 1977 roku sprawiło, że piosenkarka szczęśliwie nie mogła podpisać niesławnej Antykarty (patrz KAREL GOTT). Co nie przeszkodziło umieścić nazwiska Vondráčkovej pod dokumentem w gazetach. Praska ulica plotkowała też o jej romansie z ówczesnym premierem Czechosłowacji... *Napisało do mnie kiedyś pewne małżeństwo, że żal jest im mnie, bo bardzo mnie lubią, więc donoszą, że premier ma córkę, którą bardzo kocha. Zabiera ją na przyjęcia, ona całuje go w policzek. Ci państwo donieśli, że córka, wypisz, wymaluj jak Vondráčkovą, bo wtedy wiele panienek robiło się na mnie. I co? Po romansie.*

Prawdziwy ślub wzięła w 1983 roku, z niemieckim basistą Helmutem Sicklem (rozwiedli się w 2001). Jeżeli chodzi o kwestie muzyczne, to w latach 80. nawiązała współpracę z Jiřim Kornem (stepowanie!), z którym zjawiła się na koncertach także w naszym kraju. W połowie dekady działała też z formacją Bacily, przygotowując autorski program „Velka neonova laska". Pracowała poza tym jako prezenterka telewizyjna.

Po 1989 roku Helena skupiła się na występach musicalowych, stopniowo przypominając o sobie szerszej publiczności. Wielki come back nastąpił w 2000 roku, za sprawą płyty „Vodopád". Jego echa można było odczuć także nad Wisłą. Wydano wtedy CD „Złota Helena" (Universal), na którym oprócz dawnych hitów znalazła się m.in. „Małgośka", nagrana w duecie z Marylą Rodowicz. *My już wróciliśmy pięć lat temu, myślę że tu jest to trochę późniejsze* – odpowiadała Vondráčková o powrocie wykonawców sprzed lat. *Ta sama sytuacja była na początku ze mną i z Jiři Kornem, a teraz odzywają się często, chcą oglądać gwiazdy, które odniosły wtedy sukces. Bardzo się z tego cieszymy, bo kocham polską publiczność. Brakowało mi jej, kiedy tu nie byłam.*

W 2000 roku Vondráčková wzięła też udział w kampanii prezydenckiej Aleksandra Kwaśniewskiego (dziś twierdzi, że występ zorganizowano, nie powiadamiając jej o szczegółach). Od 2004 roku artystka gości u nas regularnie przy różnych, przeważnie telewizyjnych okazjach. W 2007 wzięła udział w szóstej edycji „Tańca z gwiazdami".

W LABIRYNCIE

serial obyczajowy

120 odcinków; reż. Paweł Karpiński; 1988 1991, Polska

Sukces „NIEWOLNICY ISAURY" i kolejnych tasiemców z Lucelią Santos dał do myślenia ludziom z Telewizji Polskiej. Dwóch fachowców wpadło na pomysł, że przecież można zrealizować coś takiego samodzielnie. Reżyser Paweł Karpiński zajmował się wcześniej głównie tematyką muzyczną (współpracował m.in. z grupą CLASSIX NOUVEAUX). Scenarzysta Wojciech Niżyński miał na koncie tekst „KLĄTWY DOLINY WĘŻY".

Przedsięwzięcie było absolutnie pionierskie. Dotychczasowe polskie seriale powstawały na taśmie filmowej – co wiązało się z kosztami i powolnym procesem produkcyjnym. Tu kręcono wszystko na (profesjonalnej) taśmie wideo. 30-minutowy odcinek powstawał w tydzień. Wcześniejsze seriale były zamkniętą, zaplanowaną całością. Tu scenariusz powstawał na bieżąco (co miało swoje zalety wobec gwałtownie zmieniającej się rzeczywistości) i nikt nie wiedział, kiedy cała zabawa się skończy.

Wszystko to wydawało się niepoważne, trudno było przekonać do udziału w projekcie starą gwardię aktorów. *Kiedy podjąłem pracę w pierwszej polskiej telenoweli, „W labiryncie", ciągle musiałem się z tego tłumaczyć* – wspomina Marek Kondrat. *Pamiętam wywiady z moimi kolegami, którzy byli oburzeni, że gram w takiej szmirze. Dzisiaj trudno znaleźć kogoś w moim środowisku, kto by tego nie robił...*

Generalnie postawiono na młode twarze. W roli głównej, absolwentki medycyny, która rozpoczyna pracę w Instytucie Farmakodynamiki, pokazała się 24-letnia aktorka warszawskiego Teatru Nowego Agnieszka Robótka-Michalska. *Zostałam zaproszona na zdjęcia próbne* – opowiadała. *Kandydatek było bardzo dużo. Do Interpressu* (producent fil-

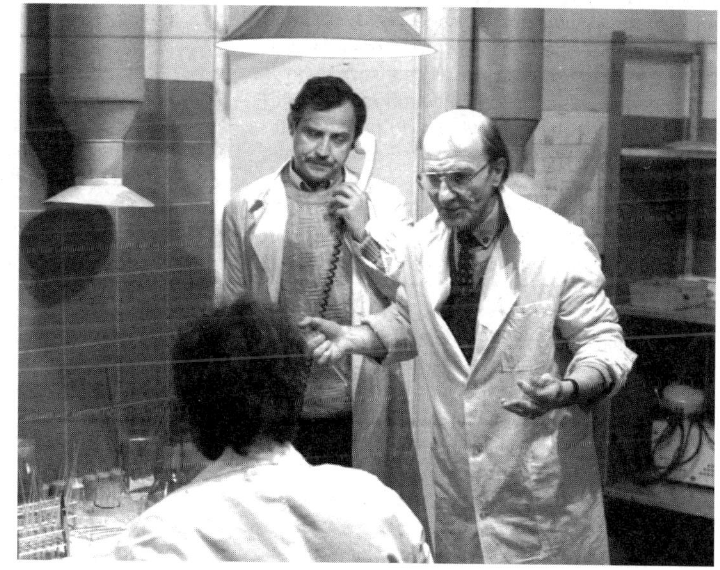

mu) *dotarłam jako ostatnia, bo dopiero co wróciłam z podróży. Byłam szalenie zmęczona i było mi wszystko jedno. Weszłam do studia, zagrałam małą scenkę. Nawet nie wiedziałam, czy mam szansę na główną rolę. Później dowiedziałam się, że w czasie ponownego przeglądania materiałów Paweł Karpiński krzyknął: „Ona byłaby genialna, gdyby nie była taka tłusta". Przygotowując się do tej roli schudłam kilka kilogramów.* Aktorka nie wytrzymała w obsadzie do końca. W ostatnich odcinkach zastąpiła ją Beata Rakowska.

Wielką popularność zdobył też Jan Jankowski (znany z filmu Karpińskiego „To tylko rock"), grający męża bohaterki. *Kiedy w TVP szedł serial, na ulicach się wyludniało* – wspomina. *W tamtym czasie były przecież tylko dwa programy telewizyjne...* Była jeszcze Jowita Miondlikowska (dziś znana pod nazwiskiem Budnik) w roli zbuntowanej nastolatki: *Z jednej strony to było bardzo miłe. Lubiłam granie w serialu. Ale okres dojrzewania na oczach ludzi był krępujący... Serial był bardzo popularny, bo opowiadał historię styczną do ówczesnej rzeczywistości, pokazywał tamtą codzienność. Święta Bożego Narodzenia w Polsce i „W labiryncie" wypadały w tym samym czasie. Zarówno w serialu, jak i w życiu, dzieci szły do szkoły 1 września, a dorośli zmagali się z pracą, wolnym rynkiem i domowymi problemami. Widzowie tej telenoweli czuli się trochę, jakby podglądali sąsiadów, więc zaczepiano mnie w tramwajach, ciągle słyszałam głośne komentarze na swój temat. Brakowało mi poczucia intymności.*

Piosenkę tytułową śpiewał Grzegorz Markowski z Perfectu. O „Labirynt" otarła się nawet alternatywna grupa Kult. *Zjawił się na próbie nasz ówczesny menedżer, poinformował, że ktoś kręci jakiś serial i pragnąłby wykorzystać w owem dziele dwie nasze melodie* – wspomina Kazik Staszewski. *Jako że z finansami było krucho, stępiona została nasza czujność proletariacka i specjalnie nie wnikając w szczegóły – wyraziliśmy zgodę. Traf chciał, że tym serialem było „W labiryncie". Nie wiedzieliśmy, że oto stajemy się prekursorami czegoś, co już niedługo zwać będzie się telenowelą...* I barwnie opisuje, jak wykorzystano utwór „Do Ani": *Marek Kondrat, kreujący niejakiego Racewicza, wpadłszy do mieszkania w ekstremalnie złym humorze, słyszy, że jego córka słucha ww. piosenki. Chcąc skanalizować swe frustracje, wchodzi do latorośli pokoju i stanowczym tonem nakazuje jej wyłączyć te wrzaski czy jęki. Przeraziwszy się nie na żarty po ujrzeniu tych scen, czem prędzej cofnąłem zgodę na dalsze wykorzystywanie naszych produkcji w labiryncie.*

Pierwszy odcinek tasiemca wyemitowano w Dwójce w ostatnich dniach 1988 roku. Kolejne nadawano w piątki o godzinie 19.00. Potem emisję przeniesiono na późny środowy wieczór. Serial był miażdżony przez krytykę, ale zyskał fenomenalną oglądalność. Przed nim w rankingach było tylko „BLIŻEJ ŚWIATA". Niżyński dystansował się trochę od tego wszystkiego, żartobliwie tytułując projekt „Powrót Isaury w rytmie disco z Kamiennego Kręgu do Edenu". A Robótka, znająca telenowele z Brazylii (w której przyszło jej spędzić wiek nastoletni), tłumaczyła: *Ludzie lubią bajki, w których jest walka dobra ze złem. Są białe i czarne charaktery, a do tego namiastka polskiego luksusu – willa, Golf, naukowcy, podróże, ciuchy z zachodnimi metkami...*

Produkcja „W labiryncie" zakończyła się w 1991 roku, po nakręceniu 120 odcinków. Niżyński odpowiadał później m.in. za powstanie serialu „Klan".

W PUSTYNI I W PUSZCZY

film fabularny

reż. Władysław Ślesicki; 1973, Polska

Kolejna po „Krzyżakach" i fragmencie trylogii peerelowska superprodukcja. Jak zwykle, na podstawie czołowego scenarzysty – Henryka Sienkiewicza. OK, historię podrasował trochę Władysław Ślesicki – czterdziestokilkuletni reżyser mający na koncie kameralny film „Ruchome piaski". Podróż do Afryki zamarzyła mu się w 1969 roku. Dwa lata potrwały starania o skierowanie projektu do produkcji. Wreszcie, na początku 1971, pojechał z operatorem na roboczo-dokumentacyjną podróż do Egiptu i Sudanu.

Początkowo rozważano współpracę ze znanym producentem Dino de Laurentiisem. Oferował dobrą taśmę, włoskie laboratoria i światową dystrybucję. Ale stawiał też warunki. Chciał przerobić scenariusz i zmienić głównych wykonawców na aktorów międzynarodowych. Sytuacja, w której Staś i Nel zostaliby zepchnięci na drugi plan, okazała się dla Polaków nie do przyjęcia. Sfinansowaliśmy to sami.

Narodowych bohaterów znaleziono w castingu: *Poszukuje się chłopca w wieku 14-17 lat o wzroście od 165 do 175 cm i dziewczynki w wieku 9-12 lat w granicach 140-155 cm wzrostu.* Zgłosiło się 10 tysięcy kandydatów, w tym sporo „wesołych Romków". Najmłodsza kandydatka do roli Nel miała na przykład 5 lat. Najstarsza 30, ale twierdziła, że jest drobnej, dziewczęcej budowy...

Zwyciężyła 10-letnia Monika Rosca z Łodzi (później ceniona pianistka). Rezolutna dziewczynka wydawała się wyborem oczywistym. Więcej wątpliwości budził 17-letni Tomasz Mędrzak (później ceniony aktor). Zarówno wśród filmowców – mających zastrzeżenia do dykcji – jak i w nim samym. *Na próbne zdjęcia trafiłem z ciekawości. Chciałem zobaczyć, jak wygląda wytwórnia filmowa. Od wejścia zrozumiałem, że nie mam żadnych szans na rolę Stasia, bo Stasiów kręciło się po wytwórni kilkudziesięciu. Pierwsze podejście wyszło fatalnie. 14 dubli. Męcząca robota. Po trzecich*

zdjęciach próbnych pomyślałem sobie: „Wyjazd do Afryki na dziewięć miesięcy? Czemu nie?". Pół roku później reżyser zdecydował się na mnie. I wtedy przestraszyłem się odpowiedzialności. Pomyślałem, że nie dam rady. Młodzi aktorzy przeszli trening jeździecki i zaprzyjaźnili się z płowymi dogami (Łoś i Apacz), mającymi wcielić się w rolę mastifa Saby.

Pierwsza faza zdjęć rozpoczęła się w lipcu 1971. 25-osobowa ekipa udała się do Egiptu. Główną bazą stał się Kair, skąd dokonywano wypadów na zdjęcia pustynne (w pobliżu stolicy, ale też Luksoru i Asuanu). Lokalni aktorzy byli wyszukiwani przez Hairi Besharę – absolwenta szkoły filmowej, który odbywał dwuletni staż w Polsce.

Warunki pracy są bardzo ciężkie – relacjonował Edmund Fetting, filmowy ojciec Nel, który jako pierwszy wrócił do kraju. *Wstawaliśmy o piątej, o szóstej wyjazd na plan – często bardzo odleg-ły – a pracować można do południa. Spróbowaliśmy raz przedłużyć dzień zdjęciowy... nie dało się. To było ponad siły zarówno Polaków, jak Egipcjan.* Aktor dodawał: *Trzeba pamiętać, że w Egipcie panuje stan wojenny. Wiele poprzednio zdokumentowanych obiektów znalazło się nagle w przesuniętej z jakiegoś powodu strefie zakazanej.*

Po pięciu miesiącach filmowcy wrócili do kraju i dalszy los produkcji stanął pod znakiem zapytania. *Wiele różnych perturbacji wokół filmu zatrzymało dalszy ciąg zdjęć na blisko rok* – pisał reżyser we wspomnieniach. *Dzieci rosły, zmieniały się. Rok w wieku Moniki to bardzo dużo. Dzięki uporowi kilku entuzjastów, dzięki silnym nerwom i śmiałym decyzjom, zapadło postanowienie: film będzie kończony. Kilku zmęczonych ludzi w ekipie ustąpiło miejsca nowym, wyzdrowieli chorzy.*

Jednym z podstawowych problemów był brak słonia. Nie udało się go znaleźć w Egipcie, pomocny okazał się dopiero czeski cyrk. Dyrekcja zgodziła się wypożyczyć zwierzę (indyjskie co prawda) na zdjęcia w Bułgarii. *Słoneczna Bułgaria obdarowała nas deszczem i zimnem* – opowiadał Ślesicki. *Od morza wiały huraganowe wiatry. W pobliskim Tołbuchinie spadł śnieg. W tych warunkach musieliśmy podczas zdjęć udawać, że poruszamy się w tropikalnym klimacie. Odziani w skąpe kostiumy Murzyni wyskakiwali spod koców i kożuchów na czas ujęcia i ofiarnie biegali przed kamerą.*

O czarnoskórych studentów, którzy przyjechali z Sofii, nie trzeba się było martwić. Gorzej ze ściągniętymi z Sudanu odtwórcami ról Kalego (Emos Bango) i Mei (Malija Mekki). Zwłaszcza że nie było szansy na zastępców. Ślesicki wspominał, że w afrykańskim kraju nie funkcjonowały teatry ani kinematografia. Znalezienie wykonawców graniczyło z cudem. Podczas sporządzania dokumentacji przypadkowo trafili na Sudańczyka, który ożenił się z Polką. To on skierował filmowców na występ zespołu folklorystycznego, w którym występowali Bango i Mekki. Oboje byli kompletnymi amatorami, przyjechali do Chartumu z prowincji (on z Ekwatorii na południu, ona z małej nubijskiej wioski Kordofan). Ale poradzili sobie z zadaniem.

Końcowa faza zdjęć trwała cztery miesiące i odbyła się w Sudanie. Filmowcy założyli bazę w rejonie Dilling, gdzie nakręcono dwie trzecie całego materiału. Potem była Dżuba na południu kraju i zdjęcia w wiosce Gangala. W ekipie zabrakło Stanisława Jasiukiewicza, grającego ojca Stasia. Aktor był ciężko chory. Filmowano tylko sylwetkę, sceny dialogowe zamierzano dokończyć w Warszawie. Nie udało się – Jasiukiewicz zmarł. Głosu użyczył potem anonimowo Jerzy Kamas.

Produkcja zakończyła się w 1973 roku. 15 października miał miejsce uroczysty pokaz filmu w katowickim Spodku. Stałe zapotrzebowanie na ekranizacje lektur sprawiło, że film obejrzało przez lata ponad 30 milionów widzów (trzeci wynik w historii, po „Krzyżakach" i „SAMYCH SWOICH"). Dodatkowo, w grudniu 1974 roku, zaprezentowano telewizyjną wersję „W pustyni i w puszczy" – miniserial liczący cztery odcinki.

W 2001 roku powstała nowa adaptacja powieści Sienkiewicza. W głównych rolach wystąpili Karolina Sawka i Adam Fidusiewicz. Początkowo miał ją reżyserować Maciej Dutkiewicz, ale zrezygnował z powodu choroby. Za kamerą stanął ostatecznie Gavin Hood, reżyser z Republiki Południowej Afryki. Nie widział wcześniejszej wersji: *Na początku nie miałem nawet czasu, żeby tym się zająć, a potem, kiedy wreszcie chciałem to zrobić, producenci patrząc na moją pracę zdecydowanie się sprzeciwili. Powiedzieli, że nie chcą, żebym to robił, ponieważ moja interpretacja, mój styl bardzo im się podobują, ale są zupełnie inne od tego, jaki prezentuje poprzednia wersja. I cieszę się, że to powiedzieli, bo na początku czułem się trochę niepewnie. Na pewno mogę stwierdzić, że te dwa filmy są zupełnie różne. Nie wiem, który jest lepszy. Ludzie pewnie będą się o to spierać.*

WAŁY JAGIELLOŃSKIE

zespół muzyczny

Grupa muzyczna czy kabaret? *Wpisujemy sobie w rubryce zawód: „literat", mając do tego prawo jako członkowie sekcji literackiej Związku Polskich Autorów i Kompozytorów. A co literat, to nie estradowiec i „wały" stać na snobizm* – żartował Rudi Schuberth, współlider formacji.

Okolicznościowo-Rozrywkowy Syndykat Wały Jagiellońskie (nazwa od gdańskiej ulicy, przy której mieścił się studencki klub Żak) powstał w 1977 roku. Obok Schubertha dominującą postacią był tam Grzegorz Bukała. Obaj studenci Politechniki Gdańskiej w Syndykacie śpiewali i obaj zgarnęli laury na Festiwalu Piosenki i Piosenkarzy Studenckich w Krakowie (1978). To debiut oficjalny. Wcześniej dali popis w PGR Leżno na koncercie z okazji 60. rocznicy rewolucji październikowej i na festiwalu piosenki turystycznej Bazuna...

Od początku Wały wyróżniały się ciekawą tematyką tekstów. Wśród pierwszych hitów były „Ciebie brak" o erotycznych cierpieniach pensjonariusza zakładu karnego, „Cannonball Woman" opiewający uroki czeskiej kulomiotki Heleny Fibingerovej czy „Wars wita" ze słynnym fragmentem: *Jedzie pociąg z daleka, nikt na stacjach nie czeka/ A konduktor pijany obija się o ściany...* Utwory szybko ukazały się na singlach, już w 1979 roku grupa miała też na koncie pierwszy longplay: „ETYKIETA ZASTĘPCZA".

Było to jednak tylko preludium do właściwych sukcesów. W połowie lat 80. zespół wylansował megahit „Córka rybaka". Schuberth: *Nie oszukujmy się, była to piosenka od A do Z zamierzona, za-*

planowana, a że jej sukces przerósł nasze oczekiwania — to druga sprawa. Zrobiliśmy ten pastisz z całą świadomością. Bukała: *Nie wszyscy jednak mają poczucie humoru. Z Akademii Muzycznej całkiem serio dowiedzieliśmy, że piosenka jest w złym guście, trąci knajpą, w dodatku jest nieczysto zaśpiewana...* W nurt biesiadny wpisywały się też piosenki „Kukuła disco" czy „Monika, dziewczyna ratownika". Pierwsza ukazała się tylko na kasecie, drugiej można było posłuchać z płyty „Dziękujemy za umożliwienie" (1985). Wały wystąpiły poza tym w filmie „Smażalnia story" (1985).

Od 1986 roku Rudi Schuberth zaczął prowadzić równoległą działalność solową (wcześniej występował m.in. z kabaretem Tey). Dziś jest popularnym showmanem telewizyjnym. Zespół uległ rozwiązaniu z końcem dekady.

WANDA I BANDA – patrz BANDA I WANDA

WEDŁUG DÄNIKENA – patrz BOGOWIE Z GWIAZD

WEJŚCIE SMOKA

film fabularny

(Enter The Dragon)

reż. Robert Clouse; 1973, Hongkong/USA

Podnieta krytyków: *Film ten jest w naszym repertuarze czymś zupełnie nowym, nieznanym, niespotykanym...* Gigantyczne kolejki pod kinami. Desperackie próby przekonania pań bileterek o przekroczeniu wieku, który upoważniał do wejścia (18). A potem powtarzanie tej procedury. I jeszcze raz... Rok 1982 w polskich kinach był rokiem Smoka. „Wejścia Smoka".

Najsłynniejszy obraz Bruce'a Lee powstał niemal dekadę wcześniej. I był zarazem ostatnim filmem aktora. Mistrz kung-fu zmarł kilka dni przed premierą, w lipcu 1973 roku. Nagła śmierć – nieważne, czy spowodowana uczuleniem na marihuanę, czy ciosem wibrującej pięści – przerwała piękną drogę od niskobudżetowych produkcji z Hongkongu po pionierskie widowisko hollywoodzkie... Zarazem jednak przyczyniła się do zbudowania legendy. Lee stał się ikoną popkultury, a filmy walki na dobre zadomowiły się w kinach Zachodu.

Podobnie było, gdy dopuszczono je do kin Wschodu. Pęknięte szyby w warszawskim kinie Iluzjon na pokazie w ramach przeglądu Filmoteki Narodowej

(1978) świadczyły, że zapotrzebowanie ze strony młodzieży jest ogromne. Być może dlatego, gdy w końcu film sprowadzono, trafił do rozpowszechniania aż w 150 kopiach.

Rozpętał prawdziwe szaleństwo. W ciągu sześciu miesięcy 1982 obejrzało go ponad 6 milionów widzów. W kolejnym roku doszło jeszcze 10 milionów. *Niektórzy chodzili do kina po dwadzieścia razy* – wspomina instruktor sztuk walki. *A na na-*

sze treningi ludzie zgłaszali się setkami. Na porządku dziennym były też walki podwórkowe, często z użyciem samodzielnie zrobionego nunczako, dwóch kijków – trzonków młotka lub miotły, połączonych łańcuchem (najlepiej klozetowym). Należało tym szybko wymachiwać, co często kończyło się dla wymachującego boleśnie. Zarówno w górnych, jak i dolnych rejonach ciała.

Postać Bruce'a Lee została zdyskontowana przez rzemieślników. Rozpleniły się breloczki, znaczki do wpinania czy PRASOWANKI z podobizną aktora. Jego plakaty ozdabiały łamy gazet w rodzaju „DZIENNIKA LUDOWEGO". Pośrednio inspirował też rodzimy show-biznes. Na popularności karate zbudowano wizerunek FRANKA KIMONO. W studiu Zodiak zmieniono zaś tytuł planowanego filmu „Drzazgi" na „Karate po polsku"...

Kawałki kung fu stanowiły wielką część podziemnego repertuaru WIDEO. Poszedł też jednak za ciosem państwowy dystrybutor – zaczął sprowadzić kolejne pozycje. Ich rezerwuarem okazała się kinematografia chińska. W 1985 roku ekrany podbił „Klasztor Shaolin" („Shao Lin Tzu, 1982) z zaczynającym karierę Jetem Li. Ponad 10 milionów widzów! Nieco gorzej radził sobie „Tajemniczy Budda" („Mysterious Buddha", 1980) – za mało scen walk. Rok później solidnie już obijano sobie buzie na filmach „Mistrzyni Wu Dang" („Wu Dang", 1983) i „Karatecy z kanionu Żółtej Rzeki" („Xia jiang yiying", 1985). Pod koniec dekady moda na kung fu wygasła. Północnokoreański „Hong Gil Dong – Karate Mistrz" („Hong Kil Dong", 1986) albo chińska „Szczęśliwa trzynastka" („Lucky 13", 1986) nie przyciągały do kin tłumów.

WEMBLEY 73

impreza sportowa

17 października 1973 roku. Londyński stadion Wembley. Mecz Polska-Anglia w eliminacjach do Mistrzostw Świata w piłce nożnej. 1:1. Wynik, który zapewnił reprezentacji Polski (Tomaszewski, Szymanowski, Gorgoń, Bulzacki, Musiał, Ćmikiewicz, Deyna, Kasperczak, Lato, Domarski, Gadocha) udział w mundialu. Na którym zdobyliśmy rewelacyjne, trzecie miejsce. Naszych piłkarzy prowadził do triumfu legendarny trener Kazimierz Górski.

„Zwycięski remis" był tym bardziej zwycięski, że wyrównujący gol padł z rzutu karnego... Rzecz jasna niesłusznie podyktowanego: po faulu Adama Musiała (*Śpiewa dzisiaj Polska cała, nie ma ch..a na Musiała*). Dokonanego, rzecz jasna, przed polem karnym. *Większość fachowców uważała, że sędzia zbyt pochopnie wskazał na „jedenastkę"* – czytaliśmy w komentarzach. *Wszystko powinno się skończyć rzutem wolnym z linii pola karnego.*

Wcześniej były jednak 63 minuty nerwów. „Piekła Wembley", jak nazywa je słynący z emfazy bramkarz Jan Tomaszewski, zwany też człowiekiem, który zatrzymał Anglię. *To, co on wyczyniał, wydawało się nieprawdopodobne* – pisano o zawodniku. *Fruwał w bramce od słupka do słupka, łapał, piąstkował, odbijał rękami, nogami...* I dalej: *Do przerwy był remis 0:0, a więc Anglicy przegrywali. W 57 minucie stadion zamarł z wrażenia. Grzegorz Lato błyskawicznie, tak jak on potrafi, pędził z piłką na bramkę angielską, a na pozycję do strzału, pociągając za sobą obrońców, wychodził Gadocha. Lato jednak nie podał legioniście.*

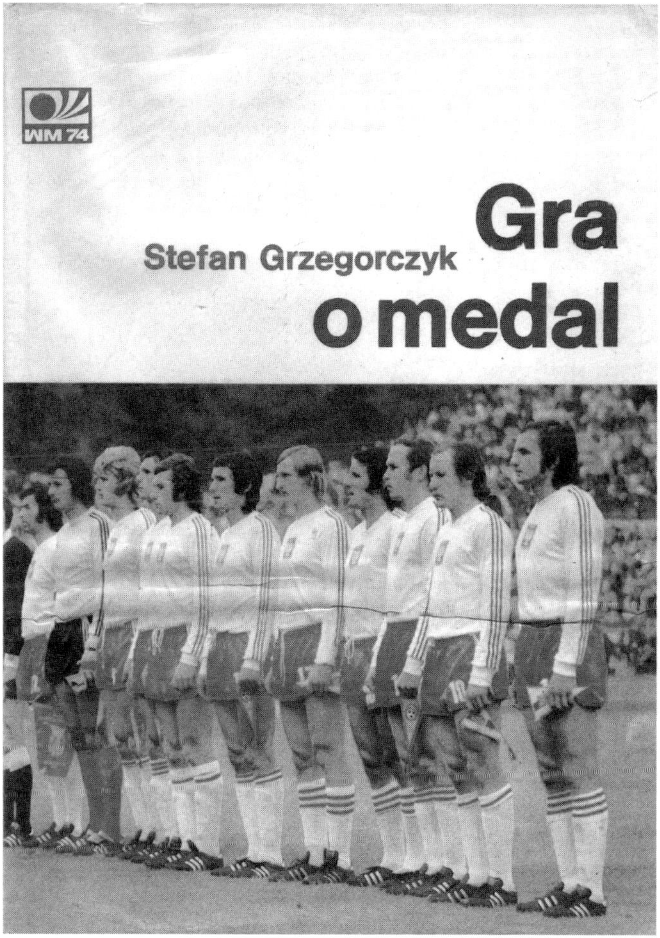

Widział pędzącego środkowego napastnika Domarskiego, widział że tamten jest mniej pilnowany. Domarski uderzył spokojnie, precyzyjnie i Polska prowadziła 1:0!

Dla Anglików spotkanie miało być formalnością. Mistrzowie świata z 1966 roku chwilę wcześniej rozgromili Austrię 7:0. Nie spodziewali się większych trudności z drużyną kraju, który przez 36 lat mógł śledzić mundial co najwyżej w środkach przekazu... *Nie wiedzieli, że rozszyfrowano w Polsce ich sposób gry polegający głównie na wystrzeliwaniu górnych piłek na pole karne przeciwnika i tam stosowanie pojedynków główkowych. Nasi obrońcy byli do tego przygotowani* — relacjonował Stefan Grzegorczyk w albumie „Gra o medal" (Sport i Turystyka, 1975).

Lekceważenie było widać na boisku i poza nim. Kibice z Wysp ryczeli na naszych zawodników: *animals!* Gwizdali w trakcie wykonywania hymnu. Reprezentanci Anglii wręczyli polskim piłkarzom przed meczem talie kart, twierdząc że przydadzą się w trakcie oglądania mistrzostw przed telewizorem... Po wszystkim przegrani nie stawili się na bankiecie, który przygotowano ewidentnie pod kątem ich zwycięstwa.

Lekceważeniu trudno się dziwić. Peerelowska drużyna zjawiła się w Wielkiej Brytanii w zgrzebnych strojach Polsportu. Tomaszewski bronił w rękawicach malarskich, bo nie miał profesjonalnego sprzętu... Wszystko zmieniło się przed wyjazdem do RFN, gdy Polska Federacja Sportu załatwiła kontrakt z Adidasem (który stoczył zacięty bój z Pumą). *Kilka par dresów, koszulek, spodenek, buty meczowe, treningowe, spacerowe – wszystko to otrzymali piłkarze. Eleganckie (w ostatniej chwili szyte!) garnitury, koszule, krawaty, buty – też dla wybrańców trenera Górskiego.*

Potem był już mundial. 6 lipca 1974, na stadionie w Monachium, Polacy pokonali w walce o trzecie miejsce ówczesnego mistrza świata – Brazylię. Trzy dni później wylądowali w Warszawie. Orkiestra na lotnisku, triumfalny przejazd przez miasto otwartym autobusem i spotkanie z partyjnymi władzami... *Towarzyszu trenerze, moi kochani* – zagaił Edward Gierek. *Chciałbym naprawdę bardzo serdecznie podziękować wam za ten wspaniały prezent, jaki zgotowaliście naszej socjalistycznej ojczyźnie. Postaramy się ten wasz sukces, będący przecież naszym wspólnym, narodowym osiągnięciem, przekuć na taki oręż, który pozwoli nam naszą młodzież wychować na gorących patriotów, wytrwałych w dążeniu do celu, jaki nasz naród ma osiągnąć i jaki na co dzień osiąga swoją pracą.* Górskiego uhonorowano odznaczeniem Sztandaru Pracy II klasy. Bardziej zasłużona część drużyny (Kazimierz Deyna, Grzegorz Lato) dostała Krzyże Kawalerskie Orderu Odrodzenia Polski, a reszta Złote Krzyże Zasługi.

Mimo że reprezentacja biało-czerwonych powtórzyła sukces na mistrzostwach świata (trzecie miejsce w Hiszpanii, 1982), to Wembley pozostaje w pamięci kibiców jako największe osiągnięcie polskiej piłki. Kult zaczął się zresztą od razu. Oprócz wspomnianego albumu w 1975 roku ukazał się komiks „Od Walii do Brazylii", narysowany przez Grzegorza Rosińskiego (patrz THORGAL). Drużyna Górskiego pojawiła się poza tym na znaczkach i pocztówkach, nakręcono też o niej film dokumentalny.

WIDEO

Jeśli przyjąć, że amerykańska popkultura była doktryną, która przyczyniła się do upadku komunizmu, to magnetowidy VHS można uznać za jej czołgi. Razem z TELEWIZJĄ SATELITARNĄ rozwaliły państwowy monopol na rozrywkę.

Najpierw preludium. Jeżeli chodzi o pierwszy powszechny system zapisu obrazu, VCR (wprowadzony przez Philipsa w 1972 roku), byliśmy w czołówce. Zakłady Radiowe im. Kasprzaka już w latach 70. wytwarzały model MTV-10 (szpulowy, zapis czarno-biały). A potem modele MTV-20 (kasety, kolor). 20 tysięcy sztuk rozeszło się głównie w szkołach. Trudno oczekiwać, by oglądano tam, jak BOND wywodzi w pole Ruskiego...

Prawdziwy przełom to zwycięstwo formatu VHS (patent JVC, wprowadzony w 1976), które przypadło na początek lat 80. Pierwsze egzemplarze takich magnetowidów, jeszcze z kasetami ładowanymi od góry, zaczęły trafiać do kraju z „prywatnego importu". Wkrótce koniunkturę zwęszył PEWEX, w którym można było kupić nowoczesne recordery renomowanych firm: Sony, Panasonic. W połowie dekady do wyścigu włączyła się Baltona, stawiając na odtwarzacze importowane przez firmę Curtis. Marka Otake, wymyślona specjalnie na polski rynek, kryła w sobie sprzęt japońskiej firmy Orion Electric. Tuż przed zmianą ustroju wpłynęła z kolei fala magnetowidów z Berlina Zachodniego, wśród których królowały Goldstary (dzisiejsze LG). Zabiło to nieśmiałe próby wypuszczenia na rynek polskiego VHS-a, Kasprzak model MTV-200.

Niezależnie od okresu była to zabawka nietania. Domy szczęśliwych posiadaczy stawały się centrum życia towarzyskiego, podobnie jak w przypadku pierwszych telewizorów. Dostarczycielami repertuaru stały się prywatne wypożyczalnie. Do 1 stycznia 1988 roku działały one na zasadzie zupełnej partyzantki, jeżeli chodzi o prawa autorskie. Musiały tylko zgłaszać filmy do cenzury, co okazało się fikcją, bo spod lady i tak oferowano porno czy dzieła wywrotowe.

Wyłączną domeną trzeciego obiegu są filmy, które Ustawa o Kontroli Publikacji i Widowisk określa jako nawołujące do obalenia, lżące, wyszydzające lub poniżające konstytucyjny ustrój PRL, bądź godzące w kontytucyjne zasady polityki zagranicznej PRL i jej sojusze – biadolił autor raportu o podziemnym rynku kaset. *Obrazy różnego rodzaju – na przykład przygody Jamesa Bonda – agenta 007 krążące po domach, są nowym zjawiskiem oddziaływującym na postawy polityczne społeczeństwa.*

Typowym zjawiskiem były dwa filmy na jednej kasecie. Przy tytule obowiązkowy dopisek: „sensacja", „obyczaj" itp. Klienci dostawali pięćdziesiąte kopie po kisielu, czasami zamiast twarzy widać było tylko rozmazane plamy z ciemniejszymi punktami oczu i ust. Źródła oryginałów – różne. Od zrzutów z wydań oryginalnych przez nagrania z satelity (często z niemieckim dubbingiem lub reklamami) po piraty już w punkcie wyjścia, czyli znane i dziś „screenery" (kopie z egzemplarzy przeznaczonych dla przedstawicieli filmowej branży).

Ścieżki dialogowe swobodnie tłumaczono, po czym w półprofesjonalnych studiach odczytywali je lektorzy. Zdarzali się wśród nich dorabiający na boku zawodowcy z Telewizji Polskiej (jak Lucjan Szołajski), zdarzali dukający amatorzy typu „tłumaczył i czytał magister Zenon Kępka". Były też wschodzące gwiazdy. Nonszalanccy, brylujący w świecie, gdzie każdy „fuck" mógł zostać dobitnie przełożony na nasze... Z ich grona wyrósł na przykład Janusz Kozioł. Osobną sprawą była chaotyczna sytuacja w dziedzinie tytułów. Szczytem inwencji był „Robocop" przetłumaczony jako „Policyjny gliniarz".

Kultowymi pozycjami lat 80. były filmy z ARNOLDEM SCHWARZENEGGEREM („Commando", „Terminator"), SYLVESTREM STALLONE („Rambo", „Cobra"), CHUCKIEM NORRISEM („Zaginiony w akcji", „Delta Force"), kolejne odcinki BONDA, serie „LODY NA PATYKU" czy „AKADEMIA POLICYJNA" oraz wszelaka twórczość karate. Wideo służyło prezentacji koncertów światowych gwiazd, a także filmów wstrzymanych przez cenzurę („Przesłuchanie", „ALTERNATYWY 4"). Dużym wzięciem cieszyła się też oczywiście erotyka. *W maju 1984 na jarmarku marymonckim w Warszawie milicja zatrzymała trzech handlarzy kaset wideo. Spośród 135 kaset 12 — a zatem prawie 10 procent — stało się dowodem oskarżenia w sprawie o rozpowszechnianie pornografii...*

Rynek zakazanych filmów na wideo doczekał się też pewnej instytucjonalizacji. Jacek Rodek, propagator science fiction i współscenarzysta komiksu „FUNKY KOVAL", wspomina: *Szereg filmów trudno dostępnych i tzw. półkowników mogło być oglądane tylko na specjalnych pokazach studenckich. Należały do nich: „Łowca jeleni", „Blaszany bębenek", „120 dni Sodomy" Pasoliniego, „Emmanuelle", „Opowieści niemoralne" Borowczyka itp. Organizowałem pokazy tych filmów dla wszystkich klubów studenckich w całej Polsce.*

Fenomen był tak wielki, że poświęcano mu piosenki. KAPITAN NEMO nagrał utwór „Wideonarkomania": *Oto nowy szał/ Nowy hasz dla mas dziś wiedzie prym/ Biały ekran drga/ Jeden tylko ruch i mieszkasz w nim/ Wideonarkomania/ To nowy chwyt...* A Lady Pank śpiewał słowami Grzegorza Ciechowskiego: *Oglądamy film, ten o wojnie był/ Więc teraz mamy śmierć/ Czekaj cofnę, bo nie pamiętam skąd/ wziąłem się, gdzie byłem...* („Oglądamy film").

VHS triumfalnie wkroczył w kolejną dekadę, przybierając postać licencjonowanych wydań (przed 1989 rokiem zapoczątkowała je firma ITI) oraz wypożyczalni z legalnym repertuarem. Poddał się dopiero na początku XXI wieku wobec ekspansji DVD.

WIDEOTEKA

audycja telewizyjna

Niedługo po starcie MTV (1981) rosnącą rolę wideoklipu dostrzegła telewizja peerelowska. Pierwszą jaskółką była „Telewizyjna Lista Przebojów" z Programu Pierwszego (1982-1986), stawiająca na muzykę polską. Niestety, raczej w wydaniu szansonistycznym i w formie dalekiej od tego, co znamy pod pojęciem muzycznego klipu. Dopiero jesienią 1983 roku na antenę programu drugiego wprowadzono audycję w pełni wykorzystującą nową formę telewizyjną. Nosiła tytuł „Wideoteka", pojawiała się na antenie w soboty między godziną 13 a 15. Równie dużą popularnością cieszyły się codzienne „Przeboje Dwójki" (od stycznia 1984, godzina 19.20).

Ikoną obu audycji był Krzysztof Szewczyk. 35-letni wówczas dziennikarz z doświadczeniem radiowym (debiutował w rozgłośni gdańskiej, potem występował w ogólnopolskim „Studiu Rytm" czy „Studiu Gama"). Jeśli wierzyć przekazom, podziękowano mu za współpracę w momencie, gdy puścił na antenie utwór „Za ostatni grosz" Budki Suflera. Władza nie lubiła, gdy wypominano jej kryzys...

Telewizja nie miała obiekcji w zatrudnieniu prezentera, zwłaszcza że dzięki swoim międzynarodowym kontaktom (znajomość języka szwedzkiego) miał dostęp do świeżych klipów. Odtwarzał je z nie najlepszej jakości kaset. Charakterystyczną cechą była przewijająca się u dołu, pisana grubymi literami nazwa wykonawcy.

Po jakimś czasie Szewczyk, wspólnie z Wojciechem Pijanowskim – z którym prowadził magazyn „JARMARK" – zaczął też kręcić teledyski polskim artystom. Obowiązkowym elementem takich produkcji była aura zachodniego blichtru. Na przykład polewanie koniaczku w barze hotelu Victoria...

„Wideoteka" była magazynem z klipami trwającym około godziny. Sporadycznie, późnym wieczorem, emitowano „Wideotekę dla dorosłych" (nie mylić z „Wideoteką dorosłego człowieka"), do której trafiały obrazki uznane za zbyt drastyczne. Na przykład horrorowaty „Thriller" MICHAELA JACKSONA albo podszyta seksualnym kontekstem „Poranna wiadomość" Republiki.

„Przeboje Dwójki" składały się z trzech klipów. Zwykle dwóch zagranicznych i polskiego. Można było na nie głosować, co miesiąc odbywało się podsumowanie. Od czasu do czasu organizowano też specjalne gale, np. „Sylwestrowe Przeboje Dwójki" (debiutował na takiej zespół PAPA DANCE). W odróżnieniu od radiowej Listy Przebojów Programu Trzeciego Szewczyk stawiał głównie na mainstreamowy pop. Zdarzało mu się też jednak lansować dziwnych, efemerycznych wykonawców (np. Wojciech „Dżinsowy mundurek" Blond).

„Wideoteka" i „Przeboje Dwójki" zniknęły z anteny w 1988 roku. Pan Krzysztof wspomina, że odszedł, gdy kazano mu szukać sponsorów na teledyski. Od roku 1990 roku zajmuje się biznesem, a w latach 2001-2006 prowadził z Marią Szabłowską na antenie TVP 2 „Wideotekę dorosłego człowieka". Po przerwie w emisji audycja ta wróciła jesienią 2007 roku.

WIECZÓR PŁYTOWY

audycja radiowa

Audycja symbolizująca praktyki, jakim przez dekady oddawało się Polskie Radio – nadawania płyt w całości.

„Wieczór płytowy" nie był oczywiście pierwszy. Od 1968 roku na antenie Trójki funkcjonował np. „Mini-Max" Piotra Kaczkowskiego (przetrwał do dziś – jako „Minimax"). O ile tam ważna była jeszcze funkcja popularyzatorska, tu chodziło wyłącznie o prezentację muzyki – poprzedzoną krótką zapowiedzią (której obowiązkową część stanowiła lista utworów). Dłuższe materiały dzielone były nawet odpowiednio do czasu trwania kaset magnetofonowych: najpierw 45 minut na jedną stronę C-90, potem reszta.

Audycja ruszyła w marcu 1983 roku na antenie Programu II. Impulsem do jej powstania było niewątpliwie wprowadzenie na świecie płyty kompaktowej. W lipcu dokonano prezentacji nowego nośnika, podczas której Wojciech Mann zastanawiał się w swoim stylu, czy srebrny dysk jest tak trwały, że będzie grał po posmarowaniu marmoladą... W 1984 roku na antenie pojawiła się mutacja: „Wieczór z płytą kompaktową".

Klasyczny okres zaczął się dwa lata później, gdy funkcję prowadzących zmonopolizowali Tomasz Szachowski i Tomasz Beksiński. W niedzielny wie-

czór można było usłyszeć najlepsze pozycje z bieżącego repertuaru rockowego i nowej fali (prezentacje muzyki klasycznej były incydentalne). Na przełomie dekad zaczęto nawet nadawać w odcinkach całe dyskografie. Proceder został przerwany wobec nowego podejścia do kwestii praw autorskich. Ostatni „Wieczór płytowy" wyemitowano w marcu 1991 roku.

WIELKA GRA

audycja telewizyjna

Najsłynniejszy teleturniej PRL. Kojarzony z twarzą Stanisławy Ryster, choć wcześniej miał kilku prowadzących.

Pierwszym tego typu show w polskiej telewizji był „Zgaduj-Zgadula – Tele-Warszawa". Impreza ze stycznia 1957 roku, transmitowana z Sali Kongresowej. Po udzieleniu prawidłowej odpowiedzi na pasjonujące pytanie typu *Ile palców ma struś?* można było stać się właścicielem Chevroleta de lux (co bulwersowało opinię publiczną). Prowadzili znani z radiowej wersji konkursu Wacław Przybylski i Andrzej Rokita.

„Wielka gra" ruszyła w roku 1962. Pomysłodawcą był Ryszard Serafinowicz – popularny prezenter i pierwszy kierownik redakcji teleturniejów. W tym przypadku wzorował się na amerykańskim „64 000 Dollars Question" oraz jego europejskich odpowiednikach: brytyjskim „Double Your Money" i włoskim „Lascia o Raddoppia?".

Chodziło o odpowiadanie na coraz bardziej skomplikowane pytania z jakiejś dziedziny. Po każdym można było zrezygnować z dalszej gry, zabierając dotychczasową nagrodę – lub podbijać stawkę. W polskiej wersji trudniejsze pytania pisali eksperci, prostsze członkowie redakcji, z Juliuszem Owidzkim na czele. Wysokość nagrody, odpowiadającą rocznym zarobkom (25 tysięcy złotych), trzeba było uzgodnić z KC PZPR. Miał ją zatwierdzić sam Gomułka... Show uświetniał grający na żywo zespół Tadeusza Suchockiego.

Serafinowicz został zmuszony do opuszczenia kraju w 1968 roku. Od grudnia 1969 „Wielką grę" prowadziła jego dotychczasowa asystentka, Joanna Rostocka. Potem był Janusz Budzyński, a po nim od 1975 roku nastała era Stanisławy Ryster. Była to osoba dystyngowana, kojarzona ze specyficznym sposobem ułożenia nóg. *Ja zawsze odruchowo tak zakładam. Jak się tak siedzi, człowiek się nie garbi. O, proszę, tak jestem zgarbiona, a założę nogę na nogę i od razu mam podpórkę w lędźwiowym i nie siedzę zapadnięta. A nie zwracają uwagi, że nigdy się nie opieram? Bo od razu jest rozluźnienie. Więc nie mogę tak siedzieć, bo to jest rozwalenie się. To należy do estetyki występu...* Mniej więcej wtedy została też odświeżona formuła. Wojciech Pijanowski (patrz „JARMARK")

wprowadził nowy scenariusz i scenografię z charakterystycznym kołem.

W połowie lat 70. „Wielka gra" przeżywała szczyt popularności. O uczestniku teleturnieju opowiadał film „Cień tamtej wiosny" w reżyserii Marka Piestraka (późniejszego autora „KLĄTWY DOLINY WĘŻY"). W tym samym 1974 roku audycja stała się tematem jednego z filmów cyklu „Najważniejszy dzień życia" („Gra", reż. Andrzej Konic). *Udział w „Wielkiej grze", a zwłaszcza wygrana powodowały, że uczestnik po powrocie do domu cieszył się ogromną atencją* – wspomina Ryster. *Listy gratulacyjne od prezydenta miasta, od wójta, oglądanie go. Nieraz zawodnicy prosili, żebym dokładnie mówiła, z jakiej są miejscowości. Gdy w wakacje jeździłam po Polsce, ktoś mówił: „A wie pani, w tej wiosce jest pani laureat". Po występie w „Wielkiej grze" zdarzało się, że zostawali majstrami czy kierownikami...* Zdarzali się też prawdziwi zawodowcy. Rekordzista, Jan Wolniakowski, zwyciężył 18 razy.

„Wielka gra" przetrwała moment transformacji. Mimo nowoczesnej konkurencji gromadziła przed telewizorami około 2 milionów widzów. Od 2003 roku oglądalność zaczęła jednak spadać, nawet poniżej miliona. Powołując się na te wyniki, prezes TVP zdjął teleturniej z anteny w 2006 roku.

WIESIOŁYJE KARTINKI

czasopismo

Moskiewski miesięcznik dla dzieci doskonale znany w PRL. Jego prenumerata była „dobrowolnym" elementem lekcji języka rosyjskiego w szkole podstawowej. Starsze dzieci przerzucano na „Murziłkę".

„Wiesiołyje Kartinki" powstały w 1956 roku, na fali chruszczowowskiej odwilży. Pomysłodawcą i pierwszym redaktorem naczelnym był Iwan Siemienow, karykaturzysta pisma „Krokodyl". Tytuł, przeznaczony do najmłodszego czytelnika, nawiązywał do konwencji pierwszych numerów: „wesołe obrazki", z niewielką ilością podpisów. Z czasem pojawiły się dłuższe formy, pisane przez najlepszych autorów dziecięcych ZSRR.

„Wiesiołyje Kartinki" kojarzą się przede wszystkim z galerią stale przewijających się na łamach bohaterów. Najbardziej znany z nich to narysowany przez Siemienowa facet z ołówkowym nosem – Karandasz. Charakterystyczna winieta z wykorzystaniem tych postaci pojawiła się w 1979 roku.

Pismo zyskało w Związku Radzieckim autentyczną popularność. W pierwszych latach trudno je było kupić. Potem tego typu kłopoty poszły w zapomnienie: w latach 70. nakład „Wiesiołych Kartinek" sięgał 10 milionów egzemplarzy! Redakcja, zwłaszcza po odmłodzeniu zespołu w 1977 roku, potrafiła utrzymać względną niezależność. Starała się też unikać politycznej propagandy. Do legendy przeszła batalia o nieumieszczenie portretu Breżniewa po śmierci przywódcy. Wyższym instancjom wytłumaczono, że w towarzystwie kolorowych rysunków wyglądałoby to niepoważnie.

Na początku lat 90. tytuł sprywatyzowano i wydawany jest do dziś.

WIGRY 3
jednoślad

Najpopularniejszy miejski rower PRL (na wsiach królowała importowana Ukraina). Produkt zakładów Romet należał do obowiązkowego zestawu prezentów komunijnych.

Konstrukcję opracowano pod koniec lat 60., wzorując się na brytyjskim Bickertonie. Pojazd cechował się niewielkimi rozmiarami (niestety, nie można było tego powiedzieć o wadze) i zawiasem w połowie ramy. Dało się go odkręcić za pomocą narzędzi i złożyć całość w pół – stąd potoczna nazwa „składak".

Wigry 3 to pierwszy model, do którego złożenia niepotrzebny był specjalny klucz. Uchwyt zawiasu można było przekręcić gołymi rękoma – pod warunkiem, że były to ręce silne. Dodatkowe ułatwienie w transporcie stanowiła możliwość całkowitego wyjęcia siodełka i kierownicy. W standardowym wyposażeniu znajdowały się 20-calowe koła, dwie lampki zasilane dynamem, sprężynowy bagażnik i dzwonek. Rower posiadał tylko jeden hamulec szczękowy (przedni) – podstawowa metoda zatrzymywania opierała się na wewnętrznym systemie torpedo... Kręceniu pedałami do tyłu.

Domorośli adepci kolarstwa chętnie swój sprzęt „tuningowali". Do popularnych patentów należało wplatanie między szprychy kolorowych pasemek, doczepianie do błotników chlapaczy czy owijanie kierownicy futerkiem lub taśmą samoprzylepną. Dodatkowo niektórzy kupowali lusterko wsteczne na długim wysięgniku czy nawet zasilane bateryjnie kierunkowskazy. Rama mogła być przyozdobiona naklejkami, bo większość egzemplarzy sprzedawana była w standardowej czerwieni (parzysta numeracja serii) albo kolorze seledynowym (egzemplarze nieparzyste).

O jakości wykonania niech świadczy fragment artykułu z 1983 roku: *Jakość rowerów, wbrew opinii malkontentów, jest nie najgorsza. To znaczy niemal każdy, jaki trafiał do sklepu, był uszkodzony, ale były to drobne usterki i nawet przeciętnie uzdolniony majsterkowicz bez większych kłopotów – jeśli miał tylko odpowiednie narzędzia – mógł dać sobie z nimi radę....*

Rodzinę składaków uzupełniały modele: Wigry 2 – bez przedniego hamulca, z innym kształtem kie-

rownicy. Wigry 4 – ze zmienionym przednim hamulcem szczękowym oraz Wigry 5 – w zasadzie nie różniące się od numeru 3.

Od końca lat 90., gdy upadłe zakłady Romet przejęła firma Arkus, wprowadzono odświeżony model, nazwany po prostu Wigry. Koresponduje to z powrotem mody na składaki.

WILK I ZAJĄC

serial animowany

(Nu, pogodi!)

16 odcinków, reż. Wiaczesław Kotionoczkin, 1969-1986, ZSRR

Jestem zwolennikiem filmów, z którymi dzieciaki czułyby się dobrze. Nie chciałem kręcić hi-

storii o bandytach, postaciach budzących strach – mówił Wiaczesław Kotionoczkin, twórca najpopularniejszej rosyjskiej kreskówki. Jeśli tak, trochę rozminął się z powołaniem. Wilk przypomina bandziora. Przerzuca fajkę z jednego kącika pyska w drugi i lubi kopnąć uliczny kosz na śmieci... Ale nie lepszy jest zając. Podczas zawodów sportowych namawia na przykład swojego pobratymca, żeby wymierzył przeciwnikowi brutalny cios w jądra.

W 1968 roku do naszego studia przyszli pisarze humoryści i zaproponowali, że napiszą scenariusz do kreskówki – wspomina Kotionoczkin narodziny projektu. *Wymyśliliśmy temat: „nie krzywdź malutkich, bo sam się znajdziesz w głupiej sytuacji". Autorów było trzech: Arkadij Chajt, Aleksander*

Kurlandzki i Feliks Kamow. A filmy okazały się odmienne od stereotypu – bohater, który powinien być zły, groźny i paskudny, okazał się sympatyczny i miły. Dostawałem mnóstwo listów, dzieci pisały, że im żal wilka, i prosiły, żeby chociaż raz dostało się zającowi. Czasem zresztą oba zwierzaki robiły coś razem – na przykład ratowały tonący okręt.

Tytuł oryginału nawiązuje do słów, jakie wypowiada Wilk przed napisami tytułowymi, gdy po raz kolejny dostaje w kość od sprytnego adwersarza: *No, zając... Czekaj, ja ci pokażę!* Kotionoczkin: *Wyobraziłem sobie, jak w szkole na przerwie do dzieciaka z drugiej, powiedzmy, klasy podchodzi ni stąd, ni zowąd duży, silny siódmoklasista i daje mu w ucho. Mały oczywiście nie może mu oddać, ale woła w ślad za nim „Ja ci jeszcze pokażę!". Tylko że w naszym filmie mówi to wilk. Wprawdzie duży i silny, ale przegrany i pokrzywdzony. I dlatego sympatie widzów są po jego stronie.*

Zanim poznaliśmy wilka i zająca w ostatecznym kształcie, pojawili się w pierwszym odcinku animowanego magazynu „Wiesołaja Karuziela". Postaci narysowane przez Gienadija Sokolskiego znacznie odbiegały od tego, co stworzył Kotionoczkin. Właściwy debiut bohaterów nosił tytuł „Na plaży" („W gorodie i na plażie"). Miał premierę w 1969 roku.

Jako że produkcja 10-minutowego filmu zajmowała studiu Sojuzmultfilm co najmniej dziewięć miesięcy, do 1986 powstało tylko 16 odcinków. Produkcję wstrzymano, gdy zmarł Anatolij Papanow, użyczający głosu wilkowi (podobno dostał tę rolę, bo władze nie pozwoliły, by objął ją słynny Władmir Wysocki). Kolejne trzy części trudno zaliczyć do właściwego cyklu. 17 i 18 (premiera: 1993, 1995) nakręcono w oparciu o archiwalny zapis głosu aktora. Jeszcze dziwniejsza jest część 19. Gdy w 2000 roku zmarł Kotionoczkin, spuściznę przejął jego syn, Aleksiej. Znalazł nowego odtwórcę roli wilka (satyryk Igor Christienko) i zrealizował odcinek „W kurorcie" („Na kurortie", 2005). Według zapowiedzi kolejnych już nie będzie. Co najwyżej nowa seria, z innymi bohaterami. Lub film pełnometrażowy...

„Wilk i zając" cieszył się dużą popularnością także u nas. Widzowie wspominają przede wszystkim staranną, wzorowaną na disneyowskiej animację (Kotionoczkin uwielbiał „Bambiego", a w 1975 roku odwiedził amerykańskie studio) oraz świetną muzykę. Charakterystycznym pomysłem było dobieranie aktualnych przebojów – nie tylko lokalnych – co zapewniało klimat odpowiedni do roku produkcji.

Poza filmami sprowadzono nad Wisłę kilka książeczek opowiadających o przygodach bohaterów. Ładne, tłumaczone na polski wydania zawdzięczaliśmy Wszechzwiązkowemu Biuru Propagandy Sztuki Filmowej. Wilk i zając są poza tym kojarzeni z kultową GRĄ LCD.

Wybrane odcinki ukazały się w Polsce na DVD.

WINNETOU

cykl filmów fabularnych

różni reżyserzy; 1962-1968; Niemcy/Jugosławia/Włochy/Francja

Karol May był pisarzem niemieckim. Nie powinno więc dziwić, że za ekranizację jego powieści zabrano się właśnie w Niemczech. Nie ma tam westernowych plenerów? Można się udać na południe

Europy, na przykład do Jugosławii z jej malowniczym parkiem narodowym Paklenica. Brak aktorów o indiańskiej urodzie? Do roli głównego Apacza został zatrudniony Francuz, Pierre Brice. Dodajmy do tego Amerykanina w obsadzie (Lex Barker w roli Old Shatterhanda)... Narodził się kraut western – poprzedzający włoski spaghetti western.

Reżyserem większości tych filmów był Harald Reinl. Austriacki reżyser, który karierę zaczynał jeszcze przed wojną, u boku niesławnej Leni Riefenstahl. Od końca lat 40. wyspecjalizował się w kręceniu przaśnych Heimatfilme, a później pionierskich w zachodnich Niemczech cykli obrazów kryminalnych. Sukces takich produkcji zachęcił wytwórnię Rialto do sięgnięcia po kolejny gatunek.

Jako pierwszy obraz na podstawie powieści Karola Maya powstał „Skarb w srebrnym jeziorze" („Der Schatz im Silbersee", 1962 – w polskich kinach dwa lata później, w telewizji – 1969). Reinl nie starał się naśladować czołowych hitów amerykańskich, zignorował modne wówczas psychologiczne podejście do gatunku... Nawiązał do westernów klasy B, w których bardziej od realizmu liczyły się malownicze zdjęcia, romantyczna atmosfera i wyraźny podział na dobrych i złych bohaterów.

Taka formuła okazała się strzałem w dziesiątkę. W ciągu roku film obejrzały w RFN 3 miliony widzów. Wielkim powodzeniem cieszyła się też muzyka. Temat „Old Shatterhand-Melodie" Martina Böttchera królował na listach przebojów, co było nietypowe w przypadku kompozycji instrumentalnej. Dopiero później powstało kilka wersji śpiewanych, m.in. w wykonaniu samego Brice'a.

Rok później ta sama ekipa stawiła się w Jugosławii, by nakręcić prequel „Winnetou" („Winnetou 1. Teil"). Kolejne dwie części sfilmowano w latach 1964-1965. Utrzymały poziom i cieszyły się stałym powodzeniem. U nas wyświetlano je od 1965 roku – biły frekwencyjne rekordy, przez co należy rozumieć jakieś 20 milionów widzów. Dopiero na początku lat 70. lepszy wynik uzyskała krajowa ekranizacja „W PUSTYNI I W PUSZCZY" (21 milionów).

Wyżej byli tylko „Krzyżacy" (wówczas ponad 25 milionów). A trzeba pamiętać, że dodatkową konkurencję stanowiły w naszych kinach westerny rumuńsko-francuskie, na podstawie powieści Jamesa Fenimore'a Coopera.

Wracając do RFN... Koniunkturę zwietrzyła konkurencyjna wobec Rialto wytwórnia CCC-Filmkunst. Wykorzystując lukę prawną, w 1964 roku nakręciła obraz „Old Shatterhand". Z tymi samymi aktorami w rolach głównych. Amerykański reżyser, Hugo Fregonese, nie potrafił jednak utrzymać klimatu. Film był ewidentnie gorszy od dzieł konkurencji. Do polskich kin w ogóle nie trafił.

Kolejne lata upłynęły na rywalizacji obu wytwórni przy stopniowo obniżającym się poziomie. Rialto uśmierciło Apacza w trzeciej części „Winnetou", ale protesty fanów skłoniły firmę do błyskawicznego klecenia kolejnych części. Zabrakło w nich Barkera (zamiast niego wprowadzono nową postać, Old Surehanda — w tej roli Stewart Granger), a nowi reżyserzy nie dorównywali kunsztowi Reinla. Ostatni film z tej stajni powstał w 1966 roku: „Winnetou i Apanaczi" („Winnetou und das Halbblut Apanatschi").

Rok później próbę reanimacji serii w dawnym stylu podjął CCC-Filmkunst. Po jednej stronie kamery znów stanął Reinl, po drugiej Brice i Barker. Umiarkowane wyniki finansowe „Winnetou w dolinie śmierci" („Winnetou und Shatterhand im Tal der Toten", w Polsce od 1971 roku) spowodowały jednak, że temat ostatecznie zamknięto. W sumie — w obu wytwórniach — powstało 11 filmów z Winnetou. W 2007 roku wszystkie wydano w Polsce na DVD.

Brice powrócił do roli wodza Apaczów w dwóch serialach telewizyjnych: „Mein Freund Winnetou" (1980) i „Winnetous Rückkehr" (1998), a także w licznych przedstawieniach teatralnych.

WINO MARKI WINO

wino owocowe

Z punktu widzenia dzisiejszych przepisów unijnych słowo „wino" jest w tym przypadku nie na miejscu. Z punktu logiki — także. Mówimy nie o wyrobie gronowym, lecz wytwarzanym z innych owoców, w odmiennej technologii.

Z nadużycia pojęciowego chętnie korzystały peerelowskie władze. Chełpiono się, że przed wojną wytwarzano w Polsce niecałe 3 miliony litrów wina, a w latach 60. imponujące 150 milionów. Jasne, tylko że II RP miała do dyspozycji Podole o sprzyjającym winnicom klimacie, a powojenne próby forsownej uprawy winogron w Zielonogórskiem czy nad Pilicą skończyły się niepowodzeniem. Przed wojną sprzedawano — lepsze lub gorsze — trunki gronowe. Później — w większości podłą namiastkę (w niewielkim stopniu wyłamywała się z tego Lubuska Wytwórnia Win).

Do produkcji wina owocowego najlepiej nadają się porzeczki i inne owoce jagodowe oraz jabłka (stąd popularne określenie: jabol). Producenci skwapliwie wykorzystywali fakt, że nie musiały być to owoce pierwszej jakości. I tak miały się rozpaść w tzw. moszczu, do którego dodawano dwutlenek siarki, mający zapobiec psuciu papki (stąd popularne określenie: siara). Niektórzy producenci lojalnie informowali o zawartości SO_2 na etykiecie. Dane, według których substancja występowała w ilości szkodliwej dla zdrowia, są przesadzone.

Zdrowiu szkodziły nadużywanie trunku i niski reżim jakościowy.

Kolejnym etapem produkcji był tzw. nastaw. Do moszczu dodawano wodę, drożdże i cukier. Uwaga! W latach 50., w czasie nieurodzaju buraków, narodziło się bezcukrowe tzw. wino winifikowane. Dziś nazywane jest nalewką i polega na prostym mieszaniu soku owocowego ze spirytusem... Wracając do procesu zasadniczego: mieszanka po nastawie wlewana była do tanków, gdzie fermentowała do momentu wytworzenia się odpowiedniej ilości alkoholu. Potem już tylko należało całość wyklarować, podkolorować i aromatyzować.

Cechy smakowe i zapachowe są zupełnie przez producentów lekceważone — relacjonowano w 1961 roku. *Nic dziwnego, uzyskanie bowiem przyjemnego, zharmonizowanego smaku wymaga długotrwałej pielęgnacji i leżakowania. Cykl produkcyjny wydłuża się wówczas z trzech do co najmniej dwunastu miesięcy. Pogarszanie jakości win uchodzi bezkarnie, bo instytucje kontrolne nie prowadzą okresowej kontroli jakości. Skuteczność kontroli jest zresztą niewielka, ponieważ nie ma obowiązujących powszechnie norm jakości i innych przepisów gwarantujących utrzymanie właściwej jakości win.* Dopiero później sprawę uregulowała Polska Norma PN-80/A-79121.

Na początku lat 60. produkcją jaboli zajmowało się 140 zakładów. Od wytwórni Samopomoc Chłopska po Spółdzielnię Pracy Przemysł Drzewny w Świebodzinie... Potem liczba ta konsekwentnie rosła. Wszyscy rwali się do takiej działalności, bo przynosiła większy dochód, niż wytwarzanie głupich dżemów dla ludności. Do procederu zachęcały w dodatku rady narodowe, zgarniające do lokalnego budżetu część zysków.

Wino owocowe niezmiennie charakteryzowało się niską ceną (stąd popularne określenie: tanie wino) i dostępnością. Przyciągało to amatorów łatwego odurzenia. *Tajemnica powodzenia win tkwi chyba w tym, że są one tańsze od wódki i dostępne w dniach bezalkoholowych. Odbiorcy nie mają swoich typów czy marek wina. Do ekspedientki zwracają się zazwyczaj słowami: „Poproszę wino, to za szesnaście". Niestety, w grupie tej nie brakuje młodzieży, a także osób przychodzących do sklepów po wino w roboczych kombinezonach rano lub w południe...*

Rozproszenie produkcji przyczyniło się do faktu, że na rynku panowała pełna swoboda w zakresie nazewnictwa i gatunków. Dominowały nazwy poetyckie: Płynne Złoto, Biały Mazur, Czar Nałęczowa... Lub imiona żeńskie: Hanuś, Karioka, Honorata... Najsłynniejsza była jednak żółta etykieta, z zamaszystym, wszystko mówiącym napisem Wino (stąd popularne określenie: wino patykiem pisane lub wino marki wino). Trudno powiedzieć, który zakład zastosował ją po raz pierwszy. Dziś — gdy tanie wino wciąż trafia pod strzechy — używa jej wielu producentów.

WINYL — patrz PŁYTA WINYLOWA

WNIEBOWZIĘCI
film fabularny
reż. Andrzej Kondratiuk; 1973, Polska

Rozwinięcie ekranowego potencjału pary Jan Himilsbach–Zdzisław Maklakiewicz, który odkrył Marek Piwowski w swoim „REJSIE". Tym razem za kamerą stanął Andrzej Kondratiuk, mający na koncie parodystyczną „HYDROZAGADKĘ". Himilsbacha reżyser znał z warszawskich knajp dla artystów. Maklakiewicz wystąpił w jednej z jego etiud.

Pierwszy z panów podsunął pomysł scenariusza o dwóch *trafionych* osobnikach – mających pięć skreśleń w Totolotka – którzy całą wygraną przepuszczają na podróże lotnicze po kraju. Bezpośrednią inspiracją było odprowadzenie wspólnej znajomej na Okęcie. Tekst powstał tuż po tym wydarzeniu, w ciągu nieprzerwanej, trzydniowej sesji w mieszkaniu Kondratiuka.

Zdjęcia ruszyły w sierpniu 1972 roku. Obok głównej pary na ekranie pojawiają się przeważnie amatorzy. Dwie zaproszone w przestworza panie, Regina Regulska i Ewa Pielach (*A gdzie panienki były, jak myśmy pukali z winem?*), wystąpiły już wcześniej w „DZIEWCZYNACH DO WZIĘCIA". Kolega z wojska, Janusz Kosiński (*A pamiętasz, jak mieliśmy tą służbę wartowniczą?*), pojawił się jako smutny śpiewak w „Rejsie". Był też autentyczny dorożkarz, Ryszard Narożniak, przyprowadzony na plan przez Himilsbacha (*No, panie Struś, leci pan z nami? Zapraszam serdecznie, no?*).

Bohaterowie wykonują w trakcie 44 minut projekcji kilka przypadkowych lotów po kraju samolotem IŁ-18. Pierwotny plan wyjazdu do kumpla z wojska w Krakowie uniemożliwia brak biletów. Arkaszka Kozłowski (Maklakiewicz) kupuje więc jedyne dostępne, do Koszalina. W trakcie lotu Lutek Narożniak (Himilsbach) przeżywa wyraźny stres: *Nie może się poderwać...* Panowie dowiadują się też od siedzącej obok kobiety, że są *niesforni*.

Następnym etapem jest Rzeszów, w którym pewni już siebie podróżnicy podrywają dwie wspomniane dziewczyny (*Wielka przyjemność jest w powietrzu*). We czwórkę lecą do Gdańska, gdzie nieudana próba konsumpcji znajomości kończy się pamiętną konwersacją w hotelowym pokoju: *Tylu fajnych chłopaków... Zmarnowało się... Zmarnowało się przez kobiety.* Dżentelmeni odwożą następnie panie do Rzeszowa, a potem wreszcie udaje im się dotrzeć do Krakowa. Końcowym etapem jest Gdańsk, a właściwie Sopot. Na plaży przed Grand Hotelem pada refleksja: *Człowiek musi sobie od czasu do czasu polatać...*

Pierwotnie rzecz miała się kończyć mniej po-

etycką sceną powrotu do szarej rzeczywistości w Warszawie. Sprzeciwił się temu jednak kierownik literacki Zespołu Filmowego Pryzmat – Tadeusz Konwicki. Poza tą interwencją film zawdzięcza melancholijną atmosferę odpowiedzialnej za oprawę muzyczną Annie Iżykowskiej. To ona zaproponowała wykorzystanie fortepianowych opracowań utworów Johanna Straussa.

„Wniebowzięci" mieli telewizyjną premierę 29 lipca 1973 roku. Rozważano dystrybucję kinową, ale do tego nie doszło. W zamian powstał kolejny film z udziałem Maklakiewicza i Himilsbacha („JAK TO SIĘ ROBI"). Z upływem lat przygody Wniebowziętych nabierały kultowego statusu. Apogeum tego trendu przypadło na połowę lat 90. W 1997 roku Olaf Lubaszenko wykorzystał słynny dialog o kobietach w swoim filmie „Sztos" – bohaterowie słyszą go przez ścianę hotelowego pokoju... Fragmenty „Wniebowziętych" cytował też Adek Drabiński w filmie „Kalipso" (2003). W 1993 roku powstał efemeryczny zespół Wniebowzięci (projekt znanego gitarzysty sesyjnego Michała Grymuzy), dziś inna grupa pod taką nazwą działa w Bydgoszczy.

WODECKI, ZBIGNIEW

piosenkarz

ur. 6 maja 1950 w Krakowie, Polska

Artysta, który zanim stał się gwiazdą komercyjnych telewizji, zasłynął dzięki trzem rzeczom: a) Wykonaniu piosenki do „PSZCZÓŁKI MAI", b) Wykonaniu piosenki „Chałupy Welcome To", c) Bujnej fryzurze.

Po kolei. Wodecki zaczynał karierę jako zdolny skrzypek i trębacz. Dostał się nawet na stypendium w Leningradzie, ale nie pojechał, bo wołał akompaniować Ewie Demarczyk... W 1972 roku debiutował (w OPOLU) jako piosenkarz. Jednak większą popularność przyniósł mu dopiero cykl audycji telewizyjnych „Wieczór bez gwiazd". Od 1976 roku związał się z mikrofonem zawodowo. W takiej roli zaproponowano mu pod koniec dekady zaśpiewanie polskiej wersji piosenki do właśnie zakupionej kreskówki.

Mimo że „Maja" była produkcją niemiecką, muzykę skomponował Czech, Karel Svoboda, a oryginalną wersję wykonywał (także po niemiecku) czeski piosenkarz KAREL GOTT. Odstraszyło to naszego bohatera. *„Pszczoły" nie chciałem nagrywać, bo on jest tenor, a ja baryton. Nie moja tonacja. Mimo wszystko jednak pojechałem do Pragi* – wspominał Wodecki. Mimo że przybył w środku nocy, Karel przyjął go niezwykle gościnnie: *Od razu whisky na stół. Rano nagranie. Okolica przecudowna. Dom nie dom, raczej zameczek, pałacyk jak z czołówki Disneya, przed nim staw, na stawie kołysze się jachcik, nad stawem mały domek, a w nim studio... Bajka, mówię wam.* Po premierze serialu, w roku 1980, Wodecki nie mógł się już od tego utworu uwolnić. To wymuszana przez widzów podstawa repertuaru koncertowego. Piosenka zapewniła mu też w branży ciekawy przydomek. Pszczoła.

Z „Chałupy Welcome To" sprawa wygląda gorzej. Utwór przyczynił się do narodzin nurtu disco polo. Fakt, w latach 80. pomyślany został jako żart. Ryszard Poznakowski (znany z Czerwono-Czarnych) przygotował jeszcze dwie podobne kompozycje: „Szał By Night" dla Andrzeja Dąbrowskiego oraz

„Baw się lalkami", którą śpiewał Andrzej Zaucha. Konwencję starała się podchwycić odpowiedzialna za tekst Grażyna Orlińska: *Chałupy welcome to/ Bahama Mama luz/ Afryka dzika, dawno odkryta/ Chałupy welcome to...*

Ale największą karierę zrobił wideoklip, z bezpośrednim nawiązaniem do słów, traktujących o plaży nudystów. *Zrobiliśmy w studiu teledysk i zaraz o wszystkim zapomniałem, bo poleciałem do Stanów karierę robić* – wspomina Wodecki. *Nie wiedziałem, że gra się tam w salkach parafialnych wyłącznie dla Polonii. W każdym razie, kiedy ja „robiłem karierę" w USA, teledysk do „Chałup" został zmontowany z przebitkami z plaży nudy-*

stów. Nie miałem o tym pojęcia. Tymczasem cała Polska już wiedziała, że Wodecki to pierwszy wodzirej polskich golasów. Muzyk zaprzecza, że paradujący w ostatniej scenie klipu osobnik z bujną czupryną to on sam.

No tak... Fryzura wymaga osobnych komentarzy: *Nie używam lokówki. Uwierzcie mi, nie używam nawet grzebienia. Mam włosy, jakie mam. W młodości ta plereza czesana na bok to nie było nic fajnego. Zawsze powtarzam, że piętę achillesową mam na głowie. Naprawdę te włosy mnie męczą, ale nie mogę ich obciąć. Wyglądam wtedy strasznie. Mam płaski łeb i za małą głowę. Jak się ogolę, to z lwa zostaje wróbelek.*

WODNE DZIECI

film fabularny

(The Water Babies)

reż. Lionel Jeffries; 1978, Wielka Brytania/Polska

Ciekawy przypadek koprodukcji filmowców PRL z kinematografią zachodnią. Brytyjczycy zrealizowali sekwencje aktorskie, Polacy (z warszawskiego Studia Miniatur Filmowych) odpowiadali za historię animowaną. *Część postaci zaprojektowali Anglicy, m.in. Jack Strokes, główny animator „Żółtej łodzi podwodnej", część my* – opowiadał Mirosław Kijowicz, odpowiedzialny za projekt. *Realizacja tego filmu jest trudnym zadaniem: całą animację dostosowujemy do już nagranych dialogów, piosenek do skomponowanej muzyki. Ale fakt, iż angielscy producenci wybrali na partnerów polską knematografię, chyba dobrze świadczy o międzynarodowej randze polskiej animacji.*

Sekwencje rysunkowe rozgrywają się pod wodą.

Historia dotyczy chłopca, Toma, który wolał skoczyć do wodospadu, niż dać się złapać po niesłusznym oskarżeniu o kradzież... Podwodny świat okazuje się znacznie bardziej kolorowy i rozśpiewany (w polskim dubbingu GAWĘDA) od realnego.

Całość wymyślił w 1863 roku Charles Kingsley i czuć tu trochę ducha XIX-wiecznej powieści dla dzieci. Takiej, co to niekoniecznie dbała o ich dobre samopoczucie. Narzekano w dodatku na animację. Zachodnia publiczność, przyzwyczajona do konwencji Disneya (który zrealizował własną adaptację powieści Kingsleya w 1935 roku), postrzegała ją jako prymitywną. W Polsce odbiór był jak najbardziej pozytywny — film stał się przebojem kinowych poranków. Inna sprawa, że wprowadzono go na ekrany dopiero w 1985 roku. Wcześniej można było co najwyżej podziwiać serię wydanych przez Krajową Agencję Wydawniczą pocztówek. W świąteczny poranek, 26 grudnia 1988 roku, „Wodne dzieci" miały natomiast premierę telewizyjną.

WOJNA DOMOWA

serial obyczajowy

15 odcinków; reż. Jerzy Gruza; 1965-1966, Polska

Czwarty serial w historii polskiej telewizji (po m.in. „BARBARZE I JANIE" czy „PODZIEMNYM FRONCIE"). I pierwszy, który dało się oglądać, co zapewniło mu ponadczasową popularność.

Zaczęło się od felietonów drukowanych od lat 50. na łamach „Przekroju". Pisarka i tłumaczka Mira Michałowska (posługująca się pseudonimem Maria Zientarowa) opisywała w odcinkach losy dwóch rodzin ze szczególnym wskazaniem na przedstawicieli młodego pokolenia. Zachowanie bohaterów wzorowała na swoich synach. W 1964 roku opowiadania zebrano w książce „Wojna domowa" (Czytelnik), a potem pojawił się pomysł przerobienia tego na scenariusz.

Nie było łatwo: *W komisji zaczął się sąd, że to drobnomieszczańskie, antysocjalistyczne, że taki model wychowania jest nam obcy, że tyle lat spędziłam za granicą, że już nie wiem, jakie są polskie dzieci* — wspominała Michałowska. Ostateczną decyzję o produkcji podjął prezes Radiokomitetu Włodzimierz Sokorski, którego akurat to śmieszyło. Dla porządku przydzielił tylko ekipie konsultanta pedagogicznego.

Za kamerą stanął Jerzy Gruza, najbardziej obiecujący spośród telewizyjnych reżyserów. I dobrał znakomitą obsadę aktorską. *Alina Janowska jest pełną werwy, atrakcyjną ciocią, o której Paweł słusznie mówi „fajna babka". Irena Kwiatkowska w roli mamy bawi każdym gestem i każdym słowem dialogu, równie znakomity jest Kazimierz Rudzki w roli Ojca i Andrzej Szczepkowski jako Wujek* — chwaliła prasa.

Równie ważne były role „młodych". Wybranych spośród tysiąca kandydatów, którzy zgłosili się do wytwórni na Chełmskiej. *Pierwszy raz w historii filmu polskiego do ról dwójki młodocianych bohaterów Anuli i Pawła zorganizowano tak gigantyczny casting* — wspomina Gruza. *Casting! Słowo wówczas nieznane... Liczba chętnych do zagrania w tym serialu była wynikiem niesłychanej popularności felietonów Marii Zientarowej w „Przekroju". Młodzież kochała swych bohaterów, bo byli tacy jak oni, mieli te same kłopoty z rodzicami, te same problemy w szkole i życiu.*

Rola męska przypadła Krzysztofowi Musiałowi. Teoretycznie był to zwykły uczeń technikum kolejowego. W rzeczywistości syn aktora, Tadeusza Janczara (przybrał inne nazwisko, by pozostać anonimowym). Podobno reżyser nie znał go osobiście. Musiał już jako Janczar z powodzeniem kontynuował karierę ekranową, m.in. w „Nie zaznasz spokoju" Mieczysława Waśkowskiego (1977). Dziewczyną została Elżbieta Góralczyk — uczennica liceum teatralnego (wydział fryzjersko-charakteryzatorski). Wyemigrowała potem do Austrii i można ją zobaczyć co najwyżej w epizodycznej roli w „ŻYCIU NA GORĄCO".

Przy okazji obsady warto wymienić jeszcze jedno nazwisko. Jarema Stępowski, czyli facet w berecie pojawiający się w każdym odcinku z pytaniem: *Czy jest suchy chleb dla konia?* Michałowska: *Od razu wiedzieliśmy, że będzie prawdziwą gwiazdą. Gdyby pojawił się tylko raz, nikt by tego nie zauważył. A tak wszyscy czekali, kiedy się pojawi Jarema z sakramentalnym pytaniem...* Sam aktor wspomina: *Dla mnie trwało to wszystko dwa dni*

zdjęciowe, bo sceny z chlebem dla konia kręciliśmy hurtem. Dwa dni, ale zostało na lata. Niektórzy aktorzy sprawdzają się w epizodach. Tak o mnie pisano w recenzjach. O popularności postaci świadczy fakt wprowadzenia jej także do komedii muzycznej Jerzego Passendorfera „Mocne uderzenie" (1966) z udziałem Skaldów.

Akcję poszczególnych odcinków „Wojny domowej" przerywały wstawki muzyczne, ilustrujące przemyślenia bohaterów. Jedni je kochali – inni nienawidzili. W każdym razie film wylansował kilka przebojów. Na przykład „Nie bądź taki szybki Bill" Katarzyny Sobczyk. Albo „Tylko wróć" (*Tak mi źle/ tak mi szaro...*) nagrany przez grupę Chochoły z Wojciechem Gąssowskim (na ekranie wykonywany przez zespół Pawła – Kocmołuchy). Piosenkę tytułową zaśpiewała z kolei formacja Novi, znana później jako Novi Singers. Muzykę skomponował twórca wielu serialowych melodii Jerzy Matuszkiewicz. Słowa były dziełem poety i satyryka Ludwika Jerzego Kerna. Kilka utworów trafiło w 1967 roku na małą płytę, „Piosenki z filmu Wojna domowa" (Pronit).

Produkcja czarno-białego serialu dzieliła się na dwa sezony. Pierwsze siedem odcinków powstało w 1965 roku. Kolejne osiem (dłuższych) w 1966. Twórcy planowali kontynuację, ale na przeszkodzie stanęła afera z podtekstem politycznym. Gdy w 14 odcinku do domu ekranowej rodziny Kamińskiej trafił pies Lejek, uczono go siusiania na gazetę. Nieprzypadkowo była to „Kultura", prowadzona przez partyjnego ideologa Janusza Wilhelmiego. Wściekły redaktor naczelny natychmiast pobiegł się poskarżyć. *Gdy Wilhelmi doniósł do KC, że pies leje na ważną dla partii gazetę, szybko musiała zapaść klamka* – mówi Gruza. W Biurze Prasy KC PZPR sporządzono specjalne pismo w tej sprawie, w którym zaproponowano, by *odbyło się spotkanie zainteresowanych, na którym udzielono by satysfakcji kolektywowi „Kultury"*. Wprowadzono też dodatkową cenzurę wewnątrz telewizji. Ostatni, piętnasty odcinek „Wojny domowej" wyemitowano dopiero półtora roku później.

W latach 90. Michałowska wznowiła książkowy zbiór swoich opowiadań. Od 2004 roku serial jest dostępny na DVD.

WOJNA PLANET

serial animowany

(Battle Of The Planets)

85 odcinków; reż. David E. Hanson; 1978-1982, Japonia/USA

Serial, który na zawsze zmienił peerelowską młodzież. Przynajmniej jeśli chodzi o odbiór filmów rysunkowych. Zamiast przemądrzałego USZATKA – pięcioro nastolatków o niezwykłych zdolnościach. Zamiast domowych przygód PIESKA W KRATKĘ – pachnący przygodą kosmos. Zamiast nudy „BAJEK Z MCHU I PAPROCI" – bezustanna akcja... Pierwszy przypadek japońskiego stylu anime na ekranach telewizorów. W kinie można było się z tym zetknąć już na początku lat 70. przy okazji „Kota w butach" („Nagagutsu o haita neko", org. 1969), a potem „Małej syrenki" („Andasen dowa ningyohime", org. 1975).

Jeżeli chodzi o „Wojnę planet", z Kraju Kwitnącej Wiśni wywodziła się tylko pierwotna wersja opowieści (1972). Nosiła tytuł *Kagaku Ninja Tai Gatchaman*. Składała się z trzech sezonów (w su-

mie 205 odcinków) i wyróżniała pionierskim w swojej dziedzinie nawiązaniem do superbohaterów z USA. Na co dzień – zwykli mieszkańcy Ziemi. Po okrzyku *transformacja!* – kosmiczni herosi. Spodobało się to po drugiej stronie Pacyfiku. W 1978 roku serial wzięli w swoje ręce Amerykanie.

I zaczęli ostro przerabiać. Wycinanie, dorysowywanie, klejenie w jedno kilku odcinków... Najbardziej widoczną zmianą było wprowadzenie postaci robota, „koordynatora z Centrum Neptuna" o nazwie 7-Zark-7. Ewidentnie przypominał R2D2 z „GWIEZDNYCH WOJEN". W odróżnieniu od tamtego przemawiał jednak ludzkim głosem. Do dzieła George'a Lucasa nawiązywała też czołówka: liternictwo plus temat muzyczny, którego kompozytorem był Hoyt Curtin.

W USA nie oszczędzono imion i osobowości bohaterów. Ken Washio (pilot, w skafandrze orła) zmienił się w Marka. Piękna Jun (odpowiedzialna za sprawy techniczne, skafander łabędzia) stała się Księżniczką. Jinpei (jaskółka, dzieciak przygarnięty przez Jun) został Keyopem i w dodatku zaczął się jąkać. Natomiast główny przeciwnik załogi statku Feniks – Zoltar – w oryginale nazywał się Berg Katse i był... hermafrodytą, dokładniej: mutantem powstałym z połączenia bliźniąt dwojga płci w łonie matki. Taki numer w amerykańskiej telewizji zdecydowanie by nie przeszedł.

Nie mówiąc już o telewizji PRL. W sobotę 14 czerwca 1980 roku, w ramach wakacyjnego „Kina Teleferii", zobaczyliśmy pierwsze dwa odcinki jankeskiej „Wojny planet". Do końca wakacji wyemitowano osiem kolejnych. Niespecjalnie przejmując się oryginalną sekwencją. Tydzień po premierze pojawił się na przykład epizod 5 („Statek widmo" – „Ghost Ship Of Planet Mir"), następnie 4 („Kosmiczny wąż – „The Space Serpent"), a dalej... 53 („Kapitan Doom – „Decoys Of Doom").

Serial powrócił na ekrany w czasie zimowej przerwy od nauki, 19 stycznia 1981 roku. Tym razem nadawany był codziennie z wyjątkiem niedziel. Następna dawka przyszła w lipcu 1982, w ramach „Sobótki" (latem z dodatkowym szyldem „Teleferii Telewizji Dziewcząt i Chłopców", od września już normalnie). Pod zmienionym tytułem – „Załoga G". Ponownie zastosowano cykl tygodniowy. W miarę regularne emisje skończyły się w maju 1983 roku. Wszystko wskazuje na to, że ostatnim oryginalnym odcinkiem był nadany w marcu „Najazd na centrum kosmiczne" („Invasion Of Space Center Part"). Według numeracji: 77. Nie mieliśmy więc okazji poznać zakończenia. Dowiedzieć się, że Jason (skafander kondora, najbardziej mroczny z bohaterów) poświęcił życie w finałowej walce.

W sumie Telewizja Polska pokazała około 60 odcinków serialu. Wystarczyło, by zapewnić gigantyczne powodzenie. Kreskówka wywarła wpływ na popkulturę już w tamtej epoce. *A ty tu nie podskakuj, dobra? Bo się obudzisz którejś niedzieli i znów nie będzie „Teleranka". Tylko stanie u drzwi Załoga Dżi... I miś Kolabor* – to Bohdan Smoleń. Ćwierć wieku później piosenkę pod tytułem „Załoga G" nagrał natomiast wrocławski zespół Hurt. Błyskawicznie stała się hymnem pokolenia. *Pamiętam, że oglądałem to po raz pierwszy w szkole podstawowej nr 66 we Wrocławiu, w ramach akcji Wakacje w mieście* – wspomina lider grupy, Maciej Kurowicki. *Z jednej strony ci bohaterowie walczyli ze złem, a z drugiej byli fantastycznie popkulturowo kiczowaci. Oczywiście widać to dopiero w tej chwili, gdy pełno jest tego mangowego świata.*

Manipulacje na Załodze G nie skończyły się w momencie powstania „Wojny planet". W 1986 ponownie zmontowano w Stanach oryginalny materiał (inna muzyka, inne imiona postaci, usunięty 7-Zark-7) i pokazano w tamtejszej telewizji pod tytułem „G-Force: Guardians Of Space". Rok 1994 przyniósł kolejną przeróbkę – trzyodcinkowy serial znany jako „Gatchaman Original Animated Video". Dwa lata później kolejna firma postanowiła zarobić na dwóch niewykorzystanych wcześniej japońskich sezonach. Sklecono je w 65 odcinków opatrzonych szyldem „Eagle Riders" („Eskadra Orła"). Pokazywała to także polskojęzyczna telewizja Fox Kids. Ale poziom nie ten... Wśród dawnych fanów rzecz budziła niesmak. Być może zadowoli ich nowa, pełnometrażowa produkcja na podstawie japońskiego oryginału, która jest w planach.

WYRÓB CZEKOLADOPODOBNY

Czekolada to smakołyk, w którego skład wchodzi miazga kakaowa, masło kakaowe i dodatki. W klasycznej odmianie dla charakterystycznej konsystencji i smaku najważniejszy jest składnik środkowy. Tłuszcz – przyjemnie rozpuszczający się w temperaturze ust. Jak wiadomo, kakaowiec u nas nie rośnie. Należało masło importować. W latach 80. wymagało to twardej waluty, którą kierowano na ważniejsze potrzeby niż luksusy spożywcze. *Jak zaczęło brakować ziarna kakaowego, zjednoczenie odcięło nam dostawy* – wspomina technolog z zakładów cukierniczych w Raciborzu. *Róbcie coś, żeby przypominało czekoladę, ale bez ziarna kakaowego...* Producenci stanęli na wysokości zadania.

Masło kakaowe zostało zastąpione tłuszczami innych roślin. Domieszka kakao w proszku nadawała odpowiedni kolor i namiastkę smaku. Reszta: cukier puder i np. lecytyna. O tym, że nie był to oryginał, świadczyła już charakterystyczna, wyblakła barwa. Produkt był bardziej miękki od czekolady – po chwyceniu w dłonie zostawał na palcach. Podobnie po włożeniu do ust: kiepskie właściwości rozpuszczalne powodowały, że masa osiadała na zębach. No i ten smak... Jakby dodano zmielonej tektury.

Margaryny roślin tropikalnych nie były ostatnim słowem, jeżeli chodzi o obniżanie jakości. Gdy w czasach stanu wojennego zabrakło nawet tego, sięgnięto po olej rzepakowy. *Nazwaliśmy to „wyrobem z masy tłustej", bo tak przewidywała norma. Nie zachęcało to może do kupowania, ale kto wtedy patrzył na nazwę* – wspomina inna pani technolog. Był to wyrób na tyle podły, że – w przeciwieństwie do czekoladopodobnych – sprzedawano go bez kartek.

Podróbka czekolady nie była wyłącznie domeną PRL. Wytwarzano ją masowo we wschodnich Niemczech i ZSRR. Jako normę, podczas gdy nasi producenci nie ukrywali, że taka działalność ich brzydzi. Gdy zakłady Wedla w najtrudniejszym okresie wypuściły jednak czekoladę (co prawda dopychaną waflami, czyli „chrupką"), na jej ETY-

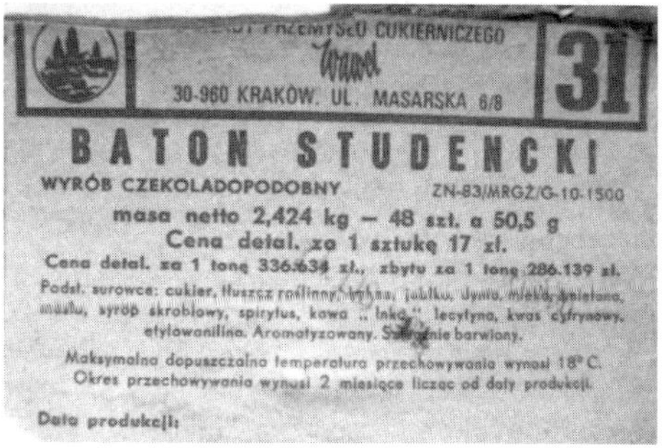

KIECIE ZASTĘPCZEJ z dumą obwieszczono: *I w kryzysie nie dumy się.*

Produkty czekoladopodobne powstają do dziś. Producenci najtańszych słodyczy nie stosują po prostu takiego dopisku. Unikają tylko nazwy „czekolada" (w zamian może być np. „tabliczka"). Szczegóły można wykryć po sprawdzeniu – nie zmienionych od lat 80. – norm. BN-87/8097-11, czyli *Wyroby cukiernicze trwałe. Wyroby czekoladopodobne nie nadziewane*. Oraz BN-84/8097-18: *Wyroby cukiernicze trwałe. Wyroby czekoladopodobne nadziewane*.

WYŚCIG POKOJU
impreza sportowa

Kolarze przejeżdżają przez miasteczko barwną, rozpędzoną grupą. Dzieci powiewają chorągiewkami, panienki machają chusteczkami i przesyłają czarujące uśmiechy. Chłopcy włożyli ręce do kieszeni, rozdziawili gęby, podziwiają. Znów manifestacja ludności, mosiężne trąby orkiestr, brakuje tylko bicia w dzwony... Tak wyglądała relacja z Wyścigu Pokoju pod koniec lat 40. I nie ma w niej wiele propagandowej przesady.

Pierwszy wyścig kolarski mający łączyć bratnie narody socjalistyczne odbył się w roku 1948. Inicjatorem ze strony polskiej była gazeta „Głos Ludu" (przekształcona później w „Trybunę Ludu"). Ideę podchwycili Czesi z „Rudego Prava". Na początku roku ustalono, że 1 maja rozpocznie się Międzynarodowy Bieg Kolarski Warszawa–Praga–Warszawa. Zawodnicy, podzieleni na dwie grupy, startowali równocześnie w obu kierunkach. W kolejnych latach wyścigi odbywały się już jednokierunkowo. W 1952 roku do trasy dołączył Berlin, a dwa lata wcześniej przyjęto nową, oficjalną nazwę: Wyścig Pokoju.

Jako że w krajach bloku wschodniego nie uznawano zawodowego sportu, była to impreza dla zawodników lokalnych i drugorzędnych kolarzy z Zachodu, którzy jednak mieli swoje zalety... *Jak przejeżdżał barwny peleton, to nikt nie patrzył na kolarzy, tylko kto co wyrzuca* – wspomina aktor Stefan Friedmann (rocznik 1941). *Owiewała nas ta zagranica i zostawiała bidony, skórki od niedostępnych w sklepach bananów. Raz belgijski kolarz wypluł gumę do żucia. Była mało zużyta. Zrobiliśmy z kolegami listę, kto ją będzie po kim żuł. Ja byłem trzeci.*

Nie znaczy to, że wyścig pozbawiony był autentycznych sportowych emocji. Z polskiego punktu widzenia najważniejsze były dwa momenty. Pierwszy to rok 1956, gdy zwyciężył Stanisław Królak. W pamięci zapisał się szczególnie VIII etap, z Lipska do Karl-Marx-Stadt. Finisz odbywał się na stadionie. Według legendy nasz zawodnik miał przyłożyć pompką Włochowi, Aurelio Cestariemu, w tunelu wjazdowym. Świadkowie temu zaprzeczają, choć generalnie relacje o brzydkich zagrywkach na trasie są normalką. *Zamiast Wyścigu Pokoju był to wyścig wojny* – mówi Tadeusz Mytnik. *Nie było etapu, byśmy nie musieli się bić z reprezentantami ZSRR, naszymi największymi wrogami. Kiedyś tak mocowałem się na trasie z Jurijem Awierinem, że w czasie jednego etapu dwa razy*

leżeliśmy w rowie... Czechosłowacy trzymali stronę Rosjan. Potrafili wylać na szosie olej w sobie i Rosjanom wiadomym miejscu.

Sukces Królaka wywołał w kraju prawdziwe szaleństwo. Popularne stały się na przykład wyścigi kapslowe. Po wyznaczonej w terenie trasie (na piasku, murku lub krawężniku) przesuwało się „zawodników" za pomocą pstryknięć palcami. Do środka metalowych krążków chłopcy wkładali flagi państw, które miały symbolizować reprezentantów. Poza tym oczywiście rozwinęło się zapotrzebowanie na autentyczne jednoślady...

Dzięki niemu dwie dekady później doczekaliśmy się kolejnych znakomitych zawodników. Od roku 1970 datuje się pasmo zwycięstw Ryszarda Szurkowskiego. Triumfował czterokrotnie (raz tylko ustąpił miejsca Stanisławowi Szoździe). Prawdopodobnie jego dotyczył słynny komentatorski lapsus, że mamy do czynienia z „cudownym dzieckiem dwóch pedałów". W tym czasie Wyścig Pokoju był już atrakcją telewizyjną. Wcześniej słuchano transmisji w radiu i przez uliczne megafony. Od początku wyróżniały się tematem muzycznym autorstwa Pawła Billerta.

Kolejny polski zawodnik, Lech Piasecki, triumfował w roku 1985. Był to wyścig nietypowy, bo trasę poszerzono o Moskwę. Rok później zastąpił ją Kijów, a wszystko działo się tuż po katastrofie w Czarnobylu... Kolarze z Zachodu wycofali się. Polscy zostali przymuszeni do wyjazdu w trasę. *Histeryczna kampania prowadzona przez ośrodki propagandowe na Zachodzie wokół awarii w elektrowni atomowej w Czarnobylu mogłaby sugerować, iż absencja spowodowana została „względami zdrowotnymi"* — dawano odpór na łamach prasy. *Tym razem kampania antysocjalistyczna została wymierzona w imprezę mającą wielki wkład w budowanie przyjaźni i pokoju na świecie.*

Po ustrojowym przełomie impreza „mająca wkład" podupadła. Od 1993 roku organizowana jest tylko w Czechach — przez Polskę i Niemcy przebiegają niektóre etapy.

HANNA AND BARBERA'S
YOGI BEAR
YUMMY TUMMY STORIES

YOGI

serial animowany

(The Yogi Bear Show)

113 odcinków; różni reżyserzy; 1958-1988, USA

Czy ktoś pamięta czasy, gdy w polskiej telewizji królowały kreskówki Disneya? Gdy o godzinie 17 regularnie pojawiał się słynny „Klub Myszki Miki"? Cóż, taka sytuacja panowała w pierwszej połowie lat 60. Potem – z jakichś względów – zaczęto promować filmy animowane ze studia Hanna-Barbera. W kolejnych dekadach bohaterowie Disneya wracali już tylko przy okazji świąt.

Forpocztą nowego trendu była audycja „The Huckleberry Hound Show", pokazywana u nas pod tytułem „Przygody dziwnego psa Huckleberry". Sympatyczny zwierzak spodobał się widzom. Niektóre odcinki, na przykład ten o walce z kornikiem („The Tough Little Termite", 1959), znane są niemal na pamięć, za sprawą niezliczonych powtórek.

W Stanach show nadawany był od 1958 roku i obrastał dodatkowymi atrakcjami. Pierwszą była opowieść o dwóch myszkach, Pixie i Dixie. Drugą historyjka o misiu Yogi. Sprytny mieszkaniec parku Jellystone (zarządzanego przez strażnika Smitha), zajmował się głównie wykradaniem turystom jedzenia. Towarzyszył mu mały pomocnik, miś Bubu.

W 1961 Yogi wyparł z amerykańskich ekranów Huckleberry'ego, zyskując własny serial „The Yogi Bear Show". Kontynuowano go w czterech cyklach kręconych do 1988 roku. Fragmenty pojawiały się u nas w poniedziałki, po „ZWIERZYŃCU".

W 1964 roku powstał pierwszy z kilku filmów pełnometrażowych, „Hey There, It's Yogi Bear". W 1971 roku sprowadzono go na ekrany polskich kin pod tytułem „Przygody Misia Yogi" (po latach funkcjonował na kasetach wideo jako „Miś Yogi: Jak się macie – misia znacie?").

Popularność Yogiego umocnił pomysł na zabawkę, zaprezentowany przez Adama Słodowego („ZRÓB TO SAM"). Po wycięciu z kartonu postaci misia i przyszpileniu mu obrotowych nóżek można było symulować chodzenie.

Z KAMERĄ WŚRÓD ZWIERZĄT
audycja telewizyjna

Najsłynniejsza – obok „ZWIERZYŃCA" – audycja o tematyce przyrodniczej. Prowadzili ją Hanna i Antoni Gucwińscy, przez lata kierujący wrocławskim ZOO.

Oboje trafili do stolicy Dolnego Śląska pod koniec lat 50. jako studenci zootechniki. W ogrodzie mieli odbyć praktyki. Po ich zaliczeniu wyjechali – ona do Olsztyna, on do Krakowa. Pół roku później do każdego przyszła propozycja asystentowania ówczesnemu dyrektorowi placówki. Zgodzili się. I dostali wspólne służbowe mieszkanie. *Mąż od początku dążył do tego, abyśmy byli razem* – wspomina pani Hanna. *Z czasem zaczął podejrzanie kupować pojedyncze meble i sprzęty, np. szafki do kuchni, pralkę. Że niby będzie taniej. Inicjatywa była wciąż z jego strony, bo ja byłam jakaś antydomowa.* W 1962 roku trzydziestolatkowie pobrali się. Trzy lata później Antoni został dyrektorem ogrodu.

Gawędziarski talent małżeństwa odkrył Ryszard Badowski, który w 1969 roku nakręcił z udziałem Gucwińskich jeden z odcinków telewizyjnego „Klubu sześciu kontynentów". Zasugerował autorską audycję. Trafiła na antenę 17 stycznia 1971 roku, gdy wrocławski oddział Telewizji Polskiej sprawił sobie nowy wóz transmisyjny.

Kręcono na żywo, w służbowym mieszkaniu prowadzących, co powodowało czasami komplikacje: *W mieszkaniu na regale stały tezy na VII Zjazd PZPR, które dostawałam jako radna wojewódzka. Były w intensywnie czerwonej okładce. Kolor wydał się małpie tak atrakcyjny, że skoczyła na szafę, porwała książkę, pokazała okładkę do kamery i zaczęła rwać zębami na kawałki. Poszło w Polskę, polityczna sprawa się zrobiła. Mąż się rzucił do orangutana, ten rozwścieczony urwał mu całą nogawkę.*

Apogeum popularności „Z kamerą wśród zwierząt" przypadło na przełom lat 70. i 80. Audycja wryła się jednak w świadomość telewidzów na ty-

le, że przetrwała zmiany w 1989 roku (a w 1994 dołączyła do niej pozycja „Znajomi ZOO"). *Policzyłem, że gdyby zsumować czas programów, to przez ponad miesiąc bylibyśmy na antenie* – mówi Antoni. *Dwa pokolenia biologów i zootechników się na nim wychowały. Prócz tego nakręciliśmy kilka filmów we współpracy z Wytwórnią Filmów Oświatowych. Specjalnie zrobiłem uprawnienia operatora kamery i reżysera.*

W latach 90. Gucwińscy zaczęli się angażować w działalność polityczną. Gdy w 2001 roku Hanna kandydowała do Sejmu z ramienia SLD-UP, „Z kamerą wśród zwierząt" zdjęto z anteny. Trzy lata później pojawiły się spekulacje, że małżeństwo będzie kontynuować cykl na antenie telewizji Trwam. Do realizacji „Życia rodzinnego zwierząt" jednak nie doszło. W 2006 roku Gucwińskiego odwołano ze stanowiska dyrektora wrocławskiego ZOO. Fakt ten wiązano z serią artykułów prasowych na temat skandalicznych warunków, w jakich przetrzymywał niedźwiedzia brunatnego Mago.

ZAŁOGA G – patrz WOJNA PLANET

ZAPIEKANKA
potrawa

Ikona fast foodów PRL. Przejaw inicjatywy ulicznych sprzedawców, którzy – jak wszyscy – borykali się z permanentnym niedostatkiem mięsa. Skład: przecięta na pół podłużna buła (nazywanie jej bagietką byłoby przesadą), na niej starty żółty ser, siekane pieczarki i jakieś dodatki (na przykład cebula). Po roztopieniu wszystko było obficie polewane keczupem. Alternatywną wersję stanowił pieczarkowy hot dog – farsz lądował wewnątrz wydrążonej bułki.

Szczyt popularności zapiekanek przypadł na lata 80. Były one naszym narodowym wkładem w dziedzinę szybkiego żywienia, co doceniali zagraniczni goście odwiedzający kraj. *Pamiętam, że przeszli się Marszałkowską wzdłuż Domów Towarowych Centrum* – wspomina opiekun muzyków grupy Depeche Mode, która zjawiła się w Warszawie w lipcu 1985 roku. *Co zadziwiające – smakowały im polskie zapiekanki. Trochę się martwiłem, że gdy to zjedzą, może nie dojść do koncertu. Ale Martin Gore był bardzo zadowolony: zjadł i powiedział, że czuje się świetnie...*

Zapiekanki przetrwały inwazję zagranicznych sieci szybkiego żywienia oraz rozpowszechnienie kuchni etnicznych na początku lat 90. Popularność podtrzymują rozmaite odmiany: od mięsnych po wegetariańskie, a także bogactwo wielosmakowych sosów.

ZEGARKI ELEKTRONICZNE

Obowiązkowy prezent komunijny w drugiej połowie lat 80. Przyjeżdżał do nas z Hongkongu przez Austrię a następnie Węgry. Charakteryzował się amerykańsko brzmiącą nazwą (np. Montana), którą podkreślał dumny orzeł na tylnej klapie. Kluczową sprawą była liczba tzw. „melodyjek". Siedmiu lub 16 „melody chrono". W repertuarze „Oh My Darling, Clementine" albo „When The Saints Go Marching In"... Z opcji dodatkowych budzik i stoper, którego skuteczność była jednak mizerna wobec nieprecyzyjnej pracy przycisków. We wcześniejszych modelach dni tygodnia wypisane były na szkiełku. Nowsze pojawiały się już na wyświetlaczu. Całość uzupełniała metalowa bransoletka.

Zalew azjatyckiej produkcji nie oznacza, że nie mieliśmy krajowych zegarków elektronicznych. Warszawskie zakłady Unitra Warel – specjalizujące się w produkcji sprzętu dla wojska – wypuściły w połowie lat 70. model oparty na wyświetlaczu LED (diodowym, cyferki pod czerwoną płytką). W topornej obudowie (zgrabniejsza była stylizowana na biżuterię wersja damska) krył się układ firmy Sanyo, skopiowany z pierwszych na świecie mechanizmów tego typu, Pulsar. Z czasem peerelowska firma podjęła się samodzielnego wytwarzania elektroniki. Wiązało się to jednak ze zwiększoną awaryjnością.

Znacznie lepiej radzili sobie Rosjanie – których wytwory także dostępne były w polskich sklepach. Zielone światło zapalił ponoć sam Leonid Breżniew, który ściągnął sobie z Zachodu wczesny produkt Pulsara. W ZSRR pojawił się tylko jeden model diodowy (Elektronika-1 z zakładów w Moskwie), bo szybko przerzucono się na nowoczesną technologię LCD (zakłady w Mińsku i Kujbyszewie). Zegarki oferowane były w całkiem przyzwoitych – skopiowanych z Seiko – obudowach (jako Elektronika-5 lub Sekonda).

07 ZGŁOŚ SIĘ

serial kryminalny

21 odcinków; reż. Krzysztof Szmagier; 1976-1987, Polska

Według regulaminu milicjant nie miał prawa używać siły fizycznej, szczególnie w pomieszczeniach służbowych, a ten mój Borewicz bił w mordę, pił wódkę w pracy, pieprzył panienki, żona go rzuciła z Arabem... Myślę, że dlatego został tak dobrze przyjęty przez widzów. A były to czasy największego znienawidzenia resortu – mówi o swoim serialu kryminalnym reżyser Krzysztof Szmagier. Uniwersalna receptura: bijatyki, alkohol i kobiety, rzeczywiście przysporzyła „07 zgłoś się" popularności. Mimo wątpliwego sztafażu.

Był jeszcze ujmujący odtwórca roli głównej. Bronisław Cieślak – krakowski dziennikarz telewizyjny, udzielający się w „Studiu 8" (krakowskim odpowiedniku „STUDIA 2"). W III RP poseł na Sejm... Na pomysł, by zaprosić go do filmu, wpadł reżyser Roman Załuski. W 1975 roku 32-latek zagrał główną rolę w serialu „Znaki szczególne". *Nie chcieliśmy obdarzać bohatera znaną twarzą* – mówił Szmagier. *Znani aktorzy zresztą boją się seriali, bo gdy odniosą sukces – mogą zostać zaszufladkowani do jedego typu ról, a aktor lubi grać różnie. Bronisław Cieślak grał już przedtem u Romana Załuskiego, a poza tym jest dziennikarzem telewizyjnym, miał więc do czynienia z tekstem mówionym, ma świadomość istnienia kamery i mikrofonu.*

„Znaki szczególne" były gierkowskim produkcyjniakiem, lecz Cieślak się sprawdził. Cechy szczególne: naturalistyczny, nieaktorski sposób gry i... nos. Autentyczną historię jego złamania poznajemy w jednym z odcinków „07", gdy bohater zwierza się stewardessie. Sprawcami okazali się górale – Cieślak wszedł im w drogę na obozie dla studentów etnografii.

Pomysł na serial o milicjancie przyniósł do niego Krzysztof Szmagier (wcześniej odmówili tej roli Piotr Fronczewski i Jan Englert, a Krzysztof Chamiec miał podobno zbyt wysokie wymagania finansowe). Reżyser miał w kryminalnej dziedzinie pewne doświadczenie. Kilka lat wcześniej nakręcił „PRZYGODY PSA CYWILA". I duże ambicje: *Chcie-*

liśmy stworzyć taki polski odpowiednik „ŚWIĘTEGO"...

Rzecz oparta na MILICYJNEJ POWIEŚCI opowiadaniach z cyklu „Ewa wzywa 07" miała początkowo liczyć 4 odcinki i nosić tytuł „Przygody porucznika Bolskiego". *Może nie miałem prawa, ale zacząłem wybrzydzać* – wspomina Cieślak. *Powiedziałem reżyserowi, że tytuł wydaje mi się banalny. Bo przecież były „Przygody psa Cywila" czy „Przygody Tomka Sawyera". I nie podobało mi się nazwisko Bolski, bo na moje krakowskie ucho brzmiało to pejoratywnie. Zmieniliśmy tytuł i nazwisko bohatera, nakręciliśmy cztery odcinki i szlus. Dopiero dwa lata później zaczęły się rozmowy o kolejnych częściach. I znów zebrała się ekipa, nakręciliśmy parę odcinków i do domu. Spotykaliśmy się w sumie na pięć rat. Między Borewiczem z pierwszego odcinka i z ostatniego jest spora różnica wieku, co widać po mojej gębie.*

Rzeczywiście – realizacja całości trwała aż 11 lat. Pierwszy sezon, z 1976 roku, miał cztery odcinki (poczynając od „Major opóźnia akcję"). Kolejnych pięć powstało w roku 1978, następna piątka w 1981 i jeszcze cztery w roku 1984. Cykl zamknięto trzy lata później trzema dłuższymi filmami: „Zamknąć za sobą drzwi", „Złocisty" i „Przerwany urlop". Pierwszy z nich trafił też do dystrybucji kinowej.

Serial zasłynął ze swobodnego podejścia do służby. Borewicz nie nosił munduru, opowiadał dowcipy o milicjantach, jego partner nosił nazwisko Zubek (Z-Ubek), a w pewnym momencie na ekranie pojawił się tępy aparatczyk o twarzy Jerzego Rogalskiego. *Uchodziliśmy za wywrotowy, antysocjalistyczny serial* – chwali się Szmagier. *Najlepszy dowód, że ani jeden odcinek nie był wyświetlany w ZSRR, a przecież chodził tam „KLOSS" i „PANCERNI".*

Dodatkowo szokowała pewnie w bratnich krajach swoboda obyczajowa. Pełno tu było MOMENTÓW, bohater w każdym odcinku flirtował z inną kobietą. Porucznik lubił się też otaczać gadżetami. Zegarek z radiostacją na ręku („Morderca działa nocą") to jednak science fiction. Ale były też rzeczy na swojską miarę: nie bez powodu wczesny model POLONEZA zwany jest „borewiczem"...

Śmiałe zagrania powodowały oburzenie niektórych dziennikarzy: *Możemy głośno spytać się, jak przeciętny obywatel miał w latach 70. darzyć zaufaniem funkcjonariuszy MO, skoro na telewizyjnym ekranie widział pochwałę łamania prawa? Jak ma dziś wierzyć szaremu milicjantowi mówiącemu w dzienniku TV, że zarabia 65 tys zł. skoro za chwilę zobaczy „porucznika" pijącego drinki w Victorii, chełpiącego się tym, że stać go na Old Spice'a i kpiącego z prostolinijnego por. Zubka?* Szmagier kontruje: *Chcieliśmy pokazać ludziom coś kolorowego, atrakcyjnego, innego niż szara rzeczywistość, jaka ich otaczała. Dlatego pościg samochodowy zrobiliśmy przy Forum, a nie na szosie do Grójca... Jak był jeden piętrowy garaż w Warszawie, tośmy go pokazali. Jak było parę neonów – to były w kadrze, chociaż wiemy, że jak w tym mieście dwie prostytutki miały zapalenie okostnej, to zamierało życie nocne.*

Wszystko to – podobnie jak tytuł – przywodziło na myśl BONDA. Od czego twórcy do dziś się odżegnują: *Po raz kolejny muszę powtórzyć, że 07 to był numer pogotowia MO we wszystkich miastach w Polsce* – tłumaczył Cieślak na internetowym czacie. *Stąd ta ksywka i ten tytuł. A agent James Bond 007 to zupełnie inny gatunek filmu poza wszystkim i byłbym kompletnym kretynem, gdybym kiedykolwiek w tych warstwach stratosfery próbował się ścigać...*

„07 zgłoś się" to wreszcie świetny temat muzyczny (autorstwa Włodzimierza Korcza) z czołówki. Zaśpiewana w nim wokaliza otworzyła drzwi do kariery Grzegorzowi Markowskiemu – późniejszemu filarowi grupy Perfect.

ZIELONA GÓRA
festiwal piosenki

To Zielona Góra piosenki nam gra/ To miasto piosenką w pamięci mej trwa/ Ten gród najzieleńszy ze stu polskich miast/ Na skrzydłach piosenki wzlatuje do gwiazd – napisał wzruszony poeta Władimir Siergiejew na dziesięciolecie Festiwalu Piosenki Radzieckiej w Zielonej Górze. Dziennikarz Czesław Markiewicz zapamiętał to bardziej

dosadnie: *Do Kołobrzegu jeździło się na plażę, a tutaj, żeby dobrze zjeść i popić. Przyjeżdżali malarze z całej Polski i wszystkich demoludów. Przyjeżdżali radzieccy pisarze. Wszyscy pili na umór. Uroczyste otwarcia, wernisaże, fety...*

Impreza sięga korzeniami 1962 roku, gdy lokalny oddział Towarzystwa Przyjaźni Polsko-Radzieckiej zorganizował Konkurs Piosenki Radzieckiej. Taka inicjatywa musiała spotkać się ze zrozumieniem władz – od 1965 roku impreza zyskała status festiwalu. W 1973 roku wybudowano nawet na jej potrzeby amfiteatr (wcześniej artyści popisywali się w Hali Ludowej).

Z czasem wokół śpiewania zaczęły wyrastać zajęcia dodatkowe. Przeglądy filmów w kinie Newa, plenery plastyczne w Łagowie (przykładowy temat: „Pejzaż, człowiek, praca"), „spotkania przy samowarze" w Klubie Międzynarodowej Książki i Prasy czy uroczy Dziecięcy Festyn Piosenki i Tańca Kraju Rad. Markiewicz: *Festiwalowi nikt się nie sprzeciwiał. Nuda, nuda, nuda, a raz do roku błysk. Wystawy, śpiewy, telewizja. To rajcowało. Można się było zabawić. I zarobić. Fabryka porcelany w Mirostowicach dzięki festiwalowi pracowała pełną parą, bo goście dostawali serwisy do kawy. Znaczniejsi – gładkie, gorsi – z nadrukiem firmowym festiwalu. Po imprezie z fragmentów scenografii działkowicze robili altanki pomalowane w gwiazdy, sierpy, młoty.*

Część muzyczna dzieliła się na konkurs dla amatorów i recitale gwiazd. W szczytowym okresie do boju o Złoty Samowar stawało podobno 150 tysięcy wykonawców. Siła promocyjna imprezy nie ustępowała „Idolowi". W Zielonej Górze zaistnieli Zdzisława Sośnicka (1963), Michał Bajor (1973), Małgorzata Ostrowska (1975), Urszula (1977), Mieczysław Szcześniak (1985). Wśród stałych gości z dorobkiem byli Trubadurzy, 2+1 i Czerwone Gitary.

Ostatnia edycja odbyła się w 1990 roku. Późniejsze próby reaktywacji należy zaliczyć do żartobliwych. W 2000 roku wprowadzono Festiwal Piosenki Zjednoczonej Europy, ale impreza przetrwała tylko trzy lata.

ZNAK ZORRO

serial kostiumowy

(Zorro)

78 odcinków; różni reżyserzy; 1957-1959, USA

Serial, który po krajowej premierze w 1963 roku przyczynił się do znaczącej dewastacji zieleni. Chodzi o tytułowy znak, charakterystyczną literę „Z". Chętnie naśladowany przez młodocianych na drzewach czy ryty w blatach szkolnych ław (a także wypisywany kredą na murach). W czołówce filmu wycina go najpierw piorun, a po chwili sam bohater (grany przez Guya Williamsa), na pasie okalającym brzuch jego adwersarza. Wydatny brzuch... Henry Calvin, aktor grający sierżanta Garcię, ważył ponad 150 kilogramów. W tle rozbrzmiewał chóralny, meksykonaśladowczy zaśpiew w wykonaniu kwartetu Bill Lee, Thurl Ravenscroft, Bob Stevens i Max Smith.

Wracając do cięcia... Kalifornijski JANOSIK nie poprzestawał na ubraniu. Potrafił ciachnąć swoje logo przeciwnikowi na czole. W dzisiejszych filmach Disneya (producent) coś tak brutalnego by nie przeszło. Inna sprawa, że serial był czarno-biały. Krew robiła w takiej konwencji mniejsze wrażenie. Całość pokolorowano w 1992 roku – w takiej wersji dostępna jest w Stanach na DVD.

Strony pozytywne? Naśladownictwo Zorro było niezwykle proste: maska na oczy, tekturowy kapelusz i pelerynka. Ułatwiało to mamom wyprawienie pociech na (przed)szkolne bale maskowe.

Emisja serialu w Telewizji Polskiej odbywała się etapami. Po pierwszej dawce odcinków rzecz przerwano. Decydenci zastanawiali się, co zrobić ze zgubnym wpływem na młodzież. Zorro wrócił na dobre w 1968 roku, jako atrakcja mająca utrzymać widzów (i skanalizować ich instynkty) w NIEWIDZIALNEJ RĘCE. *W tym roku młodzi miłośnicy Zorra nie wypisywali już jego imienia na ścianach, kioskach i autach* – cieszyła się prasa. *Woleli działać jako Zorro i... zostawiać swoje wizytówki.*

Telewizyjne spotkanie z Lisem (po hiszpańsku: „el zorro") nie było pierwszym w PRL. W 1947 roku, w ramach powojennych remanentów, na ekrany kin wprowadzono „Znak Zorro" („The Mark Of Zorro" Roubena Mamouliana, 1940)... Nie było też ostatnim. W 1976 roku wyświetlano włosko-francuski film „Zorro" z Alainem Delonem w roli głównej (reż. Duccio Tessari, 1975). A disneyowski serial wielokrotnie powracał na ekrany naszych telewizorów – w ostatnich latach w wersji pokolorowanej.

ZORKA 5

aparat fotograficzny

Byliśmy ostatnio z żoną, proszę pana, w Hali Mirowskiej... Gdzie ja miałem aparat Zorkę 5... I zrobiłem kilka zdjęć – mówił Jan Himilsbach do Zdzisława Maklakiewicza w filmie „REJS". I już wiadomo dlaczego ten, a nie inny aparat fotograficzny jest najbardziej kojarzony z okresem PRL.

Producentem sprzętu był Krasonogorskij Mechaniczeskij Zawod. Pierwsza Zorka (w oryginale: Zorkij) do filmów 35 mm pojawiła się w 1948 roku. Radziecka myśl techniczna jak zwykle poszła na skróty: skopiowano niemiecki model Leica II sprzed kilkunastu lat. Zorka 2 trafiła na rynek w roku 1954, wzbogacono ją m.in. o samowyzwalacz. Po drodze była jeszcze Zorka 3 z lepszą optyką (kopia Zeissa). Najbardziej popularny model, z ulepszonym prowadzeniem filmu, oznaczono symbolem 4. W latach 1956-1973 wyprodukowano ponad 2 miliony sztuk tego sprzętu.

Zorka 5 była w porównaniu z czwórką efemerydą, która przemknęła na przełomie 1958 i 1959 roku. Można ją poznać po tym, że rolkę wkłada się od spodu, a nie z tyłu, jak w ulepszonej Zorce 6 (1959-1966). Potem nastąpiła przerwa w numeracji, a serię zamknęły produkowane od połowy lat 60. modele Zorka 10, 11 i 12.

Z zakładów w Krasnogorsku wychodziły poza tym od lat 50. lustrzanki Zenit. W Leningradzie (w firmie, która w latach 80. wprowadziła na rynek słynny dziś kompakt Lomo), powstawały popularne Smieny. Mniejszym powodzeniem cieszyły się u nas ukraińskie aparaty FED. Być może dlatego, że skrót zaczerpnięto od nazwiska Feliks Edmundowicz Dzierżyński... W kijowskim zakładzie Arsenal powstawały natomiast bardziej wyrafinowane produkty z serii Kijew.

Przemysł PRL także mógł się poszczycić pewną ofertą aparatów. Warszawskie Zakłady Fotooptyczne produkowały skrajnie uproszczonego Druha, jego następcę – Ami, małoobrazkową Alfę (z bardzo ciekawym designem) i kompaktowego Feniksa. Pierwszym powojennym modelem był wytwarzany w latach 1954-1960 Start. Prawdziwym obiektem pożądania pozostawał jednak sprzęt z NRD, przede wszystkim cenione do dziś lustrzanki Praktica.

ZORRO – patrz ZNAK ZORRO

ZOŚKA

sport podwórkowy

Popularna w latach powojennych zabawa podwórkowa, polegająca na podbijaniu nogą obciążonego ołowiem pęczka włóczki. Gra występowała w kilku odmianach: od popisu indywidualnego (jak największa liczba uderzeń) przez podbijanie w kręgu, po wariant z bramkami czy zakreślonym wokół zawodnika kołem.

Sport powrócił nieoczekiwanie około 2004 roku, już pod amerykańską nazwą footbag. *Zośka ma w Polsce długą historię* – mówi jeden z młodych popularyzatorów. *Kiedy gramy na ulicy, często ktoś*

podchodzi i mówi: „Aaaa, sam grywałem". Albo „Mój dziadek pokazywał mi zośkę, ołowianą kulkę z piórkiem". Czasem nawet się kłóci: „To nie jest żadna zośka, kieeedyś to była zośka!". Inny dodaje: *To największa frajda płynąca z uprawiania zośki: ludzie są nastawieni pozytywnie. Chcesz dołączyć? Nie ma problemu! Wychodzisz na ulicę, po chwili jest już grupka. Można zagrać, pochwalić się nowym trikiem, pogadać...*

Podobnie jak kiedyś istnieje wiele rodzajów gry, z najbardziej efektownym freestyle na czele. Współczesne woreczki robione są z zamszu lub sztucznej skóry, za wypełnienie służy specjalny granulat. Można je kupić w sklepach sportowych lub związanych z kulturą deskorolkową.

ZRÓB TO SAM

audycja telewizyjna

Nie ma szansy, by ktoś wychowany w PRL nie kojarzył audycji „Zrób to sam" i jej prowadzącego – Adama Słodowego. Guru majsterkowiczów, facet, który potrafił wyczarować z przedmiotów codziennego użytku... Inne przedmioty codziennego użytku.

Pan Adam jako wojskowy (w stopniu majora) wziął telewizję szturmem. Mając na koncie sukcesy konstruktorskie i książkę „Budowa samochodu amatorskiego", udał się do redakcji, zirytowany poziomem audycji „politechnizacyjnej". Zaproponowano mu przygotowanie własnego scenariusza, który trafił do realizacji. „Zrób to sam" (do września 1966 roku pod tytułem „Zrobimy to sami") wystartował w grudniu 1958. Pierwszą pozycją była budowa karmnika dla ptaków. Do 1983 roku zrealizowano 505 odcinków.

Formuła audycji (będącej potem częścią „EKRANU Z BRATKIEM", a następnie „TELERANKA") nie zmieniła się przez pół wieku praktycznie wcale. No, chyba że odliczymy początkowe odcinki, w których prowadzący był nieśmiały i pokazywano tylko jego ręce... Potem Słodowy ubrany w charakterystyczny sweterek, siedział sztywno przy stole, na którym miał rozłożone w idealnym porządku przybory. Spokojnym głosem objaśniał kolejne kroki konstruktorskie, pomagając sobie charakterystyczną wskazówką ze strzałką na końcu. Kluczowym momentem audycji było okazanie gotowego przedmiotu. Odbywało się to na podobnej, irytującej zasadzie jak w programach kulinarnych: *żeby nie zabierać Państwu czasu, przygotowałem...* Słodowy drażnił poza tym młodocianych fryzurą. Jego grzywce daleko od było pojęcia „trendy", a rodzice często kopiowali ją na głowach swoich pociech.

Były i dobre strony. Poczynając od tych najważniejszych, o znaczeniu ustrojowym... *Młody majsterkowicz inspirowany przez Słodowego przekonuje się na własnej skórze, że po prostu nie opłaca się robić byle jak. Te nawyki dobrej roboty przeniesione potem do zakładów pracy mogą mieć dobroczynne skutki dla całego kraju, przechodzącego rewolucję naukowo-techniczną* – pisali ówcześni dziennikarze... Po sprawy drobne. Majsterkowicze słali do telewizji listy z prośbą o rysunki techniczne prezentowanych modeli. Prowadzący osobiście je ponoć ekspediował. Inna sprawa, że większość osób i tak nie wyszła poza etap słynnego misia YOGI.

Adam Słodowy został w 1974 roku laureatem Orderu Uśmiechu, a także nagrody literackiej Stowarzyszenia Bibliotekarzy Polskich. Oprócz pokazywania się na wizji wydawał bowiem liczne pozycje książkowe, z „Lubię majsterkować" na czele. W III RP najsłynniejszy majsterkowicz wycofał się w prywatność, z której wyrwała go w 1997 roku francuska firma prowadząca sieć hipermarketów budowlanych. Pan Adam wystąpił w jej reklamach z samokrytycznym hasłem: „Nie rób tego sam, zrób to z nami".

ZWIERZYNIEC
audycja telewizyjna

Lubiany przez dzieci program przyrodniczy krył mroczną tajemnicę... O miłowaniu zwierząt opowiadał zapalony myśliwy. *Dzieci by to doskonale zrozumiały, to mnie wywyższałoby w ich oczach* – wyjaśnia swoją dyskrecję w tym względzie prowadzący, Michał Sumiński. *Mnie chodziło o dorosłych, szczególnie o panie w wieku dojrzalszym, które miałyby pretensję: pan kocha zwierzęta, a na nie poluje.* Pan Michał nie był też szczęśliwy, że tytuł „Zwierzyniec" nawiązywał do staropolskiego określenia zamkniętego terenu łowieckiego, należącego do magnatów.

Radiowiec i przyrodnik zadebiutował w telewizji jesienią 1967 roku. W ramach bloku „EKRAN Z BRATKIEM" prezentował gawędy „Kto mieszka w lesie". *Znany już byłem wtedy jako gawędziarz i gospodarz tego programu zaprosił mnie, abym opowiedział o swoich spotkaniach ze zwierzętami. Wybrałem przygodę z lisem, który wziął mnie za mysz i podchodził do mnie powolutku, wąchając, aż odkrył, że ta mysz jest chyba największą, jaką zobaczył w życiu. Ta opowieść spodobała się bardzo. Przyszło kilkadziesiąt listów, w których dzieci prosiły, żeby „ten pan z wąsami" jeszcze coś opowiedział. Wystąpiłem więc jeszcze raz i jeszcze raz. Po kilkuset listach telewizja zaproponowała mi stałą audycję i pracę.*

Mało kto pamięta, że poniedziałkowy show miał poprzednika. W kwietniu 1967 pokazywano „Zwierzyniec domowy". Biolog Mirosław Huszcz udzielał wskazówek, jak hodować małe zwierzęta. Audycję zdjęto jednak po kilku odcinkach. Wyemancypowany z „Bratka" Sumiński ruszył natomiast z właściwym „Zwierzyńcem" 9 września 1968 roku.

Audycja nabrała rozmachu w latach 70. Powstała efektowna czołówka ze słynną piosenką: *I kudłate i łaciate/ Pręgowane i skrzydlate/ Te co skaczą i fruwają/ Na nasz program zapraszają...* Pojawiali się goście (najczęściej zoolog Maria Sołtyńska, autorka książki „I kudłate i łaciate" wydanej w 1986) oraz filmy przyrodnicze. Oglądalność napędzał jednak przede wszystkim pomysł nadawania po wszystkim atrakcyjnej kreskówki. Przeważnie ze studia Hanna-Barbera. Początkowo były to „Przygody dziwnego psa Huckleberry", potem m.in. miś YOGI, Loopy De Loop i „JANA Z DŻUNGLI".

Opowieści o zwierzętach skończyły się pod koniec lat 80. *Telewizja zaproponowała mi, żeby na kilka miesięcy przenieść „Zwierzyniec" do „TELERANKA"* — wspomina Sumiński. *To była jednak zupełnie inna konwencja: rozmowy z dziećmi i takie występy ni z gruszki, ni z pietruszki. Nie podobało mi się to. Po kilku miesiącach okazało się, że pani, która pomagała mi robić „Zwierzyniec", postanowiła bardzo przedłużyć swój urlop macierzyński i zrezygnowałem. Potem, bodajże za Sejmu pierwszej kadencji, sejmowa komisja ekologiczna zaproponowała, żeby powrócić do programu w nieco zmodyfikowanej formie. Padł pomysł, aby Sejm dotował „Zwierzyniec". Niestety, Sejm rozwiązano i sprawa padła.*

Poza dziennikarstwem Sumiński ma na koncie epizod w filmie. W serialu „Dziewczyna i chłopak" (1978) wcielił się w rolę leśniczego.

ZX SPECTRUM
komputer osobisty

Komputer, który sprowadził informatykę pod strzechy. Prawdziwy fenomen lat 80. — w połowie dekady szacowano, że w Polsce używano około 20 tysięcy tych urządzeń. Przy niemal zupełnym braku oficjalnego importu! Legalnie mogły kupować Spectrum tylko przedsiębiorstwa (w instytucjach typu Centrala Obrotu Maszynami i Surowcami „Bomis"). I kupowały – bo rozpiętość zastosowań dalece wybiegała poza wizje twórcy, Sir Clive'a Sinclaira.

Oprócz użytku domowego – do którego komputer został stworzony – służył w placówkach naukowych, show-biznesie (efekty specjalne „SEKSMISJI"), a nawet do działań dywersyjnych (toruńscy opozy- cjoniści wplatali w sygnał telewizyjny przygotowane na Spectrum hasła, np. *Dość podwyżek cen, kłamstw i represji*).

Niektórzy usiłowali nawet zaprząc sprzęt do bardzo poważnych zastosowań: *Tak bardzo popularny na polskim rynku mikrokomputer Spectrum nadaje się głównie do zabawy w domu. W żadnym wypadku nie można w oparciu o tę zabawkę budować systemu informatycznego w przedsiębiorstwie* – informowała prasa. *Wiele cierpliwości i taktu potrzebowali specjaliści, by wytłumaczyć to grupie dyrektorów jednej z pozałódzkich fabryk, którzy zamierzali przy pomocy Spectrum skomputeryzować kilkutysięczną fabrykę. Głównym entuzjastą tej idei był dyrektor naczelny, który przywiózł nawet swego kilkunastoletniego syna demonstrującego własne programy.*

Różnorodność zastosowań była możliwa dzięki nieskończonej inwencji twórców oprogramowania. Przy zaledwie 48 kilobajtach pamięci operacyjnej i procesorze 3.5 MHz (przebija to byle współczesna komórka) udawało się wyczarować mnóstwo gier. Wybitne przykłady: „The Great Escape", „Pyjamarama", „Saboteur", „Robin Of The Wood", „Back To Skool". Poza tym programy kalkulacyjne („Vu-Calc"), edukacyjne („Music Master") czy nawet graficzne („The Artist II" o funkcjonalności przypominającej... Photoshopa).

Użytkownik ZX Spectrum porozumiewał się z maszyną w języku Basic. Wydruki prostych programów trafiały do gazet („BAJTEK", „RAZEM") – młodzi adepci informatyki cieszyli się ich samodzielnym wklepaniem i uruchomieniem. Inną metodą zdobycia software'u była transmisja radiowa. Charakterystyczne trzaski można było nagrać w Programie IV Polskiego Radia. Przy drobnym zakłóceniu sygnału całą zabawę trafiał szlag.

Funkcjonowali też – legalnie w świetle ówczesnego prawa – piraci. Instytucje w rodzaju Wypożyczalni Programów Komputerowych Kozioł z Wyszkowa wydawały całe katalogi wysyłkowe gier, z zachęcającymi opisami: *Vixsen – wspaniała dziewczyna toczy walki w fantastycznym świecie pełnym dziwnych niebezpiecznych stworów. Dobra grafika.* Do łamania zabezpieczeń i powielania programów służyła aplikacja „Copy-Copy", napisana przez Tadeusza Wilczka (późniejszego szefa wydawnictwa Lupus).

Fanatyczni użytkownicy komputera nazywali go pieszczotliwie Spectrumną... Fakt, nie był to produkt niezawodny. Padała gumowa klawiatura, łatwo było doprowadzić do spięcia przez przypadkowe dotknięcie gniazd z tyłu obudowy, a źródłem danych był magnetofon (w tej roli najlepiej sprawdzał się GRUNDIG).

Nic dziwnego, że podstawowy model — następcę ZX 81 — produkowano tylko dwa lata (1982-84). Potem zastąpił go ZX Spectrum+ i nowsze konstrukcje. Ostatnią wprowadzono na rynek w 1987 roku (już po przejęciu Sinclair Research Ltd. przez firmę Amstrad). Komputer ulepszali także inni producenci, wytwarzając jego klony. Najsłynniejszym był portugalski Timex 2048 i oparty na nim Unipolbrit 2086 (produkowany przez polonijną firmę Polbrit International przy Gdańskich Zakładach Elektronicznych Unimor). Czysto krajowym wynalazkiem wzorowanym na Spectrum był Elwro 800 Junior (1986, Zakłady Elektroniczne ELWRO z Wrocławia). Siermiężne, peerelowskie pochodzenie widać było już po obudowie: pożyczonej z organków...

ŻBIK – patrz KAPITAN ŻBIK

ŻOŁNIERZYKI
zabawka

Historia figurek żołnierzy z różnych czasów i formacji (ale głównie II wojny światowej) dzieli się na dwa etapy. Bardziej i mniej oficjalny. Pierwszy zaczął się w latach 70. i obejmował pojedyncze plastikowe postaci kolorowane farbą (ścierała się w miarę intensywnego użytkowania). Dystrybucja w kioskach i sklepach zabawkowych wymuszała, by byli to przedstawiciele Ludowego Wojska Polskiego, ewentualnie wojacy o słusznej historii, w typie kosynierów. Producenci giną w mrokach historii. Bardzo jednak możliwe, że były to niewielkie spółdzielnie pracy.

Etap drugi to już inicjatywa prywatna. Od najwcześniejszych, powojennych modeli ołowianych po rozpasanie lat 80. Firmy rzemieślnicze w rodzaju Zabawkarstwo Janusz Wdowiak zaczęły wypuszczać całe zestawy tematyczne w skali 1:32. Można w nich było znaleźć po kilka figurek z określonej formacji, w różnych pozach, czasami z dodatkowymi gadżetami (np. pontonem). Dołączona notka przybliżała rys historyczny. W odróżnieniu od figurek „kioskowych" te odlane były z mniej twardego, jednokolorowego plastiku. Niemcy mieli kolor szary (formacje pustynne: piaskowy), nasi i Rosjanie – zielony, Brytyjczycy – brąz, a Japończycy... Jakże by inaczej? Żółty!

Produkcja obumarła na początku lat 90., gdy zaczęły do Polski wkraczać profesjonalne bitewne gry taktyczne.

ŻWIREK I MUCHOMOREK – patrz BAJKI Z MCHU I PAPROCI

ŻYCIE NA GORĄCO
serial kryminalny

9 odcinków; reż. Andrzej Konic; 1979, Polska

Nazywam się Maj – przedstawia się zwykle. I nie musi dodawać ani słowa więcej – czytamy na obwolucie poprzedzających serial książek. Od razu widać, że mamy do czynienia z polskim BONDEM. *Wiadomo bowiem, że to właśnie on jest tym młodym Polakiem, który idzie tropem organizacji „W" – czarnej międzynarodówki zbrodni. Z trwającej nieustannie walki z nią uczynił sobie cel i sens pełnego niebezpieczeństw życia, Życia na gorąco.* I już wiemy, że będzie zabawnie.

W (od Wolf) to organizacja zrzeszająca zbrodniarzy hitlerowskich, którym udało się umknąć wymiarowi sprawiedliwości... Skąd taki temat? Przygody ich tropiciela miały być kontynuacją „STAWKI

WIĘKSZEJ NIŻ ŻYCIE". Zaczęto o niej mówić publicznie w 1974 roku. W „Trybunie Robotniczej" ukazało się nawet opowiadanie pod tytułem „Malavita" (identycznym z czwartym odcinkiem serialu), w którym Kloss przypadkowo zobaczył w telewizji Brunnera...

Plany scenarzystów Andrzeja Szypulskiego i Zbigniewa Safjana pokrzyżował reżyser Janusz Morgenstern. *Nie chciałem kręcić następnych odcinków* – wspomina. *Czułem zmęczenie. Namawiałem parę autorów znanych jako Andrzej Zbych, żeby napisali film kinowy. Dlaczego? Bo chciałem go zrobić w kolorze. Niestety, nie podobało mi się to, co napisali Safjan i Szypulski. Fabuła kinowa musiała być dla nich trudna. Przyzwyczaili się do formuły odcinka telewizyjnego.*

W 1975 roku nakładem wydawnictwa RTV ukazało się dziewięć zeszytów z opowiadaniami, w których zamiast Klossa występował już niejaki Maj. Prawnik i dziennikarz, który dostał propozycję pisania do „La Vie Economique", pisma związanego z ONZ. Na wewnętrznych stronach okładek można było znaleźć pogadanki o tym, że opisywane wydarzenia nie są wcale odległe od rzeczywistości... *Wyobraźnia autora książki kieruje bohatera śladem tajemniczej organizacji „W". Organizacji fikcyjnej. Postarajmy się znaleźć jej odpowiednik.* Dalej historia wspomagającej byłych hitlerowców organizacji Odessa. I konkluzja: *Dziś podstawowym zadaniem faszystów i neofaszystów pozostaje walka z komunizmem. Prowadzona jest ona różnymi metodami: zamachy bombowe i szerzenie terroru, skrytobójcze mordy postępowych działaczy politycznych, prowokacje polityczne i dywersja. Niestety, z dużą dozą prawdopodobieństwa możemy założyć, że jeszcze niejednokrotnie spotkamy się z faktami, które przerastają literacką fikcję.*

Trzy lata później przystąpiono do produkcji opartego na tych dziełach serialu. Za kamerą zasiadł Andrzej Konic – drugi obok Morgensterna reżyser „Stawki". Z poprzedniego serialu pochodziła też większość ekipy. Cóż z tego, skoro na przykład Jerzy Matuszkiewicz zamiast świetnego autorskiego tematu skomponował marną podróbkę muzyki z Bonda. Przez chwilę, w odcinku „Saloniki", pojawia się nawet sam Stanisław Mikulski. *Zaproponowano mi rolę emeryta-archiwisty. Gdyby to był Kloss po latach, wyszedłby zupełnie inny film* – mówi.

W rolę Maja wcielił się 31-letni Leszek Teleszyński. Amant o krzaczastych brwiach, świeżo po roli ordynata Michorowskiego w ekranizacji „Trędowatej". Snuje się po ekranie, paląc Ekstra Mocne i wygłaszając flegmatyczne uwagi. Być może to kamuflaż, usypiający przeciwników przed nagłą serią precyzyjnych ciosów karate. Redaktor powala bez trudu osiłków, ale nie wiadomo do końca, jak się to dzieje, bo leniwy zwykle montaż nagle w takich momentach przyspiesza.

Tytuł każdego z epizodów zaczerpnięto z nazwy miasta, w którym toczyła się akcja. Dwa były wymyślone („Malavita" i „Tupanaca"), reszta dotyczyła miejsc autentycznych. Producenci z poświęceniem udali się więc do krajów zachodnich, by nakręcić przebitki w egzotycznych plenerach. Sporo dewiz musiały też kosztować uwiarygodniające realia gadżety... Wszystko to sprawiło, że serial okazał się najdroższym w ówczesnej historii Telewizji Polskiej.

Zostałoby to pewnie twórcom zapomniane, gdyby okazał się sukcesem. Nawet w przaśnej rzeczywistości widać było jednak, że wyszła niezamierzona parodia kina sensacyjnego. Gwoździem do trumny „Życia na gorąco" była interpelacja poselska w sprawie produkcji. Poseł Witold Jankowski grzmiał z trybuny sejmowej, że to zamach na budżet państwa... Kwintesencja gierkowskiego rozpasania upadła razem z końcem towarzysza Edwarda.

ŻYWIEC FULL
piwo

A ja wiem, że na mój ból dobry jest żywiecki full – śpiewała w 1988 roku bluesowa grupa Zdrowa Woda. Nawiązanie do topowego piwa PRL. Narodziny Żywiec Beer Full Light, w 1956 roku, były prawdziwym wydarzeniem. Po raz pierwszy udało się uzyskać produkt, który nie mętniał po kilku dniach stania na sklepowej półce (OK, zwykle tak długo nie stał). Można go było przechowywać przez pół roku. Wystarczająco długo, by skrzynki dopłynęły za ocean.

Wielką rolę w narodzinach tej marki – poza piwowarami natchnionymi habsburską tradycją – odegrali bowiem polonusi. Niejaki pan Lutom wymyślił etykietę z tańczącą parą krakusów. Nie miało to wiele wspólnego z miejscem produkcji, ale dobrze kojarzyło się emigrantom... Inny przedsiębiorca, pan Stawski z Chicago, zaordynował z kolei wizerunek górala w pelerynie i z ciupagą. Dopiero później w grafice pojawiły się symbolizujące Beskid trzy choinki. Przyozdobiły piwo Krakus.

Smak Żywieckiego Fulla przypadł do gustu nie tylko mieszkającym za granicą Polakom. Piwo zgarniało kolejne nagrody: na targach w Kolonii (1963), Paryżu (1964) czy Brukseli (1967 – złoto). *Sędziowie oprócz smaku byli zachwyceni pianką. Duże wrażenie zrobiło też nasze bąbelkowanie* – opowiada Waldemar Antczak, ówczesny zastępca szefa produkcji.

Eksportowy charakter produktu sprawił, że był on prawdziwym rarytasem na rynku krajowym. W zwykłych sklepach pojawiał się efemerycznie – można go było kupić tylko w hotelach, Warsie czy PEWEKSACH. Peerelowską codzienność stanowiło piwo z lokalnych browarów: na przykład Zagłoba (browar Okocim), Jubilat (Zielona Góra) czy Lech (Poznań). Żywiec także produkował na rynek krajowy, m.in. pod marką Beskidzki Zdrój. Sporo było odmian piwa – od porteru przez piwo marcowe po pszeniczne...

Sprzedawano to wszystko w małych butelkach (0,33 l). Początkowo z porcelanowymi korkami, później kapslowanych. Zmorą lat 80. stały się butelki ze szkłem w innych kolorach niż brąz. Zielone nazywane były „żabami" i wymagały selekcji na etapie kupna (przy życzliwości pań sprzedawczyń). O przezroczystych szkoda nawet wspominać... W puszkach występowało tylko piwo importowane, dostępne za dewizy (Okocim wprowadził taki pojemnik dopiero w 1991 roku). Kolorowe aluminium stawało się po wypiciu przedmiotem kolekcjonerskim. Typowe miejsce ekspozycji: górna krawędź MEBLOŚCIANKI. *W podstawówce namiętnie kolekcjonowałem opakowania po zagranicznych papierosach i puszki po piwie, z których ustawiałem gigantyczne piramidy* — wspomina aktor Robert Więckiewicz (rocznik 1967). *Te po piwie Hansa stały nisko, były zbyt popularne. Ale miałem w kolekcji absolutną perłę: puszkę po duńskim piwie Tuborg. Nigdy jej nie wymieniłem, choć mógłbym za nią dostać 20 innych...*

Generalnie picie piwa w PRL kojarzyło się nie najlepiej. Przyczynił się do tego niewątpliwie sposób sprzedaży napoju w kuflach. Charakterystyczne budki, otoczone blatami, na których można się było podeprzeć, kojarzyły się w najlepszym razie z robotnikami w beretach. W najgorszym — z drobnym menelstwem. *W większości krajów europejskich piwo traktowane jest jak napój chłodzący, pije się je w najlepszym towarzystwie i w najlepszych domach* — edukowała prasa. *Trzeba piwo nobilitować, przez szereg posunięć sprawić, by stało się ono napojem równie eleganckim jak koktajle, pitym w umiarkowanych ilościach, a nie najtańszym sposobem upijania się...*

Misja nie powiodła się aż do końca systemu. W 1991 roku próbowała się tym zająć Polska Partia Przyjaciół Piwa (patrz „PAN"), ale prawdziwa kultura spożycia nastąpiła dopiero z rozwiniętym wolnym rynkiem.